Joaquín Bochaca

LOS CRÍMENES DE LOS "BUENOS"

Joaquín BOCHACA

(1931)

Los crímenes de los "buenos"

1982

Publicado por

Omnia Veritas Ltd

www.omnia-veritas.com

ÍNDICE

PROLOGO	9
PARTE 1	16
LA RESPONSABILIDAD DE ALEMANIA EN EL DESENCADENAMIENTO DE LA GUERRA	16
JUDAISMO Y III REICH	17
OFENSIVA DIPLOMÁTICA DEL SIONISMO CONTRA ALEMANIA	21
INTENSIFICACIÓN DE LA OFENSIVA SIONISTA Y PRESIÓN SOBRE VARIOS GOBIERNOS	25
LA POLITICA EXTERIOR DE HITLER	34
EL PACTO FRANCO-SOVIÉTICO	45
LAS DEMOCRACIAS ECHAN A MUSSOLINI EN BRAZOS DE HITLER	48
REMILITARIZACION DE RENANIA	50
1937: AÑO DE TRANSICIÓN	60
EL "ANSCHLUSS"	63
DEL DISCURSO DE LA CUARENTENA A LA CONFERENCIA DE EVIAN	72
RADICALIZACION DE POSICIONES EN 1938	74
CHECOESLOVAQUIA: ROMPECABEZAS GEOPOLITICO	79
EL PACTO DE MUNICH	86
EL FIN DE CHECOESLOVAQUIA Y EL SALTO A PRAGA	106
LA "KRISTALLHACHT"	113
EL CLAN BELICISTA	117
EL GIRO COPERNICANO DE LA CITY Y LA DRANG NACH OSTEN	137
MANIPULACIÓN DEL PATRIOTISMO POLACO	157
EL CHEQUE EN BLANCO	166
PIO XII, EL PAPA DE LA PAZ	188
CUATRO MILLONES Y MEDIO DE REHENES	192
UNA CARRERA CUYA META ES MOSCÚ	207
LA CUENTA ATRÁS	231
POLONIA, POLONIA...!	250
COMO SE DECLARA UNA GUERRA DEMOCRÁTICAMENTE	254
¿PORQUE?	265
LA GUERRA IDIOTA	270
LA GUERRA CONTRA LOS NEUTRALES	276
ATAQUE ALEMÁN A RUSIA	292
ELIMINACIÓN DEL CONCEPTO DE NEUTRALIDAD	296
LAS MANIOBRAS DE ROOSEVELT	298
LA CARTA DEL ATLÁNTICO	320

LA ENCERRONA DE PEARL HARBOUR	323
LA GUERRA MUNDIAL	339

SEGUNDA PARTE — 345

LOS CRÍMENES DE GUERRA	345
EL CALVARIO DE LOS CIVILES ALEMANES EN POLONIA	346
EL ATAQUE A LA ESTACIÓN DE GLEIWITZ	352
MANDEL, ASESINO DE PRISIONEROS	355
VARSOVIA Y ROTTERDAM, O LA GUERRA DE FRANCOTIRADORES	357
LA GUERRA DEL HAMBRE	359
CRÍMENES NAVALES	367
LOS ALIADOS Y LAS LEYES DE LA GUERRA	375
EL TERRORISMO AEREO	381
LA GUERRA DE PARTISANOS	402
MATANZAS DE PRISIONEROS	407
MATANZAS DE CIVILES	411

TERCERA PARTE — 415

LOS CRÍMENES CONTRA LA HUMANIDAD	415
EL SAQUEO DE ALEMANIA	419
LOS CONSEJOS DE LA VENGANZA	423
DOS ACTITUDES	428
SEVICIAS CONTRA LA POBLACIÓN CIVIL	429
DEPORTACIONES MASIVAS DE ALEMANES EN EL ESTE DE EUROPA	432
LA "REEDUCACIÓN" DE ALEMANIA	435
EL "CASO" WIESENTHAL	443
TRAFICO DE ESCLAVOS EN EL SIGLO XX	445
PATTON Y MORGAN	448
LOS AUSSLANDSDEUTSCHE	452
LOS EXPOLIOS TERRITORIALES	462
EL EXTRAÑO CASO DE AUSTRIA	464
LA OPERACIÓN "KEELHAUL"	467
LA LIBERACIÓN DE EUROPA	473
EL CASO DE ITALIA	501
LAS PARADOJAS INGLESAS	508
RESUMEN NUMÉRICO DE LOS CRÍMENES DE LOS BUENOS	512
LOS BUENOS Y LOS INTELECTUALES	519
FINIS CORONAT OPUS	529
a) El Estado de Israel	531

b)	Los Estados Unidos de América	*534*
c)	La Unión de Repúblicas Socialistas Soviéticas	*538*

EPILOGO   **541**

FRANKLIN DELANO ROOSEVELT	*541*
WINSTON SPENCER CHURCHILL	*542*
IOSIF VISSARIONOVICH DJUGASCHVILI, (a) "STALIN"	*545*
CHIANG-KAI-CHEK	*548*
CHARLES DE GAULLE	*549*
PHILIPPE PETAIN	*551*
PIERRE LAVAL	*553*
FRANÇOIS DARLAN	*554*
VÍCTOR MANUEL III, DE SABOYA	*555*
PIETRO BADOGLIO	*556*
S. M. HAILE SELASSIE	*557*
LEOPOLDO III DE SAXE COBURG, REY DE BÉLGICA	*560*
EDVARD BENES Y JAN MASARYK	*560*
WLADISLAW RACKIEWICZ, STANISLAS MIKOLAJCZYK Y TOMASZ ARCISZEWSKY	*561*
MIKLOS HORTHY, REGENTE DE HUNGRÍA	*562*
ION ANTONESCU Y MIGUEL HOHENZOLLERN, REY DE RUMANIA	*564*
EL PRINCIPE CIRILO, REGENTE DE BULGARIA	*565*
ARCHIDUQUE OTTO DE HABSBURGO	*566*
MOHAMMED REZA PAHLAVI	*568*
ANASTASIO SOMOZA DEBAYLE	*570*
GENERAL PETER WALLS	*571*
FRANCISCO FRANCO	*572*

BIBLIOGRAFÍA   **578**

PROLOGO

Desde hace treinta y siete años, vivimos en plena falsificación histórica. Una falsificación muy hábil: para empezar, arrastra a las imaginaciones populacheras; luego se apoya sobre la conspiración de esas mismas imaginaciones. Se empezó por decir: he aquí cuan bárbaros eran los vencidos de la última guerra mundial que, además, se desató por su culpa exclusiva. Luego se añadió: acordaos de cuánto habéis sufrido, los que padecisteis su ocupación, y de cuanto pudierais haber sufrido, los que no fuisteis invadidos por haber preservado vuestra neutralidad los nobles Aliados. Se inventó, incluso, una filosofía de esa falsificación. Consiste en explicarnos que lo que unos y otros eran realmente no tiene ninguna importancia; que sólo cuenta la imagen que se había creado, y que esta transposición es la única realidad. Un par de centenares de vividores de la prensa, la radio y la televisión, creadores a tanto alzado de la llamada Opinión Pública Mundial quedaban, de esta guisa, promocionados a la existencia metafísica.

Pero yo creo, tozudamente, estúpidamente, en la Verdad. Quiero creer en la Verdad. Me empeño en creer que acaba por triunfar de todo, incluso de la imagen que se ha creado industrialmente. Y que triunfara cuando llegue el Nuevo Amanecer, que probablemente no veremos, ni esta generación ni la próxima, ante el maniqueísmo imperante en nuestra época, con unos ángeles de la Virtud y unos réprobos derrotados por aquellos.

El proceso que se abrió, y que aún continúa abierto, contra Alemania, o, más exactamente, contra el nacional-socialismo y las doctrinas más o menos afines que intentaban derrocar el ideado político del siglo XIX -- el siglo de Marx y Stuart Mill -- tiene una base sólida; mucho más sólida de lo que generalmente se cree. Pero no es la que se proclama oficialmente urbi et orbi. Y las cosas, en verdad, son mucho más dramáticas de lo que se dice; el fundamento, el móvil de la acusación es mucho más tenebroso e inconfesable para los vencedores.

Los tribunales de los procesos de Núremberg y de los centenares de procesos contra los vencidos afirmaron -- y afirman, pues la farsa pseudo-Jurídica continúa hoy, treinta y siete años después del final de la contienda -- que se habían erigido en Jueces porque ellos representaban a la Civilización y al Derecho. Esta es la explicación oficial, el sofisma oficial, pues consiste en adoptar, como base axiomática, lo que se halla, precisamente, en discusión. Los vencedores desplazaron a sus más doctos Juristas, heraldos de su propaganda, para sostener, impávidos, este razonamiento de criaturas:

"Durante seis años de guerra ideológica y otros seis de guerra real, nuestra radio y nuestros periódicos han repetido que sois unos bárbaros; habéis sido vencidos, luego sois unos bárbaros".

Pues es evidente que los Jueces de Núremberg y sus sucesores no han dicho, no dicen otra cosa cuando se presentan como abanderados de la indignación unánime del mundo civilizado, indignación que su propia propaganda ha provocado, dirigido, sostenido y atizado y que, desde 1945 hasta hoy ha sido -- con la intensidad requerida por los diferentes casos -- provocada, sostenida, dirigida y atizada, a voluntad, como una plaga de saltamontes, contra todo país que no se plegaba a la nueva religión laica de la época: la Democracia, ya liberal, ya "popular". Pero no nos engañemos. Esta indignación prefabricada ha sido, y es aún, el principal fundamento de la acusación permanente contra los vencidos. Es la indignación del mundo civilizado la que impone el proceso continuo, martilleando retinas y cerebros masificados a través de prensa, radio y televisión a beneficio de las nuevas generaciones. Es esa indignación, finalmente, la que crea la verdad de los que gustan de autodenominarse demócratas, quien canaliza la persecución judicial de los supervivientes y los sucesores nostálgicos de los vencidos, y es ella, para resumir, quien lo es todo: los jueces de Núremberg no son más que los escribas de esta unanimidad. Se nos coloca, a la fuerza, unas antiparras verdes y se nos invita, a continuación, a declarar que las cosas son verdes, del color de la esperanza. He aquí la realidad; he aquí, también, el programa de nuestro futuro.

Pero la verdad sin adjetivos es otra. Los verdaderos fundamentos del Proceso de Núremberg y de los miles de procesos que a su imagen y semejanza se repiten desde entonces, son otros. Por una parte, es el miedo de los vencedores políticos -- es decir, los vencedores auténticos -- de la última guerra. Por otra, el miedo de los vencidos políticos, antiguos aliados de aquellos. Miedo de los vencedores políticos, de los vencedores reales, es decir, de la Rusia Soviética y del Comunismo que ella encarna, que todavía recuerda cómo un adversario que debía atender múltiples frentes a la vez, le puso al borde de la derrota y le infringió tremendos golpes pese a una apabullante inferioridad numérica y material; un adversario cuyo renacer hay que impedir por todos los medios, pues sería el núcleo del único adversario que podría con él... núcleo de una Europa auténtica, que nada tiene que ver con los tenderos del Mercado Común. Y para ello hay que desacreditarlo a los ojos de esta generación y de las que vendrán.

Miedo, también, de los vencidos políticos; de las democracias occidentales europeas, líderes mundiales hace cuarenta años y segundones vergonzantes hogaño, y también de la "Gran Democracia" americana, receptora de más bofetadas diplomáticas, políticas y militares -- Viet Nam -- que un payaso de feria. Es el miedo patológico de los viejos, el pánico senil; es el espectáculo de las ruinas, el pánico de los vencedores militares, de los cuarenta aviones contra uno, de los tres mil barcos contra quince submarinos, de las cuarenta naciones contra una, a la que han ido abandonando, uno tras otro, sus débiles aliados. Es el contemplar Hamburgo, Dresde, Colonia, Stuttgart. Es preciso que los vencidos sean unos malvados. Es indispensable que lo sean pues, si no lo fueran, si no fueran unos monstruos, ¿cómo justificar las ciudades arrasadas, las zonas residenciales incendiadas? ¿cómo justificar las bombas de fósforo ante las tropas de ocupación, ante los soldados del contingente de movilizados conscriptos, ante esos electores que un día volverán a sus hogares y hablarán con sus familiares, electores también? El horror de los vencedores militares, el interés de los vencedores políticos, la venganza vesánica de los pastores espirituales del Sionismo: he aquí los motivos verdaderos de la tramoya que a escala mundial se ha levantado y se sostiene con diabólica perseverancia. Este horror, este interés y esta venganza imponían transformar los bombardeos de fósforo contra ancianos, mujeres y niños en una Cruzada. Así se inventó, a posteriori, un derecho a la matanza, más aún, un deber a la matanza en nombre del respeto a la Humanidad, y una Ley de Lynch en nombre del respeto a la Justicia. Los que mataron, se nombraron a sí mismos, policías, fiscales, jueces y verdugos a la vez. Esta es la realidad. Esta es la única realidad. No hay otra, para el hombre masificado, sometido a un permanente lavado de cerebro por los llamados mass-media.

Y, no obstante, debe haber otra realidad. Hay otra realidad. Y es que frente a los crímenes, reales o inventados, exagerados en progresión geométrica las más de las veces, de los vencidos, algo se echa en falta. Incluso para el espíritu más mediocre parece evidente que algo más debe haber; que ante los demonios del Nazismo hubo, no ángeles, sino seres humanos, muy humanos, demasiado humanos, que cometieron torpezas y crímenes.

Hemos resuelto narrar estos crímenes, o, por lo menos, los que nos han parecido más relevantes. Pero no hemos querido limitarnos a una relación cronológica de abusos militares o civiles propiciados por los políticos del bando Aliado, en el curso de la Segunda Guerra Mundial. Nuestra relación abarca los crímenes cometidos por los "buenos" en el período histórico comprendido entre 1933 y 1982, es decir, en casi medio siglo de "fascismo" o lo que los mass media denominan tal. Los "buenos" son, evidentemente, los que como tal son presentados en este lapso de tiempo por prensa, radio y televisión. Son los "demócratas" -- tanto los del Este como los del Oeste -- entre 1933 y 1945; son los "anticolonialistas", integrantes de los llamados "movimientos de liberación nacional" en las antiguas colonias de los "buenos" precedentes, desde 1945 hasta hoy. Naturalmente, muchos de los "buenos" de antaño -- de hecho, y prácticamente, todos los países europeos y América -- han perdido ya tal categoría en beneficio de lo que, genéricamente, se denomina "la Izquierda". El "Viento de la Historia", en expresión del General De Gaulle, sopla, aceleradamente, en dirección a la Izquierda, y así el General Patton, que era de los "buenos" en el transcurso de la Segunda Guerra Mundial, se volvió "malo" al poco tiempo, como se volverían igualmente "malos" el General Wedemeyer, el General Clark, el General Mac Arthur, el Senador McCarthy, el General-Presidente Chiang-Kai-Chek, el General De Gaulle, el Presidente Nixon y un larguísimo et cétera.

Los crímenes de los "malos" ya han sido exhaustivamente relatados, fotografiados, disecados, expuestos, retocados, exhibidos y, sobre todo, exagerados, cuando no puramente inventados. Consideramos, pues, de todo punto superfluo, epilogar nuevamente sobre ellos. En otro lugar nos hemos ocupado de algunos aspectos del tema[1]. En las páginas que siguen, y dentro de la tónica general

---

[1] *La Historia de los Vencidos*, Omnia Veritas Ltd y *El Mito de los Seis millones*, Omnia Veritas Ltd, www.omnia-veritas.com.

de nuestra época, de "desmitificación" de los ídolos, con el objeto suplementario de contribuir a desarrollar la virtud de la modestia entre los vencedores, presentamos, basándonos no es testimonios emanados de los miserables vencidos, sino de los virtuosos vencedores, los crímenes de los "buenos". De los consagrados por la Opinión Pública -- es decir, por un par de centenares de escribas mercenarios -- como portadores de la espada flamígera de la Acusación en nombre de la Humanidad. Hay un aforismo jurídico que afirma que "a confesión de parte, exclusión de prueba". Lo que sigue no es, pues, un alegato fiscal, sino una sentencia de la Justicia Inmanente, pues de ninguno de los testimonios que citamos puede decirse que fue forzado o coaccionado. Esa sentencia, empero, no puede dirigirse contra los soldados que noblemente lucharon por una causa que creyeron justa ni contra las poblaciones civiles que, desde la retaguardia y en medio de penalidades y sufrimientos inherentes a toda contienda, les respaldaron con su aliento. Se dirige contra los fautores y beneficiarios de la II Guerra Mundial, que si oficialmente empezó en septiembre de 1939, realmente se inició en 1933 y todavía continúa, hoy en día, en plena paz... relativa, pues desde el 9 de Mayo de 1945, fecha oficial de la capitulación del III Reich, el incendio bélico no se ha apagado totalmente, surgiendo en cualquier punto del Planeta tan pronto como se apagaba en otro punto el incendio precedente. Esos fautores y provocadores de guerra son los auténticos culpables de los crímenes cometidos por sus ocasionales aliados, manipulados a su pesar y en contra de sus auténticos intereses. Y muchas veces, allí donde el estallido de las bombas ahogaba el bisbiseo enervante y azuzador del Gran Parásito, se llevaron a cabo acciones de noble generosidad, de uno y otro lado; acciones que los desgraciados políticos occidentales alentaron cuando les fue posible por no cuadrar en el esquema que su propaganda maniquea había trazado. La lucha en el desierto de África del Norte, por ejemplo, fue, hasta la llegada de Montgomery, una "guerra entre caballeros". A las tropas italianas del Duque de Aosta, que, cercadas en Etiopía, debieron rendirse, les rindieron honores militares las tropas rhodesianas del Ejército Británico que las habían vencido. Para citar acciones parejas en la lucha fraticida y estúpida entre europeos hay lo que los franceses llaman "l´embarras du choix".

Ahí esté el caso del as de la Aviación Británica, Bader, que, al ser derribado su avión sobre el suelo alemán, se lanzó en paracaídas, enganchándosele una de las piernas ortopédicas en el aparato. Los alemanes se lo comunicaron por radio a los ingleses, los cuales enviaron un avión que lanzó, en paracaídas, una pierna ortopédica de repuesto para Bader. El avión inglés fue escoltado, durante todo el vuelo, por dos "cazas" de la Luftwaffe.

Las tropas de la Segunda División de Paracaidistas, al mando del General Hermán B. Ramcke, resistieron cercadas, en Brest hasta finales de septiembre de 1944.B General Troy H. Middleton que mandaba las tropas norteamericanas sitiadoras le conminó a rendirse: "Con sus oficiales y soldados, que por usted lucharon valientemente, pero que ahora son prisioneros, hemos hablado sobre la dotación de Brest... Usted ha cumplido plenamente con su deber para con su patria. Por lo expuesto, requerimos de usted, de soldado a soldado, poner fin a esta lucha desigual. Esperamos que usted, que ha servido con honor y que aquí ha cumplido con su deber, dará a esta propuesta su mejor atención". Ramcke fue explícito en su respuesta: "Rechazo su propuesta". Middleton una vez vencido le rindió honores militares y le permitió despedirse de sus tropas que respondieron al "Sieg Heil" de su General, con prolongados "Heil".

El más famoso de los generales alemanes de las fuerzas paracaidistas, el General Student fue juzgado ante un tribunal británico por su ocupación de Creta. El Fiscal pedía la pena de muerte en la horca, pero inesperadamente se presentó en la sala el general neozelandés Inglis, Jefe de las fuerzas británicas en Creta, quien ante la sorpresa del tribunal declaró que si Student era juzgado también tendría que serlo él. La lucha -- dijo -- había sido muy dura pero ambos bandos habían combatido con lealtad. Student fue condenado a 5 años de cárcel.

En Arnhem (Holanda), el General de la SS Bittrich concedió una tregua a los ingleses cercados para permitir a los camilleros de la Cruz Roja Británica que evacuaran a 2.200 heridos que pudieron, así, salvar sus vidas. En Cherburgo, las tropas alemanas, cercadas, resistieron, al igual que en Brest, hasta el final de la guerra. En vista de la caótica situación de la plaza, el mando alemán pidió permiso a Berlín para capitular. Como Cherburgo era un puerto importante que interesaba no cayera en manos de los Aliados, el permiso fue denegado. En tales circunstancias, y ante la ausencia absoluta de medicamentos para atender a los miles de heridos y enfermos que se encontraban en la plaza, un capitán inglés que estaba en Cherburgo, prisionero de los alemanes, se ofreció para atravesar la línea de frente y regresar a Cherburgo con un cargamento de medicinas. Así se hizo. Jugándose la vida, el oficial británico llegó a las líneas aliadas y cumplió su misión; trajo las medicinas y se constituyó, nuevamente, prisionero.

El espíritu de la Cultura Occidental, con sus valores de generosidad, caballerosidad e hidalguía se puso de manifiesto a menudo en la contienda. Somos conscientes de ello, y nos interesa ponerlo de manifiesto para que quede bien claro que las páginas que siguen no constituyen en Acta de Acusación contra ninguno de los nobles pueblos que intervinieron, a su pesar, en ella, sino contra el Gran Parásito que les manipuló, en su provecho y que utilizó, a tal fin, al desecho biológico de sus pueblos-huésped.

El Tribunal Militar Internacional de Núremberg, que juzgó a los "Malos", tipificó tres clases de delitos mayores, a saber:

- Los crímenes contra la Paz.
- Los crímenes de Guerra.
- Los crímenes contra la Humanidad, y otras tres clases de delitos (relativamente) menores, a saber:
- El complot nazi.
- La pertenencia a las SS.
- El delito de opinión.

Naturalmente, los "buenos" no cometieron esos delitos menores. Pero lo compensaron largamente con una comisión impresionante, a nivel industrial, de delitos mayores. Vamos a empezar por la responsabilidad en el desencadenamiento de la guerra que debe ser, según Perogrullo, -- personaje que gozó de gran fama en épocas menos moralizantes y cultas que la actual -- el mayor crimen que se puede cometer contra la paz.

PARTE 1

LA RESPONSABILIDAD DE ALEMANIA EN EL DESENCADENAMIENTO DE LA GUERRA

> *"La guerra es la continuación de la política, con otros medios"*. Clausewitz.

Con no poca razón el llamado hombre de la calle comulga con la creencia de que el principal "crimen de guerra" es el desencadenamiento de la guerra misma. Es evidente que los denominados "crímenes de-guerra" no se hubieran producido si ésta no hubiera estallado. La responsabilidad de una guerra, incumbe, en primer lugar, a los que la provocan. El hecho material de la declaración de hostilidades es, así, secundario. Que quien declara una guerra puede ser "culpable" de la misma, o, simplemente, haber caído en una celada o en una provocación del adversario es evidente. Pero no parece menos evidente que quien declara, formalmente, una guerra, por fuerza tiene un grado -- mayor o menor -- de responsabilidad en su desencadenamiento.

Utilizamos, ex-profeso, el lenguaje teológico de la política-ficción de nuestra época, cultivadora del género moralizante *ad nauseam*, que necesita coartadas morales para justificar ante sus súbditos -- y nunca mejor empleada esa palabra -- la progresiva invasión de las competencias particulares. Así, mientras se perora interminablemente sobre la Justicia, la humanidad y la tolerancia, los, medios de destrucción, de opresión y de tortura, tanto de individuos como de pueblos y etnias llegan a un grado de perfeccionamiento jamás alcanzado ni imaginado. Y utilizamos el mismo lenguaje, con fines puramente polémicos, para situarnos en el mismo terreno en que se colocan los fautores de la Opinión Pública, escritorzuelos a tanto alzado que siguen, lo sepan o no, lo quieran o no, un programa que les ha sido trazado por quienes les pagan y, por consiguiente, les mandan.

Si Clausewitz no erraba al afirmar que la guerra es la continuación de la política con otros medios, es evidente que más que hablar de la responsabilidad formal en el desencadenamiento de la guerra, habría que hacerlo refiriéndose a la puesta en marcha de una política belicista cuyo corolario final fue el estallido formal de hostilidades, en Septiembre de 1939.

JUDAISMO Y III REICH

Es innegable que el enemigo número 1 del Judaísmo Internacional era, a principios de los años treinta, Adolfo Hitler. El, y su Partido Nacionalsocialista Obrero Alemán imputaban a los judíos alemanes la derrota de 1918 y hacían del antisemitismo político y racial uno de los "leitmotiv" de su programa. Así, es de suponer el suspiro que debió exhalarse en las sinagogas de todo el mundo -- y no solamente de Alemania -- cuando el 8 de Noviembre de 1932 pudo leerse en *Le Populaire*, órgano oficial del Partido Socialista francés, esta frase de León Blum:

"Ahora ya se puede decir que Hitler está excluido del poder. Hasta me atrevería a decir que está excluido de la esperanza de llegar al poder".

Las antiparras del millonario socialista tenían los cristales empañados. Tres meses escasos después de la publicación del artículo en cuestión, Hitler tomaba el poder. Y lo tomaba merced a una victoria electoral, de cuya pureza democrática nadie discutió. El 30 de Enero, Hitler era nombrado Canciller del Reich. El 7 de Abril se promulgaba la ley que introducía en el estatuto de los funcionarios la llamada "cláusula aria", por la cual se denegaba a los ciudadanos israelitas la calidad de "ciudadanos alemanes", quedando sometidos al régimen de extranjería, quedando, por tal motivo, excluidos de las funciones públicas. El 25 de Abril se introducía el "numerus clausus" en las escuelas de enseñanza secundaria y en la Universidad. Unos días más tarde aparecían las prohibiciones a los judíos alemanes de dedicarse a determinadas profesiones, tales como abogados, periodistas, empleados de banca, y militares. Por otra parte, quedaban excluidos del Servicio Militar.

Los judíos prominentes -- no todos ellos, pero sí la mayoría -- emprenden el camino del destierro. En Londres, en Nueva York y en París encuentran a compatriotas -- o, si se prefiere, corraciales -- aterrados. Alemania había sido, hasta entonces, junto con Inglaterra y los Estados Unidos, una de las "tierras de Canaan" preferidas por los judíos. No solamente constituían allí una colonia numerosa, sino que, además, eran prácticamente omnipotentes. Sus capitanes de industria llevaban el timón de la industria -- relativamente -- y del comercio y la finanza -- absolutamente -- mientras sus profetas fabricaban la opinión de las masas obreras. Alemania era el país de Rothschild y del Sindicato Rhenano-Westfaliano, uno de los principales financiadores de la Revolución Rusa, era el país de Marx, de Engels y de Lasalle. Albert Ballin había sido el amigo y consejero de Guillermo II, aunque al final, según la opinión de Hindenburg, le traicionara. Rathenau, el magnate de las industrias eléctricas, había llegado a presidir el destino de una Alemania vencida. Y aún había hecho más. Había contribuido poderosamente a la consolidación del régimen soviético en Rusia con la firma del Tratado de Rapallo, verdadera traición a los intereses, no sólo de Alemania, sino de todo el Occidente. Y he aquí que ese país que se consideraba conquistado por Israel, he aquí que esa fortaleza de Judá, era el teatro de una serie de medidas discriminatorias contra los ciudadanos alemanes de origen racial judío.

Evidentemente, para juzgar los hechos hace falta una perspectiva histórica. No es válido valorar una situación determinada, acaecida en un determinado país hace cuarenta y cinco años, basándonos en los criterios que los mass media han impuesto como "naturales" hogaño. Las medidas tomadas por Hitler y su régimen contra los Judíos alemanes podrán ser todo lo aberrantes que quiera. Pero lo que no admite discusión alguna es que, entonces, numerosos países tomaban medidas similares -- o, en algunos casos, peores -- contra determinados ciudadanos suyos por los motivos más dispares. Así, resulta que en la democrática Inglaterra, un Rey -- Eduardo VIII -- debía dimitir por pretender casarse con una divorciada. Pero si hubiera sido católico no hubiera sido, siquiera, coronado monarca. Y no sólo discriminaba contra divorciados y católicos la Corona inglesa; no sólo se impedía y se ponía trabas al libre ejercicio del derecho al voto -- como se sigue haciendo hoy día -- a los cafeínas del Ulster. En todo el Imperio Británico se ejercían discriminaciones contra millones de súbditos. Así, por ejemplo, en el Dominio de Sudáfrica, los matrimonios entre miembros de las distintas comunidades blanca, negra e india estaban prohibidos. En la Colonia del África del Sudoeste, una ley del 18 de Julio de 1934, y que continuó en vigor durante casi treinta años, es decir, hasta mucho después de la muerte de Hitler, consideraba delito, no ya el matrimonio, sino las relaciones extra-conyugales entre blancos y negros, Imponiéndoles una pena de cinco años de cárcel o la expulsión del país. En el Dominio de la India, existía -- y, hasta cierto grado continúa existiendo hoy día -- una complicada organización de castas; los parias, por ejemplo, tenían escasamente más derechos que un animal y hasta les estaba vedado cambiar de residencia sin permiso de sus amos. La situación de estos desgraciados, diez veces más numerosos que los Judíos en Alemania, era infinitamente peor; al fin y al cabo, a parte de estarle vedado el acceso a determinadas profesiones por considerarles extranjeros, los Judíos gozaban de los demás derechos, incluidos el de libre desplazamiento. De hecho, lo que deseaban las autoridades alemanas era que migraran fuera del país. En todas las Colonias de Su Majestad estaba prohibido, por práctica y por ley, el acceso de los nativos a cargos políticos de algún relieve, y en el Dominio del Canadá se descriminaba y se continuaba discriminando hasta hace pocos años, contra la población francófona, a pesar de constituir casi el 40% de la población.

En los Estados Unidos de América, otro bastión de la Democracia, a los indios aborígenes, supervivientes del mayor "genocidio" colectivo del que habla la Historia, se les aparcaba en "reservas", cobrándose una "entrada" a los que deseaban visitar aquel Zoológico humano. En trece estados del Sur de la Unión estaba prohibido por la Ley el matrimonio entre blancos y negros, a los que incluso se obligaba a viajar en compartimentos reservados y a comer en restaurantes separados. Los negros no podían mandar a sus hijos a las Universidades de los blancos ni podían ser elegidos representantes del Pueblo. Además, incluso les estaba prohibido, en nueve estados, el ejercicio del derecho al voto. Es más, en plena "Guerra de la Democracia", en Junio de 1944 estalló una huelga en el Estado de Ohio porque una fábrica de aeroplanos de doce mil obreros admitió por primen vez, a siete negros.

En los trece departamentos franceses de Argelia a los árabes aborígenes les estaba vetado el ejercicio del derecho de voto. No así a los "pied-noirs" blancos y a los judíos. En el territorio metropolitano estaba en vigor la llamada "Ley Marchandeau" que prohibía todo ataque especifico contra los judíos, de cualquier nacionalidad. Esa era una ley de privilegio, toda vez que la Ley francesa autorizaba cualquier ataque contra cualquier grupo racial, religioso, o nacional determinado.

En la llamada -- sin sonreír -- "Democracia" Soviética, la ley ejercía corta pisas discriminatorias contra ciudadanos en razón de su posición social o religiosa. Para estudiar determinadas carreras en la Universidad era, -- y continúa siendo -- preciso pertenecer al Partido Comunista. Esta medida ya discrimina contra casi el noventa y cinco por ciento de los ciudadanos soviéticos. Por otra parte, y sancionadas o no por la Ley, existían numerosas prácticas corrientes en la vida política de aquélla singular democracia, no siendo la menor la llamada "Ingeniería Social" consistente en la mutación forzosa de poblaciones, tal como se hizo con dos millones de ucranianos en 1938 y con medio millón de alemanes del Volga, llevados en condiciones infrahumanas a Siberia, donde desaparecieron sin dejar rastro.

El cargo principal que hacían los alemanes a su comunidad judía consistía en la actitud de los líderes espirituales de la misma, denigradores de todo le alemán sin excepción alguna conocida y partidarios de la intangibilidad de Tratado de Versalles. Se quejaban, también, los jerarcas nazis, del absoluta mente desproporcionado predominio de los judíos en la vida social y política de Alemania, de su control total de los partidos Marxistas y de su preponderancia en las estadísticas de delitos comunes y sociales. El régimen nacionalsocialista, en fin, abogaba por un estado ario al frente de una nación aria, entendiendo por "ario" blanco o "indoeuropeo", y no necesariamente nórdico germánico como ha pretendido *ex post tacto* la propaganda aliadófila para indisponer a los alemanes junto con el resto de europeos. Un judío, era a todos los efectos, considerado, no-alemán, es decir, extranjero, y en todos le países del mundo se establecen una serie de medidas restrictivas contra los extranjeros.

No hay, pues, nada de extraordinario en las medidas excepcionales adopta- das por el Nacional-Socialismo contra los judíos alemanes. Medidas, por otra parte, totalmente democráticas, toda vez que la mayoría de alemanes que dieron sus votos a Hitler conocían perfectamente -- no podían ignorarlos -- los puntos programáticos del joven Partido; concretamente los puntos 4, 5, 6, 8,18 y 23 aducían a la supresión de la influencia judía y de su participación como co-nacionales en la vida estatal. No vamos a entrar, ahora, en la polémica de si las adjetivadas aprensiones de Hitler sobre los judíos eran fundadas o no. En otra obra nos ocupamos de ello[2]. Ahora bien, lo que debe forzosamente llamar la atención es la atonía de los mass media de la época ante discriminaciones flagrantes como las que mencionamos más arriba; en vez de ocuparse de las discriminaciones raciales y religiosas existentes en el

---

[2] El Mito de los Seis Millones, Omnia Veritas Ltd.

Imperio Británico, los medios de comunicación ingleses se preocupaban de la suerte de los Judíos alemanes. Los periódicos y emisoras de radio norteamericanas, francesas y rusas no decían nada -- entonces -- de nueve millones de negros, un millón de indios pieles rojas, siete millones de árabes argelinos y docenas de millones de rusos; lo único que turbaba la buena digestión de sus banquetes democráticos era la situación de medio millón de judíos alemanes los cuales, si no estaban aparcados en reservas y tenían muchos más derechos reconocidos que un paria, un negro y un soviético, sí podían emigrar a otros países, vedado esto a decenas de millones de súbditos de países democráticos, empezando por la democracia soviética.

Que un estado soberano dicte normas excepcionales contra una parte de sus habitantes podrá ser -- o parecer -- moral o no. La cuestión no es esa. La cuestión estriba en la legalidad y la legitimidad de tales medidas, que sólo discutió la Gran Prensa Mundial cuando el III Reich las aplicó contra sus judíos, guardando atronador silencio, de momento, sobre sus respectivos casos particulares, actualizando la bíblica parábola de la paja y la viga.

OFENSIVA DIPLOMÁTICA DEL SIONISMO CONTRA ALEMANIA

El 3 de Abril de 1933, el Canciller del Reich recibía un telegrama concebido en los siguientes términos: "Los representantes calificados de las organizaciones abajo firmantes declaran al Gobierno del Reich están decididas a poner en marcha todas las medidas posibles de represalias económicas y financieras, y especialmente a llevar a cabo y a generalizar el boicot sistemático de los productos alemanes, hasta que no se haya devuelto a los Judíos de Alemania todas las facilidades, que les han sido arrebatadas, de existencia moral, y no hayan sido restituidos en la integridad de derechos de los demás ciudadanos alemanes." Firmaban el documento, la Liga Internacional contra el Antisemitismo; un titulado Comité de Defensa de los Judíos Perseguidos en Alemania; el Comité Francés en Pro del Congreso Mundial Judío y la Asociación de Antiguos Combatientes Voluntarios Judíos.

Una observación: Dejando aparte la Liga Internacional contra el Antisemitismo que, aunque radicada legalmente en París puede invocar un carácter supranacional, y el Comité de Defensa de los Judíos Perseguidos en Alemania, cuyos miembros eran, en su casi totalidad, de nacionalidad alemana de origen, las otras dos asociaciones eran, indudablemente francesas y, por consiguiente, sometidas a la legislación francesa. Su telegrama, dirigido a un jefe de estado vecino, oficialmente amigo -- puesto que Francia mantenía relaciones diplomáticas normales con el III Reich -- y soberano, constituía una flagrante ingerencia en los asuntos internos del mismo. Imaginémonos la barahúnda internacional que se hubiera armado entonces si el Canciller Hitler llega a mandar un telegrama al Presidente de la República Francesa -- o si tal telegrama lo hubiera redactado el Jefe de las SA -- anunciando un boycot de los productos franceses en Europa Central por dar acogida en Francia a refugiados judíos, enemigos políticos de Alemania. O, dando un salto en el espacio y en el tiempo, si la Reina de Inglaterra -- o el Lord Chambelán de la Orden del Baño -- le mandara un telegrama redactado en parecidos términos a Brejnev en protesta por el tratamiento dado por los soviéticos a la comunidad de musulmanes kirghizes en el Turkestan Ruso. Y otra observación: esas cuatro organizaciones judías, con su actitud, dan la razón, paradójicamente, al Canciller Hitler y al Profesor Herzl, quien afirmaba que un judío, independientemente de su lugar de nacimiento, era siempre judío; por encima de todo, judío. Esa solidaridad judía no tiene parangón en el mundo. Inglaterra ha tenido -- y tiene -- diferencias con los irlandeses, pero nunca la comunidad irlandesa de los Estados Unidos, numéricamente tan importante como toda la Judería mundial, ha amenazado con boycots al Imperio Británico, ni siquiera ha intervenido en un plan formal, limitando su acción a enviar medicamentos y alimentos, en contadas ocasiones. Los Estados Unidos han tenido problemas con las -- más o menos -- "hispánicas" Cuba, Puerto Rico y México, sin problemas con España. Nunca una minoría halógena, a lo largo y ancho de toda la historia del Mundo ha creado tantos problemas a los más diversos países con su sentido de la cohesión y la solidaridad racial que hace caso omiso de las fronteras y las nacionalidades oficiales.

En Agosto de 1933, se reunía en Praga el Congreso de Organizaciones Sionistas Mundiales, que se irrogaba, con razón o sin ella, la representatividad de siete millones de judíos esparcidos por todo el mundo, fieles todos ellos al ideario sionista. Este Congreso pide a Inglaterra que facilite la inmigración de tres millones de judíos a Palestina, entonces Mandato Británico. El Gobierno Británico, no se da por aludido; es más, pese a mantener inhabitados y hasta inexplorados inmensos territorios de su Imperio, ni siquiera ofrece una solución de recambio a los sionistas. El Congreso Mundial Judío aprovecha, también, la oportunidad para lanzar una violenta diatriba contra Hitler, que tampoco se da por aludido ni siquiera presenta una protesta diplomática formal ante el Gobierno Checoeslovaco, lo que hubiera estado perfectamente justificado. A principios de 1934, en Nueva York, Samuel Untermeyer crea un organismo supranacional denominado "Boycot Internacional contra los Productos Alemanes", que empieza a actuar con notable eficacia. El sionista Untermeyer afirmaba representar a más de dos docenas de asociaciones judías de veintisiete naciones, cuyos miembros totalizaban ocho millones. El tal Untermeyer se movió, durante años, a través de más de medio mundo; con discreción en algunos países, sin ella en otros, como en Inglaterra, Francia y los Estados Unidos. El Gobierno Alemán hubiera estado en su perfecto derecho al presentar notas de protesta diplomática, pero no lo hizo. Casi simultáneamente, la titulada "Conferencia Nacional de Judíos y Cristianos", reunida en Nueva York bajo la doble presidencia del Gentil Carlton J. Hayes y del Judío Roger W. Strauss, organizaba un boycot contra las líneas marítimas y compañías de viajes alemanas, así como un comité para "vigilar las actividades de los norteamericanos de origen alemán en los Estados Unidos." Las declaraciones de personajes judíos de auténtico rango y representatividad, en contra de Alemania y su régimen son innumerables. El Rabino Stephen Wise, sionista y miembro del "Brains Trust" del Presidente Roosevelt, manifestó, el 8 de Mayo de 1933: "Soy partidario de la Guerra Santa contra Hitler. ¡Quiero la Guerra!"[3].

Similares declaraciones, aunque más veladas en la forma, hacen personalidades del relieve de Louis D. Brandéis, Presidente del Tribunal Supremo de los Estados Unidos; Bernard Mannes Baruch, el llamado "Procónsul de Judá en América", hombre que, aunque nunca fue votado por el pueblo Norteamericano, tuvo un poder omnímodo, siendo sucesivamente "Consejero" de los Presidentes Woodrow Wilson, Hoover, Roosevelt, Truman y Eisenhower; Félix Frankfurter, Ministro de Justicia y Henri Morgenthau, Jr., Secretario del Tesoro (Ministro de Hacienda) y Samuel Rosenman, el redactor de los discursos del Presidente Roosevelt. Morgenthau tuvo

---

[3] Edward Edmondsson: *I Testify*, pág. 195.

la franqueza de declarar la guerra a Hitler, incluso antes de que las medidas discriminatorias del Nacional-Socialismo contra el Judaísmo alemán se hicieran públicas: "Los Estados Unidos han entrado en la fase de la Segunda Guerra Mundial"[4].

En Francia, los emigrados Judíos también alborotan lo suyo, desde escritorzuelos como Remarque y Arnold Zweig hasta autores de categoría, como Thomas Mann, pasando por científicos de innegable relieve, como Albert Einstein. Victor Basch, un hebreo de nacionalidad francesa, que ostenta la presidencia de la "Liga Mundial de la Paz", organización cripto- comunista, insulta groseramente a Hitler y le vaticina que, lo quiera o no, tendrá una guerra antes de cinco años. Basch, ciudadano francés, está cometiendo un delito de acuerdo con el Código Penal del país en que reside, al insultar a un jefe de Estado extranjero con el que su (¿su?) patria mantiene relaciones diplomáticas normales. Pero la Justicia Francesa le deja tranquilo. La Embajada Alemana se limita a cursar una protesta formal a la que el Quai d'Orsay ni se digna contestar. En Inglaterra, el Capitán Sean, un judío, arranca la corona que un emisario de Hitler ha colocado en el monumento a los muertos en la Primera Guerra Mundial, y la arroja al Tamesis. De acuerdo con el Código Civil, el Penal y el de Justicia Militar vigentes en el Reino Unido en aquél entonces, a ese Capitán le correspondían, como mínimo, seis meses de arresto. En lugar de ello, unos días después logra un ascenso en el escalafón. Es Ministro de la Guerra del Imperio Hore Belisha, un judío; el primero de su raza que logra alcanzar tal rango.

Las provocaciones son constantes y, por lo que atañe a la comunidad judía de Alemania, no sirven más que para agravar su situación. Los nazis en efecto, afirman que, tal como aseguraba Herzl, el padre del Sionismo moderno, e infinidad de prohombres de su raza, el judío es, antes que nada y por encima de todo, judío, independientemente de su nacionalidad de pasaporte. Se comprenden las protestas de los judíos alemanes contra el Nazismo; puede, hilando muy delgado, admitirse una corriente de simpatía de los judíos del resto del mundo hacia los judíos alemanes y, por vía de consecuencia, de antipatía, contra el gobierno legal de Alemania. Pero lo que no puede admitirse, desde el punto de vista de un patriota holandés belga, francés, inglés o turco, es que un conciudadano suyo, por el mero

---

[4] *Portland Journal*, 12-11-1933.

hecho de pertenecer a la comunidad judía, pretenda involucrar a su patria oficial en sus querellas supra-nacionales con otro país.

He aquí el quid de la cuestión: Según Hitler y según Herzl, según Goebbels y según Chaim Weizzmann, un judío es antes judío que alemán. Hitler y Goebbels no lo pueden tolerar en Alemania, y, aprobados por la mayoría democrática de su pueblo, deciden colocarles en el lugar que, a su juicio les corresponde: el de extranjeros, a los cuales les está vedado el acceso a determinados cargos y empleos, aunque, paralelamente, tampoco se les exija -- como extranjeros -- la contraprestación de determinadas obligaciones como el servicio militar. Y los judíos del mundo entero, al reaccionar con tal vehemencia y unanimidad, parecen darle la razón al Führer y no hacen más que agravar el caso de los judíos residentes en Alemania.

INTENSIFICACIÓN DE LA OFENSIVA SIONISTA Y PRESIÓN SOBRE VARIOS GOBIERNOS

El infatigable Samuel Untermeyer convocó, en Holanda, otra "Conferencia Judía Internacional del Boycot contra Alemania", el 7 de Agosto de 1933, desde las antenas de la emisora de radio W.A.B.C. en su calidad de Presidente de la "Federación Mundial Económica Judía" Untermeyer declaraba, en nombre de los organismos que representaba, la guerra a Alemania. Así de concreto: una guerra económica, diplomática e ideológica, pero guerra al fin. Unas semanas después, fundaba la titulada "Non-Sectarian Boycot League of America", cuya finalidad consistía en vigilar a los ciudadanos norteamericanos que comerciaban con Alemania, con objeto de intimidarles mediante medidas económicas y de presión social.

En Enero de 1934, Wladimir Jabotinsky, fundador del Movimiento Sionista Revisionista Polaco, escribía en la revista "Nacha Recht":

"La lucha contra Alemania ha sido llevada a cabo desde hace varios meses por cada comunidad, conferencia y organización comercial Judía en todo el mundo. Vamos a desencadenar una guerra espiritual y material en todo el mundo contra Alemania".

Se trata de una confesión de talla, hecha por una figura política de talla, al menos en el mundillo político Judío. En el curso de 1934 se intensificó la ofensiva sionista contra Alemania. Esta ofensiva era multilateral, abarcando las más variadas facetas. Desde la elaboración de listas negras de empresas que trabajaban con Alemania, hasta el boycot contra la participación de un equipo de atletas alemanes en un torneo londinense[5]. David A. Brown (a) Braunstein, Presidente de la "United Jewish Campaign" en los Estados Unidos dijo al escritor Edmondsson: "Los Judíos vamos a hacer la guerra sin cuartel a Alemania"[6].

En Inglaterra se creó un "Consejo Representativo Judío para el Boycot de los Bienes y Servicios Alemanes". Ese organismo tenía por misión hacer el vacío comercial a las firmas inglesas que, a pesar de todos los obstaculos, seguían trabajando con el Reich. Por otra parte, dos prohombres judeo-británicos. Lord Melchett, Presidente del mastodóntico trust "Imperial Chemical Industries", y Lord Nathan, fundaban un "Joint Council of Trades and Industries", cuya finalidad era extender a todo el mundo las mismas actividades que en un ámbito puramente Inglés llevaba a cabo el ya mencionado "Consejo Representativo Judío". También apareció una "Women's Shoppers League", que boycoteaba los productos agrícolas alemanes, y un "British Boycot Organization", fundada por el israelita Capitán Webber, que pretendía organizar una guerra económica antialemana en países en que predominaba la influencia política inglesa.

La influencia Judía también se manifestaba en la forma de presiones a Los gobiernos democráticos occidentales. Esa influencia, derivada del prepotente poderío económico y financiero de las respectivas comunidades judías explica decisiones tan incomprensibles como la tomada por el Gobierno Británico, al enviar a tomar parte en las negociaciones financieras anglo-alemanas, celebradas en Berlín en Noviembre de 1934, al judío S. D. Waley. Se objetará, no sin razón, que un gobierno soberano, en ese caso el gobierno inglés, está en su perfecto derecho de mandar al extranjero, representantes suyos, a miembros de las razas o religiones que considere oportuno. Nadie podrá discutir ese derecho. Ahora bien: lo que es discutible, empezando por el punto de vista del propio interés inglés y siguiendo por

---

[5] Or aquella época, Arnold S. Leese, escritor y político Inglés quiso organizar un boicot contra los productos Judíos. Fui procesado y condenado a la cárcel por libelo sedicioso y calumnia (N. del A.).

[6] Robert E. Edmondsson: *I Testify*.

el de la cortesía, es la procedencia de mandar a Waley, un sionista notorio, a discutir con los jerarcas nazis. Es como si, en la actualidad, el gobierno norteamericano mandara de embajador en la Arabia Saudita a un rabino, o de cónsul en Hiroshima al piloto del avión que arrojó sobre aquélla ciudad la primera bomba atómica. Árabes y japoneses tomarían tales nombramientos como calculados bofetones diplomáticos, y nadie podría culparles por ello. En Abril de 1934, Herbert Morrisson, Alcalde de Londres y Líder del Partido Laborista, habló en un mitin celebrado para recaudar fondos para el "Jewish Representative Council for Boycot of German Goods and Services". Dijo: "Es un deber de todos los ciudadanos británicos amantes de la Libertad boycotear los bienes y servicios alemanes". ¡Bella lección de amistad nacional....!

La política inglesa nunca fue simple. Hippolyte Taine decía que no es "una teoría de gabinete aplicable instantáneamente a la práctica, enteramente y de un sólo golpe, sino más bien un asunto de tacto en el que se debe proceder solamente a base de moratorias, transacciones y compromisos".[7] Pero raramente fue esa política tan compleja y desconcertante, para un observador superficial, como en el curso de los años 1933 a 1939. En ese período todo son manifestaciones contradictorias, giros copernicanos, súbitos accesos de fiebre que siguen a momentos de depresión o de inmovilidad total.

Si se quiere comprender algo, si se quiere desentrañar el misterio de esa insólita curva de temperatura, es preciso entrar en el detalle de las cosas. Así, por ejemplo, en el seno de la entonces todopoderosa City -- la célebre milla cuadrada que contiene a los bancos, compañías de seguros y financieras y grandes empresas navieras del Imperio -- confluyen dos corrientes: una, pacifista, la otra belicista.

A la cabeza de las grandes sociedades habían ingleses. Habían también y sobre todo, muchos judíos. Los Rothschild, los Lazard, los Sassoon, los Hambro, los Mosenthal, los Bergson, los Lewis, los Hess, los Neumann, los Sieff, los Isaacs, y mil más, pues sólo hemos citado unos nombres al azar. Enumerar a todos los grandes financieros de la City en aquélla época exigiría páginas y más páginas, y si se pretendiera inscribir, frente a cada nombre, los consejos de administración a que pertenece el interesado, preciso sería redactar un libro.

---

[7] Hyppolite Taine: Notes sur l'Angleterre.

Champeaux, documentadísimo publicista francés, cita el caso de Issac Lewis, que no figuraba entre los cincuenta Judíos más ricos de Inglaterra, el cual formaba parte de veintidós consejos de administración de bancos, navieras, minas de oro y de diamantes, empresas exportadoras y destilerías de alcohol, ubicadas en Inglaterra y media docena de colonias y dominios[8].

La importancia de los judíos en la City está, por otra parte, corroborada por el lugar que ocupan en la sociedad. Empezando por Lord Rothschild, y continuando por Lord Reading (Rufus Isaacs), Lord Burnham (Levy- Lawson), Lord Melchett (Alfred Mond), Lord Astor, Lord Goschen, Lord Swaythling (Samuel Montagu), Lord Wandworth (Sydney Stern), Lord Michelham (Herbert Stern), Lord Montefiore y terminando por la legión de judíos y Judías emparentados con miembros de la más rancia nobleza británica, pasando por el centenar largo de judíos que tenían, entonces, derecho a usar el título de "Sir"[9]. Los judíos ocupan puestos políticos muy importantes. En 1867, Disraeli, al que luego se daría el título de Lord Beaconsfield, fue el primer judío que alcanzó la Jefatura de un gobierno europeo, y desde entonces una infinidad de Judíos han sido ministros, embajadores, virreyes y miembros del llamado "Consejo Privado", que dirigía, hasta 1939, la alta política inglesa, por encima del "democrático" Parlamento. Un hebreo originario de Alemania, Ernest Cassel, había sido el hombre de confianza de Eduardo VII y su nieta se casó con Lord Louis Mountbatten, sobrino del Rey. Si, desde 1933 hasta 1939 se observa como una irresolución, unas dudas crónicas en la política de los gabinetes conservadores, será preciso tener muy en cuenta que la City -- de la cual los gobiernos no son más que el instrumento -- se halla dividida. Los ingleses auténticos, los anglosajones, son pacifistas a cualquier precio, Los judíos ingleses admiten la idea de la guerra contra Hitler y muchos de ellos -- los más prominentes, precisamente -- consideran necesaria. La historia de los gobiernos británicos, desde 1933 hasta 1940, es la historia de la lucha de la influencia inglesa y la influencia judía. Esta lucha terminará con la destitución práctica de Sir Neville Chamberlain, y su substitución por Churchill, el campeón del clan belicista.

Si, en 1934-35, gobiernan los conservadores, entre los que predomina el

---

[8] Georges Champeaux: *La Croisade des Démocraties*, pág 38.
[9] En la Actualidad pasan de docientos.

elemento puramente anglosajón, con Chamberlain, Sir Samuel Hoare, Runciman, Butler y Sir John Simon a la cabeza, la oposición, por su parte se compone de los liberales, seguidores de Lloyd George, y de los laboristas. Estos profesan un odio mortal a los regímenes totalitarios, cuya eliminación de la faz del mundo exigen. Aquéllos han incorporado a su programa los rencores de Lloyd George, el viejo abogado del Movimiento Sionista de Inglaterra. Por otra parte, Lloyd George debe actuar como lo exige la regla no escrita de la Democracia Moderna: si el Gobierno fuera belicista, él le reprocharía su imprudencia; como piensa, por el momento, exclusivamente en Ingles, y el pacifista, deberá reprocharle su tibieza. A estos dos elementos fundamentales de la Oposición se ha añadido, poco a poco, el elemento llamado "joven conservador", que exhibe unas ideas "avanzadas" en política exterior. Los jóvenes conservadores están tan convencidos como los viejos de la necesidad de "conservar" sus privilegios de clase, que consideran intangibles. Pero en lo tocante a política exterior, flirtean a menudo con los laboristas. Los jóvenes conservadores son "antifascistas".

El más inquieto de esos Jóvenes es Anthony Edén, séptimo barón de este nombre, y casado con una hija de Sir Gervase Beckett, miembro del consejo de Administración de la "Westminster Bank", y hermano del Presi- dente de ese mismo banco, Rupert Beckett. Junto a él, algo menos joven está Winston Churchill, hombre versátil, que, en esa época, es anticomunista, pero también antinazi, aunque en 1936, con ocasión de la Guerra de España se volverá pronazi, escribiendo, en sus libros *Step by Step* y *Great Contemporaries*, frases muy laudatorias sobre Mussolini y Hitler.

* * *

El clan belicista -- con ese nombre se le denomina corrientemente -- influye poderosamente en las Trade Unions, los sindicatos ingleses. El problema Italo-etíope les facilita una excusa para intervenir en política exterior, algo que, en teoría, le está vedado a un movimiento obrerista. El 3 de Septiembre de 1934, las Trade Unions celebran su Congreso Nacional en Margate, y su Secretario General, el hebreo Sir Walter Citrine, manifiesta insólitamente: "Para detener la agresión italiana contra Etiopía no hay otra salida que las sanciones, aunque éstas lleven en sí mismas el germen de la guerra". Cuando la ovación termina, añade: "Esas sanciones deberán ser igualmente aplicadas contra la Alemania de Hitler". Hitler responde, desde Berlín, que los sindicalistas ingleses ocuparían mejor su tiempo si lo emplearan en solucionar los problemas de los afiliados a sus propios sindicatos.

El clan belicista actúa diligentemente en las colonias y dominios del Imperio Británico. Así, por ejemplo, el General Smuts, Presidente de la Unión Sudafricana, manifestó en un discurso pronunciado en Capetown el 18 de Abril de 1934 que "...el mundo no puede permitir que el judío sea considerado un ciudadano de segunda fila". Es curioso que nadie parezca darse cuenta, en todo el Imperio, que, en el momento en que el General-Presiden Smuts pronuncia esa frase, en su propio país, la Unión Sudafricana quince millones de negros y tres millones de indios son, efectivamente, "ciudadanos de segunda fila" puesto que, al Igual que los Judíos en Alemania, no se les permite ocupar ciertos cargos en la Administración y en la vida del país, ni votar ni ser elegidos. A indios y negros no se les permite convivir con los blancos en restaurantes, autobuses ni lugares públicos, algo que no les está vedado a los Judíos alemanes por el momento. No estamos haciendo una crítica del Apartheid; nos limitamos a dejar constancia de un hecho. El hecho de que para Smuts los problemas domésticos de Alemania son más importantes que los de la Unión Sudafricana.

El órgano oficial de la Judería Inglesa, *Jewish Chronicle*, al redactar una gacetilla obituaria sobre Jacob E. Marcovitch, un correligionario que es el "patrón" de los mas importantes periódicos egipcios, hace esta estupenda confesión de parte: "El difunto Marcovitch convirtió a toda la prensa egipcia en un verdadero campo de batalla contra el hitlerismo"[10].

Algo similar ocurre en el Canadá y Australia, donde las influyentes comunidades Judías locales, apoyadas por Londres, agitan en contra de Alemania. Pero esto no es nada comparado con lo que ocurre en los Estados Unidos. Roosevelt, que acaba de ganar las elecciones a la Presidencia, se Rodea de un "Brains Trust" cuya obsesión, más que preocuparse por los Estados Unidos, consiste en atacar al régimen que gobierna en Alemania. Este "Brains Trust", o Trust de los Cerebros, es un conglomerado de hombres de confianza del Presidente, que los ha nombrado a

---

[10] *Jewish Chronicle*, Londres, 22-11-1935.

dedo. Ninguno de ellos ha sido elegido por el Pueblo Americano, pero tiene más influencia que cualquier alto funcionario legal. Este es un hecho que es inútil súbrayar, por sabido. He aquí los miembros de este insólito areópago: Fiorello La Guardia, alcalde de Nueva York; Herbert Lehmann, Senador del Estado Nueva York; Henry Morgenthau, Jr., Secretario del Tesoro; Harold J. Ickes, Secretario del Interior; el Juez Louis Dembitz Brandéis; el profesor Félix Frankfurter, Presidente del Tribunal Supremo; Samuel Rosenmann, que escribía los discursos presidenciales; el omnipotente Bernard Mannes Baruch, titulado "Asesor Especial de la Presidencia"; Jerome N. Frank; Mordekai Ezekiel; Donaid Richberg, de la Comisión de Inmigración; Ben Cohen; David Lilienthal; Nathan Margold; Isador Lubin; Gerald Swoope, prominente banquero; David K. Niles; el Juez Cardozo, del Tribunal Supremo; Joseph E. Davies, que sería Embajador en Moscú y Lewis L. Strauss. Todos estos individuos eran judíos y sionistas. Entre los Gentiles del "Brains Trust" formaban Miss Frances Perkins, simpatizante del Partido Comunista y, durante unos meses, Secretario de Trabajo; el General Hugh S. Johnson, vinculado a la Alta Banca; el secretario de estado, Cordell Hull (casado con la hermana del multimillonario judío Julius Witz) y Harry Hopkins[11] Secretario de Comercio.

Precisamente a propuesta de Hopkins ingresaron en 1936 en el Brains Trust Tom Corcoran, un aventurero irlandés, de pésimos antecedentes; Maurice Karp, un multimillonario judío, fabricante de armamentos y hermano de la esposa del famoso Ministro de Stalin, Molotoff; Samuel D Dikcstein y su correligionario Samuel Untermeyer, el sionista que presidía la "Federación Mundial Económica Judía", al que ya hemos aludido en más de una ocasión. El Brains Trust ejercía una influencia considerable, ya directamente, prevaliéndose de la posición individual de sus hombres y de las Fuerzas Políticas y Sociales que éstos representaban, ya indirectamente, presiónanado sobre el Presidente Roosevelt. Pero, ¿quién era Roosevelt?

Según investigaciones del Doctor Laughlin, del Instituto Carnegie, Franklin Delano Roosevelt pertenecía a la séptima generación del hebreo Martenszen Van Roosevelt, expulsado de España en 1620 y refugiado en Holanda, de donde emigró,

---

[11] Según el "James True Industrial Control Report" (National Press Bldg., 21-XII-1935, Hopkins es parcialmente Judío y debe su formación política a las enseñanzas del profesor, el judío Steiner. (N. del A.)

en 1650 o 1651, a las colonias inglesas de América. El publicista judío Abraham Slomovitz publicó en el *Detroit Jewish Chronicle* que los antepasados judíos residían en España en el siglo XVI y se apellidaban Rosacampo. La familia Rosacampo -- Van Roosenvelt -- Roosevelt sólo se mezcló, desde su llegada a América con Jacobs, Isaacs, Abrahams y Samuels[12]. Cuando murió la madre del Presidente Sarah Delano, el periódico " Washington Star "publicó un artículo sobre las actividades de la familia Roosevelt desde su llegada a América, que coincidía plenamente con los testimonios que acabamos de citar. El muy acre- ditado y filosemita *New York Times* recogía unas manifestaciones[13] de Roosevelt en las que reconocía su origen hebreo. A mayor abundancia de detalles, la esposa del Presidente, Eleanor Roosevelt, prima suya, era igualmente judía y fervorosa sionista, tal como proclamó ella misma en infinidad de ocasiones.

Y si Roosevelt, de origen judío y asesorado por judíos, dependía, en última instancia, del *Money Power* -- el Poder del Dinero -- representado por banqueros como Warburg, Kuhn, Loeb, Otto H. Kahn y Rockefeller, también directamente dependía de los hombres y las Fuerzas que habían financiado su aparatosa campaña electoral. El documentadísimo Henry Coston los menciona: Bernard Mannes Baruch -- decididamente omnipresente -- y su hermano Hermann; William Randolph Hearts (Hirech) el magnate de la Prensa; los banqueros Guggenheim y Vanderbitl; los hermanos Percy y Jesse Strauss, de los mastodónticos almacenes Macy's; Joseph

E. Davies, de la General Motors; Joseph P. Kennedy; la United States Steel; la familia Morgenthau; los prohombres sionistas Untermeyer y John J. Raskob; Morton L. Schwartz; Averell Harrimann y la R.J. Reynolds Tobacco. Exceptuando al irlandés Kennedy y -- parcialmente -- a la R. J. Reynolds Tobacco, los demás Individuos y entidades citados son Judíos. Entre los financiadores de menor cuantía la proporción de Judíos, especialmente sionistas, era abrumadora.[14]

La presión que el Gobierno Americano ejerció sobre Alemania fue, desde el primer día, agobiante. Esto se manifestó en mil detalles de la vida cotidiana, a parte de la tolerancia oficial con los organismos de boycot antí-alemán en suelo

---

[12] Roben E. Edmondsson: *I Testify*.

[13] *The New York Times*, 4-III-1935.

[14] Henry Coston: *La Haute Banque et les Trusts*.

norteamericano, a pesar de que éstos, con su actitud, infringían la ley del país. Como detalle revelador de esta actitud debemos mencionar el incidente del "Bremen". El 27 de Julio de 1935, este paquebote alemán, amarrado en la rada de Nueva York, no pudo desembarcar a sus pasajeros en vista de la actitud hostil de un millar de sionistas. Cuando el "Bremen" se disponía a partir, algunos manifestantes lograron subir al barco, por la parte de proa y, arrancando la bandera con la cruz gamada, la arrojaron al río Hudson. A consecuencia de este incidente, cinco personas fueron procesadas. El Juez Brodsky, Judío, les declaró absueltos. He aquí algunos de los considerandos de la insólita sentencia:

"Es muy posible que los acusados hayan arrancado la cruz gamada porque estimarán, con razón o sin ella, que este emblema simboliza todo lo que es contrario a los ideales americanos, cual son la libertad y el derecho a la vida".

"Es muy posible, también, que los acusados, con razón o sin ella, hayan atribuído a ese emblema el simbolismo del pabellón de un barco de piratas navegando audazmente en el puerto de una nación a la que acaban de hundir uno de sus barcos." Por otra parte, no está demostrado que esta manifestación puede ser considerada ilegal, pues el derecho a discutir libremente y públicamente asuntos que incumbieran a sus intereses fue reconocido por la *Petition of Rights* y por el *Bill of Rights* que constituyen los fundamentos de la Constitución Inglesa, sobre la cual se fundamenta la nuestra."

No consideramos útil añadir comentario alguno. Nos permitimos invitar al lector amigo a releer un par de veces este texto insólito. Para nosotros, esta sentencia, sencillamente, no es terrestre.

El Embajador de Alemania, Herr Luther, protestó oficialmente ante Cordel Hull, Secretario de Estado, por insultos al emblema nacional socialista. Las excusas de Hull, que subrayó que el Juez Brodsky no era portavoz del Gobierno Norteamericano, parecieron dar por concluido el Incidente. Pero, en realidad, sólo lo parecieron. La sentencia del Juez Brodsky es del día 6 de Septiembre. Las excusas de Cordell Hull son del 16. Pero, tres días antes de tales excusas, Hull había dado un paso de la máxima trascendéncia, y en sentido diametralmente opuesto. El día 13 de Septiembre Luther había sido informado por Hull que, a partir del día 15 de Octubre, las importaciones alemanas pagarían unos derechos de

Aduanas sesenta por ciento más elevados. Los medios industriales y comerciantes de los Estados Unidos habían aprobado esta medida. No olvidemos que América estaba aún, bajo los efectos de la crisis de 1929, iniciada precisamente en la Bolsa de valores de Nueva York, que había colocado al país al borde de la ruina y el colapso económicos. El *Big Business* norteamericano veía en una "Gran Cruzada Democrática" contra los fascismos autárquicos europeos una posible salida a sus problemas económico-financieros. La guerra aceleraría el ritmo de la máquina que, desde 1929, funcionaba con lentitud. La guerra aduanera -- que, como ya hemos mencionado -- completaba oficialmente las medidas tomadas privadamente por organismos tales como la "Federación Mundial Económica Judía", podía ser el primer paso. El segundo paso lo constituyó la dimisión de George Peek, Consejero Especial de Roosevelt para el comercio con el Extranjero. En los últimos meses de 1934 había iniciado gestiones para la conclusión de un acuerdo de trueque con el III Reich. Se trataba del *barter* (intercambio) de algodón norteamericano contra productos químicos alemanes. Cordell Hull se había opuesto al proyecto. Peek, sostenido por un sector de la industria americana, esperaba lograr sus propósitos, pero el día 31 de Octubre Bernard M. Baruch hacía unas declaraciones a la prensa afirmando que Peek ya no gozaba de la confianza del Presidente, y tres días después debía dimitir. Los belicistas habían conseguido marcar un tanto importante.

LA POLITICA EXTERIOR DE HITLER

La mayoría del electorado alemán que dio sus votos a Hitler conocía perfectamente los puntos programáticos de su Partido. En lo que atañe a la política exterior, se trataba de borrar las secuelas del Tratado de Versalles que en Alemania todos -- y no sólo los nazis -- denominaban el "Diktat". Hitler, en realidad, se apoyaba en los términos del propio Tratado. Por ejemplo, la cláusula relativa al Desarme, que había sido impuesta por el Presidente norteamericano, Woodrow Wilson, y que obligaba a todos los signatarios del Pacto, y no sólo a los vencidos alemanes. En la Conferencia de desarme, el Delegado alemán aprueba sin reservas el Plan MacDónald, presentado por la Delegación Inglesa. He aquí la substancia de ese Plan:

Alemania tendrá el derecho a duplicar los efectivos de la Reichswehr, que pasará, así, de 100.000 a 200.000 hombres. Francia será invitada a rebajar sus efectivos militares hasta la misma cifra de 200.000 soldados. Pero a esos 200.000 hombres para la defensa de su metrópoli, Francia podrá agregar otros 200.000 para la defensa de su Imperio. A Italia se le reconoce el derecho a un ejército de 200.000 hombres más otros 50.000 para sus colonias. Polonia -- cuya población es inferior a la alemana en un 50 por ciento -- tendrá, igualmente, derecho a un ejército de 200.000 hombres. Checoslovaquia 100.000 y la Unión Soviética, 500.000. Adicionando las fuerzas de Francia y sus aliados en Europa, es decir, Polonia, Bélgica, Rumania, Checoslovaquia y Yugóeslavia, se llega a un total de más de un millón de hombres, opuestos a los 200,000 de la Reichswehr, o nueva Wehrmacht. Esta disparidad se verá aún más acentuada por el hecho de que Alemania continuará, de momento, sin derecho a poseer una aviación de combate, mientras a Francia se le autorizan 500 aviones, a Polonia 200, a Bélgica 150 y a la llamada "Pequeña Entente", liada por un pacto militar con Francia (Checoslovaquia, Yugóeslavia y Rumania) nada menos que 550. Este plan deberá realizarse por etapas, durante un período de cinco años. Inglaterra, la promotora del Plan, se reserva, como es lógico, la parte del león. Un ejército de 300.000 hombres para su metrópoli y de 600.000 para el Imperio. Naturalmente, los ejércitos Imperiales de los Dominios, tales como Australia, Nueva Zelanda, Canadá, Sudáfrica y la India, no están incluidos en el Plan.

No obstante, el Plan MacDonald recibe el beneplácito general. Se acuerda que, una vez llevado a la práctica, al cabo de cinco años, volverá a estudiarse con objeto de proseguir, en una segunda etapa, el camino hacia el desarma general. En un discurso pronunciado ante el Reichstag, Hitler da su acuerdo al Plan MacDónald, pero formula una advertencia:

"Si la demanda de Alemania relativa a la igualdad de trato con las otras naciones, y concretamente, en el caso que nos ocupa, en el plano de los armamentos, no fuera satisfecha, preferiría retirarse de la Conferencia del Desarme y de la Sociedad de Naciones".

En una palabra: el Führer aceptaba el Plan de Desarme inglés, como un primer paso hacia la igualdad militar entre los grandes países de Europa. El propio Plan

MacDonald preveía una segunda etapa hacia esa igualdad, al cabo de cinco años. El discurso hitleriano tuvo un efecto afortunado: sugirió a Mussolini y al Embajador de Francia en Roma, Henry de Jouvenel, la firma de un Pacto de los Cuatro (Italia, Francia, Inglaterra y Alemania) susceptible, por la solidaridad de las cuatro potencias, de "afirmar su confianza en la Paz". La idea era buena. El Pacto fue firmado por los representantes de los cuatro países en el Palazzo Venezia, pero, desgraciadamente, tal Pacto nunca fué ratificado, por la oposición que encontró en los Parlamentos inglés y Francés. El clan belicista de París, aún más activo que el de Londres en esta ocasión, logró impedir que el Pacto se ratificara, y, en consecuencia, nunca llegó a entrar en vigor.

No fue sólo en la Asamblea Nacional donde se boicoteó el Pacto de los Cuatro. El propio delegado francés en la Conferencia del Desarme, Paul Boncour, fue el máximo adalid en contra del mismo, al torpedear el Plan MacDonald, al que, en un principio, se había adherido Francia. Paul-Boncour exigió que, antes de firmarse el acuerdo sobre el Desarme, se estudiara el control que se ejercería sobre Alemania. Nadolny, el delegado alemán, repuso que sólo estaría de acuerdo si también se estudiara un control igual sobre todos los consignatarios del Tratado, y, especialmente, Francia. No hubo acuerdo y Sir John Simón, Jefe de la Delegación Británica, informó Nadolny, de la Delegación Alemana, de "la imposibilidad de admitir un rearme de Alemania y de la necesidad de hacer pasar el funcionamiento del control por un período de ensayo". Ese período de ensayo, además, no se fijaba, ni en su inicio, ni en su duración. Por otra parte, no se decía una palabra más del Plan MacDonald ni del desarme de los demás países.

En otras palabras, a pesar de haberse comprometido a desarmarse todos los consignatarios del Tratado de Versalles, los antiguos vencedores (los Aliados) se negaban a hacerlo; además pretendían que Alemania continuara indefinidamente desarmada y querían controlarlo. Esto era una clara violación de los términos del Tratado de Versalles y, en la práctica completamente imposible. Ningún estado soberano del mundo aceptará jamás permanecer desarmado, rodeado por un anillo de estados hostiles que, a su ve se arman cuanto quieren. Francia tenía un tratado de asistencia militar recíproca con los países de la pequeña Entente y otro con Polonia. Tropas "irregulares", polacas e incluso lituanas violaban constantemente las fronteras del Reich. Tales violaciones no eran platónicas, sino sumamente prácticas. En 1921, por ejemplo, las tropas "irregulares" de Korfanty modificaron la frontera germano-polaca en Alta Silesia, ocupando dos mil kilómetros cuadrados de territorio, a pesar de que el plebiscito había mostrado claramente la voluntad de la mayoría de la población de continuar perteneciendo a Alemania, y no a Polonia. Korfanty, con las fuerzas que le seguían, logró que aquél territorio pasara bajo dominio polaco, pese a las no demasiado enérgicas protestas de la Comisión Aliada de Control, que toleró, "de facto", el desafuero[15]. La respuesta del Gobierno Alemán no se hizo esperar. Dos días después de la negativa de Sir John Simón, prácticamente forzada por la actitud de la Delegación Francesa en la Conferencia del Desarme, Alemania anunciaba que se retiraba, simultáneamente, de la citada Conferencia y de la Sociedad de Naciones. Aquella noche, Hitler pronuncia un largo discurso transmitido por radio para justificar su decisión. He aquí el fragmento que consideramos esencial:

"Se ha dicho que el pueblo y el gobierno alemanes han pedido que se les deje poseer un ejército más numeroso y fuerte: es absolutamente falso. Hemos pedido solamente la igualdad de derechos. Si el mundo decide destruir las armas, hasta la última ametralladora, estamos dispuestos a suscribir a un tal acuerdo. Si el mundo decide que ciertas armas deben ser destruidas, estamos dispuestos a renunciar a ellas. Pero si el mundo concede a cada pueblo el uso de ciertas armas, nosotros no estamos dispuestos a dejarnos excluir de su empleo, como si fuéramos un pueblo de segunda fila.

"Estamos dispuestos a tomar parte en todas las conferencias; estamos dispuestos a suscribir a todas las convenciones, pero sólo a condición de gozar de derechos iguales a los de los demás pueblos. Como hombre privado, nunca me he impuesto a una sociedad que no deseaba mi presencia o que me consideraba como un inferior. Nunca he obligado a nadie a recibirme y el pueblo alemán no tiene menos dignidad que yo. O bien dispondremos de derechos iguales a los de los demás pueblos, o bien el mundo no volverá a vernos en ninguna conferencia. "Será organizado un plebiscito para que cada ciudadano alemán pueda decir si tengo razón o si me desaprueba."

Como se ve, Hitler no pide otra cosa que la Igualdad de Derechos. Se lo pide a

---

[15] *British Encyclopedia*, Tomo XIII, pág. 475.

los representantes de unos gobiernos democráticos, para los que la "Igualdad", al mismo título que la "Libertad" y la "Fraternidad" constituye un dogma intangible de su arsenal ideológico. Hitler pide igualdad de trato para Alemania, y, en la práctica, al aceptar el Plan MacDonald reconoce la situación de facto y las obligaciones a que debe hacer frente Francia como potencia colonial, y acepta que ésta, de hecho, se vea reconocido el derecho a poseer un ejército con el doble de efectivos que el alemán, y además dotado del apoyo de una aviación de combate.

El argumento que se hizo valer -- como siempre, y en todos los casos -- es que Hitler mentía. El argumento no vale nada. Si se creía que Hitler mentía, razón de más para aceptar su plan que, para colmo de ironía, no era su plan, sino el plan inglés, elaborado por el líder laborista británico MacDonald. Si éste se llevaba a la práctica, evidentemente habría un control de la Comisión de Desarme, y de resultas de tal control se comprobaría que la "Igualdad" resultante dejaría a Alemania con un ejército de 200.000 hombres y sin aviación de combate, y a Francia con 400.000 con aviación y a los miembros de la Pequeña Entente con 625.000 y 550 aviones, y a Polonia con 200.000 y 125 aviones. Quedarían las democracias británica y soviética con 900.000 y 500.000 hombres, respectivamente. Y esto al cabo de cinco años, tras los cuales se reanudarían las conversaciones para continuar limitando, por etapas los ejércitos de los consignatarios.

Si resultaba que Hitler había mentido al aceptar el Plan británico de desarme, es evidente que las comisiones de control se apercibirían de ello y entonces los Aliados tendrían las manos libres para denunciar los acuerdos e incluso para tomar las medidas punitivas que consideraran necesarias. La Historia nos dice que los Aliados, los campeones teóricos de la Democracia, es decir de la Igualdad, rehusaban aplicar sus propios principios cuando se trataba de Alemania. Esto ha de ser siempre inaceptable para cualquier país, y más aún para un gran país, el primero de Europa en población, excluyendo a Rusia y que sólo pide a sus "partenaires" que apliquen los acuerdos sobre el desarme general que ellos mismos impusieron en el Tratado de Versalles.

Resulta incluso sorprendente la aceptación del Plan MacDonald por Hitler, por cuanto sancionaba, durante cinco años por lo menos, una situación de "Igualdad " formal pero que, en la situación política de entonces dejaba a Alemania con un ejército cinco veces menor que el de Francia y sus Aliados de la Pequeña Entente.

Si se contaba a Polonia, Alemania se encontraba rodeada por efectivos que sextuplicaban los suyos, y sin fuerza aérea que oponer a los 1.200 aviones del frente político francófilo. Hitler sin duda aceptó por cuanto significaba un paso adelante y con una fuerza armada, pequeña pero bien entrenada, sucesos como la ocupación militar de la rivera izquierda del Rhin, llevada a cabo por los franceses diez años atrás, no se podrían reproducir, a la vez que las tropas "irregulares" polacas deberían también de cesar en sus actividades incontroladas. Hitler sabía que la Naturaleza rechaza el vacío. Le constaba que un territorio indefenso excita la codicia del vecino armado. Un territorio indefenso sólo estará en seguridad si el vecino está desarmado. Nos excusamos por escribir esta perogrullada, pero nos vemos forzados a ello por el olvido general de una verdad tan elemental.

El plebiscito anunciado por Hitler tuvo lugar el 12 de Diciembre de 1933. Por 40.601.577 votos, es decir, el 95,2% de los electores inscritos, Alemania se colocó al lado del jefe que ella misma se había dado, democráticamente. Se ha dicho que ese resultado fue obtenido bajo coacción. Nos resistimos a creer que los ciudadanos fueran llevados a votar a la fuerza; la única coacción posible era la moral, es decir, el martilleo de la propaganda a través de la prensa y radio, pero esto se hace todos los días en los países oficialmente democráticos, y nadie lo llama coacción. El General De Gaulle fue plebiscitado en varias ocasiones, y en las elecciones generales americanas y británicas el público es invitado a pronunciarse, en la práctica, por dos candidatos o dos partidos; en definitiva, por dos alternativas. En el plebiscito del 12 de Diciembre de 1933, los alemanes tenían, también, dos alternativas: votar "SI" o votar "NO". El 95,2% de los electores -- y no el de los votantes como se ha dichoi -- votaron "SI". Un escritor Judío y antí-nazi, William Shirer, ha escrito: "En el campo de concentración de Dachau, 2.154 de los 2.242 detenidos políticos votaron por el Gobierno que les había encarcelado". Esos detenidos, según Shirer, eran sindicalistas y militantes social-demócratas y comunistas. Se trataba de "duros", es decir, de la contrapartida popular de los diputados social-demócratas que el 17 de Mayo precedente habían aprobado el discurso de Hitler por unanimidad, y sin que ninguna presión fuera ejercida sobre ellos por el Poder[16].

---

[16] William L. Shirer: "El III Reich, desde sus orígenes huta su Caída". Edición Francesa pág. 233. Shirer,

Este escrutinio fue la verdadera intronización popular y solemne de Hitler en el Poder. En las elecciones que le dieron el Poder, Hitler había obtenido el 52% de los sufragios; era ya mucho. Esta vez, tenía tras él a la casi unanimidad del pueblo alemán. Ya no se podría decir que imponía su Voluntad a todo un pueblo mediante métodos-terroristas; al contrario, era llevado materialmente en volandas por todo un pueblo que no podía admitir ser tratado en un plan de desigualdad, con respecto a los demás. He aquí los resultados de la política de los Aliados contra Alemania: Hitler era consolidado en el Poder gracias a las mismas medidas tomadas para ponerle en dificultades.

* * *

Puede decirse que el "leitmotiv" de la Política Exterior hitleriana es la aplicación general -- y no sólo unilateral y contra Alemania, como ha venido sucediendo desde 1919 -- del Tratado de Versalles. El Gobierno Alemán solicita que se aplique, a todos, el Desarme, progresivo, inmediato, parcial, total o como se prefiera, pero sobre la base de la sacrosanta "Igualdad" democrática para todos.

Solicita igualmente que se aplique el Artículo 19 del Tratado, que permite la Revisión pacífica de ciertas cláusulas, económicas y territoriales, del mismo. La única reclamación que hace Alemania a sus antiguos vencedores y consignatarios de Versalles, es la de colonias. El Punto III del Programa del Partido Nacional-Socialista reclama "colonias para la alimentación de nuestro Pueblo y el afincamiento de nuestro exceso de población". Obsérvese que no Se piden antiguas colonias alemanas, arrebatadas al Reich por los vencedores en virtud del Tratado de Versalles, sino únicamente "colonias" sin especificar. Más tarde, en una nota enviada por la Wilhelmstrasse, se sugería al Foreign Office y al Quai d'Orsay, que se consultara a los indígenas de los antiguos territorios coloniales de Alemania, si deseaban continuar bajo la administración anglofrancesa o bien volver a depender de la soberanía alemana.

La propuesta alemana fue presentada sin gran convicción y sólo tras el silencio con que respondieron Londres y París a las demandas coloniales anteriores. Pero

---

probablemente exageraba. Si una parte de los socialistas votaron aprobando el discurso del Führer, parece probado que los social-demócratas votaron en. (N. del A.)

lo curioso es que en Londres encontraron la petición Germana muy razonable pues, según un testimonio de tanta calidad como el de Lloyd George, el antiguo Primer Ministro, la guerra estallaría más pronto o más tarde si no se atendían las propuestas alemanas en materia colonial. Pero en los medios políticos influyentes de Londres se consideraba que quien debía ceder sus colonias -- concretamente el Camerún y el Togo -- era Francia. Esto causó en París el imaginable revuelo y, por fin, en una reunión entre Bonnet y Simón, los dos Ministros de Asuntos Exteriores, se acordó, en una nota enviada a la Wihelmstrasse, que se estudiaría la cesión a Alemania de territorios coloniales portugueses, holandeses y belgas. Esto era una manera de decir no al Reich y, de paso, colocar a esos pequeños países en la órbita antialemana. En vista del escaso -- o nulo -- éxito de la petición, en Berlín no se insistió más sobre ese punto.

* * *

Creemos que Hitler puso sobre el tapete la Cuestión de las colonias contando con una negativa que le pondría a él en mejor posición en ulteriores discusiones con las democracias occidentales. Hitler, es cierto, reclamaba "espacio vital" (*Lebensraum*) para su pueblo, pero no era un entusiasta de las colonias, al menos en la forma en que se entendía entonces la estructura interna y el funcionamiento de las mismas. El coloniaje, según exponía el propio Hitler en su *Mein Kampf*, hace imposible la unión sangre-tierra, base de la política racista del III Reich. "Las colonias sólo sirven para chupar la mejor sangre de la Nación", afirmaba.

Si hay algo de claro, de diáfano, en la política internacional de los años treintas y principios de los cuarentas, es el deseo de Hitler de que Alemania crezca territorialmente a costa del Comunismo Soviético. La estallante Demografía alemana debe extenderse por las tierras del Este del Báltico y del Occidente de Rusia, una vez arrebatadas a los soviéticos, que pasarían a desaparecer como amenaza potencial para Alemania en particular y para todo el Occidente en general. Para desarrollar esa política necesitaba la amistad -- si posible -- o al menos la benévola neutralidad, de Inglaterra y Francia. Ello explica la escasa insistencia de la Wilhelmstrasse en lo tocante al asunto de las Colonias.

Pero también explica el Tratado Naval Anglo Germano, concluido el 18 de Junio de 1935, por al que el III Reich se comprometía a que el tonelaje de su flota de guerra no sobrepasara el 35 por ciento del de la británica. Era un acuerdo de contrapartida. Inglaterra no se comprometía ni se obligaba a nada. Simplemente, era Alemania la que se imponía la obligación, sancionándola solemnemente mediante un tratado Internacional, a que su Flota, en el mejor de los casos, fuera, aproximadamente, equivalente en tonelaje a un tercio de la Inglesa. Este acuerdo era un seguro ofrecido, gratuitamente, a Inglaterra, para que no se sintiera amenazada. Su insularidad, protegida tras una "Home Fleet" que es, entonces, la primera fuerza naval del mundo, es una garantía contra cualquier Invasión. Sin una Flota de Guerra superior o, al menos igual a la Inglesa, tal invasión es imposible. Hitler, en numerosos discursos ha dicho que no tiene nada que pedir a las democracias occidentales. Ahora completa sus declaraciones con un hecho altamente significativo: al Tratado Naval demuestra que no existen intenciones agresivas contra Inglaterra. Es más, en la practica Hitler aún Irá mal lejos su "Kriegsmarine" no representa, de hecho, no ya el 35 por ciento del tonelaje de la "Home Fleet", sino ni siquiera el 10 por ciento. El "Intelligence Service", siempre bien Informado, no puede ignorar que, a parte al "Bísmarck", Alemania se limita a construir cuatro acórazados ligeros, los llamados "acorazados de bolsillo". Cuando la guerra estalla en 1939, la Flota da Guerra Francia es, en tonelaje, casi cinco veces superior a la alemana.

Hitler, por otra parte, siempre manifestó que al Imperio Británico era un baluarte contra el caos en el mundo y que los intereses de Inglaterra y los de Alemania no eran contrarios el uno al otro, sino complementarios. En cuanto a Francia, con la renuncia definitiva por parte de Alemania a Alsacia y Lorena, desaparecían entre las dos naciones cualquier motivo de fricción.

Sólo quedaba el Sarre. Según los términos de una de las cláusulas del Tratado de Versalles, en Enero de 1935 debían llevarse a cabo consultas populares en el territorio del Sarre, para poner en claro si la población de ese territorio deseaba pasar a ser un Departamento Francés o si prefería retornar a la soberanía del Reich. También se les ofrecía a los sarresas la posibilidad del "statu quo", es decir, de optar por una posición intermedia, quedando en estado independiente, o incluso parcialmente dependiente de Francia y Alemania a la vez. Pero, dos meses antes de la convocatoria de las elecciones en ese territorio, Francia concentró cuatro divisiones de infantería junto a la frontera, pretextando posible motines ante las elecciones. El Gobierno Alemán protestó enérgicamente por esa extemporánea demostración de fuerza, la cual constituía, ciertamente, una coacción hacia los electores. Tras un intercambio de notas de protesta entre la Wilhelmstrasse y el Quai d´Orsay, la Sociedad de Naciones envió una fuerza de policía internacional que permitiera y garantizara la celebración normal del plebiscito.

Este tuvo lugar, bajo control internacional, el 13 de Enero de 1935. Se preguntaba a los sarreses si, tras sus quince años de experiencia al formar parte de la República Francesa, deseaban unirse libremente a esta. También tenían la alternativa de volver a formar parte del Reich, o bien de continuar en el statu quo, es decir, ser independientes. Pese a quince años de propaganda francófila y pese a proponérseles a los sarreses una serie de ventajas de tipo fiscal y aduanero si deseaban pasar a formar parte de Francia, sólo votaron por ésta el 0,4 por ciento de los electores; el 8,85 por ciento prefirieron independencia del Sarre, y el 90,75 por ciento la unión con el Reich. Quince años de propaganda francófila y germanófoba; quince años de promesas a los sarreses para que se convirtieran en franceses "de clase primera especial" y dos años de propaganda antihitleriana en el Sarre, todo ello reforzado con la presencia militar y policial, para obtener, sólo, un 0,4 por ciento de los sufragios. ¡Estridente fracaso de la política francesa!... Y, sin embargo, las cosas; pudieron haberse solucionado de manera menos favorable a Alemania, aunque tal vez más favorable al entendimiento general entre los pueblos de Europa. En Noviembre de 1934, dos meses antes del plebiscito sarres, Hitler entregó una nota diplomática al Embajador de Francia, Francois-Poncet proponiéndole solucionar el conflicto de una manera amistosa y sin recurrir a las urnas: el Sarre volvería al seno del Reich, pero un tratado económico permitiría a la industria francesa continuar beneficiándose de sus recursos como lo había hecho desde 1919 hasta 1934. Pero el Gobierno Francés declinó la oferta, en la que no vio más que una confesión de impotencia de Hitler, que sólo la proponía por estar seguro de la hostilidad del pueblo sarres a Alemania y al régimen nacional-socialista.

El plebiscito sarros, que tuvo lugar bajo el control de la Sociedad de Naciones, es decir sin que Alemania pudiera intervenir ni en las operaciones de voto ni en la proclamación de los resultados, sin que Alemania pudiera realizar propaganda favorable a su tesis más que durante dos meses mientras que los franceses pudieron emplear para ello quince años, sirvió para demostrar que Hitler obtenía el mismo porcentaje de sufragios favorables que en Alemania bajo su control. Ya era más difícil pretender que elecciones y plebiscitos que llevaba al poder a Hitler y le consolidaban en él estaban trucados Sólo hacía unos meses que el 88'9 por ciento de los electores inscritos, es decir, casi el 96 por ciento de los votantes habían aprobado el decreto por el que, a la muerte de Hindenburg, las funciones de Presidente del Reich se fusionarían con las de Canciller y que, por vía de consecuencia "todas las atribuciones y prerrogativas del Presidente serian transferidas al Canciller, Adolf Hitler".

El Plebiscito sarrés indicaba claramente, que se quería evitar que otras minorías étnicas alemanas, que se encontrarían probablemente en las mismas disposiciones de espíritu que los electores sarreses, tal como ocurría en los Sudetes, en Posen, en la Alta Silesia, en Dantzig, Memel o la propia Austria, reclamaban su anexión al Reich, las democracias occidentales, Inglaterra, Francia y la América de Roosevelt no tenían a su disposición otro medio que la fuerza.

El primero de mayo de 1935, las fuerzas de policía de la Sociedad de Naciones entregaban oficialmente la administración del Sarre a las autoridades alemanas, y Hitler declaraba ante el Reichstag: "Alemania renuncia solemnemente a toda reivindicación sobre la Alsacia y la Lorena; tras el reintegro del Sarre, la frontera franco-alemana puede ser considerada como definitivamente trazada". Pero el mismo día, el Mariscal Pétain publicaba un artículo en una revista oficiosa y de gran predicamento en los medios militares [17] acentuando la necesidad de la reimplantación del Servicio Militar obligatorio por un período de dos años. Cinco días después, Pierre-Etienne Flandin, Ministro de Asuntos Exteriores, presentaba un proyecto de ley en tal sentido ante el Congreso de los Diputados. Este proyecto de ley era aprobado, tras un apasionado debate, por la cámara, el 16 de marzo. Sólo cuatro horas más tarde el Führer entregaba a su Consejo de Ministros un Decreto que restablecía el Servdo Militar Obligatorio en Alemania, estableciendo que la Reichswehr se componía, en tiempo de paz, de doce Cuerpos de Ejército y treinta y seis divisiones.

Con ese Decreto-Ley, Hitler destruía lo que aún quedaba vigente de la Parte V

---

[17] *Revue des Deux Mondes*, Paris, I-III-1935.

del Tratado de Versalles, recuperando su libertad de acción. Se ha sostenido, a posteriori, que si Francia no hubiera reestablecido el Servicio Militar Obligatorio, Hitler lo habría hecho, más pronto o más tarde. Esto es imposible de aclarar. Nadie sabe lo que Hitler hubiera hecho si Francia no hubiera reimplantado el servicio militar. Nadie podrá saberlo nunca, y, en ese terreno, todo son hipótesis. Lo que sí sabemos, a ciencia cierta, es que, cronológicamente, Francia fue la primera nación de Europa que reimplantó el servicio militar, a parte, naturalmente, de la Unión Soviética.

Aquí deseamos hacer un inciso importantísimo: Hemos dicho que Francia reimplantó el Servicio Militar Obligatorio, tras la Unión Soviética. Pero esto no implica que otras naciones europeas y extra-europeas no lo hubieran reimplantado por la sencilla razón de haberlo tenido siempre en plena vigencia. La decisión de Hitler de instituir el Servicio Militar obligatorio llegaba cuando ya tenían tal institución en funcionamiento los Estados Unidos, Italia, Polonia, Inglaterra y sus Colonias y Dominios y -- desde hacía cuatro horas -- Francia. Hitler, simplemente, tomaba nota de los hechos tal cual eran, y en vista de que las demás naciones no daban paso político alguno para desarmarse, y que Francia, incluso, restituía el Servicio Militar, lo reinstituía él también en Alemania. Los precedentes aludidos de la invasión de la cuenca del Ruhr por los franceses en 1923 -- con una ocupación parcial que duró siete años --, o de la anexión de la Alta Silesia por los "Incontrolados" de Korfanty en beneficio da Polonia, no podrían, así repetirse impunemente.

EL PACTO FRANCO-SOVIÉTICO

El Delegado da Francia en la Sociedad da Nacional, Paul Boncour, que ya había hacho fracasar al Plan MacDonald sobre el Desarme, puso la primera piedra al, por los comunistas franceses, llamado monumento a la paz que debía ser la alianza político-militar qua debían firmar Francia y la URSS. Fue en los pasillos de la Sociedad de Naciones donde Paúl Boncour hizo la propuesta sin ambages al embalador soviético, Litvinov[18]. Pero fue Barthou, entonces ministro de Asuntos

---

[18] La Delegación Soviética en la S. de N. estaba compuesta por Maxim Wallach (a) Litvinov, Presidente, y Stein, Murkus (a) Helphand, Bernners, Hirschfield y Wanidze. Será, si se quiere, pura coincidencia pero exceptuando a este último, todos eran Judíos (N. del A.).

Exteriores, quien ya el 17 de Abril de 1934 Inició su maniobra de careo de cerco de Alemania mediante la adhesión de la URSS a la Sociedad de Naciones.

No fué fácil. En primer lugar, por que Stalin consideraba a la S. de N. como una "liga de bandidos" -- ¡y él, antiguo atracador, debía saberlo muy bien! -- y el Tratado de Versalles, del que nació aquella, como un "dictado de odio y de latrocinios", que urgía derogar cuanto antes. En segundo lugar porque la URSS estaba en pésimas relaciones con varios de sus miembros tales como Polonia, Rumania, Checoslovaquia y Hungría, a todas las cuales reclamaba territorios, amén de acusarlas de no ser otra cosa que un cordón sanitario, o una alambrada dispuesta ante ella por la S. de N. finalmente, el Ministro Barthou no parecía el más indicado para llevar a cabo esa operación, pues, en 1932, cuando un tratado de amistad y de asistencia mutua, válido por dos años, acababa de ser firmado entre Francia y la URSS, actuando de "comadronas" Herriot y el embajador soviético en París, Dovgalewski, el aludido Barthou se había pronunciado en contra, alegando que los caballeros no firmaban pactos con los bolcheviques. Pero nada de esto arredraba a Monsieur Barthou, tal vez por padecer amnesia o quizá por no considerarse él mismo un caballero, y pronto conseguía que Rumania y Checoslovaquia establecieran relaciones diplomáticas normales con la URSS. De momento no logró igual éxito con Polonia, negándose Pilsudski a entrar en el juego.

Pero el reconocimiento de Jure de la Unión Sovietica por Checoslovacos, Rumanos place a Stalin, que se siente amenazado en el oeste por la resurrección económica y política de Alemania cuyo Führer, Hitler ha declarado la guerra al comunismo y ha internado a los líderes comunistas e incluso socialistas en los campos de concentración, y al Este por el pujante Japón, que ha conquistado posiciones vecinas en Manchuria y Mongolia. A Stalin le conviene que "fascismo" y democracias occidentales se enemisten entre sí. Para los soviéticos, Monsieur Barthou se convierte en un gran hombre, y cuando sugiere a Stalin que la URSS entre en la S. de N. este accede.

Una vez conseguido su primer objetivo de hacer entrar a la URSS, como miembro responsable de la comunidad de los pueblos, en la S. de N., Barthou quiere revalidar el pacto Franco-Soviético, pero ampliándolo y convirtiéndolo ahora en una alianza ofensivo-defensiva. Para esconder su juego emprende una segunda tournée diplomática, en la que lanza la idea que a él le consta que no puede tener éxito alguno: un pacto de Este, asociando a todos los países de Europa central incluyendo a Alemania y la URSS. Se trataría de una especie de Locarno oriental. Los consignatarios se garantizarán mutuamente sus fronteras.

Por supuesto Hitler responde que Alemania no se adherirá a un tal Pacto, y que no tiene ninguna Intención de firmar un tratado que le obligue a prestar asistencia a la URSS y a defender al régimen soviético si este fuera atacado. Pero Barthou quiere creer que ha demostrado al mundo qua sus esfuerzos diplomáticos no se dirigen contra Alemania y que ha logrado, si se nos permite el galicismo, "salvar la cara". La demanda de adhesión de la URSS en la S. de N. es aprobada por 38 votos a favor, 3 en contra y 7 abstenciones. A partir de este momento la S. de N. ya no es para los comunistas del mundo entero "una liga de bandidos" y a sus ojos, el Tratado de Versalles, "dictado de Odio y de Latrocinio", la transforma en un Tratado altamente equitativo y razonable.

Aunque Barthou es asesinado en Marsella por un terrorista croata que alcanza también al Rey Alejandro de Yugoslavia, las negociaciones por él iniciadas son continuadas por Pierre Laval, que le sucede en el cargo El 2 de Mayo de 1935, Francia y la URSS firman un trato da Asistencia Mutua, Política y militar, y el 14 de Junio Laval se traslada Moscú, de donde regresa con la célebre declaración de Stalin que desarma al Partido Comunista Francés en su lucha contra los presupuestos militares y hace que todos los Comunistas del mundo pasen al clan belicista y antialemán. Stalin, que sólo Tres meses antes trataba de asesinos y gangsters de la política a los gobernantes de París manifiesta que: "Francia tiene el deber de armarse hasta los niveles que ella misma considere necesarios para su seguridad". Como por arte de magia, las huelgas en la industria pesada y de armamentos francesa desaparecen.

El 15 de junio de 1935, el Pacto Franco-Soviético es completado con un Pacto ruso- checoeslovaco. Recordemos, de paso, que, en estos momentos históricos, Francia, a parte de su Pacto con la URSS, dispone de otro Pacto con Polonia y otro con la Pequeña Entente, es decir, con Checoslovaquia Yugoeslavia y Rumania, amén de su Pacto con Bélgica. La URSS está unida con pactos militares con Checoslovaquia, y de amistad y cooperación con Rumania y Polonia, a parte del Tratado, recientemente firmado con Francia. La vieja política de Richelieu, consistente en crear sistemas de alianzas alrededor de Alemania, ha sido emprendida con éxito.

En respuesta a esas medidas, el gobierno alemán promulga, el 21 de mayo la ley anunciada en el decreto del 16 de marzo sobre la reconstrucción de la Wehrmacht. Los aviones pesados de bombardeo Junker 52, los ligeros de bombardeo Heinkel 70, los de reconocimiento marítimo Dornier 22 y los de caza Arado 65 hacen su aparición sobre los cielos de Alemania en la semana que sigue a la firma del Tratado Franco-Soviético. Empieza la construcción del acorazado "Bismarck" y de los acorazados ligeros "Graf von Spee", "Scharnhorst", así como de cuatro torpederos y once submarinos. Y en el primero de octubre de 1935, los efectivos de la Wehrmacht llegan a la cifra de 650.000 hombres.

Es preciso reconocer que, ya desde abril de 1934, figuraban en los presupuestos militares alemanes créditos para la construcción de esos aviones y navios. Pero hay que recordar que, por una parte, fue el 14 de octubre de 1933 cuando Alemania se retiró de la S. de N. ante la negativa de ésta a concederle la igualdad de derechos militares, recuperando, con tal retirada, su libertad de acción, y, por otra, que en el curso de 1934 todos los países de alguna identidad militar habían tomado medidas de rearme terrestre, naval o aéreo tanto o más importantes que las adoptadas por Alemania. Por ejemplo, Inglaterra el 19 de agosto de 1934, anunciaba el refuerzo de su flota aérea con la creación de 42 nuevas escuadrillas[19]. Esta decisión difícilmente podía ser motivada por Alemania entonces, sino más bien -- o, al menos, también -- por la expansión japonesa en Extremo Oriente, que amenazaba a los intereses Británicos. El 23 de Julio, los Estados Unidos anunciaban la puesta en marcha en sus astilleros, de 360.000 toneladas de unidades navales, y poco después de 2.300 aviones[20].

El primero de marzo de 1935, el Primer Ministro, Baldwin, había propuesto al Parlamento un vasto plan de rearme terrestre, naval y marítimo, para el cual había obtenido créditos prácticamente ilimitados. El motivo de esa carrera de armamentos no era otro que la guerra Ítalo-etíope.

LAS DEMOCRACIAS ECHAN A MUSSOLINI EN BRAZOS DE HITLER

---

[19] *The Times*, Londres, 19-VIII-1934.
[20] *Chicago Tribune*, 23-VIII-1934.

En 1935, seis potencias europeas se repartían el dominio político de continente africano: Inglaterra, Francia, Portugal, Bélgica, España e Italia. Sólo eran Independientes Liberia -- prácticamente, a efectos políticos, una colonia norteamericana -- y Etiopía.

El 18 de Marzo de 1934, Mussolini había declarado ante la II Asamblea del Partido Fascista que Italia necesitaba una expansión en África. Sus territorios de Libia y Cirenaica, más los yermos parajes de la Somalia y Eritrea no bastaban a su demografía. El nombre de Etiopía no se había pronunciado, pero nadie podía dejar de darse por enterado, por ser éste país el único territorio africano independiente que tenía fronteras -- por Somalia y Eritrea -- con territorios italianos. Naturalmente, Inglaterra se puso en guardia. El Nilo Azul tiene sus fuentes en Etiopía, y del Nilo Azul depende la prosperidad de Egipto, "glacis" protector del Canal de Suez, a su vez clave de bóveda de todo El imperio Británico. Londres teme que los italianos puedan cambiar el curso del río. Por otra parte, si Italia se apodera de Etiopía, el Sudan Anglo-Egipcio quedará emparedado entre dos territorios italianos: Libia, al Oeste; Etiopía, soldada con Eritrea y la Somalia Italiana, al Este. Un poderoso imperio colónial europeo se instalará, así, peligrosamente cerca de la vieja Ruta Imperial Británica, es decir, por la línea que partiendo de Gibraltar, continúa por Malta, el Canal de Suez, Aden, Socotra, Ceylán y Singapur, para terminar en Hong Kong. Es evidente que Inglaterra no lo puede permitir. El sagrado egoísmo nacional inglés no puede tolerar que Italia se apodere de Etiopía. De manera que Londres ayuda comercial y militarmente al Negus de Etiopía, mientras en la S. de N. hace aprobar todo un programa de sanciones internacionales contra Italia.

Antes de producirse este enfrentamiento indirecto anglo-italiano, Mussolini muy sensible a la amistad con Inglaterra y Francia. También había recibido a Hitler quien, la primera vez, si hemos de creer el testimonio del Conde Ciano, Ministro de Asuntos Exteriores y yerno del Duce, le había causado una pobre impresión[21]. Mussolini era muy amigo de Dollfuss, el Primer Ministro Austríaco, cuya muerte a manos de los nazis austríacos, le había causado una penosa Impresión. Además, se oponía al "Anschluss", o unión de Austria y Alemania, y había tomado medidas ciertamente discriminatorias contra las minorías étnicas de Tirol del Sur, llamado por los italianos

---

[21] Galeazzo Ciano: *Memorias*.

Alto Addige. Para colmo, Mussolini participó en la Conferencia de Stresa, que no era otra cosa más que una alianza mutua entre Inglaterra, Francia a Italia. El pacto de Stresa, firmado al 11 de enero de 1935, debía completar al cerco mílitar y político de Alemania por el Sur.

Pero al llamado Frente de Stresa tendrá una vida efímera, pues no resistirá los efectos de la guerra Italo-Etíope. Mussolini denuncia los acuerdos de Stresa, mientras Hitler le tiende una mano diplomática, sosteniéndole moral y materialmente ante la presión directa e Indirecta de Inglaterra. Al embargo del petróleo que los ingleses Imponen a los italianos responde Mussolini comprando carburantes sintéticos a Alemania. Esto permitirá a los italianos terminar victoriosamente la guerra al 5 de mayo de 1936, con la ocupación de Addis-Abeba, mientras el Negus se refugia en Londres.

Por otra parta, en Francia gobierna el Frente Popular, con León Blum a la cabeza. Para Blum, Mussolini no es un jefe de Estado sino únicamente "el asesino del socialista Mateotti", y se negará a entrevistarse con el Duce, que le había solicitado audiencia. La bofetada diplomática es demasiado fuerte. Mussolini se vuelve hacia Alemania, cuyo régimen presenta numerosos puntos de contacto ideológico con al Fascismo, Las democracias occidentales han echado a Mussolini en brazos de Hitler.

La amistad germano-italiana la fomentará con ocasión de la guerra de España, en qua Roma y Berlín ayudaran a las tropas nacionalistas del General Franco, mientras los gobiernos de París, dominados por el Frente popular se inclinaran del lado gubernamental. Al lado de París se colocará resueltamente Moscú, y, en menor escala, Washington. En cuanto a Londres mostrará; una muy ligera -- y en todo caso platónica -- amistad hacia los republicanos.

REMILITARIZACION DE RENANIA

El Pacto Franco-Soviético había oficializado una situación de hostilidad entre la República Francesa y el Tercer Reich. En efecto, un postulado fundamental de la política de Hitler consiste en su idea de la *Drang nach Osten,* la Marcha hacia al Este, vocación natural del pueblo germánico desde los Caballeros de la Orden Teutónica, e incluso desde Carlomagno.

Es difícil ver como podría llevarse a cabo una tal política sin recurrir a la Guerra, a menos que la provocara al hundimiento de la URSS aislándola política, militar y comercialmente, y sosteniendo, al mismo tiempo a los movimientos irredentistas de Ucrania. Esta política fue la seguida inicialmente por Hitler, que sueña en un basto territorio a colonizar, con ucranianos y Bielorusos bajo tutela germánica. Los inmensos espacios del Este europeo quedarían así abiertos a la expansión colonizadora de Alemania. Ya en *Mein Kampf*, Hitler anuncia sus esperanzas en ese programa; el coloso Bolchevique es un gigante con pies de arcilla que sólo se mantiene en el poder merced al terror policíaco ayudado por el fatalismo oriental. Pero existe la posibilidad que la política de aislamiento de la URSS y de apoyo a los ucranianos y bielorusos que preconiza Hitler no sea infundada para provocar el derrumbamiento del coloso y que llegue el día en que sea necesario enfrentarse militarmente con el: he aquí el motivo por el cual Hitler desea hacer la paz -- la paz real y no sólo una paz armada -- con Occidente, al que no reclama nada. Para una intervención militar en el Este, Hitler necesita las manos libres, es decir, no verse forzado a hacer la guerra en dos frentes.

A tal fin se firmó el Pacto de Locarno, por el que ingleses e italianos venían a dejar las manos libres a Alemania, así como los franceses, aún cuando la política reticente de éstos y sus coqueteos con Polonia y la Pequeña Entente ensombrezcan un poco el cuadro que, de otro modo, aparecería muy claro para el Reich.

Contra esta política, el Pacto Franco-Soviético surge como un obstáculo que, junto con el pacto Ruso-Checo que lo complementa, instala políticamente el Bolchevismo en Europa Central, y además quita a Hitler toda posibilidad de impedir que se siga extendiendo por toda Europa si no es mediante el recurso de una guerra en dos frentes. La diplomacia francesa no solamente instala, mediante sus tortuosas alianzas, al Comunismo en el centro de Europa y le tiende un puente con occidente mediante su alianza con la pequeña entente, sino que, al mismo tiempo, le otorga una patente de respetabilidad de la que hasta ese momento, carecía. Lógico es, pues, que Stalin acoja el Pacto como una bendición y, en reciprocidad, ordena a los comunistas franceses que cesen sus huelgas y algaradas que tanto mal han hecho a la economía francesa.

He aquí cuál era la posición adoptada por el Reich ante esa auténtica agresión diplomática que representaba el Pacto Franco-Soviético:

A) Al comprometerse a Intervenir en favor de la URSS, Incuso si el Consejo de la sociedad de naciones no anunciara ninguna recomendación, Francia tomaba con respecto a aquella potencia unos compromisos que sobrepasaban con mucho las obligaciones que le incumbían en virtud del articulo de la S. de N. pues Francia, literalmente, "se reservaba el derecho a determinar quién sería el agresor", lo cual si desde el punto de vista de la política es una monstruosidad.

B) Por el Tratado de Locarno, Francia se había comprometido a no llevar a cabo operaciones militares contra Alemania, salvo en caso de legitima defensa o si Polonia y Checoslovaquia, con las que Francia tenía en vigor Pactos de mutua asistencia, fueran atacadas por el Reich. Dejando aparte estos casos precisos, Francia renunciaba a todo recurso a las armas con respecto a Alemania, a cambio de una promesa similar por parte de Alemania y de la creación de una zona desmilitarizada en Renania, en la rivera izquierda del Rhin.

C) A parte de las circunstancias especificadas en el Tratado de Locarno el Pacto Franco-Soviético introducía en la legislación internacional, y por la exclusiva voluntad de dos de sus miembros, Francia y la URSS, es decir de una ínfima minoría, un tercer caso: aquél en que Alemania se encontrara en lucha con la Unión Soviética, precisando que, en este caso, Francia se reservaba el derecho a determinar que el agresor era Alemania y que le incumbiría, no sólo el derecho, sino el deber de intervenir, atacando a Alemania. Algunos exégetas cultivadores del humorismo involuntario han pretendido que el Pacto Franco-Soviético no se dirigía contra Alemania[22]. Si el Pacto no se dirigía contra Alemania ¿contra quién se dirigía, entonces? Por que no cabe duda razonable: un Pacto de ayuda militar se dirige forzosamente, por definición contra alguien.. ¿Contra quién podía ser, en la situación dada? No podía, ciertamente, ser contra Polonia, aliada con Pactos con la URSS y, desde su restauración como nación independiente, en 1919, con Francia. Tampoco podía ser contra Checoslovaquia, que acababa de suscribir un pacto de ayuda mutua con Stalin. Ni contra Rumania, que, al igual que Yugoslavia, miembro de la Pequeña Entente, tenía un pacto militar con Francia... A menos de creer que Francia prometía su ayuda a la Unión Soviética en caso de ser agredida por Estonia, Letonia,

---

[22] León Blum, y su sobrino, Ministro del Interior, Jules Moch (a) Moshe, fueron los campeones de esa acrobacia mental. (N. del A.).

Lituania o Finlandia, no quedaba, físicamente, otra posibilidad que un enfrentamiento armado con Alemania. Es ridículo, pues, negar que el Pacto Franco-Soviético estaba concebido contra el Reich.

Por consiguiente, el 25 de mayo, el gobierno alemán enviaba una nota al francés, resumiendo esta posición: "Toda intervención de Francia en aplicación del Pacto Franco- Soviético sería contraria al artículo 16 del Pacto de la S. de N. y significaría una violación del Tratado de Locarno". Hitler sólo mencionaba el artículo 16 del Pacto de la S. de N. incidentalmente. En realidad, insistía en lo referente a la violación del Tratado de Locarno, que él había calificado como "el único tratado verdaderamente claro y estimable que existe en Europa"[23].

Francia se tomó nada menos que un mes en contestar al memorandum alemán. El 25 de Junio de 1935 la nota francesa tiene la audacia de afirmar que "el Pacto Franco-Soviético no es un compromiso militar". La respuesta francesa no resiste el más somero examen; el texto del Pacto dice, expresamente:

> "En el caso en que Francia o la URSS fueran objeto de una agresión no provocada por parte de un citado europeo, la URSS y recíprocamente Francia se prestarán inmediatamente ayuda y asistencia".

Y repetimos: los firmantes serán únicos Jueces para determinar quién es el agresor, independientemente de lo que en tal sentido pueda dictaminar la S. de N., de la que ambos forman parte Blum hace más. Quiere obtener la caución moral de los consignatarios; del Tratado de Locarno y les formula a todos la misma pregunta: "¿Consideran que el Pacto Franco- Soviético contiene implicaciones militares? Londres, Roma y Bruselas piden aclaraciones sobre la pregunta. París la formula en otros términos: "¿Creen que el Pacto Franco-Soviético se opone al Pacto de Locarno?".

Después de mucho hacerse rogar, Londres responde el 5 de Julio. "La firma del Pacto Franco-Soviético no modifica en nada las obligaciones contraídas por la Gran Bretaña "... pero no da su aprobación. Algo muy inglés. Como si se hubieran puesto de acuerdo, Roma y Bruselas responden del mismo modo. Esto endurece aún más

---

[23] Discurso en el Reichstag. 21-V-1935.

la posición de Alemania, y al ser anunciado, el 7 de enero de 1936, que la discusión sobre la ratificación del Pacto en el Parlamento francés tendrá lugar el 12 de febrero, Hitler hace saber al Gobierno Francés, a través de su Embajador en París, que el Reich "considerará la ratificación del Pacto Franco-Soviético por el Parlamento Frances como un gesto hostil hacia Alemania, e incompatible con las obligaciones del Pacto de Locarno, cuyo texto y espíritu habría violado Francia".

El debate sobre la ratificación duró quince días. El conocido periodista Bertrand de Jouvenel, de la revista *Paris-Midi*, logró que Hitler le concediera una interviú el 21 de febrero, en pleno debate. Jouvenel preguntó a Francia sobre su sinceridad cuando afirmaba buscar la amistad con Hitler cuando en *Mein Kampf* aparecen dos o tres diatribas bastante duras contra los franceses. Hitler respondió:

"Estaba en presión cuando escribí ese libro. Las tropas francesas ocupaban el Ruhr. Era el momento de mayor tensión entre nuestros dos países. Sí. Éramos enemigos. Y yo, naturalmente, estaba al lado de mi país, contra el vuestro, del mismo modo que estuve al lado de mi país, contra el vuestro, durante cuatro años, en las trincheras. Me despreciaría a mí mismo si no fuera, ante todo, Alemán cuando llega la guerra. Pero, ya no hay razón alguna de conflicto entre nuestros dos países. ¿Qué queréis? ¿Que haga correcciones en mi libro como un escritor que prepara una nueva edición de sus obras...? Yo no soy un escritor; yo soy un político ¿Mi rectificación? La hago cada día en mi política exterior, buscando siempre la amistad con Francia... MI rectificación la escribo en el gran libro de la Historia".

Jouvenel le planteó, entonces, otra pregunta: "Deseáis el acercamiento franco-alemán. ¿Es que el Pacto Franco Soviético no va a comprometerlo?" Respuesta de Hitler:

"Mis esfuerzos personales hacia un acercamiento. Persistiran siempre. No obstante, en el plano de los hechos, este desdichado Pacto crearía, naturalmente, una situación nueva". Hitler remarcó la frase diciendo: "Os dejáis arrastrar en el juego diplomático de una potencia que todo lo que desea es crear el desorden en las grandes naciones europeas; desorden de el que ella sería la gran beneficiaria. No daba perderse de vista al hecho que le Rusia Soviética es un elemento político que dispone de una revolucionaria explosiva y de armamentos gigantescos. Como alemán, estoy en el deber de tomar nota de una tal situación. El Bolchevismo no tiene posibilidad alguna de tener éxito en Alemania. Pero hay otras grandes naciones que están menos inmunizadas que nosotros contra el virus bolchevique... Haríais bien en reflexionar seriamente en mis ofertas de entendimiento. Os propongo lo que ningún otro gobierno alemán os habría podido proponer: un entendimiento que será aprobado por el 90 por ciento de la nación alemana noventa por ciento que me sigue. Os ruego que tengáis en cuenta esto: hay en la vida de los pueblos, ocasiones decisivas. Hoy, Francia puede, si quiere terminar para siempre con este peligro alemán que vuestros hijos aprenden, de generación en generación, a temer. Podéis, de una ves, levantar esa hipoteca que pesa sobre la historia de Francia. tenéis esa suerte. Si no lo Hacéis pensad en la responsabilidad que contraeréis ante vuestros hijos. Tenéis ante vosotros a una Alemania, cuyas nueve décimas partes confían en su jefe y ese jefe os dice: Seamos amigos"[24].

Eran unas declaraciones muy hábiles y, aparentemente al menos, sinceras habida cuenta de la política exterior de Hitler hasta entonces. Esas declaraciones eran susceptibles de modificar la decisión del Parlamento. Y, si éste no ratificaba al Pacto Franco-Soviético, ésta quedaba sin efecto, el gobierno frentepopulista se derrumbaba y la URSS recibía una verdadera bofetada diplomática. No obstante la interviú de Jouvenel a Hitler no fue publicada hasta siete días después de haber tenido lugar, es decir, el 28 de febrero. Exactamente el día siguiente de la votación de rectificación en el Parlamento.

La interviú apareció demasiado tarde, ante la sorpresa mayúscula de los francés y la Indignación de Hitler, que quedaba en desairada postura, cual si hubiera cedido ante la votación, que, como es sabido, fue favorable a la ratificación del Pacto por 353 votos a favor y 164 en contra. Los discursos pronunciados en el Parlamento por el líder radical Edouard Herriot citando repetidamente las frases antifrancesas de *Mein Kampf* fueron decisivas para arrastrar al centenar de diputados centro-derechistas al campo de la ratificación del Pacto.

¿Cómo fue posible que unas declaraciones de tan sensacional importancia fueran disimuladas al público durante siete días? Se han dado dos versiones. Según Galtier-Boissière, se produjo una intervención del Gobierno ante la dirección de

---

[24] *Paris-Midi*, 28-11-1936.

Paris-Midi para presionarle en el sentido de que las declaraciones de Hitler fueran publicadas después de la votación[25]. El muy probable que así fuera pues las ofertas de Hitler y sus explicaciones sobre los célebres pasajes antifranceses de *Mein Kampf* hubieran tenido ciertamente impacto entre la opinión pública y entre el centenar de radicales y nacionalistas. En el colmo del impudor, Herriot declaró ante sus colegas: "¿Crees que si Hitler no fuera sincero en sus sentimientos contrarios a Francia, dejaría de desmentir los pasajes de su libro, o, al menos, no nos daría alguna explicación al respecto?

El caso es que esas "explicaciones" que pedía Herriot las había dado Hitler días antes y que, según el citado Galtier-Boissière y otros tratadistas franceses[26], el gobierno francés las conocía, hurtándolas a la opinión pública. Y si el gobierno francés las ignoraba, entonces la responsabilidad recaería en la dirección de *Paris-Midi*. Pero cuando en Alemania se enteraron de la maniobra se elevaron protestas, que no pudieron en modo alguno pasar desapercibidas al gobierno francés que, no obstante, no tomó medidas contra la revista por su flagrante manipulación informativa.

En cualquier caso, el clan belicista francés, con los frentepopulistas y una gran parte de los "chauvins" derechistas, había conseguido montar el mismo dispositivo estratégico que se logró con el Pacto Franco-Ruso de 1891, que casi hizo estallar la guerra en 1907 y luego en 1911, lográndolo finalmente en 1914. El gobierno francés y la mayoría de parlamentarios que ratificó el Pacto, empero, ignoraban, o parecían ignorar, que la Rusia Zarista y la Rusia Bolchevique eran dos realidades muy diferenciadas.

La respuesta de Hitler se produjo una semana después. El día 7 de Mayo, Hitler ordenaba la remilitarización de Renania, comunicando oficialmente a los países consignatarios del Tratado de Locarno, Bélgica, Francia, Inglaterra e Italia, que habiendo violado Francia dicho Tratado, cuyas obligaciones eran incompatibles con el nuevo Pacto Franco-Soviético, se consideraba desligado del mismo. La remilitarización de la margen izquierda del Rhin era, indiscutiblemente, una violación de las disposiciones de la Parte V del Tratado de Versalles, así como del Tratado

---

[25] Jaques Galtier-Boissière: *Histoire de la Seconde Guerre Mondiale*.

[26] Paul Rassinier: *Les Responsables de la Seconde Guerre Mondiale*, Omnia Veritas Ltd. www.omnia-veritas.com.

de Locarno. Pero no era más que una réplica a una violación anterior de esos dos tratados por Francia. En Derecho Internacional -- como, por otra parte, en Derecho Privado -- un tratado no es nada más que el compromiso recíproco de cumplir determinadas obligaciones entre dos o mas partes. Cuando una de las partes falta a sus obligaciones, la otra o las otras quedan automáticamente desligada de las suyas.

La reacción de Francia ante la remilitarización de Renania fue muy viva, tanto en el plano diplomático como en el de su desorientada -- por no decir demasiado orientada -- opinión pública. Pero Alemania se mantuvo firme; Hitler sabía, por la nota inglesa del 5 de Julio y la italiana del 15 de Julio, respondiendo a la consulta francesa sobre su -- entonces -- proyecto de Pacto Franco-Soviético, que ninguna de esas dos potencias intervendría, y que Francia quedaría sola ante Alemania. Cuando Francia se dirigió a Polonia y a la Pequeña Entente, recibió como respuesta la promesa de ayuda por parte de Checoslovaquia, Yugoeslavia, Rumania y Polonia, pero sólo a condición de que Francia llevara la iniciativa de las operaciones y siempre y cuando Inglaterra e Italia se unieran a la coalición. Es decir, en lenguaje diplomático, sus aliados dejaban sola a Francia.

El 12 de Marzo, se reunían en Londres los Ministros de Asuntos Exteriores de los consignatarios del Tratado de Locarno. Hitler puso como condición para enviar a su representante a que éste tuviera el mismo derecho al uso de la palabra que sus colegas; que se estudiara la previa violación de los términos del Tratado por parte de Francia y que las demás delegaciones se avinieran a entrar inmediatamente en negociaciones sobre nuevas propuestas alemanas. Al ser rechazadas tales peticiones por Francia y Bélgica -- que, en aquellos momentos, era, políticamente, un satélite francés -- Alemania se abstuvo de mandar un representante a la conferencia de Londres. En la misma, se constató que el tratado de Locarno había muerto, de muerte natural. Al notar que su posición es fuerte, Hitler piensa que la tribuna de la S. de N. puede constituir un buen escaparate publicitario; una caja de resonancia diplomática y, aprovechando que ha sido invitado a comparecer ante el Consejo, Hitler manda allí a Von Ribbentrop, que llega el 19 de Marzo y hace la declaración siguiente:

> ➢ El Canciller Hitler ha formulado toda una serie de proposiciones en favor

de la paz. No han sido tenidas en cuenta.

➢ Ha propuesto el desarme general: ha sido rechazado.

➢ Ha propuesto un armamento paritario, basado sobre ejércitos de 200.000 hombres: ha sido rechazado.

➢ Ha propuesto elevar la cifra a 300.000: ha sido rechazado. "Ha propuesto un pacto aéreo: ha sido rechazado[27]." El 21 de Mayo de 1935 propuso un conjunto de medidas destinadas a asegurar la paz en Europa: fueron rechazadas, excepción hecha de las disposiciones relativas al desarme naval, que sirvieron de base al acuerdo germano-inglés.

➢ El Canciller del Reich ha reiterado numerosas veces sus ofertas de paz y -- permitidme decirlo aquí -- él mismo y toda Alemania han esperado que el Pacto Franco-Soviético no sería ratificado.

➢ Cuando, haciendo caso omiso de sus ofrecimientos y advertencias el Parlamento Francés ha ratificado ese Pacto, el Canciller del Reich, consciente de sus graves responsabilidades hacia el pueblo alemán, ha extraído del mismo la única conclusión que se imponía. Ha restablecido la soberanía alemana sobre todo el territorio del Reich.

➢ Al actuar así, el Gobierno alemán se ha fundado en los hechos siguientes:

➢ 1.- A consecuencia de la acción unilateral de Francia, el espíritu y la letra del Pacto de Locarno han sido tan radicalmente falseados, que dicho Pacto ha perdido su validez y vigencia.

➢ 2.- A consecuencia de la nueva alianza militar concluida entre Francia y la Unión Soviética, Alemania se ha visto obligada a recurrir, sin demora, al elemental derecho que tiene toda nación a asegurar la seguridad de su propio territorio.

➢ Por este motivo el Gobierno del Reich rechaza categóricamente, como desprovista de todo fundamento, la acusación de haber violado unilateralmente el Tratado de Locarno. Es materialmente imposible violar un acuerdo que los actos de otro signatario han convertido en caducos.

➢ El contenido y el ámbito de las proposiciones alemanas no necesitan comentarios. Son tan amplios y completos que todo hombre de citado animado de

---

[27] El 31 de Marzo de 1936 Hitler propuso la prohibición de las bombas incendiarias y el bombardeo de ciudades abiertas. Su propuesta fue rechazada. De ello hablamos más adelante.

un sincero amor a Europa sólo puede desear su rápida aplicación.

➢ Ojala pueda el Consejo de la Sociedad de Naciones, amparando sus actuales sentimientos, tomar conciencia de su significación histórica, y reconocer que tiene en sus manos, los Instrumentos merced a los cuales es posible rechazar el espectro de la guerra y llevar a una Europa Inquieta al camino de la Paz"[28].

La argumentación de Von Ribbentrop parece irrecusable. Y prueba de ello es que nadie Intentó rebatirla. No hubo discusión, a pesar de que el plenipotenciario alemán parecía, viablemente, aguardar una respuesta. No la hubo. Todos los miembros del Consejo parecían turbados[29]. En su nombre, el Presidente de la Asamblea, al británico Bruce, toma acta de las palabras de Ribbentrop y levanta la sesión. Por la tarde, en ausencia de Ribbentrop, al que, insólitamente, ni se avisa siquiera[30] el Consejo se limita a declarar sin discusión previa y sin mas comentarios que "el artículo 43 del Tratado de Versalles ha sido violado por Alemania". No se habla de la intervención militar, ni de represalias ni de ninguna clase de sanción. Al levantar la sesión, Bruce pronuncia una corta alocución que contiene la siguiente frase: "El Canciller Hitler ha renovado su voluntad de cooperación: nos ha sido confirmado esta misma mañana por su representante personal. Estoy convencido pues, que se encontrará una solución".

Esto era, de hecho, una especie de "visto bueno" dado, inesperadamente a Hitler, por Bruce, conservador inglés opuesto al clan belicista que representaban en su país los laboristas y los llamados jóvenes conservadores de nes ya nos hemos ocupado.

Unos días después, el 29 de Marzo, un referendum "aprobaba la obra llevada a cabo por el Führer en el curso de los tres últimos años", por 44.411.911 votos, es decir, el 99% del conjunto de los inscritos, es decir, la más fuerte de las mayorías que nunca obtuviera. La inmensa mayoría de los periodicos y revistas de las democracias occidentales, empero, hablaron de "plebiscitos trucados ". Olvidaban que en el Sarre, bajo control de la S. de N., Hitler obtuvo nada menos que un 90,75% de los votos, tras quince años de propaganda francesa. No parece, pues,

---

[28] *Revista de la Sociedad de Naciones*, 27-III-1936.

[29] Paul Rassinier: *Les Responsables de la Seconde Guerre Mondiale*, Omnia Veritas Ltd.

[30] Archibald M. Ramsay: *The Nameless War*.

descabellado, que sin propaganda sistemáticamente adversa y con el buen trabajo del Doctor Goebbels desde el Ministerio de Propaganda, se obtuvieran mejores resultados, llegando, en la ocasión que nos ocupa, al 99%.

Hitler había ganado en toda la línea, pero el clan belicista había logrado, mediante la bombástica utilización de sus recursos propagandísticos a escala mundial, que el Führer apareciera a ojos de una parte cada vez mayor de la opinión pública como un incumplidor de pactos y tratados, cuando, en el caso presente, parece fuera de toda duda razonable que el incumplidor fue el gobierno francés, y no el alemán.

1937: AÑO DE TRANSICIÓN

Tres hechos principales caracterizan el año 1937 desde el punto de vista diplomático: la consolidación del Eje Roma-Berlín; la tentativa del acercamiento anglo-alemán tras la subida al poder, en Inglaterra, de Chamberlain, y el hundimiento de la Pequeña Entente.

La consolidación del Eje se configura el 5 de Mayo con la visita que Von Neurath hace al Duce. Las conversaciones de los dos hombres de estado confirman, dice un comunicado alemán "el estrecho paralelismo de intereses y de identidad de intenciones de ambos países". El 25 de Septiembre, Mussolini, recibido solemnemente por el Führer en Munich, le entrega un documento, en el que, entre otras cosas, se dice: "Defensor y guardián de la cultura europea contra toda tentativa subversiva, el Führer ha dado a Italia, en sus horas de lucha, su plena solidaridad y su amistad sincera". Más adelante veremos que este entusiasmo, que un nórdico adjetivaría "latino", no está exento de reservas mentales. De momento, limitémonos a mencionar que el 6 de Noviembre se firma un protocolo anticomunista por el cual Italia se adhiere al protocolo germano-nipón, suscrito en Noviembre de 1936. Esto da luz al Eje Berlin-Roma-Tokio.

Sir Neville Chamberlain sucede a Baldwin como Primer Ministro inglés en Mayo de 1937. Baldwin debió dimitir a causa de haber adoptado el punto de vista del Arzobispo de Canterbury sobre la cuestión del matrimonio morganático de Eduardo VIII. Al convertirse en el campeón de la abdicación de éste, se había autoexcluído del poder, pues el prestigio de la Corona Británica no podía permitir que el nuevo soberano, Jorge VI, le debiera el trono. El sucesor de Baldwin es un burgués, típicamente inglés, hombre de negocios, básicamente un "gentleman" y con un excelente sentido del humor. Antes de llegar a la más alta magistratura de la política británica, había sido Canciller del Exchequer (Ministro de Finanzas), logrando parchear la economía inglesa, maltrecha tras la nefasta gestión del socialista MacDonald. Es, según sus adversarios, un cínico, y según sus partidarios, un realista, con un agudo sentido de las realidades, muy ágil en las negociaciones y "muy inglés". Su fortuna personal parece ponerle al socaire de las presiones pero sólo lo parece. En su momento, como más adelante veremos, deberá ceder precisamente en el terreno que se suponía el más invulnerable para él.

Lo primero que hace Chamberlain es mandar a Lord Halifax, Lord Presidente del Consejo, a Berlín, donde se entrevista con Goering. El pretexto es una exposición cinegética. Luego visita a Hitler en Berchtesgaden. No trasciende nada del resultado de sus entrevistas, pero el periódico *The Observer*, órgano de la City y de los intereses exclusivamente anglosajones, publica[31] un sensacional artículo en el que expone que "la unión de Austria con Alemania le parecería la cosa más natural del mundo" ... "Gran Bretaña", decía el artículo "no va a hacer la guerra ni enemistarse con el Reich para asegurar la independencia de Austria o Checoslovaquia". El artículo está firmado por Garvín, diplomático de primer rango. Aunque es posible que su artículo no refleje más que la opinión del autor, para los que conocen el grado de intimidad entre Garvín y el Primer Ministro Chamberlain y con las primeras figuras del Partido Conservador en su versión no-belicista, tales como Sir Samuel Hoare, Runciman, Simón, Brendan-Bracken y Butler no quedan dudas de que desde Noviembre de 1937 Chamberlain ha dado, a Hitler, luz verde para su predominio en Europa Central, solucionando a su manera los problemas austríaco y checoeslovaco - siempre y cuando Inglaterra arbitre la situación - y dejando, de este modo, manos libres a Alemania en el Este de Europa, ante la URSS. El artículo citado terminaba, significativamente, con una feroz diatriba anticomunista. Causan tal sensación las afirmaciones de Garvin que toda la prensa inglesa se hace eco de ellas. El clan belicista británico reacciona violentamente y se acusa a Chamberlain de pactar, secretamente con Hitler, dejándole fortalecerse

---

[31] *The Observer*, Londres, 22-XI-1937.

para que pueda atacar a la URSS. Los laboristas y todo el Movimiento Sionista son los abanderados de las críticas contra Chamberlain, pero también los llamados "jovenes conservadores" se distinguen por la dureza de sus ataques al Primer Ministro. El tercer hecho crucial de 1937 es, como hemos dicho, el hundimiento de la Pequeña Entente, alianza político-militar que unía a Francia directamente con Yugoeslavia, Rumania y Checoslovaquia, y las tres últimas indirectamente con Polonia, país que a su vez tenía un pacto de amistad y ayuda mutua con Francia.

El fin de la Pequeña Entente había empezado en Junio de 1935. Stojadinovich, el Ministro de Economía, había sido llamado por el Regente de Yugoeslavia para que presidiera el nuevo Gobierno de aquél país. Partidario de colaborar con el Reich en la política económica del *barter* (trueque) que éste patrocina, los lazos con Alemania se fortalecen en la misma medida que se debilitan los que unen a Yugoeslavia con Francia. Un año antes, en Agosto 1936, Titulesco, había debido dimitir de su cargo de Ministro de Asuntos exteriores[32], en Rumania, al subir, democráticamente, al poder, el Primer ministro Octavian Goga quien, por cierto, sería depuesto un año después, dictatorialmente, por el Rey Carol, ante el aplauso de las llamadas democracias. Goga inició una época de cooperación económica con Alemania. Ya desde Principios de 1937 se estableció una doble corriente de intercambios económicos entre Yugoeslavia y el Reich, por una parte, y entre el Reich y Rumania por otra. Yugoeslavia y Rumania enviaban sus productos agrícolas y ganaderos a Alemania, la cual les pagaba en productos químicos, maquinaria y artículos manufacturados. El Reich estaba apoderándose de los mercados industriales yugoeslavo y rumano, de la misma manera que ya anteriormente se había hecho con los mercados húngaro y búlgaro. Pero los gobiernos de Belgrado y Bucarest debían ir mucho más lejos en la desautorización de la política pro-francesa sostenida por sus antecesores. El 24 de Enero de 1937, Stojadinovich y Kusseivanov, Presidente del Gobierno Búlgaro, firmaban un Tratado de paz y amistad entre sus países, y dos meses después el mismo Stojadinovich firma otro tratado con Italia. En virtud del mismo Italia y Yugoeslavia se garantizaban mutuamente el respeto de sus respectivas tierras y se comprometían a actuar de

---

[32] Titulesco era la versión rumana de Benes. Francmasón como el, venal y sostenido financieramente por Francia. (N. del A.)

acuerdo en el caso de complicaciones Internacionales que pusieran en peligro sus intereses.

Cuando Yvon Delbos, plenipotenciario francés, se presenta en Belgrado para renovar la alianza franco-yugoeslava de la Pequeña Entente, Stojadinovich se encuentra en Roma. en visita oficial. Delbos es recibido, fríamente, por un secretario de embajada. Yugoeslavia ha cambiado de campo definitivamente: sus intereses están, ahora, ligados con los de las Potencias del Eje.

EL "ANSCHLUSS"

Los Tratados de Versalles y de Saint Germain habían despedazado prácticamente el antiguo Imperio Austro-Húngaro. Austria quedaba, a consecuencia de ellos, reducida a un pequeño territorio de unos seis millones de habitantes, de los cuales casi un tercio se concentraba en su capital, Viena.

El nueco estado parecía, en las circunstancias de entonces, como inviable.

El *Anschluss* (unificación con Alemania) era reclamado, desde Noviembre 18, por el Partido Socialista Austríaco, a cuyo frente se hallaban, por cierto, dos hebreos, Victor Adler y Otto Bauer. El 12 de Noviembre del mismo mes, los diputados del Reichsrtag austríaco constituidos en Asamblea Nacional, adoptaban un proyecto de ley tendente a la proclamación de una república germano-austríaca. El articulo tercero estaba concebido en los siguientes términos: "Austria-Alemania constituye parte integrante de la República Alemana". El 25 de Diciembre, Otto Bauer - repetimos, un socialdemócrata judío, no un nazi alemán - Ministro de Asuntos Exteriores del Gobierno Provisional de la joven República de Austria, entregaba al Cuerpo Diplomático una nota en la cual invocaba en favor de la tesis del *Anschluss*, el principio, tan caro al Presidente Wilson, del "derecho de los pueblos a disponer de si mismos". Bauer afirmaba, con toda lógica, en la aludida nota: "Los Estados Unidos y la Entente han combatido por defender el derecho de las nacionalidades a ser independientes o a unirse entre si. No se puede rehusar a Austria-Alemania un derecho que ha sido reconocido a los polacos, a los eslavos y a los italianos".

El *Anschluss* parece, en esos momentos, tan probable e irreversible que una parte de la población del Vorarlberg y del Sud-Tirol que no lo desea, pide oficialmente su incorporación a la Confederación Helvética. El 4 de Marzo de 1919, la Asamblea Constituyente preconiza por mayoría abrumadores de votos el Anschluss y doce días después una ley constitucional, cuyo articulo segundo establece que " Austria forma parte de la República Alemana ". El 19 de Marzo, el Canciller Austríaco Renner, declara ante la Cámara:

> "Nuestra política exterior continuará la Idea directriz de la reunión con la madre patria. El Gobierno continuará enérgicamente las conversaciones con el Gobierno Alemán y hará todo lo posible para que éstas obtengan cuánto antes un resultado positivo ".

A pesar de que los Aliados occidentales se oponen al Anschluss amparándose en las cláusulas de los Tratados de Versalles y Saint-Germain, la Asamblea Nacional Austríaca, por unanimidad, decide organizar, en un plazo máximo de seis meses un plebiscito a propósito de la reunión con el Reich. La primera provincia en ser consultada será precisamente el Tirol del Norte. La votación tiene lugar el 24 de Abril de 1921. El 98,6% de los electores son partidarios del Anschluss. Un mes más tarde, votación en Salzburg: el 99% de los votantes se declaran igualmente partidarios del Anschluss. La siguiente consulta popular está prevista en la región de Estiria, pero, a la demanda de los aliados, capitaneados por Francia, la S. de N. interviene. En virtud del artículo 80 del Tratado de Versalles, que garantiza la independencia de Austria, las consultas populares son interrumpidas. Admirémonos, de paso, de la incoherencia de las llamadas democracias occidentales, que dominan la S. de N., apoyadas ahora por la democracia soviética. Por una parte profesar el sacrosanto principio del "derecho de los pueblos a disponer de sí mismos", y nada, en efecto, más democrático, si consideramos la democracia como lo que pretende ser. Y por otra parte, en cuanto el pueblo austríaco quiere disponer de sí mismo, las democracias occidentales invocan un artículo del Tratado de Versalles, que ellas consideran intangible, cuando les conviene, y ordenan mayestáticamente la perpetuación indefinida del statu quo. Los austríacos arguyen que también el Tratado de Versalles contiene un artículo, concretamente el n. 19, que prevé la modificación o rescisión de cláusulas del mismo. Está redactado así:

> "La Asamblea de la Sociedad de Naciones puede, de vez en cuando, invitar a los

miembros de la Sociedad a proceder a un nuevo examen de los tratados que, con el tiempo, se hayan convertido en inaplicables, así como de aquellas situaciones internacionales cuyo mantenimiento podría poner en peligro la paz del mundo".

El areópago ginebrino contesta, según su costumbre, al margen de la cuestión: el Tratado de Versalles garantiza la independencia de Austria. Esto es sencillamente inaudito. "Garantizar", en cualquier diccionario, es salir fiador de algo o de alguien. ¿Como se puede salir fiador de alguien si éste no quiere que se haga? ¿No parece, en la circunstancia dada, la palabra "garantía" un hipócrita subterfugio para no deber utilizar el vocablo (tan poco democrático) de "imposición"?

Pasan diez años desde esta imposición de la S. de N., empeñada en mantener la balcanización de Europa en multitud de mini-estados inviables. En Mayo de 1931 se hace público que el Canciller Schober y el Ministro Alemán Curtius están preparando un proyecto de unión aduanera austro-alemana. Inmediatamente, Briand, Delegado francés en la S. de N., eleva su protesta. Austríacos y alemanes insisten. El asunto será llevado ante el Tribunal de la Haya, que fallará a favor de la tesis francesa. El proyecto de unión aduanera será enterrado.

Si nos basáramos exclusivamente en la lógica, el ex-Ministro Otto Bauer, sionista y socialista, hubiera debido hacer oír al mundo su indignada protesta por esta antidemocrática ingerencia de la República Francesa en los asuntos internos de Austria. Pero Otto Bauer se calló.

¿Por qué? Pues porque el Otto Bauer de 1931 ya no era el Otto Bauer de 1921, partidario del *Anschluss*. Su opinión había cambiado en ese aspecto en 1925, en el momento en que el Mariscal Hindenburg era elegido Presidente del Reich. Si Otto y, con él, todos los socialistas austríacos - apoyados entonces por todos los socialistas de Europa - habían preconizado el *Anschluss* tras la Primera Guerra Mundial, era únicamente por espíritu de partido. La supresión de la frontera alemana les hubiera permitido fortalecer el Socialismo Alemán, entonces en gran auge electoral, al cual habrían apuntalado con sus votos, y, al mismo tiempo, habrían consolidado su propia posición en Viena. Como Alemania se había desembarazado del Socialismo, dejaba de ser "la madre patria". Los demócratas son los mismos en todas partes: y lo primero es el Partido!³³.

La llegada de Hitler al poder convertirá a Otto Bauer y sus amigos políticos en adversarios declarados del *Anschluss*. El Canciller de Austria es en esa época, Dollfuss, apasionado antihitleriano, pero también antimarxista. El 12 de Febrero de 1934 los comunistas de Viena se lanzan a la calle para tomar el poder por la violencia, pero son aplastados por la Policía y el ejército³⁴. Los nacionalsocialistas austríacos, conducidos por Seyss-Inquart y el doctor Tavs, presionan a Dollfuss para que proceda a estrechar lazos con el Reich, cuenta tenida de que en la Constitución Austríaca se reconoce, en su Artículo tercero, que "Austria es un estado alemán". Sale otra vez sobre el tapete la cuestión de la unión aduanera con Alemania, que sólo beneficios puede reportar a ambos países. Dollfuss, insólitamente, se dirige a la Asamblea de la S. de N., la cual, actuando como un simple particular y sobrepasando totalmente el marco de sus atribuciones y competencias, concede a Austria un prestamo sin interés de nueve millones de libras esterlinas a condición de que Austria no se una aduaneramente con el Reich, por un período de veinte años. Esto romperá todos los puentes entre Dollfyss y su "Frente Patriótico" con los nacionalsocialistas, a la vez que envenenará las relaciones con el Reich, donde Hitler acaba de acceder al poder. Los nazis austríacos obtienen numerosas victorias parciales, en las elecciones cantonales, aunque basándose en defectos de forma y en argucias legales Dollfuss las anule con frecuencia. No obstante el número de sus representantes en la Asamblea Nacional Austríaca es cada vez más numeroso.

En Agosto de 1933, Dollfuss se entrevista con Mussolini en Riccione y éste le garantiza, de nuevo, la independencia austríaca. Decididamente todo el mundo parece preocuparse por la independencia de Austria, exceptuando la mayoría del pueblo austríaco. Mussolini, en Riccione, garantiza la independencia de Austria, si es preciso, con la fuerza de las armas, pero exige a cambio la renuncia definitiva de Austria al Alto Addige (Tirol del Sur) que el Tratado de Versalles adjudicó a Italia, que sean abolidos todos los partidos políticos Austriacos, incluyendo el

---

[33] Los "demócratas" del Partido Comunista adoptaron una actitud similar en este caso, así como en el de Alsacia-Lorena, que el líder bolchevique francas Maurice Thorez quería que revirtiera a Alemania en 1924, pero ya no en 1933, con Hitler en el poder (N. del A.).

[34] El mismo día el Partido Comunista Francés lanzaba a las turbas a la calle en un Ensayo general? ¿Coincidencia? (N. del A.).

nacionalsocialista y que el "Frente Patriótico" adopte gradualmente el modelo fascista.

En Mayo de 1934 se incrementan hasta lo indecible las cortapisas al Partido Nacional-Socialista austríaco, evidentemente sostenido, con no excesiva discresión, por Alemania. El terrorismo y el contraterrorismo se suceden, entre nazis y miembros del "Frente Patriótico". Ello llega al paroxismo cuando Dollfuss decide anular, por un supuesto vicio de forma, unas elecciones cantonales en Salzburgo, que al dar la victoria a los nacionalsocialistas dejaba a éstos con mayoría en el Parlamento. Hubo un raid de los nazis en la Cancillería, y Dollfuss resulto muerto en el tiroteo[35]. En un movimiento completamente hostil a Berlín, Mussolini envió tropas al Paso del Brenner anunciando, además, que no toleraría la ocupación de Austria por Alemania[36].

A Dollfuss le sucede como Canciller Schussnigg, que, el 11 de Julio se entrevista con Hitler, publicándose un comunicado conjunto por el que "Alemania reconoce la plena soberanía del Estado Austríaco y Austria se compromete a levar a cabo una política sobre la base de los hechos reales y que Austria es un estado alemán". El Partido Nacional-Socialista austríaco tendría pleno derecho de actuar libremente y a propagar sus ideas, incluyendo la idea del *Anschluss*.

Además, se firma un tratado de cooperación comercial entre ambos países. Schussnigg, entre tanto, se ve presionado por la S. de N., que continúa empeñada en "garantizar la independencia del Estado Austríaco". Hitler ofrece a Schussnigg ayuda financiera para librar a Austria de la hipoteca que representa el préstamo que el organismo supranacional ginebrino le hiciera. Mussolini continúa sosteniendo a Schussnigg como hiciera con Dollfuss, tanto política como financieramente. El Canciller austríaco, pues, interpreta el acuerdo con Hitler a su manera, es decir en el de la independencia del estado austríaco, haciendo caso omiso del otro aspecto del mismo, o sea su carácter alemán. A finales de 1937, Schussnigg se desplaza a París para entrevistarse con Laval, proponiéndole una alianza militar defensiva, parecida a la que Francia tiene vigente con Polonia y Checoeslovaquia. Schussnigg

---

[35] Los nazis tuvieron unas 190 bajas, y algo más de cien, incluyendo el Canciller Dollfuss, los del "Frente Patriótico". El Ejército austríaco, con el que se contaba por parte de los nazis, a última hora obedeció al gobierno y se quedó en sus cuarteles. (N. del A.)

[36] *Encyclopoedia Britannica*, pág. 559, Tomo VII.

propone que Mussolini sea asociado a ese pacto. Pero para la Izquierda francesa considera Schussnigg, el sucesor de Dollfuss, es un "fascista", que, si bien anula las elecciones cuando éstas son favorables a los nazis austríacos, también mete a los comunistas en campos de concentración y mantiene a los socialistas en un ostracismo absoluto. Laval acogería con gusto la sugerencia de Schussnigg de tender un puente hacia Roma a través de Viena, pero el empecinamiento ideológico de los marxistas franceses se lo impide. Schussnigg debe regresar a Viena completamente fracasado, sin haber logrado más que enfriar aún más las relaciones con Berlín.

A principios de 1938 Schussnigg, a sugerencias de su amigo el ministro francés Puaux intenta afianzar la existencia del Estado Austríaco mediante lo que él considera una hábil maniobra. Decide organizar un plebiscito preguntando al pueblo si desea la independencia de Austria o si prefiere el *Anschluss* con Alemania. El propio Mikiás, Presidente Federal de Austria, aconseja a Schussnigg que desista de su idea. Si en Austria hace tiempo que no se han llevado a cabo elecciones generales, es evidente que los padrones no están al día. Este inconveniente, empero, es mínimo comparado con lo que lleva "in mente" el Canciller Schussnigg: los colegios electorales no estarán formados por las autoridades locales, sino exclusivamente por miembros del "Frente Patriótico" la guardia pretoriana de Schussnigg. El Estado controlará de este modo las elecciones, el recuento de los sufragios y la anulación de los comicios allí donde se considere necesario; el voto podrá ser secreto o no, según las circunscripciones y la prensa gubernamental ya avisa que todo voto favorable al *Anschluss* significará alta traición. Todo se prepara a toda prisa para lograr el efecto de "fait accompli". El propio Mussolini, que hasta el momento ha sostenido sin desmayo a Schussnigg, le aconseja que abandone su proyecto. Hitler se dirige a la S. de N. pidiendo a ésta que intervenga y controle el plebiscito. La S. de N. que lleva casi veinte años ocupándose de los asuntos de todo el mundo, responde virtuosamente que no puede inmiscuirse en los asuntos internos de Austria.

En vista del giro que van tomando los acontecimientos, Seyss-Inquart, jefe de los nacionalsocialistas austríacos, dimite de su cargo de consejero de Estado invita a la población de abstenerse de votar. Hitler dirige una propuesta a Schussnigg: que las elecciones se aplacen durante tres semanas, y que en ese tiempo se confeccione el padrón electoral. Solicita también que el voto sea secreto y que los delegados de los demás partidos, incluidos los nazis locales tengan derecho a participar en el control de los escrutinios junto a los del "Frente Patriótico".

Schussnigg se apoya en los únicos aliados que le quedan: los marxistas, que son sacados del campo de concentración de Woellersdorf y montados en camiones que recorren las calles a los gritos de "¡viva Schussnigg! ¡Viva Moscu!", pero nadie les secunda. El embajador austríaco en Londres, personaje siniestro y que lleva el nombre premonitorio de Barón Frankenstein comunica que, pese a los requerimientos de Schussnigg en ese sentido, Inglaterra no intervendrá ni militar ni siquiera diplomáticamente para apoyar a Austria. Schussnigg debe ceder y anunciar el aplazamiento de las elecciones y dimitir. Tres horas más tarde, el Presidente Federal Miklás ordena a Seyss-Inquart que forme nuevo gobierno. Este lo hace con miembros de su propio partido, el Nacional Socialista de Austria, mientras los "camisas pardas" desarman sin lucha a componentes del "Frente Patriótico". La Plaza de los Héroes, en Viena está ocupada por una muchedumbre que estalla en delirantes ovaciones cuando desde el balcón de la Cancillería federal despliegan la primera bandera de la cruz gamada. Los nacionalsocialistas austríacos controlan todo el país, con el apoyo de la gran mayoría del pueblo[37]. En todos los edificios oficiales ondea la bandera de la swastika mientras los miembros del "Frente Patriótico" se han retirado sin ofrecer resistencia. Pero, en vista del fracaso del anterior "putsch" contra Dollfuss, en Berlín no confían demasiado en la situación y quieren estar prevenidos contra cualquier sorpresa desagradable. Goering habla por teléfono con Seyss-Inquart, y poco después recibe un telegrama, que ya se le anticipa, anunciándole:

"El Gobierno Austríaco que presido y que, después de la dimisión presentada por el Gobierno Schussnigg considera su misión garantizar la tranquilidad y el orden en Austria, dirige al Gobierno alemán el ruego de que le apoyen en su misión y le ayuden a tomar medidas tendentes a evitar que corra la sangre. A este respecto ruega al Gobierno Alemán el pronto envió de tropas alemanas".

Tras una noche de febril tensión, a las seis de la mañana, las tropas alemanas

---

[37] *Daily Mail*, Londres, 12-III-1938.

al mando del General Von Bock, cruzan la frontera austríaca. La única resistencia que deben vencer en su avance es el entusiasmo de la muchedumbre que los inunda de flores y sólo con gran dificultad les cede el paso en las calles. Esto no es una patraña de la propaganda del Doctor Goebbels, sino un hecho acreditado por las grandes agencias de noticias internacionales de la época, qué, por cierto, lo relataban lamentándolo...[38]

El 10 de Abril se consultó mediante plebiscito, a la población austríaca, si deseaba o no el *Anschluss* con el Reich. Hitler comunicó a la S. de N. y a los gobiernos inglés, francés e italiano, que, si lo deseaban, podían enviar observadores que controlaran la pureza democrática de los escrutinios. Ninguno de dichos gobiernos consideró útil o conveniente aceptar la invitación del Führer. No obstante, abundaron los representantes de agencias de noticias internacionales, incluyendo Havas, Stéfani y Associated Press, que no formularon objeción alguna en cuanto al normal desenvolvimiento de los comidos. El resultado final arrojado por los mismos fue de 4.275.000 votos favorables al *Anschluss* y 12.500 en contra.

Mussolini toma nota de la nueva situación planteada y tras recibir al enviado personal de Hitler, el Príncipe Felipe de Hesse, pariente de la Casa Real italiana, que se traslada a Roma en avión especial, reúne al Gran Consejo Fascista que manifiesta "rechazar toda intervención en la política interior de Austria y en el desarrollo de un movimiento de carácter nacional cuyo resultado lógico se podía prever desde hace tiempo". Hitler responde a esta noticia con un telegrama, desde Linz, que revela la emoción que le embarga aquél día: "Mussolini, jamás le olvidaré este gesto".

Italia, el Japón, Yugoeslavia, Polonia y Hungría son los primeros países en transformar sus embajadas vienesas en consulados y aprovechan esta ocasión para expresar sus simpatías "por la reincorporación de Austria al Reich alemán". Su ejemplo es seguido pronto por Holanda, Bélgica, Lituania, Portugal, Brasil y todos los demás países, incluyendo los Estados Unidos y la Unión Soviética....ésta última con un simple reconocimiento diplomático, pues no mantenía embajada en Viena. Sólo Inglaterra y Francia se ven en la "penosa" obligación de levantar un acta de protesta. Lord Halifax, Ministro de Asuntos Exteriores de la Gran Bretaña declara el

---

[38] *United Press*, 13-III-1938.

16 de Marzo en la Cámara de los Lores que la situación creada por el Tratado de Saint-Germain (es decir, la independencia forzosa de Austria) no se podía mantener eternamente en vigor, pero que "el Gobierno Británico rechazaba el empleo de la fuerza por parte de Alemania...". Como se observará la protesta inglesa es matizada. No discute la justicia del *Anschluss*, sino el procedimiento, que considera violento. Francia no matiza; lo condena todo. Es curioso - digámoslo de paso - que dos imperios coloniales, sobre todo el inglés, que se han forjado con el empleo permanente de la fuerza durante tres siglos, sean tan selectivos a la hora de valorar el *Anschluss*. Al fin y al cabo, éste se ha llevado a cabo sin disparar un solo tiro. Los ingleses llevan tres siglos en Irlanda y dos en la India, manteniéndose a tiros, y ningún gobierno alemán ha "lamentado el uso de la fuerza por parte de Inglaterra".

Una cosa parece evidente, con todo. Chamberlain, al dar a conocer, por boca de su Ministro Halifax, que la artificial independencia austríaca no podía mantenerse por más tiempo, aún cuando haga la concesión a su ala belicista sobre el empleo de la "violencia" alemana, en realidad lo que hace es dar su acuerdo a Alemania para que continúe su política, es decir; "hegemonía germánica en Centro-Europa, statu quo en las fronteras occidentales del Reich y orientación de los objetivos alemanes hacia el Este".

El 10 de Abril, nuevo plebiscito organizado por Hitler, sobre la cuestión siguiente: "¿Estás conforme con la reincorporación de Austria al Reich, llevada a efecto el 13 de Marzo de 1938 y votas por la candidatura de nuestro Führer, Adolf Hitler?". Casi cincuenta millones de electores depositan su voto la votación es secreta y a la misma asisten, con interés no disimulado, numerosos corresponsales de la prensa extranjera. El resultado oficial es el siguiente En Austria, el 99,73% de los votos son favorables al *Anschluss*, en Alemania, el 99,01%. La elección en todo el territorio de la Gran Alemania es de un 99,10% de votos a favor de Adolf Hitler, para la única candidatura que se ha presentado. Las cifras se acercan demasiado a la unanimidad para no despertar fundados recelos. Algunos periodistas extranjeros afirman[39] que ha habido irregularidades en los recuentos de votos, y que no creen que Hitler haya obtenido más de .... un 90%. Creemos que huelgan los comentarios. Aún admitiendo como válida la objeción, un 90% no lo ha obtenido ningún gobierno democrático, en

---

[39] Henry De Kérillis: *Le Temps*, Paris, 12-IV-1938.

Europa Occidental ni en América, jamás; ni antes ni después de Hitler.

DEL DISCURSO DE LA CUARENTENA A LA CONFERENCIA DE EVIAN

Fue en 1938, año en que, por otra parte, el *Anschluss* y la cuestión de los Sudetes llevaron tantas congojas a los espíritus de los gobernantes, cuando el problema judío llegó a su paroxismo en Alemania. No obstante, en un momento dado pareció lucir una posibilidad de esperanza. Desde su llegada a la Casa Blanca, el Presidente Roosevelt se había distinguido por ocuparse más de la política europea que de la norteamericana. Son conocidas sus intervenciones en favor de los Judíos alemanes, así como su apoyo a Inglaterra y Francia en el asunto de las sanciones contra Italia con motivo de la guerra de Etiopía. El 5 de Octubre de 1937 pronunció en Chicago el llamado "Discurso de la Cuarentena" porque en él preconizaba la puesta en cuarentena de Alemania, el Japón e Italia, es decir, del 12% de la población del globo, debido a que tales países

> "están destrozando todo el orden internacional y toda equidad para el 88% de ciudadanos del mundo amantes de la paz, de la seguridad y la libertad, con objeto de preservar a la colectividad humana del contagio".

En Julio de 1938, el presidente Roosevelt, que tenia en su país un paro univalente al 11% de su población, es decir, un problema pavoroso, demuestra que sus preocupaciones siguen lejos de los Estados Unidos, cuyo pueblo, es de suponer que le ha votado para que se ocupe de sus problemas y no de los ajenos. En efecto, Roosevelt propone una reunión con objeto de solucionar el caso de las transferencias de los bienes de los judíos alemanes que emigran de su patria de nacimiento hacia nuevos países más acogedores para ellos. La conferencia tiene lugar en Evian (Francia), del 6 al 15 de Julio de 1938. El objetivo oficial de la misma "cómo y de qué manera podían ser transferidos los bienes de los judíes alemanes a otras naciones y a cuales". Alemania mandó un observador que expuso el punto de vista de su Gobierno. Era el siguiente:

> "Estimular hasta el máximo posible la emigración de los judíos alemanes y transferir

sus bienes globalmente evaluados. Alemania adelantaba incluso una cifra como base de discusión: 3.000.000.000 de marcos, los cuales serían cedidos a un organismo internacional, que podría ser la Cruz Roja o la Sociedad de Naciones, que repartiría la suma entre los países interesados".

Las condiciones que ponía Alemania eran que se establecieran acuerdos de compensación, de manera que los pagos se realizaran dentro del marco de los intercambios de mercancías entre Alemania y esos países, así como el escalonamiento de tales pagos que se realizarían en varios años.

Aquí es preciso un inciso. Hace unos años, un escritor judío alemán, naturalizado norteamericano, Hans Habe, expuso una versión que fue inmediatamente recogida y vulgarizada con gran estruendo por numerosos periódicos judíos o judeófilos de todo el mundo, pretendiendo presentarla como una versión histórica incontrovertible[40]. Según tal versión, el delegado alemán en la conferencia de Evian propuso "el cambio de judíos alemanes contra 250 dólares por cabeza". Creemos que nunca se puso en circulación una más desvergonzada mentira, y de manera más trivial. La realidad es que Alemania no pedía dinero por sus judíos; Alemania DABA DINERO PARA QUE SE LOS LLEVARAN. Y si se quien calcular "por cabeza de judío" como lo hace el judío Señor Habe, 3.000.000.000 de D.M. representaban aproximadamente unos 5.600 D.M. "por cabeza", es decir, de 1.000 a 1.200 dólares de la época, una buena cantidad.

Inglaterra, empero, expuso su tesis. Exigía 1.000 libras esterlinas por judío expulsado de Alemania, pagadas al contado. No quería saber nada de plazos ni de acuerdos de compensación en mercancías. La petición inglesa equivalía a un "no" diplomático, al solicitarse una cifra que los británicos no podían ignorar que Alemania no podía pagar. Según el cambio de la época[41] representaba unos 17.000.000.000 D.M. o sea algo menos que el presupuesto de Alemania para todo un año. Algo absolutamente insensato.

Hay que tener bien presente que en aquél período Chamberlain, con el apoyo del clan pacifista conservador, dominaba todavía la escena política inglesa. Los sectores anglosajones de la City le sostenían firmemente frente al clan belicista

---

[40] Hans Habe; *The Mission.*

[41] Paul Rassinier: *Les Responsables de la Seconde Guerre Mondiale*, Omnia Veritas Ltd.

encarnado por los laboristas, los "jóvenes conservadores de Eden" y los sionistas. Chamberlain, verdadero imperialista inglés, no podía tolerar que judíos adinerados se instalaran en Palestina, creando problemas a la administración británica en Palestina, con los roces que no dejarían de producirse entre judíos y árabes. No pudiendo decir que no, para salvar las apariencias, y también para esquivar en lo posible la presión de Roosevelt, a su vez remolcado por su "Brain Trust" de sionistas, Chamberlain pedía a Alemania una cantidad de dinero insensata, forzándola a una negativa que la dejaría en mal lugar ante la Opinión Pública, que, de ordinario, no sabe aritmética ni entiende de cifras.

Pese a todo la presión de Roosevelt logró que la Conferencia designara a un americano, M. Rublee, como representante encargado de negociar con Alemania. Durante un tiempo, no se habló más del asunto. Luego, el 23 de Diciembre, el Doctor Schacht y Rublee se reunieron en Londres, con el consentimiento de Hitler, que envió a su Ministro de Finanzas para que encontrara una solución, provisto de plenos poderes. Pero no obtuvieron resultados positivos por el endurecimiento de la posición de Inglaterra, que a sus mil libras esterlinas por cabeza añadió, como condición suplementaria, una especie de "reserva de derecho de admisión"; es decir, los ingleses estudiarían, caso por caso, los judíos que podían admitir en su Imperio y los que no. La prensa inglesa, incluyendo la adicta a Chamberlain, y contraria al endurecimiento de la política británica hacia Alemania, criticaba constantemente a ésta por su política para con los judíos, pero cuando Hitler ofrecía a 300.000 Judíos para qué se les diera asentamiento en el inmenso y semi-explotado Imperio, los ingleses pedían una fortuna por cada uno de ellos, y además se reservaban el derecho a decir "éste lo quiero y éste no". Typically English!.

RADICALIZACION DE POSICIONES EN 1938

En 1938 se radicalizaron las posiciones en el tablero de la política internacional, dibujándose los campos antagonistas. Alemania, Italia y el Japón, con algunos satélites, por un lado, y las Democracias, con la Unión Soviética, por el otro. Dos acontecimientos modificaron profundamente el equilibrio europeo: el *Anschluss* en la Primavera, y la anexión de los Sudetes por Alemania en el Otoño. Se produjeron tras una evolución de la situación internacional carácterizada por otros acontecimientos independientes del llamado hecho alemán pero que, no obstante, se habían producido en un sentido favorable a sus intenciones: la salida del Japón de la Sociedad de Naciones, el 26 de Marzo de 1933 y el Pacto Antikomintern, firmado entre ambas potencias, el 25 de Noviembre de 1936, que fue la consecuencia de ese hecho; las sanciones y el embargo petrolero votados por la S. de N. contra Italia por su ataque a Etiopía (11 de Octubre de 1935); el acercamiento Italia-Alemania, provocado por dichas sanciones más que por la - relativa - afinidad Ideológica entre Nacional-Socialismo y Fascismo; la posterior adhesión de Italia al Pacto Anti-Komintern, en Noviembre de 1937; la guerra civil española, con Francia y la URSS apoyando a los republicanos materialmente; Inglaterra manteniéndose muy al margen; los Estados Unidos ayudando con las reticencias Impuestas a la política izquierdista de Roosevelt por las consideraciones que debía necesariamente guardar a su electorado católico (irlandeses, italianos y polacos), favorable a los nacionalistas de Franco, mientras Alemania y sobre todo Italia se volcaban en apoyo de éste. Como telón de fondo, la Cuestión Judía, cada vez mas envenenada, mientras lo que se ha dado en llamar, en los países anglosajones, el *Money Power*, se las ingeniaba, a través de la Gran Prensa y la Radio, para agravar el caso llevándolo a terrenos de frenetización Increíbles en seres racionales.

Uno de los motivos que contribuyeron a agravar la situación en Europa fueron los disentimientos producidos entre norteamericanos y japoneses en el Pacífico y en China. Conviene dar una ojeada histórica retrospectiva. En 1914 Japón entró en la guerra, al lado de los Aliados, a cambio de ciertas promesas que le hicieron Francia e Inglaterra. En efecto, "todas las posesiones alemanas situadas al Norte del Ecuador le serían concedidas a condición de que las ocupara"[42]. Como se observará, el condicionante es de talla. El Japón conquistó, una a una, todas las posesiones alemanas en Extremo Oriente, expulsó a la Flota Alemana del Pacífico, suministró a los Aliados los barcos necesarios para transportar a Egipto y a los Dardánelos los contingentes neozelandeses y australianos e incluso mandó un Cuerpo Expedicionario a Europa.

En unas pocas palabras: su contribución a la victoria de los Aliados fue tan importante que incluso fue considerado miembro fundador de la Sociedad de naciones

---

[42] G. M. Trevelyan: *History of the British Empire*, pág. 564.

en cuyo Consejo disponía - junto a Francia, Inglaterra e Italia - de un sillón permanente.

Norteamérica consideraba la China como coto de caza particular y privado desde los tiempos del Comodoro Perry, cuando éste limitó las posibilidades expansivas del Japón en Asia. Así que, al enterarse de las promesas hechas por Inglaterra y Francia al Japón, se apresuró a manifestar que no las reconocería nunca "por ser contrarias al derecho de libre disposición de los pueblos", como manifestó con desenvoltura el Presidente Wilson, en la Conferencia de la Paz. En virtud de la oposición norteamericana, las posesiones insulares de Alemania fueron atribuidas al Japón, pero no como colonias o provincias del Imperio Nipón, sino como Mandato temporal de la Sociedad de Naciones. Las posesiones continentales alemanas fueron repartidas entre la China y los anglo-americanos (con lo cual Inglaterra, incluso formalmente, faltó a su pacto con el Japón). Si China se quedó con la posesión alemana de Shantung, ciertos pueblos y legaciones, como Victoria y Shangai pasaron a un condominio anglo-norteamericano.

Hubo, pues, un flagrante incumplimiento de promesa por parte de los Aliados Occidentales, que necesitaban del Japón para contrarrestar a Alemania en Oriente y, al propio tiempo, para aprovecharse de su ayuda en hombres y material, así como en víveres, en el frente europeo. Esta falta de palabra fue el principio de una larga hostilidad, que aún perdura.

En 1931, mientras China se debate en un anárquico caos, Japón aprovecha la oportunidad para intervenir en Manchuria, de donde expulsa a los chinos y, el 1 de Marzo de 1932 proclama, bajo el nombre de Manchukuo, una Manchuria independiente, pero bajo protectorado político Japonés. La S. de N., que, en los diez últimos años ha dejado pasar en silencio la ocupación de las tituladas cinco repúblicas soviéticas del Asia Central, Uzbekistán, Tadjikistan, Kirghizia, Kazakhstan y el Turkmenistán, más Georgia y Armenia, así como el Azerbaidjan y Ucrania, cuya independencia había sido garantizada por los miembros fundadores de la citada S. de N., decide bruscamente, a demanda de Inglaterra y bajo presión de los Estados Unidos[43] ocuparse del incidente manchú y, por 42 votos contra 1 (precisamente el voto japonés) invita al Imperio del Sol Naciente a "evacuar en el plazo más breve

---

[43] H.A.L. Fisher: *A History of Europe*, Tomo II, pág. 228.

toda la porción de territorio chino que ocupa indebidamente. Unas semanas después, el Japón, que no hace el menor caso, abandona la S. de N. Es más, continúa su penetración en China Continental y conquista toda la provincia de Jehol que anexiona a Manchukuo. A finales de 1934 denuncia el Tratado Naval del Pacifico y empieza la construcción de una moderna flota de guerra.

La salida del Japón de la S. de N. provoca su acercamiento a Alemania. Por otra parte, los Japoneses justifican su intervención en la China por la progresiva bolchevización de ésta, e institucionalizan esa política con la firma, con Alemania, del pacto Anti-Komintern. Roosevelt, que tiene en casa un paro desbordante y cuenta con reabsorberlo con los mercados de exportación, se encuentra con que China, de hecho la más antigua "colonia" económica estadounidense, se escapa de su órbita. El "Brain Trust" que rodea a Roosevelt, izquierdista y pro-comunista, observa como el Pacto Antí-Komintern es una amenaza para la URSS, una tenaza que puede, como mínimo, aislarla del resto del mundo y provocar su hundimiento interior. A finales de 1937, los Japoneses controlan más de dos millones de kilómetros cuadrados de territorio chino, habitados por doscientos millones de personas. Controlan igualmente toda Corea y todas las islas del Mar de la China, incluida Formosa. Con el hinterland ocupado por los Japoneses, que controlan la mayor parte del litoral, Hong-Kong pierde todo su valor estratégico y comercial. Con ello, también Inglaterra pierde posiciones en Extremo Oriente, en detrimento del Japón.

El Presidente Roosevelt, presionado por su "Brain Trust"[44], toma una medida sin precedentes en los anales de la diplomacia. El 3 de Enero de 1936, en un mensaje al Congreso, Roosevelt acusa simultáneamente al Japón, a Alemania y a Italia de "volver a la ley del sable, y a la concepción fantástica de que tienen una misión a cumplir en él mundo. Esto, los Estados Unidos no pueden permitir que suceda, en aras de la Democracia y la Paz Mundial"[45]. Llamamos la atención sobre el hecho de que Roosevelt acusa a tres países, alejados por miles de kilómetros del suyo, de que creen que tienen una misión a que cumplir en el mundo, y unos segundos más tarde, en la misma frase, declara que los Estados Unidos "no lo pueden

---

[44] *Peace and War*, Política Extranjera de los Estados Unidos, págs. 304 a 307.

[45] Ibid. Id. Op. Cit., pág. 308.

permitir", en nombre de "la Democracia y la Paz Mundial". Como no hay constancia de que el Todopoderoso le nombrara al Presidente Roosevelt representante personal suyo en la Tierra, hay que creer que él se consideraba a sí mismo investido de una "misión a cumplir" y que esa misión no era otra que la defensa de la "Democracia y la Paz Mundial". Curioso!

Las agresiones verbales contra los tres signatarios del Pacto Anti-Komintern se suceden durante varios meses y, por fin, en Octubre de 1937, en el ya mencionado "Discurso de la Cuarentena", Roosevelt amenaza a Alemania, Italia y el Japón con sanciones económicas. Se comprende la amenaza contra el Japón, puesto que es su competidor directo en el Pacífico y amenaza sus viejos intereses, que parecían intocables, en China. Además es fundamentalmente anticomunista y esto no place a los miembros del "Brain Trust", ultraizquierdistas. También se comprende la amenaza contra Alemania, que, aunque no amenaza en absoluto los intereses de los Estados Unidos, es antisemita en su política interior, amén de anticomunista, y esto no lo pueden soportar los intelectuales mentores izquierdistas del Presidente americano. Lo de Italia, se comprende menos. En 1936 todavía no se ha acercado a Alemania, no amenaza intereses políticos estadounidenses y ni siquiera ha reprochado a Roosevelt que tomara partido contra ella en el asunto de las sanciones decididas por la S. de N. con ocasión de la guerra de Etiopía.

Una explicación puede hallarse en la actitud antimasónica de Mussolini, que ha clausurado las logias italianas y ha mandado al Gran Maestre de la Masonería Italiana, desterrado, a las Islas Lipari, Roosevelt, francmasón notorio, no ha debido apreciar el gesto. Otra, suplementaria, en la política derechista del Duce, que no place, evidentemente, a los intelectuales izquierdistas del "Brain Trust", que preven un acercamiento de Mussolini a Hitler que, en efecto, se producirá, precisamente, en la torpe política de las democracias occidentales y, en especial, de Francia.

Otro aspecto del insólito "Discurso de la Cuarentena", del que hablamos en el epígrafe precedente, es que Roosevelt divide al mundo en dos partes: la de los países belicosos (Alemania, Italia y el Japón) que representan el 10% de la población mundial, y la de los países "amantes de la paz", que representan el 90% restante. Entre tales países pacíficos figuran los Estados Unidos, Inglaterra y Francia, las tres potencias coloniales cuyos imperios ultramarinos se han gestado, como es lógico, tras docenas de guerra, y figura también la Rusia Soviética, cuyo reconocimiento diplomático por parte de los Estados Unidos sólo se produjo en 1933, a la llegada de Roosevelt al poder. La actitud antifascista y antinazi de Roosevelt fortalecerá la política de las izquierdas francesas, que detentan el poder; para ellas, no hay duda de que, en caso de guerra contra Alemania, los Estados Unidos apoyarán desde el primer momento a Francia, cuya actitud, a consecuencia de ello, se endurece aún más ante Alemania.

CHECOESLOVAQUIA: ROMPECABEZAS GEOPOLITICO

En ese año crucial de 1938, Checoslovaquia era un estado artificial, en Europa Central, asentado sobre un territorio de unos 122.000 km cuadrados, que contaba con una población de algo menos de catorce millones de habitantes. Según el censo de 1921 estos habitantes se desglosaban de la siguiente manera: 6.727.000 checos; 2.010.000 eslovacos; 746.000 húngaros; 460.000 ucranianos; 76.000 polacos; 180.000 judíos; 239.000 súbditos extranjeros y alemanes. Los checos no llegaban, pues, a constituir siquiera la mayoría numérica absoluta en el país. Si no había unidad lingüística ni nacional, tampoco la había en el plano geográfico: al Oeste, el cuadrilátero de Bohemia, que los montes de Moravia separan de Eslovaquia; al Este, Eslovaquia. prolongada por la Rutenia, región ucraniana. El país, según Mussolini, tenía la forma repugnante de un intestino. Rodeando toda la parte occidental de ese intestino, los alemanes establecidos en la región de los Montes Sudetes, la más próspera del país. Ese rompecabezas de la Geopolítica, de una longitud aproximada de 650 kilómetros y una anchura media de unos 100, ha sido prácticamente inventado en el infausto Tratado de Versalles (artículos 27 y 81 a 86) y confirmado en los Tratados de Trianon y de Saint Germain. Estos tratados precisaban que el nuevo estado sería de estructura federal y que cada una de las nacionalidades integrantes debería gozar de la autonomía interna.

Los territorios que componen el estado checoeslovaco habían formado parte del Imperio Austro-Húngaro, cuya destrucción era una de las finalidades de la Primera Guerra Mundial. El 30 de Mayo de 1918 se reunieron en Pittsburgh, Estados Unidos, dos docenas de emigrados checos y eslovacos que se constituyeron en Asamblea Constituyente y firmaron una convención fundando el "estado checoeslovaco", en el cual los eslovacos, que eran minoría, asegurarían su propia administración y gozarían de su propio parlamento y su propia magistratura. Bajo esas condiciones, los eslovacos se asociaron a los checos y más tarde sólo aceptaron los tratados de Versalles, de Saint-Germain y de Trianon porque tales condiciones eran solemne o internacionalmente proclamadas. Los "deux ex machina" de la reunión de Pittsburgh habían sido tres checos, Masaryk, Benes y Stefanik, los tres conspicuos francmasones, que odiaban a muerte a la monarquía católica Austro-Húngara y eran germanófobos empedernidos. Stefanik, para mayor "Inri", no era siquiera ciudadano del antiguo Imperio Austro-Húngaro, sino que había adoptado la nacionalidad francesa y había sido capitán del ejército de su patria de adopción. De acuerdo con la legislación francesa, un oficial del ejercito que firma una convención constitutoria de un nuevo estado debe ser degradado y metido en el calabozo, pero ya se sabe que los "hermanos" gozan de especiales protecciones, y el capitán Stefanik puede desarrollar impunemente sus actividades políticas.

Masaryk y Benes, sobre todo, mantienen estrechas relaciones con el Presidente Wilson, que, junto con el ministro de Asuntos Exteriores frances, Pichon, es su principal valedor ante los consignatarios del Tratado de Versalles. El gobierno francés, cuando se constituye el nuevo estado hace una declaración oficial en la que se afirma que "se hará todo cuanto sea necesario para hacer que se materialicen las aspiraciones del pueblo checoeslovaco a la independencia dentro de sus fronteras históricas". Esto es una contraverdad histórica. Nunca han habido "fronteras históricas del pueblo checoeslovaco". Nunca ha habido un estado checo. Nunca ha habido un estado eslovaco, ni, a fortiori, un estado checoeslovaco. Han habido checos, que han dependido de Alemania, o de Austria, o finalmente de Austria-Hungría; han habido eslovacos que han dependido casi siempre de Hungría. Pero el trío Benes-Masaryk-Stefanik está resuelto a crear este Frankenstein de la Geopolítica el cual ya nace con "arrière-pensées" por parte de todos los interesados. El nuevo estado, a parte de Eslovaquia, engloba a Bohemia, incluyendo a su importante minoría alemana, a la Rutenia Transcarpática - sin previa consulta a los ucranianos que allí habitan - y todo lo que podrán "rebanar" en Europa Central. Los checos, que son los "comadrones" de la operación, sólo han prometido la autonomía interna a los eslovacos para obtener su adhesión al nuevo estado, pero están resueltos a someterlos a su hegemonía dictatorial. Si en el nuevo estado han incluido la zona alemana de los Sudetes, es por dos razones:

(a) porque los Sudetes es una región fuertemente industrializada - una de las mas industrializadas de Europa - y, sin ella, el nuevo estado quedaría re - ducido a un territorio de mediana riqueza agrícola y ganadera, con un equipa- miento bastante atrasado,

(b) para protegerse de posibles ataques del Reich alemán con la posesión de los montes del Böhmerwald y de Erzgebirge, que se hallan precisamente en los Sudetes, y que los checos piensan fortificar.

Con la bendición de los Aliados, especialmente de Francia, Benes, Masaryk y Stefanik se erigen en Gobierno Provisional del nuevo estado checoeslovaco. El 9 de Noviembre, y todo ello sin elecciones, pero teniendo buen cuidado de proclamarse *urbi et orbi* como democrático, el gobierno (provisional) nombra, por cooptación, es decir, a dedo, una Asamblea Nacional. Esa Asamblea Nacional anula la autonomía interna de los bohemio-alemanes (los sudetes) que les había concedido el Emperador Carlos el 16 de Octubre de 1918, y envía a su incipiente ejército a someter a los alemanes englobados, manu militari, en el nuevo estado. Pujantemente armado, el ejército checoeslovaco, que obtiene ayuda a manos llenas de los franceses, se lanza al ataque de las fronteras con Polonia y Hungría (que también acaba de proclamar su independencia) y penetra en territorio ucraniano, mis allá de los Cárpatos. El ejército checoeslovaco en el que el "capitán" Stefanik, del ejército francés se ha convertido en generalísimo, sólo se detiene en Polonia y Hungría por las misiones militares aliadas y en Rutenia por el Ejército Rojo, que ocupa Ucrania. En el momento en que se inicia la Conferencia de la Paz (18 de Enero de 1919) la autoridad del estado checoeslovaco es reconocida, de facto, sobre todo el territorio que sus ejército han logrado conquistar, es decir, casi veinte mil kilómetros cuadrados más de lo que sobre el papel se le había reconocido. Es decir, Checoslovaquia, que ha nacido por una necesidad bélica de los Aliados - crear problemas internos a su enemigo austro-húngaro - se ha consolidado con un robo de territorio a tres vecinos y con un incumplimiento de su propia estructura constitucional, pues, en la Conferencia de la Paz, sólo son los checos los que aparecen, mientras los eslovacos desaparecen por el foro, y su cacareada autonomía es pisoteada por el nuevo estado checoeslovaco que, en realidad, es simplemente un estado checo.

Pronto empiezan los incidentes entre checos y eslovacos, aunque, de momento tienen menos virulencia que los que se producen entre checos y ucranianos y entre checos y húngaros. La pequeña minoría polaca, en Teschen, de momento se muestra tranquila, pero pronto, atizada por el Gobierno de Varsovia, inicia una resistencia pasiva contra las autoridades checas. Pero son los alemanes de los Sudetes quienes oponen una más feroz resistencia; quieren seguir la suene de Austria, de la que siempre han formado parte y, junto a Austria quieren incorporarse al Reich. Además, han visto cómo actúan los checos y el poco caso que hacen de sus promesas referentes a autonomía interna y autogobierno. Para luchar con eficacia contra la incorporación forzosa que planean las autoridades de Praga - que incluso prohiben el uso público del idioma alemán - esos alemanes que ocupan, alrededor de Bohemia, el Deutschböhmen (Bohemia Alemana) el Sudenmähren (Moravia alemana) el Böhmerwaldgau (región de la selva de Bohemia) y el Sudetenland (país de los Montes Sudetes) se reagrupa bajo el vocablo de Sudetendeutsche (alemanes de los Sudetes) que se dan a sí mismos, de común acuerdo, porque en esa región donde son más numerosos y activos.

Aunque en la Conferencia de la Paz el Canciller austríaco Karl Renner, socialista, líder del *Anschluss* es, al mismo tiempo, el líder de los Súdetes, territorio que forma parte de estados germánicos - Austria o Alemania - desde mil años. Hace valer el derecho de los pueblos a disponer de si mismos, punto capital de Wilson, y que se aplica en Europa, de modo *sui generis*, es decir, sólo cuando puede beneficiar los designios políticos de los vencedores. Se le responde, con arrollador cinismo, que ese punto no se aplica a los vencidos. El 16 de Febrero de 1919 deben tener lugar elecciones generales en toda Aus- tria, pero los Aliados las prohíben en los Sudetes.

Los esfuerzos del Reich y de Austria, así como de los alemanes Sudetes no serán tenidos en cuenta. Más de tres millones de alemanes pasan, asi, bajo soberanía checa, contraviniendo los principios de los propios Aliados. Los checos no se privarán de hacer pagar a esos alemanes la autoridad que el Imperio Austro-Húngaro había ejercido sobre ellos cuando formaban parte del mismo. Tampoco se consultó democráticamente a los húngaros, los polacos y los ucranianos inmersos en el nuevo estado y, para mayor "inri", ni siquiera se consultó ni se tuvo en cuenta para nada en la redacción definitiva de los Tratados que dieron nacimiento a

Checoeslovaquia, a los eslovacos, con lo cual, el nuevo estado contravenía de manera flagrante los principios democráticos de sus patrocinadores internacionales, de su institucionalización en los Tratados de Versalles, Saint-Germain y Trianon y de su propia constitución interna.

El estado checoeslovaco, en fin, era simplemente un estado checo, y los checos eran minoría. No existía una conciencia nacional checoeslovaca - no podía existir - y cada cual tiraba por su lado. El nuevo estado era inviable. Sólo la férrea política centralista y antidemocrática de Benes y Masaryk lograba mantener la apariencia de cohesión indispensable en un estado moderno.

* * *

En un discurso pronunciado en el Guildhall, de Londres, el 7 de Octubre de 1928, Lloyd George, Primer Ministro británico, cuando se consumó la injusticia histórica de la creación del estado checoeslovaco, explicó cómo se había visto obligado a ceder, - pese a sus reticencias: "Toda la documentación que nos fue presentada por determinados aliados nuestros durante las negociaciones de Versalles, era mentirosa y falseada. Decidimos cuestiones gravísimas basándonos en falsificaciones, concretamente en los casos checoeslovaco y polaco"[46].

El 15 de Junio de 1919, el canciller austríaco Karl Renner escribió a Clemenceau una carta que contenía esta advertencia profética:

> "Al persistir en ese camino en el caso de Checoeslovaquia, las potencias vencedoras crearan en el centro de Europa, un foco de guerra civil, que, a la larga, puede convertirse para el mundo, y para su progreso social, en algo más peligroso que la pasada y continua fermentación bélica en los Balcanes"[47].

En 1938, Checoeslovaquia fermentaba desde casi veinte años. La profecía de Karl Renner se estaba cumpliendo con creces. Si acaso, podía añadirse que no era un foco de guerra civil, sino un foco de guerra mundial.

---

[46] Georges Champeaux: *La Croisade des Démocraties*, Tomo II, pág. 9.

[47] Paul Rassinier: *Les Responsables de la Seconde Guerre Mondiale*, Omnia Veritas Ltd.

"Los Aliados no crearon Checoeslovaquia por sí misma, sino para levantar una barrera contra el germanismo"[48],

reconocería el destacado político francés Tardieu, acérrimo defensor de las secuelas de Versalles. Y Píerre Cot, que sería varias veces Ministro, aclararía cínicamente que "el motivo de existencia de Checoeslovaquia es servir de porta-aviones a Francia en caso de conflicto con Alemania"[49]. Y que no se trataba de una bravata - por otra parte impensable en un Ministro - lo demostraron los hechos, pues el primer pacto que suscribió Checoeslovaquia como estado independiente fue con Francia, Rumania y Yugoeslavia, el denominado Pacto de la Pequeña Entente. Aún más, según el Coronel W. Nicolai, en su obra *Geheime Machte*, la Escuela de Espionaje Hollashovitz, de Praga, se encuentra enteramente bajo control francés, asi como todo el servicio de contraespionaje checoeslovaco. Francia, además, mandó instructores franceses para formar al ejército checoeslovaco[50]. Fue artífice de ese pacto militar - que, en las circunstancias de la época sólo podía apuntar contra Alemania - Vodja Benes gobierna en Praga como un auténtico dictador. A su lado, Masaryk, queda empalidecido. El caso de Benes es singular. Raras veces en el curso de la historia un gobernante de un pequeño país habrá alcanzado tanto renombre. Retorcido, desprovisto de escrúpulos necesitó, para ser "lanzado" políticamente, la catapulta de personal político francés.

Dos salones judíos[51] - el de Madame Boas de Jouvenel y el de la señorita Louise Weiss - se disputaron, a su llegada a París, al alto dignatario de la Masonería checa. Fue en esos salones donde se le prepararon conferencias, se le "presentó" al gran mundo de la política francesa y se le lanzó, materialmente, en brazos de Philppe Berthelot, Secretario General de Asuntos Exteriores y, como él, masón de alto rango. Fue Berthelot el abogado de Benes y el "comadrón" del estado checoeslovaco. No fue, como se ha pretendido, un acto de ignorancia política o geográfica. Tal vez

---

[48] *Gringoire*, París, 25 de Noviembre de 1938.
[49] André Francois Poncet: *De Versailles à Postdam*.
[50] Alcide Ebray: *La Paix malpropre*.
[51] Desde los prolegómenos de la Revolución Francesa, los salones de la "alta Sociedad" parisina han sido el vocero de las nuevas figuras que ciertas Fuerzas interesaba colocar en el pináculo de la fama y la influencia políticas. Drumont calificaba tales salones como "logias abiertas" y sus reuniones como "tenidas profanas". (N. del A.)

algunos delegados de la Conferencia de la paz fueron efectivamente - engañados, o dijeron haber sido engañados, como Lloyd George. Pero los franceses - los que catapultaban a Benes - conocían muy bien el dossier: así, por ejemplo, en el informe del Comité Político de la Delegación Francesa, llamado también "Comité Lavisse", se manifestaba expresamente: "La región de Bohemia cercana a la frontera contiene una mayoría de alemanes. Pero el principio de las nacionalidades no puede ser aplicado en todo su rigor por razones geográficas, por razones económicas y por razones estratégicas".

Lansing, el Secretario de Estado Norteamericano cuando se firman los Tratados de Versalles, Saint-Germain, Sèvres y Trianon, protestaría también por el trazado de la frontera germano-checa, con las siguientes palabras:

> "Deseo hacer constar que la fijación de las líneas fronterizas en función de su valor estratégico, tal como se ha hecho en los casos de Alemania y Polonia, se opone al espíritu esencial de la Sociedad de Naciones, del desarme internacional y de la política de los Estados Unidos, tal como fue expresada por la declaración del Presidente Wilson"[52].

Pero eso no eran mis que palabras, aún cuando quedaran registradas en los libros de actas de la S. de N. Lo que contaba eran los hechos, y era un hecho capital la instalación de un tiranuelo como Benes en el cuadrilátero de Bohemia - "quien domina Bohemia domina Europa", había dicho Bismarck - quien dedicaba casi el sesenta por ciento de su presupuesto a "defensa", firmaba pactos con varias potencias y pretendía erigirse en arbitro de la situación en Europa Central. La vida de Benes, por otra parte, estuvo jalonada de favores al Comunismo, y nunca trató de ocultarlo. En 1920, cuando se produjo el ataque de la URSS contra Polonia, Benes prohibió el paso a través de Checoeslovaquia de los convoyes de armas y municiones enviados por el Almirante Horthy desde Hungría; si Rumania no hubiera permitido el tránsito y contribuido con su propia ayuda, la contraofensiva de Pilsudski a las puertas de Varsovia habría fracasado y Polonia habría sido bolcehvisada ya entonces. Más adelante, Benes apoya a Paul-Boncour, el Delegado francés, para

---

[52] Actas de la Sociedad de Naciones, 1 de Abril de 1919. Citado por Georges Champeaux, Op. Cit. Tomo II, pag. 14.

que se admita a la URSS en la S. de N... Después ayudará a limar aristas entre Litvinoff y el ministro francés Alexis Léger, facilitando la firma del Pacto Franco-Soviético. En 1935 firmará con la URSS un pacto de asistencia mutua, calcado del Pacto Franco-Soviético. Y unos meses más tarde llegará a ser Presidente del Consejo de la S. de N. Es inconcebible que el Presidente de un país de tercer orden, de trece millones de habitantes, llegue a la más alta magistratura del primer organismo internacional. No creemos sea incurrir en juicio temerario el afirmar que las Fuerzas Políticas que determinan la orientación de Occidente quisieron darle a Benes y a "su" Checoeslovaquia una artificial y, en todo caso, exagerada importancia, para mantenerlo dócil a sus designios. Benes es, además, como ya hemos dicho, un alto dignatario de la Masonería, y esto cuenta mucho en Ginebra.

EL PACTO DE MUNICH

De lo expuesto se deduce que si Checoeslovaquia se encontraba en un estado de presión permanente desde su creación *ex nihilo* ello era debido, exclusivamente a su constitución interna. Nos referimos, evidentemente, a su constitución orgánica, cual mosaico de colectividades halógenas, la mayoría de las cuales eran dominadas antidemocráticamente por una sola, con un centralismo feroz y arbitrario. Dice Rassinier: ".... en 1938, checos y eslovacos estaban en el límite de la ruptura. Las otras nacionalidades aún soportaban peor la situación, pues eran peor tratadas por la Administración de Benes. ¿El presupuesto preveía una partida para el desarrollo de la instrucción pública? Pues era para las escuelas checas. ¿Indemnizaciones de paro? Eran para los chocos. Votar contra el gobierno era un acto de heroísmo, pues la consecuencia inmediata era el despido del lugar de trabajo"[53].

El llamado Partido de los Sudetes obtuvo, en las elecciones de 1936, cuarenta y cuatro diputados: el grupo parlamentario más fuerte. El Partido de Benes tenía cuarenta y tres; habían también once socialdemócratas y cinco comunistas. En el Senado, los Sudetes tenían también la mayoría, con 37 escaños, por 33 los liberales de Benes. No obstante, cada vez que los Sudetes intentaban hacer aprobar un proyecto de ley que, cumpliendo la democrática Constitución del país pusiera en

---

[53] Paul Rassinier: *Les Responsables de la Seconde Guerre Mondiale*, Omnia Veritas Ltd.

práctica medidas autonómicas y detuviera la creciente socialización y estatización que llevaba a cabo el Gobierno de Benes, éste, apoyado por los social-demócratas y los comunistas bloqueaba el intento. Pero las cosas cambiarían el 16 de Junio de 1935, al firmarse el Tratado Ruso-Checo bajo los auspicios de Benes. Tanto los eslovacos - en su mayoría católicos - como los ucranianos, los húngaros y, sobre todo, los alemanes sudetes, se oponían tenazmente al Pacto. Y como no todos, ni siquiera la mayoría, de checos eran comunistas, la iniciativa de Benes le creó numerosos problemas entre su propia comunidad étnica. Los éxitos de Hitler habían, al parecer, convencido a muchos de ellos que un entendimiento con él era más susceptible de proteger su independencia que una lucha abierta y de frente, y que se imponía una política más comprensiva ante las minorías del estado checoeslovaco. Así, en 1936, Benes perdía más escaños en ambas Cámaras, de manera que sólo podía gobernar con el apoyo de seis comunistas y ocho social-demócratas, logrando, entonces, una mayoría de dos votos. En varias ocasiones el presidente del Parlamento suspendió o aplazó votaciones para que pudiera reincorporarse al hemiciclo algún diputado ausente, con objeto de no dejar al gobierno en minoría y provocar una crisis ministerial.

Mientras tanto, ¿qué hacía Hitler?

El 11 de Marzo de 1938, en vísperas de la entrada de las tropas alemanas en Austria, Goering aseguraba a Mastny, embajador de Benes en Berlín que "Checoeslovaquia no tenía razón alguna para experimentar el menor motivo de inquietud". Dos días después, Herr Eisenlohr, embajador del Reich en Praga, repetía lo mismo a Benes. No obstante, a finales de Agosto, el problema que planteaba Hitler ante el mundo entero era la intervención de las tropas alemanas en Checoeslovaquia si ese estado soberano no cumplía determinados requerimientos de una de sus colectividades, los Sudetes... De ello se sacó la conclusión que Hitler no cumplía sus compromisos. "Una vez más Hitler ha incumplido sus promesas" era el leit motiv de la Gran Prensa mundial. Pero hubiera sido difícil citar un sólo ejemplo o una actitud de Hitler no conforme a un compromiso que él hubiera contraído que no hubiera sido provocado por la previa ruptura de compromisos por parte de uno de sus adversarios. Y hemos dicho, y consideramos útil repetir, que un acuerdo entre dos partes sólo seguirá siendo válido en caso de que ambas partes lo respeten escrupulosamente. Sí Juan le dice a Pedro que le entregará su automóvil si Pedro le paga medio millón de pesetas, se produce un contrato verbal, y si Pedro no entrega el medio millón de pesetas, Juan no está obligado a entregar su automóvil y queda desligado del contrato. Pedimos excusas al lector amigo por un ejemplo tan ofensivamente sencillo, pero, sinceramente, tenemos verdadero pavor a la inercia mental, de los más, que, para colmo, se contagia a través de los grandes medios idiotizadores, llamados informativos.

En el caso que nos ocupa, en Marzo de 1938, la reivindicación de los Sudetes era, todavía, y solamente, la autonomía interna dentro del estado checoeslovaco y Hitler, que sostenía abiertamente esa reivindicación, no tenía razón alguna para intervenir. Pero seis meses después la reivindicación de los Sudetes ya no era una mera autonomía, sino la unificación con el Reich, el *Anschluss*, y los Sudetes solicitaban su apoyo. En esos seis meses habían sucedido muchas cosas... Había sucedido, en primer lugar, que Benes había faltado a su palabra. Había prometido, tras las elecciones de Febrero de 1938, respetar el resultado de los comicios. El Partido de los Sudetes había logrado una victoria aplastante: el 92% de votos en el territorio Sudete, y había "mordido" incluso en territorio étnicamente checo. La respuesta de Benes fue anular las elecciones y convocarlas de nuevo para "más adelante" invocando vicios de forma. La cátedra de alemán en la Universidad de Praga - ciudad la cuarta parte de cuya población era alemana - fue clausurada. Alcaldes de territorio Sudete fueron encarcelados; la soldadesca checa intervino en todas las reyertas entre sudetes y checos, poniéndose siempre en favor de éstos. Los comunistas son, por otra parte, los únicos aliados seguros que le quedan a Benes, en su tentativa de sojuzgar a los alemanes sudetes. Aquí es conveniente un inciso.

Dimitri Manuilsky, Secretario General de la Komitern había manifestado ante el V Congreso de la Internacional Comunista, celebrado en Junio de 1923:

> "Este Congreso constata que no existe una nación checoeslovaca: el estado checoeslovaco, además de la nación checa, comprende a eslovacos, alemanes, húngaros, ucranianos y polacos. Estima necesario que el Partido Comunista de Checoeslovaquia, por lo que se refiere a las minorías nacionales, proclame y ponga en práctica el derecho de los pueblos a disponer de sí mismos, incluyendo el derecho a la separación. El Partido Comunista de Checoeslovaquia, en particular, deberá sostener

la lucha de los eslovacos en pro de su independencia, teniendo buen cuidado de sustraer ese movimiento a la influencia de la burguesía nacionalista y unirlo a la lucha común de los trabajadores contra el capitalismo"[54].

La hostilidad del comunismo hacia Checoeslovaquia persistía diez años después. El diputado comunista francés Gabriel Péri manifestó ante la Cámara:

"Nuestra simpatía es para las masas laboriosas de Checoeslovaquia, a las minorías nacionales eslovacas, alemanas, judías, húngaras, polacas, oprimidas por el poder central de Praga... Aprovechamos la ocasión que se nos ofrece para manifestar nuestra solidaridad hacia el Partido Comunista y los sindicatos de Checoeslovaquia, constantemente opuestos a la república fascista de Praga"[55].

¿Por qué el brusco cambio de actitud de los comunistas ante los fascistas de Praga? Es muy sencillo. Se trata, como en el caso de Austria, de una cuestión de Partido. Mientras los marxistas constituyen una fuerza en Alemania, socialistas y comunistas de Austria y Checoeslovaquia no cesan de exigir el *Anschluss* que redundará en el fortalecimiento de una Alemania marxista. También los comunistas franceses abogan por la devolución de Alsacia y Lorena a Alemania[56].

Pero se consolida en el poder Hindenburg y los marxistas abandonan la idea del *Anschluss*; de cualquier *Anschluss*, ya sea del de Austria, de los Sudetes o de Alsacia-Lorena. Los marxistas - rusos, franceses, austríacos, para el caso es igual - sólo son partidarios del derecho de libre disposición de los pueblos cuando éste puede redundar en beneficio de un estado marxista. Y cuando Hindenburg es substituido por Hitler, los marxistas estarían dispuestos al *Anschluss*... pero al revés. Difícil sería encontrar en la Historia Universal un caso parejo de cinismo intelectual. Los comunistas de Checoeslovaquia han pasado, de considerar a Benes como el rector de un estado fascista (!) a tomarlo como el abanderado da la clase obrera checa. Item más. En 1935 Benes y Alexandrovski, embajador soviético en Praga, firman el tratado de asistencia mutua ruso-checo. A partir de entonces Moscú no se

---

[54] Congreso de la internacional Comunista. Sesión del 3-VI-1923. La Cuestión nacional y colonial, pág. 211.

[55] G. Champeaux: *La Croisade des Démocrates*, Tomo II, pág. 27.

[56] Ver nota pié de página, n. 33.

preocupará ya más de las "minorías nacionales oprimidas por el poder central de Praga". Al convertirse en una fortificación avanzada de la URSS en Centroeuropa, esta misma Checoeslovaquia, a la que el Congreso de la Internacional Comunista denegaba justamente el titulo de nación y a la que Péri calificaba de "república fascista" se ha convertido en el más indiscutible de los estados.

Volvamos al período post-electoral checoeslovaco, cuando la soldadesca checa interviene y numerosos alemanes sudetes son apaleados, y dos miembros de consistorios municipales, muertos. Konrad Henlein, líder de los Sudetes, se dirige a Hitler recabando su ayuda. Hitler informa a Inglaterra y Francia, que tienen vigente un pacto de asistencia mutua con Checoeslovaquia, pidiéndoles que presionen a Benes para que cesen las vejaciones en los Sudetes. Ribbentrop, Ministro de Asuntos Exteriores del Reich, declaró a Henderson, embajador británico en Berlín, que si los derramamientos de sangre se prolongaban en la región sudete, Alemania se vería obligada a intervenir, pues era de suponer que el pueblo alemán así lo exigiría[57]. Según Henderson, por cierto político de primerísimo rango y nada sospechoso de simpatías pro-nazis, "Alemania se esfuerza por tranquilizar a los alemanes sudetes y en forma alguna trata de excitarlos"[58]. Indica también Henderson que "Ribbentrop sospecha que Francia y Rusia incitan a Checoeslovaquia a endurecer su posición frente a los Sudetes". Está convencido de que Hitler y Ribbentrop se esfuerzan en tranquilizar a los alemanes sudetes y que en forma alguna trata de excitarlos contra el gobierno de Praga. Benes no trata más que de ganar tiempo y de comprometer a Inglaterra, junto a Francia y la URSS, en ayuda de Checoeslovaquia. Por su parte, André-Francois Poncet, embajador de Francia en Berlín, está convencido de la poca habilidad de Benes, y del nulo crédito de que gozan sus promesas en Berlín. Es más, Poncet está seguro de que el embajador británico Henderson comparte el criterio de Ribbentrop y Hitler con respecto a Benes y su política[59].

Los propios embajadores checoeslovacos en París y Berlín, Osusky y Mastny, recomiendan a su gobierno que "inicie las negociaciones y trate efectivamente con

---

[57] Informe del embajador checoeslovaco en París, Osusky, 14-V-1938. Citado por F. Berber: *La Política Europea*, pág. 104.

[58] Ibid., Op. cit. pág. 104.

[59] F. Berber: Op. cit. pág. 104-105.

los alemanes sudetes"[60]. En plena efervescencia, el 19 de Mayo, otro alemán sudete es muerto en una "razzia" de la policía checa. Y el día 21 de Mayo, cuando la tensión parece haber llegado al máximo, se produce una verdadera provocación de Benes: pretendiendo que Hitler había movilizado contra Checoeslovaquia, Benes ordena la movilización general. Pero el caso es que Hitler no había movilizado. Todas las delegaciones extranjeras lo atestiguaron; la primera de todas fue precisamente la delegación francesa, pues tanto el embajador Poncet, como el capitán Stehlin, agregado militar en Berlín lo confirmaron, tras haber verificado la falsedad de la acusación; no era más que un falso rumor que Benes había esparcido para tener un pretexto. Hitler consideró esta maniobra como una provocación[61].

Y tras esta provocación, otra: Masaryk y Benes afirman que, aún cuando el 100% de los alemanes sudetes pidan, democráticamente, el *Anschluss* con Alemania, Checoeslovaquia se opondrá a ello, con las armas, si es preciso. Pero no sólo se oponen al *Anschluss*, sino incluso a la autonomía interna, que su propia Constitución garantiza.

El 17 de julio, Lord Halifax, que tras ser Virrey de la India acaba de ser nombrado por Chamberlain Secretario de Asuntos Exteriores, se entrevista con un enviado personal del Führer, el capitán Wiedmann, que había sido su superior jerárquico en el curso de la Primera Guerra Mundial. Lord Halifax encarga a Wiedmann trasmita al Führer el siguiente mensaje:

> "Diga a su Führer que espero asistir, antes de mi muerte, a la realización de la que es la finalidad de todos mis esfuerzos: ver a Hitler recibido por el Rey de Inglaterra y aclamado por la multitud londinense en el balcón del Palacio de Buckingham"[62].

Mientras tanto, y pese a los esfuerzos denodados del clan belicista inglés - laboristas, liberales y "jóvenes conservadores" - el gobierno inglés se mantiene firme en su postura: deja que el Reich se fortalezca en Europa Central, pero haciéndose pagar la ayuda diplomática inglesa; no ceder demasiado deprisa y, al mismo tiempo, contemporizar con las presiones que llegan tanto de París, como, sobre todo de

---

[60] Paul Rassinier: *Les Responsables de la Seconde Guerre Mondiale*, Omnia Veritas Ltd.

[61] Paul Stehlin: *Témoignages pour l'Histoire*, pág. 79.

[62] R. Wiedmann: *Der Mann der Feldherr werden wollte*.

América. Chamberlain habla en los Comunes de la cuestión de los sudetes, y afirma que no puede negarse a los alemanes de esa región el derecho a disponer de sí mismos de la manera que mejor les plazca. Lord Lothian, miembro del equipo gubernamental de Chamberlain habla a continuación y afirma:

> "Si el principio de autodeterminación hubiera sido aplicado en Versalles en un plano de igualdad para todos, los Sudetes, una buena parte de Bohemia, grandes porciones de Polonia y el Corredor de Danzig hubieran debido ser atribuidos al Reich. Las demandas de Hitler se basan no sólo en una razonable lógica y en principios absolutamente democráticos, sino incluso en los términos del propio Tratado de Versalles, cuyo artículo 19 prevé la solución de los conflictos que se planteen mediante el recurso de los plebiscitos populares".

Churchill trata de oponerse, diciendo que es del interés de Inglaterra que Alemania no se haga demasiado fuerte y cuando Chamberlain responde que, de todos modos, no es técnicamente posible aportar ninguna ayuda a Checoeslovaquia si ésta recurre a las armas para oponerse a los alemanes sudetes, apoyados por Hitler, Churchill afirma que Checoeslovaquia es una potencia militar de primer orden. "Sus recursos bélicos son - en estos momentos - tal vez mayores que los nuestros", asevera, soberbio, Churchill[63]. A lo que Chamberlain, no sin lógica, responde que, si ello es sí, entonces el apoyo de Inglaterra no debiera ser necesario.

El viejo Primer Ministro quiere resolver, de una vez, los problemas de centroeuropa. Para ello considera imprescindible apartar de la escena al presidente Roosevelt, al que considera una especie de embrollón diplomático. Así, cuando el Presidente americano pretende convocar en Washington una conferencia internacional "con objeto de definir las grandes líneas de una acción en favor de la paz", Chamberlain muy hábilmente, rehusa. Es un pragmático y no le placen las discusiones ideológicas; no quiere que en Washington Roosevelt se lance a diatribas contra Italia y el Japón, comprometiendo a Inglaterra, a la que no interesa enemistarse con esas potencias, cuya posición en el Mediterráneo y en Extremo Oriente debe ser tenida en cuenta. El imperio Británico no puede crearse enemigos por razones ideológicas. Aún menos va a permitir que Roosevelt, llevado en

---

[63] Francis Neilson: *The Churchill Legend*.

volandas por el mesianismo de sus consejeros del "Brain Trust", cree problemas con Alemania.

Una vez dejado de lado Roosevelt, Chamberlain manda a su fiel emisario Runciman, al frente de una comisión de encuesta, a Praga. La intransigencia de Benes hizo fracasar a la misión. Runciman lo declaró sin ambages a su regreso a Londres. No le quedaba a Chamberlain, obsesionado por la posibilidad de una guerra, otra solución que ir personalmente a entrevistarse con Hitler, directamente, y encontrar una salida razonable al problema; una solución lo más justa y digna posible, que permita salvar la cara a Inglaterra, ligada con Checoeslovaquia por un pacto de asistencia. Esa solución el propio Chamberlain se encargaría de hacerla aceptar, más tarde, a Benes. Y se la haría aceptar gustase o no. Igual que se la haría aceptar, les gustara o no, a los franceses y a los rusos.

Constándole la oposición a su política del clan belicista, y no deseando que sus proyectos fuesen conocidos y provocaran un debate parlamentario que causaría las consiguientes indiscreciones, Chamberlain preparó la "mise en scène" en el silencio de su gabinete, informando únicamente a su fiel Lord Halifax. A sus compañeros de Gabinete no les avisó más que cuando Hitler hubo aceptado la primera entrevista, para el 13 de septiembre; todos felicitaron a Chamberlain.

Sería largo y prolijo enumerar los detalles de las dos entrevistas celebradas por Chamberlain y Hitler en Berschtesgaden (el 14 de septiembre) y en Godesberg (el 23 de septiembre). Chamberlain se lo pone muy difícil a Hitler: es un hábil negociador, pero al final, tras la reunión del 14 de septiembre, se llega a un acuerdo sobre los territorios en los que deberá celebrarse un plebiscito para determinar si pasan o no a depender de la soberanía del Reich. Luego, hay otro acuerdo para, en caso de victoria alemana en el plebiscito, fijar los plazos para la evacuación de dichos territorios por la administración, el ejército y la policía checa. Pero todo esto no pasa de ser un acuerdo personal entre dos hombres, que es preciso someter al refrendo del Gabinete inglés y, si ello es posible, obtener el consentimiento o la anuencia del gobierno francés. Entonces se concierta la segunda entrevista, para el día 23. Pero apenas de regreso a Londres, Chamberlain recibe el texto de una resolución votada, el 18 de septiembre por el Congreso Mundial Judío, que dice:

"Es nuestro deber hacerle partícipe de la creciente ansiedad experimentada por millones de judíos ante las tentativas de Alemania para adquirir nuevos territorios habitados por judíos. Los judíos del mundo entero no han olvidado el trato inhumano inflingido a los judíos del Sarre y de Austria. El Consejo Ejecutivo del Congreso Mundial Judío le ruega, en consecuencia, no aceptar ningún acuerdo que no salvaguardara totalmente los derechos de los judíos"[64].

La reacción del Congreso Mundial Judío es normal, pero sólo si se admite que los judíos constituyen una comunidad supranacional. En efecto, la Historia no registra un caso similar de un grupo étnico que se irrogue la representatividad de todos sus miembros esparcidos por el Planeta. La Diáspora judía es, numéricamente, importante. Pero tanto o más importante es la emigración irlandesa, o la griega, por no citar la italiana. Nunca un Congreso Mundial Irlandés, Griego o Italiano ha conminado a estadistas ingleses, turcos o austríacos cuando, han tenido problemas con sus colonias halógenas respectivas... Y lo que ya sobrepasa el tono de lo grotesco es la aseveración contenida en la primera frase de la resolución. En ella parece darse a entender que si Hitler desea "adquirir nuevos territorios" es porque se hallan, "habitados por judíos". Por lo que consta ya, en 1938, de la política del Führer, resulta evidente que, más bien, desea adquirir nuevos territorios a pesar de hallarse habitados por judíos. Pero, tal como ya se vio al tratar de la Conferencia de Evian, Inglaterra no los quiere en su Imperio, y la América de Roosevelt lo admite, pero no levanta su cuota racial y, además, es selectiva. Sólo admite sin trabas, a judíos ricos. Francia si los admite, sin restricciones, así como Checoeslovaquia, que utilizan como base de transito para dirigirse a Polonia y a Rusia. En todo caso, la resolución enviada por Chamberlain es insólita en los anales de la Historia Universal.

Pese a estas presiones y a las gestiones en contra del embajador itinerante de Roosevelt, Willian C. Bullitt, el Gabinete inglés muestra su adhesión al acuerdo entre Chamberlain y Hitler. Pero hay más: también el gobierno francés, que preside ahora Daladier, se adhiere a los acuerdos Hitler-Chamberlain.

Daladier ha podido imponerse a los belicistas debido al apoyo de su ministro de Asuntos Exteriores, Bonnet, y a los ministros Chautemps, de Monzie y Tardieu. En su propio gabinete se le oponen tenazmente Paúl Reynaud, Mandel (a) Rothschild,

---

[64] *Jewish Chronicle*, Londres, 19-IX-1938.

Campinchy, Jean Zay y Champetier de Ribes[65]. Mandel, muy influyente aún cuando no por el falso motivo que se dio de su parentesco con la familia "bancaria" Rothschild, y Jean Zay, israelitas, se oponen a todo acuerdo con Hitler, probablemente, por razones étnicas. Campinchy y Reynaud por solidaridad con sus "hermanos" masones, que son perseguidos en Alemania. En cuanto a Champetier de Ribes es lo que ya entonces se empieza a denominar un "cristiano de izquierdas" y adopta a veces posiciones aún más radicales que el propio Mandel.

Finalmente, el 18 de Septiembre, el mismo día en que Chamberlain recibía la resolución del Congreso Mundial Judío, Daladier y Bonnet se presentaban en Londres, convocados por Chamberlain. Dan su apoyo al Plan Hitler-Chamberlain, aunque formulan dos objeciones; la nueva frontera será delimitada por una comisión internacional, de la que Checoeslovaquia formará parte y, además, Inglaterra y Francia garantizarán militarmente la nueva frontera. Churchill vuela a París y se entrevista con Mandel y Reynaud para reavivar el fuego sagrado del clan belicista. El propio Mandel llama por teléfono a Benes y le dice:

> "Usted es el Presidente de una nación libre e independiente; ni París ni Londres tienen porqué dictarle su conducta. Si su territorio va a ser violado, no debe dudar ni un segundo en dar la orden a su ejército de defender su Patria... Si usted dispara el primer cañonazo, el eco repercutirá en todo el mundo de manera tal que los cañones de Inglaterra, Francia y también de Rusia empezarán a vomitar fuego. Todo el mundo le seguirá a usted y Alemania será batida en un plazo de seis meses si no la ayuda Mussolini, y en tres meses si la ayuda Mussolini"[66].

Benes acepta, de entrada, el Plan que le propone Chamberlain, el 21 de Septiembre, pero el día 23, a las diez y media de la noche, decreta la movilización general. Evidentemente, ha conseguido el consejo de Mandel, creyendo que las otras potencias aliadas seguirían el mismo camino. Pero Francia se limita a movilizar a una quinta suplementaria. Inglaterra no se mueve. Tampoco Rusia. En cambio Mussolini moviliza a su Marina de Guerra y concentra doce divisiones en los Alpes,

---

[65] Georges Bonnet: *Le Quai d'Orsay sous trois Républiques*.

[66] *L'Intransigeant*, París, 10-V-1948, citaba esta conversación en un artículo firmado por Robert Bollack, amigo y colaborador de Mandel (N. del A.).

junto a la frontera francesa. Polonia y Hungría también movilizan, pero contra Checoeslovaquia, para proteger a las minorías polaca y húngara contra el centralismo devastador de Praga.

Alemania no toma, de momento, medidas excepcionales aunque consta que, sin necesidad de movilizar, su Ejército está a punto. Cuando llega a Berlín la noticia de la movilización general ordenada por Benes, el Führer y Chamberlain están en plena conferencia. La discusión, por vez primera, se toma agria. Hitler hace oír al Primer Ministro el disco en que los servicios de escucha de la gestapo han gravado la conversación telefónica entre Benes y Mandel. Como el cable telefónico Paris-Praga atravesaba Alemania es de suponer que Mandel hablaba a Benes, pero también, por via indirecta, a Hitler, pues es inconcebible que no previera la acción del contraespionaje alemán[67]. El Führer le dice sin ambages a Chamberlain que el clan belicista anglo-francés, aún sin estar en el poder, sostiene a Checoeslovaquia. Le recuerda que la misma estructura de los gobiernos democráticos puede provocar que su interlocutor ya no sea Primer Ministro cuando venza el nuevo plazo que Daladier ha propuesto a Chamberlain para la entrega del territorio Sudete a Alemania, y que la llegada al poder de hombres como Churchill, Edén, Vansittart o Hore Belisha, en Inglaterra, o de Mandel o Reynaud, en Francia, significaría nuevos aplazamientos y tergiversaciones, desfavorables a Alemania. Entre tanto, hay choques constantes entre la Policía y el Ejército checos y la población de los Sudetes. Todos los alcaldes sudete-alemanes han dimitido de sus cargos y el país se debate en la anarquía. Hay que terminar de una vez con el caos. Hitler presenta una especie de ultimátum exigiendo la evacuación de determinadas zonas de los Sudetes en un plazo de 48 horas. En las otras zonas se celebrará un plebiscito internacionalmente controlado. Alemania se autoexcluye de la comisión control, pero exige que Checoslovaquia tampoco figure en la misma. Chamberlain se niega a aceptar el ultimátum. Cuando parece que se va a producir la ruptura, Hitler cede sobre algunos puntos.

Dice a Chamberlain:

"En consideración a usted, estoy presto a prolongar el plazo. Es usted el primer hombre a quien he hecho una concesión. Consiento en retrasar la fecha límite de la

---

[67] Jacques Bénoist-Méchin: *Histoire de l'Armée allemande*, Tomo V, pág. 404.

evacuación de los Sudetes por los checos hasta el primero de octubre".

Acepta igualmente algunas modificaciones formales que hacen que la propuesta oficial del gobierno alemán se asemeje más a su título de "Memorándum" que al de "Ultimátum". En lo que no cede Hitler es en la cuestión del plebiscito popular en las zonas que no se evacúen inmediatamente. Chamberlain, muy prudente, muy inglés, acepta la pro- puesta final pero sin comprometerse más que a transmitírsela a Benes con la recomendación de que la apruebe.

La propuesta es transmitida a Benes el 24 de Septiembre, y el día siguiente encarga a su embajador en Londres, Jan Massaryk que dé la respuesta del gobierno checoeslovaco. Dicha respuesta está llena de reproches a los gobiernos francés y, especialmente, inglés:

"... sólo hemos aceptado el Plan FrancoBritánico tras fortísimas presiones y bajo la amenaza[68] ... el Memorándum alemán es, en realidad, un Ultimátum[69] ... va mucho más lejos que el Plan Franco-Británico ... Mi gobierno ha tomado conocimiento del Plan Franco-Británico con indignación ... Quiero declarar solemnemente que, en su forma actual, las exigencias del Señor Hitler son totalmente inaceptables ... Opondremos la ayuda más feroz con la ayuda de Dios. La nación de San Wenceslao[70] no será jamás una nación de esclavos ... En esta hora suprema contamos con la asistencia de las dos grandes democracias occidentales, cuyos consejos hemos seguido, muchas veces violentando nuestro juicio personal"[71].

Pero todas estas viriles consideraciones terminan con la frase: "No obstante, ante la presión de los gobiernos inglés y francés, nos vemos forzados, con la muerte en el alma, a aceptar el Plan que nos es impuesto". Parece, pues, que se ha

---

[68] Al mismo tiempo - como ya hemos visto - la soldadesca checa en los Sudetes, hace bastante más que amenazar. El 25 de Septiembre son asesinados once civiles alemanes, lo que eleva la cifra de muertos a un centenar y medio según las fuentes mas modestas (N. del A.).

[69] Esto es verdad, pues se da un plazo que expira el 1 de Octubre. Pero no es menos cierto que con las continuas dilaciones de Benes el Ultimátum alemán era inevitable. (N. del A.).

[70] Igual que el comunista Stalin en 1941 y el ateo Reynaud en 1940, el "hermano" Benes se acuerda de Dios, con la propina de San Wenceslao, por cierto, hijo del Rey Carlos IV....de Alemania. Desde luego la naturaleza humana es sencillamente deliciosa, a veces (N. del A.).

[71] *Documents on British Foreign Policy*, Tomo III, pág. 1092.

solventado la crisis cuya terminal inevitable sólo podía ser la guerra. Pero todavía no está todo resuelto. Churchill que, a caballo de poderosas influencias de las que más tarde hablaremos, se ha convertido en, el líder del clan belicista inglés, visita a Chamberlain y le increpa duramente[72]. ¿Como ha osado el Primer Ministro intervenir en los asuntos internos de Checoeslovaquia? Evidentemente, la pregunta es absurda. Si Inglaterra y su semi-satélite Francia no hubieran intervenido en tales "asuntos internos", Checoeslovaquia ya no existiría. Churchill insiste ante Chamberlain y le expone su proyecto de "Gran Alianza", integrada por Francia, Rusia e Inglaterra. Chamberlain se mantiene firme, pero por la madrugada le despierta Bullitt, el ya aludido embajador itinerante de Roosevelt, aún cuando su cargo oficial sea solamente el de embajador en París, y le espeta que Inglaterra debe resistir a las exigencias de Hitler, pues "podría fácilmente formarse una triple alianza entre Francia, Inglaterra y la URSS"[73]. El inconcebible que Churchill y Bullitt hayan tenido la misma idea en el lapso de unas horas. Es evidente que algo "se está cociendo" en muy poderosos cenáculos. Churchill que, por el momento, no ostenta cargo oficial alguno, y Bullitt. embajador de una potencia que, en principio, no está - o no debiera estar - interesada en el problema, proponen a Chamberlain una alianza con otras dos potencias, una de las cuales, la URSS, el 23 de Septiembre, es decir, sólo dos días antes, se ha negado a cumplir su pacto de asistencia con Checoeslovaquia y ha hecho saber que no movilizaría por Benes. ¿Qué ha pasado? ¿Quién mueve o a quién representan Churchill y Bullitt, sin cargo el primero y simple embajador el segundo? Salta a la vista que algo ha debido suceder entre bastidores, en esa tenebrosa intrahistoria de que hablara Balzac y de la que sólo unos cuantos iniciados saben, mientras otros, simplemente, intuimos, o deducimos por una simple relación de causa a efecto.

Pues el día siguiente, Chamberlain, el viejo y cansado Primer Ministro, al que entre Churchül y Bullitt han tenido toda la noche en vilo, parece pronto a ceder ante los belicistas, máxime tras los insultos que Atlee, Morrisson y Bevin, laboristas, le dedican por su debilidad ante al Führer[74].

Nos permitimos recordar que estas presiones y estos insultos son dirigidos,

---

[72] Francis Neilson: *The Churchill Legend.*

[73] A.K. Chesterton: *The New Unhappy Lords.*

[74] Frandi Neilson: *How Diplomats make wars.*

respectivamente, por un diplomático extranjero y por unos derrotados, democráticamente, en las urnas. Chamberlain es el investido por la mayoría sacrosanta. En vez de respetar las reglas del juego democrático, de cuya pureza tanto blasonan, Churchill recurre a un embajador norteamericano, a Jeroboam Rothschild (Mandel) y a Paul Reynaud, para que a su ves presionen al legítimo mandatario democrático de su país, mientras los laboristas le insultan. Con gracia y donaire típicamente marxista, Atlee llama a su Primer Ministro "viejo carcamal"[75].

Entretanto, Daladier, en París, da conocimiento del Memorándum a los miembros de su gobierno que, en principio, se muestran reacios a caucionarlo. Sólo Georges Bonnet, Ministro de Asuntos Exteriores, apoya sin restricciónes a Daladier. El Gabinete francés se halla dividido entre partidarios del Memorándum y opuestos al mismo. Los embajadores de Hungría y Polonia en Londres y París informan a los gobiernos Inglés y francés que sus países apoyan la política de Hitler con respecto a Checoeslovaquia. Benes se entera de ello por Mandel, e inmediatamente se dirige a su colega polaco, Mosciki, informándole que está dispuesto a negociar sobre la región de Teschen, que Polonia le reclama. Los polacos, que han intentado negociar desde hace casi veinte años, no hacen caso a Benes. Exigen un plebiscito controlado por la S. de N. en Teschen. Idéntica exigencia formulan los húngaros con respecto a Ungvar y Munkacs. Esto sella la suerte del estado checoeslovaco, al menos en cuanto se refiere a la actitud del gobierno francés; los franceses contemplan con simpatía una guerra con Alemania, a condición de que cuarenta divisiones checas y sesenta divisiones polacas se enfrenten a las cien divisiones alemanas, mientras los "poilus" se refugian tras la línea Maginot y la Flota Inglesa pone en marcha el bloqueo. Pero ya no se cuenta con el gendarme polaco, que, además, ha cambiado de campo. Italia, a la que las democracias - y sobre todo, Francia han echado en brazos de Hitler, apoya a éste y Chamberlain, pese a las presiones brutales que recibe, aguanta, impávido, en su decisión de no complicar a Inglaterra en la guerra que ciertas fuerzas internacionales han organizado.

Daladier y Bonnet vuelan hacia Londres, donde se entrevistan con Chamberlain, Sir John Simón, Samuel Hoare, Lord Halifax, Sir Alexander Cadogan y Vansittart, es decir, los más fieles seguidores del Primer Ministro. No se puede aceptar

---

[75] *The Daily Mirror*, 25-IX-1938.

plenamente el Memorándum de Hitler debido a las presiones brutales que llegan del otro lado del Atlántico, y de las que hablaremos más extensamente más adelante. Tampoco se puede rechazar, porque ello implicaría la guerra y, en todo caso, Checoeslovaquia desaparecería como estado independiente. Se adopta una tercera resolución: la continuación de las negociaciones que permitan que Hitler reduzca sus exigencias y Benes se muestre más intransigente. Sir Horace Wilson parte hacia Berlín el día siguiente, acompañado de dos diplomáticos de primera línea, Henderson y Kirkpatrick, y es recibido por Hitler y von Ribbentrop.

Hitler está de muy mal humor. Muestra a la delegación británica despachos de agencia en los que se informa que el Ministro del Interior checo, Krofta, afirma que la movilización checa ha asustado a Alemania que, al no reaccionar militarmente, ha dado síntomas de debilidad [76]. Además, llega la noticia de que, ante la movilización polaca, Praga ha decidido aceptar, en principio, la rectificación de fronteras. El Führer aduce que, visiblemente, Praga sólo cede cuando se emplea la fuerza. Polonia pide Teschen y Checoeslovaquia responde negativamente. Polonia moviliza y Checoeslovaquia acepta la rectificación de fronteras. En consecuencia, Alemania deberá adoptar igual línea de conducta.

Si los checos no entregan los Sudetes, las tropas alemanas entraran en Checoeslovaquia. Wilson insiste en el sentido de que Hitler reciba a unos negociadores checos, para discutir el trazado de la frontera y las fechas para la celebración del plebiscito. Tras larga discusión, Hitler cede:

> "De acuerdo. Les recibiré, pero con dos condiciones: que el gobierno checo acepte mi Memorándum y que me entregue los territorios Sudetes antes del primero de Octubre. Espero su respuesta antes del 28 de Septiembre a las dos de la tarde"[77].

Aquella misma noche, Hitler pronuncia un discurso incendiario contra Checoeslovaquia pero, al mismo tiempo, rinde homenaje a la buena voluntad de Chamberlain. Este responde rápidamente. Hablando por los micrófonos dé la B.B.C. pronuncia un discurso conciliador, que contiene la siguiente frase: "Los Sudetes

---

[76] F. Berber: *Im Spiegel der Prager Akten*, pág. 172. Francis Nellson: *The Churchill Legend*, pág. 245.

[77] Paul Schmidt: *Témoin sur la scène diplomatique*, pág. 408. (Este libro, por cierto, es pasablemente antihitleriano. El interprete oficial de Hitler tenía que hacerse perdonar por los Aliados).

podrían ser incorporados al Reich sin que mane una sola gota de sangre"[78].

Chamberlain hace más. Telefonea a Sir Horace Wilson. que todavía se encuentra en Berlín y le dice que visite, el día siguiente, a Hitler para decirle de su parte que "Inglaterra está dispuesta a garantizar la ejecución de las promesas ya hechas por Praga, es decir, al retorno de los Sudetes y a la celebración de un plebiscito, a condición de que Alemania se abstenga de recurrir a la fuerza"[79].

Pero Hitler recibe fríamente a Wilson. Los informes que llegan de la situación en los Sudetes son cada vez más alarmantes. Cinco civiles muertos, así como un policía checo. Docenas de heridos por parte sudete-alemana[80]. El Führer comunica a Wilson que sólo quedan dos alternativas: O bien Praga acepta el Memorándum, o bien lo rechaza. Espera la respuesta antes del 28 de Septiembre, a las catorce horas. Si no, entrará en Praga a la cabeza del Ejército alemán. Hitler añade: "No puedo ni quiero recibir negociadores que representan a los asesinos de mis compatriotas. Los checos negocian con mala fé. Sólo quieren ganar tiempo para ver si consiguen enredar a las grandes potencias en una guerra por su culpa"[81].

No es Hitler sólo quien piensa que los checos son negociadores que actúan con mala fé. Lord Vansittart y Lord Runciman, dos políticos ingleses, miembros del Gabinete de Chamberlain pensaban igual: "Vansittart nos ha hecho al Presidente y a mi numerosos reproches. Dijo que había sido engañado por nosotros: que se había expuesto en un ciento por ciento por nuestra causa y que como pago a ello tergiversábamos sus palabras y abandonábamos nuestra primitiva idea de conceder al Partido Alemán Sudete todas aquellas prerrogativas que pudieran justificar que la opinión mundial se pusiera al lado de la República Checoeslovaca. Lo mismo piensa, al parecer Runciman, que está muy defraudado con nosotros..."[82] En cuanto a los franceses, su opinión sobre los señores de Praga es aproximadamente la misma:

"En conversaciones con miembros del Gobierno y en el Quai d´Orsay se oye decir que los checos conspiran y que por esta razón no adoptan en la cuestión de los

---

[78] Barry Domvile: *From Admiral to Cabin Boy.*

[79] Paul Rassinier: Op. cit.

[80] *Associated Press*, 28-IX-1938.

[81] E.L. Woodward y R. Butler: *Documents on British Foreign Policy. 1919-1939.*

[82] Del informe del Ministro Checo en Londres, Masaryk, a su Gobierno, de 31 de Agosto de 1938.- F. Berber, Op. cit. Págs. 118-119.

Sudetes una actitud leal ni seria".[83]

Sir Horace Wilson regresa a Londres, donde informa a Chamberlain. Este, a su vez, informa a Benes del ultimátum alemán, y de que, en ningún caso, Inglaterra irá a la guerra por defender "a un país lejano, poblado de gentes de las que no sabemos nada". Luego habla con Daladier: "Sean cuales sean las simpatías que podamos sentir por un pequeño país en conflicto con un vecino poderoso, no vamos a mezclar al Imperio Británico en una guerra por una pequeña nación".

Benes se siente cada vez más desamparado, pero en ese momento Roosevelt vuelve hacer aparición sobre la escena internacional europea. En realidad, siempre ha estado presente en la misma, por persona interpuesta, especialmente Bullit y Joseph Davies, el primero en París y Londres y el segundo en Moscú[84]. El 28 de Septiembre manda un telegrama a Hitler predicando moderación. Es una "gaffe" diplomática. El Führer le contesta que debe dirigir sus sermones a Praga, no a Berlín. Roosevelt manda un nuevo telegrama, esta vez a Roma, pidiendo a Mussolini que intervenga cerca de Hitler. Todos los países de América Latina, presionados por Roosevelt, mandan igualmente telegramas a Mussolini, y lo mismo hacen el Foreign Office y el Quai d'Orsay, rogándole que haga cuanto pueda para retrasar aunque sólo sea en cuarenta y ocho horas el ultimátum alemán, para dar tiempo a convocar una reunión de las cinco grandes potencias: Inglaterra, Francia, Alemania, Italia y los Estados Unidos. Hitler responde que no ve el motivo por el cual los Estados Unidos deban intervenir en los asuntos de Centroeuropa. A él no se le ocurriría mezclarse en las diferencias que Norteamérica pueda tener con sus vecinos del Sur del Nuevo Continente. Chamberlain se coloca al lado de Hitler. Roosevelt, despechado, se retira secamente de la escena. El día 28 de Septiembre, a las once, cuando todo el mundo miraba impotente avanzar el reloj camino de las dos de la tarde, hora límite marcada por Hitler a Benes, cuando todo parecía perdido, Mussolini envía a su embajador en Berlín, Attolico, a que diga a Hitler que "suceda lo que suceda estará a su lado", le pida retrasar en veinticuatro horas el plazo fijado y ofrezca su mediación. Una hora después llega Sir Neville Henderson, portador de

---

[83] Del informe del Embajador checo en París, Osusky. 19-VII-38. Op. cit. Pág. 112.

[84] Joseph Davies, judío sionista, embajador de los EE.UU. en Moscú de 1936 a 1938 y en Bélgica de 1938 a 1939. (N. del A.)

un mensaje de Chamberlain: "Lo esencial de las reivindicaciones alemanas puede recibir inmediata satisfacción sin guerra. Estoy dispuesto a trasladarme a Berlín para discutir con Usted las modalidades de la transferencia de soberanía, junto con los representantes de Francia, de Italia y de Checoeslovaquia".

Respuesta de Hitler: "Diga a M. Chamberlain que, a petición de mi gran aliado el Duce, he aceptado retrasar en veinticuatro horas la orden de movilización general. Ahora debo consultarle".

Se ha evitado la guerra in extremis: unas horas más tarde, Daladier y Chamberlain son invitados por Hitler para entrevistarse con él y con el Duce en Munich.

Antes de salir hacia Munich, el diario oficioso del Partido Fascista *Il Popolo d'Italia* publica una "carta abierta a Lord Runciman"[85], no firmada, que toda la prensa italiana atribuye a Mussolini, sin que éste desmienta o haga desmentir. Entre otras cosas se lee este párrafo significativo:

"¿Rechazará Benes el plebiscito? En ese caso podrá usted decirle que Inglaterra se lo va a pensar siete veces, multiplicado por siete, antes de meterse en una guerra con la única finalidad de conservar la existencia de un estado ficticio, monstruoso, incluso, por su configuración geográfica, hasta el punto que fue llamado sucesivamente estado-intestino, estado-morcilla o estado-cocodrilo. Si Londres anuncia que Inglaterra no se moverá, nadie se moverá. Este fuego no es digno de la vela, aún cuando queme en el candelabro masónico del Gran Oriente".

Mussolini remacha el clavo, en un discurso radiado, antes coger el avión:

"Seria verdaderamente absurdo, e incluso criminal, que millones de europeos debieran precipitarse los unos contra los otros, simplemente para mantener el dominio del Señor Benes sobre ocho razas diferentes".

Por su parte, Chamberlain, antes de tomar el avión, aún tiene tiempo de rechazar una propuesta del Gobierno Soviético, tendente a la realización de una conferencia

---

[85] Runciman, junto a Vansittart y Sir Alexander Cadogan, había dado un viraje copernicano a su actitud, traicionando a Chamberlain. ¿Qué extrañas presiones se habían producido? Más adelante hablaremos de ello. (N. del A.)

en la que intervengan todas las potencias europeas, incluyendo la Unión Soviética, con objeto de discutir todos los puntos en litigio. Chamberlain no quiere que los soviéticos intervengan en los asuntos del Continente. Hitler, tampoco.

La Conferencia de Munich determina, por fin, el retorno de los Sudetes a Alemania, y la celebración de un plebiscito en determinadas comarcas vecinas, en Bohemia, en todas las cuales, por cierto, los alemanes obtendrán mayoría. Abandonado a sus propias fuerzas, el estado checoeslovaco demuestra ser un "bluff". Sus fortificaciones inexpugnables, sus cuarenta divisiones. Su ultramoderna aviación, que no llega a despegar de sus aeródromos. Checoeslovaquia la han mantenido, en lo interior, el terrorismo policiaco; en lo exterior, la Masonería. Roosevelt y su "Brain Trust" y los clanes belicistas de Londres y París. Pero Checoeslovaquia, per se, no es nada. Hitler accede en Munich a que una comisión internacional, designada por la S. de N. controle la ejecución de los acuerdos. Checoeslovaquia cederá a Alemania todo el territorio en que el Frente Nacional Sudete haya obtenido mayoría absoluta de votos en las ultimas elecciones. Las nuevas fronteras checas son reconocidas y garantizadas por los cuatro firmantes de Munich, pero bajo la condición expresa de que los checos solucionaran la cuestión de sus minorías nacionales, por vías pacificas y legales, y sin opresión. Munich es la actualización del Pacto de los Cuatro, idea lanzada por Mussolini ya en 1934, cuyo principio fundamental es el revisionismo pacífico y método de colaboración organizada y permanente de las cuatro grandes poténcias occidentales. Munich condena formalmente la pulverización de Europa, establecida por los Tratados de Paz de Versalles y sus secuelas - Trianon, Sévres, Saint- Germain - y sistematizada por la S. de N. En 1919, Europa se componía de 19 estados, tras la guerra, de 27, y se partía del principio que los pequeños estados tendrían los mismos "derechos" que los grandes. Los augures visibles de Ginebra eran Benes, el checo, Titulesco, el rumano, Politis, el griego; los augures auténticos, naturalmente, eran otros. El Pacto de Munich vuelve a colocar a la pirámide descansando sobre su base. Sigue la máxima de Celine, que dice: "Ser la gran víctima de la Historia no significa que se es un ángel"[86]. Esta observación vale tanto para los pueblos como para las clases sociales. El Pacto de Munich, Igualmente, transpone sobre el plano Internacional

---

[86] Louis-Ferdinand Céline: *Bagatelles pour un massacre*, pág. 132.

una frase certera de Carrel: "Los pueblos modernos sólo pueden salvarse por el desarrollo de los fuertes; no por la protección de los débiles"[87]. El Pacto de Munich, en fin, fué, a nuestro juicio, definido de la manera más atinada por Anatole de Monzie, por cierto miembro del gabinete Daladler:

> "No se trata más que de devolver a las grandes y verdaderas naciones su libertad con respecto a las pequeñas; de restituir el mando al que lucha, o lucharía, ante un enemigo común; se trata, en fin, de poner fin a la dictadura de los pupilos"[88].

Pero aún representa más Munich. Munich representa la ruptura de los Cuatro con Moscú y, por vía de consecuencia, el repudio del Pacto Franco-Soviético. Europa, para los europeos. En el concierto europeo, no se le reconoce lugar alguno a Moscú. Ni tampoco a Roosevelt.

Munich, en fin, reconoce la legitimidad de la expansión alemana hacia el Sudeste Europeo. Se trata de una expansión ordenada por la Naturaleza. No hace falta haber leído a Haushoffer para comprender que, geopolíticamente, este hecho es innegable. El Danubio va de Oeste a Este. Expansión que prosigue una corriente histórica: el III Reích comprende el camino que habían seguido cinco siglos antes los Caballeros Teutónicos; dos siglos antes los austríacos, y treinta años antes, Guillermo II. Expansión a la que nunca renunció ningún gobierno alemán: en Locarno, por ejemplo. Stressemann reconoció como definitivas las fronteras de Versalles para el Oeste del Reich, pero rehusó comprometerse a nada en cuanto a las fronteras orientales. Expansión, para terminar, anunciada por Hitler en *Mein Kampf*:

> "...detenemos la marcha de lo germanos hacia el Sur y el Oeste de Europa... Cuando hablamos de conquistar nuevo territorio en Europa, sólo podemos pensar en la Rusia Soviética y en los estados limítrofes colocados bajo su dependencia".

Esta expansión, además - debido, sin duda, a la tozudez de los hechos de que hablaba Voltaire - se había realizado, en gran parte, en el plano económico, antes

---

[87] Alexis Carrel *L'Homme, cet inconnu*.
[88] Anatole de Monzie: *Ci-devant*, pág. 39.

de la subida de Hitler al poder. En 1932, el comercio de Hungría, Yugoeslavia, y Rumania con el Reich era casi igual al total de las operaciones de estos países realizadas con Inglaterra, Estados Unidos, Francia y Rusia. En 1938, dicho comercio había subido al doble.

Munich, en una palabra, marca el principio de una Nueva Europa. Tal vez de la Europa Unida del Nuevo Amanecer. Puede ser, para Europa, lo que el Compromiso de Caspe fue para España, la toma del poder por Napoleón para Francia, la marcha de Garibaldl para Italia o la promulgación de la "Carta Magna" para Inglaterra. Y, como colofón, Hitler y Chamberlain firman una declaración conjunta:

> "Vemos en el acuerdo firmado ayer, así como en el acuerdo naval anglo-alemán, símbolos del deseo de nuestros dos pueblos de no volver a hacerse nunca más la guerra. Estamos resueltos a tratar Igualmente, por el método de las consultas, las otras cuestiones de interés para nuestros dos países y a continuar a esforzarnos de eliminar las causas eventuales de divergencias de puntos de vista para contribuir así a asegurar la paz europea".

EL FIN DE CHECOESLOVAQUIA Y EL SALTO A PRAGA

Tres horas después de firmados los acuerdos de Munich, Polonia enviaba un ultimátum a Checoeslovaquia. Se hace cargo del mismo el nuevo Jefe del Gobierno, Doctor Hacha, pues Benes ha dimitido. Según tal ultimátum, si en veinticuatro horas la Administración, la Policía y el Ejército Checos no han evacuado Téschen, el Ejército Polaco invadirá la zona. Los checos ceden inmediatamente. El mismo día abandonan Téschen, que es anexionado a Polonia. Las cuatro potencias signatarias de Munich no intervienen. Es cierto que han garantizado las fronteras establecidas en Munich, pero la garantía no puede ir más allá de donde vaya el propio garantizado. El gobierno de Praga no ha pedido siquiera que se le apoye frente a los polacos que, por cierto, han presentado sus demandas en forma brutal, como un hecho consumado y dando un plazo, en su ultimátum, notoriamente insuficiente. Comprenden los firmantes de Munich que no se puede ir contra Natura y que Checoeslovaquia sólo subsistirá, en las nuevas condiciones, mientras los eslovacos quieran. Chamberlain y Daladier habían sido recibidos entusiásticamente a su regreso a Londres y París. La paz había sido salvada. Salvo la minoría influyente de los miembros del clan belicista, no existía un sólo inglés ni un sólo francés que deseara ir a la guerra para salvar a un tiranuelo como Benes. Churchill, despechado refiere[89] que "turbas vociferantes aplaudieron a Chamberlain y a Daladier a su regreso de Munich". Por cierto que resulta anonadante el concepto que de la Democracia tiene tan pulcro demócrata como Churchill.

Pasarse la vida loando las ventajas de la Democracia, para calificar despectivamente de "turbas vociferantes" a unos ciudadanos que no quieren seguirle a la guerra. Mientras tanto, otros "demócratas", los rusos soviéticos, habían recibido la noticia de los Acuerdos de Munich con sacrosanta indignación, y Chamberlain había sido quemado en efigie en la Plaza Roja moscovita. Litvinof asistió oficialmente a esa práctica "vudú" democrático-soviética. Que se sepa, el Gobierno inglés no presentó protesta diplomática alguna[90]. ¿Se imagina alguien el estruendo que hubieran organizado los medios informativos en todo el mundo si en Berlín se hubiera quemado en efigie, por ejemplo, a León Blum, cuando se firmó el Pacto Franco-Soviético?

* * *

El ataque de Polonia a Checoeslovaquia - "realizado con apetito de hiena", dijo el prediodista De Kérillls - es el golpe de gracia definitivo para el estado checoeslovaco. Si el *Anschluss* de Los Sudetes con Alemania representaba para el poder de Praga la pérdida del cuarenta por ciento de la Industria y el tercio (el más activo) de la población, la perdida de Téschen, más que por su importancia estratégica o su interés económico significaba que Checoeslovaquia no inspiraba respeto a nadie. Y así, aunque en París la actitud de Polonia fue causa de un disgusto mayúsculo y empiezan las diatribas contra los gobernantes de Varsovia - que las necesidades de la alta política exigirán sean presentados como demócratas y como mártires unos meses más tarde - pronto aparecen nuevos motivos de preocupación. Hungría constata que, contrariamente a sus promesas y a los

---

[89] Winston S. Churchill: *Memorias*.

[90] Archilbald Maule Ramsay: *The Nameless War*.

acuerdos que ha firmado en Munich, Checoeslovaquia no concede la autonomía administrativa interna a sus minorías magiares. En consecuencia se dirige a los gobiernos de las Cuatro Grandes Potencias instándoles a que fuercen a Praga a cumplir sus compromisos.

Pero el estado checoeslovaco se desmorona definitivamente el 6 de Octubre, en que Eslovaquia proclama su autonomía, dentro del estado checoeslovaco. Praga reconoce al gobierno autónomo eslovaco, presidido por el Padre Tisso. El 10 de Octubre, en Uzhorod, se forma un gobierno autónomo carpato-ucraniano, presidido por Andrej Brody, que también es reconocido, de momento, por Praga. Una semana después, empero, Brody es detenido por la policía checa. El Doctor Hacha, que ha substituido a Benes en la dirección del estado, envía a un general checo, Leo Prchala a Bratislava, nombrándole miembro de Gobierno Eslovaco. La medida es anticonstitucional. El 10 de Marzo, Praga descarga otro golpe contra los regímenes autonómicos que su Constitución garantiza; el gobierno de la Ucrania Transcarpática es destituido en bloque. Un día después es detenido el Padre Tisso, Presidente del gobierno autónomo de Eslovaquia, y dos de sus ministros. Los eslovacos se lanzan a la calle en Bratislava y hay numerosos muertos y heridos por ambos bandos. Bajo presión de la calle, Praga libera a Tisso encargándole que forme gobierno, pero éste se niega mientras la soldadesca checa ocupe Eslovaquia y Leo Prchala sea miembro obligatorio del gobierno eslovaco. Entretanto, tres gobiernos centrales del estado checoeslovaco, formados por Hácha, caen en el plazo de un mes. A pesar de representar a un importante núcleo de población, Karmassín, líder de la minoría alemana de Bohemia (sólo en Praga viven casi doscientos mil alemanes) no es llamado para ocupar cargo alguno en esos tres gobiernos, pese a tener derecho a ello, de acuerdo con la Constitución Checoeslovaca.

Hitler interpreta todas estas medidas de Praga como una violación de los Acuerdos de Munich, donde se reconocieron las nuevas fronteras checas bajo la expresa condición de que los checos "solucionaran la cuestión de sus minorías nacionales por vías pacificas y constitucionales, y sin opresión". Por eso, cuando, el 14 de Marzo de 1939, las tropas húngaras entran en las comarcas de Ungvar y Munkács, Berlín reconoce la anexión. Dos días después, los húngaros ocupan la región Cárpato-Ucraniana, instaurando inmediatamente un gobierno autónomo presidido por Brody. El 17 de Marzo, Eslovaquia proclama su plena independencia.

El Estado Checoeslovaco se ha desmoronado. No existe. Incluso Polonia ha vuelto a movilizar dos reemplazos y concentra sus tropas en la frontera checa. Eslovaquia y Rutenia (Cárpato-Ucrania) se colocan bajo la protección del Reich. Es decir, conservan su plena soberanía pero firman unos acuerdos, con Berlín, que los colocan, a cambio de la protección política y militar de Alemania, dentro de la órbita de influencia germánica.

Como no podía dejar de suceder, enseguida se plantean fricciones fronterizas entre checos, por una parte, y eslovacos y polacos, por la otra. En vista de la agravación de la situación, el Doctor Hácha, y su Ministro de Asuntos Exteriores, Chavlkovski, solicitan ser recibidos por Hitler. Este les reprocha sus constantes incumplimientos de los Acuerdos de Munich relativos a la cuestión de sus minorías nacionales y le anuncia que, a primeras horas de la mañana siguiente, las tropas alemanas entraran en Bohemia-Moravia. Hácha se desmaya al oír estas palabras y debe ser atendido por el propio médico del Führer. Al volver en sí, su primera orden es para comunicar a Praga la noticia, y encarecer que no se ofrezca resistencia alguna. El Doctor Hácha firma entonces un documento según el cual "pone en las manos del Führer de Alemania el destino de la nación y el pueblo checo". Hitler se compromete a "acoger al pueblo checo bajo la protección del Reich y garantizar un desarrollo autónomo inherente a sus peculiaridades nacionales".[91]

A nosotros, al menos, no nos cabe la menor duda. El documento firmado por el Doctor Hácha no fue redactado por él. Hacha fue a Berlín a obtener un tipo de protección - y en política protección significa dependencia - similar al que obtuvieron eslovacos y rutenos. Pero se encontró con el hecho consumado de un "Protectorado", parejo a aquél en que se encontraba Marruecos, entonces, con relación a Francia y España. Hitler estaba irritado, con hartos motivos, con Praga, y se lo quiso hacer pagar. Esto fue, a todas luces, un error político.

¿Imputable a Hitler? ¿Imputable a von Ribbentrop? Creemos, francamente, que a los dos, pero sobre todo al primero. Hemos dicho, y repetimos, que cuesta creer que Hitler en persona no redactara el documento firmado por Hácha. Para nosotros esta demasiado claro. El Doctor Hacha era un liberal; un liberal no habla del "Destino" en tal circunstancia histórica. Un liberal no alude a la nación y al pueblo,

---

[91] Arnold Toynbee: *Hitler's Europe*.

diferenciándolos. Finalmente, un Jefe de citado que va a pedir protección no se desmaya cuando su "protector" le anuncia que sus tropas van a atravesar la frontera para garantizar el orden.

En otro lugar hemos escrito:

"André-Francois Poncet, al que es imposible calificar de germanófilo, dijo: Los eslovacos y los rutenos habían obtenido la autonomía que les per- mitía la propia Constitución del Estado Checoeslovaco. Pero los checos rehusaron considerarles como entidades autónomas. A Hitler, para borrar del mapa a Checoeslovaquia, le bastaba con tomar partido por los eslovacos y los rutenos, y cuando unos y otros se pusieron bajo la protección legal de Berlín, los checos se encontraron legal definitivamente solos. Es, pues, evidente, que los Acuerdos de Munich fueron violados en primer lugar, por Praga, y no por Berlín".[92]

Pero los Acuerdos de Munich, por otra parte, preveían que las Cuatro Potencias se comprometían a consultarle para la solución de las cuestiones de interés común. Hitler hubiera debido, pues, antes de admitir bajo su protección a eslovacos y rutenos, consultar con Inglaterra y Francia. Cuando se apercibió que la actitud checoeslovaca, violando abiertamente los Acuerdos de Munich, era dirigida desde Londres por Benes (que se había exiliado allí voluntariamente) y por el clan belicista Inglés, y desde Moscú por Gottwald[93], debió coavocar a los primeros ministros inglés y francés. Y cuando eslovacos y rutenos se colocaron bajo su protección debió notificarles que se colocaban bajo la protección de Londres y París igualmente. Del mismo modo, cuando Polonia se apoderó de Téschen *manu militari*, Berlín hubiera debido impedirlo. Claro que igual hubieran debido hacer Londres y París y permanecieron impávidos.

¿Que hubiera sucedido si Berlín hubiera observado escrupulosamente los Acuerdos de Munich? Hubiera sido muy difícil para los gobiernos inglés y frances dejar que la situación se eternizara, ignorando las quejas de Tisso, Volozin, los húngaros y Hitler sin "perder la cara" ante el mundo. Hitler ya no debía sentir prisas,

---

[92] *La Historia de los Vencidos*, I parte, Omnia Veritas Ltd.

[93] Clement Gottwald, líder del Partido Comunista Checo, que luego Stalin depuraría (liquidaría físicamente) por Trotzkysta y "cosmopolita", es decir sionista. (N. del A.)

pues el grueso de la Comunidad Alemana en los Sudetes había sido rescatado del dominio checo y no corría peligro alguno. Pero quiso solucionar el problema a su manera y el estado checoeslovaco salto por los aires. Creemos, con Rassinier, con el propio A.J.P. Taylor[94] que el llamado "salto a Praga" fué un error político. Aún cuando, como recordó el Führer, en Praga vivieran muchos alemanes y allí se hubiera fundado la primera Universidad germánica; aún cuando Bohemia y Moravia hubieran formado parte de estados alemanes durante siglos, persistía el hecho de que aquellos territorios ya no podían considerarse países alemanes. Hasta el "salto a Praga" Hitler podía presentarse, con toda justicia, como un defensor del derecho de Libre disposición de los pueblos. Después del "salto a Praga", ya no. El propio Doctor Hacha se presentó en Berlín, por su libre voluntad, para colocarse bajo la órbita política del Reich, en las mismas condiciones que lo hicieran eslovacos y ucranianos. Con el tiempo, y en paz, por simple osmosis socio-política, Chequia (Bohemia- Moravia) se hubiera fundido con Alemania. Las prisas, repetimos, fueron un tremendo error psicológico y político. No puede hablarse constantemente de Europa - y creemos que con sinceridad, como lo demostraría con hechos - y luego crear, en el corazón de la misma Europa, un Protectorado como si se tratara de bereberes del Mahgreb o de una tribu negra centroafricana. A la vista de lo expuesto en las páginas procedentes se comprende que Hitler estuviera harto de los políticos del castillo de Praga y que no se fiara de ellos. En un plano puramente moral, o particular, puede incluso justificarse el famoso "salto a Praga". En un plano político absolutamente no. Por una sencilla razón: Hitler no ganó nada con ello y en cambio perdió fuerza en su posición, hasta entonces inexpugnable, de campeón del derecho de libre disposición de los pueblos.

Es posible, con todo, que el motivo que moviera a Hitler a anexionarse, aún cuando fuera en calidad de Protectorado, Bohemia y Moravia, no fuera otra que una consideración puramente estratégica de la situación. El "porta-aviones checo"[95] era

---

[94] A.J.P. Taylor: *The Origins of the Second World War*.

[95] Esa expresión la acuñó Cot, Ministro francés del Aire: "La Tchécoslovaquie, porte-avions de la Démocratie". Clemenceau, Poincaré y Briand habían manifestado en diversas ocasiones que Checoeslovaquia estaba destinada, en caso de guerra, a servir de base de bombardeo contra Alemania. Y en la propia Memoria 1 de la Delegación checa en Versalles se dice, sin eufemismos: "La situación especial de Checoeslovaquia convierte a esta, necesariamente, en la enemiga mortal de Alemania". (N. del A.)

una cuna de casi quinientos kilómetros introducida en tierra alemana. Al mismo tiempo, dada la estructura interna democrática de la Checoeslovaquia residual (Bohemia-Moravia) nada garantizaba a Hitler que el Doctor Hacha no fuera substituido por un adicto de Benes y volvieran a surgir problemas, resucitando el viejo "porta-aviones". Esto, tras los Acuerdos de Munich, era gravísimo. En efecto, la URSS se sentía, con razón, amenazada por Alemania. La amenaza podía concretarse, tanto en un ataque militar directo, como en un bloqueo político-económico y una asistencia, directa o indirecta, de Berlín a los nacionalistas ucranianos. Esto estaba inscrito en sus grandes líneas en el *Mein Kampf*, y tras liquidar las cuestiones pendientes con el Oeste, Alemania se volvía hacia el Este. En Munich se llegaba a un acuerdo tácito: Europa para los europeos. Rusia, fuera de las discusiones entre europeos. Inglaterra y Francia se desentienden del Este Continental. Hungría y la nueva Eslovaquia se unen al Reich en un bloque político anticomunista, mientras Polonia - cuyas relaciones con Alemania son inmejorables y que ha colaborado con el Reich en el despedazamiento de Checoeslovaquia - acentúa su política anticomunista.

En el bloque centroeuropeo que se dibuja contra la URSS, dirigido por Alemania, Checoeslovaquia es un obstáculo. Es una piedrecita en el engranaje de la poderosa máquina bélica que se esta forjando. Ninguno de sus vecinos lamenta la desaparición del artificial estado y Hitler - esta vez, sí - aplica la política del hecho consumado. Todos sus generales lo aprueban. A von Ribbentrop y a von Neurath, a los diplomáticos de carrera la medida - sin desaprobarla abiertamente - ya no les seduce tanto. En todo caso, Checoeslovaquia ha desaparecido, y la URSS se siente más que nunca en cuarentena. Chamberlain, en los Comunes, responde fríamente a una interpelación de Atlee, el líder laborista:

"El estado cuyas fronteras tratamos de garantizar se ha desmoronado desde dentro. Por tal motivo, el Gobierno de Su Majestad no se considera, por más tiempo, ligado con respecto a Praga".

En otras palabras, Hitler tiene las manos libres en el Este: lo que siempre ha querido.

LA "KRISTALLHACHT"

El problema judío aparece constantemente, como un telón de fondo, en la azarosa época que nos ocupa. No sólo en razón de la influencia y el rol determinante - según unos - o secundario - según otros - jugado por ciertos personajes israelitas, sino también por el peso específico de la Comunidad Judía en general y su implicación en la vida política de los pueblos en que está radicada.

Hemos visto como, pese al fracaso de la Conferencia de Evian, las esperanzas de arreglo - más o menos racional; más o menos justo - persistían. Ahora bien, esas últimas esperanzas se desvanecieron con ocasión del asesinato del Tercer Secretario de Embajada del Reich en Paris, von Rath, por un joven isrealita polaco, llamado Herschel Grynzspan, el 7 de Noviembre de 1938. Se ha pretendido que tal asesinato no tenía nada de político y que no se trataba, en el fondo, más que de un banal asunto de "malas costumbres". En todo caso, se ha dicho, Grynzspan actuó por su propia iniciativa. Cuesta mucho creerlo. Lo mismo se dijo de Gavrilo Prinzip y de sus cómplices cuando asesinaron al Archiduque Fernando y luego se demostró que se trataba de una vasta conjunción política. Se trata de una regla general para los asesinatos políticos: son todos ellos - sin más excepciones que las rarísimas que confirman la regla - concertados, preparados y la mano del asesino o asesinos es, siempre, dirigida por grupos políticos. En todo caso, existe la confirmación del propio asesino, Grynzspan, que confesó que no tenía la intención de asesinar al Tercer Secretario de Embajada, von Rath, sino al mismo Embajador de Alemania en París.

No era von Rath el primer funcionario nazi asesinado por judíos fuera de Alemania. Ya el 4 de Febrero de 1936. Wilhelm Gustlof, Jefe del Grupo Nacionalsocialista de Alemania residentes en Suiza fue asesinado por el hebreo Frankfurter. Y citaremos, *pour mémoire*, que Horst Wessel, el legendario héroe nazi, miembro de las S.A. fue igualmente asesinado por un Judío afiliado al Partido Comunista Alemán. También conviene tener presente que el Coronel Konovaletz, líder de los nacionalistas ucranianos, y protegido por el Reich, fue asesinado unas semanas antes del atentado contra von Rath y también en esta ocasión el victimario fue un hebreo, miembro de la G.P.U., llamado Wallach. La muerte de Konovaletz contrarió enormemente a Hitler, dada la personalidad del líder ucraniano, con la que contaba el Fúhrer en sus planes de la *Drang nach Osten*[96].

Al conocerse la noticia del asesinato de von Rath, Alemania entera parece explotar. En Berlín, Munich, Nurenberg, Leipzig, Frankfurt, Colonia y Hamburgo, numerosas sinagogas son incendiadas, almacenes judíos arrasados y pillados. Parece fuera de toda duda razonable que la indignación popular fue canalizada por las S.A. La *Kristallnacht* se produjo tres días despues de los disparos de Grynzspan en París; diríase que es demasiado tiempo para poder creer en una cólera incontrolada del pueblo alemán. Cólera, sí; sin duda. Pero no incontrolada. Todos los indicios llevan a creer que Goebbels y Himmler apadrinaron la idea; a la que era contrario Goering. No obstante, fue el propio Goering quien, dos días después, imponía a la comunidad judía de Alemania una multa colectiva de mil millones de marcos. Goering hace más. Decide que, a partir del 1 de Enero de 1939, los Judíos alemanes no podrán dedicarse al comercio al detalle, ni ser jefes de empresa ni artesanos independientes. Goebbels, por su parte, les prohíbe el acceso a las salas de espectáculos[97]. Como los almacenes judíos habían sido la primera diana de los manifestantes, esa noche recibió el nombre de *Kristallnacht* (noche de cristal). 815 vitrinas de almacenes fueron destruidas, así como 171 domicilios judíos, 276 sinagogas, otros 14 monumentos de las comunidades israelitas. Hubo 36 judíos muertos y otros 36 heridos. Fueron detenidos - en muchos casos para evitar que fueran lapidados - unos 20.000 Judíos, así como 7 arios y otros 3 arios de nacionalidad no alemana[98].

Las autoridades principales del III Reich negaron siempre haber organizado esas manifestaciones y autorizado el cariz que tomaron luego. Naturalmente, no se les puede hacer un "proceso de intención". De tal clase de procesos ya hubo demasiados en Núremberg. No obstante, según las apariencias, por lo menos, los aludidos altos jerarcas nazis parecen decir la verdad. He aquí como se desarrollaron los acontecimientos: El 9 de Noviembre de 1938, los principales miembros del

---

[96] El antecesor de Konovaletz y padre de la Independencia ucraniana, Simón Petliura, había sido igualmente asesinado por otro hebreo, Schwartz-Bart. (N. del A.)

[97] Georges Champeaux: *La Croisade des Démocraties*, pág. 362.

[98] Informe de Heydrich a Goering, 11-XI-1938. Presentado por la Asociación en el Proceso de Nuremberg y reconocido auténtico por Goering, von Ribbentrop y Von Papen. (Documento Nuremberg P.S. 3058, T. XXXII, págs. 1 y 2. Trad. Francesa, T.9 pág. 554. En cambio Kaltenbrunner afirmó que el documento era falso y que la *Kristallnacht* fue incruenta. (N. del A.)

Partido y del Gobierno se encontraban reunidos en Munich para conmemorar el "putsch" de 1923. Al atardecer, Goebbels fue informado que se habían llevado a cabo graves demostraciones antijudías en diversos lugares de Alemania, pero sobre todo en las provincias de Hesse y de Magdeburgo. Tras un breve coloquio entre Hitler y los principales dignatarios del Partido, Heydrich envió un telegrama a todas las comisarías de Policía de Alemania, ordenándoles de ponerse en contacto con los jefes regionales del Partido Nacionalsocialista para que los judíos no fuesen molestados y sus propiedades respetadas[99]. En cuanto a Julius Streicher, que se había ausentado de Munich anticipadamente debido a una indisposición, no se enteró de los sucesos hasta el día 10 por la mañana. El día 12 de Noviembre, por orden de Hitler, Goering reunió en una conferencia interministerial a representantes de los principales ministerios implicados en el asunto: Goeebels (Propaganda), Heydrich (Policía y Seguridad), Schwerin von Krosigk (Finanzas), Funck (Economía), Frick (Interior). Bien por razones materiales, como Goering, que afirmaba que los perjudicados no serían los Judíos sino las compañías de seguros alemanas - bien por razones morales, todos los presentes condenaron, no las manifestaciones en sí, sino el modo cómo habían degenerado en una explosión de pillaje y linchamientos. Todos los presentes, excepto el doctor Goebbels, que las excusó.

Ya hemos aludido a las medidas de tipo económico que, tras la *Kristallnacht* se tomaron contra los Judíos, por decisión de Goering y de Goebbels. Estas medidas parecen injustas – para nosotros, lo son - por parecerse demasiado a un garrotazo de ciego. Evidentemente, lo que sucedió fué que el Gobierno Alemán, o, más exactamente, dos o a lo sumo tres de sus miembros, Goebbels, Himmler y tal vez Heydrich, quisieron organizar una manifestación espontanea para intentar intimidar a los sionistas de Nueva York y Londres, dándoles a entender que sus correligionarios aún residentes en Alemania lo pasarían mal si continuaban las provocaciones y los asesinatos de personalidades alemanas en el Extranjero. Luego, como suele suceder, la masa se desmandó y sobrevino la tragedia. La caja de Pandora.

Naturalmente, se tomaron medidas severísimas contra 174 miembros del

---

[99] Debates del Tribunal Internacional Militar de Nuremberg. Docs. P,S. 3051, Tomo XXXI, págs. 515 a 519.- citado por P. Rassinier, Op. cit. y William L. Shirer: *Rise and Fall on the Third Reich*.

Partido, especialmente de las S.A., así como seis comisarios de policía, que fueron mandados a campos de concentración. Los tribunales procedieron igualmente a dos condenas de muerte por homicidio, pero les fue conmutada la pena capital por la de reclusión perpetua. Tomamos esta aseveración del escritor alemán Roth, antinazi, en su obra *Konzentrazionlagern*. El asesinato de von Rath obtuvo los resultados perseguidos. Los objetivos fijados por los autores o inductores de la provocación fueron plenamente alcanzados. El Presidente Roosevelt se apresuró a aprovechar ese pretexto para intervenir nuevamente en los asuntos europeos[100]. La Gran Prensa orquestó una campaña a nivel mundial.

Dice, a este respecto, Paúl Rassinier:

"El asesinato del tercer secretario de la Embajada de Alemania en París, había, así, obtenido resultados análogos a los que obtendrían más tarde, bajo la ocupación alemana de Francia, aquellos singulares "resistentes" que sólo provocaban el arresto de centenares de rehenes y una agravación del Estatuto de Ocupación cuando dinamitaban una farmacia o una cafetería, o asesinaban a un soldado alemán en una callejuela desierta.... Tras el 7 de Noviembre de 1938, la vida de los Judíos alemanes, que unas negociaciones internacionales, sobre bases razonables habría podido ser salvada, se hizo más difícil, a causa de su exclusión definitiva de la vida económica del país, las expropiaciones, las multas colectivas y finalmente, los campos de concentración"[101].

Suscribimos totalmente el punto de vista de Rassinier. Y nos permitimos añadir que, para el Sionismo, el empeoramiento drástico de las condiciones de vida de los Judíos alemanes, era un problema secundario. Toda guerra conlleva sus victimas, y el Sionismo, en guerra declarada con Alemania, debía contar con ello. En un momento en que los Acuerdos de Munich colocaban a Europa en el camino de la

---

[100] Roosevelt llamó espectacularmente a Washington a su embajador en Berlín para que le informara. El embajador ya no regresaría. Los puentes quedaron rotos. Hitler también llamo a Berlín a su embajador en Washington, van Dieckhoff. Roosevelt afirma en un discurso que le cuesta mucho creer que excesos como el de la *Kristallnacht* puedan ocurrir en pleno Siglo XX. No repudia el acto de Grynzspan y olvida cuidadosamente que, al mismo tiempo, en Rusia, Stalin está llevando a cabo la "purga del 38", que costaría la vida a un millón de personas. (N. del A.)

[101] Paul Rassinier: Op. cit. pág. 127-128.

paz y autorizaban todas las esperanzas, al menos en el Este, las consecuencias del asesinato de von Rath por el joven Grynzspan coincidían demasiado con los objetivos perseguidos por el sionismo para aceptar alegremente que todo se debía a una coincidencia.

EL CLAN BELICISTA

En repetidas ocasiones hemos aludido a un "clan belicista" que presiona a los gobiernos de las democracias occidentales, concretamente Inglaterra y Francia, para que hagan frente a Hitler en todas las ocasiones, preconizando abiertamente el uso de la fuerza. El "War Klan" como le llaman los anglosajones, o "Partí de la Guerre", como le bautizara Maurras, se lanzó sin tapujos, a la descubierta, a la palestra política, tras los Acuerdos de Munich, que ellos no podían tolerar y, aún menos que los susodichos acuerdos, el espíritu de los mismos. Vamos a analizar con cierta detención la composición humana de ese Partido de la Guerra y los objetivos que perseguía. Para empezar, formaban parte de él:

a) La totalidad del Partido Laborista inglés, con Atlee, Morrisson y Bevin a la cabeza.

b) El ala derecha de los Conservadores ingleses - los llamados "young conservatives", o jóvenes conservadores - con Churchill de cabeza de fila, secundado por Eden, Hore Belisha, Halifax, Lord Vansittart, Amery y Duff Cooper.

c) La casi totalidad del Partido Socialista francés, dirigido por León Blum. Sólo Marcel Déat y sus seis diputados seguidores constituyen la excepción pacifista entre los socialistas galos.

d) La totalidad del poderoso Partido Comunista francés.

e) Numerosas personalidades de todos los partidos franceses, tanto de la derecha (De Kérillis), como del Centro (Paul Reynaud) o de la izquierda "moderada" (Mandel).

f) La Franc-Masonería, tanto de obediencia inglesa como de la continental.

g) El "Brain Trust" del Presidente Roosevelt.

h) El Sionismo.

Todo esto puede representar un máximo de 300 ó 350 personas de cierto relieve político; muchas de ellas - y no ciertamente las de menor influencia - desconocidas del llamado "hombre de la calle", englobadas particularmente en los apartados f), g) y h). El nombre del clan, que se le dio en Inglaterra, parece más atinado que el de "Partido" que se le adjudicó en Francia. Se trataba, en efecto, de un muy restringido clan, sin influencias directa en la calle. Pero con poderosísima influencia indirecta, pues la Alta Finanza - representada en todos los apartados, incluyendo el d) y personificada en él apartado h) - maneja los mass media y fabrica la Opinión Pública. Así se asiste a la paradoja de que, mientras Chamberlain y Daladier son aclamados por la multitud a su regreso de Munich, se lanza una gran campaña periodística criticándolos acerbamente por lo que Churchill califica, en el Parlamento, como "la mayor derrota diplomática de éste país". A continuación, para paliar los efectos de tal "derrota", Churchill propone la creación de una "Gran Alianza Ofensiva y Defensiva, entre Francia, Inglaterra y la URSS, que marcharía resueltamente hacia adelante". El caso de Churchill es, en verdad, tan aleccionador, que más adelante nos detendremos a analizarlo con la profundidad requerida. En todo caso, la propuesta del líder de los belicistas ingleses es rechazada, pero Runciman, el pacifista que acompañó a Chamberlain a Munich es defenestrado politicamente. Su puesto en el gobierno inglés pasa a ocuparlo Lord Vansittart, un germanófobo bien conocido.

* * *

Napoleón decía que el Dinero era el nervio de la guerra. Si esto era cierto en los tiempos del Gran Corso, podemos decir que en la actualidad esa definición pecaría de excesivamente modesta, pues hogaño es, no sólo el nervio, sino incluso el alma. Ya a principios de 1938 tomó un redoblado impulso la campana belicista en Francia. El israelita Louis Louis-Dreyfus, el titulado "Rey del Trigo", financia generosamente los periódicos belicistas de París. Además, se aprovecha de su cargo de Cónsul en Bucarest para intrigar contra Alemania en los Balcanes[102]. Emmanuel Beri, un periodista Judío denuncia, en su revista la existencia de un "Clan o Sindicato de la Guerra". Afirma que su correligionario Robert Bollack, director de

---

[102] Henry Coston: *Dictionnaire de la politique française*, pág. 583.

la Agencia de Noticias Fournier y de la Agencia Económica y Financiera, ha recibido treinta y dos millones de dólares, enviados desde América, para regar a la prensa francesa. De la noche a la mañana, determinadas publicaciones galas, hasta entonces pacifistas o neutrales, se vuelven furibundamente belicistas y germanófobas. "La acción de la Alta Finanza en el empeoramiento de las relaciones diplomáticas es demasiado evidente para que pueda ser disimulada"[103].

Charles Maurras, germanófobo de toda la vida, y por tanto nada sospechoso de pro- nazismo, afirma, en su seminario *L'Action Francaise* que funciona un titulado, sotto voce, "Comité de la Guerra", en Francia y Bélgica, en coordinación con otro que actúa en Inglaterra. Los fondos iniciales los había traído el financiero Pierre David-Weill, director de la Banca Lazard[104]. Según Maurras, el dinero era luego distribuído por Raymond Philippe, antiguo director de la banca precitada y por el ya mencionado Robert Bollack. Más lejos aún iba el viejo monárquico francés, pues acusaba a las ramas francesa e inglesa de la Casa Rothschild de participar en el movimiento[105].

El abogado judío Dr. Pierre Dreyfus-Schmidt, alcalde de Belfort, en Alsacia declaró, en Febrero de 1938, que se había formado un bloque económico entre Inglaterra, los Estados Unidos, la Unión Soviética y Francia. Su misión consistía en acrecentar el bloqueo y el boycot económico contra Alemania e Italia.[106] Primeramente se acapararían las materias primas necesarias a esos dos países, y luego se les iría suministrando cada vez la menor cantidad posible de mercancías hasta que ambos países estuvieran económicamente arruinados. Por este procedimiento se confiaba en derrotar económicamente a Alemania y hacerla salir de su autarquía económica y su independencia financiera Esa información fue el complemento de una gacetilla publicada por el semanario inglés *Sunday Chronicle*[107] en la que se precisaba que "los Jefes del Judaismo mundial tienen la intención de reunirse en Suiza para combinar el plan de un gran ataque contra los países

---

[103] Emmanuel Berlín: *Pavés de Paris*, París, 3-11-1939.

[104] La Banca Lazard, israelita, figura entre las diez primeras del Mundo. Véase *El Enigma Capitalista*, págs. 96-101. de J. Bochaca.

[105] Henry Coston: *Les Financiers qui mènent le monde*.

[106] P. Dreyfus en *La Vie de Tanger*, Tánger, 15-V-1938.

[107] *Sunday Chronicle*, Londres, 2-1-1938.

antijudíos: Polonia, Rumania, Alemania, Hungría, Italia, etc. Los grandes financieros internacionales Judíos pondrán a disposición un fondo de lucha de 500 millones de libras esterlinas, que serán empleadas en luchar contra los citados países. La lucha será librada en las Bolsas mundiales".

Por su parte, el Presidente de la "Liga Mundial Judía", Bernard Lecache (a) Lekah, escribió lo siguiente en el periódico oficial de esa organización:

> "Es necesidad nuestra declarar sin piedad la guerra a Alemania, la enemiga número uno del Estado Francés (!?). Para ello hay que estar plenamente convencidos de que nosotros haremos esta guerra hasta que los Grynzspan no necesiten entrar más en una tienda de armas para poder vengar con sangre la desdicha de ser judío"[108].

Un periodista no-judío escribió un artículo, en calidad de invitado, en el influyente órgano de la judería norteamericana *American Hebrew*. El artículo causó sensación y fue reproducido en casi todos los países, incluyendo Alemania. Contenía, entre otras manifestaciones, lo siguiente:

> "Las fuerzas de la reacción están siendo movilizadas. Una combinación de Inglaterra, Francia y Rusia llevará a cabo, más pronto o más tarde, una marcha triunfal contra el llamado Führer, Ya sea por accidente, ya sea deliberadamente, un judío ha alcanzado una posición de la máxima importancia en cada una de esas naciones... En manos de esos no-arios están las vidas de muchos millones de hombres. Blum ya no es el Primer Ministro de Francia, pero el Presidente Lebrun es un mero figurón y Daladier es un ave de paso. León Blum es un Judío prominente, que cuenta....El será el Moisés que guiará a la nación francesa. ¿Y Litvinoff? El gran Judío que se sienta a la diestra de Stalin, el pequeño soldadito de plomo del Comunismo. Es el más importante de todos los camaradas... Inteligente, cultivado, capaz, Litvinoff ideó y promocionó el Pacto Franco-Soviético. Fue él quien convenció a Roosevelt de la bondad del régimen soviético. Fue él quien alcanzó el más alto rango de la diplomacia al lograr que los conservadores ingleses, con sus sombreros de copa y su estilo de Eton, estuvieran en los más amigables términos con la Rusia Roja...
>
> "Y Hore Belisha....Suave, hábil e inteligente, ambicioso y competente, eficiente y autoritario....su estrella sube sin cesar. El es el próximo inquilino de Downing Street.

---

[108] Bernard Lecache en *Le Droit de Vivre*, 9-XI-1938.

De momento, ha transformado el Ejército Inglés, del desastre lamentable que era, en una maravillosa máquina de luchar.

"No les extrañe que esos tres grandes hijos de Israel organicen la alianza que mandará al infierno al fanático dictador que ha llegado a ser el mayor enemigo de los Judíos. Es bien cierto que esas tres naciones, ligadas por numerosos acuerdos, y en un estado de virtual aunque no declarada alianza, cooperan hombro con hombro para impedir los anhelos expansionistas de Hitler hacia el Este. Y cuando el humo de las batallas se disipe, cuando las balas cesen de matar, podrá verse un cuadro mostrando al hombre que quiso actuar como Dios, el Cristo de la Swástika, introducido brutalmente en un agujero en el suelo, mientras el trío de no-arios entona un extraño Réquiem, que recuerda sospechosamente a una mezcla de *La Marsellesa, Dios Salve al Rey* y *La Internacional*, acabando en un gran final, en un arreglo orgulloso, militante y agresivo de *Eili. Eili. Eili* (grito de victoria judío)"[109].

El clan belicista dispone de dinero a manos llenas. Este dinero "riega" abundantemente a la prensa de todos los países. La labor de la Gran Prensa es doble: por una parte, desacreditar totalmente a la Alemania Nacionalsocialista, atribuyéndole todos los defectos - a su ideología - y todos sus fracasos - a sus realizaciones -, mientras, por otra parte, se asegura que Hitler miente siempre, y que su política es la del *bluff*. El mérito de la invención de la debilidad interna de la Alemania Nazi no se le puede discutir al escritor israelita, de nacionalidad alemana, y refugiado en Francia, Heinrich Mann:

"Hitler no es fuerte. Es débil... Como la oposición legal no existe, está aterrorizado, precisamente, por la oposición ilegal, que es fortísima" - escribe, convencido, Mann, quien añade: "Sólo hay un medio para socorrer al pueblo alemán. Para socorrerle, debemos abandonar una idea arcaica e impracticable. Se trata de la idea preconcebida de no mezclarse en los asuntos de los demás, es decir, en los asuntos internos de otros países. Las democracias deseosas de salvaguardar la civilización sólo tienen una opción: que Hitler desaparezca"[110].

En una carta abierta dirigida al decano de la Facultad de Letras de Bonn -

---

[109] Joseph Trimble en *The American Hebrew*, 3-VI-1938.
[110] Heinrich Mann en *La Dépêche*, Toulouse, 31-III-1936.

aunque escrita, según es obvio, para el consumo de los lectores franceses e ingleses - Thomas Mann, el gran escritor, desarrolla con más galanura y estilo la tesis de su hermano:

> "No hay ningún pueblo, en la actualidad, en todo el mundo, que se halle en peores condiciones, que sea más incapaz de conducir una guerra que el pueblo alemán... Los alemanes no encontrarían ningún aliado. Ni italianos, ni japoneses, ni nadie. Pero este abandono sería aún más grave a consecuencia del hecho de que Alemania estaría abandonada por sí misma; por su misma esencia. Reducida y humillada desde el punto de vista espiritual; moralmente vaciada de su substancia, interiormente desgarrada, llena de una profunda desconfianza con relación a sus jefes y llena de lúgubres presentimientos, tal sería su estado de espíritu en el momento de entrar en guerra. Todos los beneficiarios del sistema, es decir, una décima parte de la población, ya estarían dispuestos a traicionar en el momento de estallar las hostilidades. Y, a la primera derrota, se produciría una guerra civil... No, Alemania no puede pensar en meterse en una guerra. Pero las democracias pueden no dejarle otra opción"[111].

Desde luego, en esta carta no falta nada. En ella se encuentra, no sólo - como en el artículo de su hermano Heinrich - la tesis de la debilidad política del Nacionalsocialismo y del hundimiento interior de Alemania en caso de guerra, sino también el esbozo de la teoría del *bluff* hitleriano y de sus embustes permanentes.

Pero no todos son Judíos, como los hermanos Mann o los habituales de las columnas del *Droit de Vivre*. Un emigrado, totalmente desconocido del gran público, juega un papel capital en la psicosis de guerra que se va formando en Francia. Se trata de Helmut Klotz, nacionalsocialista la primera hora, y más tarde social-demócrata; Klotz, a quien todos los partidos alemanes acusaron de malversación[112], cruzó la frontera franco-alemana en 1933, pero enseguida se trasladó a Praga, donde, subvencionado por Benes, escribió artículos antialemanes; luego estuvo en Suiza, como empleado de un consorcio bancario helvético. Finalmente, regresó a París, donde publicó un libro titulado "La nueva guerra alemana". El libro fue recomendado oficialmente por Comert, un israelita que era Jefe del Servicio de

---

[111] Thomas Mann, carta reproducida íntegramente en *Le Droit de Vivre*, 19-VI-1937.

[112] Georges Champeaux: *La Croisade des Démocraties*, T. I., pág. 273.

Información y Prensa en el Quai d'Orsay, presentándolo a los periodistas acreditados en Paris como un libro hecho por el hombre mejor informado sobre las intenciones del Estado Mayor Alemán. "La nueva guerra alemana" iba a convertirse en la biblia de los belicistas franceses y de los periodistas extranjeros residentes en Francia. Según Champeaux[113] "Klotz estaba en contacto permanente con Mandel", el Ministro del interior, e israelita, como sabemos. Klotz da una *tournée* de conferencias, bajo el patrocinio oficial de Mandel. En ellas afirma que a mediados o a finales de 1938, Hitler estará a punto de atacar a Francia. El ataque se producirá sin provocación, sin haber entrado en discusiones políticas y en el momento en que parezca que las relaciones franco-alemanas son lo más cordiales posible. Unos días antes del ataque improvocado de la Wehrmacht, Hitler asegurará, en un discurso, que desea la paz con Occidente y tendera su mano a Francia e Inglaterra. El ataque, además, se producirá sin previa declaración de guerra. La guerra es fatal, e inevitable, según Klotz, y si Francia e Inglaterra cometen la necedad de no "detener" a Hitler, serán víctimas de un ataque por sorpresa.

Los hermanos Mann excitan ideológicamente al pueblo francés a la "Cruzada Ideológica de las Democracias". Klotz le excita, teleguiado por Mandel que le comandita, a la guerra preventiva. Si los argumentos de los Mann y de Klotz se contradicen, las dos corrientes que provocan se unen y terminan por llevar agua al molino del clan belicista.

* * *

Si la Prensa cobra una gran importancia en todas las democracias, su influencia llega a ser preponderante en las democracias llamadas "maduras", tal vez por que la madurez debe preceder a la podredumbre. Al dirigirse a un público cada vez más numeroso, es decir, a un lector medio de un nivel cada vez más bajo, los directores de los periódicos no se ven en la obligación de detenerse ante los escrúpulos. Conocido es el ejemplo del *Times* londinense, recogido por Dickens, al afirmar que ese periódico se escribía para unas mil personas, y que no aceptaba la publicidad de un medicamento si su eficacia no había sido comprobada, sin fallos, al menos

---

[113] Ibid., pág. 274.

durante un año. Pero en la década de los treinta empieza el fenómeno de idiotización general, descrito por el impar George Orwell[114] al presentir que se convertirá en un instrumento de esclavización mental de las masas. "Pensar en el público". "Informar al público": he aquí la consigna que reciben y transmiten cada día redactores y editorialistas. De este modo, la demagogia de los parlamentarios más viles será siempre superada por la demagogia de la prensa. Pues la mayoría de los periódicos intentaran quitarles lectores a sus concurrentes directos mediante una puja desvergonzada en la simplificación de los problemas, la excitación de los instintos más bajos de la masa con su posterior explotación y capitalización y el halago más desenfrenado de sus más quiméricas ilusiones. Pero todos los lectores son electores. Esta frase del periodista Simón Blumenthal quedará impresa en multitud de cerebros e inspirará, en las siguientes elecciones, multitud de votos, y en ello piensa el diputado. Entre las fórmulas populacheras que le proponen los periódicos cada mañana, su instinto le sopla al diputado la que le propondrán, en la próxima reunión, los miembros de su comité[115] y, de inmediato, la lanza en derredor suyo, para comprobar el efecto que hace. De tal guisa, los *mots d'ordre*, las consignas de los periódicos son confrontados, diariamente, en los pasillos de los parlamentos y las cámaras, bajas o altas. ¡Ah, esos pasillos parlamentarios! ¡Toda la Intrahistoria Contemporánea transcurre por ellos!. Los redactores de artículos políticos se informan cada día del resultado de la confrontación, y el resultado de ese partidillo, más o menos deportivo, influye, en parte, en el tono del artículo que escribirán el día siguiente. Así se establece, entre los parlamentos y periódicos, un constante intercambio de influencias. Las democracias occidentales eran ya, en los años treinta, un complejo de poder asentado sobre tres asambleas: una cámara alta, una cámara baja y la Prensa, aunque ésta gozaba de la ventaja, sobre las otras dos, de actuar a diario. En Francia, tanto Daladier como Reynaud, y no digamos ya León Blum, se entrevistaban, cada día, con los directores de la Agencia Havas, de la Agenda Fournier, y de los dos o tres principales diarios. En Inglaterra, Chamberlain recibía las visitas asiduas de Lord Beaverbrook, el magnate de la Prensa inglesa y

---

[114] George Orwell: *1984*.

[115] Tanto en Francia como en Inglaterra, cada diputado dispone de un comité, cuyos miembros le informan sobre las corrientes de opinión en su circunscripción. También es función de ese comité cuidar la imagen del diputado ante los electores y envilecer la de las figuras de la Oposición. (N. del A.)

de Lord Rothermere, el propietario del *Daily Mail*. Los papeles se invertían en el caso de Isaac Hammsworth, el editor del *Times*, a quien rendía visita el propio Primer Ministro. Así, la influencia de la prensa sobre las decisiones gubernamentales se ejercía de dos maneras: indirectamente, a través de los parlamentarios; y directamente por los contactos con los directores y propietarios de los grandes periódicos. Si esta Prensa representara, únicamente, intereses nacionales, ingleses o franceses, el mal sería relativo. Pero ella, en gran parte, estaba sometida a intereses y presiones extranacionales. En Francia, por ejemplo, a parte de *L'Humanité* que no era más que el órgano oficial del gobierno soviético o - si se quiere - de la Komintern, *L'Époque* había sido fundada por De Kérillis, con dinero judío[116], Emile Buré, editor de *L'Ordre* estaba sostenido financieramente por el israelita Ebstein[117], confidente de la embajada soviética y, a la vez, de los banqueros israelitas Hambros, de Londres. *Le Populaire*, de otro israelita, Emile Kahn, contaba entre los "budas" de su comité de redacción nada menos que a León Blum, y seguía obedientemente los dictados de la Internacional Socialista[118].

Aquí consideramos necesario un inciso, al tratar de la Prensa belicista francesa, para detenernos un poco en la figura de Robert Bollack, de quien ya hemos hablado como suministrador de fondos para el clan belicista francés, denunciado por su correligionario Emmanuel Berl y por Charles Maurras. Desde principios de 1938 Bollack no se recataba en afirmar que si hacían falta cien millones de francos para combatir el fascismo en Francia, él sabía dónde encontrarlos. Este Bollack es un personaje rocambolesco: recaudador de fondos entre los Judíos orientales para la instalación del Hogar Nacional Judío en Palestina, se le acusa de "ligereza" en la administración de tales fondos. Pero el Sionismo parece perdonarle este pecadillo, pues las bancas Rothschild y Lazard le apadrinan. Pronto llega a ser el propietario de la Agencia Económica y Financiera, así cómo director de la Agencia de Noticias Fournier. Dirige el comité electoral de Paúl Reynaud, y poco después éste accede a la presidencia del Gobierno. No se sabe de dónde le llegan los fondos necesarios para comprar la Agencia Fournier, que pronto se convierte en el abanderado del

---

[116] Henry Coston: *Dictionnaire de la politique française*, pág. 582.

[117] Ibid., pág. 183.

[118] Ni siquiera en el nombre disimulaba - ni disimula hogaño - el Partido Socialista francés su afiliación Internacionalista: Section Française de l'Internationale Ouvrière. (N. del A.)

antihitlerismo. Junto con Pierre Dreyfus, de la familia de los "reyes del trigo", el General Weiller y el abogado Henry Torrés, funda la "Union et Solidarité Israélites", que, a través de la emisora de "Poste Parisien" dirigida por el propio Bollack, participará en la campaña antialemana y belicista.

La campaña de los belicistas se agrava, oponiéndose, las más de las veces, a la política oficial que se sigue en Londres y en París. Los infundios más grotescos son difundidos para enervar a las masas. Así, por ejemplo, Geneviève Tabouis afirma, gravemente, que la Italia fascista amenaza a Francia. ¿En Niza?.. "No. En Perpignan." En caso de un conflicto generalizado, Mussolini atacará a Francia, sin previa declaración de guerra, dirigiéndose hacia Perpignan, con la complicidad de Franco[119]. Julien Benda, otro israelita, en un artículo violentísimo, califica de "estado apache" a Alemania y de "gángster" a Hitler. Un correligionario suyo, Gabriel Péri, comunista, afirma que hay tres mil agentes nazis en Francia. Naturalmente, no se molesta en precisar las fuentes de tan estupenda y precisa información[120]. El 4 de Diciembre, Goering pronuncia un discurso en Nurenberg:

> "Nos hemos acostumbrado" - dice el Mariscal del Reich - "a esa campaña de prensa contra Alemania e Italia; nos faltaría algo si desapareciera. Estamos en un estado de perfecta calma y esperamos los acontecimientos, sean cuales fueren"[121].

Traducción de *Paris-Soir*, de *Ce Soir*, de *L'Ordre* y de *L'Oeuvre*: "Esperamos acontecimientos inevitables"[122]. "*L'Ordre*, en subtítulos a cinco columnas: "Con gritos de odio, esperamos lo inevitable". *L'Oeuvre* coloca la frase falsificada sobre dos columnas en primera página. *Ce Soir*, en tercera página, pero a grandes titulares de última hora: "Golpe teatral en Nuremberg: Esperamos acontecimientos inevitables, proclama el Mariscal Goering".

Hemos querido extendernos un poco sobre este caso de la venalidad y la mala fé de la Gran Prensa por considerarlo decisivo en la formación del clima belicista,

---

[119] *L'Oeuvre*, París, 4-XII-1938.

[120] *L'Humanité*, París, 8-XII-1938.

[121] Publicado por el *Bulletin de la Presse Etrangère*. de París, 14-XII-1938.

[122] Los patronos de estos periódicos eran, respectivamente, Gombault (a) Weisskopf, Jean-Richard Bloch, Jacques Ebstein y Henri Raud, casualmente, todos israelitas. (N. del A.)

sin el cual es imposible organizar una guerra. Hemos mencionado casos de financiación de campañas de prensa, pero sería preciso un libro dedicado exclusivamente al tema si quisiéramos tratarlo en profundidad. Esta financiación puede llevarse a cabo de dos maneras: la primera y más corriente consiste en inflexionar la línea política de un periódico - de cualquier periódico - por el canal de la publicidad. Es un hecho conocido que cualquier periódico que vea cegada esa fuente de haberes se halla abocado, de inmediato, a la quiebra. Otra manera consiste simplemente en estipendiar a determinados periodistas de modo que se conviertan en verdaderos empleados de los que les pagan. Georges Champeaux cita el caso de la conocida periodista francesa, Geneviève Tabouis, cuyo sueldo por escribir un articulito semanal en el oficioso londinense *Daily Express* eran tan elevadamente desproporcionado que equivalía, lisa y llanamente, a un salario de agente inglés. Y, en efecto, mientras la política oficial inglesa consistió en contemporizar con Hitler (casos del *Anschluss*, de la Guerra de España y de los Sudetes) la Tabouis y otro colegas suyos se alinearon junto al Gabinete Inglés. En cuanto, por razones que analizaremos seguidamente, la política de Londres cambia - o debe cambiar ante ciertas presiones extranjeras - la Tabouis da un giro copernicano a la orientación de sus artículos[123].

* * *

Ya hemos aludido, en diversos epígrafes anteriores, a la actitud belicista del Sionismo internacional. Conviene ahora insistir sobre el tema, dado el tremendo recrudecimiento de las actividades de tal fuerza política supranacional en los dos años inmediatamente anteriores al estallido de Septiembre de 1939.

El Sionismo, aún cuando reuniera al "Congreso Mundial Judío" en Agosto de 1936 en Ginebra[124] y mantenga actividades en todo el mundo, asienta sus reales,

---

[123] Georges Champeaux: *La Croisade des Démocraties*, T. II, pág. 204.- Este mismo autor cita, como ejemplo de tergiversación y manipulación periodística, el caso de los ocho principales periódicos franceses los cuales, sin excepción, mutilaron el discurso de Hitler del 12-XII-1938: "Para nosotros, alemanes, la catedral de Estrasburgo tiene una enorme significación. Si, a pesar de ello hemos renunciado definitivamente a Alsacia y Lorena, es para servir a la paz europea". Los ocho periódicos reproducen la primera frase y omiten la segunda, transformando en una amenaza lo que es una oferta de paz. (N. del A.)

[124] Ufanándose de representar a siete millones de Judíos esparcidos en treinta y tres países, inundó el planeta

especialmente, en Norteamérica, y es allí donde, a través del Presidente Roosevelt mueve la conjura contra la paz. A principios de Marzo de 1937, el "Congreso Judeo-Americano" se reúne en Nueva York. El alcalde de Nueva York, Fiorello La Guardia, un judío de Trieste y sionista ferviente, toma la palabra el 3 de Marzo. Su discurso es una sarta de bromas de dudoso gusto, a costa de Hitler. La Guardia propone, seriamente, que en la Exposición Universal de 1939 se instale una "Cámara de Torturas" en la que figurare la efigie de ese "fanático con camisa parda que amenaza la paz de Europa y del mundo". La reacción de los medios germano-americanos es tan viva[125] que el Secretario de Relaciones Exteriores Cordell Hull presenta excusas, oficialmente, al Embajador Alemán, que las acoge sin comentarios. Inmediatamente, el aludido "Congreso Judeo-Americano" organiza un mitin de protesta, en el cual, naturalmente, la vedette es La Guardia, el cual manifiesta: "Continuaré diciendo cosas semejantes tantas veces cuanto lo considere necesario, pero tal vez no será necesario que lo diga por mucho tiempo, pues no creo que Hitler dure mucho". Luego, en el curso de una diatriba que dura varios minutos, subrayada por los aplausos y los gritos de la asistencia, la Guardia califica al Führer, sucesivamente, de "borracho", "sodomita", "salvaje asesino", "depravado", "demente", "embustero" y "conductor de un rebaño de borregos".

No existe precedente, en toda la Historia Universal, de una serie de insultos lanzados por persona representativa y responsable; de una cantidad y calidad tal de epítetos malsonantes y de amenazas, contra un jefe de estado, connacional o extranjero, ni siquiera cuando media un estado de guerra. Puede añadirse que, ni aún dando por ciertas todas las exacciones que la propaganda atribuye a Hitler contra los judíos alemanes, admiten ellas comparación con el genocidio organizado que, desde 1917, se sucede sin interrupción en la Rusia Soviética, sin que promuevan tan bombástica escandalera. Muy al contrario, como hemos ya expuesto,

---

de informes, folletos y circulares, criticando acerbamente la política antijudía del III Reich y animando a los gobiernos de todos los países a participar del movimiento del boycot contra los bienes y servicios alemanes. En dichos comunicados incluso se prometían ayudas financieras a los gobiernos o entidades que colaboraran en la lucha contra el Reich, mientras se amenazaba sin rebozo a los que tuvieran relaciones normales con él. Además, se creaba un "fondo de ayuda a los perseguidos por el Nazismo y el Fascismo". Por vez primera, el Sionismo atacaba abiertamente a Italia. (N. del A.)

[125] Había, en la época, en los Estados Unidos, unos cinco millones de norteamericanos de origen alemán, es decir, poco más o menos, una cifra casi igual a la del Judaísmo Norteamericano. (N. del A.)

es precisamente la Rusia Soviética objeto de la solicitud del Sionismo y de las grandes democracias occidentales para que se una a la coalición antialemana. La diatriba de La Guardia termina con la propuesta de una resolución, que será aprobada por aclamación:

"Todos los americanos que aman la democracia y la libertad retiran al régimen nacional-socialista alemán su ayuda financiera, sin la cual no podrá sobrevivir largo tiempo. Por tal motivo, el pueblo americano debe rehusar nuevos créditos financieros al Reich. Tomamos el compromiso de intensificar el boycot de los productos y los servicios alemanes, con objeto de salvar pacíficamente a la democracia americana y de proteger al pueblo alemán de la destrucción con que le amenaza el hitlerismo"[126].

Seis meses después se celebra en París el I Congreso Mundial de la "Liga contra el Racismo y el Antisemitismo", bajo los auspicios del Gran Oriente de Francia y de la Gran Logia de Francia[127]. Heinrich Mann, Emil Ludwig, Víctor Basch y el "hermano" Cesar Campinchi pronuncian, ante cuatrocientos delegados de veintiocho países, violentos ataques contra Alemania y su régimen. La resolución final es inaudita: "La neutralidad ante los crímenes, la pasividad ante la extensión organizada del peligro; conducen a la complicidad. Quien hoy se calla, mientras sufren millones de seres humanos, cuando, por centenas de millones, mueren los inocentes, toma sobre su espaldas su parte de responsabilidad".

Repetimos: "... cuando, por centenas de millones, mueren los inocentes". Decididamente, la letra impresa puede soportarlo todo. En *Le Droit de Vivre*, órgano oficial de la titulada "Liga Internacional contra el Antisemitismo"[128], el conocido escritor Emil Ludwig declara que considera la guerra como inevitable. "Tenemos mil razones para desear esa guerra contra el tirano alemán; pero si no las tuviéramos, deberíamos buscar cualquier pretexto"[129]. Poco después, ese mismo escritor publica

---

[126] *Revue Juive* (Revista Judía), Ginebra, núm. 48, Mayo 1937.

[127] La Gran Logia agrupa a los masones franceses catalogados como "de derechas" y el Gran Oriente, como "de izquierdas". (N. del A.)

[128] Entidad fundada por Bernard Lecache (a) Lekah, periodista del diario comunista *L'Humanité*, y financiada por la fámila Rothschild.

[129] *Le Droit de Vivre*, 2-X-1938.

en una de sus obras[130], cuya edición patrocina el Ministerio del Interior, a cuyo frente se halla su correligionario, Mandel: " Los pueblos occidentales deben conjurarse ante el mundo entero con objeto de defender nuestros ideales por la fuerza".

Emil Ludwig, Remarque, los hermanos Mann, Tucholsky, Víctor Basch, agitan el pro de la guerra. Aún cuando no queremos extendernos más en el tema de los escritores metidos a botafumeiros del belicismo creemos que vale la pena citar el caso de Louis Aragon. Aragon, como todos los precedentes, es de izquierdas; aún más, es comunista, y miembro del Partido Comunista Francés. También es, como ellos, millonario. Y también es, como ellos, judío. Finalmente, es, y aún más que ellos, antimilitarista. Por ejemplo, se le conoce este *morceau de bravoure* inaudito: "Proclamo que no vestiré nunca más el uniforme francés, maldita librea que me pusieron por fuerza, hace once años; no seré nunca más el criado de los oficiales; rehuso saludar a esos brutos y a sus insignias, a su sombrero y a su trapo tricolor[131] ... Tengo el honor de manifestar, en este libro, en esta página, de decir en mi alma y mi conciencia, que me cago en el ejército francés en su totalidad"[132]. Aragon era un alma generosa. Más que su correligionario Jean Zay que se contentaba, para el aseo tras sus necesidades fisiológicas, con una sola bandera francesa. Pues bien, este Aragon que se defecaba en la totalidad del ejército francés, este patriota que había escrito: "Todo lo que es francés me repugna, y cuanto más francés es, más asco me da"[133] súbitamente, cuando Hitler va a asestar el golpe de gracia al artificial estado checoeslovaco que tiene, en proporción al número de habitantes, el más elevado presupuesto militar de Europa, se vuelve un super-patriota que deja en mantillas a Deroulède: "Francia, el honor de Francia, no pueden soportar que el bravo pueblo checoeslovaco sea aplastado por la bota del tirano"[134] ... "el honor de nuestro ejército no puede tolerar asistir a la sumisión, por la fuerza, de su aliado

---

[130] Emil Ludwig: *La Nouvelle Sainte-Alliance*.

[131] Louis Aragon: *Traité du Style*, N.R.F. París, 1929.

[132] Aragon se casó con una correligionaria suya, Elsa Kagan (a) Elsa Triolet, finísima dama en cuya obra literaria aparecen más referencias a los intestinos que en toda la literatura francesa. A los críticos literarios siempre les atormentara la duda de saber quien plagiaba a quién en eso de los excrementos. ¿Aragon? ¿la Triolet?. (N. del A.)

[133] Louis Aragon: "Lettre à Paul Claudel".

[134] Louis Aragon en *Ce Soir*, 23-IX-1938.

checoeslovaco"[135].

Pero volvamos a América, o, más concretamente, a las actividades del Sionismo americano.

En Agosto de 1936, tras el voto de la Convención de Filadelfia que le designaba como candidato del Partido Demócrata para presentarse a su reelección, Roosevelt debía pronunciar, en Chautauqua un discurso completamente monroviano, en el que proclamaba su intención de "mantener la neutralidad, fueren cuales fueren las presiones que sufra tanto desde el interior como desde el exterior", y remachaba: "Si se nos da a elegir entre hacer beneficios con una neutralidad armada o tener la paz total, responderemos que queremos la paz total". Sólo manipulando este slogan había podido Roosevelt ser reelegido. Naturalmente, sólo se trataba de un slogan. El "Brain Trust" es la verdadera oligarquía belicista en América. Su composición ha cambiado en el curso de 1936, pero, al igual que sucediera con los antiguos miembros, los nuevos han de ser homologados por el profesor judeo-vienés Félix Frankfurter, el hombre de confianza de Roosevelt y, por supuesto, del omnipotente y omnipresente Bernard Mannes Baruch, el titulado "Procónsul de Judá en América"; y Frankfurter sólo da su augusto placet a judíos o filosemitas indiscutibles. El profesor Moley, el único no judío que, en el precedente "Brain Trust" ha podido vanagloriarse de haber conseguido, en algunas ocasiones, de imponerse a las maniobras de sus colegas judíos, es despedido como una criada, sin explicaciones. A principios de 1937 los consejeros del "Brain Trust" son los hebreos Ben Cohen, Harry Hopkins, Sam Rosenman, Haroíd Ickes y Félix Frankfurter, más el medio-judío presidente del Tribunal Supremo, Jackson y el irlandés y pro-sionista Tom Corcoran. Pero, por encima del propio "Brain Trust" se sabe que funciona un mini-consejo que, en definitiva, decide, compuesto por Bernard M. Baruch, el Juez Louis D. Brandeis y Frankfurter, que actúa de enlace con el "Brain Trust". Es, precisamente, Frankfurter quien sugiere a Roosevelt, en Abril de 1937, de introducir en la Ley de Neutralidad, la cláusula "Cash and Carry", por la cual, las naciones beligerantes que compren mercancías en los Estados Unidos deberán pagar al contado y en dólares o en oro y transportarlas por sus propios medios. Esto equivale a darle una ventaja a Inglaterra, que es el único país que posee bastante oro y bastantes barcos

---

[135] Louis Aragon en *Ce Soir*, 24-IX-1938.

mercantes para satisfacer a esa doble exigencia. Para Francia, la cláusula "Cash and Carry" (Pague y Lléveselo) presupone la certeza de su sumisión entera a Inglaterra, por ser sus reservas de oro y su marina mercantes muy inferior a las de Inglaterra. Para Alemania es una desventaja total. El espíritu de la Ley de Neutralidad, que permitió la reelección de Roosevelt, queda, así, vulnerado.

El diputado Ludlow, republicano, presenta un proyecto de ley que prevee un referéndum popular para decidir la entrada del país en una guerra. Súbitamente, se produce el incidente del "Panay", barco mercante americano que, el 11 de Diciembre es hundido en la rada de Nanking por la aviación Japonesa. ¿La aviación japonesa? El gobierno nipón lo desmiente categóricamente, y afirma que se trata de una provocación. Como más adelante tendremos ocasión de comprobar, cada vez que Roosevelt lo necesita, un barco americano es hundido y logra que sus propuestas sean aprobadas por una Cámara de Representantes en principio hostil a sus designios. El "Brain Trust" organiza una campaña violentísima contra el diputado Ludlow, a quien se acusa de ser un agente hitleriano. El "providencial" hundimiento del "Panay" inclina ligeramente la balanza, y el proyecto de Ludlow - tan democrático, pues si el pueblo no tiene voz ni voto para decidir si debe o no debe ir a la guerra, ¿para qué le sirve la democracia? - es rechazado por la Cámara de Representantes por 209 votos contra 188.

Un inciso: Roosevelt ha sido elegido en base a una impresionante propaganda pacifista; de otro modo, hubiera salido derrotado de las urnas. Pese a blasonar de democrático, le ha arrebatado al pueblo norteamericano, o, al menos, a sus representantes legales, nada menos que el derecho a votar sus propios impuestos; el derecho a hacer o no hacer el servido militar; el derecho a ser consultado sobre si deseo o no ir a la guerra contra una potencia extranjera; el derecho a comerciar o no con determinadas firmas de determinados países extranjeros. Ha sustraído a las cámaras - teóricamente los controladores oficiales del Gobierno en nombre del pueblo soberano - un sin fin de temas, especialmente los relativos a la política exterior, con la excusa de que se trataba de "materia reservada" al Presidente.

Con impar cinismo, ha calificado de "hitleriano" a todo opositor a su política dictatorial. Así se ha irrogado los plenos poderes en materia de créditos al extranjero, a la facultad de legislar y de crear nuevos organismos, de nombrar, a dedo, colaboradores dotados de un poder omnímodo. Toda oposición es aplastada, sin reparar en medios. Más adelante citamos ejemplos más que reveladores. En nombre de la democracia, Roosevelt, se convierte en un autentico tirano, sin que la gran masa parezca darse cuenta del autentico golpe de estado que desde la Casa Blanca se ha perpetrado Roosevelt exulta de satisfacción. En una carta que escribe a su anterior adversario electoral, Landon, manifiesta: "No podemos cerrar los ojos a la realidad de que América forma parte integrante de un mundo inmenso formado por multitud de naciones y que esa situación nos obliga a asumir un papel de dirección en la tentativa actualmente hecha para lograr la paz general". El razonamiento nos parece más bien débil. Si basta con formar parte del conjunto de las naciones para reivindicar un papel de dirección en la política mundial, entonces todos los Jefes de estado, empezando por el Presidente de la República de San Marino y continuando por el Síndico General de los Valles de Andorra pueden formular idéntica reivindicación ... En todo caso, algo aparece con nítida claridad, Roosevelt se autonombra arbitro de la política mundial.

En Febrero de 1938 empiezan las provocaciones yankis contra el Japón. El embajador en Tokio, Grew, presenta una nota diplomática enviada por su Gobierno, en la que se piden al Gobierno Japonés precisiones sobre su programa naval: ¿Cuántos acorazados piensa construir el Japón en los próximos dos años? ¿De qué tonelaje? ¿Cuántos submarinos? ¿Cuantos destructores? ¿Qué hay de los cruceros pesados? ¿Cuántos buques mercantes y de qué tonelaje? Roosevelt pasará a la Historia como el más increíblemente impertinente de todos los estadistas. Grew, su embajador en Tokio, es despedido de la audiencia oficial sin recibir respuesta alguna.

El *Anschluss* hace pasar al segundo lugar el ya llamado, por la Gran Prensa norteamericana, "problema Japonés". El *Anschluss* servirá de justificación a los adalides del intervencionismo universal. Justificará cualquier cosa, desde la ya aludida carta abierta a Landon hasta el también mencionado Discurso de la Cuarentena, que divide el mundo en buenos (las democracias, incluyendo la URSS y la China de Chiang-Kai-chek) y malos (básicamente Alemania, Italia, el Japón y cuantos países decidan mantener relaciones normales con ellos). El 5 de Mayo, Woodring, Ministro de la Guerra, declara ante la Cámara de Comercio de los Estados Unidos: "Me creo obligado a advertir a Alemania, el Japón e Italia que si las dictaduras abusan demasiado de la paciencia de las naciones democráticas, el resultado será la guerra"[136]. Una semana después, la Casa Blanca anuncia, oficialmente, por un comunicado de prensa, que el gobierno norteamericano rehusa continuar vendiendo a Alemania el helio que ésta necesita para sus Zeppelines.

El 15 de Agosto, Cordell Hull, Secretario de Estado, pronuncia un discurso radiodifundido que, aún cuando expresado en términos más vagos, hace eco al pronunciado por Woodring. "Cada vez resultará más evidente - incluso para las naciones que ponen todas sus esperanzas en una política de fuerza arma - daque la aplastante mayoría de la humanidad está decidida a vivir en un mundo en el que la anarquía no sea tolerada, en el que prevalecerá la ley, y en el que las relaciones culturales y económicas no serán conculcadas por dictadorzuelos"[137]. Tres días después, Roosevelt habla en Kingston (Canadá) a donde ha ido para inaugurar un puente. Tras haber afirmado que, suceda lo que suceda en Europa "este hemisferio seguirá siendo una ciudadela inatacable en la que la civilización podrá florecer sin sentirse amenazada", declara que "el pueblo de los Estados Unidos no permanecerá con los brazos cruzados si el territorio del Canadá es amenazado por cualquier otro país"[138]. Recordemos que el Canadá es un Dominio que forma parte del Imperio Británico. La declaración de Roosevelt en Kingston constituye una verdadera proposición de alianza, hecha a un estado soberano, para el caso en que éste entre en guerra ... contra cualquier otro país. Insólito. Inaudito, si nos olvidáramos que nos estamos refiriendo a Roosevelt, un verdadero caso impar en la Historia Universal. Además de ofrecer una ayuda no solicitada, Roosevelt se irroga unos derechos que no le pertenecen. Hablando en nombre del "pueblo de los Estados Unidos", le mezcla en querellas hipotéticas y externas al mismo, sin consultar para nada con el Congreso ni con el Senado, tal como lo ordena la Constitución que ha jurado cumplir.

Pero no pasa nada. Ni Hitler, ni Mussolini, ni Tojo, responden a las provocaciones del inquilino de la Casa Blanca. Por otra parte, el pueblo americano se opone resueltamente a verse envuelto, por segunda vez, en aventuras europeas. Que ello es así lo demuestran dos hechos irrebatibles:

---

[136] *The New York Times*, 6-V-1938.

[137] *New York Herald Tribune*, 16-VIII-1938.

[138] *Chicago Tribune*, 19-VIII-1938.

a) Para ser reelegido, Roosevelt debe prometer, en su campaña electoral[139] que mantendrá a los Estados Unidos apartados de las querellas de otros continentes. Está claro: "de otros continentes", es decir, no solo Europa, sino también de Asia ... y del África y de Oceanía. Roosevelt se limita a actualizar la Doctrina Monroe: América para los americanos, que, naturalmente, significa "América para los norteamericanos".

b) El Instituto Gallup, al que ni remotamente podrá tildarse de pro-nazi (sus fundadores y las cuatro quintas partes de los miembros de su Consejo de administración son judíos) realiza una encuesta, en 1938, de la que resulta que el 83,5% de los americanos son contrarios a la participación de los Estados Unidos en conflictos exteriores. Junto a algo más de un 10% de abstenciones o respuestas vagas y dudosas, sólo un 5% de la población es partidaria de tomar parte en guerras, aún cuando en ellas no se ventilen intereses vitáles para los Estados Unidos[140]. Y ello, a pesar de la solapada propaganda que el clan belicista lleva a cabo en el país. Un mísero 5%. Y recordemos, *pour mémoire*, que la población Judeo-americana representa algo más del 4% del censo.

* * *

Para Roosevelt - al que un escritor de la talla de Abel Bonnard denominaba el Príncipe de los Fariseos - los Acuerdos de Munich fueron una humillación personal. Chamberlain, que no se fiaba de él, le había apartado de las negociaciones. Roosevelt se lo haría pagar. Literalmente. Cinco días después del regreso triunfal de Chamberlain a Londres, Joseph P. Kennedy, embajador norteamericano en la Gran Bretaña, comunicaba al primer ministro inglés que uno de los créditos concedidos, en dólares, no iba a ser renovado. Otros créditos serian renovados, pero a una tasa de interés mucho más elevada. Esto puede explicar, al menos parcialmente, el sorprendente cambio que se observa en la política exterior de Chamberlain una vez firmados los acuerdos de Munich.

Otra explicación, también parcial, pero muy digna de ser tenida en cuenta, es el

---

[139] Once veces. En su primera campaña, en 1932, había prometido los mismos nueve veces, y en vísperas de ser reelegido por tercera vez, nada menos que veintiuna veces. (John T. Flynn: *The Roosevelt Myth*.)
[140] John T. Flynn: *The Roosevelt Myth*.

cambio de actitud de los medios político-financieros genuinamente ingleses, no-Judíos, ante el viaje de Walter Funk, Ministro de Economía del Reich, a los Balcanes y Turquía. La primera etapa del viaje es Belgrado, donde preside, el primero de Octubre de 1938, un "Comité Mixto Germano-Yugoeslavo" cuya misión consiste en preparar un vasto acuerdo comercial. Funk habla muy claro: "Podemos absorber en Alemania todo lo que produce Yugoeslavia. Podemos mandar a Yugoeslavia todo lo que ésta necesita. Los precios que podemos ofreceros no os los puede ofrecer ningún país. Al ser vecinos, los gastos de transporte son mínimos. Al actuar por el sistema del trueque no necesitamos pagar la financiación de bancos extranjeros. No necesitamos préstamos No necesitamos a nadie." El 6 de Octubre, Funk llega a Ankara. Los resultados, son idénticos. A su regreso, se detiene tres días en Sofía. No así en Bucarest, porque el rey Carol le indica que no desea recibirle[141]. Al llegar a Berlín, Funk declara a la prensa:

> "Yugoeslavia, Bulgaria y Turquía, forman una especie de Eje Balcánico, que va desde la frontera alemana hasta el Mar Negro.
> Esta realidad ha hecho posible pensar en vastos planes de realizaciones económicas para los tres países... En líneas generales, queremos establecer relaciones económicas con estos países, y con otros de la misma zona geográfica, sobre la base de acuerdos válidos durante varios años, de manera que los productores de esos países puedan contar con entregas fijas a precios fijos."

A consecuencia de los tratados comerciales que se firman, Alemania se convierte en el comprador del 50% de las exportaciones yugoeslavas; del 65% de las búlgaras y del 60% de las turcas. Los tres países, por otra parte, pasan a ser clientes de Alemania por los dos tercios de sus necesidades.

En otras palabras: Alemania ofrece precios mejores que nadie, es decir, que Inglaterra, principal cliente y proveedor de esos países. Las operaciones se harán por el sistema del trueque, o sea, sin intervenir créditos bancarios de entidades de

---

[141] En su época, era público y notorio que la concubina del Rey Carol, la "princesa" judía Magda Wolff (a) Princesa Lupescu, ejercía sobre el monarca una influencia tan decisiva que se la llamaba en los círculos nacionalistas la Popea del Nerón-Carol. Por consejo de la Wolff, Codreanu, jefe de la Guardia de Hierro, fue arrestado y fusilado el 30 de Noviembre de 1938. (N. del A.)

la City; las pólizas de seguro las suscribirán entidades alemanas, y no Londinense "Lloyd's" cual es tradicional. Y hay más: Hungría y Eslovaquia clientes naturales del Reich. Bohemia y Moravia son algo más que clientes, puess, a efectos económicos, forman parte del Reich. Checoeslovaquia, una tercera parte de cuyo comercio exterior se hacía con Inglaterra, pasa a la órbita comercial alemana. Por otra parte, aún cuando el rey Carol ha destituido al demócráticarnente elegido Goga, pro-alemán, y ha permitido, sino ordenado, el asesinato de Codreanu, consta que en cuanto pierda la corona, el país se acercará a Alemania, y otro importante cliente será perdido por Inglaterra.

La City inglesa - ya hemos hablado de la City Judía, belicista - sostiene con menos fuerza a Chamberlain. Los prohombres de la Finanza Británica solo son partidarios de la libertad de comercio cuando ésta redunde en buenos 'bussiness' para ellos. Pero cuando Hitler, haciendo uso de tal libertad de comercio les arrebata, lealmente, en competencia limpia, unos mercados que ellos consideran coto cerrado y particular, lo consideran *unfair*, sueltan lastre y sostienen cada vez más muellemente a Chamberlain. Insistimos, dejan de sostenerle con la fuerza que lo han venido haciendo hasta ahora, pero continúan siendo pacifistas. O, más exactamente, antibelicistas, que no es lo en este caso. Por un lado, movilización general del clan belicista. Por otro lado, aparecen las dudas y las reservas mentales. Y Chamberlain, ante una atónita Cámara de los Comunes, si bien justifica su política que ha llevado a los Acuerdos de Munich, anuncia el rearme de Inglaterra y el fortalecimiento de su flota de guerra.

El clan belicista va marcando puntos en todos los terrenos. En cuanto a Francia, satélite inglés desde Waterloo, se limita a seguir el movimiento. La extrema derecha, girondina y patriotera, se pone al lado de los comunistas, que provisionalmente abandonan la bandera roja por la tricolor y desde ambos extremos del arco iris político se presiona a Daladier, el segundo de Chamberlain en Munich.

EL GIRO COPERNICANO DE LA CITY Y LA *DRANG NACH OSTEN*

La marcha hacia el Este, la *Drang Nach Osten*, está inscrita, en sus grandes líneas, en *Mein Kampf*. El viaje de Funk por las principales cápitales balcánicas, el salto a Praga y el consiguiente "protectorado" sobre Bohemia y Moravia, amplían el ámbito económico del Reich. Hitler, en 1933, se hace cargo de una Alemania con seis millones de parados y de una economía en bancarrota. Pero ahora ha absorbido casi totalmente a sus parados e incluso da trabajo a belgas, franceses y polacos, que pasan diariamente la frontera para trabajar en Alemania. Hitler se ha reído del Patrón-Oro y ha instaurado el Patrón-Trabajo. Sin oro, y contra el oro, ha ganado la partida a la Finanza en el plano interior. Ahora, con el viaje de Funk, se la está empezando a ganar también en el plano exterior.

Sobre el plano político, el movimiento de expansión económica alemana hacia el Este (los Balcanes) se manifiesta con la concesión y garantía de una amplísima autonomía interna a la Ucrania Transcarpática y la apertura de negociaciones secretas con Varsovia. Es un hecho incontrovertible. Hitler sigue a pies juntillas su programa, expuesto en *Mein Kampf*. No engaña a nadie.

Dijo en su famoso libro que liquidaría las secuelas de Versalles y lo ha hecho (o lo está haciendo, pues aún queda el infausto "Corredor" de Dantzig). Dijo que lucharía contra el Oro y lo ha hecho. Dijo que los alemanes debían detener su marcha hacia Occidente y dirigirse de nuevo al Este, reviviendo la vieja tradición de los Caballeros Teutónicos de la Orden Hanseática, y lo está haciendo. Yugoeslavia, Bulgaria, Hungría, el nuevo Estado Eslovaco y el territorio autónomo de Ucrania Transcarpática se hallan en la órbita alemana y son anticomunistas. Este anticomunismo no es platónico, pues se halla materializado con pactos económicos, políticos y militares que ligan al Reich con esos países. Naturalmente, cabe añadir a ese bloque que se está formando, el protectorado de Bohemia y Moravia, e incluso la pequeña República de Lituania, que ha devuelto al Reich la ciudad y comarca de Memel, contigua a Prusia Oriental, de la que siempre formó parte[142]. Finlandia, a cuyo frente se halla el heroico Mariscal Mannerheim, Memel había sido atribuída a Lituania por la S. de N. en calidad de mandato durante veinte años, al cabo de los cuales se celebraría un plebiscito. Celebrado este, Memel decidió, por el voto del 94% de sus electores, reingresar en inicia aperturas en dirección a Berlín para la

---

[142] Memel había sido atribuída a Lituania por la S. de N. en calidad de mandato durante veinte años, al cabo de los cuales se celebraría un plebiscito. Celebrado este, Memel decidió, por el voto del 94% de sus electores, reingresar en el Reich. Los comicios fueron controlados por las autoridades lituanas y la S. de N. A pesar de tan democrático procedimiento, la Gran Prensa presentó el hecho como una nueva agresión hitleriana. (N. del A.)

conclusión de un pacto militar y económico. Así, desde el Mar de Barents hasta la Península de Anatolia - pues Turquía también se va uniendo al bloque que se configura - se crea un conglomerado político-económico bajo la dirección del Reich. Dos países quedan por unirse al mismo: Rumania y Polonia. Aquélla, es, de largo, el país más germanófilo de Europa. Sólo el Rey Carol mantiene al país alejado de toda relación cordial con Alemania, aún cuando mientras gobernó Octavian Goga, llevado al poder por los comicios populares, las relaciones germano-rumanas llegaron a su máximo apogeo. Carol destituyó a Goga, solapó, toleró u ordenó - nunca se sabrá - el asesinato de Codreanu y el encarcelamiento de los diputados de la Guardia de Hierro, elegidos por el pueblo "soberano". Pero Carol no es inmortal, ni física ni políticamente, y se teme, en su "entourage", un golpe de fuerza que le mande a reunirse con sus congéneres en el dorado exilio londinense[143]. Que Rumania entre en la órbita alemana, de manera pacífica y natural, es, sólo, una cuestión de tiempo. Por eso Hitler no trata de violentar la situación y las relaciones con Rumania - pese al bofetón diplomático de Carol al negarse a recibir a Funk - son todo lo cordiales que la situación permite.

Queda Polonia. Ribbentrop se traslada a Varsovia, donde permanece cinco días. El clan belicista, desilusionado por la actitud polaca en contra de Checoeslovaquia, sobre la que se lanzó con "apetito de hiena"[144] para apoderarse de Teschen, cree inminente un entendimiento entre Varsovia y Berlín. Hitler es anticomunista, pero los nacionalistas polacos - pese a tener un pacto de no-agresión con la URSS - son anticomunistas y antirrusos, Todo lleva a creer en la fatalidad de la alianza germano-polaca. Pero la actitud anti-ucraniana de Polonia, así como el hecho de considerar a Lituania como territorio irredento de una hipotética "Gran Polonia" crea dificultades que, con el paso del tiempo, irán volviéndose insuperables. Es evidente que dentro de un mismo bloque no pueden coexistir naciones, o estados, que se niegan mutuamente el derecho a la existencia. Para Polonia, la Ucrania Transcarpática no es más que un apéndice de Galitzia, que el Tratado de Versalles le adjudicó a Polonia. Para los cápato-ucranianos, Polonia no es más que el opresor de Galitzia,

---

[143] Parece ser una constante histórica que Londres sea el punto de reunión de todos los políticos derrotados y los monarcas destronados. Inglaterra ha sido maestra en utilizar y explotar fracasados y descontentos. (N. del A.)

[144] La frase es, nada menos, que de Churchill, en los Comunes, el 2-X-1938. (N. del A.)

al mismo titulo que la URSS, que oprime la religión de ew, y que Rumania, que oprime a Besarabia. Hitler, tras los Acuerdos de Munich, ha logrado que eslovacos, checos y ucranianos, convivan con húngaros.

La pequeña Lituania es demasiado débil para ponerle reparos a nadie. Pero está el Rey Carol y, sobre todo, está Polonia, dispuesta a engrandecerse a costa de la URSS, con la ayuda de Alemania, y de Lituania, sin ayuda de nadie, pero que no admite discusiones en cuanto a la intangibilidad del Tratado de Versalles en lo que se refiere a ceder una parcela de su soberanía, por mínima que sea. Y Ribbentrop debe regresar a Berlín con las manos vacías.

* * *

En el momento en que Daladier, acosado por los *antímunichois*, belicistas de toda laya, con Jeroboam Rothschild (a) Mandel a la cabeza, cede terreno en beneficio de Paúl Reynaud - el hombre de los belicistas, precisamente - un político que había desaparecido del primer plano vuelve a escena. Se trata de Beck, Ministro de Asuntos Exteriores de Polonia, que toma posesión del cargo de campeón de las pequeñas naciones, que Benes había ostentado hasta Septiembre de 1938, antes de irse, tras los Acuerdos de Munich, a su dorado exilio londinense. Lo irónico es que este defensor de la ideología democrática en lo que tiene de más abnegado - es decir, el derecho de libre autodeterminación de los pueblos - sea, al igual que su predecesor, el portavoz de un estado construido sobre el principio de la opresión de las minorías. Beck padece del mismo vicio que Reynaud: la megalomanía. En un país en el cual el último de los vagabundos revienta de orgullo - según reconoce el propio cantor nacional, Sienkiewicz - se ha manufacturado una excelente reputación de fatuidad. A su lado, Reynaud es una violeta[145]. Pero el hombre, en política, cuenta menos que lo que representa. La mayoría de los historiadores y periodistas ha asociado su nombre, de una vez por todas, con el problema de Dantzig. Es preciso asociarlo, también, al problema ucraniano que, a partir de Munich, se convierte en el problema capital de la política europea.

En otro lugar hablamos[146] del caso ucraniano y su planteamiento. Recordemos,

---

[145] Georges Champeaux: *La Croisade des Démocraties*, pág. 339.

[146] *La Historia de los Vencidos*, Tomo I, Omnia Veritas Ltd.

simplemente, que Ucrania, con una extensión similar a la de Francia, y una población de unos 43,5 millones de habitantes, fui descuartizada, por el Tratado de Versalles y su apéndice de Saint Germain, entre Polonia (que se quedó con Galitzia), Checoeslovaquia (con la Rutenia Transcarpática, o Rumelia), Rumania (con Bukovina) y la URSS que, pese haber reconocido el propio Lenin, con su firma, la independencia de la llamada "Pequeña Rusia " (Ucrania Oriental), violó luego sus promesas y se apoderó de las tres cuartas partes del territorio ucraniano, reinando despóticamente, en 1938, sobre 35 millones de ucranianos. Recordemos, de paso, que los vencedores anglo-franceses, que tanto le discutían a Alemania cada palmo de terreno que está reclamaba, democráticamente y previo consenso popular, faltaron clamorosamente a sus compromisos con Ucrania, cuya existencia nacional habían reconocido el 7 de Noviembre de 1917, y no le prestaron ayuda de ningún género, ni siquiera moral, cuando las tropas de Trotzky y Gamarnik cayeron sobre los ucranianos.

Pese a todo, se movió, en Versalles, una activa delegación ucraniana, la cual obtuvo una serie de ventajas "de principio". Por ejemplo, el artículo 10 del Tratado de Saint-Germain, estipulaba que Checoeslovaquia se comprometía a organizar la Rutenia Transcarpática en una unidad autónoma. Ya hemos visto que nada de esto se hizo. El mismo Tratado, en su artículo 14, imponía las mismas obligaciones a Rumania con respecto a los ucranianos de Bukovina. Tampoco se hizo. En cuanto a Galitzia (Ucrania Polaca), la Asamblea de Ginebra votaba, el 27 de Septiembre de 1921, la siguiente resolución: "Polonia es solamente el ocupante militar y provisional de Galitzia, cuya soberanía es reservada a la Entente".

Repetimos: para la S. de N. que - no lo olvidemos - es el inventor de la nueva Polonia[147]. ésta no pasa de ser un "ocupante militar y provisional" de Ucrania. Entre tanto, Polonia debía garantizar el libre desarrollo cultural de su porción ucraniana. No se hizo así. Los ucranianos fueron, en Polonia, aún peor tratados que en Checoeslovaquia aunque, por supuesto, corrieron major suerte que en Rusia, donde fueron exterminados por millones. En Galitzia, incluso el uso corriente de la lengua

---

[147] Para ilustrar gráficamente tal invento, reproducimos una serie de mapas que fijan las sucesivas apariciones de "Polonia" en el mapa de Europa. Lo único común en tales mapas es el Ducado de Varsovia y el nombre: "Polonia". No existe un caso parejo de versatilidad pseudo-nacional en toda la Historia Universal. Libro *La Batalla de Polonia* de Diez de Villegas, pág. 135 (8 mapas polacos, mas 1 actual).

rutena es prohibido. Por eso, cuando Hitler garantiza la autonomía de la Rutenia Transcarpática, todos los ucranianos vuelven sus ojos hacia el Führer, en el que ven un libertador potencial. Pero Hitler, fiel a sus principios de *Mein Kampf* quiere, por encima de todo, acabar con el Bolchevismo, eliminarlo como peligro potencial para Alemania y para Europa y crecer, política y geográficamente, a su costa. No se trata de que deba crecer mediante una guerra, aunque tampoco se excluye tal posibilidad, del mismo modo que se excluye toda guerra contra Occidente.

Hitler está convencido de que, sin guerra, pero abandonado a su propios medios, el Imperio Soviético no tiene nada que hacer; se hundirá; se derrum- bara con estrépito. Sólo la ayuda de Occidente le mantiene en pié. Desde 1926, en que se firma el Pacto Rockefeller-Stalin, hasta 1938, en que Harriman[148] pone en pié la red ferroviaria soviética, sin la ayuda del llamado "Mundo Libre" la economía soviética se iría al garete[149]. Hitler espera que el derrumbamiento interno de la URSS, provocado por el cordón sanitario que, bajo patrocinio alemán, se implantará en sus fronteras occidentales, mientras el Japón, que se está imponiendo militarmente en China, le acosará económica y políticamente en sus fronteras orientales, se produzca de manera irremediable. Entonces será el momento de jugar la carta de las nacionalidades sojuzgadas en la URSS: georgianos, armenios, musulmanes del Asia Central y, por encima de todo, ucranianos. Alemania se hará pagar está ayuda, como es lógico, ampliando su zona de influencia y ganando tierras para su estallante demografía. Este es el plan.

Naturalmente, no se excluye la guerra, por cuanto la URSS, al verse aislada, puede recurrir al último recurso para salvarse.

Con la guerra se cuenta, aunque no se considera imprescindible[150]. Este es el plan hitleriano. Para él son precisos Rumania y Polonia. En última instancia, incluso puede prescindirse de Rumania, pero Polonia es imprescindible. El Plan requiere

---

[148] Averell Harriman. judío de Chicago, titulado "el Rey de los Ferrocarriles". (N. del A.)

[149] Hogaño continúa siendo Occidente quien mantiene a flote la constante deficitaria economía soviética. Sin los créditos occidentales, sin el apoyo decisivo de la Alta Finanza neoyorkina, la URSS se hubiera hundido en la miseria. A título de ejemplo, citemos el caso de la venta de trigo, por los USA a la URSS, a precios inferiores a los del curso mundial, desde 1971 hasta 1979, pese a ser Ucrania el granero del mundo. La diferencia la paga el contribuyente americano, pero el negocio lo hizo Michael Fribourg el actual "Rey del Trigo", un judío de Mannhattan. (N. del 'A.)

[150] J. von Ribbentrop; *Entre Londres y Moscú*.

fronteras comunes con la URSS, tanto en el evento de una guerra como en el de una "paz armada". En última instancia, con o sin Polonia, el Plan puede continuar adelante, a base de promocionar el nacionalismo ucraniano, partiendo del embrión de estado que representa la Rutenia Transcarpática. Entonces empezaron las maniobras de Beck. Creyéndose el sucesor de Benes, prometió al Conde Csaki, Ministro de Asuntos Exteriores de Hungría, el apoyo polaco en el caso de que Hungría reivindicara Rutenia. De está manera, Polonia y Hungría tendrían una frontera común. Los motivos de la generosidad de Beck hacia Hungría eran, ni más ni menos, que constituir entre Alemania y la URSS una especie de Europa Oriental de la que él hubiera sido el líder, por su calidad de promotor de la misma; hace salir a Hungría de la zona de influencia alemana, e impedir la liberación de los ucranianos de Rutenia, lo que no hubiera dejado de excitar el irredentismo de los ucranianos de Galitzia, sometidos al yugo de Varsovia.

Estos tres objetivos coincidían plenamente con el interés del clan belicista, interesado, por encima de todo, en salvaguardar a su criatura soviética. Ya nos hemos ocupado, en otras obras[151], de la cínica alianza capitalista-comunista. El clan belicista occidental, emanación del Capitalismo, protege a "su" creación, el Comunismo Oriental. Le interesa, por encima de todo, constituir una barrera que impida el choque armado entre Alemania y la URSS, por constarle que ésta, abandonada a sus únicas fuerzas, está perdida. Por eso mueve a su criatura, Beck[152].

La negativa de Hungría ante las ofertas de Beck incita al clan belicista a explotar la megalomanía y el hiper-patriotismo polacos. Así, se dan a Polonia toda clase de garantías en cuanto a su seguridad. Curiosamente, el primero en hacerlo no es el Primer Ministro Chamberlain, que continúa hostil a la idea de un enfretamiento armado con Alemania, sino Churchill y Duff Cooper. Polonia, por cierto, todavía no ha sido amenazada por nadie. Pero el 19 de Noviembre de 1938, el Conde Potocki, embajador polaco en Washington, se entrevista con el poderoso y ya mencionado William C. Bullit. Este asegura a Potocki que, en casó de conflicto entre Alemania y Polonia, los Estados Unidos estarán incondicionalmente al lado de Polonia. Y

---

[151] *La Finanza y el Poder, El Enigma Capitalista, La Historia de los Vencidos*, Ed. Bau, Barcelona.

[152] "El Ministro de Asuntos Exteriores de Polonia, Coronel Joseph Beck, es hijo de un Judío converso de Galitzia", según el diario judeo-londinense *Jewish Dailly Post*, de 28-VIII-1935.

cuando Potocki objeta que Alemania no ha presentado, aún, ninguna reivindicación a Polonia, Bullit le informó de los manejos alemanes en Ucrania, donde pensaban fundar un estado autónomo. Una tal Ucrania seria peligrosa para Polonia, pues no dejaría de atraer las simpatías de los habitantes de Galitzia[153]. El presidente polaco, Moscicki, informado por Potocki, se muestra reticente. Inmediatamente, Bullit promete ayuda financiera norteamericana para la construcción del puerto de Gdynia, el desecado de la zona pantanosa de la península de Hekla y la canalización del Vístula. A cambio, los Estados Unidos piden a Polonia que haga frente a cualquier demanda alemana, "especialmente si Hitler propone a Polonia una alianza contra la URSS"[154].

Un somero comentario. Bullit, diplomático de primerísimo rango, y miembro del omnipotente "Brain Trust" urge a Polonia que se oponga a los planes alemanes en Ucrania, especialmente si Hitler propone una alianza contra la URSS. Es obvio que lo que preocupa a Bullit es la seguridad de la URSS, y para ello, quiere erigir la barrera polaca que impida el choque germano-soviético o que, en última instancia, sirva de amortiguador del golpe que prevé contra la URSS. Para ello, el gobierno americano promete financiar importantes obras de carácter público programadas por el gobierno polaco.

Moscicki y Beck responden a Bullit asegurándole que Polonia hará frente a los designios alemanes en el Este de Europa. Y unos días después, se produce el golpe de teatro. Un comunicado oficial conjunto de Varsovia y Moscú confirma, con toda solemnidad, el pacto de no agresión polaco-soviético, que vencía dentro de seis meses y que, sólo tres meses antes, se daba por seguro que no iba a ser renovado. Beck ha sido el artífice de esta nueva maniobra, aunque es evidente que el inspirador ha sido Bullit y el embajador americano en Moscú, Davies[155]. Beck declara, soberbio y suficiente, en una entrevista concedida al oficioso *Times* londinense que, con tal de impedir la realización de los planes alemanes en Ucrania, Polonia se aliará con quien sea, y acaba afirmando que Polonia tiene intereses

---

[153] William C. Bullit: *The World Menace*.

[154] Ibid.

[155] Joseph C. Davies, influentísimo personaje, vinculado a la Alta Finanza, sionista prominente y amigo personal de Roosevelt.

comunes con la URSS[156]. Y, evidentemente, los tiene. Son los intereses de un condominio secular sobre el oprimido pueblo ucraniano...

La resistencia polaca a la *Drang nach Osten* fue precedida por la resistencia inglesa. Es decir, por la City, hasta entonces antibelicista. Ciertamente, la City ha sido presionada, como hemos visto, por el Brain Trust rooseveltíano. El 9 de Octubre, el diputado J.C. Wedwood hace una alusión al viaje de Funk a Ankara, Sofía y Belgrado. Si a la City le importa, en el fondo, muy poco, la dislocación de Checoeslovaquia, la pérdida de mercados tradicionales les hace muy poca gracia a los millonarios e influyentes miembros de la City. Pero no acaban aquí las malas noticias para esos prohombres, poco acostumbrados a ellas. El 12 de Octubre, un cuerpo expedicionario japonés desembarcaba en la bahía de Bias, a cincuenta kilómetros de la colonia británica de Hong-Kong. El Príncipe Konoye, Ministro de Asuntos Exteriores del Japón, mandaba una nota a las principales potencias europeas, la Gran Bretaña, Francia, Alemania, Italia y la URSS, informándolas de que el objetivo de la acción era cortar la vía por la cual las tropas chinas de Chiang Kai-Chek recibían sus aprovisionamientos en municiones. Ahora bien: esa vía era la de Hong-Kong a Hankeu, por Cantón. Es decir, que los Japoneses iban a aislar la plaza de Hong-Kong, última comunicación directa de la China con el mar, condenándola a una muerte por inanición, a mayor o menor plazo. En efecto, Hong-Kong sólo servia, sólo ha servido siempre, para entrar mercancías inglesas en el inmenso mercado chino. Inglaterra es, junto a los Estados Unidos, el principal abastecedor de municiones para Chiang-Kai-Chek. En sólo una semana, los japoneses ocupan Hankeu y Cantón. La toma de ésta última ciudad hace de Hong-Kong un puerto sin "hinterland". En cuanto a la caída de Hankeu - donde residía el gobierno de Chiang-Kai-Chek -, tendrá como consecuencia que solamente los mercantes japoneses podrán remontar el Yang-Tsé-Kiang y que Chiang-Kai-Chek, el hombre de Londres y Washington, no podrá recibir más armamentos ni municiones que a tan buen precio paga.

Churchill interpela violentamente a Chamberlain cuando este, al conocerse la noticia de la ocupación de Cantón manifiesta en los Comunes:

---

[156] Paul Rassiner: *Les Responsables de la Seconde Guerre Mondiale*. Omnia Veritas Ltd.

"No iremos a ninguna parte si no nos habituamos a la idea de que las democracias y los estados totalitarios no deben alinearse en dos clanes hostiles, sino que deben colaborar, no solamente en la solución de los conflictos cuando éstos se produzcan, sino también en la elaboración de un programa constructivo que facilite los intercambios internacionales y regule las relaciones entre los países para el bien de todos".

Churchill le responde que a él lo que le interesa es Inglaterra y no las relaciones entre los países democráticos y los totalitarios. Un diálogo de sordos.

Chamberlain suelta lastre. Si primero dejó que el clan belicista provocara la dimisión de Runciman, ahora permite que deba irse Sir Samuel Hoare, cuya frase "Inglaterra no hará la guerra por lejanos e ignorados metecos" le reprochaban idealistas del calibre de Churchill y Vansittart.

El 15 de Noviembre de 1938 el Rey Carol de Rumania llega a Londres. El amante de la hebrea Lupescu es aclamado por los antihitlerianos en Hyde Park. Pero nadie imagina que el monarca se ha desplazado a Londres únicamente por el placer de prestar su concurso a una manifestación filosemita. Carol representa la resistencia a la expansión económica alemana en el Sudeste de Europa. Carol se ha desplazado a Londres para entrevistarse con los banqueros de la City para combatir esa expansión. De tal modo que el sentido de su viaje será indirectamente desvelado por R. S. Hudson, miembro del Consejo de la Corona y Subsecretario del Comercio Exterior, en un discurso pronunciado en la Cámara de los Comunes el 30 de Noviembre. Sé trata de un discurso de capital importancia, que constituye una verdadera declaración de guerra económica a Alemania. Guerra económica que, en nuestros tiempos, suele preceder a la guerra total, política. Es un discurso que indica que una importante fracción de la City inglesa - insistimos que la City judía mantuvo su postura desde la llegada de Hitler al poder en Alemania - ha evolucionado, ya, en el sentido de los postulados de Churchill. He aquí un fragmento revelador del discurso de Hudson:

"Alemania no reserva ningún tratamiento desfavorable en Alemania a las mercancías inglesas; esto debemos reconocerlo. Pero de lo que nosotros nos quejamos es de que, con sus métodos, Alemania arruina el comercio en el mundo entero ... Nuestro principal problema, hoy, estriba en saber cómo nos será posible enfrentarnos a la nueva forma de competencia alemana en todo el mundo ... Hasta donde nos ha sido posible constatar, la razón de la influencia económica de Alemania reside en el hecho de que ella paga a los países productores de Europa Central y del Sudeste de Europeo unos precios mucho más elevados que los que se practican en el mercado mundial ... Hemos examinado todos los procedimientos que nos sería posible aplicar. El único medio consiste en organizar nuestras industrias de manera que se hallen en situación de oponerse a las industrias alemanas y decir a Hitler y los suyos: Si no os halláis dispuestos a poner un término a vuestra manera actual de proceder y a llegar a un acuerdo con nosotros según el cual os comprometáis a vender vuestras mercancías a unos precios que conlleven un beneficio razonable, os combatiremos y os venceremos con vuestros propios medios. Desde un punto de vista estrictamente financiero, nuestro país es infinitamente más fuerte que ningún otro país en el mundo; en todo caso, más fuerte que Alemania, y por tal motivo gozamos de grandes ventajas que determinarán que nosotros ganemos la batalla"[157].

Tras este discurso de Hudson, Inglaterra retira a Alemania los beneficios de la cláusula de "nación más favorecida" que, en sus tratos de comercio exterior, mantenía con Alemania desde 1927. Lo mismo hacen los Estados Unidos, con sospechosa coincidencia de fechas[158].

Un breve comentario: Inglaterra y los Estados Unidos, los campeones del liberalismo, tanto político como económico - los dos van indisolublemente ligados - se indignan porque Alemania, al vender sus productos más baratos, les arrebata mercados que tradicionalmente eran suyos. Esto es, sencillamente, inaudito. ¿Donde queda la famosa libertad de comercio? Hudson habla de competencia comercial desleal. ¿Porque desleal? Alemania puede vender sus productos más baratos por una razón. Una sola. Al no depender del Patrón-Oro, sus productos no se hallan gravados, en todos los escalones de su producción, con la pesada carga de los intereses financieros y bancarios. He aquí el verdadero motivo del giro copernicano operado en la City inglesa. La Economía Natural, orgánica, puesta en práctica por la Alemania Nacionalsocialista derrota, por simples razones aritméticas, a la Economía Clásica que impera en Inglaterra. La City judía, que ya odiaba a Hitler por motivos de mesianismos raciales, encuentra ahora un motivo suplementario para

---

[157] *The Times*, Londres, 1-XIII-1938.
[158] *The New York Herald Tribune*, Nueva York. 1-XII-1938.

odiarle y empujar a la guerra.

Pero he aquí que se produce otro hecho que llevará a su colmo la irritación de la pléyade de banqueros, negociantes, armadores, aseguradores y capitanes de industria que pululan en el Strand, la City y Whitehall. El 10 de Diciembre de 1938, el gobierno mejicano firma con el Reich un acuerdo en virtud del cual entregará a éste, en el curso de 1939, petróleo por valor de diecisiete millones de dólares. Ese petróleo procede de unos pozos que un gobierno nacionalista de Ciudad de México ha expropiado a los judeo-yankis de la Standard Oil of Manhattan. Esto es la gota de agua que hace rebosar el vaso. Se trata de un acuerdo de trueque. El Reich pagará en aparatos de irrigación, máquinas agrícolas, material de oficina, máquinas de escribir y aparatos fotográficos. Además, el acuerdo se concluye sobre la base de un precio del petróleo muy inferior a los cursos mundiales. Consecuencias de todo ello: Alemania obtendrá petróleo sin haber pasado por la Royal Dutch - del judeo-británico Samuel Deterding - ni por la Standard Oil - del judeo-americano Rockefeller. La transacción se hará sin que la City palpe ni un misero chelín por operaciones de crédito, de financiación, de garantía, de *Warrants*, de fletes o de primas de seguros. Será un sencillísimo trueque, garantizado por el propio gobierno alemán y los transportes se efectuarán en barcos alemanes. Para los prohombres de la City esto es sencillamente consternante. Pase que Hitler utilice esos procedimientos en los Balcanes o en Turquía; pase que los aclimate en Europa Central, pero al extenderlos a la América Central condena a Londres a una decadencia cierta e inevitable. Más aún cuando se pone de manifiesto que el Ministro Funk prepara un viaje a Buenos Aires, Montevideo y Santiago de Chile. Todo esto es, para la City, el principio del fin. Como consecuencia de ello, nuevas e importantes fracciones de la plutocracia inglesa, racialmente anglosajona, se unen al campo de Churchill.

Viaje de Funk al Sudeste de Europa; toma de Cantón y de Hankeu; acuerdo germano-mexicano; anuncio del viaje de Funk a Sudamérica; debilitamiento progresivo de la posición del Rey Carol de Rumania; pérdida del mercado de China; ocupación de Albania por Italia[159]; cada uno de esos acontecimientos provocó el

---

[159] A finales de 1938, Italia, prácticamente sin guerra, dada la desproporción de medios militares enfrentados, proclamó el Protectorado de Albania, animando así su influencia en el Sudeste Europeo, y concretamente en Grecia, antiguo feudo privado de la City. (N. del A.)

abandono de una parte de las fuerzas pacifistas sobre las cuales Chamberlain había apoyado en Septiembre su política de conciliación. Cuando esas fuerzas actuarán abiertamente en beneficio de Beck, Stalin podrá respirar tranquilo. La marcha hacia el Este - la *Drang nach Osten* - esa marcha que, al mismo tiempo que daría tierra a los arados alemanes eliminaría al Comunismo como peligro potencial para Europa y el Mundo, deberá detenerse.

En verdad, quedan todavía, a principios de Diciembre de 1938, unos "businessmen" ingleses que forman el último reducto de la City que todavía se opone a la guerra. Pero su resistencia será barrida, como veremos más adelante, por una ofensiva del Sionismo Neoyorkino, encarnado en el "Brain Trust" del Presidente Roosevelt.

* * *

El giro copernicano dado por la City se manifestó en las reticencias que acompañaron la ratificación del Pacto de los Cuatro por los parlamentos inglés y francés. Como sabemos, Chamberlain regresó de Munich con un Pacto de No-Agresión firmado con Alemania. Además invitó a Francia a hacer lo mismo, y ésta, siempre a rastras de Inglaterra, como un vulgar satélite, aceptó. Los comunistas galos organizaron una huelga general a través de sus sindicatos, pero ésta fracasó totalmente. Los setenta y tres diputados comunistas votan contra la ratificación del Tratado. Junto al socialista Jean Bouhey y al inevitable De Kérillis, el terceto Blum-Mandel-Reynaud juzga más político no enfrentarse de cara a la opinión pública, que exulta de satisfacción al ver que se ha evitado la guerra, y une sus votos a los del gobierno. Ese terceto no quiere provocar una crisis gubernamental que provocaría nuevas elecciones, de las que el gobierno saldría fortalecido y las Izquierdas perderían votos, así como deberían renunciar a los cinco ministerios que detentan en el gobierno Daladier. Los comunistas, naturalmente, no se preocupan de esas minucias: les consta que, en todas las ocasiones, pueden y deben alinearse tras los *mots d'ordre* de Moscú sin riesgo alguno. Profesores y artistas del Partido Comunista, como Joliot-Curie, Langevin, Picasso y Chagall[160], devuelven sus

---

[160] Si dijéramos que tres, como mínimo - Joliot-Curie, Langevin y Chagall - de estos bien pagados comunistas pertenecen a la etnia magiar (unos 18 millones de personas) todos pensarían que se trataba de una rara

medallas y dimiten de los diversos institutos nacionales que una sociedad capitalista les ha confiado alegremente. *L'Humanité* se convierte en el botafumeiro de los belicistas. A su lado, insólitos compañeros de viaje: *Esprit*, del católico criptocomunista Emmanuel Mounier, *Ordre*, de Emile Buré, *Temps Présent*, de Gabriel Marcel y, sorprendentemente, Montherlant, siempre original, patriotero, buen "derechista" que, en una interviú radiofónica, habla de "debilitamiento de la voluntad nacional".

Von Ribbentrop se presentó en París el 6 de Diciembre de 1938 para la firma del Tratado Franco-Alemán, Bullit se agita como un poseso[161]. Reynaud, Mandel, Blum, Moch y adláteres agitan, a su vez, desde la prensa y la radio. Finalmente, y pese a que el Gobierno había logrado en la Asamblea Nacional la ratificación del Tratado por una fuerte mayoría, de 535 votos contra 75 (73 comunistas, un socialista y un estipendiado, público y notorio, del Sionismo), las presiones políticas, desde fuera y desde dentro - desde Francia y desde el exterior son tan fuertes, que al final todo queda en una simple "Declaración Conjunta" -. Una Declaración no es un Tratado. Los consignatarios del híbrido acto del 6 de Diciembre no asumen ninguna obligación. Se trata de una simple declaración de buenas intenciones. No obstante, afirman que "actuarán con todas sus fuerzas para desarrollar entre ellos relaciones pacíficas"; que "reconocen como definitivas las fronteras entre sus dos países" y manifiestan que "se consultarán mutuamente en el caso de que la evolución de las cuestiones que les conciernen directamente pudiera provocar dificultades internacionales". Si no hay un compromiso formal, por lo menos un compromiso táctico: a cambio de la renuncia formal y definitiva de Alemania a Alsacia-Lorena, Francia da un paso hacia la renuncia definitiva de la política de Richelieu. que durante tres siglos ha persistido hasta Barthou. Tener las espaldas libres para su política en el Este. Hitler no pide - ni nunca pidió - otra cosa a Francia. Basta repasar el *Mein Kampf*, en donde especifica que el acuerdo con Francia es imprescindible para la cobertura de la retaguardia alemana, en vistas a la ampliación de su hábitat, por medios políticos o militares, en Europa Oriental. Pero el acto del 6 de Diciembre contenía demasiadas reservas mentales. A petición francesa se insertó un párrafo

---

coincidencia. Si decimos la verdad, o sea que pertenecen a la raza Judía (unos 18 millones de personas) los bienpensantes nos tildarán de "racistas", (N. del A.)

[161] Francis Neilson: *How Diplomats Make war*, pág. 309.

sibilino (el párrafo 5): "... esta Declaración no excluye las relaciones particulares con terceras potencias en lo que se refiere a permanecer en contacto para la resolución de problemas que afecten directamente a ambos países".

Es decir: a pesar de esa inocua Declaración Conjunta Franco-Alemana, Francia afirma su fidelidad al Pacto Franco-Soviético y al Franco-Polaco es decir que, de hecho, condena todo proyecto de expansión alemán hacia el Este. En resumidas cuentas, la Declaración del 6 de Diciembre representaba una promesa equívoca, y el acento sobre la cual iba a ser formulada tenía más importancia que los mismos términos de la promesa. Los éxitos de la propaganda belicista, los "remordimientos" y reticencias del "muniqués-antiminiques" Daladier y el hundimiento de Bonnet, al que comunistas y socialistas (que representan el 48% del censo electoral) tachan de "agente hitleriano", no permiten dar a esa Declaración el eco necesario. De manera que más que suscitar esperanzas de paz, la visita de von Ribbentrop provocará un crispamiento de la opinión pública. El día siguiente a la firma de la Declaración, el Alcalde de París aconseja a von Ribbentrop que no deposite una corona de flores en el monumento al Soldado Desconocido, pues "muchos de mis administrados lo considerarían una provocación". Esto es una bofetada diplomática sin precedentes. El mismo día, von Ribbentrop, que acaba de ser recibido por el Comité Francia-Alemania y se dispone a visitar el Louvre, recibe un nuevo bofetón. Duff Cooper, ex Primer Lord del Almirantazgo, denuncia la política de Munich, jalea a "la raza que trajo el Cristianismo al mundo" (entemecedora modestia, si recordamos que Cooper es Judío), declara que la Wermacht y la Luftwaffe son un par de *bluffs* en el que sólo pueden creer los idiotas y, para terminar, critica la Declaración Franco-Alemana. "Si Francia e Inglaterra quieren escapar a la esclavitud, no deben separar sus destinos. Y la experiencia demuestra que no pueden hacer caso alguno de las promesas alemanas en general, ni del actual huésped de Francia, en estos momentos, en particular".

Von Ribbentrop coge el teléfono y habla con Berlín, de donde le llega la orden de encajar este nuevo bofetón[162], visitar el Louvre, dar la anunciada recepción en la Embajada de Alemania y regresar a la patria según previsto. A la recepción dada por Ribbentrop faltará el propio Ministro de Asuntos Exteriores francés, Georges

---

[162] Joachim von Ribbentrop: *Zwischen London und Moskau*.

Bonnet que, acusado de prohitleriano, no osa salir de casa y pretexta una gripe diplomática. Parece inaudito que un gobierno democrático, democráticamente elegido, y que logra que su política sea refrendada por el 88% de su Parlamento, sin otra oposición coherente que la comunista, debe esconderse y cometer una grosería sin precedentes en los anales de la Diplomacia. ¿Son precisas más pruebas para demostrar que en las democracias, a la hora de las grandes decisiones, no cuentan para nada las divinizadas mayorías?

Así ha fracasado la tentativa de ampliación del Acuerdo de Munich[163]. La estrella de Reynaud, el hombre de Moscú y el campeón de los trusts se engrandece en el horizonte.

Mientras von Ribbentrop regresa a Berlín, portador de un documento sin valor, Paúl Reynaud, al que Churchill califica de "primer estadista de Francia" - otra bofetada al vilipendiado Daladier, Jefe del Gobierno - prepara con el financiero Judío Mannheimer una operación que en una época normal, y en un país no mediatizado por la llamada política de partidos le costaría la cárcel, pero que, en la circunstancia dada, todavía aumenta su prestigio. El Poder Real que gobierna a Occidente tiene sus maneras de pagar a sus testaferros.

"Actualmente, es decir, una semana después de la salida de París del Ministro von Ribbentrop, hasta el eco de su visita se ha apagado". ("Documentos Polacos relativos a la historia de los orígenes de la Guerra", Núm. 5)

* * *

Como hemos dicho anteriormente, Chamberlain ha debido dejar lastre. El 5 de Octubre de 1938 comete un error - ¿o fue una indiscreción calculada, en la que son maestros los políticos ingleses? - que influirá decisivamente en el comportamiento ulterior de Hitler. En efecto, el "hombre del paraguas" liga la aprobación de los Acuerdos de Munich a un programa de rearme que prevé la construcción de 300 aviones antes de fines de 1938 y de otros 8.000 en 1939; los créditos militares de

---

[163] En su informe del 17 de Diciembre de 1938 al Ministro de Asuntos Exteriores de Polonia, Lukasiewicz, embajador polaco en París, escribe: "Actualmente, es decir, una semana después de la salida de París del Ministro von Ribbentrop, hasta el eco de su visita se ha apagado". (*Documentos Polacos relativos a la historia de los orígenes de la Guerra*", Núm. 5)

la Gran Bretaña son duplicados y se decide el armamento de veintiuna divisiones, así como el fortalecimiento de la Flota. Este programa es aceptado por unanimidad, aún cuando Churchill decide insultar prácticamente a Hitler a quien trata de "tirano", Chamberlain no reacciona. No llama al orden al irascible orador de su propio Partido, recordándole que el Reich mantiene relaciones diplomáticas normales con la Gran Bretaña; que su gobierno ha firmado un Tratado de No-Agresión con su país, y que Alemania, mantiene la cláusula de "nación más favorecida en sus tratos comerciales con Inglaterra", aún cuando ésta acaba de derogar dicha cláusula en sus tratos con Alemania. El silencio de Chamberlain es demasiado elocuente para que en Berlín no tomen nota del mismo.

En efecto, cuatro días después, en Saarbrucken, Hitler pronuncia un dis- curso en el que, sin ambages, se da por enterado de la sesión de la Cámara de los Comunes del día 5 de Octubre:

"Los jefes de los gobiernos que se encuentran ante nosotros afirman que quieren la paz y debemos creerles. Pero gobiernan países cuya estructura permite que, en cualquier instante, sean reemplazados por otros, que no la quieren. Bastaría con que un Duff Cooper, un Eden o un Churchill tomen el lugar de Chamberlain para que, de inmediato, desencadenasen una guerra mundial, pues tal es su intención. No lo disimulan siquiera: lo proclaman abiertamente".

Entre tanto, como sabemos, se produce el asesinato-provocación de von Rath. Roosevelt aprovecha la oportunidad para hacer funcionar sus cajas de resonancia: prensa y radio, e inmediatamente vuelve a tomar la dirección de la por Champeaux llamada "Gran Cruzada de las Democracias", dirección que ya no abandonará hasta su muerte. El 14 de Noviembre, fundando su decisión sobre lo que acaba de suceder en Alemania, llama a su embajador en Berlín y anuncia que América pone en fabricación 10.000 aviones. Hace más: pide a los americanos que boycoteen los productos alemanes y ordena a su embajador Kennedy que presiona a Chamberlain para que abandone su política de conciliación para con Alemania. Quitándose ya decididamente la careta de su supuesta neutralidad pide al Congreso que modifique la Ley de Neutralidad que éste votó a petición suya en 1936 reemplazando la cláusula "Cash and Carry" por el sistema de "Préstamo y Arriendo", que aún beneficia más a Inglaterra, pues deja en manos del Presidente el poder vender a unos eventuales beligerantes y a otros no. Admirémonos, de paso, de esta intolerancia "democrática", pues, en el mismo momento, los súbditos de la Alemania Nacional-socialista pueden vender sus productos - con la única excepción de los minerales estratégicos o de interés militar - a quien les plazca. De momento, el Congreso no sigue a Roosevelt y la Ley de Préstamos y Arriendos deberá esperar. En cuanto a Inglaterra, es evidente que va cediendo a las presiones de Roosevelt y su "Brain Trust", pero no con la celeridad que éstos desearían.

En Septiembre de 1939, entre los documentos que los alemanes encuentran en el Ministerio de Asuntos Exteriores, en Varsovia, hay una carta que el embajador Lukasiewicz mandó a su gobierno el 7 de Febrero de 1939. En dicha carta se afirma que Bullit, embajador norteamericano en París ha lamentado ante su colega polaco las reticencias de Chamberlain, añadiendo, literalmente: "Los Estados Unidos disponen de medios de presión formidables con respecto a Gran Bretaña. La simple amenaza de su empleo debiera, bastar para disuadir al gobierno británico de continuar su política de conciliación hacia Alemania"[164]. Este texto complementa la carta que, el 12 de Enero de 1939, el Conde Potocki, embajador de Polonia en Washington, escribe al Coronel Beck: "Los excesos antisemitas que se han desarrollado recientemente en Alemania han provocado, aquí, una campaña antialemana de una rara violencia. Han participado en ella diversos intelectuales y financieros judíos: Bernard Baruch, el Juez del Tribunal Supremo, Frankfurter, el Secretario del Tesoro, Morgenthau y otros varios, cuya amistad personal con Roosevelt es demasiado conocida. Este grupo de personas que ocupan los lugares de máxima preeminencia en el gobierno norteamericano se halla ligado con lazos indisolubles a la Internacional Judía"[165].

Esta Internacional Judía que, como hemos visto, lleva ya seis años combatiendo a Alemania, frenetiza sus posiciones hasta extremos inauditos, sin precedentes en toda la historia universal. El clan belicista se desencadena por doquier, a todos los niveles. Desde la declaración sibilina de Vansittart hasta los insultos groseros de La Guardia. Desde la colecta de la comunidad judía de Capetown hasta la Liga pro

---

[164] Libro Blanco Alemán, núm 3, publicado por el Ministerio de Asuntos Exteriores del Reich, Octubre 1939. Citemos el texto, pese a su procedencia alemana, porque nunca fué desmentido. (N. del A.)

[165] Ibid., pág. 128.

Boycot de Productos alemanes en Bolivia. Este clima genera incidentes a granel. Desde la agresión al equipaje del paquebote alemán "Bremen" que, recordémoslo, ya había visto su pabellón arrancado por un judío y arrojado al mar hasta la intensificación de la campaña cinematográfica de Hollywood, describiendo como criminales y pervertidos a los líderes de Alemania que, conviene no olvidarlo, mantenían relaciones diplomáticas con los países occidentales y, concretamente, con los Estados Unidos.

Un incidente rarísimo contribuyó a arrojar aún más sombras sobre el panorama internacional. Como hemos mencionado anteriormente, por orden directa del Presidente Roosevelt, los Estados Unidos dejaron de suministrar gas helio - el único más ligero que el aire y no inflamable - cuyos principales centros de producción en todo el mundo se encontraban en Texas. A consecuencia de ello, los dirigibles "Zeppelin" debieron utilizar el hidrógeno que, como sabemos, es explosivo. El "Hindenburg" era el mayor de los "Zeppelin" e inaguró el servicio de pasajeros entre Hamburgo y Nueva York en 1936. Pues bien, copiamos de la *Enciclopedia Británica*:

> "El 6 de Mayo de 1937, cuando se disponía a aterrizar en Lakehurst, Nueva Jersey, etapa previa a su llegada a Nueva York, el "Hindenburg" quedó envuelto en llamas y fue completamente destruido, con una pérdida de 36 vi- das. Este fue el primer accidente en la historia de la aviación civil. El fuego fue generalmente atribuido a una descarga eléctrica causada por un rayo al entrar en contacto con alguna fuga de hidrógeno. No obstante, la posibilidad de un sabotaje no puede ser descartada"[166].

Como quiera que, por razones no aclaradas, las autoridades norteamericanas rehusaron abrir una investigación oficial sobre el hecho, los alemanes lo hicieron por su cuenta, y amparándose en que la hipótesis del rayo era insostenible, toda vez que el día de autos el clima era excelente y no habían nubes, el embajador von Diekhoff solicitó oficialmente se investigará la posibilidad de un sabotaje. Justamente a tres millas de Lakehurst se halla la ciudad de Lakewood, cuya población es casi totalmente judeo-alemana, hasta el punto en que incluso la nomenclatura de las calles está en idioma yiddish. Y justamente al sobrevolar Lakewood, el "Hindenburg" fué sobrevolado por dos aviones desconocidos. Lo único que quedó claro es que se

---

[166] *Encyclopoedia Britannica*, Tomo I, pág. 460.

trataba de aviones privados, no pertenecientes al Ejército de los Estados Unidos ni a otra compañía privada.

La solicitud alemana de una encuesta oficial fué rechazada, insólitamente, por el gobierno norteamericano. No se puede afirmar que se tratara de un sabotaje. Sí que, según los alemanes, el fallo técnico estaba excluido, y que la extraña negativa de las autoridades norteamericanas daba pábulo a todas las suposiciones. En todo caso, a consecuencia de la negativa oficial norteamericana a abrir una investigación, los "Zeppelín", dejaron de hacer escalas en los Estados Unidos, a partir de Noviembre de 1938, cuando Cordell Hull manifestó por telegrama a von Ribbentrop que "no había lugar" a investigación alguna.

* * *

El giro copernicano de la City se completa cuando Halifax se traslada en avión a París y se entrevista con Georges Bonnet, Ministro de Asuntos Exteriores Francés. El día siguiente, éste manda una nota a von Ribbentrop comunicándole que "Francia no reconoce el Protectorado Alemán sobre Eslovaquia ni sobre Bohemia-Moravia". El mismo día, Bonnet, convoca a Suritz, el embajador soviético en París para decirle que "parece que ha llegado el momento oportuno para que París y Moscú se concierten para resistir a toda nueva tentativa de agresión por parte de Hitler"[167]. El día siguiente, 30 de Noviembre de 1938, Halifax y Cordell Hull entregan notas similares a Berlín, informándoles que no reconocen el Protectorado de Bohemia-Moravia ni la independencia de Eslovaquia[168]. Evidentemente, se trata de un plan concertado: es imposible tanta coincidencia en las fechas.

Evidentemente también, el gobierno alemán rechaza los alegatos de los gobiernos francés, inglés y norteamericano, declarándoles desprovistos de fundamento. La respuesta de von Ribbentrop - probablemente inspirada, sino dictada, por Hitler - es tan lacónica como prudente. El gobierno del Reich, que es representante de un país soberano y no de una colonia de cafres, podía perfectamente haber respondido a ingleses, franceses y norteamericanos que Alemania no reconocía el protectorado francés de Marruecos, ni la ocupación inglesa

---

[167] Georges Bonnet: *La Défense de la Paix*, Tomo II, pág. 154.
[168] *U.S. Foreign Policy* (Peace and War), 1943, núm. 1926.

del Norte de Irlanda ni la soberanía norteamericana en las Filipinas o en Puerto Rico. La posición de jueces que desde 1933 parecen adoptar las democracias ante Alemania no por habitual aparece menos gratuita, improcedente y, en definitiva, impertinente.

Y las provocaciones siguen....El 18 de Marzo, Cordell Hull declara al Príncipe de Ligne, enviado especial del gobierno belga en Washington: "Si estalla una guerra ante vuestras fronteras, los americanos intervendremos. No sé si será al cabo de tres días, de tres semanas o de tres meses, pero intervendremos. Ya encontraremos un pretexto"[169]. Repetimos: "**Ya encontraremos un pretexto**".

Y es entonces cuando se plantea el problema polaco.

MANIPULACIÓN DEL PATRIOTISMO POLACO

Polonia - hemos dicho - es una cuña incrustada en el camino de la *Drang Nach Osten*, la cual es difícilmente realizable sin, al menos, la benévola neutralidad polaca. El Reich cuenta con numerosas vías de acceso a Rusia: Lituanía, Rutenia y sus aliadas Eslovaquia, Hungría y Finlandia, a las que, un día, cuando falte el Rey Carol, se unirá Rumania. Existe, además, la favorable disposición de Turquía y Bulgaria y se cuenta con que Letonia y Estonia seguirán, pronto, el ejemplo lituano. Pero Polonia, en el centro geográfico del dispositivo que se ha conseguido montar, es un verdadero obstáculo. No sólo por sí misma, sino por el fatídico "Corredor" de Dantzig.

El tan justamente denostado Tratado de Versalles había otorgado a la resucitada Polonia la soberanía sobre un territorio costero que le permitiera una salida al Mar Báltico. En ese territorio se hallaba enclavada la ciudad de Dantzig. Dantzig, ciudad poblada casi exclusivamente por alemanes (la población polaca y judía no llegaba al dos por ciento de su censo) fue declarada Ciudad Libre el 15 de Noviembre de 1920. Seis días antes - el 9 de Noviembre - las relaciones entre Dantzig, Polonia y Alemania eran reguladas por el Tratado de París. La Delegación Alemana en Versalles había protestado contra esa amputación de territorio alemán. He aquí la respuesta de Clemenceau:

---

[169] Libro Blanco Alemán, Tomo III. núm. 20.- Véase nota n. 164.- (N. del A.)

"Dantzig será separada de Alemania porque no hay otra manera de dar a Polonia el libre acceso al mar que se le debe ceder".

Eso no es cierto. A parte de que no hay ninguna ley humana ni divina que obligue a que Polonia tenga un acceso al mar - como no lo tienen ni lo han tenido nunca Hungría, Austria, Suiza, Bohemia, Eslovaquia o el Paraguay - había otro medio: internacionalizar el río Vístula y crear un puerto franco en Dantzig. Los verdaderos motivos de la amputación de esa parte de Alemania - Dantzig y una porción de la Prusia Occidental - los da André Tardieu, varias veces ministro y jefe de gobierno con la III República Francesa:

"Es preciso elevar una barrera entre Alemania y los bolcheviques. Si dar al joven estado polaco la soberanía sobre territorios alemanes es necesario para asegurar ese objetivo, ello puede ser lamentable, pero no se puede evitar"[170].

Un breve comentario a las palabras de Tardieu, personaje enterado de los entresijos de la alta política de su época, si los hay. Tras reconocer que Dantzig es un territorio alemán y que es "muy lamentable" colocarlo bajo soberanía polaca, afirma que "es inevitable" si se quiere "**elevar una barrera entre Alemania y los bolcheviques**". ¿Porqué esa barrera inevitable? ¿Para proteger a quién? ¿A Alemania, o a los bolcheviques? ¿Es concebible para que se preocupe de la protección de Alemania el girondino y patriotero Tardieu, siempre preocupado en buscar pretextos para perjudicar y sojuzgar al Reich? ¿No es cierto que, desde Versalles, la política de Tardieu y de todos los políticos franceses de primer rango consiste en poner trabas a la recuperación de Alemania, mientras guardan distraído silencio cuando la URSS engulle a Ucrania, Carelia, las repúblicas musulmanas del Asia Central y Mongolia Exterior? ¿No es cierto que Francia, que en 1934 firma una alianza militar con la URSS, se vuelca en su apoyo económico y financiero a ésta, igual que Inglaterra y la América de Roosevelt? Repetimos nuestra pregunta: ¿Porqué esa barrera calificada de inevitable? Con todo rigor lógico debemos deducir que si no es para proteger a Alemania - que a ningún político profesional francés

---

[170] André Tardieu: *La Paix*.

importa un bledo - será para proteger a la URSS, criatura de la Alta Finanza que impone su ley no escrita en Occidente. ¿O no?.. ¿Qué otra explicación puede haber para montar el gigantesco gazapo de Dantzig? Por que Dantzig es un gazapo. Sobre esto, la unanimidad es total. Nada menos que Marcel Sembat, varias veces ministro, Vice-Presidente del "Grand Orient de France" y miembro prominente de la "Sección Francesa de la Internacional Obrera", así como fundador del llamado "Partido Socialista Revolucionario", es decir, no precisamente un "nazi", manifestó en su discurso del 4 de Septiembre de 1919, con motivo de la sesión de ratificación del Tratado de Versalles:

"Debe quedar biencIaro para todo el mundo que Dantzig es una ciudad alemana. Nuestro Rapport dice: polonia quería Dantzig. No obstante, teniendo en cuenta a la población, no hay duda posible: Dantzig es una ciudad incontestablemente alemana. Y también dice ese Rapport: No se trata de un enclave alemán inmerso en una región polaca. Desde Dantzig, siguiendo la costa hacia el Este, se llega, por un territorio puramente alemán, a la Prusia Oriental.

"He aquí, pues, dos afirmaciones contradictorias y difícilmente conciliables. Primera afirmación solemne: Dantzig es una ciudad alemana, y no tenéis derecho a arrebatársela a Alemania. Segunda afirmación: Polonia necesita un acceso al mar, que sólo Dantzig puede ofrecerle. ¿Acaso es imposible encontrar una solución? La solución del Tratado es detestable, puesto que olvida los derechos de las poblaciones.

¿Me objetareis que convertís a Dantzig en una ciudad libre? Esto equivale a violentar el sentido de las palabras. Dantzig, ciudad alemana, es proclamada ciudad libre en el mismo momento en que le rehusáis la libertad de continuar siendo una ciudad alemana. Por consiguiente, en realidad, violáis vuestros propios principios.

"¿Podíamos haber hecho otra cosa? Si, y ello era muy sencillo. Se convertía a Dantzig en un puerto franco y se garantizaba a Polonia una vía férrea bajo su control y soberanía. Así habríais dado a Polonia su acceso al mar. En vez de ello, habéis cortado en dos a Alemania, separando a la Prusia Oriental del resto del país".

Un historiador de la talla de Jacques Bainville subraya magistralmente las contradicciones de la política de Clemenceau, con su famosa frase: "La paz era demasiado dulce si se la comparaba con la dureza de sus condiciones". En efecto, si los Aliados de la Primera Guerra Mundial tenían la intención de dejar vivir a

Alemania, no era posible intentar destruir, en el Este, la unidad alemana. En Versalles se había osado reconstruir, en el Este de Europa, un Estado desaparecido a principios del siglo XVIII; un estado que ni siquiera la pequeña Prusia de Federico el Grande había podido soportar, y menos aún la Rusia de los Zares (por no mencionar la Rusia comunista que en 1920 estuvo a punto de engullir nuevamente a tal estado). Una vez más, anulando de un plumazo varios siglos de historia, el Tratado de Versalles convertía en una isla a Prusia Oriental, sin tener en cuenta a Koenigsberg, el terruño de Kant, la villa en que Federico el Grande se coronó a sí mismo Rey de Prusia[171]. Sea como fuere, Polonia había resucitado. Ciertamente, había pronto gastado el caudal de paciencia de todas las potencias aliadas, exceptuando a Francia, siempre dispuesta - desde Richelieu - a colocar "gendarmes" en las fronteras alemanas. Ciertamente, también, sus 32 millones de habitantes comprendían un 44% de elementos halógenos hostiles, destacando entre éstos cuatro millones y medio de alemanes y seis millones y medio de ucranianos; halógenos a menudo oprimidos y, en el mejor de los casos, ignorados. Pero, ¡qué importa!, Polonia existe. Tras resistir, merced a la ayuda francesa, los embates del Ejército Rojo, se apresura a firmar con la URSS un tratado de "Amistad". Con quien no firma semejante tratado es con Alemania, ni con Lituania, ni con Letonia, ni con Estonia, ni mucho menos con Checoeslovaquia, a la que reclama, basándose en el "principio de las nacionalidades" el ducado de Teschen, del que, como hemos visto, terminará por apoderarse cuando se derrumba el estado checoeslovaco.

Polonia ha sido cebada [172] con otros territorios geográfica y étnicamente alemanes, a parte de Dantzig: la región de Posen (Posnania) y la rica cuenca minera de la Alta Silesia. Tal como había previsto Lloyd George, la cuestión de las minorías nacionales no ha cesado de complicar la vida de Polonia desde el primer día. Los sucesivos gobiernos polacos, ciertamente, han intentado, durante años, solucionar el espinoso problema. Sikorski, primer Presidente de la República de Polonia dejaba entender claramente que el primer objetivo del gobierno polaco debía ser "la liquidación de las propiedades alemanas y la desgermanización de las provincias del Este"[173]. El gobierno alemán - un gobierno socialista, no precisamente nazi -

---

[171] Jacques Bainville: *Les Conséquences politiques de la Paix*.

[172] La fina frase es de Winston Churchill, en sus *Memorias*.

[173] Jacques Benoît *Mourir pour Dantzig*.

llevó el caso ante el Tribunal de Justicia Internacional de La Haya, el cual emitió un dictamen, el 10 de Septiembre de 1923, negando al gobierno polaco la puesta en práctica de tales proyectos.

Tras quince anos de lucha más o menos desleal, en la que la buena fe polaca "había brillado por su ausencia" [174] la declaración germano-polaca de 5 de Noviembre de 1937 había tratado de poner término a un intercambio de recriminaciónes muy vivas, que se había ido agravando con el paso del tiempo. En el curso de las negociaciones, Alemania había sido siempre el demandante. Había pedido que se instituyera una Comisión Mixta ante la cual se pudieran presentar las quejas de las minorías. El gobierno polaco no había aceptado esa petición; sólo una simple declaración conjunta germano-polaca, dejando a cada parte la competencia para asegurar "en el marco de su soberanía" la observancia exacta de sus compromisos. No obstante, sigue un período de relativa paz, que dura hasta Abril de 1938, en que la prensa minoritaria alemana de Polonia se queja de los "abusos polacos". Deplora el licenciamiento de 1.100 mineros alemanes en la Alta Silesia y su substitución por polacos. Se irrita al constatar que la aplicación de la llamada "reforma agraria" polaca en las provincias occidentales se dirige sistemáticamente contra los propietarios alemanes. Y se indigna, sobre todo, del cierre de numerosas escuelas alemanas.

El líder de la *Jungdeutschepartei* en Polonia reclama para la minoría alemana la consideración de *Volksgruppenrecht*, es decir, de "grupo étnico diferenciado", de acuerdo con los términos del Tratado de Versalles. Las manifestaciones antialemanas de Varsovia llevan la situación a un grado de tensión desconocido hasta entonces[175].

El nuevo gobierno polaco, es decir, el triunvirato Moscicki-Beck-Rydz Smigly, está convencido de que si permite que los alemanes de Polonia obtengan la autonomía interna que derivaría de la consideración que reclaman de *Volksgruppenrecht*, ucranianos, lituanos y bielorrusos van a seguir su ejemplo sin tardanza. El estado polaco, así, vería puesta a debate incluso su propia existencia. Los polacos representan el 56% de la población de su estado, contando a su

---

[174] P. Stehlin: *Témoignage pour la Paix*.

[175] / El historiador francés Jacques Benoît reconoce (*Mourir pour Dantzig*) que dichas manifestaciones fueron organizadas por las propias autoridades polacas. (N. del A).

importante colonia judía. Sin ella, no llegan al 47%.

El caso polaco no es un caso tan flagrante de invención histórica como el caso checoeslovaco, pero se le asemeja mucho. En todo caso, los sucesores de Pilsudski en la dirección de la política polaca, siguen sus directrices. Pilsudski había, incluso, en 1923, preconizado la anexión de Prusia Oriental; si ello no se había llevado a cabo fue por haber puesto el veto Inglaterra, que no deseaba que Polonia, aliada de Francia, se engrandeciera demasiado. Ello hubiera comprometido el famoso "equilibrio de poder" en que todavía creían los políticos ingleses de los años veinte. Prusia Oriental, aislada del resto de Alemania por el "Corredor de Dantzig", debía tener - por una especie de ley de la gravedad histórica - tendencia a reunirse de nuevo con el resto de la Madre Patria, borrando el absurdo "Corredor". La mejor manera de evitarlo, - discurrían los poco inspirados triunviros - consistía en suprimir a Prusia Oriental. Esta aspiración polaca persistirá, más aún, se acentuará con el paso de los años. Y, en realidad, tal aspiración no es criticable. Una vez reconocido el estado polaco, tal cual queda configurado por el Tratado de Versalles, todo lo que suceda a continuación no es más que la consecuencia lógica del mismo. Un estado digno de tal nombre difícilmente podrá aceptar particularismos dentro de sus fronteras, por cuanto dichos particularismos debilitarán fatalmente su estructura interna. Por otra parte, las minorías nacionales - sobre todo si tienen conciencia de pertenecer a naciones de primer rango - tampoco aceptarán de buen grado el quedar sometidas al arbitrio de otro estado. De ahí el convencimiento general, expresado por figuras políticas de primer rango, de que Versalles - y, concretamente, por lo que se refería a Polonia - había alumbiado la guerra perpetua. El antagonismo germano-polaco era algo fatal, inevitable. Los promotores del infausto Tratado lo sabían y de ello han dejado numerosos testimonios. "La paz que acabamos de firmar les garantiza a ustedes treinta años de guerras ininterrumpidas en el Centro de Europa", les dijo Clemenceau a los cadetes de la Academia Militar de Saint-Cyr[176].

"No puedo imaginarme otro motivo más poderoso para una futura guerra, que rodear al pueblo alemán por una serie de pequeños neo-estados, muchos de los cuales están constituidos por pueblos que jamás han podido tener un gobierno estable, pero que incluyen una gran población alemana que exige su unión a la

---

[176] Peter v. Kleist: *Auch du warst dabei*, pág. 31.

madre patria. La proposición de la comisión polaca de someter varios millones de alemanes a la vigilancia de un pueblo, como el polaco, que profesa otra religión, y que hace cerca de trescientos años que no ha tenido una soberanía independiente, conducirá, en mi opinión, más pronto o más tarde, a una nueva guerra en el Este de Europa", dijo Lloyd George, Primer Ministro británico cuando se discutía, en Versalles, el trazado de las futuras fronteras entre Alemania, Polonia y Checoeslovaquia[177]. Podríamos llenar un capítulo entero con citas de prominentes personajes del campo Aliado, reconociendo que Versalles era un semillero fecundo de guerras. El propio presidente norteamericano, Woodrow Wilson había declarado repetidas veces que "la guerra no debe terminarse con un acto de venganza sea de la clase que fuere, que ninguna nación, ningún pueblo, debe ser expoliado ni castigado..., que la injusticia que se había cometido con aquella guerra, no debía compensarse cometiendo la misma injusticia con Alemania". Y, no obstante, a sabiendas de los máximos responsables políticos del campo vencedor, o, al menos, de los máximos responsables teóricos y conocidos, se había perpetrado el infausto Tratado-Dictado de Versalles. ¿Porqué?

Por que, como dijo el propio Woodrow Wilson, en Versalles "había una Fuerza Secreta que nos fue imposible identificar". Una Fuerza "internacional apatrida que movía a los estadistas como marionetas", como manifestara el Almirante inglés Sir Barry Domvile, héroe de los Dardanelos[178]. La misma Fuerza que trajo la Primera Guerra Mundial y preparó la Segunda, explotando el patriotismo de unos y otros y, para lograr el estallido final, utilizó y manipuló sin piedad el exacerbado y xenófobo patriotismo polaco.

* * *

Como hemos dicho, al mandar a Ribbentrop a Varsovia, aún cuando éste sólo consiguiera una simple "Declaración Conjunta", Hitler buscaba liquidar, de una vez, el contencioso germano-polaco, limando aristas que permitieran el establecimiento de un clima apropiado para tratar con Polonia sobre su participación o, al menos, su benévola neutralidad, en la *Drang nach Osten*. Las relaciones, efectivamente,

---

[177] *The Times*, 11-XI-1920.

[178] Barry Domvile: *From Admiral to Cabin Boy*.

mejoraron, hasta alcanzar cotas de cordialidad inexistentes hasta entonces en las relaciones entre ambos países. Nada menos que André Francois-Poncet, varias veces ministro y embajador de Francia en Berlín desde 1931 hasta 1938, nos lo confirma:

> "El Coronel Beck se ha hecho muy amigo de Goering, al que invita varias veces al año a ir a cazar en las selvas polacas. En el curso de esas cordiales entrevistas, se ha hablado, naturalmente, de la cuestión de Dantzig y del Corredor, que deberá ser resuelta un día u otro, en el interés de las buenas relaciones entre los dos países, y el Coronel Beck ha dado a entender que Polonia no rehusaría que Dantzig fuera devuelta al Reich, a condición de que ella conservara allí sus privilegios económicos, y que tampoco pondría obstáculos, igualmente, a la creación - a través del Corredor - de otro corredor extraterritorializado, por el cual pasarían una autorruta y una línea férrea, que harían comunicar directamente Prusia Oriental con Prusia Occidental, es decir, con el resto de Alemania".[179]

El 20 de Septiembre de 1938, Lipski, embajador de Polonia en Berlín, fue a repetirle estas cosas personalmente a Hitler, preguntándole, a su vez, si él no veía ningún inconveniente a que Polonia se aprovechara de la crisis de los Sudetes para recuperar el territorio de Teschen[180]. El día 24 de Septiembre, cuatro días más tarde, Lipski transmitía el mismo mensaje a Ribbentrop que, sobre la marcha, respondía que el Reich no veía inconvenientes a que Polonia aprovechara la crisis de los Sudetes para reclamar Teschen y que la oferta polaca sobre la solución del problema del Corredor era aceptable para el Reich[181].

Esto es muy importante. Es básico para comprender el problema y su ulterior desarrollo. Lo que proponía Lipski, por encargo de su gobierno y que Ribbentrop, sin duda razonable, aleccionado por Hitler, aceptaba, era el retorno de la "Ciudad Libre" de Dantzig al Reich y la creación de una autorruta y una vía férrea extraterritorial a través del Corredor. Esto es, todo lo que entonces reivindicaba Hitler y, no pudiendo adivinar que el Coronel Beck cambiaría de opinión, era sincero

---

[179] André Francois-Poncet: *De Versailles à Postdam*, pág. 249.

[180] Paul Rassinier: *Les Responsables de la Seconde Guerre Mondiale*, Omnia Veritas Ltd.

[181] Ibid., pág.213.

cuando decía a Chamberlain que "los Sudetes eran la última reivindicación territorial que le quedaba por formular en Europa". Por otra parte, la posición de Hitler ante Polonia es bien conocida: piensa que querer incorporarla al Reich sería un absurdo. Que debe subsistir como "estado tapón" entre Occidente y el eslavismo. Que la *Drang Nach Osten* se hará por el Norte, partiendo de los tres pequeños estados bálticos hacia Leningrado y más allá, si se llega a una solución militar, y también por la cuna rutena, por el Sur, pero que, en cualquier caso, Polonia debe subsistir. Que Polonia, a pesar de haber sido "cebada" - como dice Churchill - con abundantes territorios no-polacos, no es un estado artificial como lo fuera el estado checoeslovaco, puesto que su personalidad ha resistido a tres repartos en el curso de la Historia. Y que los problemas de Dantzig y del Corredor deberán solucionarse un día, pero que ello deberá realizarse amistosamente. En este último punto, acaricia la esperanza de poder dar a Polonia una parte de la Ucrania bajo yugo bolchevique, en compensación de un arreglo bilateral que no comprometería para nada su desarrollo económico, y a condición de que los ucranianos vieran respetada su personalidad histórica y cultural. Todo esto ha sido escrito en *Mein Kampf*, y se lo ha repetido a Karl Burckhardt, Alto Comisario de la S. de N. en Dantzig[182].

Ambas partes estaban, pues, de completo acuerdo. La vuelta de Dantzig al Reich y el permiso de construcción de una vía férrea y una autorruta extraterritorial que atraviesen el Corredor, hacen desaparecer la artificial insularidad de Prusia Oriental. Alemania vuelve a formar un bloque, cuya parte geográficamente más cercana a la URSS quedará directamente comunicada con el núcleo central del país. Ello representa un aumento de poderío extraordinario, y así lo comprenden las pequeñas - pero estratégicamente importantísimas Letonia y Estonia - cuando en Febrero de 1939, ante los insistentes rumores de la entente germano-polaca y el fin de la perenne crisis del Corredor, proponen ellas mismas al Reich la firma de un Tratado de Amistad, complementado con un Acuerdo Económico bilateral, idéntico al que Alemania ya ha firmado, unos meses atrás, con Lituania. Y unos días después sigue Dinamarca. En estos momentos, pues, toda Europa Central y Oriental, con las únicas excepciones de Grecia y Rumania, donde la diplomacia británica mantiene viejas posiciones junto a los monarcas - posiciones que en Londres intuyen

---

[182] Karl Burckhardt: *My Mission in Dantzig*.

no durarán mucho tiempo, pues tanto Antonescu como Metaxas, los políticos con más futuro en esos países, se inclinan resueltamente hacia Alemania - y Suecia que, de hecho, colabora comercialmente con Alemania, sin renunciar a su vieja neutralidad "formal", prácticamente toda Europa Central y Oriental, pues, incluyendo incluso a Turquía, forma un bloque político-diplomático con el Reich. Este bloque aísla a la URSS, y el Führer está convencido de que, sin guerra, el Bolchevismo se hundirá. Cree que sólo la cooperación económica de Occidente - de hecho, un verdadero subsidio permanente - ha permitido paliar los sucesivos fracasos de los Planes Quinquenales. Que este aislamiento y sus consecuencias puedan traer una guerra con la URSS está previsto, y las perspectivas no pueden ser más halagüeñas.

Para completar el plan, en la Wilhelmstrasse se prepara activamente un Memorándum con las propuestas a presentar a Polonia. Sólo se le pedirá, al estado polaco, el permiso para la construcción de una autorruta y la vía férrea extraterritoriales y su anuencia a que se celebre en la "Ciudad Libre de Dantzig" un plebiscito democrático, controlado por la S. de N. y las autoridades alemanas y polacas, para decidir si la ciudad continúa siendo libre o si pasa a la soberanía del Reich. A cambio, Alemania reconocerá como definitivas sus fronteras - lo que equivale a decir que le asegura su apoyo militar contra una eventual agresión rusa - y le propondrá un Tratado Comercial idéntico al que está en vigencia con los demás países de la zona. Como colofón, ambos países prorrogarán su vigente Tratado de Amistad y No-Agresión.

El pensamiento de Hitler, expuesto en *Mein Kampf* parece ya plasmado en la realidad. El Führer ha debido sacrificar sus fronteras orientales con Polonia pero ha logrado cristalizar sus planes, la realización de los cuales - ya se sabe - conlleva sacrificios. Estos sacrificios se los ha impuesto el bien conocido patriotismo polaco, que se aterra al hecho consumado de sus fronteras de Versalles.

EL CHEQUE EN BLANCO

Ambas partes parecen estar de acuerdo. Pero, cuando el 21 de Marzo de 1939 von Ribbentrop propone al embajador polaco Lipski iniciar conversaciones diplomáticas formales con objeto de oficializar este acuerdo, Lipski se va a Varsovia, y regresa cinco días después, el 26 de Marzo, con una respuesta negativa. La sorpresa en los medios diplomáticos berlineses es total. Ribbentrop habla, incluso, de "estupor", en su autobiografía *Zwischen London und Moskau*, a pesar de que, para dar el máximo sentido a esa negativa, el 24 de Marzo, von Moltke, embajador de Alemania en Varsovia, advertía a Berlín de los rumores alarmistas que corrían en Polonia relativos a las intenciones alemanas contra Polonia. Y a pesar, también, de que el 25 de Marzo, el Almirante Canaris anunciaba la movilización de tres quintas ordenada a toda prisa por el gobierno polaco, así como la concentración de tropas polacas alrededor de Dantzig.

¿Qué había ocurrido?

Debemos hacer mención a una de las más sombrías maquinaciones que registra la Historia. Una maquinación que hará estallar el detonante y provocará la realización del sueño del Clan Belicista, y, con él, la Segunda Guerra Mundial y el hundimiento político y cultural de Europa.

* * *

Tilea, embajador de Rumania en Londres, ha sido encargado por su gobierno de negociar un empréstito con Inglaterra, de diez millones de libras esterlinas. Es el clásico diplomático "cabeza loca" y no sabe como llevar a cabo su misión. Entretanto, en Bucarest, se llevan a cabo negociaciones entre Alemania y Rumania. El 16 de Marzo, Tilea, aprovechando el desconcierto general provocado en la City por el desmenbramiento de Checoeslovaquia, se presenta en el Foreign Office para informar a Lord Halifax de que la Delegación Alemana en Bucarest ha presentado a la Delegación Rumana unas proposiciones, redactadas en un tono tal, que equivalen a un ultimátum. Aún cuando advierte que no actúa oficialmente, sino oficiosamente, en nombre de su gobierno, Tilea pregunta si, en caso de agresión por parte de Alemania, Inglaterra estaría dispuesta a consentir a Rumania un empréstito de diez millones de libras esterlinas para comprar armas.

Es absurdo. Alemania y Rumania no tienen fronteras comunes y se hallan separadas por unos 450 kilómetros. Un conflicto germano-rumano es casi tan improbable como un contencioso hispano-suizo, para usar un símil geográfico próximo. Pero Lord Halifax toma el asunto en serio. Le consta que la City, que tenía intereses en Bohemia, los tiene aún mayores en Rumania, en cuyos petróleos detenta participaciones mayoritarias. Halifax sabe a qué punto es sensible la City a todo lo que sucede en Bucarest y que, apoyándose en ese tema, le será fácil alertar a la llamada "Opinión Pública". Como ya hemos visto, Halifax es un tránsfuga del campo pacifista; es un antiguo "supporter" de Chamberlain que, aunque continúa en el gobierno, le ha abandonado. Ahora es un belicista convencido[183]. Halifax, "gato viejo" de la política, sabe de qué pié cojea Tilea, "la incapacidad y la ambición personificadas"[184]. Por eso le dice que si le confirma lo que le acaba de decir, Inglaterra concederá el crédito solicitado a Rumania, sin intereses. Tilea, sin consultar con su gobierno, se lo confirma el día 17 de Marzo.

El día siguiente, 18 de Marzo, los oficiosos *The Times* y *The Daily Telegraph* anuncian la noticia. Se ha dicho que fue Halifax quien comunicó la noticia a los periódicos; también se ha afirmado que fue Vansittart, otro maníaco de la germanofobia. En Bucarest, esto cae como una bomba. Gafencu, Ministro de Asuntos Exteriores, desmiente oficialmente: "Las conversaciones germano-rumanas se desarrollan de manera absolutamente normal. Las noticias referentes a un ultimátum alemán carecen de fundamento, y son ridiculas"[185]. Incluso el embajador británico en Bucarest, Sir Reginald Hoare, desmiente. Gunther, embajador de los Estados Unidos, telegrafía a Cordell Hull que "Gafencu está furioso y si no fuera por que no quiere disgustar a Lord Halifax, destituiría a Tilea, a quien ha severamente amonestado"[186]. En París, Bonnet, Ministro de Asuntos Exteriores de Francia, convoca al embajador rumano, Tatarescu, quien le confirma que "las conversaciones germano-rumanas han desembocado en un acuerdo comercial cuya firma es inminente" y que no ha habido dificultad, ni mucho menos, ultimátum de ninguna clase, si se exceptúa una pequeña discusión inicial[187].

Esta cascada de rectificaciones, desmintiendo la falsa noticia, no es comunicada a la prensa. Los periódicos norteamericanos, ingleses y franceses, sin excepción,

---

[183] Su hijo se acaba de casar con una nieta de Lord Rothschild. Halifax da un giro copernicano a la política que ha seguido siempre. (N. del A.)

[184] Michel Sturdza: *El Suicidio Europeo*.

[185] *Documents on British Foreign Policy*, T. IV., pág. 399.

[186] Ibid., pág. 397.

[187] Georges Bonnet: *La Défense de la Paix*, pág. 154.

más los "oficiales" *Pravda* e *Izvestia*, de Moscú, anuncian a sus lectores que "la entrada de las tropas alemanas en Rumania es inminente". Como el noventa y nueve por ciento de los lectores de periódicos no sabe geografía, y, en cambio, es un idólatra de la palabra impresa, todo el mundo cree esa noticia absurda.

El 18 de Marzo, Sir Eric Phipps, embajador británico en París, se presenta en la Cámara de los Diputados y pide ver, con extrema urgencia, a Daladier. Nadie sabe, ni nadie sabrá, probablemente, lo que hablan estos dos hombres, pero lo que sí se sabe es que Daladier convoca inmediatamente a sus ministros y les informa de que "la Gran Bretaña ha decidido garantizar las fronteras de Rumania", explicándoles las razones de tal acto: "El día en que Alemania controlará el petróleo de Ploesti, podría hacer la guerra a toda Europa, en la seguridad de que sería invencible"[188].

Cuanto más a fondo hemos estudiado todo el proceso generador de la Segunda Guerra Mundial, más hemos llegado al firme convencimiento de que los políticos de primer plano, o eran venales y estaban sometidos a otros poderes fácticos, mediante la corrupción o el chantaje, o bien eran unos simples testaferros, que no tenían ni siquiera una remota idea de lo que se debatía. Cuando el embajador de la Gran Bretaña le suelta a todo un Presidente del Gobierno Francés, que el día en que Alemania controle el petróleo rumano será invencible, y ninguno de los dos se ríe - cuando menos, sonríe- o bien son unos ignorantes de tomo y lomo, o bien son unos impúdicos farsantes. Ninguno de los dos puede ignorar que, entonces, en 1939, la Luftwaffe, sin recurrir a los petróleos rumanos, y basándose exclusivamente en los carburantes sintéticos que, a partir de la regeneración del carbón, se fabrican en Alemania, es una fuerza de primer orden. Sin necesidad de comprarle su petróleo a Rumania, el parque automóvil de Alemania es el primero de Europa, y las divisiones de tanques con que se ha dotado a la Wehrmacht no cuentan con el hipotético petróleo de Ploesti. Pero hay más: Se nos ocurre preguntar, ¿qué representan los petróleos rumanos, al lado de las yacimientos del Irak, de la Arabia Saudita, del Caucase, de Norteamérica y de todo el mundo, que controla la "Standard Oil of New Jersey"? No representan ni el dos por ciento. ¿Cómo puede un embajador de Su Majestad Británica, sin haberse bebido previamente tres botellas de whisky, afirmar que Alemania, por el simple hecho de controlar - lo que

---

[188] Ibid., T. II, pág. 155.

aún queda por demostrar - el dos por ciento del petróleo que controlan sus hipotéticos adversarios será invencible ante los mismos? Esta pregunta no parecen planteársela los ministros franceses pues, insólitamente, deciden alinearse tras la actitud inglesa.

Pero lo inaudito es que todo es un inmenso *calembour*, un gigantesco fraude. No es verdad que la Gran Bretaña haya decidido garantizar las fronteras rumanas. Precisamente el Primer Ministro, Chamberlain, está descansando unos días en su casa de campo. Rumania no ha pedido ningún tipo de protección ni de ayuda a Inglaterra. Si Tilea ha sido enviado a Londres a solicitar un empréstito, es, más que nada, para contrarrestar el efecto que en Londres puede hacer la visita de la Delegación Alemana a Bucarest. Y el Consejo de Ministros inglés que estudia la cuestión sólo se reúne el día siguiente, 19 de Marzo. Todo ha sido una hábil maniobra del pariente por alianza de Lord Rothschild, Halifax, secundado por Vansittart y - naturalmente - por Churchill y Eden, aprovechando la monumental gaffe diplomática del inexperto y corrupto Tilea. En el Consejo de Ministros del día 19 de Marzo, Halifax manifiesta que ha enviado a Sir Eric Phipps a entrevistarse con Daladier, lo que provoca un altercado tremendo con Chamberlain, al margen completamente del asunto, y declara que la política de conciliación ha fracasado. Afirma que no debe haber un "Munich polaco" (cuando nadie pretende, todavía, que Polonia este amenazada) y que es preciso "comprometerse en el Este de Europa, garantizando las fronteras de Rumania y Polonia, aún cuando fuere inspirándose en el proyecto de Gran Alianza preconizado por Churchill". Chamberlain se opone. Tras él se colocan cinco ministros.

Pero ocho, incluyendo al propio Halifax, Vansittart, Churchill y Eden logran que el Consejo adopte ese punto de vista.

Un inciso. Anotemos que Lord Halifax, el hombre vinculado familiarmente a Rothschild, haciendo caso omiso a los desmentidos que le mandan sus propios embajadores que se hallan sobre el terreno, en Bucarest, finge creer en la burda patraña de Tilea para forzar una garantía inglesa a Rumania, a pesar de que el propio gobierno rumano la rechaza, lo que constituye un caso sin precedentes en la Historia; uno más en esa carrera hacia la Segunda Guerra Mundial. Pero hay más, a pesar de que nadie ha mentado a Polonia, Halifax la mete, de matute, en esa garantía no solicitada.

Sin pérdida de tiempo, Halifax envía una nota a los gobiernos de París, Varsovia y Moscú, pero no a Bucarest, pues le consta que todo es una superchería y que, por consiguiente, el gobierno rumano la rechazaría, para invitarles a consultarse mutuamente "sobre las medidas a tomar en el caso en que una nueva acción se llevara a cabo contra la independencia política de un estado europeo"[189]. La víspera, Litvinov ha pronunciado en Moscú un discurso en el cual preconiza "una conferencia de seguridad europea que reuniría a la Gran Bretaña, Francia, la URSS, Polonia, Rumania y Turquía"[190]. Ni Polonia ni Turquía han pedido nada, pero Litvinov quiere correr en su auxilio. Inaudito.

El día veinte de Marzo, Lord Halifax declararte ante la Cámara de los Lores que "el Gobierno de Su Majestad, sacando la conclusión de los hechos y decidido a cortar el paso a los proyectos de dominación universal, ha iniciado consultas con varios gobiernos para proponerles la conclusión de un pacto en virtud del cual opondrán una resistencia mancomunada a toda nueva amenaza contra un país europeo"[191].

El 21 de Marzo, Albert Lebrun, Presidente de la República Francesa, y su Ministro de Asuntos Exteriores, Georges Bonnet, llegan en visita oficial a Londres: Halifax les presenta su plan, y Bonnet, que ha presentado otro similar a Suritz, embajador soviético en París, da su asentimiento unánime para introducir a los asuntos europeos a la URSS ... que en Munich había sido apartada de los mismos.

La propuesta de garantía inglesa llega muy oportunamente a Polonia. Si Alemania ofrece el reconocimiento de unas fronteras, un pacto de Amistad y un Tratado Comercial, a cambio de una vía férrea extraterritorial y una auto- pista, así como el paso de la "Ciudad Libre de Dantzig" al Reich, Inglaterra ofrece más; es decir: la garantía de las fronteras polacas y un préstamo de veinticinco millones de libras sin intereses, a devolver en diez años, mientras los Estados Unidos, por intermedio de su embajador itinerante William C. Bullitt, ofrecen financiar, casi gratuitamente, la puesta a punto de la minería polaca y de su incipiente industria química[192]. Polonia no deberá tolerar el tránsito alemán por su territorio y Dantzig

---

[189] *Documents on British Foreign Policy*, Vol. XIV.

[190] William L. Shirer: "*El III Reich*, vol. 1., pág. 497.

[191] *British Blue Book*.

[192] William C. Bullit: *The World Menace*, pág. 143.

continuará siendo libre. Aunque, con el tiempo, tal "libertad" es imposible, y más teniendo en cuenta que, rodeada por territorio de soberanía polaca, la tendencia natural será, irreversiblemente, de convertirse igualmente en posesión polaca. En una palabra, la propuesta de garantía inglesa le llega al Coronel Beck con gran oportunidad y ve enseguida las ventajas que puede obtener: escapar a las conversaciones con Hitler y, en vez del apoyo alemán, obtener el apoyo inglés, francés y ruso, más el no-oficial, pero seguro, apoyo de la América de Roosevelt. De manera que el 24 de Marzo, encarga a Raczinsky, su embajador en Londres, que diga a Halifax:

> "En vista del rápido curso de los acontecimientos y de la pérdida de tiempo que produciría inevitablemente una negociación unilateral, ¿podría el gobierno inglés, para ganar tiempo, pactar, unilateralmente, con Polonia?"[193].

Lord Halifax acepta en el acto.

Y el 26 de Marzo, Lipski, embajador de Polonia en Berlín, que se encuentra en Varsovia desde el día 21, regresa a Berlín con una respuesta negativa. Esta es la explicación del radical cambio de postura del Coronel Beck. Y mientras en Berlín intentan comprender qué ha sucedido, el 31 de Marzo, Chamberlain anuncia en la Cámara de los Comunes:

> "En el caso de una acción cualquiera, que pusiera en peligro la independencia polaca, y a la cual el gobierno polaco considerara de su interés resistir con sus fuerzas nacionales, el Gobierno de Su Majestad se consideraría obligado a socorrer inmediatamente, con todos sus medios, al gobierno polaco"[194].

El 6 de Abril, el Coronel Beck volaba a Londres y el acuerdo era hecho público por un comunicado oficial. Se trata de un verdadero cheque en blanco. Algo que no firmaría ni Rothschild, porque el mendigo a quien se lo diera podría llevarlo a la ruina. Si releemos atentamente el texto de la declaración de Chamberlain observaremos que el Imperio Británico se pone en manos de Polonia. "En caso de

---

[193] Grigore Gafenco, Ministro de Asuntos Exteriores de Rumania, en *Derniers Jours de l'Europe*, pág. 58.
[194] *Documents on British Foreign Policy*, Vol. IV., pág. 417.

una acción cualquiera, que pusiera en peligro la independencia polaca, y a la cual el Gobierno Polaco considerara de su interés resistir....el Gobierno de Su Majestad se consideraría obligado....a socorrer **inmediatamente, con todos sus medios**, al Gobierno Polaco". Desafiamos a cualquier historiador a que nos cite otro caso, en toda la Historia Universal, de un estado soberano que se atara de tal manera a otro. Sólo puede hallarse parangón en los tratos unilaterales mantenidos en la Edad Media por los soberanos con algunos señores feudales, o en la Edad Moderna en las estipulaciones dictadas por Londres a algún obscuro sultán de la India. En el bien entendido que el papel de soberano medieval o de Londres lo desempeña Polonia, potencia de tercer orden, mientras el orgulloso Imperio Británico juega el papel de mini-príncipe feudal o de reyezuelo indio. Inconcebible, desde un punto de vista puramente histórico. Nunca un estado soberano se ha atado de esa manera a otro estado, con el cual no le ligan lazos especiales de ninguna especie. ¿Qué puede importarle a la protestante y anglosajona Inglaterra la católica y eslava Polonia, para arriesgar una guerra en su defensa, cuándo y cómo ésta quiera?

Se ha dicho que Inglaterra ansiaba una guerra con Alemania y que la garantía dada a Polonia no fue más que un pretexto para tener esa guerra. Pero ni siquiera ésto es verosímil. Que Inglaterra buscara - y hallara - pretextos, pase. Pero que pusiera en manos de un tercer estado el momento en que debiera ir a una guerra, es inconcebible. La única explicación plausible que nos queda es que Inglaterra, es decir, la élite custodia del destino nacional inglés, no quería ese pretexto, o sea el pretexto polaco. Ya hemos visto como Halifax, el hombre de Rothschild, prácticamente a espaldas de su Primer Ministro, le coloca ante el hecho consumado de una garantía a Rumania y a Polonia, en el momento psicológico en el que los intereses de la City han recibido varios golpes económicos y en que se les menta a Ploesti; en el momento en que Bullit, el infausto hombre de Roosevelt en Europa aprieta las clavijas, financieramente a Inglaterra. Pero es que, paralelamente, es el momento en que Alemania va a lograr el acuerdo de Polonia para entrar a formar parte del bloque objetivamente anticomunista que se va formando. La URSS está en cuarentena. La Alta Finanza se agita, y la City arrastra al enfermo y vacilante Chamberlain, sin agallas para desautorizar ante el mundo a Halifax, el hombre de Rothschild, desde que ha emparentado con él. La Alta Finanza coloca entre Hitler y Stalin la barrera polaca. Citaremos, más adelante, testimonios incontrovertibles que lo demuestran sin dejar resquicio alguno a la duda razonable.

* * *

Tras el fuerte golpe diplomático que acaba de recibir, Hitler intenta, aunque, al parecer, sin grandes esperanzas, algunas gestiones directas con el Coronel Beck, al cual éste responde con evasivas. Finalmente, el 28 de Abril, convencido de que pierde su tiempo, pronuncia un discurso en el cual denuncia, a la vez, el Tratado Germano-Polaco del 26 de Enero de 1934 y el Pacto Naval Anglo Alemán del 18 de Junio de 1935. En el mismo discurso, responde a una de las intervenciones más impertinentes que ha llevado a cabo el Presidente Roosevelt, dos semanas antes, el 14 de Abril de 1939.

¿Qué nueva jugarreta se le ha ocurrido al incansable Presidente norteamericano? Esta vez ha escrito una carta, dirigida a Hitler y a Mussolini, pero no por la vía diplomática normal, sino que la ha comunicado a los periódicos. Se trata de una carta abierta. En ella, tras afirmar que "he oído rumores, que yo espero sean infundados, según los cuales se preparan nuevas agresiones contra otras naciones independientes", les pregunta a Hitler y Mussolini:

"¿Están ustedes dispuestos a prometerme que sus ejércitos no atacarán ni los territorios ni las posesiones de las naciones que a continuación enumero?".

Y Roosevelt enumera treinta y una. Para terminar formulando la esperanza de que "tal promesa podría representar la seguridad de diez años de paz; tal vez de veinticinco años de paz", y en caso de respuesta afirmativa, prometía " la participación americana en las discusiones a escala mundial, tendentes a liberar al mundo del aplastante fardo de armamentos"[195]. Esto fue considerado, por el diplomático sueco Dahlerus, poco sospechoso de simpatías hacia el Nazismo, como "una falta contra los usos diplomáticos, una impertinencia, una grosería y una provocación, por no utilizar palabras más fuertes"[196].

En efecto, al dirigirse exclusivamente a Hitler y Mussolini, Roosevelt parecía

---

[195] *Foreign Relations of the United States, 1932*, vol. 1, pág.129.
[196] Birger Dahlerus: *Memorias*, pág. 107.

querer colocarles, a priori, en el banquillo de los acusados, nombrándose a sí mismo juez. Inaudito. Inaudito también que la carta no se dirigiera a Stalin, que se había anexionado, por la fuerza, más territorios que Hitler y Mussolini juntos, por medios pacíficos.

Robert Sherwood, escritor panegirista de Roosevelt, pretende que, en el pensamiento del Presidente, "la frontera de los Estados Unidos se encontraba en el Rhin"[197], y que lo que más temía era "un nuevo Munich, a expensas de Polonia"[198]. Curioso, como este viejo francmasón se preocupaba de la católica Polonia. Extraños novios le salían, de pronto, a Polonia..! Mussolini se hallaba reunido en Roma con Goering y el Conde Ciano cuando le fue entregada la carta de Roosevelt y es entonces cuando pronunció su célebre diagnóstico: "Efecto de la parálisis progresiva..." a lo que respondió Goering, haciéndole eco: "Principios de enfermedad mental"[199].

La reacción de Hitler no se hizo esperar. El día 17 de Abril, hizo preguntar a todos los estados citados por Roosevelt (exceptuando naturalmente a Polonia, cuyas intenciones conocía, así como a Francia, Rusia y la Gran Bretaña, cuyas intenciones le habían sido reiteradamente y públicamente manifestadas por Churchill, Halifax y compañía) la doble cuestión siguiente: "¿Tiene su país la impresión de estar amenazado por Alemania? ¿Ha encargado su país al señor Roosevelt que haga sus proposiciones en esa forma?".

Por unanimidad, los veintisiete estados interpelados respondieron con un doble "No".

En su discurso, en el Reichstag, el 28 de Abril, dio lectura, una por una, a las veintisiete respuestas, en medio de risas y de atronadores aplausos, renovando sus propuestas de conferencia internacional para revisar el Tratado de Versalles en el marco de un acuerdo general. Y como el Presidente Roosevelt había querido justificar su carta con el párrafo "la posibilidad de un conflicto constituye una seria preocupación para el pueblo norteamericano en cuyo nombre hablo", Hitler manifestó, irónicamente:

---

[197] Robert E, Sherwood: *Memorial de Roosevelt*.
[198] Ibid.
[199] Galeazzo Ciano: *Memorias*.

"Declaro solemnemente que todas las alegaciones sobre un ataque o una intervención proyectada por Alemania contra o en un territorio americano no son más que una inmensa impostura o un grosero embuste. Sin contar, por otra parte, que tales alegaciones, desde un punto de vista militar, sólo pueden nacer en la imaginación de un loco"[200].

Por ridícula que haya sido la intervención de Roosevelt, una cosa es clara e innegable. Roosevelt sólo busca un pretexto para intervenir en Europa contra Alemania e Italia. Efecto casi inmediato de la carta del Presidente americano. El 6 de Mayo von Ribbentrop viaja a Milán, donde se entrevista con el Conde Ciano, Ministro de Asuntos Exteriores de Italia, el cual, en nombre de Mussolini, le propone la firma de una alianza militar entre ambos países. Recordemos que Alemania e Italia son consignatarios del Pacto Anti-Komintern y que tienen en vigencia un pacto de Amistad. Un año antes, en Mayo de 1938, von Ribbentrop había propuesto un pacto militar a Ciano, que lo había rechazado en nombre del Duce. Pero esta vez la carta de Roosevelt había traído como consecuencia echar definitivamente a Mussolini en brazos de Hitler, cuando precisamente Francia e Inglaterra hacían lo posible por separarle de él[201].

El Pacto de Acero que concretiza esa Alianza, se firma en Berlín el 22 de Mayo de 1939. Su artículo 3 dice que "Alemania e Italia se comprometen a ayudarse militarmente sin paz separada ni armisticio en caso de complicacio- nes guerreras con una o varias potencias y ello, inmediatamente y con todas sus fuerzas militares". Había, no obstante, una restricción importante: la consulta recíproca y previa de ambas partes[202].

Aunque ya el 30 de Mayo Mussolini escribe una carta a Hitler en la que manifiesta que las potencias del Eje necesitan de un período de paz no inferior a tres años, y que, en caso de guerra, que él considera inevitable, solamente habrían posibilidades de victoria si ésta estallaba en 1943. "Italia - concluía Mussolini - puede movilizar proporcionalmente más hombres que Alemania, pero la abundancia de sus

---

[200] Citado por Paul Rassinier: *Les Responsables de la Seconde Guerre Mondiale*, Omnia Veritas Ltd.

[201] A tal efecto Chamberlain y Halifax habían visitado a Mussolini, en Roma, el 11 de Enero de 1939, y Paul Baudoin el 2-11-1939. (N. del A.)

[202] Max Gallo: *L'Italie de Mussolini*.

efectivos se encuentra limitada, en sus efectos, por la deficencia de su material"[203].

Es decir, Italia no se encuentra preparada para una guerra. Continuando su rearme - todos se rearman, ya, abiertamente - podrá estar a punto en 1943. Pero Hitler, en la conferencia con sus jefes militares del 5 de Mayo de 1937 (los Documentos Hossbach de que hablaremos más adelante) no cree estar a punto antes de 1944. He aquí pues la situación tras el cheque en blanco dado por el gobierno inglés a Polonia:

a) Hitler ha roto con Polonia y con Inglaterra (denuncia del Pacto Germano-Polaco de 25 de Enero de 1934 y del Pacto Naval Anglo-Alemán de 18 de Junio de 1935).

b) Mussolini denuncia el Tratado Franco-Italiano de 8 de Enero de 1935 y se alia militarmente con Alemania.

c) Chamberlain y Daladier, en nombre de Inglaterra y Francia, garantizan las fronteras polacas y prometen acudir en ayuda de Polonia en el momento en que ésta decida que se halla en peligro.

d) Roosevelt manifiesta que sostendrá a "las democracias".

e) Londres, París y Varsovia, amén de Washington, hacen clarísimas aperturas en dirección a Moscú.

f) Pero Hitler, para romper el cerco diplomático-militar, debe dar un giro de noventa grados a su política e inicia, igualmente, la carrera hacia Moscú.

g) Habida cuenta del tono que la carta de Roosevelt a Hitler y Mussolini había dado a la discusión, no quedaban muchas posibilidades para un nuevo Munich: los deseos de Roosevelt, según su biógrafo y panegirista Sherwood, habían sido colmados; si ese era el objetivo que se había fijado, lo había conseguido plenamente. La situación se había convertido en explosiva.

* * *

Se ha dicho que uno de los motivos que impulsaron al gobierno británico a dar su cheque en blanco a Polonia fue la existencia de importantes intereses ingleses en aquél país. Es decir, que los malvados capitalistas ingleses arriesgaron una

---

[203] *Archivos Diplomáticos Italianos*, citado por Max Gallo, Op. cit.

guerra para salvar sus intereses en Polonia. Pero por obtusos que fueran tales capitalistas les debía constar que sus inversiones polacas no podrían ser salvadas, pues la parte que no fuera destruida por la contienda no podría escapar a la subsiguiente confiscación por el enemigo. Por otra parte ¿era el capital británico en Polonia suficientemente importante para justificar el riesgo de una guerra con Alemania, incluso si existieran posibilidades de evitar su destrucción? Un economista judío, Welliscz, afirma[204] que, en 1937, menos del 6 por ciento del capital extranjero invertido en Polonia era "británico"; el 27 por ciento era "francés" y el 19 por ciento era "norteamericano". Ese economista nos deja sospechar que una gran parte de esos intereses "británicos", "franceses" y "norteamericanos" eran judíos. Por ejemplo, afirma que la conocida empresa de Seguros "Prudential Assurance Company" (cuyas conexiones israelitas eran tan poderosas que hizo un préstamo de medio millón de libras a la ciudad judía de Tel-Aviv en Palestina) era propietaria de la "Prudential Assurance Cy." de Varsovia, que a su vez poseía intereses en las principales empresas industriales de Polonia. Pero incluso desde el desalmado punto de vista de un capitalista internacional, sus intereses en Polonia no valían la pena de una guerra que, a parte de no asegurarle que podría conservarlos, le traía el riesgo de aumentar sus problemas en otros lugares.

Aunque la guerra estallaría a resultas de la disputa entre Alemania y Polonia, no fue por Polonia que Inglaterra fue a la guerra. Creemos haber demostrado que el cheque en blanco dado por Inglaterra a Polonia - y los acuerdos que seguirían y que posteriormente analizaremos - es inexplicable a menos que hubiera un factor no-británico determinante. Ese factor no-británico sólo pudo ser el poderío financiero judío actuando, no sólo en favor de sus intereses financieros, sino para asegurarse de que Inglaterra entraría en guerra para proteger la existencia como grupo organizado en el Este de Europa de los judíos orientales, aunque ese factor era, igualmente, secundario. Lo esencial, como prueban los testimonios que hemos presentado y que presentaremos en el curso de esta obra, era erigir una barrera entre Alemania y sus aliadas y la URSS, criatura de la Alta Finanza a la que era preciso salvar. Pero también - aunque, repetimos, secundariamente - debía contar el hecho admitido por el propio *Times* londinense de que "los judíos son los

---

[204] Leo Welliscz: *Foreign Capital in Poland.*

principales propietarios urbanos en Polonia"[205]. Incluso un libro auspiciado por la Sección Histórica del Ministerio de Asuntos Exteriores inglés afirmaba: "La sociedad, en Polonia, está mal distribuida. En el campo, todo el poder se halla en manos de los nobles; en las ciudades, de los judíos", y también: "Como las clases elevadas de Polonia tenían prejuicios contra el comercio, éste se ha convertido en un monopolio judío"[206].

Finalmente, el escritor judío Dr. Litauer aseveró en 1938[207] que entre los quince primeros capitalistas de Polonia, once eran judíos, y que los judíos constituían ellos solos el 62% de los profesionales del comercio y que sólo un 23,5% de ellos eran trabajadores manuales. Polonia era una especie de "último refugio" de los Judíos y su habitualmente importante colonia hebrea se había casi duplicado con la llegada de los que no habían querido permanecer en Bohemia, Austria y Eslovaquia cuando los alemanes empezaron a sentar sus reales en tales territorios.

Este breve análisis de la situación demuestra que Polonia era más bien una inversión, o un interés judío, que no una inversión o un interés británico. Pero insistimos: este factor de interés local judío es secundario. El factor esencial era erigir una barrera entre Alemania y la URSS.

* * *

Aún cuando Dantzig no es más que un pretexto para hacer estallar la guerra, es preciso, aún cuando sea con brevedad, estudiar la problemática de la "Ciudad Libre", pues incluso un pretexto tiene gran importancia cuando de el se deriva la hecatombe de una guerra mundial.

Hemos dicho "Ciudad Libre", y así es, al menos en teoría, pues Dantzig, creada por la S. de N. institucionalizada por el Tratado de París el 9 de Noviembre era declarada "estado soberano" el día 15 de Noviembre de 1920. El citado Tratado de París regulaba sus relaciones con Polonia. Esta tenía derecho al usufructo, pero no a la propiedad, del puerto de Dantzig, el más importante del Báltico. El gobierno polaco representaba diplomáticamente a la "Ciudad Libre" en el Extranjero, y los

---

[205] *The Times,* Londres 4-IV-1939.

[206] *Historical Section of the Foreign Office,* Handbook n. 43. Poland.

[207] Dr. Litauer: *Query* - Citado en *Jewish Chronicle,* Londres, 24-III-1944.

gastos de representación diplomática y consular de la misma así como la protección de sus nacionales en el Extranjero corrían a cargo de Polonia. El gobierno polaco no podía concluir ningún acuerdo o tratado internacional que concerniera a la Ciudad de Dantzig sin consultar previamente con los órganos de gobierno de ésta. El resultado de ésta consulta debe ser comunicado por ambas partes al Alto Comisario de la S. de N. En todos los casos, dicho Alto Comisario tiene el derecho a oponer su veto a todo acuerdo internacional, si estimaba que sus cláusulas se hallan en contradicción con el estatuto de la "Ciudad Libre".

Dantzig tiene derecho a negociar empréstitos exteriores, pero necesita el asentimiento del gobierno polaco. En caso de no lograrse tal consentimiento, ambas partes se someten al arbitraje del Alto Comisario de la S. de N. "La Ciudad Libre" tiene derecho a usar un pabellón comercial para su flota, así como de dos cañoneras que constituyen su minúscula flota de guerra. Los navíos de pabellón polaco gozan en el puerto de Dantzig de los mismos derechos que los navíos de la "Ciudad Libre". En cuanto a la Zona Franca del Puerto de Dantzig se encuentra bajo la administración y el control de un "Consejo del Puerto y de las vías fluviales de Dantzig". Dicho "Consejo" está formado por representantes del gobierno polaco, de la "Ciudad Libre" y de la S. de N. Toda modificación a realizar en el Puerto o su reglamento deberá ser aprobada por el "Consejo". Si una decisión del "Consejo" relativa al Puerto no era del agrado del gobierno de la Ciudad Libre o del gobierno polaco, éstos tenían quince días para interponer recurso ante la S. de N. Dantzig y Polonia forman una unión aduanera, sometida a la legislación y las tarifas polacas. No obstante, Dantzig constituye, desde el punto de vista aduanero, una ciudad administrativa confiada a funcionarios de la "Ciudad Libre".

La policía de extranjeros sobre el territorio de la "Ciudad Libre" es ejercida por el gobierno de ésta. El Capítulo III del Tratado de París se refiere a la institución y a las atribuciones del Consejo del Puerto y de las vías fluviales de Dantzig. Ese Consejo comprende un número igual de comisarios polacos y dantziqueses, escogidos respectivamente, con un mínimo de cinco por bando, por el gobierno y por el de la "Ciudad Libre". El Presidente era un suizo, designado por la S. de N., a la que debía rendir cuentas. Las vías férreas de Dantzig dependían de la "Ciudad Libre", pero dentro del recinto de Puerto dependían del "Consejo". Las restantes vías férreas, los tranvías y toda otra vía de comunicación que sirviera a las necesidades de la "Ciudad Libre", quedaban bajo control polaco y a cargo de Polonia iban igualmente los gastos incurridos por tales servicios.

Correspondía al Consejo entenderse con el gobierno polaco para armonizar, dentro de lo posible, el régimen del río Vístula colocado bajo administración del Consejo y el régimen del Vístula polaco. Era igualmente el Consejo quien debía percibir los derechos, impuestos, cargas, estadías y demás beneficios derivados del uso del Puerto, excluyendo las Aduanas, pero al mismo tiempo debía asegurar el mantenimiento, la explotación, el desarrollo, las reparaciones y las mejoras del mismo. Los beneficios y las pérdidas debían ser repartidos entre Polonia y la "Ciudad Libre", en una proporción que debería fijar el Comisario de la S. de N. El Consejo, además, garantizaba a Polonia el libre uso del Puerto sin restricción alguna para las importaciones y las exportaciones polacas.

Polonia disponía, en el Puerto de Dantzig, de un Servicio de Correos. La "Ciudad Libre" disponía de otro servicio postal propio. El V y último capítulo se refería a las disposiciones diversas que concernían, entre otras cosas, a la protección de los derechos de las minorías en Dantzig. El artículo 39 estipulaba que todas las diferencias que pudieran producirse entre Polonia y la "Ciudad Libre", referentes al Tratado, serían sometidos a la decisión del Alto Comisario quien, si lo consideraba necesario, podía llevar el asunto ante el Consejo de la S. de N. Creemos que sería excesivo, tal vez, - aunque no demasiado - decir que el Tratado de París organizaba el conflicto permanente entre Polonia y Dantzig. Pero también creemos que sería exacto manifestar que multiplicaba las ocasiones de conflicto: primero, por que era farragoso, barroco y complicado en grado superlativo; y segundo, por que estipulaba con imperfección, dejando a negociaciones ulteriores el cuidado de resolver.

El Estatuto de Dantzig, en efecto, era una verdadera viña para los juristas, y especialmente para los especialistas en Derecho Internacional. De hecho, no hay ni un sólo punto de los previstos por las convenciones de París que no haya dado lugar a interminables querellas jurídicas. La razón, en el fondo, era una. Una sola: la repugnancia de los dantziqueses a vivir bajo la dependencia de Polonia y, recíprocamente, la repugnancia de los polacos a admitir, bajo su soberanía más o menos parcial - con mil considerandos y subterfugios - a los dantziqueses. La lista de las acciones legales llevadas ante el Alto Comisario de la S. de N., en virtud del Artículo 39 - que preveía el arbitraje entre polacos y dantziqueses - es elocuente:

Sólo en el periodo comprendido entre el 4 de Febrero de 1921 y el 15 de Noviembre de 1924, es decir en poco más de tres años y medio, se ejercitaron 44 acciones legales ante el Alto Comisario de la S. de N. Cada una de las 44 decisiones del Alto Comisario era apelada por la parte que se consideraba desfavorecida - o por las dos partes, a veces - ante el Consejo de la S. de N.[208] En los tres años siguientes el número de litigios aumentó en otros 53. De manera que la S. de N. tenía constantemente, sobre la mesa, un - o varios - problemas relacionados con la administración de Dantzig. Al vencer los socialistas en las elecciones de Noviembre de 1927, las relaciones de Dantzig y Polonia mejoraron algo, debido a que la nueva administración marxista de la "Ciudad Libre" cedió constantemente a las demandas polacas. A simple vista parece extraña esta complacencia de los marxistas dantziqueses para con los polacos. En aquél momento gobernaba Polonia, con mano de hierro, el dictador Pilsudski. Pero, como es sabido, basta que algo disguste a los nacionalistas para que enseguida le parezca excelente a los socialistas. El idilio polaco-dantziqués fue de muy corta duración. Los socialistas fueron barridos en las elecciones dantziquesas celebradas en Marzo de 1931. Los nacionalsocialistas, con 38 escaños sobre 72 posibles, lograron la mayoría absoluta. Los nacional-alemanes, con 4 escaños, se aliaron con ellos. Los socialistas, con 13 escaños, los centristas, con 10 y los comunistas, con 5, completaban el abanico electoral. Los nacional-polacos obtuvieron sólo 2 escaños[209]. Hay que tener presente que socialistas, comunistas y centristas dantziqueses esgrimían programas netamente germanistas, nacionalistas y contrarios a la presencia polaca. De no haberlo hecho así su representación electoral hubiera sido aún menor.

Volvieron, pues, los problemas polaco-dantziqueses, mientras el Comisario de la S. de N., por muy suizo que fuera, no lograba contentar ni a unos ni a otros. El problema de Dantzig no era un problema político: era un problema biológico. Era una simple cuestión de anticuerpos; un organismo rechazará la inserción de otro organismo extraño en su ámbito vital. Partiendo de ese problema biológico, los incidentes eran inevitables y, en el fondo, simples pretextos. En Febrero de 1933 se produjo el incidente de Westerplatte.

---

[208] Jacques Benoît: *Mourir pour Dantzig*, pág. 98-101.
[209] J. Montfort: *Dantzig, port de Pologne*.

En efecto, aunque la "Ciudad Libre" era independiente, el 22 de Junio de 1921 el Consejo de la S. de N. adoptó una resolución que convertía a Polonia en garante de la independencia de Dantzig. Esto es una prueba más del irrealismo y artificialidad de los organismos como la S. de N. y su sucesora, la O.N.U. Decían los romanos: "*Protego, ergo obligo*". Te protejo, luego te mando. El protegido depende realmente, físicamente, del protector. Y el protegido depende gramaticalmente del protector. Y si depende, no es independiente. Si la "Ciudad Libre" hubiera sido realmente independiente, los estados democráticos, que controlaban realmente la S. de N. - como hogaño USA y URSS controlan la O.N.U. - hubieran permitido que, democráticamente, por plebiscito, la población de Dantzig decidiera sobre su destino. Pero siempre lo impidieron. Como lo impidió Polonia, la *garante* de la independencia (sic) de Dantzig.

Pues bien, para "garantizar" la independencia de Dantzig, Polonia había obtenido de la S. de N. la libre disposición de la isla de Westerplatte, en la desembocadura del Vístula y dentro del recinto de Dantzig. En Westerplatte había instalado Polonia un destacamento militar y un polvorín. Guardaban ese polvorín 88 soldados polacos. Durante doce años, el Senado de Dantzig había pedido la supresión del polvorín, situado a quinientos metros del barrio de pescadores de Dantzig. Pero el gobierno polaco se había negado, manifestando simplemente que pagaría los daños habidos en caso de explosión de las municiones.

Al ganar las elecciones los nazis en la "Ciudad Libre", el gobierno polaco, amparándose en que había oído rumores sobre un golpe de mano del gobierno dantziqués, permitiendo una acción de incontrolados contra Westerplatte, envió un destacamento de 120 soldados para reforzar los efectivos de la pequeña guarnición habitual. Se trataba de una violación flagrante del estatuto de la "Ciudad Libre", y en consecuencia Dantzig recurrió al Alto Comisario de la S. de N., quien obligó a Polonia a retirar los refuerzos. Esto fué considerado en Polonia como una derrota nacional, y las banderas de los edificios públicos fueron puestas a media asta.

Cuando, el 25 de Mayo de 1933, los nacional-socialistas hubieron terminado la conquista de todos los organismos políticos de Dantzig, cuatro meses después de haber obtenido el mismo éxito en Alemania, el clima de tensión llegó a alcanzar tal punto que se creyó que el enfrentamiento era inevitable. Ante la sorpresa general, se produjo lo contrario. El 3 de Julio de 1933, Rauschning y Gieiser, los nuevos jefes (nazis) del Senado de Dantzig se desplazan a Varsovia para limar asperezas y para concluir un tratado con el gobierno polaco sobre la utilización del Puerto de Dantzig y su cuota de participación en el comercio naval polaco. En efecto, en la zona del "Corredor", y al Noroeste de Dantzig, el gobierno polaco construyó, en 1924, en la ciudad de Gotenhaffen, viejo puerto de pescadores, un puerto comercial. La ciudad cambió su nombre por el de Gdynia. La población era, en un 63%, polaca, y un 37% alemana; caso único en toda la zona del "Corredor", donde la mayoría oscilaba entre el 70% y el 93%, siendo la ciudad de mayor población alemana, precisamente, Dantzig, como hemos visto, con un 97%[210]. El gobierno polaco procuraba favorecer a Gdynia con respecto a Dantzig, siempre que le era posible.

Esa cuestión de la construcción del puerto de Gdynia y su utilización cada vez mayor por parte de Polonia era, sin duda, la que suscitaba un más vivo resentimiento por parte de los dantziqueses. Cuando en 1919 Polonia obtuvo por el Tratado de Versalles el famoso "Corredor" en el litoral del Báltico, Dantzig era el único puerto que allí había. Pero los polacos debieron descubrir súbitamente que tenían una tradición marinera ancestral y pensaron que Dantzig sería pronto insuficiente para cubrir sus futuras necesidades portuarias. La construcción del puerto de Gdynia fue encomendada a un consorcio francés, que lo terminó en ocho años. Para los dantziqueses, se trataba de una violación flagrante del Tratado de Versalles; afirmaban que sí, con objeto de conceder un acceso al mar a Polonia se había instituido el "Corredor" y la Ciudad Libre, cuyo puerto había sido considerado por los propios polacos como el único adecuado, de ello se deducía que Polonia tenía la obligación legal de utilizar el puerto de Dantzig hasta sus últimas posibilidades. Y Dantzig podía muy fácilmente, gracias a sus instalaciones, asegurar todo el tráfico de Polonia hacia el mar; podía incluso absorber un tráfico superior al que Dantzig y Gdynia juntos habían cubierto en 1932. Los dantziqueses se quejaban de que el tráfico de mercancías, de diez millones de toneladas en 1924, había descendido a siete millones en 1930 y a cinco en 1932, mientras Gdynia había pasado de sus míseras diez mil toneladas en 1924, cuando se inició la construcción de su puerto, hasta 3,6 millones en 1930 y 4 millones en 1932. Dantzig podía asegurar servicios hasta unos 14 millones de toneladas.

---

[210] *Encyclopoedia Britannica*: Tomo X, pág 43.

En 1930, el informe de los expertos de la S. de N. concluía, por unanimidad, que Polonia debía utilizar, obligatoriamente, el puerto de Dantzig hasta su extremo límite.

Para Polonia, la construcción del puerto de Gdynia era un contrasentido económico. Pero era el anillo de la cadena de un conflicto político, tendente a arruinar, paulatinamente, la Ciudad Libre de Dantzig. Esta era el nervio de la resistencia alemana en medio del "Corredor"; si se dominaba a los dantziqueses, arruinándoles, quitando trabajo a su puerto y haciendo invendibles sus mercancías por la manipulación aduanera polaca, Dantzig se hundiría; los elementos más activos de la población emigrarían a Alemania y Polonia finalmente absorbería Dantzig. El conflicto, repetimos, era básicamente político; en vista de la atmósfera de las relaciones polaco-dantziquesas, Varsovia quería reducir al mínimo el papel de Dantzig en la vida económica polaca. Los viejos arsenales, diques y puertos construidos por la experiencia de generaciones de dantziqueses, apoyándose sobre antiquísimas tradiciones marineras se veían súbitamente amenazadas por la bancarrota, a causa de la construcción - costosísima - del puerto de Gdynia. En esa lucha desigual, Dantzig debía llevar la peor parte. Gdynia, puerto de estado, era administrado desde un punto de vista puramente político, mientras que Dantzig era un puerto privado ... ¡un puerto en cuya Comisión gestora el adversario tenía voz preponderante y derecho prioritario!... Por otra parte, la unión aduanera entre Polonia y Dantzig fue muy a menudo utilizada como un arma económica contra la Ciudad Libre. Mediante un sistema sutil de disposiciones excepcionales relativas a las aduanas y a los impuestos, Polonia perseguía "el estrangulamiento de las industrias y del comercio dantziqués, mientras favorecía, en su territorio, la implantación de empresas polacas que hacían la competencia"[211]. Existía incluso una "Liga para el Aprovisionamiento Nacional" sub- vencionada por el Gobierno Polaco, cuyos objetivos declarados consistían en boycotear el uso del puerto de Dantzig.

Había, aún, otro motivo de preocupación y de malestar para los dantziqueses: el mal estado de entretenimiento del Vístula. Polonia había reivindicado Dantzig - según su tesis official - por que su puerto se hallaba en la desembocadura del

---

[211] Jacques Benoît: *Mourir pour Dantzig*, pág. 106.

Vístula, el llamado río nacional polaco, y era lógico suponer que Varsovia haría todo lo posible por animar la navegación por tal vía fluvial. Pero la realidad fué lo contrario. "El Estado Alemán consagraba cada año, antes de la guerra, veinte millones de marcos oro para el entretenimiento del Bajo Vístula. El presupuesto polaco prevé hoy (1930), 800.000 zlotys - medio millón de marcos - es decir, cuarenta veces menos", afirmaba el historiador francés Martel [212]. Polonia no canalizaba nuevas zonas del río y no reparaba las zonas ya canalizadas; no se ocupaba del dragado de aluviones ni de la conservación de las vías de comunicación ni de los puentes. De lo único que se ocupaban las autoridades polacas era de desviar el curso de los numerosos riachuelos y torrentes, afluentes del Vístula, cuyos meandros pasaban originalmente, ya por el territorio de la Ciudad Libre, ya por el de Prusia Oriental. De manera que "territorios que antes eran muy fértiles, han debido ser hoy abandonados por sus pobladores, alemanes y cachubes, por su sequedad"[213].

El Tratado de Versalles había consentido a Prusia Oriental un acceso al Vístula. Dicho acceso consistía en un camino de unos cuatro metros de ancho. "Es por ese camino por donde debe pasar todo el comercio de prusia Oiental hacia el Vístula. Y, aún, ese camino esta cortado por una barrera aduanera que no se abre fácilmente. A un lado se encuentra el puerto de Kurzebrak, por cuya adjudicación derramó literalmente lágrimas en Versalles el político-músico Paderewsky. Kurzebrak (1930) está completamente abandonado"[214].

A pesar del desastroso estado de las relaciones polaco-alemanas, tanto en el plano económico como en el psicológico y en el político, la llegada al poder del Canciller Hitler provocó una cierta distensión. El Führer había comprendido que una discusión constante de la cuestión germano-polaca no haría más que mantener en Europa un estado de tensión permanente. Por tal razón firmó el acuerdo con Polonia que establecía el statu quo por diez años, y por la misma razón igualmente presionó a Rauschning y a Gieiser para que se trasladaran a Varsovia a pactar con el gobierno polaco. El 5 de Agosto de 1933 se firmaban los acuerdos polaco-dantziqueses que, además de regular diversas cuestiones pendientes relativas al

---

[212] Robert Martel: *Les frontières orientales de l'Allemagne*.

[213] Robert Tourly: *Derrière les brumes de la Vistule*.

[214] Jacques Benoît: *Mourir pour Dantzig*, pág. 109.

régimen de escuelas, a los derechos de asociación y a la calificación y competencia de las diversas autoridades administrativas que repartían el poder de la Ciudad Libre, establecía una cuota de utilización de los pueblos polacos de Dantzig-Gdynia, en una proporción de cinco a dos. Dantzig aseguraría las cinco séptimas partes del comercio exterior polaco, y Gdynia las dos séptimas partes restantes.

Pero, según el historiador - por cierto izquierdista - francés, Ludovic Naudeau[215], Polonia incumplió clamorosamente estos acuerdos, especialmente el relativo a la cuota Dantzig- Gdynia, hasta el punto de invertir la proporción a la que se había comprometido.

Dantzig, en suma, no era, políticamente hablando, ni polaca ni alemana, ni libre. Era como un grano alemán en carne polaca; como un grano polaco en carne alemana, falsamente libre pero con las responsabilidades de la libertad. Dantzig era un engendro de la Política Ficción inventada en Versalles. Dantzig era, en una palabra, inviable. Sólo había sido creada con una finalidad: servir de mecha para la siguiente explosión programada en el ámbito europeo. Para desactivar esa mecha Hitler mejoró notoriamente las relaciones germano-polacas, por un lado, mientras por otro aconsejaba a las autoridades de Dantzig la máxima paciencia en sus relaciones con el gobierno de Varsovia. La actitud de éste, en cambio, no varió gran cosa. Continuaron las provocaciones contra la "Ciudad Libre", y continuó el boycot al puerto de Dantzig mediante una desaforada protección al de Gdynia. De tal modo que si las relaciones germano-polacas, en bloque mejoraron notablemente desde la llegada de Hitler al poder, la situación de Dantzig continuó siendo mala. Si no se produjeron muchos incidentes fue por haber seguido el gobierno de la "Ciudad Libre" el consejo hitleriano de no responder a las provocaciones y a los incumplimientos de Varsovia. El tono general mejoró, con vistas a buscar un acuerdo global con Polonia, reduciendo a un mínimo vital[216] las demandas alemanas; plebiscito en Dantzig y derecho a la construcción de un ferrocarril y una autorruta a través del "Corredor". Ya hemos visto que el Coronel Beck, primero con Goering y luego con Hitler, dio su acuerdo previo a esa solución. Y también que el inaudito "cheque en blanco" arrancado por Halifax, el pariente por alianza de Rothschild, a Chamberlain,

---

[215] Ludovic Naudeau: *En écoutant parler les Allemands*, 2. Edición.

[216] La expresión es del aludido político izquierdista francés Ludovic Naudeau en la 2 Edición de la obra precitada. (N. del A.)

aprovechando el pretexto del affaire Tilea, cambió, totalmente, los datos del problema. Los Poderes Fácticos que gobernaban a Occidente - y a Oriente - tenían, por fin, en sus manos, el detonador que iba a hacer saltar por los aires a Europa.

PIO XII, EL PAPA DE LA PAZ

En una atmósfera tan enrarecida, con la Alta Finanza empujando a la guerra, el Judaismo predicándola abiertamente en todo el mundo, Roosevelt multiplicando sus intervenciones funestas, Daladier debatiéndose entre el miedo a perder su mayoría parlamentaria, las presiones de su izquierda, el patrioterismo de su Derecha y la manifiesta impreparación de su ejército, Chamberlain enfermo y cada vez más manipulado y Hitler cada vez más exasperado por el cheque en blanco concedido a Polonia, sin contar las maniobras de Moscú para alejar el conflicto y trasladarlo a Occidente y la tragicómica impericia del Coronel Beck, un hombre guarda la serenidad, mantiene fría la cabeza y no desespera de salvar la paz: Su Santidad Pío XII.

Como diplomático de carrera, le constaba que los problemas deben ser estudiados en serie. Sabía que era en Europa donde existían los mayores riesgos de guerra; para él, el problema japonés era una derivación (y así era en realidad, aún cuando Roosevelt lo utilizara como trampolín para mezclarse en los asuntos de Europa). De ahí la idea papal de intentar solucionar, de entrada, todos los litigios europeos entre europeos.

El discurso de Hitler del 28 de Abril de 1939, en respuesta al de Roosevelt, le había convencido de la urgente necesidad de actuar. Como Padre Espiritual de más da 500 millones de hombres que constituían una fracción importante, cuantitativa y cualitativamente, de los países incriminados, se consideraba en el deber moral de hacer todo cuanto estuviera en su mano para evitar el desencadenamiento de la guerra que para él, supondría un rudo golpe a la Cristiandad.

Los estados europeos que tenían, entre ellos, litigios pendientes eran cinco: Alemania, Italia, Inglaterra, Francia y Polonia[217]. Alemania con Polonia; Italia con

---

[217] Italia, Polonia y, en menor grado, Francia, eran países de mayoría confesional católica. Alemania, tras el *Anschluss* era católica en más de un cuarenta por ciento. Sólo en Inglaterra eran los católicos minoría (aunque importante y en progreso numérico). (N. del A.)

Francia (antiguas reivindicaciones sobre Djibuti, Niza, Córcega y Túnez, amén de la hostilidad casi patológica de los frentepopulistas franceses contra el Duce); Inglaterra con Alemania (garantía británica a Polonia, denuncia alemana del Pacto Naval de 1935) y con Italia (trabas inglesas al uso del Canal de Suez por los buques italianos que se dirigían a Eritrea y Somalia); Francia con Alemania (garantía francesa a Polonia), y Polonia con Alemania (Dantzig y el infausto "Corredor"). Alemania e Italia no pertenecían a la Sociedad de Naciones; por consiguiente la solución de los litigios en cuestión era imposible dentro del ámbito de la misma. Quedaba solamente, como única solución posible, la Conferencia de los Cinco, augurada por el Sumo Pontífice, usando de su autoridad moral ya como árbitro, ya como moderador.

Los adversarios de Pío XII, desde el sectario Rolf Hochhut, autor del libelo antipapal *El Vicario*, hasta el Presidente Truman, pasando por el bien conocido sionista Saúl Friedlander[218] han criticado a Su Santidad que excluyera de esa proyectada Conferencia de los Cinco a la URSS y a los Estados Unidos. Han dicho que el motivo era su aversión al Comunismo, justificando la primera exclusión, y a la Masonería, tan fuertemente enraizada en el gobierno de Roosevelt, motivando la segunda. Es posible que esos hayan sido secundarios. Más bien nos inclinamos a creer que el motivo principal no era otro que el deseo de Pío XII de circunscribir la solución de los problemas europeos exclusivamente a potencias europeas. Puede argüirse que la URSS es, geográficamente, un estado europeo, al menos en parte. Pero el argumento no es válido, por cuanto la URSS no tenía litigios pendientes con los cinco estados a cuyos gobiernos pensaba apelar Su Santidad. Por esa misma razón fueron ya excluídos los extraeuropeos URSS y USA en la Conferencia de Munich. En suma, Pío XII buscaba un nuevo Munich, pero esta vez definitivo; buscaba precisamente aquello que más temía Roosevelt y las Fuerzas Políticas que a éste movían.

Con prudencia de verdadero diplomático, Pío XII, con objeto de asegurarse de que no heriría las susceptibilidades de ninguna de las partes implicadas, antes de someter su proyecto a los intensados, hizo proceder a sondeos previos a sus

---

[218] Saúl Friedlander: *Pie XII et le III Reich*.

servicios diplomáticos. He aquí como se desarrollaron los acontecimientos:

h) El 1 de Mayo de 1939, Mussolini recibe al Padre Tacchi Venturi, jesuíta, amigo personal suyo desde la infancia. Tacchi Venturi viene a sondearle en nombre de Pío XII. "¿Estaría Mussolini dispuesto a participar en una Conferencia de los Cinco para resolver los litigios pendientes en Europa?". Mussolini pide veinticuatro horas de reflexión. El 2 de Mayo, como ha prometido, da su respuesta. Esta es positiva. El Duce está de acuerdo en participar en esa Conferencia, sin reservas de ninguna clase. El enviado papal le pregunta cómo, a su juicio, va a responder Hitler a esa misma pregunta. Mussolini responde que a su juicio Hitler estará de acuerdo, y recomienda que cuando se le someta esa cuestión se le precise claramente que "se trata de resolver pacíficamente los puntos de litigio entre los cinco países y los problemas conexos"[219].

i) En vista de ese éxito inicial el día siguiente, 3 de Mayo, Monseñor Maglione, Secretario de Estado del Vaticano, somete la proposición papal a los nuncios de Berlín, París, Varsovia y Londres. El primero en contestar es Hitler. El día 5 de Mayo recibe a Orsenigo, el Nuncio papal en Berlín, en Berchtesgaden. Para recalcar la importancia que se concede a la entrevista, el Ministro de Asuntos Exteriores, von Ribbentrop asiste a la misma. El Führer afirma que no cree en un verdadero peligro de guerra, ya que "la tensión es más un efecto propagandístico que algo que responda a los hechos reales", que no se opone en absoluto a tal reunión, pero que antes de dar una respuesta definitiva debe consultar con Mussolini, con quien acaba de firmar un pacto de alianza que desea honrar. Y afirma: "El Duce y yo actuaremos de perfecto acuerdo"[220].

Es decir, que el 5 de Mayo el asunto se plantea de la siguiente manera: Mussolini ha aceptado la proposición del Papa. Hitler no ha formulado objeción alguna y ha dicho que, antes de responder afirmativamente de manera oficial, debía consultar a Mussolini. En otras palabras: por lo que se refiere a las dictaduras el asunto se halla en buen camino.

---

[219] Monseñor Giovanetti: *El Vaticano y la Paz*, Ed.Fleurus, pág. 55.

[220] Foreign Office: *Documents on German Foreign Policy*, Vol. 1., pág. 435.1939.

j) El 6 de Mayo, el Nuncio en París, Monseñor Valerio Valeri, es recibido por Georges Bonnet, Ministro de Asuntos Exteriores, que, tras escucharle, le dice que debe consultar con su Jefe de Gobierno, Daladier, y con el Secretario General del Quai d'Orsay, Alexis Léger[221]. Cuatro horas después llama al Nuncio, le hace presentarse en el Ministerio, haciendo caso omiso del protocolo, y le dice que "el gobierno francés juzgaba la gestión papal totalmente inoportuna" pidiendo además que el Secretario de Estado del Vaticano "se abstuviera de publicar el mensaje de Pío XII a las cinco potencias"[222]. El día siguiente, 7 de Mayo, Alexis Léger remacha el clavo añadiendo una impertinencia: "El gobierno francés se ocupará de los asuntos que le incumben sin interferencias del Vaticano"[223].

k) Monseñor Godfrey, Nuncio de Su Santidad en Londres, ha sido recibido por Lord Halifax, el 5 de Mayo: respuesta de Halifax: "Que Su Santidad ofrezca sus buenos oficios, sucesivamente y por separado, y por este orden, a Alemania, a Polonia, a Italia y a Francia, y luego se dirija de nuevo al Gobierno Británico"[224].

l) El Nuncio Papal en Varsovia es recibido por el Coronel Beck, que le contesta que no puede responder sin antes haberse concertado previamente con Londres y París. Beck ha tardado diez minutos en dar su respuesta al Nuncio. En consecuencia:

El día 8 de Mayo, exactamente en nueve jornadas, las respuestas de Londres, París y Varsovia destruyen todas las esperanzas que las de Italia y Alemania habían hecho nacer en el espíritu del Secretario de Estado, Monseñor Maglione, y de Pío XII.

Afirma Paúl Rassinier: "Sin desearlo, Pío XII había suministrado la prueba de que los que se oponían a la solución de los litigios europeos mediante negociaciones internacionales no eran ni Hitler ni Mussolini, sino Francia, Inglaterra y Polonia"[225].

Esta prueba, hecha, sin quererlo ni buscarlo, por Pío XII ha traído como

---

[221] Alexis Léger que, con el pen-name de Saint-John Perse obtuvo uno de los mas increíbles premios Nóbel de Literatura (el mas increíble debe ser el de Churchill) era un personaje prominente del Gran Oriente de Francia. (N. del A.)

[222] Monseñor Giovanetti: Op. cit., pág. 59.

[223] *Actes de Pie XII,* Bonne Presse. T. I., pág. 178.

[224] Documents on British Foreign Policy, S. III. V.V., pág. 435.

[225] Paul Rassinier: *Les Responsables de la Seconde Guerre Mondiale*, Omnia Veritas Ltd.

consecuencia la hostilidad que los belicistas del período 1933-39 manifestaron siempre, hasta su muerte, contra dicho Pontífice. Dicha hostilidad, desde su punto de vista, es perfectamente comprensible; la finalidad perseguida por tales individuos no era la solución de los litigios europeos, sino el hundimiento del régimen nacionalsocialista en Alemania, y les constaba que esto no podrían conseguirlo si no era recurriendo a una guerra generalizada. Por tal razón no querían, a ningún precio, un nuevo Munich. Pero les interesaba poder continuar pretendiendo que era por culpa de Hitler y, en menor grado, de Mussolini, que no podía llevarse a cabo contactos internacionales normales. Naturalmente, tras la intervención de Pío XII, ya no podían continuar pretendiendo eso. Por tal motivo, y por las ulteriores intervenciones de Pío XII en favor de la paz - de las que más adelante hablaremos -, ese Papa ha sido uno de los más calumniados de la Historia, casi tanto como León XIII, el apodado "Papa Boche" de la Primera Guerra Mundial. Así se montaría, en los años sesenta, la denominada por Rassinier Operación Vicario[226], tendente a calumniarle y desacreditarle ante la opinión pública mundial.

CUATRO MILLONES Y MEDIO DE REHENES

Los aprendices de brujo de Versalles habían colocado a cuatro millones y medio de alemanes bajo soberanía polaca. Otros cuatro millones de alemanes habían quedado aislados, por vía terrestre, del resto de Alemania con la creación del artificial "Corredor". Finalmente, en la "Ciudad Libre" de Dantzig, otros ochocientos mil alemanes se hallaban, física y moralmente cercados por Polonia. Si el Reich hubiera sido una potencia de tercer orden y Polonia de primero, no se hubiera planteado problema alguno: los halógenos alemanes en Polonia, los habitantes de Dantzig y los incomunicados de Prusia Oriental, hubieran sido englobados, a la corta o a la larga, en el estado polaco, probablemente sin necesidad de recurrir al uso de las armas, y ello por un simple fenómeno de simbiosis histórica. Ejemplos existen de sobras a lo largo de la Historia. Pero, desgraciadamente para la tranquilidad de

---

[226] Rolf Hochhut, antiguo nazi muy oportunamente convertido a las ideas políticas de los vencedores después de la guerra, fue el autor material de la novela pseudo-histórica *El Vicario*, que incluso fue llevada a la pantalla. Productores, directores, libretistas y demás lanzadores de ese auténtico libelo difamatorio fueron todos judíos, encabezados por el triste Friedlander. (N. del A.)

Europa, era precisamente Alemania la potencia de primer rango, y Polonia la de tercer rango, con el agravante de creerse más fuerte de lo que era en realidad, de confiar en la alianza anglo-francesa que ningún socorro inmediato podía aportarle (y para cerciorarse de ello les bastaba a sus gobernantes con echar una ojeada al mapa), de creer en la vigencia de su Pacto de No-Agresión con la URSS y, en suma, de estar gobernada por un clan de patrioteros que tomaban sus deseos por realidades y creían que la prestigiosa caballería polaca se impondría a los tanques alemanes[227].

Polonia, con una población inferior a la mitad de la del Reich, con un ejército cualitativa y cuantitativamente inferior al alemán, cometió - lo cometieron sus gobernantes y coadyuvaron a que lo cometieran las masas de su pueblo - el pecado mortal político de creer que una alianza es un matrimonio. Y, además, un matrimonio muy bien avenido. Cayó en lo que en Política debiera ser llamado "el pecado contra el espíritu", consistente en tomar los propios deseos por la realidad. Beck, Moscicki y, en menor grado, Rydz-Smigly, evaluaron así la situación: de un lado, Alemania, cuyas exigencias son el retorno a su soberanía de la Ciudad Libre de Dantzig, teóricamente libre, y el derecho a un ferrocarril y una autorruta extraterritoriales a través del Corredor. Del otro lado: El Estado Polaco, con un ejército que sus líderes creen magnífico, olvidándose de que el 40% de sus reclutas serán, en caso de movilización general, halógenos indiferentes en el mejor de los casos, cuando no declaradamente hostiles; más Inglaterra, con su Flota y los recursos de su Imperio; más Francia, con el que se supone, desde 1918, primer ejército continental, con otro poderoso imperio colonial y la tercera flota de guerra mundial; más el apoyo moral y material[228] de los Estados Unidos, y la garantía del Pacto Polaco-Soviético, que aseguraba la retaguardia polaca. Es decir: del segundo lado no sacaremos más que ventajas, discurren los señores de Varsovia: Dantzig dejará de ser (aunque sea teóricamente) libre, para englobarse, por simple inercia geopolítica, en el Estado Polaco; a mas largo plazo, seguirá la Prusia Oriental; además, Inglaterra y América nos ofrecen préstamos a tan largo plazo que equivalen a graciosas donaciones. No

---

[227] Así se lo dijo el generalísimo polaco Rydz-Smigly a su colega francés Gamelín, en Junio de 1939. (Jean Montigny: *Complot contre la Paix*).

[228] El incansable e itinerante embajador de Roosevelt, William C. Bullit hizo tal promesa a Beck dos días después de los Acuerdos de Munich. (W.C. Bullit: *The World Menace*).

cabe duda: nos interesa más la segunda alternativa, concluyen Beck y sus acólitos. Además, para forzar más la situación, deciden utilizar una carta que ellos creen decisiva: cuatro millones y medio de alemanes residentes en Polonia más los ochocientos mil prácticamente cercados en Dantzig. En menor grado, pero con virtualidades semejantes, los cuatro millones de alemanes de Prusia Oriental, incomunicados por tierra con el resto del Reich. Los señores de Varsovia exultan: creen que su posición es solidísima e inician una campana premeditada de vejaciones contra la minoría alemana mientras "aprietan las clavijas" más y más en Dantzig. Si hasta entonces (principios de 1939) la situación de la minoría alemana en Polonia no ha sido precisamente fácil, y en todo caso se ha hallado constantemente sometida a una inquietante precariedad, dependiendo siempre de los movimientos de humor de las autoridades polacas, cuando se produce el espectacular e inesperado golpe de timón de Varsovia provocado por la "garantía" anglo-francesa, tal situación se torna insoportable.

He aquí algunos de los incidentes que, en los meses que preceden al desencadenamiento de la guerra, se producen en Polonia:

1) El 26 de Marzo, manifestación antialemana organizada por la oficiosa "Asociación Polaca del Oeste". Los manifestantes profieren gritos de "¡Fuera Hitler", "Queremos Dantzig" y "Queremos Koenigsberg". Dicha Asociación Polaca extrema su boycot contra comerciantes y artesanos alemanes en la región de Thorn.

2) El 28 de Marzo, fue irrumpida violentamente una reunión legal de alemanes en la aldea de Liniewo, por turbas polacas. Resultaron destruidos emblemas alemanes, banderas del Reich y un retrato del Führer. La protesta del Cónsul alemán en Thorn, Herr Graf, fué desatendida por las autoridades polacas.

3) El 30 de Marzo, incidentes similares en Bromberg, en la región de Pomerelia (Prussa Occidental, o "Corredor"). Protesta del embajador alemán en Varsovia, Moltke, ante el Vice- Ministro polaco Szembek, que promete ocuparse del asunto, y alega ignorancia total de los hechos, lo que es inconcebible por haberlo mencionado incluso la "Associated Press".

4) El mismo 30 de Marzo, agresión contra un ciudadano alemán en Jablonowo. Ese ciudadano, propietario de un restaurante, fue apaleado, y su establecimiento destruido. Según el cónsul alemán, Graf, la policía polaca, que fue

avisada a tiempo, no hizo acto de presencia. Incidentes similares en Bromberg y Graudenz.

5) El 31 de Marzo, el Cónsul Alemán en Posen, ciudad de mayoría de población alemana y que los polacos han rebautizado Poznan, se queja de la propaganda antialemana que ha alcanzado en los últimos días una virulencia inaudita. Los comercios de los alemanes son regularmente apedreados sin que la policía polaca intervenga ni las compañías de seguros polacas indemnicen a los damnificados. "El ambiente de hostilidad (organizada) ha llegado hasta la última aldea", concluye la nota diplomática del Cónsul Walther a von Ribbentrop.

6) El 2 de Abril, von Ribbentrop Instruye al embajador alemán en Varsovia, von Moltke, para que proteste enérgicamente ante las autoridades polacas por los actos de violencia física y moral perpetrados por las turbas y también por asociaciones paramilitares, oficiales u oficiosas polacas, contra la minoría alemana en Polonia, sin que las autoridades polacas intervengan efizcamente en su protección. La nota alemana alude a la Declaración Germano-Polaca sobre Minorías y a la propia Constitución del Estado Polaco.

7) El Cónsul alemán en Posen manda una nota a von Ribbentrop informándole de agresiones contra alemanes en Wongrowitz, Zabczyn, Gollantsch, Wollstein, Margonin, Waldthal, Lipiagora y Klecko. Se registran, como mínimo, tres heridos muy graves. Los daños materiales son considerables. Continúa la acción de boycot contra los comercios alemanes. Piquetes de la entidad, legalmente registrada, "Asociación Polaca del Comercio y la Industria", impiden a los polacos, y a los propios alemanes, comprar en los comercios propiedad de alemanes en Wollstein. La nota en cuestión está fechada el 4 de Abril.

8) El mismo día, el embajador alemán en Varsovia, von Moltke, manda a von Ribbentrop el siguiente comunicado que transcribimos íntegramente, dada la importancia y significación que, en nuestra opinión, posee: "En los últimos días se ha difundido un llamamiento público que invita expresamente a boycotear el comercio y el artesanado alemanes. En la proclama, firmada por diez asociaciones paramilitares, se establecen las siguientes demandas:

1.- Todos los polacos que compren en tiendas alemanas o que frecuenten establecimientos alemanes serán señalados nominalmente.

2.- En las casas no pueden ser consumidos productos de origen alemán.

3.- Las mujeres no pueden comprar en los mercados ningún producto a los agricultores alemanes.

4.- Los polacos no pueden suscribirse a ninguna revista alemana.

5.- Todas las casas polacas se obligan a dar ocupación únicamente a jóvenes y obreros polacos.

6.- Los funcionarios y obreros del Estado y del Municipio, así como todos los empleados y funcionarios de empresas particulares, deben emplear exclusivamente, en sus relaciones con personas de nacionalidad alemana, o de origen alemán, el idioma polaco.

7.- Todos los letreros y anuncios en Idioma alemán deberán desaparecer.

8.- Los polacos no deben utilizar los servicios de los bancos alemanes.

9.-Aspiramos a:

a) Conseguir que se suprima el derecho según el cual los alemanes pueden adquirir propiedades inmuebles y obtener concesiones.

b) Impedir a todas las casas alemanas cualquier suministro para el Estado y la Administración.

c) Limitar el franqueo concertado a la prensa alemana y a las editoriales alemanas en Polonia.

d) Conseguir la prohibición de las películas alemanas en Polonia.

10.- Exigimos la entrega de las iglesias alemanas superfluas.

11.- Exigimos la liquidación del excesivo número de escuelas alemanas en Polonia, tanto de las estatales como de las particulares.

El ponente de la Embajada ha llamado la atención al Representante del Ministerio de Relaciones Exteriores en la Comisión Gubernamental Polaca de que la proclama en cuestión confirma irrefutablemente la opinión alemana sobre los efectos perjudiciales de la propaganda antialemana general sobre las relaciones económicas germano-polacas. Aparte de esto, reclamaré también ante el Ministerio de Relaciones Exteriores en lo referente al aspecto político del asunto. Firmado: von Moltke".

Precisemos que, a pesar de haber indagado en múltiples libros y documentos oficiales u oficiosos, no hemos encontrado una sola reacción positiva por parte de las autoridades polacas ante las reclamaciones de von Moltke.

9) El 13 de Abril, el Cónsul General Alemán en Dantzig, von Janson, informa a von Ribbentrop de que en numerosas poblaciones de Pomerelia han aumentado las manifestaciones antialemanas. Señala numerosas agresiones de obra en el distrito de Berent. Los alemanes no se atreven a salir de sus domicilios y entierran sus enseres más valiosos. Unos cien alemanes han huido de Pomerelia y se han refugiado en Dantzig.

10) El 18 de Abril, el Encargado de Negocios Alemán en Varsovia, Krümmer, se queja oficialmente al Ministerio de Relaciones Exteriores de Polonia, por los excesos cometidos contra miembros de la minoría alemana con moti- vo de las elecciones municipales polacas, impidiendo a los alemanes su derecho constitucional al sufragio, y de presentarse tanto como electores como candidatos. El mismo día, el Cónsul alemán en Thorn, von Kuchler señala nuevas exacciones contra la minoría alemana e informa que la titulada "Asociación Polaca del Oeste" está llevando a cabo una "Semana de Propaganda Pro-Boycot" contra comerciantes y agricultores alemanes. Dicha propaganda se realiza por medio de oradores, de la radio, de la prensa y de manifestantes con altavoces. Se citan más apedreamientos de particulares y de comercios alemanes.

11) El Cónsul alemán en Kattowitz, Nöldeke, se queja del boycot antialemán, propiciado por las autoridades polacas, las cuales "toman continuamente resoluciones tendentes al aniquilamiento de la población alemana en Alta Silesia. Consecuencia de esto es el número que aumenta de una manera extraordinaria en los últimos días, de bárbaros excesos contra alemanes aislados en los que se distingue sobre todo la juventud polaca". Esto sucede el 23 de Abril, pero...

12) El día 24 de Abril el mismo Nöldeke señala once casos, nombrando a las víctimas y sus circunstancias, de agresiones contra alemanes y alemanas en esa región, sin intervención de la policía polaca, que parece estar sometida a un estado de catalepsia, algo sorprendente si se tiene en cuenta que tanto la Justicia como la Policía Polacas tiene fama de ser las más expeditivas de Europa, en la

época[229]. El informe de Nöldeke a von Ribbentrop señala que la Liga Juvenil "Campo de la Unificación Nacional", del propio partido gubernamental polaco, ha declarado, sin ambages, que "hay que reprimir o exterminar del todo al elemento alemán en la Alta Silesia".

13) El 28 de Abril vuelve a la carga Nöldeke, con un informe a von Ribbentrop que consideramos útil reproducir íntegramente: "Tengo el honor de reproducir adjunta una proclama dirigida a los miembros de la "Asociación de Antiguos Voluntarios del Ejército Polaco", que ha sido fijada en la población de Wielopole, cerca de Rybnick:" Orden núm. 3/39 a los miembros de la Asociación de Antiguos Voluntarios del Ejército Polaco en esta población:

1.- Desde el día de hoy no está permitido escuchar ninguna estación de radio alemana.

2.- Todos los miembros de la Sección deben denunciar inmediatamente a las personas que sientan inclinación por los alemanes, a las que escuchen estaciones de radio alemanas, a las que pertenecen a organizaciones alemanas, a las que hablan alemán, así como dónde trabajan, y a las que se manifiestan favorables a Alemania y a las que propagan falsas noticias.

3.- La orden anterior debe ser obedecida exactamente. Firman Woznica y Szweda".

Según el informe de Nöldeke, Woznica es un funcionario de Hacienda en Rybnick y Szweda es un enfermero en el hospital de aquella población y es conocido ya por sus distintos excesos cometidos contra los alemanes de la re- gión.

14) El 6 de Mayo, otra nota de Nöldeke informando sobre las incautaciones perpetradas por las autoridades polacas contra periódicos y escuelas alemanas. Se insiste en los apedreamientos de comercios y casas particulares alemanas[230]. Y se señala de nuevo el papel jugado por la prensa, tanto privada como gubernamental, en la excitación al odio contra la minoría alemana en la Alta Silesia.

---

[229] Tomamos esa referencia del citado aserto al escritor judío, Dt. Litauer, en *Query*, y al propio Dr. Beck en su obra *Dernier Rapport*. (N. del A.)

[230] No estará de más mencionar que esas constantes reediciones de la *Kristallnacht*, aunque mencionadas, a veces, por la prensa de las grandes "democracias", no provocan la santa indignación de Roosevelt, ni de Churchill, ni de tas habituales plañideras internacionales. (N. del A.)

15) El 8 de Mayo, el Cónsul alemán en Lodz, von Berchem, informa de los vejámenes sufridos por los alemanes en esa región, incluyendo a los niños que asisten a escuelas alemanas, e incluso a los niños alemanes que asisten a escuelas polacas, y que son maltratados por sus condiscípulos, azuzados por los propios maestros polacos. Indica que las fincas de dos agricultores alemanes fueron incendiadas por el populacho, pereciendo todos los ocupantes. "Sólo el ganado pudo salvarse". El informe acaba: "Los alemanes de aquí se muestran extremadamente intranquilos y cuentan con la posibilidad de nuevos y mayores excesos, si continúa, sin ponérsele coto, la campaña de excitación del populacho inconsciente, tolerada por el Gobierno, y llevada a cabo por las organizaciones polacas chauvinistas y por la Prensa".

16) El mismo día, von Moltke manda el siguiente informe a von Ribbentrop:

"Desde hace una semana se ha expuesto en distinto escaparates de las calles más concurridas del país, un mapa en el que aparecen señalados con banderitas territorios del Reich Alemán. El territorio señalado comprende toda la Prusia Oriental, así como las ciudades de Oppeln, Beuthen, Gleiwitz, Breslau, Stettin y Kolberg. Al lado de este mapa hay un cartel que lleva la siguiente inscripción, en idioma polaco: " ¡No buscamos la guerra! Pero si se nos impusiera, recobraríamos los primitivos territorios polacos habitados por polacos". Este mapa es acogido con un interés extraordinario. Continuamente pueden observarse grandes grupos de personas estacionadas ante él que discuten las nuevas perspectivas que resultan de ahí para Polonia".

17) El 11 de Mayo, ven Ribbentrop instruye al embajador alemán en Londres para que informe al Gobierno de Su Majestad sobre los vejámenes que deben soportar los alemanes en Polonia. Añade que la censura polaca ha clausurado los escasos periódicos alemanes que aún se editaban en aquél país.

18) El 12 de Mayo, los representantes de la minoría alemana en Polonia mandan una instancia al Presidente de la República, Moscicki. Se trata del Senador Erwin Hasbach y del Ingeniero Rudolf Wiesner, representantes oficiales, elegidos por sufragio universal. Tras exponerle los hechos anteriormente citados, se pide al Presidente que haga lo necesario a fin de que su Gobierno respete su propia Constitución, que garantiza el libre desenvolvimiento de las minorías nacionales en Polonia. La instancia termina con este párrafo: "Partiendo de la responsabilidad de

que somos acreedores tanto a la República Polaca como a nuestra minoría, consideramos justo y obligado informar a V.E., señor Presidente, de una manera inmediata, regándole la garantía de los derechos de Constitución concede a la minoría alemana y la garantía de la aplicación de las leyes sin ningún trato de diferencia, tal como determina el Derecho".

El silencio de Moscicki es la única respuesta que obtienen los representantes de la minoría alemana. Esto, desde el punto de vista legal; porque desde el punto de vista de los hechos...

19) El 15 de Mayo, el Cónsul alemán en Lodz, von Berchem, manda una nota diplomática a los Servicios de von Ribbentrop, informando de que en la localidad de Tomaschow-Mazowiecki (unos 42.000 habitantes, de los que unos 3.000 son alemanes) se ha producido un verdadero "pogrom" antialemán. Durante tres días, los alemanes fueron apaleados con el beneplácito de la policía polaca. Hubo más de dos centenares de heridos; dos de ellos muy graves, y una mujer alemana, muerta. En la población de Lodz fueron atacados establecimientos alemanes, todos ellos apolíticos.

20) El 18 de Mayo, von Berchem manda más datos acerca del "pogrom" de Tomaschow. El número total de los gravemente perjudicados se cuenta por millares, pues llegan noticias de que los aldeanos alemanes que viven aislados en el campo han sufrido numerosas exacciones. El número de heridos graves asciende, ya, a diez, sólo en el hospital de Tomaschow.

21) El Cónsul alemán en Kattowitz, Nöldeke, informa a von Ribbentrop de un largo centenar de casos de exacciones contra miembros de la minoría alemana en Alta Silesia. La relación se refiere a detenciones arbitrarias y sin orden del juez, secuestros, multas, agresiones, incautaciones de periódicos, cierre de iglesias, tanto católicas como protestantes, clausura de escuelas alemanas, proclamas antialemanas y despidos en gran escala de miembros de la minoría alemana colocados en las explotaciones industriales. Fecha: 19 de Mayo.

22) El Cónsul alemán en Posen, Walther, informa a Berlín del cierre, por las autoridades polacas, de tres escuelas alemanas en Gnesen, Birnbaum y Wollstein. Fecha: 22 de Mayo.

23) Von Moltke informa a von Ribbentrop, el mismo 22 de Mayo, de los malos

tratos sufridos por la población alemana en la región de Volynia, en el Este de Polonia. La mayoría étnica del país es ucraniana, y sufre una cruel persecución por parte de las autoridades que apoyan a la población polaca. Pero también los alemanes son maltratados: cinco escuelas han sido cerradas por la policía, y 250 familias alemanas debieron malvender sus bienes en la esperanza de emigrar al Reich, atravesando toda Polonia. No obstante, se les impidió emigrar y fueron internados en el campo de concentración de Bereza-Kartuska. Según el informe de von Moltke, "... muchos jóvenes han resultado muertos en su intento de pasar la frontera, ametrallados por los soldados de los puestos fronterizos polacos".

24) Infructuosa protesta del Senador por la minoría alemana en Polonia, Hasbach, en el sentido de que se impide a los estudiantes alemanes cursar sus estudios en la Universidad de Posen. (25 de Mayo).

25) El Cónsul en Kattowitz, Nöldeke, denuncia a von Ribbentrop 48 nuevas agresiones contra alemanes en Alta Silesia (30 Mayo).

26) Damerau, Cónsul alemán en Teschen, denuncia el cierre de tres entidades recreativas alemanas, el 2 de Junio. El hecho tiene mayor sabor si se recuerda que Teschen, en la Rutenia ex-checoeslovaca, sólo pudo ser anexionado por Polonia con la anuencia de Hitler. El día siguiente, el mismo funcionario denuncia la incautación, en Karwin, de los locales de la "Asociación Alemana" y del "Banco Nacional Alemán", de Teschen. Las reclamaciones hechas por el Consulado quedan sin respuesta por parte de las autoridades polacas.

27) El Cónsul Alemán en Thorn, von Kuchler, informa de que en vista de que continúan las exacciones y arbitrariedades contra los comercios, artesanos y agricultores alemanes en Pomerelia, la población de origen alemán abandona sus negocios y sus hogares y se refugia, ora en Dantzig, ora en el Reich. En el mismo informe se precisa que las autoridades polacas están cerrando todas las farmacias alemanas. Esta nota diplomática termina con la frase: "Puede comprenderse que los propietarios alemanes, a causa de las continuas vejaciones, de los ataques y de las violencias de los polacos que les rodean, lo cual les obliga, a menudo, a pasar las noches en vela porque temen, además de la rotura de ventanas, que se provoque el incendio de sus granjas, se encuentran en un estado de absoluta desesperación que les hace olvidar todo y sólo tener el deseo de salir de este infierno para volver al Reich".

28) El 7 de Junio, informa el Cónsul de Alemania en Lodz, von Berchem, de un nuevo "pogrom" antialemán en Konstantynow, así como de una nueva variante en la persecución que contra los alemanes, y con la benevolencia de las autoridades, llevan a cabo las turbas incontroladas polacas: amenazas de muerte; robos de madera; tala de árboles frutales, envenenamiento de perros; incendios provocados, etc. Ante esta situación los alemanes de esa región venden a precios irrisorios o simplemente abandonan sus domicilios y propiedades y tratan de ganar la frontera alemana. No obstante "... últimamente se ha reforzado el control fronterizo polaco, de tal manera que ha aumentado el peligro de la detención y severo castigo a causa de la llamada emigración ilegal.

Parece que ya hay centenares de alemanes en las cárceles polacas por haber pretendido atravesar sin permiso la frontera ", según el citado Informe, el cual termina con la afirmación de que el boycot contra los alemanes ha llegado a su punto álgido en la región de Lodz.

29) El 16 de Junio, Walther, el Cónsul alemán en Posen, informa de que un liquidador polaco, sin alegar motivo alguno, ha procedido a la incautación del "Albergue para Enfermos de la Iglesia Evangélica", así como de un hotel propiedad de un alemán, y del "Teatro Alemán". Al mismo tiempo han clausurado el "Casino Alemán", de Lodz, la "Casa Alemana" de Tarnowitz, el "Banco Alemán del Comercio y la Industria", de Posen, y una serie de pequeños comercios alemanes de esa última ciudad, a cuyos propietarios se les ha dado un plazo de tres días para desalojar.

30) Nueva nota de Herr Walther a von Ribbentrop, el 19 de Junio, mencionando 52 casos de malos tratos a alemanes en su región.

31) Nota de Nöldeke sobre "numerosos excesos" contra alemanes en la región de Kattowitz. Fecha: 22 de Junio.

32) El 23 de Junio, el "Voivoda" (Gobernador Civil) de Pomerelia ordena la incautación del Hospital de las Juanistas, perteneciente a la Orden de San Juan, en Dirschau, así como de otro hospital, de la misma Orden, en Driesen. Las monjas alemanas que se ocupaban de esos hospitales fueron expulsadas en un plazo de dos horas.

33) El 24 de Junio llegan noticias de que en Pabianice, cerca de Lodz, fueron

apaleados ciudadanos alemanes y destruida una sala de gimnasia, una escuela y un templo protestante alemán.

34) El 26 de Junio, Nöldeke, Cónsul alemán en Kattowitz, informa a von Ribbentrop de que en su región las autoridades polacas proceden a forzar el despido de los últimos alemanes que aún habían podido conservar sus puestos de trabajo. Numerosas asociaciones patrióticas polacas, cuyas actividades son toleradas, cuando no alentadas por las autoridades, una vez conseguido el despido del último alemán en cada empresa u explotación agrícola, analizan las nóminas y exigen igualmente medidas contra ciudadanos polacos que: a) pertenezcan o hayan pertenecido a organizaciones alemanas; b) envíen o hayan enviado a sus hijos a la escuela alemana; c) asistan o hayan asistido a oficios divinos en alemán o sean miembros de las librerías populares alemanas; d) hayan ingresado en organizaciones profesionales polacas pero que, por su conducta y por su pasado, deban ser considerados como pertenecientes a la minoría alemana.

35) En vista del curso que van tomando los acontecimientos, una nota diplomática del 26 de Junio, enviada por Ministerio de Asuntos Exteriores alemán al embajador en Varsovia, Moltke, indaga sobre la conveniencia de tomar alguna medida de retorsión contra la minoría polaca en Alemania (por cierto muy escasa: unas 35.000 personas). La nota sugiere la incautación de la "Dom Polski", (Casa Polaca) de Buschdorf, cerca de Flatow. La respuesta de Moltke se produce el día siguiente, afirmando que no cree que las represalias tengan el menor efecto, y que hasta es posible sean contraproducentes, desde todos los puntos de vista.

36) El 3 de Julio, el Ministro de Agricultura polaco, Poniatowski, anuncia en un discurso, pronunciado en Gdynia, que se va a proceder a la "reparcelación" de las tierras de Pomerelia, concretando que dicha reparcelación va a afectar a las tierras de los alemanes (que constituyen el 78% de los habitantes de esa región). Poniatowski dice también que va a proponer al Parlamento que se adopte una ley por la que se prive de la nacionalidad polaca y se confisque la fortuna de los ciudadanos polacos (alemanes) que han huído al Reich.

37) En una nota enviada por von Moltke a von Ribbentrop el 5 de Julio, se informa de la expulsión del Párroco evangelista Kleinsdienst, cuya familia vivía en Volynia desde doscientos años, señalando al mismo tiempo diecisiete casos de agresiones contra ministros de la Iglesia, tanto católicos como protestantes,

alemanes residentes en Polonia.

38) El 10 de Julio, el Cónsul en Posen, Walther, informa del cierre de sesenta cooperativas lecheras pertenecientes a alemanes, en su región. Dichos cierres se han producido sin sentencia de juez, sin alegar motivos y sin indemnización, llevando a la ruina a numerosas familias alemanas.

39) El informe que llega a Berlín el mismo 10 de Julio sobre la situación en Thorn es el más alarmante hasta la fecha. Ya se habla literalmente de "campaña de exterminio contra la minoría alemana", a la que se somete a vejaciones, se la expolia y, eventualmente, se la asesina, sin dejarle siquiera el recurso de abandonar el país. El Cónsul en Thorn agrega que la situación debe ser, aún, peor que lo que él expone, pues le consta que los alemanes que se quejan al Consulado ven redoblar sobre sus cabezas las sevicias iniciales.

40) El 11 de Julio, von Moltke se entrevista con el representante del Minis- tro de Relaciones Exteriores, Conde Szembek, ante quien eleva una enérgica protesta por el asesinato del súbdito alemán Alois Sornik. En una nota enviada a von Ribbentrop dándote cuenta de la entrevista, von Moltke afirma que está persuadido de que no es posible garantizar vidas y haciendas alemanas en Polonia, pues los polacos, con la *Carte Blanche* inglesa se sienten tan seguros que dan la sensación de no buscar más que provocaciones y, al mismo tiempo, aumentar su patrimonio nacional con el de la rica y hacendosa minoría alemana en Polonia.

41) 12 de Julio: Walther, Cónsul en Posen, informa del cierre de otras trece escuelas alemanas en su región. Recordemos que la Constitución Polaca garantizaba la protección cultural a sus minorías étnicas, y, expresamente, las instituciones docentes.

42) El 15 de Julio se clausura la "Sociedad Teatral Alemana" de Teschen, mientras llegan noticias de sevicias, con muertos y heridos, contra la minoría alemana y ucraniana en cinco poblaciones de Volynia: Ochocin, Wicemtowka, Stanislawka, Stray Zapust y Podhajce.

43) Entre el 20 y el 24 de Julio, los Cónsules alemanes en Thorn y en Kattowitz informan de doscientas y de treinta agresiones, respectivamente. La absoluta falta de cooperación de las autoridades polacas impide precisar el nú- mero de muertos y de heridos.

44) Versión literal del comunicado del Cónsul en Thorn a von Ribbentrop, el

25 de Julio:

"En las agresiones contra los alemanes de está minoría tomó parte especialmente el elemento militar. El dos de Julio fueron obligados por un oficial dos alemanes, después de un registro domiciliario con resultado negativo, en el pueblo de Schanzendorf, distrito de Bromberg, a que se arrodillaran en la calle, con la cara vuelta hacia una valla. Entonces fueron maltratados por los soldados de tal modo, que les hicieron echar sangre por la nariz, la boca y los oídos. A los polacos que salían de la iglesia y pasaban por el lugar del hecho, los incitaba el oficial a que escupieran a los alemanes. "Tengo noticias de gran número de casos en que las patrullas polacas hacen parar a los alemanes de ésta minoría. Si los militares polacos constatan en estos casos que los alemanes no dominan perfectamente la lengua polaca, les hacen casi siempre objeto de amenazas y les maltratan de obra".

45) El Cónsul alemán en Lemberg, Seelos, informa, el 9 de Agosto, del estado de absoluta ruina de la minoría alemana de Galitzia, de unas 55.000 personas, la mayoría ricos labradores afincados allí desde varias generaciones. El pueblecito de Schönthal, cuyos vecinos son casi todos alemanes, ha sido incendiado. En otro pueblo los polacos pegaron fuego a las cosechas.

46) La Delegación Superior de Hacienda de Graudenz ordena a todos los Jefes de sus Subdelegaciones que extremen el rigor fiscal contra las minorías, y especialmente contra la alemana, no concediendo rebajas, exenciones, desgravaciones, y rechazando facilidades de pago y concesión de plazos para el pago de contribuciones atrasadas. Esta medida es particularmente odiosa si se tiene en cuenta que los contribuyentes han sido previamente arruinados por medidas - legales e ilegales - de las autoridades polacas, o de entidades paramilitares solapadas o incitadas por las mismas autoridades.

47) El 12 de Agosto, Walther, desde Posen, anuncia el cierre de todas las librerías alemanas en la región.

48) El 16 de Agosto, detenciones de varios centenares de alemanes en Beuthen, cerca de Kattowitz.

49) La Universidad Teológica de la Iglesia Evangélica Unificada de Polonia ha sido clausurada por un Decreto del Ministro de Confesiones Religiosas y de Enseñanza Pública del 11 del corriente, que regirá a partir del 1 de Enero de 1940.

Como pretexto de la clausura se alega que la Universidad no ha cumplido la condición de que la mayoría de los profesores de la misma tuviera la suficiente aptitud para la formación científica. Con toda objetividad parece increíble que Polonia que es, en la época, el país científicamente más atrasado de Europa, exceptuando, tal vez, a Albania, decida cerrar una Universidad alemana bicentenaria, en su territorio, alegando falta de formación científica de su profesorado.

50) Los cónsules alemanes en Teschen y Kattowitz mandan, el 17 de Agosto, sendos comunicados al Ministerio de Asuntos Exteriores, denunciando doscientas detenciones en el primer caso, y un número Indeterminado, en el segundo. Según von der Damerau, el Cónsul en Teschen, "... la ola de detenciones persigue el objetivo de adueñarse de rehenes. Desde hace dos días las autoridades polacas han suspendido por completo la circulación fronteriza". La policía polaca, en Bielitz, se incauta incluso de los aparatos de radio en sus registros en los domicilios de los alemanes.

51) El 20 de Agosto, el Departamento Político del Ministerio de Relaciones Exteriores del Reich publicaba 38 casos recientes de alemanes gravemente maltratados, heridos o muertos por la soldadesca o las turbas polacas, incluyendo casos de violación y sevicias graves.

* * *

No queremos extendernos más. La prensa de la época habla de miles de casos en que los polacos, con anuencia de su gobierno, si no con la incitación de éste, abusaron gravemente de sus minorías, especialmente de la alemana, aunque también los ucranianos y los lituanos debieron padecer lo suyo. Los polacos se sentían seguros; algo absolutamente nuevo para ellos. Todo el mundo democrático parecía preocuparse por Polonia; el mayor Imperio que la Historia ha contemplado les entregaba un cheque en blanco; Francia, la comadrona de Polonia en Versalles, endosaba el cheque; la Judería Internacional, ¡oh, paradoja de las paradojas!, ponía los recursos inextinguibles de los Estados Unidos a disposición de Polonia, la tierra de los "pogroms" y el país más antisemita (por motivos religiosos o pseudo-religiosos) de todo el orbe.

Un país cuyas clases dirigentes son, tradicionalmente, "las más ignorantes y orgullosas de Europa"[231], con un megalómano como Beck dirigiendo su política exterior, mientras la Gran Prensa Mundial llena de piropos al ejército polaco y a su "invencible caballería"..... Demasiadas tentaciones juntas para tan poca entidad. En efecto, ¿qué era Polonia, en 1939? Un país pobre, poblado por un largo cuarenta por ciento de individuos halógenos, entre cuyo cuarenta por ciento se debía contar a los más ricos (los judíos), los más laboriosos (los alemanes) y los más valerosos suboficiales y oficiales de su famosa caballería (los cosacos ucranianos). Un país odiado por los Poderes Fácticos, pero al que se debía utilizar como "tapón" entre Alemania y Rusia y, al mismo tiempo, como *casus belli* contra Alemania. Churchill, en un arranque de fugaz sinceridad, le dijo una vez a Beck: "Vosotros, los polacos, sois unos inconscientes que por motivos de orgullo nacional vais a precipitar a Europa en el caos"[232].

No se puede hacer una descripción mejor ajustada a los hechos. Aunque la realidad es que, mis que precipitar a Europa en el caos, lo que hicieron los pobres gobernantes de Varsovia fue dejarse arrastrar por los aludidos Poderes Fácticos, de los que su definidor Churchill era uno de sus más brillantes testaferros. Polonia debía ir a la guerra, y ello por una simple razón de inercia política. Le cabía la alternativa de aliarse con Alemania, o con dos lejanas potencias que ninguna ayuda podían aportarle. En ese último caso, sería presa segura de los rusos, en caso de victoria de aquéllas potencias. Eso lo comprendió así hasta el propio Mariscal Rydz-Smigly, que le dijo a Bonnet, Ministro de Asuntos Exteriores Francés, "Con Alemania perderemos nuestro cuerpo, pero con Rusia perderemos nuestra alma"[233]. Pero no fueron ni con Alemania ni con Rusia. Y perdieron su cuerpo y su alma, aún cuando en Potsdam, en 1945, se resucitara un estado vasallo llamado Polonia, trescientos kilómetros a Poniente del anterior y efímero - como siempre - estado nacional polaco.

UNA CARRERA CUYA META ES MOSCÚ

---

[231] A. Guizot, *Histoire de L'Europe*.

[232] Winston Churchill: *Memorias*, T. III.

[233] Jean Montigny: *Complot contre la Paix*.

Tal como se ha expuesto en el epígrafe "El Cheque en Blanco", la situación política europea había dado un giro de ciento ochenta grados en el momento en que Lord Halifax, el pariente por alianza de los Rothschild de Londres, utilizando como palanca al insignificante Tilea, había dado a los chauvinistas de Varsovia una garantía unilateral, poniendo en el disparadero de la guerra a todo el Imperio Británico, según los imprevisibles movimientos de humor de Beck, Moscicki y compañía. Antes del célebre "cheque en blanco", las líneas directrices de la gran política europea del momento eran claras.

Por una parte, Alemania, que, según las directrices trazadas por Hitler en su *Mein Kampf*, orienta su política hada el Este, una vez solventadas sus diferencias con Occidente: la *Drang Nach Osten*. Esta política, como toda auténtica política, no busca la guerra, sin excluirla por otra parte. La guerra, ha dicho Clausewitz, es la continuación de la política con otros medios. La política de Hitler, la *Drang Nach Osten*, cree firmemente en que el aislamiento político- económico de la URSS, ciudadela del Comunismo, provocará su hundimiento, sin necesidad de una guerra generalizada. A lo sumo, el colapso bolchevique propiciará alzamientos en las nacionalidades oprimidas de la URSS, sobre todo en Ucrania, cuya carta juega a fondo, desde un principio, el Führer. En Berlín no se ignora algo fundamental, que la Propaganda a escala mundial ha logrado soslayar ante las masas ignorantes de Occidente, es decir, que desde el Pacto de Rapallo, auspiciado por Rathenau, hasta la Ley de Préstamos y Arriendos, arrancada por Roosevelt al Senado norteamericano, pasando por los pactos Rockefeller-Stalin y Harriman- Stalin, sin la masiva ayuda del Capitalismo Occidental el Bolchevismo implantado en la URSS se hubiera venido abajo tiempo ha[234].

De ahí la estrategia que monta Hitler desde 1933 hasta Julio de 1939: una Alemania fuerte, que se ha librado de las peores ataduras impuestas por el Diktat de Versalles, dirige una coalición de estados a los que ha atraído hacia su órbita económica en virtud de su ventajosa politice del *barter*, liberada del Patrón-Oro. Junto a Alemania está la antigua Checoeslovaquia, repartida entre Hungría, Polonia, la propia Alemania y el estado independiente de Eslovaquia, unido política y

---

[234] Que los cálculos de Hitler eran correctos lo ha corroborado la Historia y lo corroboran los hechos día a día. Como hemos demostrado en otras obras (véase *El Enigma Capitalista*, de Editorial Bau) el llamado Comunismo no es más que una herramienta del Capitalismo y sólo subsiste gradas a este. (N. del A.)

económicamente a Alemania; más la Rutenia Transcarpática, autónoma y ligada a Alemania, representando un centro de atracción para los demás ucranianos. También están Hungría, Bulgaria, Dinamarca, Finlandia, los tres estados bálticos, Estonia, Letonia y Lituania, más Yugoeslavia y, naturalmente, Italia con su flamante Protectorado de Albania. Rumania, pese al Rey Carol, se halla a punto de incorporarse a ese complejo político-económico, del que, con ciertas reticencias - debido a la influencia inglesa - inferiores en todo caso al peso de la Geopolítica, forma igualmente parte Turquía. Hasta Marzo de 1939 se contaba con integrar en ese bloque a Polonia, pero ya hemos visto cómo el plan se va al garete con el infausto "cheque en blanco". Pero Polonia es necesaria, si no cómo aliada - su peso específico desde el punto de vista militar tampoco es decisivo - sí al menos como colaboradora, como "base de tránsito", y para eliminar una posible escapatoria a la presión que sobre la URSS se está empezando a ejercer, desde el Cabo Norte hasta el Mar Negro[235]. Polonia no solo escinde la línea de bloqueo sobre la URSS, sino que además concita sobre sí la animadversión de los lituanos, y sobre todo, de los ucranianos que son - éstos últimos - desde siempre, la carta maestra del plan hitleriano. Sin el "cheque en blanco" dado a los gobernantes de Varsovia, ésta se hubiera incorporado - estaba prácticamente hecho - al Plan y sus diferencias con lituanos y ucranianos se hubieran podido, indudablemente, solventar, compensando a Polonia las autonomías a Galitzia y Wilna con territorios en Bielorusia[236].

La *Drang nach Osten* es, pues, una orientación de la política alemana hacia el Este, tras solventar las diferencias pendientes con el Oeste (el Sarre, Rhenania). No es un plan de conquista militar; es un plan político que, como tal, puede tener, en su punto de máxima tensión, implicaciones militares. Se trata, básicamente, de eliminar el Bolchevismo, haciendo desaparecer esa Espada de Dámocles que pende sobre los pueblos de Europa[237]. Hitler ha comprendido que reducida a sus propias

---

[235] Mientras, no lo olvidemos, el Japón, ligado con el Reich por el Pacto Anti-Komintern. Juega un papel similar en Oriente. Con su satélite Mancchukuo, la ocupación de la provincia de Jehol y las Sakhalin, tiene cinco mil kilómetros de frontera común con la URSS. (N. del A.)

[236] Teniendo en cuenta el carácter semoviente de esa "curiosidad" histórica llamada Polonia, ésta podría reivindicar, con visos de derecho al menos toda la región de Smolensko. (N. del A.)

[237] En la *Historia de los Vencidos*, 1 Parte, tratamos ampliamente de la permanente subversión de la Komintern, auspiciada por la URSS, en todos los pueblos de Europa, y en especial en los de Europa Oriental y Central. (N. del A.)

fronteras y sin posibilidad de penetración ideológica entre sus vecinos, la URSS se momificará[238], al menos en el plano político. Cercada, también, económicamente (ni Alemania ni el Japón, con sus respectivos satélites políticos comercian, tampoco con la URSS) no le quedará al régimen instaurado en Moscú por el Gran Capitalismo otra fuente de subsistencias que la financiación directa, el subsidio permanente de los plutócratas de Washington. Evidentemente, ésta no puede ser una solución a largo plazo. Roosevelt y su "Brain Trust" no pueden ser eternos y en Norteamérica hay una creciente oposición a su política prosoviética. El Marxismo práctico se ha revelado como un "fiasco" sin precedentes en la Historia. Tomando en cuenta todos esos datos, Hitler estructura las grandes líneas de su política hacia el Este. Es posible que, antes de hundirse, el Bolchevismo instaurado en Rusia recurra a la guerra, la última *ratio regís* en política.

En Georgia, en Armenia, en las "repúblicas" soviéticas del Asia Central, en Carelia, en Carelia Oriental, en Crimea y, sin duda, en Ucrania, se producirán alzamientos cuyo carácter será, a la vez, antisoviético y antirruso. Dichos alzamientos serán más o menos discretamente apoyados por Alemania (la política pro-ucraniana del Reich no es un secreto para nadie), y se producirá el hundimiento del Bolchevismo. Rusia volverá al seno de las naciones civilizadas y el precio que pagará serán los territorios que desde Lenin se ha anexionado en Europa y en Asia y, por supuesto, Ucrania que, ya bajo forma de Protectorado, ya de territorio o provincia autónoma, o simplemente de estado asociado, pasará a la órbita alemana. Es incluso posible - las circunstancias lo irán determinando - que Ucrania se convierta en un estado plenamente independiente y Alemania se cobre su participación en el territorio de Petersburgo y los aledaños del Lago Ladoga, donde existe, desde tiempos lejanos, una colonia racialmente germánica. Ello presupondría la reactualización del Tratado de Riga, firmado en 1919, por el que, Letonia y Estonia se integraban en el Reich cómo provincias autónomas. Finlandia recuperaría Carelia Oriental; Rumania, la Transnistria y, junto a Ucrania, Crimea, Armenia y Georgia alargarían el espacio vital de Europa, prácticamente, hasta el Ural. Y resucitaría la vieja Rusia, en sus límites naturales, anteriores a la expansión paneslavista de

---

[238] La frase es del Príncipe Sturdza, ex-Ministro de Asuntos Exteriores de Rumania, en su libro *El Suicidio de Europa*. (N. del A.)

Pedro el Grande, pero liberada del yugo bolchevique. Esta es la idea maestra de Hitler. Naturalmente, como hemos dicho y repetido, la defección de Polonia, con la que se contaba como aliada natural, deja un vacío tremendo en el centro del dispositivo. Y no sólo esto: al negarse a negociar sobre Dantzig u oponerse a la construcción de la autorruta y el ferrocarril extraterritorial, Polonia perpetúa la división de Alemania, con lo cual la presión que ésta pueda ejercer, a través de los tres pequeños estados bálticos, sobre la URSS, pierde gran parte de su fuerza.

Una cosa es una Alemania prácticamente vecina de la URSS, cuya provincia limítrofe[239] comunica con el resto de la metrópoli, y una cosa muy diferente una Alemania cuya aludida provincia (Prusia Oriental) se halle incomunicada por tierra con el resto del país. No nos olvidemos de que estamos hablando de 1939 y de Alemania, una potencia naval de segundo orden, y que en tal momento y circunstancia es impensable el transporte de un gran ejército de invasión contra Rusia, por barco, desde Stettín hasta Koenigsberg. Y una cosa será la actitud rusa ante una Alemania cuyas tropas se encuentran acantonadas en Koenigsberg junto a las - políticamente hablando - vasallas Lituania, Letonia y Estonia, y otra la actitud ante una Alemania cuyas fuerzas se hallan ochocientos kilómetros más al Oeste. O tal vez más lejos aún pues la nueva actitud de Polonia hace, prácticamente, bascular los tres estados bálticos en la zona de influencia soviética. En Política, ha dicho Yockey[240] las virtualidades logísticas y estratégicas inciden decisivamente en la Táctica y, en definitiva, en las decisiones a tomar por los estadistas. La presencia de un Cuerpo de Ejército en Koenigsberg, disponiendo de una carretera, un ferrocarril y un puerto a sus espaldas, es una cosa; el mismo cuerpo de ejército privado de comunicaciones regulares es otra; entonces la amenaza real hay que localizarla en Stettin, y todo el planteamiento cambia, máxime si los tres estados bálticos quedan, en la práctica, incorporados al *glacis* de protección de la URSS.

Hemos utilizado, adrede, la palabra amenaza. La mera posibilidad de que un Cuerpo de Ejército se instale junto a un país determinado es una amenaza política; siempre ha sido así y siempre lo será en éste Planeta. Los hechos son tozudos.

---

[239] Como en Política la neutralidad de los pequeños situados ende los grandes no existe, Lituania, Letonia y Estonia eran, a efectos prácticos, zona de influencia alemana. Esto convertía a Prusia Oriental en frontera con la URSS. (N. del A.)

[240] Francis Parker Yockey: *Imperium*.

Todos los países tienen plazas fuertes en sus zonas fronterizas o en territorios que la geopolítica determina fatalmente como puntos débiles. Pero la actualización de tal posibilidad no implica necesariamente una amenaza directa de guerra, tal como hoy día dirían los tristes escritorzuelos de los grandes rotativos internacionales o los pobres individuos que, manejados como peleles por los Poderes Fácticos, aparecen en las candilejas de la escena política internacional. Una amenaza virtual no es una amenaza formulada. Poniendo un símil sencillo, diríamos que, en el caso que nos ocupa, un Cuerpo de Ejército en Koenigsberg o un Cuerpo de Ejército en Stettin significan la misma diferencia que, en un tablero de ajedrez, disponer o no disponer de la dama, aún cuando ésta permanezca inactiva durante toda la partida. Su simple existencia es una amenaza virtual y decisiva. En Política, lo que cuentan son los hechos. Es una prueba flagrante de la irrealidad y la memez de ciertos historiadores y críticos actuales el haber acuñado una frase tan estúpida como "la fuerza política de Francia ...o de Inglaterra, o de Suiza". La Política es como la Esgrima: naturalmente requiere habilidad, pero, por encima de todo, requiere un sable. Por tal motivo, presuponer que la *Drang nach Osten* significaba la guerra necesariamente, es tan irreal y tan estúpido como afirmar que aseguraba la paz perpetua. Las tantas veces aludida *Drang nach Osten* era una política, la cual implica, por su mera esencia íntima, la posibilidad de guerra. Toda política implica, esencialmente, un riesgo de guerra, incluyendo la llamada (mal llamada) política pacifista, siendo el pacifismo, como bien dice Yockey[241] "el belicismo de los débiles" o - pudiera haber dicho - "de los hipócritas". Y para todo estado, la política es como la respiración para un ser vivo. El estado que deja de hacer política, desaparece[242], aún cuando conserve sus líneas fronterizas, sus aduaneros y sus líderes políticos nominales: no importa, la política la harán otros por él - la Política repugna el vacío, como la Naturaleza - y sus súbditos pasarán, nominalmente o no, pero en todo caso, realmente, bajo otra soberanía táctica.

Es, pues, tremendamente ingenuo - o tremendamente malvado - afirmar que la *Drang nach Osten* era una política agresiva. Ello implica, por encima de todo, desconocer totalmente el significado de la Política que es "actividad con relación al

---

[241] Ibid.

[242] Oswald Spengler: *La Decadencia de Occidente*.

Poder"[243]. Toda política es agresiva, lo cual no implica que busque la guerra por principio. Hablar de Política agresiva, o de "Power Politics", como dicen los anglosajones de su actual período de decadencia, es como hablar de "Estética de la Belleza", "Moralidad de la Etica", "Economia del Provecho" o "Consanguinidad de los Hermanos"; es una redundancia. Y si no, es una tontería. En el período que nos ocupa - mediados de 1939 - cada potencia seguía una determinada política: Inglaterra, la de mantener su Imperio Colonial e imponer en Europa la vieja y clásica *two power standard*. Francia, anquilosada desde Sedán, mantener su Imperio y procurar limitar el aumento de poderío de su vecina Italia. Japón, extendiéndose por el Continente Chino y apuntando al petróleo de Siberia. Los Estados Unidos, vieja colonia, incrementando su Imperio Colonial y soñando con arrebatarle el suyo a Inglaterra. Stalin, reactualizando la política de Pedro y Catalina, pero en beneficio del Bolchevismo, y no necesariamente de Rusia, tomándola en un concepto puramente geográfico. El Sionismo, por su parte, seguía su política secular[244]. Italia buscaba en África y los Balcanes (Albania), espacio para su estallante demografía. Alemania, finalmente, ponía en práctica la *Drang nach Osten*, anunciada, en sus grandes rasgos, en *Mein Kampf*. Esos ocho poderes fácticos practicaban, conscientemente o no, ocho políticas adecuadas a su propia estructura interna, a sus intereses vitales permanentes y a sus respectivas posibilidades y virtualidades.

Dos de ellos eran, políticamente, sanos, es decir, independientes: Alemania y el Japón. Un tercero, Italia, lo era casi también, aún cuando los hechos probarían posteriormente, infiltraciones del Sionismo, directa o indirectamente, a través de ciertos organismos rectores y concretamente de su Casa Real. Pero los demás: Inglaterra, Francia, URSS y USA, padecían lo que Yockey denomina un caso de patología cultural, a cargo de un cuerpo extraño, el Sionismo, que los manipulaba en su propio beneficio. Eso era particularmente exacto en el caso de USA y URSS, mientras en Inglaterra los infeudados al Sionismo, manejando al clan belicista, inflexionaban en el sentido por ellos patrocinado la política del país, apartándola de los verdaderos intereses vitales de Inglaterra; Francia, por otra parte, seguía a remolque de Inglaterra, de la que no era más que un brillante satélite desde

---

[243] Francis Parker Yockey: Ibid.

[244] Véase *La Historia de los Vencidos* y *El Enigma Capitalista*, Ed. Bau. Barcelona.

Waterloo.

* * *

Por un lado, pues, se hallaba Alemania, Italia - con un peso específico político que se revelaría muy inferior al supuesto - y un grupo de estados de Europa Central y Oriental, todos ellos apuntando hacia el Este: la *Drang nach Osten*. En el Lejano Oriente, el Japón representaba una amenaza estática contra la URSS, pero no contra los USA, aún cuando el grupo que manejaba a Roosevelt quisiera utilizar a aquélla potencia como trampolín para entrar en la inminente guerra, contra Alemania, y debiera, así, pretender que el Japón era una seria amenaza para los Estados Unidos[245]. En todo caso, como los hechos demostrarían cumplidamente, el Japón hacia su guerra, haciendo oídos sordos a diversas sugerencias de coordinación política, táctica y estratégica propuestas por Alemania.

Por otro lado, el Sionismo, arrastrando cada vez más a situaciones extremas, en contra de Alemania, a los gobiernos de Inglaterra, Francia y los Estados Unidos. La URSS, que desde la llegada de Hitler al poder se siente amenazada, discierne claramente que lo que le interesa es que estalle la guerra entre democracias y fascismos, en el Occidente Europeo. Por eso multiplica sus provocaciones, mientras inicia clarísimas aperturas en dirección a Alemania. Llega, entonces, la garantía Inglesa a Polonia, que, apoyada por la tradicional miopía política y xenofobia de los gobernantas polacos, hace cambiar de bando a Polonia, erigiéndola en barrera entre el Reich y la URSS. Pero hay más: ese espectacular cambio de bando[246] no sólo disloca el dispositivo político-estratégico de la *Drang nach Osten*, sino que además:

m) Deja en manos de unos gobernantes ineptos y enloquecidos por la soberbia 5.300.000 rehenes alemanes, tal como hemos descrito en el epígrafe

---

[245] Existía, es cierto, una amenaza comercial del Japón contra los USA, que habían conquistado el mercado chino 50 años antes. Las conquistas militares niponas en el Continente Chino habían modificado radicalmente esa situación. (N. del A.)

[246] Que Polonia estaba en el bando alemán hasta Marzo de 1939, a pesar del indescifrable atolladero de Dantzig, lo atestigua la virulencia de la prensa francesa e inglesa de la época. Comentando el ataque polaco contra Teschen, a finales de 1938, Georges Bonnet dijo, en la Asamblea Nacional, "Nous avons eté cocufiés par les fascistes de Varsovie". (N. del A.)

precedente (4.500.000 en territorio polaco, más los cada vez más cercados 600.000 dantziqueses), y que llevan varios meses sufriendo un trato incomparablemente peor que el de los Judíos en Alemania a los cuales, en todo caso, les está permitido, e incluso aconsejado emigrar, mientras a los esquilmados alemanes de Polonia que intentan huir a Alemania se les ametralla o se les instala en el campo de concentración de Bereza-Kartusca;

n) Pone sobre el tapete la reivindicación polaca sobre Prusia Oriental, reivindicación infundada, pero lógica desde un punto de vista geopolítico si se admite como definitivo el "Corredor" con el consiguiente aislamiento de Dantzig. A consecuencia de ello, otros cuatro millones de alemanes quedan - si no como rehenes - sí al menos en situación de precario;

o) Reconstruye, de golpe, inopinadamente, la situación de cerco de Alemania, que desde Richelieu hasta Barthou han puesto en práctica los políticos franceses, desde principios de siglo empujados por los ingleses. Y como la URSS tiene pactos con Polonia y con Francia, el Reich se encuentra, una vez más, en la posición de 1914: Inglaterra y Francia, con sus colonias y los satélites que puedan ir arrastrando, por un lado; la URSS y Polonia, por otro. Alemania no cuenta, como en 1914, con un frente sur - el de Italia -, ahora aliada, pero en cambio, y al revés que en 1914, los Estados Unidos, ahora ya primerísima potencia, se ponen, sin rebozo alguno, aún cuando con una neutralidad nominal, al lado de los enemigos de Alemania;

p) En última instancia, Polonia, que en la gigantesca partida de ajedrez político que se está jugando, representa un insignificante peón - pero un peón situado en el centro del tablero, es decir, importante por su ubicación - ha cambiado de bando, y ese ya aludido cambio de bando debe ser, en rigor lógico, multiplicado por dos, pues de "peón" aliado se ha convertido en "peón" adverso.

En una palabra, la situación ha cambiado radicalmente. No se trata ya sólo de que la *Drang nach Osten* ha sufrido un frenazo en su marcha; sencillamente, ha debido detenerse, pues en las coordenadas políticas del momento, Alemania no puede volver a entrar en una guerra de dos frentes, algo contra lo que ya se avisa perentoriamente en *Mein Kampf*. Diríase que la política de Stalin - **desviar hacia occidente el rayo de la guerra aleman** - la hacen los políticos anglo-francoamericanos que empujan a sus países hacia una situación de irreversible hostilidad contra Alemania. En efecto, el propio Stalin declara, sin rebozo, ante el XX Congreso del Partido Comunista de la URSS, que "no entra en nuestros cálculos sacarles las castañas del fuego a los capitalistas occidentales..." para añadir, muy significativamente, "...pero estaríamos dispuestos a acudir en ayuda de las masas trabajadoras de Occidente, en caso de un ataque imperialista fascista, bajo ciertas condiciones ". ¿Franqueza? ¿Cinismo? En todo caso, ideas muy claras, algo imprescindible en Política.

El 22 de Mayo de 1939, ante el Comité ejecutivo de la Internacional Comunista (Komintern), Stalin declara:

> "La puesta en marcha de una acción internacional de envergadura sólo será posible si conseguimos explotar los antagonismos entre los estados capitalistas para precipitarles en una lucha armada.
>
> ... La principal tarea de todos los partidos comunistas del mundo debe consistir en facilitar tal conflicto".

Khaganovich, cuñado de Stalin y tal vez el hombre de mayor influencia en el Politburó, le sucede en el uso de la palabra: "Estoy en condición de poder aseguraros que poderosas fuerzas internacionales colaborarán con nosotros en la tarea de enfrentar en una guerra a democracias y fascismos"[247]. La confesión es de talla. Khaganovich, el hombre que no se separará de Stalin hasta su muerte y continuará siendo miembro prominente del Presidium con Malenkov y Khrutschev; el hombre que ya fuera Ministro con Lenin y, siéndolo, era íntimo de los multimillonarios Rathenau y Krueger, correligionarios suyos; el mejor enlace entre los hombres de Roosevelt y el omnipotente Politburó[248], manifiesta que "poderosas fuerzas internacionales" ..."colaborarán con nosotros (los comunistas)" en provocar la guerra entre "las democracias" (Inglaterra, Francia y, eventualmente, en su

---

[247] *Historia del Comunismo en la Unión Soviética*, Nicolás Rutych.

[248] Que Khaganovich era el mejor enlace entre el Brain Trust y el Kremlin lo revela el entonces embajador USA en Moscú, Joseph C. Davies, sionista notorio y "gran patrón" del Trust " General Motors Co. ", en su libro *My mission in Moscow* . (N. del A.)

momento, los USA) y "los fascismos" (Alemania e Italia).

* * *

Aún cuando Francia tenía un Pacto de alianza con la URSS, dicho Pacto era unilateral; es decir, París y Moscú se comprometían mutuamente en socorrerse en caso de enfrentamiento con una tercera potencia, pero no en caso de que ese enfrentamiento se realizara por el auxilio de uno de ambos a otra potencia. Es decir, Rusia se comprometía a apoyar a Francia en caso de guerra con Alemania por haber sido atacado por ésta, pero no porque Francia rompía las hostilidades con Alemania para honrar su pacto de asistencia mutua con Polonia. La URSS, por otra parte, tenía un pacto de Amistad y No-Agresión con Polonia, pero en dicho pacto no se preveían cláusulas militares prácticas, tales como, por ejemplo, las preveía el "cheque en blanco" anglo-frances, al estado polaco.

Para dar una virtualidad práctica a los tratados que unen a Francia y la URSS por una parte y a la URSS y Polonia con otra, para ensamblarlos en un conjunto armónico y operativo, empiezan, el 14 de Abril de 1939, es decir, apenas tres semanas después del "cheque en blanco", unos contactos político-militares entre la URSS, por una parte, e Inglaterra y Francia, por otra. Litvinow, el finísimo delegado soviético, pone una condición *sine qua non*: la autorización del paso de las tropas soviéticas sobre el territorio polaco y el territorio rumano. Es perfectamente lógica la pretensión soviética: si deben, los rusos, ayudar a los polacos y/o a los rumanos, lo primero que debe hacerse es permitírseles libremente el paso por los territorios a los que deben aportar su ayuda. Esto es muy lógico. Por lo menos, en el caso de Polonia, con quien los rusos ya tienen, en plena vigencia, un Pacto de Amistad y No-Agresión. El caso de Rumania es distinto: el único pro-británico, o pro-sionista en el país es el Rey Carol y una reducidísima camarilla. Pero ni siquiera el Rey Carol es pro-soviético. Rumania, cada vez más inclinada hacia Berlín, responde que no necesita ni desea la protección soviética y que, naturalmente, queda excluída la posibilidad de permitir el paso de tropas soviéticas por territorio rumano[249]. No así el caso polaco. Lógicamente, si Polonia cree de verdad en la vigencia de su pacto con la URSS, ¿qué cosa más lógica que permitir el paso de sus futuros y eventuales

---

[249] Príncipe Michel Sturdza: *El Suicidio de Europa.*

protectores por su territorio? Pero no: el Mariscal Rydz-Smigly -- que con Beck y Moscicki forma parte del triunvirato gobernante en Varsovia -- no quiere saber nada de tropas soviéticas penetrando en Polonia. "Si los rusos entran en Polonia, nunca más saldrán de ella"[250] le dice a su colega francés, Gamelin. Ingleses y franceses deben invertir más de treinta conferencias para vencer la resistencia de los polacos a dejar transitar a los rusos por su territorio. Los gobernantes de Varsovia creen que con la simple neutralidad benévola de la URSS y la asistencia anglo-francesa, el ejército polaco será lo suficientemente fuerte para derrotar a la Wehrmacht.

"La agilidad de la caballería polaca es superior a la rigidez de los tanques alemanes y en unos días habremos ocupado Prusia Oriental. Me consta que el ejército alemán se halla en plena revuelta contra los nazis: las tropas polacas llegarían a Berlín dando un paseo. Llevo cinco años y medio en éste país, y sé muy bien lo que sucede en él. Si estalla una guerra entre Alemania y Polonia, Inmediatamente se producirá una revolución en Alemania y nuestras tropas entrarán en Berlín".[251]

Parece difícil encontrar un embajador que, como el polaco Lipski, acreditado durante cinco años y medio en un país, pueda emitir una opinión tan diametralmente opuesta a la realidad de los hechos. Que la caballería polaca es superior a los tanques alemanes no pasa de ser una opinión de un profano en cuestiones militares; opinión que los hechos demostrarán es falaz dentro de unas semanas. Pero lo que los polacos ocuparán Prusia Oriental en unos días; que llegarán "en un paseo" hasta Berlín, que estallará una revolución en Alemania en el momento de declararse la guerra y que los nazis y los militares alemanes se pelearán, es, para un embajador, tan increíble que sólo caben dos hipótesis: O bien Lipski es el más inepto de todos los embajadores que han habido y habrán en éste Planeta, con una capacidad para el error contumaz inigualable; o bien Lipski es un traidor a su patria. No porque desee una guerra con Alemania y, para contribuir a provocarla se deja llevar por sus deseos belicistas y transmita informes y emita opiniones irreales y absurdas, si no porque al actuar de esa guisa desconcierta, desinforma a su país para llevarlo a

---

[250] Jean Montigny: *Le Complot contre la Paix*.

[251] Declaración hecha a Birger Dahlerus, embajador de Suecia. Deposición de Dahlerus ante el Tribunal de Nuremberg. *Compte-Rendu des Débats*, Tomo I, pág. 500.

la guerra; le desinforma, luego le coloca en desventaja. Durante su estancia en Berlín, mientras finge una profunda amistad con alto jerarcas nazis, y concretamente con Goering, no cesará de alimentar la tesis de la "debilidad interna" del Nacionalsocialismo, de las tremendas diferencias entre el Partido y el Ejército[252] y de la impopularidad de Hitler. Los usos de la Diplomacia han querido siempre que los embajadores acreditados en un país -máxime en un país de primer rango- simpatizen, al menos, con la manera de ser y de estar de ese país, en una palabra, con su Cultura peculiar. Los ejemplos típicos abundan a docenas: ahí tenemos a Sir Walter Starkie, el primer hispanista de habla inglesa, embajador en Madrid, o de su predecesor, Sir Samuel Hoare, autor de monografías sobre personajes cervantinos; ahí está el caso de Monsieur Piétri, profesor de castellano en la Sorbona y embjador de Francia en Madrid; el Duque de Alba, anglofilo hasta la médula y con sangre inglesa en sus venas y embajador de Espada en Londres; al propio von Ribbentrop, uno de los que más influyó en la política pro-británica de Hitler y que, antes de llegar a Ministro de Relaciones Exteriores del Reich fue embajador en Londres; a Attolico, embajador de Italia en Berlín, apasionado de la música alemana (que ya es decir, para un italiano) y wagneriano empedernido...

¿Cómo es posible que un gobierno mande como embajador a un país poderoso y vecino, luego, potencialmente, enemigo[253] a un psicópata incapaz de discernir la realidad? Por que, al menos para el Autor, Lipski es un psicópata -la precedente alternativa entre traición y estupidez la hemos planteado a efectos puramente filosóficos- pues un gobierno que se deja engañar durante cinco años por un embajador en un país vecino (y no de las Antípodas) tiene que estar formado, a su vez, por traidores o por estúpidos. En otro caso nos inclinaríamos por la tesis de la traición colectiva, pero para eso hace falta un grado de astucia e inteligencia impensable en los gobernantes polacos de la pre-guerra. Si algo nos consta es el hiper- patrioterismo de los líderes polacos de la época. Hiper-patrioterismo que les

---

[252] Esas diferencias entra nazis y militares -o entre ciertos nazis y ciertos Militares se manifestarían luego, a partir de 1943. Pero la unanimidad es absoluta sobre el punto de que, con respecto a Polonia el acuerdo entre ellos era absoluto; es más, los más virulentos antipolacos eran los militares. (N. del A.)

[253] Todo país vecino es, potencialmente, enemigo. Un conflicto entre Paraguay y Bolivia es concebible, pero no entre Paraguay y Suiza. Pedimos perdón por ese ejemplo tan simple, y que puede parecer insultante, pero lo planteamos por constarnos los efectos de la inercia mental. (N. del A.)

hace ver deformada la realidad. Un psicópata toma sus sueños por realidades. Lipski se cree todavía en Tannenberg, seis siglos atrás, en que la caballería polaca hizo trizas a los prusianos, y creo que esa victoria (la única, prácticamente, pues Polonia, el país europeo que, en razón a su tiempo de existencia oficial, más tiempo ha pasado en guerra, y siempre a acabado siendo aplastado por prusianos, rusos, lituanos, austríacos y suecos) va a repetirse en el conflicto, para él inminente e inevitable, entre alemanes y polacos. Se lo cree porque le gusta creérselo, algo muy humano, demasiado humano. Creemos, en verdad, que será difícil encontrar en toda la Historia un caso análogo de incompetencia política, de ausencia más flagrante de simple sentido como se manifiesta en la actuación de los políticos polacos desde que Francia impone la resurrección de Polonia en Versalles hasta que los soviéticos la convierten en un estado vasallo en 1945, Excusándonos por el inciso -que hemos considerado necesario- sobre la personalidad y actuación de Lipski, volvamos al instante en que ingleses y franceses, tras más de treinta ásperas conferencias, logran imponer a los polacos la aceptación del derecho de tránsito de los rusos por suelo polaco. Aceptación que se logra pese a la estimativa[254] de Rydz-Smigly, que sabe que si los rusos entran en Polonia, ya no saldrán de ella. Pero los políticos del Kremlin son mucho más largos y más finos que los occidentales. No les importa el tránsito libre por Polonia, o, más exactamente, no les importa sólo eso. Polonia es, para ellos, un objetivo secundario. Así, al obtener el solicitado derecho de tránsito por Polonia, Litvinow hace hincapié en la negativa rumana, en las reticencias polacas (que son ciertas) y en la fortaleza del Ejército Alemán, muy superior a lo que cree Gamelín, el Generalísimo de los Ejércitos Franceses, cuya frase "penetraremos a través de la línea Sigfrido como un sable ardiente a través de la mantequilla"[255] ha trascendido, con sospechosa inoportunidad, a la calle. "Alemania es un adversario temible, y la URSS requiere garantías y seguridades", es el

---

[254] Estimativa: aquélla facultad que tienen los animales, incluso las especies más inferiores, para conocer lo útil o nocivo de las cosas, antes de toda experiencia. Biológicamente se llama memoria genética. (*Diccionario Littré*).

[255] Esa frase se la dijo Gamelín a Rydz-Smigly en una reunión de la Comisión Mixta Militar Franco-Polaca, en Abril de 1939. Por cierto que en esas reuniones los polacos se mostraron extraordinariamente reservados sobre la operatividad y la logística de las unidades de su Ejército, en especial de su Caballería. Esa reserva irritó sobremanera a los franceses. "J'en ai marre de leur Cavalerie". (Estoy harto de su Caballería), dijo Gamelín. (Jean Montigny: *"Le Complot contre la Paix"*.)

argumento, harto sólido, por cierto, de Litvinow, el cual se despacha con una lista impresionante de demandas, a saber:

1) Derecho de libre tránsito de las tropas soviéticas por todo el territorio polaco, sin consulta previa con las autoridades de Varsovia.

2) Reconocimiento de que los tres estados bálticos, Estonia, Lituania y Letonia, forman parte de la " esfera de intereses de la URSS y que podrán integrarse libremente en la Unión de Repúblicas Socialistas Soviéticas".

3) En ampliación al punto anterior, libertad de tránsito del Ejército Rojo a través de esas tres pequeñas repúblicas.

4) Reconocimiento por las democracias occidentales de que Finlandia, a la que se define expresamente como " ex-provincia rusa ", se halla en el mismo caso que los aludidos estados bálticos.

5) Reconocimiento, por parte de las potencias occidentales, del derecho de la URSS a " tratar libre y directamente con Rumania sobre la devolución de la provincia de Besarabia a la URSS ".

6) Reconocimiento, por parte de las potencias occidentales, del derecho de la URSS a que " los estados limítrofes con la Unión Soviética tengan regímenes que no sean hostiles a la misma ".

7) Manos libres a la URSS para que "arregle sus diferencias con Turquía en la cuestión de Armenia".

8) Reconocimiento del derecho de la URSS a un acceso al Mediterráneo a través de los Dardanelos.

9) Asistencia diplomática de las potencias occidentales para que el Irán conceda a la URSS el derecho a la construcción de una carretera y un ferrocarril extraterritoriales hasta un puerto en el Golfo Pérsico, en el cual la URSS dispondrá de una Zona Franca.

10) Manos libres a la URSS para una " expansión colonial en Asia ". No se especifican los territorios asiáticos a que alude la URSS, pero se supone que, como mínimo, se trata del Afghanistán y del Turkestán Chino.

Es decir, la URSS exige, para formar parte de la Cruzada de las Democracias contra Alemania, cuatro países europeos (Estonia, Letonia, Lituania y Finlandia), dos asiáticos (Afghanistán y parte de China), territorios en Rumania y Turquía, la salida al Mediterráneo conculcando para ello la soberanía turca en los Dardanelos; libre paso y zona franca a través del Irán hasta el Golfo Pérsico; derecho a ocupación militar sin consultar siquiera con las autoridades locales, en Polonia.....En una palabra: a las democracias occidentales, para que éstas puedan resistir a las demandas alemanas de construcción de una vía férrea y una carretera a través de territorio polaco y de un plebiscito en Dantzig, la URSS les exige, como precio de su ayuda: una vía férrea y una carretera a través del Irán, cuatro países europeos, dos asiáticos, porciones de otro país europeo (Rumania), de otro asiático (la Armenia Turca) y la seguridad de contar con regímenes afines (comunistas) en sus fronteras europeas. Aún más, al darse cuenta los soviéticos de las reticencias polacas a dejarles transitar por su territorio, cuando los polacos, presionados por Londres y París, se avienen, de muy mala gana, a ceder ante tal exigencia, entonces los soviéticos exigen que dicho tránsito pueda efectuarse sin previa consulta con las autoridades de Varsovia: en una palabra, los señores de Moscú imponen una verdadera ocupación militar.

Las peticiones soviéticas son tan absurdamente desmesuradas que las Cancillerías occidentales quedan perplejas, pero Roosevelt, a través de su embajador Bullitt[256] insta a los gobiernos inglés y francés para que las acepten.

Más cada vez que los occidentales dan muestras de acceder a las pretensiones de los soviéticos, éstos se descuelgan con nuevas demandas, ahora de tipo militar y estratégico. De toda evidencia, Moscú quiere alargar las conversaciones.

Londres y París, no se dan cuenta -o no parecen darse cuenta, o no quieren darse cuenta- que Moscú solo busca un pretexto para romper las conversaciones. Desde el 14 de Abril hasta el 24 de Julio de 1939, cada vez que los occidentales ceden ante una demanda del Kremlin[257] éste, impertérrito, presenta otra, esperando que ingleses y franceses no podrán aceptarla y que así podrán echar sobre los anglo-franceses la culpa del fracaso de las negociaciones. En vano: arrojando al cubo de basura todo orgullo y toda dignidad, los negociadores occidentales lo van

---

[256] William C. Bullitt: "*The World Menace*".

[257] Obsérvese que las democracias occidentales, por lo general, siempre hacen concesiones a los soviéticos a espaldas de terceros, y, naturalmente, sin consultarles. (N. del A)

aceptando todo, incluyendo la tesis soviética de la "agresión indirecta"[258]. Cada vez que Chamberlain, harto de exigencias, quiere romper las negociaciones, Joseph Kennedy, embajador norteamericano en Londres "clavaba la espada en los riñones del Primer Ministro"[259]. Los ingleses cedían y los rusos pedían más cosas, por ejemplo, que los acuerdos políticos fueran subordinados a un acuerdo militar[260].

El 24 de Julio, el Coronel Beck, en un rapto de fugaz lucidez, comunica a Londres y a París que, contrariamente a lo que primero había prometido, no está dispuesto a dejar circular libremente, y sin consulta, a las tropas rusas por territorio polaco. Lord Halifax y Georges Bonnet suplican a Beck de que reconsidere su decisión y éste, en efecto, dice que consultará con su Estado Mayor, pero los rusos se enteran de lo que ocurre, y toman pretexto para romper las negociaciones....de momento.

* * *

Como decimos en otra obra[261] es el Kremlin quien, hacia finales de 1938 inicia un cambio en su política exterior, hasta entonces incondicionalmente hostil al III Reich. En Enero de 1939, el embajador de la URSS en Berlín, Suritz, un hebreo de la vieja guardia bolchevique, es substituido por un ruso de raza eslava, Merekaloff, quien inmediatamente propone a von Ribbentrop que se abran relaciones comerciales entre Alemania y la URSS. La negativa alemana es tajante. Pero durante seis meses las instigaciones soviéticas en Alemania se multiplicarán. Stalin hace más: Litvinow, el polifacético hebreo, es substituido por un eslavo (de sangre azul), Molotoff, mientras cobran inusitado relieve el "Presidente" de la URSS, Vorochilov, otro eslavo y Beria, el Ministro del Interior, un cripto-judío al que se tiene,

---

[258] Por agresión indirecta los soviéticos entendían un golpe de estado perpetrado en un país por una fracción hostil al Comunismo y extendían la definición a una crisis ministerial que hubiera provocado un cambio de gobierno en el mismo sentido. Una simple crisis ministerial en Bulgaria les daba, pues, derecho a pretender que se trataba de una agresión indirecta y a intervenir con la aprobación y, si necesario, LA AYUDA de Inglaterra y Francia. Es decir que, en el Este de Europa, no existía el derecho a no ser comunista. Y ello, con la bendición de Londres y París. (N. del A.)

[259] James V. Forrestal: "The Forrestal Diaries"., pág. 121.

[260] Paul Rassinier: "Les Responsables de la Seconde Guerre Mondiale", Omnia Veritas Ltd.

[261] J. Bochaca: "*La Historia de los Vencidos*". Omnia Veritas Ltd.

en Occidente, por un puro georgiano. Beria y Stalin colocan a todos los trotskystas el sambenito de cosmopolitas y lo traducen "sotto voce" por sionistas, encarcelándolos y fusilándolos por millares. Todo esto es una verdad peligrosa, por ser una verdad a medias. Los que substituyen a los eliminados son, en su mayor parte, judíos también, pero ésto se disimula a los observadores occidentales. El famoso explorador y escritor sueco Sven Hedin dice que "la Rusia soviética mostró una nueva faz a la Alemania hitleriana; una faz de trazos fríos, estoicos, eslavos o asiáticos, pero sin un sólo rasgo semítico. El mayor error cometido por los líderes del Nacionalsocialismo fue creer que ese cambio era auténtico"[262]. En Berlín, naturalmente, están al tanto de las negociaciones que los occidentales sostienen con la URSS para incorporarla definitivamente al frente antialemán, sobre todo después del "cheque en blanco" dado por Chamberlain, empujado por Halifax-Rothschild, a Polonia. Cunde la alarma en Berlín ante la posibilidad de volver a encontrarse en la misma situación que en 1914, un doble frente en política, la única manera de impedir que dos potencias se alíen contra una tercera consiste, para ésta, en dividir a aquellas o ganar la alianza de una de las dos, ofreciendo alicientes superiores. Se trata, en suma, de comprar una alianza, ofreciendo un mejor precio. Esto parecerá brutal, sobre todo en una época como la nuestra, tan amante de eufemismos y de hipocresías, que a veces adoptan disfraces idealistas. Pero es así. Es un hecho. La Política se nutre de realidades, de hechos. Y es un hecho que Hitler, desde 1933, cuando sube al poder, hasta 1939, busca la alianza, o, al menos, la amistad con Inglaterra. Hitler es un admirador del Imperio Británico; basta con leer *Mein Kampf* para cerciorarse de ello. En Munich, pese a las reticencias del clan belicista inglés empujado por Roosevelt, se logra, por un momento, la ansiada alianza anglogermana, ya prefigurada por el Tratado Naval de 1935.

Pero, como ya hemos visto, Chamberlain es literalmente barrido por el clan belicista, que va ganando posiciones mientras mina las de Chamberlain hasta el punto de que Halifax –su brazo derecho- una vez emparentado por alianza[263] con los Rothschild de Londres, cambia espectacularmente de bando y literalmente le traiciona en el siniestro "caso Tilea", percusor del cheque en blanco a Polonia, que

---

[262] Sven Hedin: "*Without Commission in Berlín*".

[263] Además de emparentar por alianza con los Rothschild, Lord Halifax fué nombrado abogado de la familia y consejero del banco. (N. del A.)

será el detonante de la futura guerra.

El Führer constata que todos sus esfuerzos para lograr una verdadera alianza con Inglaterra fracasan porque el Sionismo, haciendo palanca en el clan belicista de la City hace que Inglaterra se enfrente a Alemania. Desde que Hitler ha subido al poder, éste ha reincorporado al Reich, mediante plebiscitos internacionalmente controlados, y previstos por el propio Tratado de Versalles, el Sarre y Memel. Ha remilitarizado la región (alemana) de Rhenania, tras la violación, por parte de Francia, del Tratado de Locarno, y también ha ratificado con plebiscito el "Anschluss" con Austria, reconocido por Inglaterra, la cual también ha reconocido el retorno de los Sudetes al Reich, ratificándolo con la firma de su Primer Ministro, en Munich. Es cierto que Hitler ha establecido, unilateralmente, el Protectorado de Bohemia-Moravia, aunque no es menos cierto que ninguna potencia de primer rango hubiera tolerado -y la vieja Inglaterra Imperial, menos que nadie- la actitud checa. Aparte de ésto, Alemania pide ahora que, en cumplimiento del Artículo 19 del Tratado de Versalles, se celebre un plebiscito en Dantzig, y que Polonia le deje construir una carretera y un ferrocarril extraterritorial a través del Corredor, para dar fin a la artifical insularidad de Prusia Oriental. Pero Alemania no pide, ni ha pedido nunca, nada a Inglaterra; al contrario, le ha ofrecido su amistad y ha indicado claramente que su política -la "Drang nach Osten"- se dirige hacia el Este, con el objetivo de eliminar al principal enemigo de Europa que es, además, el Instigador de los movimientos de rebelión que empiezan a surgir por todo el Imperio Británico. Si la política de Londres, en vez de sufrir las presiones, primero, y de seguir los dictados, después, del Sionismo, se hubiera preocupado exclusivamente del viejo y sagrado egoísmo nacional inglés, la oferta de Hitler hubiera sido acogida con mil amores. En vez de ello, es rechazada, aduciendo razones morales y auto erigiéndose, Inglaterra, en una especie de gendarme que, interpretando a su manera los designios de la Justicia Inmanente, Juega el papel del Arcángel San Miguel que castiga a los réprobos en nombre de Dios. Mejor dicho: a un réprobo, Alemania. Porque entre 1918 y 1939 han habido guerras, muchas guerras: la URSS se ha anexionado las cinco repúblicas islámicas del Asia Central, más Georgia y Ucrania, reconocidas en su día por Inglaterra; el Paraguay ha visto los dos tercios de su territorio nacional repartidos entre cuatro vecinos tras la Guerra del Chaco; Japón lleva a cabo una guerra de conquistas en China y la propia Inglaterra se ha entregado a las mil y una combinaciones, todas impuestas por la presencia de sus pacíficos "destroyers", en Oriente Medio y el Golfo Pérsico. Incluso cuando Italia se ha anexionado Etiopía, Inglaterra se ha enfadado, ha patrocinado unas sanciones petroleras y ha puesto trabas a la navegación de los barcos Italianos por el Canal de Suez, pero la cosa no ha pasado de ahí. ¡Ah! Pero que Alemania exija, ahora, un plebiscito en Dantzig y la construcción de un ferrocarril y una carretera internacional, y el Imperio no lo puede tolerar, por RAZONES DE MORALIDAD INTERNACIONAL[264].

Hitler, pues, por muy admirador que sea de Inglaterra, debe actuar como Canciller del Reich que, al fin y al cabo, es su oficio, su obligación. Como tal Canciller, no puede permitir el cerco diplomático y militar de su patria, máxime tras el precedente de Versalles. Por otra parte, ya hemos reseñado la persecución de que son objeto los cuatro millones y medio de alemanes que residen en Polonia tras el pasteleo de Versalles[265]. Hay que dar un bandazo a la política que, desde 1923 ha previsto y desde 1933 ha seguido Hitler. En Mayo de 1939, el embajador alemán en Moscú, Conde von der Schulemburg visita a Molotoff para aceptar la propuesta de éste relativa al establecimiento de relaciones comerciales entre el Reich y la URSS. Molotoff pone como condición que previamente se pongan las "bases políticas necesarias para la reanudación de conversaciones comerciales". Ribbentrop cablegrafía a Schulemburg que no acepte la sugerencia soviética. Parece que se ha producido un impase y que las negociaciones quedan rotas, pero no es así, pues, mientras negociaba con los occidentales -como hemos visto- "simultáneamente, el Kremlin volvía a tender la mano hacia Berlín, con quien prefería tratar, precisamente para alejar el riesgo de guerra en sus fronteras"[266]. William C. Bullitt afirma que "las negociaciones germanosoviéticas empezaron a iniciativa de Moscú y si sólo de Hitler hubiera dependido, dichas negociaciones hubieran

---

[264] El diputado Butler, uno de los mejores políticos Ingleses de éste siglo, que fue varias veces ministro pero siempre fue torpedeado por los poderes fácticos en el momento oportuno. Interpeló a Halifax, en Julio de 1939, sobre las razones de su política hacia Alemania, y le contestó con ese chascarrillo de la MORALIDAD INTERNACIONAL. (N. del A.)

[265] A título anecdótico recordemos que por haber sido apaleado en Salónica, a finales del siglo XIX. el Judío Pacifico, que resultó ser titular de un pasaporte Británico. Inglaterra Impuso a Grecia el Tratado de San Stéfano por el que, entre otras minucias, le imponía una fuerte multa y le arrebataba la isla de Corfú. (N. del A.)

[266] F. H. Hinsley: *"Hitler no se equivocó"*.

terminado en un fracaso total"[267]. Y es que, pese a interesarle políticamente, en la circunstancia dada, el tratar con Moscú, en vista de que ya lo estaban haciendo los occidentales, la repugnancia ideológica del Führer a tratar con los señores del Kremlin dificultaba ciertamente las gestiones[268]. Pero el interés de la URSS era que las negociaciones continuarán y llegaran a buen fin.

Permítasenos la inmodestia de autocitarnos:

> "Hitler siempre había buscado enfrentarse, políticamente, a la URSS. Pero, naturalmente, enfrentarse a ella a solas. Pero las democracias occidentales buscaban el cerco político, diplomático y militar de Alemania, restableciendo la situación prebélica de 1914. Cuando Hitler y sus ministros se apercibieron de que Londres y París, empujados por Washington, convirtiendo Dantzig en un " casus belli ", ponían la barrera polaca entre Alemania y la URSS, quisieron romper la maniobra de cerco con aquélla medida transitoria - ¡y bien demostrarían los hechos posteriores cuan transitoria era!- de firmar un pacto con Stalin, anticipándose a los anglofranceses, iniciadores, antes que nadie, de la Carrera hacia el Kremlin.
>
> "La idea de Hitler era políticamente correcta. Francia e Inglaterra, con la ayuda "no beligerante" de sus instigadores estadounidenses eran incapaces de batir a la Wehrmacht. Esto será cumplidamente demostrado por lo hechos. Por lo tanto, rompiendo, mediante el Pacto con la URSS el cerco militar y diplomático de Alemania, Hitler esperaba ganar tiempo, forzar una decisión favorable a propósito de Dantzig y el Corredor y unir, así, las dos porciones separadas de Alemania, escindida por el Tratado de Versalles. Entonces llegaría el momento de continuar la política hitleriana de la "Drang nach Osten". Teóricamente, el Pacto germano-soviético debía obligar a los anglo-franceses a levantar la barrera erigida en Dantzig.
>
> "Pero todo ello -lógicamente correcto- resultó, en la práctica, un monumental error político; el mayor de los errores nazis. A él fueron inducidos, Hitler y Ribbentrop, más que por la sagacidad de Stalin y Molotoff, por la secular pericia de la camarilla que, detrás de los señores del Kremlin, movía los hilos. Hitler creía que, al encontrarse sin la esperada ayuda del aliado soviético, franceses e ingleses se abstendrían de intervenir en Dantzig y el Corredor. Pero ni la URSS era un estado soberano y

---

[267] W. C Bullitt: "Cómo los Estados Unidos ganaron la guerra y Porqué están a punto de perder la Paz".

[268] De los estudios hechos por Peter v. Kleist, Halder (antinazi) y Schacht parece deducirse sólo Bormann, Goering -a medias- y los militares estaban de acuerdo en pactar con Stalin. Goebbels y la mayoría de jerarcas nazis veían la operación con repugnancia. (N. del A.)

"normal"... ni las viejas democracias occidentales eran otra cosa que imperios caducos manejados por los intereses cosmopolitas de Wall Street y de la City. Ni el mismo Hitler podía sospechar que las fuerzas combinadas de la Alta Finanza y el Sionismo, aliadas circunstancialmente a los pequeños intereses de los no menos pequeños "patriotismo" inglés, francés, y polaco, tendrían tanta fuerza como para obligar a los gobiernos de Londres y París a lanzarse a una guerra tan impopular como innecesaria, para desviar el rayo de la guerra alemán y atraérselo sobre sí mismos"[269].

Por que el caso fue que, de toda evidencia, ni el mismo Hitler creyó jamás en el poderío REAL de los poderes fácticos por él denunciados, llámeseles Judaísmo, Sionismo, Alta Finanza, o como se quiera. Creyó, eso sí, en su influencia, pero no creyó -pues en tal caso, no hubiera pactado con la URSS ni siquiera por las razones tácticas que le movieron a ello- en su poder. En su inmenso PODER REAL Y SUPRANACIONAL. Sospechamos que, pese a la amistad que ligaba a los dos hombres, Hitler siempre creyó que Goebbels exageraba el peligro judío. Para Hitler, el Judaísmo era un peligro racial y, como máximo, un inconveniente político. Era, en suma, una molestia. Por los menos, hasta 1939, cuando estalla la guerra. Luego se irá dando cuenta de que, en ciertos casos, Goebbels se quedaba corto[270].

Por otra parte, en la Wilhelmstrasse se creyó -cayendo, tal vez, en el clásico y humano error de creer lo que gusta- que los cambios, más espectaculares que efectivos realizados por Stalin, y la súbita ascensión de ciertos rusos, ucranianos y georgianos de raza eslava a puestos de mando y responsabilidad indicaban que un cambio profundo se operaba, o se iba a operar, en las altas esferas moscovitas. Pero todo había sido, simplemente, una hábil maniobra tramada por los poderes tácticos, desde Nueva York, vía Washington. Los mismos poderes tácticos que le indicaron a Khaganovich, -como ya hemos visto- que "provocarían una guerra entre democracias y fascismos".

A pesar de que el Pacto Ribbentrop-Molotoff cogió a los políticos anglo-franceses completamente in albis, los poderes tácticos sabían perfectamente lo que se estaba tramando. En efecto: "...desde 1934, Roosevelt fue informado por su

---

[269] J. Bochaca: "La Historia de los Vencidos", Omnia Veritas Ltd.

[270] En un discurso, en 1938, Goebbels anunció que el 95% de los alcaldes de Ucrania soviética eran Judíos ante el escepticismo de ciertos Jerarcas del Partido. En 1941, al invadir Ucrania, se comprobó que el porcentaje real era del 98%. (N. del A.).

embajador en Moscú, Davies, de que Stalin deseaba concertar un pacto con el dictador nazi, y de que Hitler podía tener un pacto con Stalin cuando lo deseara. Roosevelt fue informado con precisión, día tras día y paso a paso, de las negociaciones secretas entre Alemania y la URSS, en la Primavera y el Verano de 1939. En verdad, nuestra información sobre las relaciones de Hitler con Stalin era excelente"[271].

* * *

El 23 de Agosto de 1939, la noticia estallaba como un trueno en la Prensa Mundial:

"El Gobierno del Reich y el Gobierno Soviético han decidido concluir un Pacto de No- Agresión. El Señor von Ribbentrop, Ministro de Asuntos Exteriores del Reich, se encuentra en Moscú para firmar el Tratado".

En dicho pacto se estatuía el mantenimiento del "statu quo" en el Este de Europa, exceptuando a Polonia de dicho statu quo. En efecto, en lo referente a Polonia, Hitler se reserva, como "zona de influencia" la línea que sigue los ríos Narev, Vístula y San. No se habla de reparto de Polonia. Esto es falso. Molotoff y Ribbentrop no pactaron para repartirse Polonia. Podrá decirse, que el Pacto Ribbentrop-Molotoff posibilitó el reparto de Polonia. Es cierto que, implícitamente, Alemania reconocía ciertos territorios como "zonas de influencia soviéticas"[272] y que en caso de que la URSS decidiera apoderarse de Galitzia o de otros Territorios que le hubieran sido arrebatados a Rusia en Versalles, en beneficio de Polonia, Berlín aceptaría el hecho consumado, sin intervenir militarmente. Berlín, en otras palabras, se desentendía de Polonia, al Este de la línea Vístula-San-Narev. Y cabe preguntarse: ¿para qué iba Alemania a exponerse a una guerra prematura contra el Kremlin por salir en defensa de los polacos que, aparte de mostrarse intransigentes

---

[271] WIliam C. Bullitt: "The World Menace".

[272] El gobierno interesado trata exclusivamente con los gobiernos de los países comprendidos en su zona de Influencia; el estado consignatario se desentiende formal y prácticamente de ello. ¿Qué, en la práctica, esto representaba dejar a Polonia Indefensa ante la URSS? Bien. Ese no era un problema alemán, sino polaco y, en todo caso, anglofrancés por haber garantizado París y Londres las fronteras polacas. (N. del A.)

en las cuestiones de Dantzig y el Corredor, hacían la vida imposible a su importante minoría alemana? Se ha dicho que el Pacto Ribbentrop-Molotoff desencadenó la Segunda Guerra Mundial. Es absurdo. Como hemos demostrado, la guerra estaba ya decidida por otros Poderes Fácticos. Si acaso, el Pacto Ribbentrop-Molotoff debía incitar a la prudencia a Inglaterra y Francia para que no hicieran de una carretera y un ferrocarril extraterritorial y un plebiscito en Dantzig un "casus belli". También se ha hablado de la inmoralidad del Pacto Ribbentrop-Molotoff. Es ridículo. ¿Qué tiene de inmoral que un determinado país concierte con otro una zona de influencia? ¿Dónde esta la inmoralidad en decir "a partir de esa zona me desentiendo de lo que ocurra en casa del vecino, pero de esa zona hacia acá me concierne"? ¿Qué tiene de inmoral decidir un statu quo por diez años en el resto de la vecindad? Si algo de inmoral hay en este negocio es que un ataque a Polonia desde el Oeste ocasione una declaración de guerra por parte de Inglaterra y Francia, y el mismo ataque desde el Este, llevado a cabo por un país oficialmente amigo deje sumidos a ingleses y franceses en un dulce nirvana.

Y aquí un breve inciso: Invitamos al lector a comparar lo que Francia e Inglaterra ofrecían a la URSS (ventajas territoriales y políticas) y lo que Ribbentrop "concedió" a Molotoff: un simple reparto de zonas de influencia y un "statu quo".

* * *

El Coronel Beck, informado por su Servicio Secreto, pretende que Stalin justificó, ante el Politburó, su decisión de pactar con Hitler, en los siguientes términos:

"Si aceptamos la propuesta de Alemania de concluir con ella un pacto de No-Agresión, me consta que, a causa de Polonia, la guerra entre Inglaterra y Francia, por un lado, y Alemania, por el otro, será inevitable. En tales circunstancias, tenemos todas las probabilidades de quedar fuera del conflicto durante mucho tiempo y podremos esperar, ventajosamente, nuestro turno....Garantizados en nuestras fronteras occidentales por el Pacto, también lo estaremos en las Orientales a causa de la presión que Alemania ejercerá en tal sentido sobre el Japón. De tal modo que nuestra elección es clara; debemos aceptar la propuesta alemana y mandar de vuelta a sus países con un rechazo cortés, a las misiones inglesa y francesa"[273].

Subrayamos: a Stalin le consta que, a pesar del Pacto, y a causa de Polonia, la guerra entre democracias y fascismos estallará. Espera quedar fuera del conflicto durante bastante tiempo, y aguardará su turno. A Stalin le consta. Stalin sabe. Pero Beck sabe que Stalin sabe. Y debe saber que el tumo de Stalin significa lanzarse sobre Europa, empezando -exigencias de la Geografía- por Polonia. Beck lo sabe. Y tiene que saber que Stalin no le va a pedir una autopista y un ferrocarril extraterritorial más una ciudad polaca, condicionada a un plebiscito favorable a los rusos. Beck tiene que saber que Stalin no le va a pedir nada. Beck tiene que saber que Stalin se lo va a quedar todo. Beck sabe, y SABE QUE STALIN SABE. Beck sabe a pesar, o tal ves a causa del Pacto. cuando Inglaterra y Francia saben que no pueden contar, de momento, con nadie, van a traer sobre sus cabezas el golpe alemán, inmiscuyéndose en un asunto ridículo como el del Corredor, que no les incumbe en absoluto, ni si- quiera para algo tan aleatorio, en Política, como el honor[274]. Beck sabe que a Stalin le consta que habrá guerra, a causa de Polonia. Beck sabe todo eso ¡y no cede!. No cede el derecho a un ferrocarril y una carretera....(Dantzig, al fin y al cabo, no es suyo, es una Ciudad libre). ¿Qué espera Beck? ¿Derrotar a la Wehrmacht y a la Luftwaffe, y eventualmente al Ejército Rojo, con su legendaria Caballería?...¿Qué es Beck? ¿Es un imbécil? ¿Es un traidor a Polonia? Que el lector saqué sus consecuencias.

Londres aconseja a Beck que mande un plenipotenciario y éste no lo hace. Rydz-Smigly se niega a comunicar a Gamelín la fuerza y hasta el emplazamiento de las divisiones polacas. De acuerdo con el más exigente código del honor, Inglaterra y Francia no están obligadas a hacer la guerra por Polonia. (N. del A.)

LA CUENTA ATRÁS

---

[273] Joseph Beck; "*Dernier Rapport*", pág. 322.

[274] El honor obliga a mantener una palabra, a condición de que aquél a quien se ha dado mantenga también la suya. Inglaterra y Francia dan palabra de defender a Polonia, pero Polonia se compromete a informarles previamente, es decir, consultarlas sobre lo que les atañe. No obstante, Polonia moviliza y Londres y París se enteran por la piensa.

El mismo día que las rotativas del mundo entero informan sobre la firma del pacto Germano-Soviético, el Presidente Roosevelt se precipita sobre la ocasión para crear, inmediatamente, una atmósfera de guerra mundial: pretextando que los Estados Unidos y sus instituciones democráticas se hallan en peligro, convoca una reunión extraordinaria del Congreso para levantar, en beneficio de Inglaterra, Francia y Polonia, el embargo sobre armamento, prescrito por la Ley de Neutralidad. Simultáneamente, el Senador Vandenberg, republicano, líder de la Oposición, pide asimismo una reunión de urgencia para "reforzar el control del Congreso sobre las decisiones dictatoriales y autocráticas del Presidente Roosevelt y evitar que se aproveche de las circunstancias para entregarse a uno de sus habituales actos de provocación"[275]. Subrayamos: el ex-Ministro Vandenberg y líder de la Oposición acusa a Roosevelt de ser un dictador y, a la vez, un provocador habitual. En todo caso, el levantamiento del embargo es rechazado. Es decir, que no sólo los republicanos, sino una fracción importante de los demócratas, del propio partido del Presidente, han rechazado su pretensión. Y ello es lógico, democráticamente hablando, pues, según un sondaje de la bien conocida Agencia Roper, de Nueva York, he aquí cómo se manifiesta el pueblo americano, que acaba de ser sondeado al respecto:

q) Partidarios de la entrada de USA en guerra Junto a Inglaterra, Francia y Polonia..2,5%

r) Partidarios de la entrada de USA en guerra Junto a Alemania...0,2%

s) A favor de mantenerse fuera del conflicto y vender a todos los beligerantes, "cash and carry"[276]..37,5%

t) A favor de mantenerse fuera del conflicto y vender a todos, "cash and carry", pero sólo víveres y medicamentos...6,3%

u) A favor de mantenerse fuera del conflicto y vender únicamente, "cash and carry" a Inglaterra, Francia y Polonia...8,9%

v) El mismo caso, pero venderles sólo en caso de que los Aliados estén en

---

[275] "*British Blue Book*", pág. 169.

[276] "Cash and Carry", literalmente: "Pague al Contado y lléveselo". Para impedir la repetición de la jugada de Woodrow Wilson en 1917, el Congreso había Impuesto esa ley a Roosevelt. (N. del A.)

situación muy difícil..14,7%

w) Partidarios de no vender a nadie, en ningún caso..........29,9%

Estos datos están reproducidos en una obra de un panegirista del Presidente Roosevelt[277] lo cual demuestra una vez más, e irrefutablemente, que el Hombre de Yalta era un demócrata muy particular, pues, a parte de haber sido elegido bajo la promesa electoral de mantener a su país alejado de todo conflicto bélico, este sondaje (recordemos que el Instituto Gallup había realizado otro unos años atrás con similares resultados) le demuestra que sólo un 2,5% de los americanos (¿cuántos judíos, de entre ellos?) quiere ir a la guerra junto a los ingleses, franceses y polacos (a), y sólo un 23,6% (e-f) demuestra preferencias por Inglaterra, Francia y Polonia, pero, observemos que son unas preferencias muy yankis: que paguen al contado y se lleven las mercancías en sus barcos, a sus riesgos y aún dos tercios de ese modesto 23,6% lo condicionan a que los anglo-franco-polacos estén en una situación muy difícil (recordemos que la guerra no ha empezado aún). Finalmente, un 73,7% es totalmente neutral, o no vender nada a nadie (g) o vender a todos los beligerantes, al contado (c-d). Un auténtico demócrata extraería una conclusión muy sencilla de esas cifras. Ya veremos cómo el autócrata- provocador Roosevelt (Vandenberg dixit) hará tanto caso de la opinión de su pueblo como de sus propias promesas electorales.

Así, para demostrar cuánto le preocupa el problema del Corredor Polaco, Roosevelt multiplica sus gestiones espectaculares: cartas abiertas a Hitler, al Rey de Italia, al Coronel Beck, a Mussolini. Notas diplomáticas a sus embajadores en Londres y París[278] para que presionen, por todos los medios -así, literalmente, consta en las aludidas notas- a los gobiernos inglés y francés, para que hagan frente a las demandas alemanas y, sobre todo, no se produzca un nuevo Munich, que es

---

[277] Robert Sherwood: "*Roosevelt Memorial*", pág. 36.

[278] Recordemos que, desde el asunto de la "Kristallnacht". Roosevelt ha retirado a su embajador en Berlín, Dodd. Hasta hace poco sólo se sabía que Dodd era un ultra-izquierdista. Pero según la revista americana "*The Thunderbolt*" (Abril 1979) el embajador Dodd era un criptojudío (por cierto, su hija Martha K. Dodd Stern, fue condenada por espionaje en favor de la URSS en 1957). ¡Un Judío, embajador USA en Berlín! ¿Estupidez? ¿Provocación? ¿Ambas cosas? (N. del A.)

lo que más parece preocuparle[279].

* * *

Paralelamente a los manejos del Presidente Roosevelt, otros hombres de buena voluntad intentan salvar la paz, cada vez más precaria en vista de la situación de rehenes en que, prácticamente, se encuentran los alemanes residentes en Polonia y a la negativa de Beck a ceder en la cuestión de Dantzig y el Corredor.

Leopoldo III, rey de los belgas ofrece, en nombre del Grupo de Oslo[280] su mediación a Alemania, Polonia, Inglaterra y Francia. Las potencias del Grupo de Oslo constituirán un Tribunal de Honor, compuesto por los seis presidentes de los respectivos tribunales supremos. Dicho Tribunal pide un plazo de tres meses para emitir un dictamen y solicita derecho de libre tránsito para todos sus miembros a través de las zonas conflictivas: Dantzig y el Corredor.

Su dictamen tendrá rango de arbitraje y obligará a las partes afectadas.

La Wilhemstrasse es la primera en contestar, dando su acuerdo. Sólo pide que, además de los respectivos presidentes de los tribunales supremos, se nombre a seis suplentes para caso de deceso o enfermedad. Añade que tres meses le parece mucho tiempo y sugiere un mes "pues la situación de los alemanes en Polonia es intolerable". No obstante, la reducción del plazo no es, y expresamente se racalca así una "condictio sine qua non". La segunda respuesta es la del Coronel Beck, que ni se toma la molestia de consultar con sus aliados anglofranceses, y responde con una seca negativa, argumentando que él se atiene a los términos del Tratado de Versalles, y que la soberanía polaca es intangible. No hay constancia de respuesta francesa. En todo caso, no hay respuesta oficial del Quay d'Orsay, lo que, sobre una negativa, es una grosería poco corriente en los anales de la Diplomacia. Inglaterra responde que no cree necesario el arbitraje y que, en todo caso, el Grupo de Oslo hable primero con Polonia. En resumen, las democracias rechazan el arbitraje de un grupo de países neutrales y democráticos[281].

---

[279] Robert Sherwood; "*Roosevelt Memorial*", pág. 41.

[280] El Grupo de Oslo, que se autoproclamaba pacifista y neutral, estaba compuesto por Dinamarca, Suecia, Noruega, Finlandia, Holanda y Bélgica. (N. del A.)

[281] Paúl Rassinier "*Les Responsables de la Seconde Guerre Mondiale*", Omnia Veritas Ltd.

Oswald Pirow, Ministro de Relaciones Exteriores de la Unión Sudafricana y amigo personal de Chamberlain es llamado, urgentemente, por éste, a Londres en Julio de 1939. Chamberlain, viejo y enfermo, sujeto a presiones tremendas y constantemente enfrentado a su Ministro de Asuntos Exteriores, Lord Halifax, quiere hacer otra tentativa para salvar la paz. Le consta que si, como hizo el año anterior, coge el avión y se entrevista con Hitler, los pro-hombres de su Partido le abandonarán y quedará en minoría (no en el Parlamento, ni ante el Pueblo, pero sí ante el gobierno, que le abandonará casi en pleno). No puede arriesgarse a una tal hecatombe política un hombre que, a- parte de ser un político profesional, tiene muchos Intereses -económicos, familiares y de todo tipo- que defender. Por tal motivo llama a su amigo Pirow y le encomienda la misión de visitar, por separado, a Hitler y a Beck para tratar de hallar una solución al problema del Corredor. A Chamberlain le consta que, por la vía diplomática normal, a través de embajadas y consulados, será muy difícil un arreglo pacífico; Chamberlain tiene plena confianza en su embajador en Berlín, Henderson, pero éste es, al fin y al cabo, un subordinado da Halifax y de su Sub-Secretario, Vansittart. Y Halifax y Vansittart son dos miembros prominentes del clan belicista. Pirow deberá intentar conciliar los intereses germano- polacos, orillando a Halifax, a Vansittart y a sus respectivos servicios. Además, deberá crear las condiciones necesarias para una nueva entrevista personal entre Chamberlain y Hitler, de manera que tal entrevista parezca imponerse como inevitable y no pueda sospecharse que ha sido propiciada por el propio Chamberlain, sino pedida por el Führer o traída por las circunstancias. Pero, tal como confiesa el propio Pirow..." entre la buena voluntad de Chamberlain y la realidad positiva se erguía, firme como una roca, la cuestión judía... Los factores que hicieron fracasar la política pacifista de Chamberlain y, en consecuencia, mi misión de paz en Berlín fueron: la propaganda Judaica, llevada a escala mundial y concebida de manera inconmensurablemente odiosa; el egoísmo político de Churchill y sus secuaces; las tendencias semicomunistas del Partido Laborista y el belicismo de los "chauvinistas" británicos, apoyados por ciertos traidores alemanes"[282]. Pirow aludía ciertamente a algunos grupos antinazis, polarizados en tomo a von Witzleben, al Almirante Canaris, a Franz Halder y, muy especialmente,

---

[282] Oswald Pirow: "*Was the Second War War Unavoidable?*".

a Richard Kordt, Canciller de la Embajada alemana en Londres, que constantemente contaba rumores -infundados- sobre el malestar del pueblo alemán contra Hitler, a su colega en la capital británica, el polaco Raczinski. Kordt, aristócrata que siempre odió al Nacionalsocialismo y, muy especialmente, por motivos personales, a su superior jerárquico, Ribbentrop, le decía a Raczinski y a los diplomáticos ingleses que cuando la guerra estallara, el ejército alemán se levantaría contra el Führer. Raczinski se los transmitía a Beck, que oía lo que le gustaba oir... En manos de esa clase de individuos se hallaba la paz de Europa en 1939. Así, no es de extrañar que fracasará la misión de Pirow.

S.S. Pío XII, el 24 de Agosto, lanza un mensaje a los gobernantes de los países en litigio. En su alocución, muy hábilmente, para no ofender a nadie, hace un paralelo entre "las aspiraciones de los pueblos y la inteligencia de los gobernantes".

"Hay aún tiempo para que los hombres negocien que intenten comprender el punto de vista de los demás. Se darán cuenta de que un éxito honorable no queda jamás excluído en unas negociaciones leales... Nada hay perdido con la paz; todo puede perderse, en Europa, con la guerra. Yo os conjuro a negociar"[283].

Un inciso muy importante. Pío XII, que en la citada frase -la última- de su discurso, implora a los gobernantes que negocien, sólo puede dirigirse a quién se niega a negociar. Pues bien: el 23 de Agosto el Coronel Beck ha hecho saber a los servicios de von Ribbentrop que "no tiene nada que negociar sobre el Corredor ni sobre nada".

En todo caso, la petición del Soberano Pontífice es desoída. Y es un hecho: Polonia no quiere saber nada de negociaciones, aunque lo pida el Papa. El discurso de Pío XII es censurado por las autoridades polacas y también parcialmente censurado por la libre prensa francesa[284].

* * *

En el epígrafe "Cuatro Millones y Medio de Rehenes" hemos mencionado medio centenar de casos de agresiones contra los alemanes en Polonia. adrede hemos dejado aparte los incidentes en Dantzig. Los soldados polacos instalados en

---

[283] "Documents du Saint Siège relatifs à la Seconde Guerre Mondiale", Vol. I, pág. 270.

[284] Birger Dahlerus; "*Memorias*".

Westerplatte disparan contra la muchedumbre. Incidentes aduaneros constantes. En once ocasiones diferentes, la artillería antiaérea polaca dispara contra aviones comerciales alemanes que se dirigen a Dantzig, y en otras cinco ocasiones contra aviones correos y de pasajeros que se dirigen a Prusia Oriental. Es decir, que junto a una situación diplomática tirante, hay incidentes numerosos y a diario.

Pero, a partir de la firma del Pacto Germano-Soviético, los polacos parecen calmarse. Los incontrolados, en todo caso, se muestran menos activos y la policía regular polaca les controla fácilmente.

Hitler aprovecha la oportunidad para presentar, una vez más, su propuesta de negociaciones a Polonia. He aquí la base de sus proposiciones:

1) Dantzig, en su calidad de Ciudad Ubre, celebrará un plebiscito, controlado por la S. de N. y las autoridades dantziquesas, alemanas y polacas, para decidir su retomo al Reich.

2) Alemania obtiene, a través del Corredor, y pasando por Dantzig, una autorruta y un ferrocarril de los cuales podrá disponer libremente.

3) A cambio de ello, Alemania está de acuerdo en reconocer los actuales derechos económicos de Polonia en Dantzig.

4) Alemania asegura a Polonia un puerto franco en Dantzig, cuyas dimensiones serían determinadas por la propia Polo- nia y cuyo acceso sería completamente libre.

5) Las fronteras entre Alemania y Polonia quedarán reconocidas como definitivas.

6) Alemania y Polonia concluyen un Pacto de No-Agresión de 25 años. Estas propuestas, que ya habían sido hechas a Polonia el 5 de Enero, y luego renovadas oficialmente el 21 de Marzo, y el 28 de Abril, son igualmente transmitidas, para información, a Inglaterra y Francia. Creemos que la mejor manera de aclarar las últimas responsabilidades sobre el desencadenamiento de la guerra consiste en reconstituir, en su cronología exacta, los acontecimientos que se producen en los últimos días que preceden a su declaración.

23 de Agosto de 1939.- Sir Neville Henderson, embajador inglés en Berlín, se presenta en Berchtesgaden, portador de un mensaje personal de Chamberlain, muy conciliador, en el que se afirma que, mediante negociaciones, se podrá solucionar la crisis. Hitler responde que los polacos están infligiendo vejaciones, incluso,

asesinando a alemanes en Polonia, y la solución debe ser rápida. Henderson no ha sido muy bien recibido, pero la puerta para las negociaciones queda abierta. El mismo día, carta de Roosevelt al Rey de Italia, ofreciéndose como mediador. El Rey no responde; sin duda no ha visto, en esa carta, más que una tentativa del Presidente americano para sembrar cizaña entre las potencias del Eje. Al atardecer, el Gobierno Inglés pide plenos poderes a las Cámaras "para poder tomar, con urgencia, todas las medidas políticas y militares que se impongan". Los plenos poderes son concedidos. En Dantzig, el Senado de la Ciudad Ubre decide, por unanimidad, nombrar al Gauleiter Forster, líder del Partido Nacionalsocialista, Jefe del Estado de Dantzig. Polonia protesta diplomáticamente, estimando que esto es una provocación. Pero no puede haber provocación, pues los nacionalsocialistas son mayoría democrática en la Ciudad Libre (43 diputados nacionalsocialistas sobre 72) y lo usual es que una mayoría democrática elija como Jefe de Estado a un miembro de esa misma mayoría. ¿A quién esperaban los polacos que nombrarían Jefe de Estado de Dantzig los dantziqueses, a un comunista, acaso? 24 de Agosto.- Carta de Roosevelt a Hitler y a Moscicki, Presidente de la República de Polonia, aconsejándoles que no recurran a la violencia para dirimir sus diferencias. Respuesta benévola de Moscicki; silencio de Hitler. En Londres, discurso de Chamberlain en los Comunes: anuncia que Inglaterra está resuelta a ayudar a Polonia, pero deja la puerta abierta a las negociaciones. En Berlín, Goering, que no cree en las virtudes diplomáticas de von Rib- bentrop, a su juicio demasiado rígido, intenta una maniobra de aproximación indirecta a Inglaterra, con la aprobación de Hitler. Goering conoce al indus- trial sueco Dahlerus, que ha sido cónsul y hasta embajador de su país y que está muy bien relacionado en los medios políticos e industriales británicos y alemanes. Dahlerus ha intentado en numerosas ocasiones un acercamiento anglo-alemán. El 7 de Agosto de 1939 organizó una reunión en una pequeña localidad del Schleswig-Holstein, en la frontera danesa, asistiendo Goering, el general Bodenschaft y el Consejero de Estado, Koerner. Por el lado inglés asis- tieron diversos miembros influyentes del Partido Conservador, entre ellos Mr. Spencer, un incondicional de Chamberlain y de su política pacifista. La atmósfera fue muy cordial. Existen contactos, no sólo oficiales, sino extraoficiales con Inglaterra, y Goering quiere explotarlos, y piensa que Dahlerus es quién mejor puede llevar a cabo la misión. El discurso de Chamberlain en los Comunes ha dejado una puerta abierta y Goering quiere aprovechar la oportunidad. A medianoche un avión despega de Tempelhof, llevando a bordo a Dahlerus que debe pedir a Chamberlain una entrevista con Goering, que está dispuesto a presentarse en Inglaterra.... Pero, durante el día siguen llegando malas noticias de Polonia y del Corredor. Un avión alemán que se dirigía a Koenigsberg ha sido cañoneado por un destructor de la flota polaca en aguas internacionales.

25 de Agosto.- Hitler ha dado orden de que, en caso de no llegar una respuesta positiva de Varsovia prometiendo abrir negociaciones, la invasión de Polonia deberá tener lugar el día 26, de madrugada. Pero lo ha ordenado también de modo que las ordenes de marcha puedan ser detenidas en el último minuto. Carta de Hitler a Mussolini, recordándole discretamente el Pacto de Acero y expresándole su opinión de que la guerra es muy probable, porque Polonia no hace un sólo gesto de apertura, mientras multiplica las provocaciones en Dantzig y somete a vejámenes sin nombre a la minoría alemana en Polonia. Hitler convoca a Henderson y le ruega transmita a Chamberlain la siguiente proposición: alianza anglo-germana, a condición de que Inglaterra convenza a Polonia del retorno, mediante plebiscito, de Dantzig al Reich, más la autorruta y el ferrocarril a través del Corredor; garantía de Alemania a las nuevas fronteras de Polonia en el Oeste; acuerdo sobre las colonias; garantías para las minorías alemanas en Polonia, y ayuda de Alemania para la defensa del Imperio Británico en todos los puntos del mundo, y a simple demanda del gobierno inglés"[285]. Henderson parte inmediatamente en avión hacia Londres para transmitir el mensaje. Hitler ordena a Keitel que los preparativos de invasión de Polonia, que deben tener lugar a las 3 de la madrugada del día 26, se retrasen hasta las 3 de la tarde del mismo día, para dar tiempo a que lleguen noticias de Londres. A primeras horas de la tarde, un golpe de teatro: la radio inglesa afirma que el gobierno inglés y el gobierno polaco han reforzado su pacto de ayuda mutua, precisando que la ayuda deberá ser incondicional y "hasta el final" (literal). El artífice de este nuevo pacto es el embajador en Varsovia, Kennard, un incondicional de Halifax. Reacción de Hitler: llama a Keitel y le ordena poner en marcha inmediatamente los preparativos de invasión de Polonia. Entrevista de Hitler con el

---

[285] Testimonio de Dahlerus en el Proceso de Nuremberg, 19-III-1946. Compte Rendu des Débats, Tomo IX, pág. 495.

embajador francés, Coulondre[286], para informarle que las provocaciones polacas son ya intolerables, que él no tiene nada contra Francia, pero que si Francia interviene está preparado para responder a esa eventualidad. Son las cinco y media. Media hora después, llega la respuesta de Mussolini: Italia no se halla preparada pare la guerra; sólo lo estará en 1943. Italia sostendrá políticamente a Alemania, pero permanecerá neutral, pues le faltan armas y materias primas. Perplejidad del Führer, que se entrevista con Ribbentrop y Goering. Todos están furiosos contra Italia[287]. Al término de la conferencia a las 19,30, nueva orden a Keitel de detener los preparativos de invasión de Polonia. Carta a Mussolini pidiéndole que le haga una lista de sus necesidades más perentorias para el caso de guerra, en la eventualidad de que ésta se produzca de Inmediato.

26 de Agosto. Llega la respuesta de Mussolini, con tanta rapidez que todo hace suponer que ya estaba preparada. "Si un toro supiera leer, se desmaya- ría al leer nuestra lista" dice el Conde Ciano en sus "Memorias"[288]. En realidad, se trata de dos listas, una pidiendo Ingentes cantidades de material, y otra estableciendo las reivindicaciones (el precio) italianas: Niza, Córcega, Túnez, Malta, Chipre, Adén y una "expansión en África Occidental". ¡Miuncias!. En otras palabras, Mussolini mantiene su decisión de no entrar en guerra, pero le reitera a Hitler su promesa de apoyarle políticamente. A las tres de la tarde, Sir Ogilvie Forbes, Canciller de la Embalada británica en Berlín se entrevista con el Führer para comunicarle que el embajador, Henderson, llegará a Berlín el domingo, 27 de Agosto, con la respuesta del gobierno inglés a sus proposiciones. Casi simultáneamente, llega Dahlerus, que Goering había mandado a Londres para entrevistarse con Chamberlain. Este, indispuesto (?) no lo pudo recibir. En su lugar le recibió Halifax que le reiteró el deseo del gobierno británico de llegar a una solución pacífica, pero no contestó a la propuesta de Goering de desplazarse a Inglaterra. Carta de Hitler a Mussolini

---

[286] Coulondre substituyó a Poncet - que gozaba del respeto general como embajador de Francia - en el momento álgido de la crisis. Coulondre es un marxista notorio y su esposa es sionista. Una vez mas, preguntamos: ¿Estupidez o provocación?. (N. del A.)

[287] Ya el 13 de Agosto Ciano había avisado a Hitler que Italia no estaba para guerras (literal). Se afirma que Hitler exclamó que "Tradición y traición son, para la Casa de Saboya, sinónimos". Según Montigny (Op. Cit. pág. 240) decepcionado por Italia, Hitler se resignó a pagar el precio que representaba el Pacto con la URSS. (N. del A.)

[288] Galeazzo Ciano: "*Memorias*", Tomo I, pág. 138.

diciéndole que, ya que no puede ayudarle militarmente, "por lo menos trate de distraer a las fuerzas anglofrancesas mediante una propaganda activa y demostraciones militares adecuadas". El Duce responde telefónicamente asegurando al Führer sobre su total apoyo. Visita de Coulondre a Hitler para asegurarle que Francia desea la paz, pero honrara su pacto con Polonia. Hitler dice a Coulondre, del que no se fía, que responderá a Daladier por escrito. Entevista Hitler-Goering-Dahlerus. Este parte de nuevo hacia Londres, en avión, para transmitir de nuevo la oferta hecha por Hitler al gobierno inglés a través de Henderson. "Temo que Henderson no me ha comprendido", afirma el Führer.

27 de Agosto.- Dahlerus se entrevista sucesivamente con Halifax, Sir Horace Wilson, Sir Robert Vansittart y Chamberlain, primero por separado, y luego todos Juntos. A medianoche, Dahlerus está de regreso en Berlín. Los ingleses han dicho: a) que desean mantener buenas relaciones con Alemania, pero que la protección del Imperio incumbe a Inglaterra sola. b) Inglaterra se siente obligada en su honor a mantener su pacto de ayuda a Polonia, c) Las diferencias entre Polonia y Alemania deben resolverse por negociaciones directas entre ambos países. Hitler se muestra de acuerdo, pero dice a Dahlerus que convendría que la respuesta oficial que transmitirá Henderson mencione que Inglaterra se compromete a hacer un gesto para convencer a Varsovia de entablar negociaciones.

28 de Agosto.- Mejoría general de las perspectivas de paz. Chamberlain, insólitamente, salta por encima de Halifax, su Ministro de Asuntos Exteriores, y cablegrafía a Sir Howard Kennard, su Embajador en Varsovia, ordenándole aconseje al Coronel Beck que mande un plenipotenciario a Berlín. A los cuatro de la tarde, llega la repuesta de Beck a Chamberlain: "El Coronel Beck expresa su reconocimiento al Gobierno de Su Majestad y le autoriza a informar al Gobierno del Reich de que Polonia está dispuesta a entablar inmediatamente discusiones directas con Alemania"[289]. A la misma hora, Dahlerus comunica a la Embajada de Inglaterra en Berlín que a su vez debe informar al "Foreign Office" de que la invasión de Polonia ha sido retrasada hasta el 1 de Septiembre al amanecer y que, en consecuencia es urgente que la respuesta inglesa, oficial, a las proposiciones de Hitler del 25 de Agosto y a las de Dahlarus, de la víspera, llegue cuanto antes. A

---

[289] *"Documents on British Foreign Policy"*, Vol. II, pág. 333.

las 8.30 de la tarde llega Henderson a Berlín, con un día de retraso. Es recibido dos horas después en la Cancillería con los honores debidos a los Jefes de Estado, pues Hitler quiere hacer muestra de buena voluntad y probar la importancia que concede al acontecimiento. Hitler estudia la nota inglesa y promete dar una repuesta el día siguiente. Mussolini, cuyo embajador en Berlín, Attolico, le mantiene informado al mi- nuto, desea participar como mediador, propone a los gobiernos inglés, francés y polaco una Conferencia de los Cinco (con Alemania e Italia), pero le responden con una negativa.

29 de Agosto.- Cuando todo parecía que seguía un curso general de distensión, nuevo golpe de teatro desde Varsovia. A las 13 horas, el Coronel Beck ordena la movilización general. La víspera, Beck ha prometido a Chamberlain que iniciaría negociaciones directas con Alemania, y hoy moviliza. Esas actitudes no son conciliables y demuestran que sus intenciones no son honradas.

No son, ni siquiera, inteligentes. Los embajadores de Francia e Inglaterra en Varsovia, León Noel y Howard Kennard, visitan a Beck para protestar, indignados. Pero hay mis: durante toda la noche, los informes alarmantes sobre los ataques de la D.C.A. polaca a aviones alemanes que aseguran el tráfico con Prusia Oriental, así como los referentes a incidentes en el Corredor, se amontonan sobre la mesa del Führer. Keitel, Jodl y Kluge visitan a Hitler: o se actúa inmediatamente o será preciso retrasarlo todo hasta la primavera siguiente, pues el crudo invierno polaco probablemente se convierta en un aliado del enemigo. Hitler, que generalmente no escucha a sus generales, ésta vez les promete que si las negociaciones no llevan a ningún resultado dentro de 48 horas, dará -ésta vez sin contraordenes- la señal para la invasión de Polonia. Leopoldo III de Bélgica ofrece, una vez más, su mediación, y lo mismo hace la reina Guillermina de Holanda. También la ofrece, por enésima vez, Mussolini.

Hitler responde a los tres que está de acuerdo, pero que se dirijan a Varsovia, a quien hace meses pide mande un negociador. A las 19.15, Sir Neville Henderson es convocado en la Cancillería para recibir la respuesta de Hitler a la nota inglesa: Tono conciliador, pero firme: "El Gobierno Alemán cuenta con la llegada del plenipotenciario polaco mañana, miércoles, 30 de Agosto de 1939"[290]. Sobresalto

---

[290] *"Documents on British Foreign Policy"*.

de Henderson. El plazo es demasiado corto. Inglaterra no podrá decidir en unas treinta horas, al Coronel Beck para qué mande un plenipotenciario a Berlín. Estalla una violenta discusión entre los dos hombres. Punto de vista inglés: el plazo es corto. Punto de vista de Hitler: "Si el Coronel Beck se declaró dispuesto a entablar inmediatamente discusiones directas con Alemania el 29 de Agosto a las 16 horas, y es de buena fe, debe estar preparado. Además, no puede esperar más. Están matando a alemanes en Polonia. Es el último plazo que doy". Henderson pide a Lipski que vaya a verle en la embajada británica y le comunica que es preciso presione al Coronel Beck para que mande un negociador a Berlín, cuanto antes. Luego conferencia con Coulondre para que éste insista en el mismo sentido a Lipski. Henderson incluso ruega a Attolico que intervenga cerca de Beck. Finalmente, manda un telegrama a Halifax, informándole de la tempestuosa entrevista que acaba de tener con Hitler, e insistiendo en que la venida de un plenipotenciario polaco a Berlín, en el plazo dado por Hitler, es la única posibilidad de evitar la guerra[291]. A las 22.30, Sir Ogilvie Forbes visita a Dahlerus en su hotel, para informarle de que la entrevista Hitler-Henderson ha terminado en una verdadera disputa y que nunca se había visto al Führer tan indignado. En medio de la conversación, llega Goering, que pide a Dahlerus vuelva a Londres para intentar suavizar los efectos del desgraciado incidente y explique al Gobierno Británico que "el Führer prepara unas proposiciones que hará saber el día siguiente al plenipotenciario polaco, si viene, y que esas proposiciones sorprenderán a los ingleses por su moderación"[292].

30 de Agosto.- Cuatro de la madrugada. Telegrama de Halifax a Henderson notificándole que la nota alemana está siendo estudiada, pero que no ve posible que el Gobierno Británico pueda convencer a Beck de que mande un plenipotenciario en un plazo tan corto. A las 8.30 Dahlerus llega a Londres. Hitler pasa toda la mañana redactando las proposiciones que piensa presentar al plenipotenciario polaco. Son moderadísimas: Dantzig tras un plebiscito favorable; ferrocarril y autorruta extraterritorial; grandes ventajas comerciales para Polonia en Dantzig y uso libre de su puerto; ferrocarril extraterritorial y autorruta polacas, atravesando la que construirá Alemania, financiada por el Reich. El historiador

---

[291] Ibid. Id. Op. Cit.. pág. 322.
[292] Testimonio de Dahlerus en Nuremberg. Op. Cit. p. 498.

francés Bénoist-Méchin pretende que, 48 horas después, Lady Diana Duff Cooper, esposa del antiguo Primer Lord del Almirantazgo, "encuentra las proposiciones de Hitler tan razonables que su marido está aterrado por el simple pensamiento de que la opinión pública británica pueda compartir la opinión de su mujer"[293]. Según Paul Rassinier, en efecto "si el pueblo francés a Inglés hubieran conocido estas propuestas el 30 de Agosto, París y Londres no hubieran podido declarar la guerra a Alemania sin desencadenar una oleada de protestas que hubiera impuesto la paz"[294]. No obstante, las propuestas de Hitler eran antiguas: el plebiscito de Dantzig y el ferrocarril y la autorruta extraterritoriales. Ahora sólo ha añadido ventajas comerciales para Polonia en Dantzig y la financiación, por el Reich, de un ferrocarril y una autorruta, para Polonia, que cruce con la autorruta y el ferrocarril alemán a Prusia Oriental[295]. En todo caso, el "hombre de la calle", en Francia e Inglaterra, no sabe nada de ésto: lo que los titulares de la prensa le dicen es que Hitler quiere anexionarse Polonia. Hitler, entretanto, espera, en vano, la llegada del plenipotenciario polaco. En cambio, lo que sí llegan son noticias de Polonia. En la ciudad da Bromberg, en Pomerelia (el Corredor), la chusma de incontrolados polacos ha llevado a cabo un "pogrom" bestial contra la población alemana. La encuesta de la Cruz Roja Internacional, el Libro Blanco publicado por el Ministerio de Asuntos Exteriores del Reich y las revelaciones de la Prensa internacional hablan de ancianos castrados, mujeres con los pechos seccionados, criaturas de cinco y seis años de edad empaladas, públicas violaciones de muchachas. Según los alemanes, diez mil inocentes sacrificados por el populacho, según la Cruz Roja Internacional, que lo revelará semanas más tarde, unos seis mil quinientos, entre muertos y heridos. En todo caso, las últimas posibilidades de paz parecen irse al garete. Algo parece innegable: el gobierno polaco que ha permitido, cuando no

---

[293] J. Bénoist-Méchin: "*Historie de L´Armée Allemande*", T. VI, n.2 pág. 54.

[294] Paul Rassinier: "*Les Responsables de la Seconde Guerre Mondiale*", Omnia Veritas Ltd.

[295] Esta última propuesta alemana, además, mejoraba otra hecha, oficialmente, por los servicios de Von Ribbentrop, el mismo día 30 de Agosto de 1939, por la mañana, al gobierno polaco: Plebiscito en el Corredor, que se extiende desde el Báltico hasta la línea Rarienwerder-Grandecnz-Kulm-Brombecrg, y después algo hacia el Oeste hasta Schoenlante, decidirá por sí sobre su pertenencia al Reich o a Polonia. Este "Corredor", solicitado previo plebiscito, tendría una extensión de unos 1750 Km. cuadrados. Recordemos que las tropas "irregulares" de Korfandy se anexionaron, tras Versalles, más de 2000 Km. cuadrados de territorio alemán... sin plebiscitos. (N. del A.).

alentado, las exacciones antialemanas para que los alemanes emigren de Polonia, se ha visto desbordado en el asunto de Bromberg. Incluso ha intervenido, con dureza, contra el populacho, la policía polaca, pero todo había sido "muy bien organizado". ¿Quién pudo ser? ¿El "Intelligence Service", especialista en esa clase de menesteres? ¿Hombres de mano de los llamados Poderes Fácticos? Probablemente, nunca se sabrá. A menos que se responda al adagio romano *Is fecit cui prodest*. El autor de un crimen es aquél a quien la comisión de tal crimen beneficia, Varsovia manda excusas a Berlín y promete una encuesta y el castigo de los culpables. No obstante, bueno será tener en cuenta que los provocadores del "pogrom" no hubieran tenido éxito de no haberse creado un ambiente antialemán, fomentado -esto es innegable- por las autoridades polacas. Mientras tanto, se producen oleadas de rumores. En Varsovia, el Coronel Beck le dice a Sir Howard Kennard que "siempre ha estado convencido de que Hitler fanfarroneaba. Todo era un "bluff". Dijo que invadiría Polonia el día 26 y estamos a 30 y aún no lo ha hecho ni lo hará. Hitler teme la revuelta de sus generales"[296]. Un alemán miembro de la oposición a Hitler visita a Henderson para decirle que, en el momento en que estalle la guerra las tropas alemanas marcharán sobre Berlín y Hitler será de- puesto, que el Jefe de Estado Mayor, Halder, ha dimitido, que von Brauchitsch y Hitler han tenido un violento altercado. Henderson, un embajador que conoce su trabajo, transmite la información al Foreign Office pero añade una coletilla propia: "Creo que se trata de un agente provocador"[297]. Halifax, a su vez, transmite la noticia a Beck, pero omitiendo la coletilla de Henderson[298]. Beck exulta. Le confirman lo que él sabe. Le dicen lo que le gusta oír. Está convencido de que si aguanta 24 horas más Hitler se hundirá.

No irá él a Berlín ni mandará a ningún plenipotenciario. A las 23 horas, Ribbentrop, convencido de que los polacos no mandarán al plenipotenciario, convoca a Henderson a las 23.30 en la Wilhelmstrasse; el embajador británico se presenta con una hora de retraso. Los dos hombres casi llegan a las manos. Ribbentrop, con

---

[296] Una buena parte de los generales, en efecto, estaban molestos con Hitler porque éste había renunciado a Pomerelia y a la región de Posen en su anhelo de llegar a un arreglo con Polonia. (N. del A.)

[297] Sir Neville Henderson: "*Two Years With Hitler*", p. 290.

[298] Se trataba, en efecto, de un agente provocador, cuyo nombre no ha sido divulgado, pero posiblemente fuera Von Witzleben. (N. del A.)

una rara insolencia para un diplomático le dice a Henderson, con tono sarcástico, que aunque el plazo para la presentación del plenipotenciario polaco ya ha vencido, le va a leer los dieciséis puntos de las proposiciones alemanas a Polonia, que hubieran sido sometidos a dicho plenipotenciario. Ribbentrop, según Henderson[299] le lee los dieciséis puntos a gran velocidad. Tras la lectura, el embajador le pide al Ministro que le dé una copia de la nota, para que pueda estudiarla tranquilamente y transmitirla a su gobierno, pero Ribbentrop se niega. Algo insólito en los anales diplomáticos. Henderson cree no haber oído bien y repite su demanda. "No -responde Ribbentrop- Además todo esto ya no tiene sentido puesto que la medianoche ha pasado y ningún negociador polaco se ha presentado". Los dos hombres se separan sin saludarse. Entretanto, Dahlerus, que ha regresado de Londres, se congratula, en casa de Goering, del tono de las proposiciones de Hitler y de su contenido. A Polonia no se le pide nada más que el derecho a la construcción del ferrocarril y la carretera extraterritorial, y a cambio se le construyen, gratuitamente, otro ferrocarril y otra carretera y se le conceden, en Dantzig, derechos mayores que los que posee en la actualidad. Esta vez sí. La paz se ha salvado. Dahlerus quiere hacer partícipe de su alegría a Sir Ogilvie Forbes y le llama por teléfono, y es entonces cuando se entera del incidente entre Ribbentrop y Henderson. Goering, que no sabía nada, le dice a Dahlerus que lea la nota, despacio, a Forbes, para que éste pueda tomarla por escrito y transmitirla a Henderson. Goering informa a Hitler, que le felicita.

31 de Agosto.- Dos de la madrugada. Forbes quiere entregarle la nota a Henderson, pero no le encuentra por ninguna parte. El embajador ha salido apresuradamente de la Embajada sin comunicar adonde se dirigía. Forbes deja la nota sobre la mesa del despacho de Henderson. Este, a pesar de hallarse profundamente deprimido tras su algarada con Ribbentrop, se dirige a casa de Lipski, a quién saca de la cama y le dice que, a pesar de la rapidez con que le ha leído la nota el alterado Ribbentrop, he creído comprender que las propuestas alemanas son moderadísimas, en todo caso muy razonables y que debía proponer a su gobierno, urgentemente, una entrevista Goering-Rydz-Smigly, pues a ningún acuerdo se podrá llegar con hombres como Beck y Ribbentrop. Lipski dice que

---

[299] Sir Neville Henderson: Ibid. Id. Op. Cit.

transmitirá a su gobierno por la mañana. "Ya es mañana", le interrumpe Henderson. Lipski bosteza y le dice que el tiempo trabaja para Polonia. Empieza a hablarle a Henderson de las noticias frescas que le han llegado de Varsovia, según las cuales Halder ha dimitido, Brauchitsch ha tenido una reyerta con Hitler, los generales alemanes se sublevaran en el momento de estallar la guerra, etc, etc. "Tonterías" - se indigna Henderson- "fue un agente provocador que vino a contarme todo eso a mi. ¿No lo sabía?". Lipski no lo sabía, pero empieza a hablarle a Henderson de la solidez del ejército polaco, de su caballería, etc. Puñetazo de Henderson sobre la mesa. "Ya he oído bastante ridiculeces esta noche. ¿No comprende usted que nos estamos jugando la paz del mundo?". Por segunda vea en unas horas, Henderson se separa de un colega sin saludarle, aún cuando Lipski le ha prometido transmitir a su gobierno por la mañana.

Los periódicos de la mañana anuncian que el Papa ha dirigido un patético mensaje a Hitler y a Moscicki para que hagan todo lo posible para evitar incidentes y se sienten a negociar. Mussolini se ofrece, como mediador, a Alemania y Polonia. A las nueve, Henderson llega a su oficina y encuentra la nota de Forbes; llama a Dahlerus para darle las gracias y para que la nota llegue cuanto antes a conocimiento exacto de los polacos, le sugiere que la lleve él mismo a la embajada polaca. "Lo que diga esa nota no me interesa. Se de buena tinta que si la guerra estalla, el ejército alemán se amotinará y se dirigirá a Berlín", responde Lipski. Entretanto, el teléfono no descansa entre París, Roma, Londres y Varsovia. Desde Berlín, el propio Coulondre dice a Bonnet que convendría que alguien ejerciera presión sobre Varsovia... "porque si el mundo se entera que hacemos una guerra a Alemania por un ferrocarril y una carretera, nos cuelgan". Bonnet le ordena que llame a su colega en Varsovia, León Noel y le presione una vez más al Coronel Beck para que mande un plenipotenciario a Berlín[300]. A las once de la mañana, León Noel y Sir Howard Kennard llegan, juntos, a casa del Coronel Beck: tras la áspera discusión éste consiente en enviar un plenipotenciario a Berlín. El plenipotenciario en cuestión, por otra parte, se encuentra ya en Berlín: es el embajador Lipski. La noticia es inmediatamente transmitida a todas las capitales europeas. Hitler se entera a la una y media de la tarde, cuando se disponía a firmar

---

[300] Georges Bonnet: "La défense de la paix".

la "directiva núm. 1 para la conducción de la guerra"; Hitler no firma aún y decide esperar hasta medianoche. Simultáneamente, Francois-Poncet, embajador de Francia en Roma llama por teléfono a Bonnet y le informa de que si Francia e Inglaterra aceptan, Mussolini ofrece invitar a Alemania a una Conferencia que tendría lugar el 5 de Septiembre y cuya finalidad seria estudiar todas las cláusulas del Tratado de Versalles susceptibles de generar crisis. Bonnet da su acuerdo, pero Halifax dice que se trata de una "trampa de los dictadores", que "naturalmente, las democracias no pueden rehusar esa propuesta, pero que, previamente, hay que hacer aceptar a Hitler una desmovilización general de todos los ejércitos de todas las grandes potencias, lo que requiere conferencias previas y mucho tiempo". Tiempo. Eso es lo que falta. A las dos de la tarde, llega a todas las Cancillerías una propuesta de Pío XII para que todos los jefes de estado afectados se reúnan, con o sin su arbitraje, con o sin sus buenos oficios, y se comprometan a no hacer uso de las armas. A las dos y diez, llegan a Lipski las instrucciones del Coronel Beck. Dichas instrucciones incluyen un párrafo secreto así redactado: "No se deje llevar, en ningún caso, a discusiones técnicas. Si el Gobierno del Reich le hace proposiciones orales o escritas, diga que no posee plenos poderes para negociar, ni para discutir o recibir tales proposiciones; que usted se halla únicamente habilitado a transmitirlas a su gobierno y a solicitar del mismo nuevas instrucciones". Los servicios del Gabinete de Cifra y de vigilancia de las comunicaciones telefónicas del Reich interceptan esas instrucciones[301]. De modo que cuando Lipski se presente en la Wilhelmstrasse, Ribbentrop sabe que en vez de un delegado recibirá, de hecho, a un cartero. Ribbentrop piensa que los polacos quieren, como siempre, ganar tiempo, y hacer que los asuntos se atasquen por el pedregal del procedimiento diplomático. Hitler opina igual. A las cuatro de la tarde, Lipski pide audiencia a von Ribbentrop. Se la conceden a las seis y media. A las seis, reunión del Consejo de Ministros francés, bajo la presidencia del propio Presidente de la República, Albert Lebrun. Se decide mandar el siguiente telegrama a Mussolini: "El Gobierno Francés piensa que, como están en curso negociaciones directas germano-polacas, sólo en caso de fracaso de esas conversaciones debiera reunirse la Conferencia propuesta

---

[301] Deposición de Dahlerus en Nuremberg. Op. Cit. p. 500.

por el Duce"[302].

Pero antes de cursar dicho telegrama, Bonnet decide consultar los términos del mismo con Chamberlain, con objeto de que ambos gobiernos sincronicen su actitud. Lebrun recuerda a Bonnet que la consulta la debe hacer a Chamberlain, vía Hallfax; es obvio que ésto debía saberlo Bonnet, y si se proponía acudir directamente a Chamberlain era, precisamente, por constarle el belicismo, cada vez más acusado, de Halifax, su colega británico. La consulta se hace, pues, a Halifax, y la respuesta no llegará Jamás. La respuesta francesa sólo se enviará a Roma el día siguiente y en otros términos menos conciliantes, pues, entretanto, los acontecimientos evolucionan rápidamente. Kennedy está en contacto permanente con Chamberlain, y Bullitt con Daladier, para evitar que se hagan gestos de paz hacia Berlín. A las 18.30, Lipski es recibido por von Ribbentrop. La entrevista diplomática más breve que registra la Historia. Ribbentrop recibe de pié a su colega polaco. Ni siquiera le invita a sentarse. Una pregunta y una respuesta; "¿Trae usted plenos poderes de su gobierno para negociar?". "No, pero puedo escuchar sus proposiciones y transmitir a mi gobierno". "En tal caso, buenas tardes". Ribbentrop pulsa un timbre, y aparece un ujier que conduce a Lipski a la puerta[303]. A las siete, Attolico viene a preguntar a Hitler si considera que el Duce debe proseguir sus esfuerzos en el sentido de una mediación. Se le responde que ya no es necesario. A las 21.15, la Radio del Reich difunde las condiciones ofrecidas a Polonia, a las que los servicios de Ribbentrop añaden el siguiente comentario: "El Führer y el Gobierno del Reich han esperado durante meses, y en ésta última etapa durante dos días, la venida de un plenipotenciario polaco. Todo ha sido en vano. En consecuencia, el gobierno del Reich considera sus proposiciones como prácticamente rechazadas a pesar de que, en su opinión eran, no sólo muy equitables, sino plenamente aceptables en la forma en que habían sido redactadas y puestas en conocimiento del gobierno británico". A la misma hora, 21:15, Sir Neville Henderson es convocado en la Wilhelmstrasse, y M. Coulondre diez minutos después. A cada uno se les entrega, "a título puramente informativo", las condiciones oficiales alemanas. Cinco minutos después, a las 21.30, Hitler firma la "Directiva núm. 1 para la conducción de la guerra"; las tropas

---

[302] Georges Bonnet Ibid. Id. Op. Cit. Vol. II, p. 342.

[303] Paúl Schmidt: "*Statíst auf diplomatischer bahne*", p. 460.

alemanas invadirán Polonia mañana, 1 de Septiembre de 1939, a las 4,45 de la madrugada.

POLONIA, POLONIA...!

En Varsovia ha sorprendido y, a la vez, indignado, el tratamiento dado por Ribbentrop a Lipski. Pero Beck sigue convencido de que todo no es más que un "bluff". "Hitler no se atreverá a atacar, con la mayor parte de su ejército en contra suya. Debemos continuar ganando tiempo.

Ese es nuestro problema. El tiempo. Necesitamos tiempo"[304]. Esto le dice Beck a Moscickl, que empieza a tener sus dudas sobre la teoría del "bluff". En una sola cosa acierta Beck: los generales alemanes están bastantes molestos con Hitler, sobre todo los de la vieja casta de oficiales prusianos. Pero en lo que se equivoca Beck es en el motivo de su enojo: no es porque vaya a estallar la guerra; no es porque los generales no quieran la guerra, sino porque consideran que Hitler ha hecho demasiadas concesiones a Polonia, y si algo temen es que los polacos acepten las proposiciones del Führer y la Alta Sueste, el Corredor (Pomerelia) y la región de Posen sean reconocidas como territorios polacos para siempre.

Y Beck y Moscicki se acuestan no sin antes convenir que al día siguiente, a las diez de la mañana, van a convocar al embajador de Rumania, para "proponerle un plan de acción común frente a Alemania". A la hora prevista, las tropas alemanas se ponen en movimiento, en todos los frentes a la vez[305]. Se hallaban preparadas en Silesia, en Pomerania, en Prusia Oriental y en Prusia Central (Pomerelia). A las ocho de la mañana, es decir, en poco más de tres horas, el frente polaco se ha derrumbado. Varias unidades polacas son cercadas. La Lutftwaffe arrasa sistemáticamente los depósitos de municiones, los aeródromos, las estaciones de ferrocarril, los nudos ferroviarios y las carreteras. Alemania se ha lanzado al ataque con sólo 53 divisiones de las 120 que posee en estos momentos. El Führer no cree en una intervención francobritánica en el Oeste pero, por pura precaución, deja a

---

[304] Joseph Beck: "*Dernier Rapport*".

[305] Hasta la piensa inglesa admitió que dos horas antes, a las 2.30, tropas irregulares polacas ocuparon la población alemana fronteriza de Gleiwitz. De ello hablaremos cuando nos ocupemos de los "Crímenes de Guerra". (N. del A.)

las otras 67 divisiones en estado de reserva, en el Centro de Alemania. Las 80 divisiones polacas, que estaban dispuestas en posición de ataque[306] ofrecen una desigual resistencia; en muchas ocasiones, su resistencia es de puro principio.

En Londres, París y Varsovia, triple sorpresa, porque nunca se creyó que Hitler se atrevería a atacar, ni que las tropas polacas ofrecieran tan poca resistencia, ni que los generales alemanes marcharían hacia Varsovia, en vez de marchar hacia Berlín. Esta triple sorpresa, naturalmente, sólo afecta a los no iniciados. Los iniciados deseaban que Hitler atacará y han hecho lo posible para que lo hiciera; sabían que un ejército compuesto de un 40% de reclutas halógenos no tiene regularidad combativa, y sabían también que si en algo marchaban completamente de acuerdo Hitler y sus generales era en la cuestión polaca: el único desacuerdo estribaba en que todos encontraban a Hitler demasiado moderado con los polacos. En todo caso, en Londres, París y Varsovia se constata que no ha habido golpe de estado en Berlín, pero se confía en que se producirá de un momento a otro. Tal creen, al menos, los poderes oficiales, o parte de ellos; los poderes fácticos saben perfectamente que tal golpe de estado es impensable.

A las ocho, el Senado de Dantzig proclama la unión de Dantzig con el Reich; es decir, la "Ciudad Libre" y el pequeño territorio, unos 80 kilómetros cuadrados, que la rodea. Los despachos de prensa internacional de la época son unánimes: en Dantzig, escenas de entusiasmo indescriptible mientras las terrazas y balcones se cubren de swásticas y banderas alemanas para preparar la acogida de la Wehrmacht.

A las diez, discurso de Hitler en el Reichstag:

"Me he decidido a emplear con Polonia el único lenguaje... que sus gobernantes de hoy parecen entender... Ya he dicho muchas veces que no exigimos nada de las potencias occidentales y que consideramos nuestras fronteras con Francia como definitivas. He ofrecido siempre a Inglaterra una sincera amistad y, si es preciso, una sincera colaboración. Pero la amistad no puede ser un acto unilateral".

---

[306] Que ochenta divisiones con un mediocre apoyo de la aviación, se coloquen todas, sin reservas, en posición de ataque, ante un adversario que dispone de 120 y puede llegar a 200 en un mes, es demencial. Cuanto más se estudia el "Caso Polaco" más se plantea la alternativa: ¿Estaban locos sus gobernantes?, ¿Eran traidores?.- (N. del A.)

A continuación explica los motivos del ataque a Polonia y termina reiterándo que no siente ninguna animadversión ni ningún deseo de revancha contra sus hermanos del otro lado del Rhin.

Entretanto, reina una agitación febril en París y Londres. Bullitt y Kennedy, los embajadores de Roosevelt, reciben ordenes severísimas de pegarse materialmente a Daladier y a Chamberlain para evitar que la cuenta atrás hacia la guerra se detenga[307]. Daladier y Bonnet se reúnen en el Ministerio de la Guerra; Daladier duda, Bonnet no quiere la guerra, suceda lo que suceda; finalmente, deciden convocar al Consejo de Ministros para aprobar la movilización general; también deciden convocar a ambas Cámaras para estudiar la conducta que se debe seguir, y finalmente, deciden presionar a Halifax para que responda a la pregunta que se le ha formulado y a la que no ha respondido -sobre la respuesta de enviar a Mussolini a propósito de su Conferencia de los Cinco. En consecuencia, M. Corbin, embajador de Francia en Londres, visita a Halifax. Este responde que la propuesta del Duce "sólo se podría estudiar en caso de que las tropas alemanas detuvieran las hostilidades y se retirarán tras la frontera polaca". Observemos que Halifax dice "podría"; es un condicional. Propone, un condicional de una conferencia a cambio de la realidad de una retirada de tropas. Es inaceptable, y Halifax, que no es un estúpido, debe saberlo. Preciso es, pues, deducir que Halifax no quiere esa conferencia de paz que Mussolini preconiza. Dé haberla querido, la hubiera aceptado la víspera, cuando Bonnet le transmitió la propuesta de Mussolini, y cuando las tropas alemanas aún no habían cruzado la frontera. Hace más Halifax: le dice a Corbin que el Parlamento británico debe reunirse a las cuatro de la tarde, para aprobar una "última advertencia" que se va a dirigir al gobierno del Reich. Bonnet no se arredra, y ordena, pese a la iniciativa belicista de Halifax, que Francois-Poncet, embajador de Roma, comunique a Mussolini que Francia acepta su proyecto. Inmediatamente, recibe Bonnet la visita de Bu- llitt, airado, reprochándole su "cobardía ante los dictadores"; Bonnet le replica que Francia es un país soberano. Violenta escena entre los dos hombres[308]. Bullitt visita luego a Daladier y éste,

---

[307] War and Peace: Documentos del State Departament.
[308] Georges Bonnet: "*Défense de La France*".

saltando por encima de su Ministro de Asuntos Exteriores, telegrafía a Francois-Poncet -que ya ha comunicado al gobierno italiano la aceptación del Plan Mussolini- para que ponga toda clase de obstáculos técnicos a la realización de la Conferencia y subordine la presencia de Francia a la de Inglaterra. Esta última condición es nueva y equivale, de hecho, a que un embajador se desdiga de algo a lo que se ha comprometido tres horas antes. Entretanto, las noticias que llegan de Polonia son desastrosas.

El ejército polaco se bate en retirada en todos los frentes. Los bombardeos de la Luftwaffe provocan el caos en la retaguardia.

A las cinco de la tarde, Lord Halifax telefonea a Bonnet y le lee los términos de la "última advertencia" a Hitler, que acaba de aprobar el Parlamento Británico; luego le sugiere que una declaración idéntica sea presentada por Coulondre a Ribbentrop, por la tarde, al mismo tiempo que Henderson, y que a continuación ambos embajadores pidan su pasaporte[309] y abandonen Berlín sin tardanza. Bonnet no acepta que el embajador de Francia pida su pasaporte sin que se haya pronunciado el Parlamento francés, que debe reunirse el día siguiente, 2 de Septiembre, por la tarde. La Constitución de Francia impone que una ruptura de relaciones diplomáticas sea refrendada por el Parlamento. Bonnet pone reparos a los términos de la "última advertencia", que ha redactado en persona el propio Halifax. Sigue un vivo altercado. Bonnet no acepta lo que él califica de "ultimátum", y en realidad, de tal se trata. Halifax cuelga el teléfono. Inmediatamente vuelve a entrar en escena Bullitt y luego Daladier.

¿Qué extrañas presiones juegan entre bastidores?

En todo caso, a las seis y media, Bonnet coge el teléfono para decir a Halifax que esta de acuerdo en ordenar a Coulondre que vaya, Junto con Henderson, a ver a Ribbentrop y entregue la famosa nota de "última advertencia". Pero, inmediatamente, telefonea a León Noel para que vea al Coronel Beck y le ha- ble del proyecto de Mussolini. Así lo hace el embajador de Francia, y el Jefe del Gobierno polaco le contesta: "Estamos en guerra a consecuencia de una agresión no provocada. La cuestión que se plantea ahora no es la de una con- ferencia, sino la de la acción que los Aliados deben llevar a cabo en común para rechazar este

---

[309] Livre Jaune français.

ataque"[310].

COMO SE DECLARA UNA GUERRA DEMOCRÁTICAMENTE

La fracción no belicista del Gabinete impone a Halifax, tras ardua discusión, que Henderson no pida su pasaporte, es decir, que no se produzca una ruptura de relaciones diplomáticas con Alemania, al menos mientras los alemanes no respondan a la nota de última advertencia que se les va a presentar.

Kennedy, el embajador americano, está furioso con Chamberlain, al que intentan reanimar -lleva varios días enfermo- Butler, Simón y Runciman[311]. A las 21.30, Henderson entrega la nota inglesa a von Ribbentrop. Media hora después lo hace Coulondre. Este -marxista notorio- no se entiende muy bien con su colega británico, demasiado pacifista a su gusto, y desobedece las instrucciones que le han sido enviadas por su superior jerárquico, el Ministro de Asuntos Exteriores. Algo sin precedentes. Pero todo es "sin precedentes" en este tenebroso asunto. Las dos notas terminan con un párrafo idéntico: "A menos que el gobierno alemán esté dispuesto a dar garantías satisfactorias de que ha suspendido toda acción agresiva contra Polonia y está dispuesto a retirar inmediatamente sus fuerzas del territorio polaco, el gobierno francés (inglés) cumplirá sin dudarlo sus obligaciones con respecto a Polonia".

Los virtuosos del Derecho Internacional pueden sostener que no se trata de un ultimátum, amparándose en que para ser tal falta el plazo máximo que se admite para recibir una respuesta. Pero esto es jugar con las palabras: es un ultimátum, pues se dice que en caso de no cumplirse determinada demanda, inmediatamente (lo que es más que un "plazo"), los Aliados procederán de un modo determinado. Ribbentrop se limita a decirles a Henderson y a Coulondre que transmitirá sus notas al Führer y les hará conocer su respuesta. El día 2 de Septiembre da comienzo con los peores augurios para Polonia. Su ejército está desmantelado, así como la mitad de su aviación. Los embajadores polacos en Londres y París exigen la ejecución de la ayuda que se les ha prometido. El propio Beck llama por teléfono a Londres, a París y a Washington, pidiendo ayuda. A las diez, Mussolini encarga a Attolico de

---

[310] Georges Bonnet: Ibid. Id. Op. Cit.

[311] Archibald M. Ramsay: "*The Nameless War*".

llevar el siguiente mensaje al Führer: "A título de información, y dejando siempre la última decisión al Führer, Italia hace saber que cree tener la posibilidad de hacer pactar a Inglaterra, Francia y Polonia, una conferencia fundada cobre las siguientes proposiciones: a) Un armisticio que dejaría a los ejércitos en las posiciones que actualmente ocupan, b) La convocatoria de una conferencia que se celebraría en un plazo de dos o tres días. c) Una solución del conflicto germano-polaco que -dada la actual situación- sólo podría ser favorable a Alemania. Attolico le dice al Führer que Francia se ha mostrado de acuerdo con esa idea del Duce.

"Dantzig" -le dice Attolico a Hitler- "ya es alemana, y el Reich tiene ya en manos garantías suficientes para asegurar la realización de la mayor parte de sus reivindicaciones. Además, ha obtenido una satisfacción moral. Si el Führer aceptaba ese proyecto de conferencia, obtendría la totalidad de sus objetivos evitando una guerra que, a Juicio del Duce, sería larga y generalizada". Attolico se presenta en la Wilhelmstrasse a las 12.30 (Mussolini quiere seguir la vía normal, pasando primero por el Ministerio de Asuntos Exteriores, pero con el ruego de que transmitan a Hitler en el acto). En aquél mismo momento precisamente von Ribbentrop está redactando la respuesta -que es, por supuesto, negativa- a las notas que le entregaron el día anterior Henderson y Coulondre. El Ministro alemán, tras breve parlamento telefónico con el Führer, está de acuerdo en considerar la propuesta italiana, pero antes requiere la confirmación de ingleses y franceses en el sentido de que sus notas no tienen un carácter de ultimátum. Si tienen tal carácter, Alemania responderá negativamente a la propuesta italiana. El propio Attolico visita a Henderson y regresa veinte minutos después con la respuesta formal de éste: la nota inglesa no es un ultimátum. Entretanto, desde Roma, el Conde Ciano telefonea a Bonnet: le informa de que Hitler no ha rechazado el proyecto italiano, que está de acuerdo en que Polonia participe en la Conferencia, pero que exige que se le notifique que las notas que recibió la víspera no tienen carácter de ultimátum. Ciano le dice a Bonnet que Henderson ya ha respondido en el sentido deseado por Hitler. Lo que no le dice, porque ésto no se sabrá hasta más tarde[312] es que Halifax, al enterarse de la respuesta de Henderson, le ha querido destituir en el acto, pero sus colegas Vansittart y Hore Belisha le han persuadido de lo contrario, precisamente

---

[312] Winston S. Churchill: "Memorias".

para que no traduzca que Inglaterra, en efecto, ha mandado un ultimátum a Alemania. Hay que cubrir las apariencias al máximo. El Plan Mussolini, pues, parece avanzar a trancas y barrancas, máxime cuando Bonnet confirma que la nota francesa no tiene carácter de ultimátum, pero por lo que se refiere a la Conferencia, dice que primero debe hablar con Daladier, que está en estado de consulta permanente con su Gobierno; Bonnet le dice a Ciano que le llamará por teléfono cuando sepa algo concreto pero, que personalmente, él está de acuerdo con el Plan Mussolini de todo corazón. "Una guerra por Dantzig sería una idiotez"[313]. A las 14.45, el Conde Ciano habla por teléfono con Halifax, y le informa de la respuesta de von Ribbentrop y de las esperanzas que autoriza a suscitar, así como del asentimiento de M. Bonnet. Lord Halifax, en el tono de voz de quién recita una lección bien aprendida [314] responde que "la oferta del Duce sólo podría ser tomada en consideración si las tropas alemanas reculaban hasta la frontera y evacuaban hasta la última parcela de territorio polaco". Ciano dice que Alemania no podrá aceptar tal propuesta. Halifax dice que informará a Chamberlain, que ha convocado a su Gabinete a las cuatro de la tarde, tras lo cual telefoneará a Ciano para hacerle conocer la postura inglesa.

A las tres de la tarde, reunión del parlamento francés. Daladier quiere obtener de las Cámaras el voto favorable al envío de un ultimátum oficial a Alemania. Se sobreentiende que el rechace del ultimátum significa la posibilidad de declarar la guerra al Reich. De acuerdo con la Constitución de la República Francesa, hace falta el refrendo del Senado y de la Asamblea Nacional para una decisión "que podría llevar al país a la guerra". Daladier cree que obtendrá en el Senado una mayoría cercana a los tres cuartos, es decir, muy importante. Pero tiene muchas dudas en cuanto al resultado de una votación en la Asamblea Nacional. No sólo cree que habrá muchos votos en contra, sino que según como respondan los comunistas, puede haber una votación adversa. Daladier, al que a mediodía ha vuelto a visitar el infatigable Bullitt, incitándole a que no acepte el Plan Mussolini, quiere evitar un debate parlamentario, al que debería seguir una votación. Para evitar ese debate, el Presidente de la Asamblea Nacional, Hérriot[315] habla con los

---

[313] Galeazzo Ciano: "Diario".

[314] Galeazzo Ciano: Ibid. Id. Op. Cit.

[315] Edouard Herriot, radical-socialista, franc-masón notorio, germanófobo empedernido, varias veces ministro

presidentes de los grupos parlamentarios y obtiene, por mayoría de cinco votos contra cuatro, que no haya debate. Esto es anticonstitucional, pero se hace. Y para evitar la votación sobre si se enviaba un ultimátum, es decir, si se admitía la posibilidad de una declaración de guerra a Alemania, Hérriot, viejo zorro de las "combinaisons" encuentra, con la bendición de Daladier, una salida: en vez de votar sobre la posibilidad ultimátum-guerra, se votará sobre si se aprueba o no un crédito de 75 mil millones de francos "para hacer frente a las obligaciones que resultan de nuestras alianzas"[316]. Herriot hace adoptar la moción del gobierno a mano alzada, y sin pedir que, a su vez, alcen la mano los que se oponen. Dos viejos diputados, Frot y Piétri, que olfatean algo raro (no son normales las prisas; no es normal ese escamoteo de la sagrada aritmética democrática) piden a Daladier que prometa que "no considera esa votación como una autorización de la Asamblea para declarar la guerra a Alemania, y que él no la declarará, en todo caso, antes de haber consultado al parlamento, expresamente para ello". Daladier lo promete. Piétri insiste: "Promete su Señoría que no se ha man- dado ya un ultimátum o una especie de ultimátum a Alemania?". Respuesta de Daladier: "Así lo prometo por mi honor" [317]. A continuación, sigue el previsto discurso de Daladier, que permite todas las interpretaciones: para un belicista, Daladier se propone enviar un ultimátum inaceptable (en realidad, como sabemos, ya ha mandado uno, contrarrestado por la intervención de Mussolini) y a continuación declarar la guerra. Para un pacifista, Daladier simplemente pide dinero para que Francia se arme para "hacer frente a los compromisos que derivan de sus pactos". Esto parece, por lo menos, sorprendente: un gran país, como Francia, contrae un compromiso susceptible de comprometerle en una guerra, - y prueba de ello es que se pida un crédito para armarse adecuadamente - y cuando tal compromiso, grave compromiso, se contrae, Francia se halla militarmente subequipada. Es decir, Francia ha dado una garantía a Polonia a sabiendas de que no se hallaba en condiciones de cumplir esa garantía[318]. Luego

---

y jefe de gobierno, y ultraizquierdista. (N. del A.)

[316] Diario Oficial de la Asamblea Nacional Francesa, Debates parlamentarios, 3-IX-1939.

[317] "Diario Oficial de la Asamblea Nacional Francesa. Debates Parlamentarios", 3-IX-1939. Citado por Montígny y Rassinier, cf. supra.

[318] En Noviembre de 1938, viva discusión entre Bonnet y Georges Mandel (a) Jeroboam Rothschild. Bonnet recuerda a Mandel que Francia se halla en estado de inferioridad militar. "Ya lo sé" -dice Mandel- "pero las democracias sólo preparan sus guerras cuando ya las han declarado. Es preciso, pues, empezar por el

Francia ha engañado a Polonia. Y sin ese engaño, sin esa falsa garantía, no hay empecinamiento de Beck sobre una cuestión trivial, no hay sevicias contra cuatro millones y medio de rehenes, no hay política de estrangulamiento contra Dantzig, no hay Bromberg, y no hay guerra germano- polaca. Francia ha engañado a Polonia. Pero el caso es que Inglaterra también la ha engañado. Y que Polonia, con sus ochenta aguerridas divisiones de retroceso, ha engañado a Inglaterra y a Francia. Todos se han engañado mutuamente. Los únicos que evalúan acertadamente la situación son los poderes fácticos, y la principal herramienta de éstos, los comunistas. Pero volvamos a la Asamblea Nacional Francesa:

Jean Montgny dice [319]: "La guerra fue votada, sin ser realmente votada, anónimamente y de matute". La doblez de la cuestión planteada por Dala- dier permitirá a los comunistas, que quieren la guerra, porque Stalin la quiere, alzar la mano con la mayoría[320]. "Luego, los comunistas pretenderán que ellos sólo han votado unos créditos militares, por imperativos de su patriotismo, pero que no han votado ni un ultimátum ni la guerra"[321].

Más tarde Daladier pretenderá, olvidando o renegando su promesa, que esa votación le autorizaba a mandar un ultimátum a Alemania y a declararle la guerra. Así lo afirmará ante el Tribunal de Riom, acusado de haber metido a Francia en una guerra innecesaria, y perdida de antemano. Sus explicaciones no convencerán al Tribunal, ni a nadie. Cuando Daladier prometió por su honor al diputado Piétri que no se había mandado YA un ultimátum "o una especie de ultimátum" a Alemania, Coulondre ya había entregado su nota a von Ribbentrop. Cuando prometió al propio Piétri y a Frot que no enviaría un ultimátum, ni declararía la guerra sin consultar previamente con la Asamblea Nacional, lo hizo en su calidad de Jefe del Gobierno. Luego Daladier fue, tanto a título privado como a título de Jefe del Gobierno, un perjuro. A causa de su perjurio, la guerra que Francia declararía el día siguiente a Alemania, no fué declarada legalmente, de acuerdo con los términos previstos por la Constitución. La infracción no es sólo legal, es decir, Jurídica o formulista, es

---

comienzo, es decir, por la declaración de guerra". (Montígny; "*Le Complot contre la Paix*".).

[319] Jean Montigny: ibid. Id. Op. Cit.

[320] Paul Rassinier: "*Les Responsables de la Seconde Guerre Mondiale*", Omnia Veritas Ltd.

[321] Históricamente, ésta fue la única vez, en más de un centenar de votaciones, con Daladier en el poder, en que los comunistas votaron a favor de una moción del gobierno. (N.del A.).

también -lo que ya es más grave- de fondo. Daladier escondió, subutilizó, sustrajo al conocimiento de la Asamblea Nacional la propuesta italiana. Se lo escondió cuidadosamente a una opinión pública que se habría opuesto violentamente a la guerra. No es una opinión subjetiva del Autor. Todo el procedimiento empleado por Daladier, con la complicidad del gobierno y de Herriot para obtener el asentimiento del Parlamento de contrabando, de matute, demuestra que los belicistas participaban de esa misma convicción, por otra parte corroborada por los servicios de información del Ministerio del Interior, a cuyo frente se hallaba Mandel-Rothschild, que habían podido constatar una falta absoluta de fervor en las oficinas de reclutamiento. Finalmente, el mismo Mandel-Rothschild impuso una feroz censura de prensa, de manera que todos los periódicos franceses aparecieron el 2 de Septiembre con numerosos espacios en blanco, y ello se repitió el día siguiente. Numerosos periodistas conocían la existencia de la propuesta italiana, pero sus escritos fueron censurados. Todo esto, en un país que se autoproclamaba democrático, y decía luchar por altos principios morales y democráticos.

Volvamos, ahora, a Londres. Como la democracia inglesa debe ser más perfecta que la francesa, en la rubia Albión el gobierno no está constitucionalmente obligado a obtener la aprobación de las Cámaras para enviar un ultimátum y para declarar una guerra. Basta la mayoría de dos tercios entre los miembros del gobierno, y la ratificación del Monarca. No obstante, siempre Inglaterra ha ido a una guerra tras un debate parlamentario seguido de una votación favorable. Así lo quiere la tradición, y la Gran Bretaña es un país eminentemente tradicional, bien sabido es. Esta vez se producirá la excepción. No hay debate parlamentario. Se ha procedido, eso sí, con refinada hipocresía. Se han guardado las formas. Se ha convocado una sesión extraordinaria de la Cámara de los Comunes para "estudiar la delicada situación internacional". Chamberlain, enfermo, habla durante diez minutos para decir cuatro banalidades y que "Inglaterra debe ser fiel a sus alianzas, pero que se deben apurar todas las posibilidades de paz". Luego se retira. La mayor parte de los oradores se muestran belicistas... hasta un cierto punto. En cambio, los que defienden la tesis de que "los electores nos pagan nuestro salario para defender al Imperio Británico, y no para defender Dantzig"[322] son antibelicistas hasta el límite.

---

[322] Frase del Almirante Sir Barry Domvile, diputado conservador.

En todo caso, la sesión se cierra con la ausencia del gobierno, que se retira a deliberar en privado, pero con el convencimiento general de que, suceda lo que suceda, antes de que lo irreparable se consume, volverá a ser convo- cada la Cámara. Y lo será, pero cuando ya se ha consumado la declaración de guerra, y para obtener una simple ratificación formal [323]. Y mientras los parlamentarios ingleses, los egregios elegidos del Pueblo Soberano, se imaginan gobernar, celebrando un torneo de oratoria, a las cinco de la tarde, Sir Alexander Cadogan, Sub-Secretario del "Foreign Office" informa a Bonnet que "el gobierno de Su Majestad no puede aceptar la conferencia propuesta por Mussolini a menos que Alemania comienze por evacuar todos los territorios polacos que ya ocupa, incluido Dantzig". Añade Cadogan que el gobierno británico se propone entregar, inmediatamente, un ultimátum a Alemania, en el sentido de que si no retira inmediatamente sus tropas de Polonia, las hostilidades comenzarán a partir de medianoche"[324]. A las 18:40 esta decisión es comunicada telefónicamente por Lord Halifax al Conde Ciano. Minutos después es Bonnet quien telefonea a Ciano para comunicarle que el gobierno francés pone como condición a la conferencia propuesta por Mussolini la retirada previa de todas las tropas alemanas de territorio polaco, incluído Dantzig. Ciano responde que, en tales circunstancias puede adelantarle que el Duce estima que no puede transmitir tal proposición al Führer. La conferencia de Mussolini, última esperanza de paz, había nacido muerta.

No obstante, aún Chamberlain intenta, cual si se tratara de un puro reflejo de un pugilista a punto de ser derribado, un último recurso, para ganar tiempo. Hace ver a Halifax y a Cadogan que el plazo del ultimátum, medianoche, es demasiado corto. No se deja tiempo para una respuesta, y el mundo puede acusar al gobierno inglés de haber precipitado la guerra. En efecto, las noticias que llegan de Polonia son desastrosas, y Chamberlain -creemos- especula con el desplome polaco para jugar sobre el "hecho consumado" que haría inútil el ultimátum. Sostenido por los

---

[323] Según Henri Costón in "*Les Financiers qui ménent le monde*" (p. 292,293), en el momento de estallar la guerra, 181 de los 415 diputados de la Cámara de los Comunes eran directores, accionistas, notarios o administradores de empresas financieras o comerciales. Estos 181 "padres de la Patria" ocupaban, en total, 775 lugares de miembros de los Consejos de Administración y de dirección de los 700 bancos, grandes empresas industriales, sociedades navieras, compañías de seguros y casas exportadoras mas importantes del Imperio Británico. Al menos las tres cuartas partes de tales empresas eran judías. (N. del A.).

[324] "*Documents on British Foreing Policy*", No- 718.

escasos fieles que le quedan, sobre todo Runciman, que sostiene un vivo altercado con Halifax, mantiene la tesis de que Inglaterra debe alinearse junto a Francia, y puesto que Bonnet acaba de comunicar que Gamelin le ha hecho saber que el ejército francés todavía no está dispuesto para actuar, propone que Inglaterra espere los dos o tres días que pide Francia. Su tesis parece imponerse, pero Halifax se ausenta unos momentos. ¿Qué hace? Nadie lo sabe, pero al cabo de un momento el embajador americano Kennedy llama por teléfono. Chamberlain contesta con monosílabos, y cuelga. Hay unos momentos de viva tensión. Finalmente el Gabinete decide que Henderson, en Berlín, presente el ultimátum de Inglaterra el día siguiente, 3 de Septiembre, a las nueve de la mañana. El plazo de expiración del ultimátum son las once de la mañana del mismo día. Chamberlain, que habla, a duras penas, obtenido de sus colegas de gabinete que el ultimátum se retrasara por unos dos o tres días, esperando a Francia, se vuelve atrás tras una llamada del embajador norteamericano. ¡Inaudito![325]. Bullitt, entretanto, se agita en París. Gamelin, que pedía dos o tres días, informa que "todo va mejor; que la movilización mejora, que las carreteras y las estaciones están menos abarrotadas y que en vez de dos o tres días, le basta con unas horas". A las cinco de la tarde del mismo 3 de Septiembre, el ejército francés estará dispuesto[326]. Daladier coge el teléfono y se lo comunica a Chamberlain. Inglaterra dará, sola, el primer paso. Francia seguirá unas horas después.

A las nueve de la mañana del 3 de Septiembre, Sir Neville Henderson se presenta en la Wilhelmstrasse. Von Ribbentrop le hace recibir por el Dr. Schmidt, un subordinado. Henderson le entrega el ultimátum, que el Dr. Schmidt lleva al despacho del Führer, que le espera allí con von Ribbentrop. A las 11.30, es decir, media hora después de la expiración del ultimátum, Henderson es convocado en la Wilhelmstrasse. Ribbentrop le entrega una nota, redactada en tonos hartos duros para el lenguaje diplomático, que empieza con estas palabras: "Ni el Gobierno del Reich ni el pueblo alemán están dispuestos a recibir de Inglaterra notas con carácter de ultimátum, y, menos aún, a hacer caso de ellas...". La entrevista es muy breve. Henderson dice que la Historia juzgará de qué lado se encuentran los verdaderos

---

[325] Archibald M. Ramsay: "*The Nameless War*".

[326] Georges Bonnet "*Défense de la France*".

responsables. Ribbentrop responde que la Historia ya ha juzgado; que nadie ha trabajado con más interés que Hitler para establecer buenas relaciones con Inglaterra pero que ésta ha rechazado todas sus proposiciones, que eran bien razonables. Henderson, pide, entonces, sus pasaportes, y se retira. A las 11:15, ante la Cámara de los Comunes, Chamberlain lee el texto del ultimátum enviado a Alemania. A las 11:30, el propio Chamberlain anuncia por radio que "la Gran Bretaña y Alemania se encuentran en estado de guerra, ya que el gobierno del Reich no ha respondido al ultimátum inglés antes de las once". A las 12:30 Coulondre es recibido por Ribbentrop. El embajador de Francia comunica al Ministro alemán que si las tropas alemanas no se retiran del territorio polaco, Francia se encontrará en estado de guerra con el Reich a partir de las cinco de la tarde. A continuación, pide sus pasaportes. Ribbentrop le dice que, en tal caso, Francia será el agresor. Coulondre responde que la Historia Juzgará, tras lo cual, se retira.

Todavía se hizo una última tentativa para llegar a un compromiso con Inglaterra, a última hora, alrededor de las once, es decir, cuando vencía el ultimátum. Dahlerus telefoneó al "Foreign Office", ofreciendo un alto el fuego alemán, mientras Goering se desplazaría, personalmente, en avión, a Inglaterra, para entrevistarse con Halifax y Chamberlain. Hitler personalmente autorizó esas gestiones. Dahlerus incluso anticipó que los alemanes no aumentaban sus demandas con respecto a Polonia: o sea, libre comunicación terrestre, por ferrocarril y autorruta extraterritorial, con Prusia Oriental y Dantzig, previo refrendo plebiscitario. Se respondió a Dahlerus que no era deseable el vuelo de Goering y que la alternativa para Alemania era obtemperar ante el ultimátum inglés, o la guerra. Mientras Dahlerus - que, junto a Pío XII, fue el personaje neutral que más hizo para salvar la paz - insistía desesperadamente, la comunicación telefónica se cortó[327].

A la una de la tarde, el Führer firmaba la "Directiva núm. 2 para la conducción de la guerra".

* * *

El ultimátum enviado por Inglaterra a Alemania - Francia, como hemos visto, se limitó a seguir el ritmo impuesto por Londres - presenta dos características insólitas.

---

[327] Deposición de Birger Dahlerus en el Tribunal de Nuremberg, Op. Cit. p. 502.

Una se refiere al contenido y la otra al plazo.

a) El contenido.- Ponemos a la Historia por testigo. En toda la historia de las guerras no se registra ni un sólo ejemplo de un armisticio solicitado - y el armisticio es generalmente solicitado por el que va perdiendo al que va ganan- do y cuyas tropas progresan en territorio del eventual perdedor - poniendo como condición a tal armisticio la retirada de las tropas del eventual vencedor ANTES de que se hayan iniciado las conversaciones en vista de la cesión de hostilidades. Al fin y al cabo. es lógico. El alto el fuego, o la tregua, se hace con los dos ejércitos inmovilizados sobre el terreno, y dichas tropas no se retiran hasta que se ha firmado la convención de armisticio, y según un plan previsto por la misma. No se conoce excepción alguna a esa regla. Además, la excepción es inconcebible: un armisticio no es la paz: las negociaciones pueden fracasar y la guerra continuaría; en ese caso, el bando perdedor, en cualquier guerra, sólo debería solicitar un armisticio, precedido de la retirada de las tropas adversarias, y al discutirse las condiciones, hacer unos planteamientos inaceptables y volver a comenzar las hostilidades!... empezando de nuevo como si nada hubiera sucedido. Cuando, a mediados de 1940, el Mariscal Pétain, Jefe del gobierno francés, pidió el armisticio a Alemania, ni se te ocurrió la peregrina idea de exigir que, antes de sentarse a discutir las condiciones, el ejército alemán diera media vuelta y volviera a cruzar el Rhin en sentido inverso. Por consiguiente, no creemos sea incurrir en pecado de juicio temerario el afirma que si la retirada de las tropas alemanas a su punto de partida era la condición previa puesta por el gobierno inglés a cualquier continuación de las negociaciones, quedaba excluida toda la posibilidad de éxito, pues ni Hitler ni ningún estadista, en ninguna parte del mundo, antes o después, habría aceptado tales condiciones, absolutamente inaceptables. El condicionante impuesto por Inglaterra significaba, lisa y llanamente, que no se quería continuar negociando. Los acontecimientos se habrían desarrollado, sin duda, de otra manera, si en vez de mandar la nota del 1 de Septiembre, que era, en realidad, un ultimátum, los gobiernos inglés y francés hubieran presentado una protesta diplomática, una propuesta de alto el fuego, seguida de la conferencia sugerida por Mussolini que, en realidad, no era más que una variante de la que ya había propuesto anteriormente Pío XII. El alto el fuego, en la circunstancia que nos ocupa, habría beneficiado, militarmente, a los polacos, que estaban perdiendo en el campo de batalla. De lo anteriormente expuesto creemos se deduce que el cripto-ultimátum (el del 1 de Septiembre) se mandó en unas condiciones deliberadamente inaceptables para conseguir el estado de guerra, pero teniendo buen cuidado de hacer aparecer a los destinatarios de tal ultimátum como responsables del estallido de las hostilidades.

Pero hay más; como en el curso del día 2 de Septiembre, las febriles gestiones de Attolico y Dahlerus parece van a conseguir, pese a todo, un alto el fuego, para remachar más el clavo y hacer imposible que la cuenta atrás hacia la guerra se detenga, en el segundo y definitivo ultimátum del día 3 de Septiembre, los ingleses exigen, también, que los alemanes se retiren, no sólo de todo el territorio polaco conquistado, sino incluso de Dantzig. Recordemos, por enésima vez, que Dantzig no era una ciudad polaca, sino una "Ciudad Libre", y que fue el Senado, teóricamente soberano de esa "Ciudad Libre", el que decidió el "Anschluss" con el Reich. Una vez más, apelamos al testimonio de la Historia, para que certifique que el ultimátum inglés del 3 de Septiembre contiene un elemento absolutamente inédito en las relaciones entre los estados: una potencia, Inglaterra, sale en defensa de otra potencia, la "Ciudad Libre de Dantzig", contra la voluntad expresa de ésta. No hubiera sido más absurdo que Hitler, a su vez, mandara un ultimátum a Chamberlain diciéndole que si no retiraba de Escocia a las fuerzas armadas británicas allí acantonadas Alemania declararía la guerra a Inglaterra.

b) El plazo.- Recordemos: el definitivo ultimátum, el oficial, enviado por Inglaterra a Alemania, el día 3 de Septiembre, lo entrega Sir Neville Henderson a las nueve de la mañana, y su plazo de expiración se fija a las once, dos horas después. Ya hemos mencionado como se indignó Henderson cuando Ribbentrop le dijo que Alemania daba un plazo de treinta horas a Polonia para mandar un plenipotenciario. El Gabinete inglés, con Chamberlain y Halifax a la cabeza, también dijo que treinta horas era un plazo insuficiente, a pesar de que el Coronel Beck había dicho el día 28 de Agosto, a Chamberlain, que estaba dispuesto a mandar un plenipotenciario a Berlín. Es decir, Berlín daba a Varsovia treinta horas de plazo, cuarenta y ocho horas después de que Varsovia se declaraba dispuesta a negociar, tras seis meses de pedírselo, en vano, el gobierno alemán. Lo hemos dicho ya y lo repetimos: todo el asunto polaco es de una incongruencia impar. Los ingleses, que pensaban que al dar treinta horas a Polonia para enviar un plenipotenciario que le había pedido varias veces durante seis meses, Alemania fijaba un plazo demasiado corto, no encuentran, luego, anormal de no dejar a Alemania más que dos horas para responder a un ultimátum, ¡Apenas el tiempo material para leer y estudiar la nota inglesa, estudiar y redactar la nota alemana y convocar al embajador inglés!. Personalmente, no creemos que el plazo de expiración del ultimátum hubiera variado el resultado final: la guerra. Aunque cabía la posibilidad de que, con un plazo normal en estos casos -de tres a cinco días, según la experiencia histórica- Polonia se desplomara y que, en tal caso, los gobiernos inglés y francés no pudieran pretender ante sus respectivos pueblos que hacían la guerra por proteger a alguien que había dejado de existir. Además, hombres como Dahlerus, como Mussolini, como, sobre todo, S.S. Pío XII, podían, apoyándose en hombres que no querían la guerra, como Bonnet, como el propio Chamberlain, forzar una solución negociada del problema. Las prisas de los belicistas en desencadenar la guerra se manifiestan en la insólita premura del plazo dado a Alemania. ¡Dos horas!. El plazo de ultimátum más corto de toda la Historia. La Segunda Guerra Mundial debía ser insólita, en sus planteamientos, hasta en los más mínimos detalles.

¿PORQUE?

Sí; ¿porqué? ¿Porqué esa declaración de guerra? ¿Porqué Inglaterra y Francia, los dos mayores imperios coloniales del momento, se meten, sin preparación, en una guerra contra un país que no les pide nada, más aún, que les ofrece su amistad? ¿Porqué el Sionismo se erige súbitamente, en defensor de Polonia, el país de los progroms? ¿Porqué los paladines de la Democracia y del derecho de autodeterminación de los pueblos se oponen al derecho de autodeterminación de Dantzig y hacen una guerra por un ferrocarril y una carretera? ¿Porqué las plañideras internacionales que arman un escándalo espantoso por los excesos -indiscutibles- de la "Kristallnacht", guardan distraído silencio ante las exacciones polacas contra su minoría alemana y pasan, como sobre ascuas, sobre el crimen de Bromberg? ¿Porqué un ferrocarril y una carretera y, si se quiere, un pequeño territorio - Dantzig - con un máximo total de unos ochenta kilómetros cuadrados es motivo de una guerra, mientras las anexiones soviéticas, anteriores y posteriores al

3 de Septiembre de 1939, y hasta el momento del ataque alemán a la URSS, que totalizan 6.349.000 kilómetros cuadrados poblados por más de 62.000.000 de habitantes[328], merecen el placet y la alianza de los campeones de la Democracia? ¿Porqué un ataque a Polonia desde el Oeste merece la guerra, mientras otro ataque al mismo país merece el aplauso de las democracias por el mero hecho de haberse realizado desde el Este? Podríamos continuar inquiriendo porqués que, creemos, han quedado expresa y tácitamente contestados en las páginas precedentes. La guerra se hizo por que los poderes fácticos repetidamente aludidos y expresamente nombrados arrastraron a la misma a los poderes legales, a los gobiernos de Inglaterra y Francia. Por si no bastan los testimonios aducidos hasta ahora, vamos a añadir unos cuantos testimonios de parte contraria, absolutamente irrebatibles que remachan lo ya demostrado: que la Segunda Guerra Mundial fue desencadenada por los BUENOS. Los BUENOS según la tesis masificadora e idiotizante de los "mass media".

En anteriores obras ya hemos dicho quien forzó, obligó, a Chamberlain a dar el paso funesto del 3 de Septiembre de 1939; pero en el contexto de la actual considero imprescindible repetir una de las revelaciones más asombrosas de la Historia, entresacada del diario de James Forrestal, el Secretario de Defensa de los Estados Unidos. "27 de Diciembre de 1945.- Hoy he Jugado al golf con Joe Kennedy, embajador de Roosevelt en Gran Bretaña en los años inmediatos al estallido de la guerra. Le pregunté sobre la conversación sostenida con Roosevelt y Sir Neville Chamberlain en 1938. Me dijo que la posición de Chamberlain en 1938 era la de que Inglaterra no tenía que luchar y que no debería arriesgarse a en- trar en guerra con Hitler. Opinión de Kennedy: Que Hitler habría combatido a Rusia sin ningún conflicto ulterior con Inglaterra, si no hubiese sido por la instigación de Bullitt sobre Roosevelt en el verano de 1939 para que hiciese frente a los alemanes en Polonia, pues ni los franceses ni los ingleses hubieran considerado a Polonia causa

---

[328] Desde su nacimiento, la URSS se había anexionado Carelia Meridional y Ucrania, y posteriormeníe Georgia, Armenia del Norte. Kazakhstan, Uzbekistán, Azerbidjan, Tadjikistan, Kirghizia, Turkmenistán, Tanutuva y la Mongolia exterior. Si añadimos las anexiones llevadas a cabo entre el 3-1X-1939 y el momento de la invasión alemana de Rusia, es decir, Besarabia/Bukobina, Carelia Septentrional y media Polonia, mas los tres estados bálticos. Estonia, Letonia y Lituania, llegamos a más de siete millones de kilómetros cuadrados y a 85 millones de habitantes. -¡Algo mas que Dantzig! En extensión, y aritméticamente, 87.500 veces más (N. del A.).

de una guerra si no hubiese sido por la constan- te presión de Washington. Bullitt dijo que debía informar a Roosevelt de que los alemanes no lucharían; Kennedy replicó que ellos lo harían y que invadirían Europa. CHAMBERLAIN DECLARO QUE AMÉRICA Y EL MUNDO JUDIO HABÍAN FORZADO A INGLATERRA A ENTRAR EN LA GUERRA."[329]

Todo un Secretario de Defensa de los Estados Unidos da fe, de su puño y letra, de la confesión que le hizo uno de los tres hombres que, mecánicamente, intervinieron en el hecho de forzar a Inglaterra a entrar en la guerra; nada menos que Kennedy, embajador norteamericano en Londres, personalidad política de primer rango y padre de un futuro presidente de los Estados Unidos Chamberlain, el hombre que técnicamente cursó la declaración de guerra - ¡si lo sabrá el!- afirma que quienes le forzaron a ello fueron "América y el mundo judío". De las dos entidades aludidas por el Premier Británico, una, "el mundo judío", es de fácil identificación: el Sionismo. Pero... ¿América? ¿A qué América podía referirse Chamberlain? No, ciertamente, a la América real, no ciertamente al pueblo americano, cuya actitud conocemos por los resultados de las encuestas Gallup y Roper, ya mencionadas anteriormente. Por "América" sólo podía entender Chamberlain al gobierno americano de entonces, y no creemos que esa interpretación constituya un juicio temerario. Pues bien, aparte Roosevelt, cuya ascendencia Judaica ya se ha mencionando, y su Brain Trust, cuya aplastante mayoría de miembros eran igualmente judíos, aparte del omnipresente Bullitt, en París y en todas partes a la vez, aparte Davies, en Moscú, aparte los dos tercios de los ministros norteamericanos, judíos, debía contarse con el formidable poder del Dinero, el *Money Power*. La Finanza internacional, hostil por motivos económicos, políticos y raciales a la Alemania Nacionalsocialista. Esta éra la "América" aludida por Chamberlain. No podía ser la América real, la de los descendientes de dignos emigrantes europeos, que inequívocamente quería la paz, como lo demostraba al dar sus votos al candidato que, como Roosevelt, les prometía que "no mandaría a los ciudadanos americanos a luchar en guerras europeas".

La "otra América" fue la que forzó a Inglaterra a declarar la guerra. Creemos es imprescindible traer a colación unos testimonios típicos, testimonios, como siempre,

---

[329] James V. Forrestal: "*The Forrestal Diaries*", Págs. 221-222.

de parte contraria, que reforzaran este aserto que creemos haber ya demostrado, en esta obra y en las precedentes. Por ejemplo, en ocasión de ofrecer una medalla del Instituto Nacional de Ciencias Sociales a Bernard M. Baruch, el apodado "Procónsul de Judá en América", en Mayo de 1944, el General George Catlett Marshall dijo a los asistentes que, "ya en 1938 Baruch me dijo que íbamos a destrozar a ese fulano, a Hitler. No se saldrá con la suya"[330]. Entre los asistentes se encontraban cinco ministros del gobierno. Quien hacía la sensacional revelación era nada menos que el General Marshall, Jefe del Alto Estado Mayor del Ejército de los Estados Unidos. El mismo Baruch, en Septiembre de 1939, tras una conferencia con Roosevelt hizo la siguiente manifestación a la prensa: "Si mantenemos nuestros precios bajos, aún perdiendo dinero, no hay ninguna razón para que no podamos qui- tarles sus clientes a los beligerantes. De tal modo, el sistema alemán del *barter* será destruido. Hace años que luchamos para conseguirlo. Habrá costado una guerra, pero lo habremos logrado"[331].

Hitler ponía en práctica el patrón-trabajo, opuesto al patrón-oro. En sus relaciones comerciales internacionales preconizaba el *barter* (intercambio) y estaba dispuesto a no aceptar préstamos bancarios extranjeros (la banca alemana había sido embridada y puesta al servicio del Reich). Esto era fatal para la Alta Finanza Internacional, no ya por el hecho de haber perdido el importante mercado alemán, sino por el peligro que representaba el Reich, en su doble vertiente de su expansión económica y de ejemplo para otros países que desearan romper las cadenas de la Kapintern.

La verdad siempre acaba por salir a la superficie. Así, un año después de iniciada la guerra, nada menos que el *Times* londinense - y el *Times*, en Inglaterra es, por múltiples razones, bastante más que un simple periódico, como expresión de los poderes fácticos de la Isla - publicó estas reveladoras líneas: "Una de las causas fundamentales de esta guerra ha sido el esfuerzo permanente hecho por Alemania desde 1918, y agravado desde 1933, para asegurarse importantes mercados extranjeros y fortalecer así su comercio, eliminando el paro interno, al mismo tempo que sus competidores se veían obligados, a causa de sus deudas, a

---

[330] Citado por Francis Neilson in "*The Tragedy of Europe*", Vol V. p. 302.
[331] "*The New York Times*", 14-IX-1939.

adoptar el mismo camino. Era inevitable que que se produjeran fricciones, dado que los productos alemanes eran más baratos y estaban bien hechos"[332]. En otro artículo, el mismo periódico hizo la siguiente sorprendente revelación: "En plena guerra, en Alemania, no se habla de la necesidad de aumentar los impuestos, ni de estimular el ahorro ni de lanzar enormes empréstitos de guerra. Muy al contrario. Recientemente acaba de abolirse un importante impuesto. El dinero es tan abundante que, desde nuestro punto de vista no tiene explicación. Hitler parece haber descubierto el secreto de trabajar sin un sistema financiero clásico y haber puesto en marcha un sistema basado en el movimiento perpetuo"[333].

El *Times*, el órgano de la Finanza inglesa -o radicada en Inglaterra- sabia porqué había estallado la guerra. Se sabe, por ejemplo, que Baruch dijo a Hopkins -llamado la "mano derecha" de Roosevelt- que "estaba plenamente de acuerdo con su amigo, Winston Churchill en que la guerra llegara pronto. Pronto estaremos de lleno en ella y los Estados Unidos también, más pronto o más tarde. Tú (Baruch) dirigirás el cotarro en América, y yo (Churchill), en Inglaterra"[334].

Churchill le decía ésto a Baruch en 1937, cuando no era ni ministro, sino simplemente un miembro del Partido en el poder, el Conservador, pero opuesto a la política oficial de dicho partido. Churchill no era ni siquiera un jefe de la Oposición. No era nada. Pero él y Baruch sabían que uno dirigiría el cotarro en América (como realmente lo hizo, antes y después de Roosevelt) y que el otro lo haría en Inglaterra (como así fue, mientras fue necesario). En otro lugar nos ocuparemos con cierto detenimiento de la figura de Churchill, que era de los buenos hasta que los poderes tácticos dejaron de necesitarlo y lo echaron por la borda, tras otorgarle un ridículo Premio Nobel de Literatura. Hoy en día, ser churchilliano en Inglaterra es símbolo de "fascismo reaccionario".

Pero volvamos a los azarosos tiempos de la preguerra, en que Churchill, el todopoderoso político que nunca fue votado por el pueblo británico, le decía al General Robert E. Wood, en Noviembre de 1936, que "Alemania se está haciendo demasiado fuerte y deberemos aplastarla otra vez". Esto lo atestiguó bajo juramento ese general norteamericano ante una comisión investigadora del Senado de su

---

[332] "*The Times*", Londres, 11 y 13-X-1940.
[333] "*The Times*" Londres, 15-X- 1940.
[334] Robert E. Sherwood: "*Roosevelt & Hopkins*", p. 113

país[335]. Algo similar le dijo Churchill al propio von Ribbentrop, cuando éste era embajador en Londres, pero no lo aducimos como testimonio por no ser de parte contraria. Churchill era el hombre de la Finanza Internacional en Inglaterra y amigo personal de Baruch; él era el instigador de Chamberlain, apoyado en tal menester por el embajador americano Kennedy, por el "itinerante" Bullitt y, naturalmente, por la majestuosa influencia de la Casa Rothschild.

Mucho se ha hablado de los "negocios de guerra" y de los beneficios de los fabricantes de armamento, pero ésta es una causa circunstancial. La razón principal siempre estribó en que la política financiera de Hitler significaba, a la corta o a la larga -y más a la corta que a la larga- el fin de lo que actualmente se denomina el Establishment: la Finanza Internacional. Añádase a ésto los mesianismos sionistas y, en menor grado, los intereses circunstanciales de los pequeños nacionalismos, a su vez explotados por los grandes nacionalismos, igualmente explotados o embridados por los Poderes Fácticos. Esta es la respuesta al "¿porqué?" del epígrafe. No hay otra.

LA GUERRA IDIOTA

Creemos útil relacionar tres citas de Churchill que darían un tono grotesco a este debate si todo no hubiera terminado tan trágicamente para Occidente y, en definitiva, para el mundo entero.

b) "El Presidente Roosevelt me dijo un día que iba a solicitar públicamente que le fuera sugerido el nombre que convenía dar a esta guerra. Yo le proporcioné inmediatamente la respuesta: la guerra que no era necesaria. Pues no existió jamás otra guerra más fácil de evitar que la que acaba de derruir lo que quedaba de un mundo tras el conflicto precedente"[336].

c) "La segunda tragedia capital de ésta época fue el desmembramiento completo del Imperio Austro-Húngaro por los tratados de Trianon y de Saint-Germain. Durante siglos, esta viviente reencarnación del Sacro Imperio Romano y Germánico había aportado, en el contexto de una vida en común, numerosas

---

[335] "*The New York Times*"; 5-II-1941.
[336] Winston S. Churchill: "*Memorias*", Tomo I, p. 7.

ventajas, tanto desde el punto de vista económico como desde el de la seguridad, a muchos pueblos ninguno de los cuales tenía, en nuestra época la pujanza y la vitalidad necesaria para resistir, por sí mismo, a la presión de grandes imperios vecinos. Ni una sola de las naciones, ni una sola de las provincias que formaron parte del Imperio de los Habsburgo ha obtenido, con su independencia, nada más que las torturas que los poetas y los teólogos de antaño reservaban a los condenados. Viena, la noble capital, hogar de una cultura y una tradición largamente defendidas, punto de reunión de tantos caminos, de tantos cursos fluviales y encrucijada de vías férreas... Viena fue entregada al hambre y al terror, como un gran mercado vacío en medio de una región empobrecida, cuyos habitantes habían sido casi todos dispersados"[337].

d)   Las cláusulas económicas del Tratado de Versalles eran vejatorias, y habían sido concebidas de manera tan necia que se iban convirtiendo en inoperantes... No se encontró ni una sola persona en las alturas, con la suficiente influencia, lo bastante preservado de la idiotez general, para decir estas verdades esenciales en su brutalidad... Los Aliados triunfantes continuaron pretendiendo que iban a exprimir a Alemania "hasta que las pepitas rechinen"[338]. Pero todo esto produjo un efecto desastroso sobre la prosperidad del mundo y sobre la actitud de la raza germánica"[339].

No; en efecto. No se encontró ni una sola persona en las alturas, con la suficiente influencia, ni lo bastante preservado de la idiotez general... ¡ni siquiera Mr. Churchill!. Moraleja: Mr. Churchill juzgado y condenado por sí mismo a ingresar en el inmenso pelotón de la idiotez general. Conclusión: no existe hoy en día, ni una sola nación, ni una sola provincia que hubiera formado parte, antaño, del Imperio de los Habsburgo a la que, bajo una pretendida independencia (¿de quién? ¿de la URSS, acaso?) la Pax Soviética que dio fin a la guerra no les haya aportado nada más que "las torturas que los poetas y los teólogos de antaño reservaban a los condenados".

Y no estará de más añadir que en esas "torturas que los poetas y los teólogos

---

[337] Ibid. Id. Op. Cit. Tomo I, p. 8-9.

[338] Frase atribuida a Lloyd George, Primer Ministro inglés en el momento de las negociaciones del Tratado de Versalles. (N. del A.).

[339] Winston S. Churchill: Ibid. Id. Op. Cit., p. 6.

de antaño reservaban a los condenados" Churchill, Roosevelt, Stalin, Daladier y la larga compañía de los que forzaron y declararon esa guerra idiota se hizo morir a cincuenta y cinco millones de personas para llegar a ese resultado. Y que, en este mundo desquiciado continuamos sin que aparezca "una sola persona en las alturas, con la suficiente influencia, lo bastante preservado de la idiotez general para decir esas verdades esenciales en su brutalidad".

* * *

Si la Segunda Guerra Mundial fue objetivamente idiota -en calificativo churchilliano que suscribimos sin reservas- también le fue desde un punto de vista subjetivo. Es decir, teniendo en cuenta a los individuos que, mecánicamente, la declararon, tras hacer cuanto estuvo en su mano para poner a sus pueblos en el disparadero de la guerra. En efecto, ¿qué calificativo cabe, si no, aplicar a un Beck, a un Lipski? Incluso a un Churchill, anticomunista -al menos, subjetivamente- toda su vida, para acabar arrastrando, o contribuyendo a arrastrar, a la guerra, a un Chamberlain enfermo y chantajeado, para mayor gloria y beneficio del Imperio Comunista. Guerra de idiotas, y guerra de enfermos, de tarados. Según su propio médico, Lord Morand, Churchill era un alcohólico[340], un enfermo de los pulmones y del hígado. Roosevelt, aún más enfermo, a pesar de que sobre sus males se haya procurado mantener un misterio, precisamente en razón del papel que él jugó en el desencadenamiento de una guerra a la que los "mass media" quieren mantener a toda costa su carácter de sagrada. Se habló de poliomielitis. La *Enciclopedia Larousse*[341] afirma que se trataba de una parálisis generalizada que empezó a manifestarse en las piernas; en todo caso, se sabe que ese sólido dictador democrático, desde la edad de 39 años, se vió obligado a desplazarse constantemente en una silla de ruedas. Sólo se mantenía trabajosamente en pié para los fotógrafos de la prensa y su enfermedad le hizo adelgazar de tal modo que en 1939 no era más que una sombra de sí mismo. En Yalta era un cadáver ambulante. Cuando se piensa en algunas de sus monumentales "gaffes"

---

[340] Lord Morand: "*Memorias*".

[341] Dictionnaire Larousse du Vingtième Siècle.

diplomáticas uno está tentado de darle la razón a Mussolini, que lo consideraba un enfermo mental. Y no podemos por menos que preguntarnos si tal vez el Larousse tiene razón y cuando Roosevelt llegó al poder su enfermedad, tras haber arrumado su cuerpo, empezaba ya a minar sus nervios y su cerebro. Muchas cosas se explicarían entonces, sobre todo su acuerdo con Churchill, otro enfermo grave, según su propio médico, y la desmedida influencia de su esposa -a la que von Ribbentrop calificaba de "comadre"-, así como la absoluta dependencia en que le tenía su entourage judío. Casi podríamos decir que, en una época tan azarosa, el destino del mundo se encontró entre las manos de dos enfermos físicos, y, a partir de ahí, también mentales, como Churchill y Roosevelt. Y junto a Roosevelt y Churchill, cuántos individuos ambiguos... Ahí tenemos a Hopkins, el "visir" de Roosevelt, homosexual público y notorio, igual que Summer Welles, el Sub-Secretario de Estado; ahí tenemos a Joseph Kennedy, ex-contrabandista de alcohol y sujeto, por su tenebroso pasado, al chantaje de los poderes fácticos. O al propio Chamberlain, literalmente arrastrado, según propia confesión, a la guerra, en virtud de intereses y presiones familiares - nada menos que once parientes suyos integraban la alta administración del Imperio-, igualmente viejo y enfermo.

¡Guerra de idiotas y de enfermos! ¡Guerra de disminuidos físicos y mentales!. Que los progenitores de la Guerra Idiota engendrarán explicaciones igualmente idiotas para tratar de justificar, ex post facto, su idiotez, nada tiene de extraño. Así, por ejemplo, se ha llegado a juzgar, y a condenar, a los artífices de la Línea Sigfrido, que Hitler mandó construir en 1936. Esto es sencillamente demencial. PORQUE LA LINEA SIGFRIDO SIMPLEMENTE SE ENFRENTABA A LA LINEA MAGINOT, QUE LOS FRANCESES HABÍAN TERMINADO EN 1931, DOS AÑOS ANTES DE LA LLEGADA DE HITLER A LA CANCILLERÍA DEL REICH. Otro modelo de idiotez: los titulados Protocolos de Hossbach, los cuales, según los apólogos del bando vencedor en la pasada guerra, demuestran que Hitler preparaba la guerra. En efecto, el 5 de Noviembre de 1937, Hitler sostuvo una conferencia con sus más destacados generales; el contenido de tal conferencia nos es conocido por el documento titulado "Hossbach", nombre del edecán de Hitler que lo redactó. Digamos, para empezar, que el documento Hossbach es un documento muy discutible, ciertamente solicitado, es decir, con añadidos y, sobre todo, con cortes, y que incluso su autor fue incapaz de garantizar su absoluta autenticidad: Hossbach redactó sus notas a mano y lo que exhibió triunfalmente el Tribunal de Nurenberg no era el texto original, que no se ha podido encontrar, sino una "copia" escrita a máquina y no firmada; copia que no era de Hossbach y de la cual dijo éste que "no puedo decir si el documento es una reproducción absolutamente exacta y literal de mi redacción original". En todo caso, ¿qué se dice en ese famoso documento? Se dice que es posible que, dadas las circunstancias, el Reich se vea obligado a entrar en guerra bien con la URSS, bien con las potencias occidentales, empujadas éstas por el Sionismo, y que tal guerra estallará probablemente hacía 1943. También se dice que deben llevarse a cabo maniobras militares en terrenos de orografía similar a la de Polonia, Rusia y Francia. Creemos que se impone comentar tres puntos:

e) Incluso si admitimos que el documento Hossbach establecía indiscutiblemente la voluntad de guerra deliberada por parte de Hitler desde el 5 de Noviembre de 1937, lo que sí es indiscutible es que esa no es la guerra en que se vió forzado a participar; esa no es la guerra que él concebía, puesto que el documento establece expresamente -refiriéndose a la guerra planeada por Hitler- que tendría lugar hacía 1943. De manera que se trataba de "otra guerra". No de la que tuvo lugar, realmente, a partir de Septiembre de 1939.

f) El documento Hossbach cita tal guerra -la supuestamente prevista por Hitler- como "probable" y, en todo caso, como "eventual", e incluso se menciona que Hitler tiene la esperanza de poder lograr una solución política al problema alemán.

g) El que Hitler ordenase que se llevasen a cabo maniobras militares en terrenos de orografía lo más similar posible a las de Polonia, Rusia y Francia no indica necesariamente que Hitler planease una agresión contra esas tres potencias. Todos los ejércitos del mundo llevan a cabo maniobras. Su misión es combatir y, a menos de tratarse de guerras coloniales, siempre se combate contra vecinos. Una vez más solicitamos perdón al lector amigo por escribir tamañas perogrulladas, pero a ello nos obliga el responder adecuadamente a esa acusación infantil. Si un ejército siempre combatirá -cuando combate- contra su vecino, es lógico que los supuestos tácticos de sus maniobras se adecúen a la orografía del vecino en cuestión. Es lógico que la Wehrmacht se entrenase sobre terrenos parecidos, en su orografía, a los escenarios naturales de Rusia, Polonia y Francia. Lo absurdo hubiera sido que el Führer hubiera ordenado que las maniobras tuvieran lugar en territorios de orografía parecida a la del Paraguay, Argelia o el Afghanistán. ¿De qué supuestos tácticos parten, hogaño, los Estados Mayores de la OTAN, o del Pacto de Varsovia?

¿Acaso alguien se imagina que dichos ejercicios se realizan sobre el supuesto de una intervención militar contra Suiza o contra la República de Monomotapa? Todo lleva a creer que esa conferencia del 5 de Noviembre de 1937 no tuvo más finalidad que hacer presión sobre Fritsch para que éste acelerara el programa de rearme. Tal es la opinión de Goering, de Raeder, de von Blomberg y del propio Fritsch[342]. Es más, el documento Hossbach -que, según el propio Hossbach, Hitler no quiso leer- no constituyó nunca una base de trabajo para el Oberkommando de la Wehrmacht[343], que ni siquiera lo registró oficialmente, y ningún plan de campaña se basó sobre su contenido. El historiador belga, De Launay, dice que "los únicos que tomaron en serio el documento Hossbach fueron los Jueces de Nurenberg"[344]. Esta observación, desde luego, no es muy halagadora para tales jueces.

Que el 21 de Abril de 1938 Hitler ordenara a Keitel que preparara un plan de intervención militar en Checoeslovaquia previendo tal intervención, lo más tardar, para el 1 de Octubre no atestigua, como se ha pretendido, que deseara la guerra y que previera que la desencadenaría en tal fecha. El Führer pensaba, como demuestran todos sus discurso y todos sus actos, que el problema checoeslovaco se resolvería de la misma manera que había resuelto el Anschluss o la remilitarización de Renania. Pero la doctrina de todos los estados es, y siempre ha sido, la vieja máxima romana *si vis pacem, para bellum*.

Le era preciso ser fuerte para disuadir a sus adversarios de hacerle la guerra a él, al Reich. Si, como era lícito suponer, los Sudetes conseguían imponer la tesis de la unión con Alemania antes del 1 de Octubre, el Reich debía estar preparado a reacciones, por parte de sus adversarios, que le obligarían a intervenir militarmente. Por consiguiente, debía estar preparado. Todos los jefes de estado, antes, durante y después de Hitler, han hecho lo mismo. No podían hacer otra cosa. Así es la Política. Así es la vida. Es Así. Siempre ha sido así. Siempre será así, y no puede

---

[342] Erich Raeder: "*Mi vida*".

[343] Paúl Rassinier: "*Les responsables de la Seconde Guerie Mondiale*", Omnia Veritas Ltd.

[344] J. de Launay; "*Les Grandes controverses de l´Histoire Contemporaine*".

ser de otra manera. Chamberlain iba a Berchtesgaden, pero en la vieja Isla quedaba la "Home Fleet". Daladier iba a Munich, pero tras la línea Maginot quedaban los "poilus". Benes disponía, en proporción con la población de su Estado, del ejército más numeroso y armado de Europa. ¿Qué se esperaba de Hitler? ¿Que se sentara a discutir con sus oponentes con el respaldo de un batallón de guardas forestales, cuyas maniobras consistirían en organizar una cacería de conejos en la Selva Negra?

¡Por Dios!.

LA GUERRA CONTRA LOS NEUTRALES

El 17 de Septiembre, cuando el sesenta por ciento del ejército polaco ha sido puesto fuera de combate y el gobierno polaco, abandonando a los restos de su maltrecho ejército y a sus francotiradores ha huido a Londres, tres millones de soldados soviéticos inician la invasión de Polonia por el Este. Sikorski, Jefe del Gobierno polaco -Beck ha dimitido- tiene la humorada de pedir a los gobiernos inglés y francés, que no han movido un dedo para defender a Polonia contra el ataque alemán, que declaren la guerra a la URSS. Naturalmente, no hacen tal. Parece que la famosa garantía sólo garantizaba (ya se ha visto cómo) a Polonia contra un ataque viniendo del Oeste, pero no del Este.

En resumen, el tan traído y llevado cheque en blanco resultó ser un cheque sin provisión.

Nueve días después se rendirá Varsovia.

El 19 de Septiembre, en Dantzig, con la reincorporación de Dantzig y el Corredor, Hitler daba la guerra por terminada, aún cuando quedaran algunos islotes de resistencia y la población civil, armada, en Varsovia. Hitler ofrece la paz. Nada pide a Inglaterra ni a Francia. A Polonia sólo se le va a arrebatar el territorio del "Corredor" (la llamada Pomeralia, o Prusia Central), históricamente territorio germánico. Dantzig, naturalmente, es reincorporado al Reich. Si la última propuesta a Polonia fue un ferrocarril y una carretera, ahora, tras la guerra, el Reich recobra el territorio del "Corredor". Se ha dicho que esto era una deslealtad y una falta de palabra. No es cierto. La última oferta (plebiscito en Dantzig, ferrocarril y carretera extraterritoriales) fue hecha antes de la ruptura de hostilidades. Luego vino la guerra.

Es evidente que el precio ya no era, ya no podía ser el mismo. No obstante, el precio no había subido mucho. Sólo el "Corredor". No se habla para nada de Posen, ni de Sudaneau, ni siquiera de la Alta Silesia. Pero al rechazar Londres y París la oferta de paz de Hitler, la guerra continuó y era lógico que el precio continuara subiendo: los territorios antes mencionados, que en Versalles le fueron arrebatados al Reich, volvieron a la soberanía de éste. Con el núcleo racial polaco, alrededor del antiguo Gran Ducado de Varsovia, se constituyó, mientras duró la ocupación alemana, el llamado "Gobierno General de Polonia", con una cierta autonomía administrativa interna, pero, evidentemente, sujeto al Reich, en razón de la continuación de la guerra.

Una nueva propuesta de paz de Hitler, el 6 de Octubre de 1939, no fue siquiera contestada por Londres y París. Entretanto, la URSS que, interpretando el Pacto Ribbentrop-Molotoff a su manera, y considerando que "zona de influencia" significa "ocupación militar", e incluso "anexión", anuncia que el cuarenta por ciento del antiguo territorio polaco ha sido recuperado por la URSS. No hay protestas en las capitales occidentales. A continuación, la URSS se incorpora sucesivamente Estonia, Letonia y Lituania. Unos días después, Molotoff se desplaza a Bucarest. Cuatro millones de soldados soviéticos -diez veces más que la totalidad del ejército rumano- se colocan junto a la frontera, mientras Molotoff negocia con el gobierno rumano. Resultado de las negociaciones: la URSS se incorpora, sin disparar un sólo tiro, la Bukovina del Norte y la Besarabia. El 30 de Noviembre, el Kremlin anuncia, en un insólito comunicado, que Finlandia ha cometido un acto de agresión en Carelia y que, además, la proximidad de la frontera amenaza la seguridad de Leningrado. Lo primero es un burdo pretexto. Lo segundo una ridiculez. No sería más ridículo que España atacara a Andorra amparándose en que la proximidad de la frontera hispano-andorrana amenazaba la seguridad de Lérida. Demencial. Pero en Londres y París se quedan tan tranquilos. No así en Washington. La colonia finesa en los Estados Unidos es importante. Hay casi tantos finlandeses en la Unión americana como en la propia Finlandia, y las elecciones se acercan. Roosevelt ha bautizado el ataque soviético a Polonia como una "acción tendente a impedir que todo el país fuera ocupado por los alemanes"[345], mientras que la agresión incruenta contra

---

[345] Robert E. Sherwood: *"Roosevelt & Hopkins"*.

Rumania ha sido presentado como un ataque contra una dictadura, cada vez más próxima, políticamente hablando, del Reich. Finlandia es diferente. Es un país pulcramente liberal, por lo menos en la forma, pues en el fondo el viejo Mariscal Mannerheim ejerce una benévola dictadura, haciendo caso omiso del Parlamento. Pero Roosevelt no puede, él, hacer caso omiso de sus electores de origen finlandés. Además, hay que guardar un poco las formas ante la llamada "Opinión Pública". Por consiguiente, Roosevelt media entre soviéticos y finlandeses y en la Primavera de 1940 Finlandia capitulará cediendo sólo las islas Suursaari y la base naval de Viborg, en el Golfo de Finlandia, una rectificación fronteriza, a lo largo de 80 kilómetros, en Carelia y la región de Kualajaervi. En el Gran Norte, Finlandia debe ceder igualmente la base naval de Pétsamo, en el fjord de Varenger y el "Corredor" que conduce al mismo, por el que Finlandia podía asomarse al Océano Ártico.

Alemania le quita a Polonia su (¿su?) "Corredor" y Roosevelt se indigna. La URSS le quita a Finlandia el suyo y Roosevelt hace de abogado para legalizarlo. ¡Admirable!.

* * *

En Octubre de 1939, la Gran Bretaña decretó el bloqueo contra el Reich.

En virtud de tal bloqueo, todas las mercancías, de carácter bélico o no, destinadas a Alemania, quedaban confiscadas por los navíos británicos que pudieran tener acceso a ellas. Si los navíos neutrales transportando mercancías a Alemania se negaban a dejarse registrar por los buques patrulleros ingleses, podían ser hundidos. Igual suerte podían correr las mercancías alemanas destinadas a otros países, aún cuando viajasen bajo pabellón neutral. Esto era contrario al espíritu y a la letra de todas la leyes de la guerra, y en concreto de la Convención de Ginebra de 1929, de la que Gran Bretaña era signataria. Se registraron quejas de, por lo menos, los siguientes países: Argentina, México, Brasil, Manchukuo, Thailandia, Colombia, Ecuador, Chile, Perú, Uruguay, Portugal, Irlanda, Noruega, China, España, Turquía, Italia y el Japón. Sólo en los casos de Italia y el Japón se avino la Gran Bretaña a ceder, por ser esos países co- firmantes -con Alemania- del Pacto Tripartito y no desear Londres provocarles, anticipando su entrada en la guerra al lado del Reich. Si bien es cierto que Alemania respondió a estas medidas con el bloqueo contra el comercio inglés por medio de los ataques de sus submarinos, es un hecho que éstos se abstuvieron de molestar a los buques neutrales que se dirigían a las Islas Británicas. A finales de 1939 se registraron violentos combates navales en el Mar del Norte. La "Home Fleet" y la R.A.F. intervienen repetidamente para atacar a los buques de transporte que llevan el mineral de hierro sueco a Alemania, partiendo del puerto noruego de Narvik. Los barcos y aviones in- gleses violaron repetidas veces las aguas territoriales noruegas y danesas, y los gobiernos de Oslo y Copenhague protestaron varias veces oficialmente contra esa violación de su neutralidad. En Febrero de 1940, el crucero británico "Cossack" penetró en el interior de un fiordo noruego y atacó al navío alemán "Altmark". El "Altmark" era un transporte y no iba armado. La protesta de Noruega fue muy fuerte. Tres semanas después otro mercante alemán, el "Hugo Stinnes" era hundido por aviones ingleses mientras viajaba por aguas jurisdiccionales noruegas. Entretanto, para coger del revés a las defensas antiaéreas alemanas, los aviones británicos violan centenares de veces el espacio aéreo noruego y danés, pero sobre todo el holandés y el belga.

A principios de Marzo de 1940, Churchill que, sin votación del "Pueblo Soberano" ha sido nombrado presidente, en substitución del viejo y enfermo Chamberlain -que morirá en Noviembre del mismo año- por sus compañeros del Partido Conservador, conferencia con su colega francés Paúl Reynaud a propósito de la invasión de Noruega por los Aliados. Así nos lo revela el propio Churchill en sus Memorias[346]. Reynaud advierte a Churchill que, en opinión del Almirante Darlan, esto provocará una reacción de los alemanes, pero Churchill hace prevalecer su opinión de que "los alemanes no se atreverán a cruzar el Skáger-Rak, bloqueado por nuestra flota"[347]. Así se pone en marcha el titulado "Plan Stratford", para la ocupación anglo-francesa de los puertos noruegos de Narvik, Stavanger, Bergen y Trondheim. El 3 de Abril de 1940, Churchill ordena[348] a su embajador en Oslo exija al gobierno noruego que impida el paso por sus aguas de los transportes alemanes procedentes

---

[346] En sus Memorias afirma Churchill que ya el 16 de Diciembre de 1939, cuando todavía no era Primer Ministro, presentó un Memorándum al gobierno en el que decía:
"Es necesario considerar el hecho de nuestra acción contra Noruega... No habrá infracción técnica del Derecho Internacional (Ah! ¿No?, ¡Admirable!), si lo que hagamos no se acompaña de alguna forma de inhumanidad... Las naciones pequeñas no deben atarnos las manos".

[347] Paul Reynaud: "Révélations politiques".

[348] Winston S. Churchill: "Memorias".

de Narvik, donde cargan el mineral de hierro que llega por ferrocarril desde Suecia. La misma exigencia es formulada por el embajador francés. El gobierno noruego replica afirmando que Noruega es un país neutral y que por sus aguas pueden transitar los barcos extranjeros que recogen mercancías en su territorio; además, Noruega no reconoce la legitimidad del bloqueo comercial impuesto por los Aliados. El 5 de Abril, Churchill ordena que sean minadas las aguas jurisdiccionales noruegas; a consecuencia de ello un mercante de cabotaje y dos pesqueros noruegos son hundidos y veintiún marineros noruegos pierden la vida. El mismo día Lord Halifax replica al embajador noruego que ha ido a visitarle para presentar una protesta diplomática, que Inglaterra desea obtener bases en las costas noruegas. Cuando Halifax hace esta insólita petición, ya está en marcha el "Plan Stratford", que debe iniciarse el día 7, con la ocupación de los puertos antes citados, amén de Oslo. En su concepción inicial, el "Plan Stratford" preveía la invasión aliada de Noruega para el día 5 de Abril, pero las objeciones del Almirante Darlan lo demoraron unos días y esto permitió a Hitler, informado del plan, dar un golpe anticipado. El Consejo Supremo Aliado ya había previsto llevar a cabo "Stratford" el 28 de Marzo, pero el mal tiempo hizo, también, demorar la maniobra. En el Memorándum de "Stratford" se declaraba textualmente que "la neutralidad de ciertos países es considerada por la Gran Bretaña y Francia como contraria a sus intereses vitales". La primera parte de "Stratford" preveía la invasión de Noruega y Dinamarca; la segunda parte, una vez consolidados los Aliados en los principales puertos de esos países, preveía la ocupación de la costa Sur de Suecia[349].

El Alto Mando Alemán, que conoce el plan inglés, se anticipa y ocupa Dinamarca en unas horas. El Gobierno Danés protesta pero ordena a sus tropas que no ofrezcan resistencia. El Gobierno Noruego ordena a sus tropas, como es lógico, resistir a los invasores alemanes, aunque una fracción de dicho gobierno es partidaria de no ofrecer resistencia. No es éste el lugar para reseñar, ni siquiera muy someramente, la campaña de Noruega. Si lo es el mencionar la buena labor de los servicios británicos de propaganda, que en unas horas deben alterar todos sus planes de "guerra psicológica"; ahora ya no se trata de justificar ante el mundo la invasión de unos países neutrales que comercian con Alemania, sino de criticar

---

[349] Paul Reynaud: "*Révélations politiques*".

la invasión de dos pequeños países indefensos por la misma Alemania. En todo caso, el ejército expedicionario inglés se presenta inmediatamente en Noruega y tras encarnizadas batallas, deben reembarcar al cabo de unas semanas.

Pero los ingleses no sólo reembarcan. También desembarcan. Para "impedir que las ocupen los alemanes" lo hacen en las islas de Jan Mayen y de los Osos, pertenecientes a Noruega, y en el archipiélago de las Far Oer, pertenecientes a Dinamarca. También ocupan, los ingleses, Islandia, nominalmente unida a Dinamarca, pero prácticamente independiente. Los islandeses serán gobernados por los ingleses hasta 1941 en que los aún neutrales Estados Unidos enviaran a sus "marines" para relevar a los "tommies".

Evidentemente, no es políticamente rentable ser un pequeño país que se encuentra en medio de un conflicto entre dos grandes potencias. Cuando se llega a una situación límite, los pulcros principios del Derecho Internacional son dejados de lado, y a lo máximo que pueden aspirar los neutrales implicados es a sufrir lo menos posible. Ni los anglo-franceses, como decía la Gran Prensa Mundial, fueron a Noruega a "defender un pequeño pueblo agredido". ni los alemanes "ocuparon el país como uno de sus primeros pasos para dominar el mundo", como aseveraba muy seriamente la Propaganda Aliada. La Verdad carecía de estos oropeles maniqueos: simplemente consistía en que las potencias occidentales trataban de estrechar el bloqueo contra Alemania, desde las bases noruegas, danesas y suecas, y Alemania se adelantaba a conjurar ese golpe peligrosísimo para su seguridad nacional, salvando, de paso, sin proponérselo, a Suecia, que figuraba en la lista de víctimas preparada por los anglo-franceses. La víctima de esta lucha entre dos colosos era un pequeño país, pero ninguno de los dos bandos tenía un interés específico en él; ni para atacarlo ni para protegerlo. Nada menos que el ex- Primer Ministro, Lloyd-George reconoció entonces: "El fiasco noruego no es un caso aislado; es una serie de fiascos ininterrumpidos. Cuando decidimos que era esencial para nuestra protección invadir las aguas territoriales de Noruega, a pesar de las protestas noruegas, debiéramos haber previsto que los alemanes iban a reaccionar. ¿Qué esperaba Churchill? ¿Que Hitler le dejara ocupar Noruega por las buenas?"[350].

---

[350] "*Chicago Herald American*", 5-V-1940.

* * *

Tras el fracaso noruego, la acción de Inglaterra contra los neutrales toma un nuevo rumbo a mediados de Abril de 1940. Se amenaza a Rumania con el bloqueo económico si no cesa de vender petróleo a Alemania. También se amenaza a Turquía, Hungría, Portugal, España y Yugoeslavia por comerciar con el Reich por vía terrestre. Ante el aluvión de protestas de países neutrales que llegan al "Foreign Office", Churchill declara que "Inglaterra no reconoce como neutrales los actos que, directa o indirectamente puedan favorecer a Alemania, es decir, el comercio, aunque se ajusten a las normas del Derecho Internacional". Repetimos: AUNQUE SE AJUSTEN A LAS NORMAS DEL DERECHO INTERNACIONAL. ¿En qué quedamos, pues?

Luchaba Inglaterra por el Derecho Internacional, como pretendían sus apólogos, o no le importaba un comino el Derecho Internacional cuando su aplicación podía favorecer a Alemania? La respuesta nos la dan los hechos y las palabras de Churchill. Inglaterra luchaba por interés, como es lógico. Ahora bien ¿por qué interés? ¿Por el interés de Inglaterra, acaso? Durante el período llamado por los ingleses *phony war*", y por los franceses *la drôle de guerre*[351], ciertos políticos ingleses partidarios de la paz, intentaron aprovechar la calma absoluta en el frente germano-francés para llegar a un acuerdo de cese de hostilidades. El propio Chamberlain, naturalmente sin dar la cara y sin comprometerse, y otros conservadores incluyendo a Butler y Runciman animaban discretamente esas iniciativas. Pacientes negociaciones extraoficialmente se llevaron a cabo entre representantes de ambos gobiernos y a punto estuvieron de verse coronadas por el éxito. Los alemanes aceptaron todas las propuestas inglesas: limitación de las anexiones alemanas en Polonia al "Corredor", amén de la anexión de Dantzig, renunciando definitivamente a Posen, la Alta Silesia, Sudaneu y Pomerelia, y firma de un convenio germanopolaco regulando la cuestión de las minorías alemanas en Polonia. El acuerdo parecía probable; incluso los comunicados oficiales de la época suavizaron notoriamente su tono, poniendo de relieve ciertos actos de generosidad

---

[351] "La falsa guerra" o "la guerra en broma". Mientras Chamberlain fue Primer Ministro de Inglaterra, militarmente, no se movió ni hizo moverse a Francia. Pero cuando Churchill llegó al poder, entonces empezó la guerra autentica, la guerra en serio.

de la Wehrmacht en Polonia. Pero las negociaciones deberían fracasar porque, una vez obtenido el acuerdo de principio, los negociadores ingleses fueron informados por su go- bierno de dos condiciones suplementarias -y últimas - que debían ser sometidas a los negociadores alemanes. Las dos condiciones de última hora, que malograrían el acuerdo al no aceptarlas Alemania, eran que Alemania renunciara a su autarquía económica y adoptara el Patrón-Oro, reincorporándose al sistema librecambista. Además, Alemania debía autorizar la reapertura de las logias masónicas, clausuradas por Hitler. En otro lugar mencionamos[352] que fué el Coronel J. Creagh Scott, diplomático bien conocido, quien denunció públicamente estos hechos y no fue jamás desmentido. Creagh Scott, que tomo personalmente parte en las conversaciones con los emisarios alemanes, acusó públicamente al gobierno británico, en una conferencia pronunciada en el Ayuntamiento de Chelsea, de haber provocado y prolongado la guerra únicamente para defender el Patrón-Oro y la Masonería, dos "instrumentos sionistas", según él. De manera que Inglaterra no hacía la guerra por el interés propio, toda vez que Alemania no le pedía nada más que la paz. Hacía la guerra, según alguien bien calificado para saberlo, por el Patrón-Oro e, incidentalmente, por la recalificación de una secta calificada por la misma persona de "instrumento sionista".

Churchill no se desanima por el fiasco noruego y decide reactivar las operaciones contra Alemania. Sus bombarderos no pueden, ahora, llegar al Reich atravesando el espacio aéreo danés o noruego, erizado de baterías de defensa antiaérea, de manera que los vuelos sobre Holanda y Bélgica se multiplican. Estos países que, en un principio, habían protestado por tales violaciones de su soberanía, ya no protestan. Saben que no serviría de nada; les consta que están emparedados entre dos potencias de primer rango y que hay unas leyes de dinámica política contra las que nada pueden los Convenios Internacionales, firmados en tiempos de paz. No ignoran que existe, en tiempo de guerra, una fatalidad de las zonas débiles, y que es una "desgracia" geográfica ser un pequeño país neutral de interés estratégico.

Esto es particularmente aplicable al caso de Bélgica, que Inglaterra literalmente se "inventó" tras el Congreso de Viena, cogiendo un trozo de Francia y otro de

---

[352] "La historia de los vencidos", Omnia Veritas Ltd.

Holanda y dándole un nombre derivado de una tribu germánica que habitaba aquella región en el siglo V. Como no habían "belgas" entonces -1830- Inglaterra convenció al Príncipe Leopoldo de Saxe-Coburg, un alemán, para que aceptase el trono de la nueva nación, bajo el nombre de Leopoldo I. A Inglaterra le convenía debilitar a Francia, su rival en el Continente, y a Holanda, su adversario comercial en Ultramar; al mismo tiempo quería impedir que Prusia o Austria-Hungría, jóvenes potencias en alza, se asomaran al Canal de la Mancha (que en Inglaterra llaman *English Channel*, es decir, Canal Inglés). Y así nació Bélgica, por conveniencias imperiales de Inglaterra. Era lógico que Bélgica fuera, tradicionalmente, un país anglófilo, y no por gratitud, virtud rarísima entre los humanos y prácticamente inexistentes en Política, sino por aplicación automática del viejo principio *Protego ergo obligo*" (Te protege, luego te mando). En cuanto a Holanda, con motivos históricos justificadísimos para no ser precisa- mente anglófila, albergaba, desde siglos, una poderosa Colonia Israelita, la cual, por motivos de solidadidad racial, era antialemana. En todo caso, una cosa es cierta: entre los dos beligerantes se establece una carrera para ocupar estos países.

 Los franceses, con razón, temen que se repita la "Ofensiva Schlieffen" de la I Guerra Mundial y los alemanes les cojan de revés. Si ésto vuelve a ocurrir ahora, la Línea Maginot no servirá de nada. Recíprocamente, piensan los alemanes que si los anglo-franceses les atacan a través de Holanda y Bélgica -cuya neutralidad ha sido violada, hasta ahora, exclusivamente por la aviación británica- de nada les servirá a ellos su Línea Sigfrido. En Bruselas y La Haya se evalúa la situación, se cree en una victoria final anglo-francesa y se decide, mientras sea posible, permanecer neutrales, pero inclinándose hacia Francia e Inglaterra. Esto es un error. La "neutralidad" con "simpatías" hacía uno de los bandos es un equilibrio que raras veces sale bien y, en todo caso, no depende exclusivamente del equilibrista. Una vez tomada su decisión, belgas y holandeses empiezan a fortificar sus fronteras con Alemania y a concentrar en las mismas el grueso de sus ejércitos; pero, en cambio, los belgas no toman medidas similares en su frontera con Francia. Se arguirá que un país está en su perfecto derecho de fortificar una de sus fronteras y desproteger la otra. Es cierto, es un derecho, pero también es derecho de la potencia ante cuyas fronteras se concentra un ejército extranjero -y sólo ante las suyas- sentirse amenazada y obrar en consecuencia. Alemania protesta repetidas veces ante el gobierno de Bruselas por permitir que, a través del espacio aéreo belga, los aviones ingleses bombardeen Alemania. Pero aún hay más: "En el Ministerio de Defensa Belga ya se tienen estructurados los planes en los cuales se indica que carreteras deben ser reservadas para dejar el paso libre a las tropas francesas e inglesas." Los regimientos franceses ya saben, desde Abril de 1940, el itinerario que deben seguir en territorio belga. Los estados mayores de las neutrales Bélgica y Holanda se reúnen con los enviados de los estados mayores inglés y francés. Mientras la frontera alemana está prácticamente cerrada, constantemente van llegando oficiales de enlace franco-británicos a Gante, Amberes, Beerschot y Lieja[353]. Esto, reconocido por Paul Reynaud, Jefe del Gobierno francés, es reconocido igualmente por Churchill[354]. Según los máximos responsables políticos de los Aliados, pues, Holanda y Bélgica se habían colocado, por su propia voluntad, y automáticamente, dentro de la contienda. Alemania conocía la presencia de tropas anglofrancesas en Bélgica, y había protestado enérgicamente.

La realidad, empero, es que holandeses y belgas aceptaban algunas unidades franco- británicas en su suelo muy a regañadientes, convencidos de que aquéllo podía complicarles en la guerra; por eso muestran algunas reticencias cuando el Generalísimo Gamelin decide enviar cinco divisiones para proteger Bélgica y tres para proteger Holanda, a parte las unidades especiales que ya se encuentran allí acantonadas. He aquí, pues, la situación: los alemanes temen un ataque anglofrancés contra Renánia y Westfalia a través de Bélgica y Holanda, ataque que cogería a contrapié a las tropas alemanas concentradas tras la Línea Sigfrido, y tampoco dejan de ver que Bélgica es el pasaje ideal para atacar a Francia por el Norte y coger del revés a la Línea Maginot. Los anglosajones temen que a pesar de todas las facilidades que están recibiendo de los gobiernos belga y holandés unos y otros intenten mantenerse no -beligerantes. Para prevenir tal eventualidad se planeó la invasión de Bélgica por los anglo-franceses. Esto se haría público cuando, el 24 de Junio de 1940, los servicios especiales de la Wehrmacht se incautaron de los archivos del Ministerio de Asuntos Exteriores y del Estado Mayor Conjunto Interaliado, en la Charité-sur-Loire, donde encontraron un plan detallado

---

[353] Paul Reynaud: "*Révélations politiques*".

[354] Winston S. Churchill: "*Memorias*".

para la invasión de Bélgica[355].

Pero de nuevo Hitler toma la delantera a sus rivales y, el 10 de Mayo de 1940 ordenará el ataque general a lo largo de todo el frente francés, así como la invasión de Bélgica, de Holanda y del Gran Ducado de Luxemburgo, éste último por motivos puramente geopolíticos y por hallarse en el mismo centro de la ofensiva. ¡Agresión alemana! exclamarán los oráculos de la Gran Prensa Internacional, controlada por los poderes fácticos. Sí, técnicamente, es indudable, Alemania ha agredido a tres pequeños países, formalmente neutrales. De hecho, el único auténticamente neutral es Luxemburgo. También el espacio aéreo luxemburgés ha sido violado por los anglofranceses, pero una protesta luxemburgesa ante los dos primeros imperios coloniales de la Tierra suena a broma. Luxemburgo ha debido sufrir, primero, la violación de su espacio aéreo por unos; luego, la ocupación de todo su territorio (ocupación, por otra parte, incruenta) por otros.

Pero Bélgica y Holanda, empujadas sin duda por las circunstancias, han elegido un campo: el campo anglofrancés. Esto les costará la ocupación militar durante la guerra y la pérdida de sus vastos imperios coloniales después de su (¿¡su!?) victoria.

* * *

Todo el frente occidental Aliado se hunde en poco más de cinco semanas. Francia debe pedir el Armisticio. Considerando cuan apabullante ha sido la derrota francesa, y que fue Francia quien declaró la guerra a Alemania, las condiciones de dicho Armisticio son extremadamente suaves. Alemania no impone desorbitadas contribuciones de guerra, ni arrebata territorios a Francia, ni exige siquiera la devolución de las colonias que ésta le arrebató en Versalles (Camerún y Togo). No pide, siquiera, la entrega de la flota de guerra, casi intacta aún y que constituye, por calidad y tonelaje, la tercera fuerza naval armada del mundo. Tampoco se obliga a Francia que rompa sus relaciones normales con Inglaterra. Únicamente se exige la ocupación temporal -mientras dure la guerra con Inglaterra- de la costa atlántica de Francia y de territorios del Norte del país, incluyendo la capital, París[356]. El Gobierno

---

[355] Los críticos militares Liddell Hart y Hinsley, ingleses, y Pasquier, francés, atestiguan la abortada invasión anglofrancesa a Bélgica. (N. del A.).

[356] Las condiciones del Armisticio Impuestas por Alemania son tan candorosamente generosas que el General

francés se instala en Vichy, presidido por el Mariscal Pétain, y es inmediatamente reconocido por todos los países del mundo -exceptuando Inglaterra, que reconoce un gobierno en el exilio formado por el General, a título provisional, Charles De Gaulle- incluyendo los Estados Unidos y la Unión Soviética, que mantienen relaciones diplomáticas normales con él. Ello es lógico. Al dimitir Paul Reynaud como Jefe del Gobierno, el Presidente de la República, Albert Lebrun, cree que sólo una recia personalidad militar como el Mariscal Pétain podrá sacar al país del atolladero. Pétain es regularmente votado como Jefe del Gobierno por la Asamblea Nacional. Su gobierno es, pues, absolutamente legal y democrático, mientras el "gobierno" de De Gaulle en Londres, con sus tres docenas de viejos politicastros y algunos pilotos y marinos que lograron huir a Inglaterra cuando la "bolsa" de Dunkerque, aún cuando se le vayan, en el curso de la guerra, uniendo algunas tropas coloniales, no representa a nada ni a nadie, ni le ha votado nadie. Sólo Inglaterra, siguiendo, como es lógico, su interés político, reconoce la "Francia Libre" de De Gaulle[357]. Poca ayuda práctica podrá aportarle éste, pero le servirá de coartada para proclamar que "el Gobierno de Vichy" no representa a Francia, y asestar duros golpes al aliado de la víspera.

Escuadrillas inglesas con base en Gibraltar reciben orden directa y personal de Churchill para atacar a la flota francesa, fondeada en Mers-el-Kébir (Argelia). Los barcos franceses, anclados, atacados por sorpresa, no tienen oportunidad de defenderse; varios de ellos son hundidos; muchos otros, averiados; mil doscientos marinos franceses pierden la vida, otros dos mil quinientos son heridos. El 8 de Julio de 1940, cinco días después del ataque a Mers-el-Kébir, unidades de la R.A.F. y de

---

Pétain dirá al General Georges, del Alto Estado Mayor Francés:
"Al concedernos este Armisticio los alemanes han cometido un tremendo error. No teníamos nada para defendernos y si nos hubieran exigido la Flota se la habríamos tenido que dar" (Henry Coston: "*Dictionnaire de la politique française*"; p. 841).

[357] De Gaulle fué el clavo ardiendo a que se agarró el General Spears.-por cierto, israelita-, del "Intelligence Service". Spears, al que se había dado por misión que encontrara a un General francés de prestigio que tuviera probabilidades de incorporar a la lucha contra Alemania a territorios del Imperio Francés, se dirigió sucesivamente, sin éxito al mariscal Juin, al almirante Darlan, al Generalísimo Gamelin, y a los generales Weygand, Esteva y Nogués. Al fallar todos ellos, el Coronel De Gaulle (General a título provisional pero desde muy joven metido en Política) fue el elegido. En su "gobierno" londinense figuraban los hebreos Alphand (Economía), Schumann (Propaganda), Pierre Bloch (Interior), René Mayer (Comunicaciones) y Koenig (Guerra). Otros dos hebreos, Cassin y Mantoux, son sus secretarios. (N. del A.).

la "Home Fleet" atacan a una flotilla francesa estacionada en Dakar (Senegal) y tratan de desembarcar, pero son rechazadas con graves pérdidas. Churchill, en los Comunes, justifica su agresión contra Francia afirmando que Inglaterra "no puede permitirse el lujo de que exista la posibilidad de que un día la flota francesa sea presa de los alemanes". Para impedir tal posibilidad, se ataca a la flota en Mers-el-Kébir, se intenta el desembarco en el Senegal y posteriormente se ocupan Madagascar, Siria, el Líbano, la Guayana Francesa, la Somalia Francesa, las islas francesas del Caribe y Nueva Caledonia. El motivo invocado es siempre el mismo: se ocupan esos territorios de un país neutral, ex-aliado al que no se prestó ayuda militar alguna cuando se produjo la ofensiva alemana, para evitar que caigan en manos alemanas. La excusa puede ser válida para el caso del Líbano y Siria, cuando, tras la entrada de Italia en guerra, el Mediterráneo se convierte en campo de batalla, pero ¿Madagascar, la Somalia, la Guayana, la Martinica o la Nueva Caledonia se encontraban amenazadas por Alemania? ¿No será más lícito suponer que tales anexiones *de facto* se llevaron a cabo para explotar los recursos de esos territorios y, de paso, recomponer un poco el prestigio inglés, tan maltrecho tras su ininterrumpida serie de reveses militares?

* * *

Hitler hizo otras dos ofertas de paz a Inglaterra. Nuevamente ofertas de "paz-empate". Una tras la retirada del Cuerpo Expedicionario Inglés de las playas de Dunkerque[358], y otra después del desplome de Francia. Ambas fueron desoídas. El gobierno británico estaba decidido a continuar la lucha a pesar de que, coincidiendo con el derrumbe francés, y corriendo en socorro de la victoria, Italia había declarado la guerra "a las democracias reaccionarias y plutocráticas de Occidente", según frase de Mussolini. Inglaterra se hallaba sola, aunque con los recursos de su enorme

---

[358] Todo el Cuerpo Expedicionario hubiera podido ser destruido o capturado de no haber mediado una insólita orden de Hitler al General Von Kleist ordenándole retirar sus "panzer" al Este del Canal de Dunkerque. El Führer quería evitarle una mortal humillación a Inglaterra, esperando con ese gesto congraciarse con sus gobernantes y obtener la paz. El mejor crítico militar contemporáneo inglés. Charles Liddel-Hart lo reconoce en "*The Other Side of the Hill*". También Desmond Young, en "*Rommel*" y los generales alemanes Guderian, Blumentritt y Siewert. (N. del A.).

Imperio, aumentado de hecho en más de un millón y medio de kilómetros cuadrados de territorios arrebatados a Francia. Roosevelt, además, ayudaba cuanto podía, como veremos más adelante. Es curiosa esta situación: Inglaterra ha recibido golpes tremendos en Noruega, en los Países Bajos, en Bélgica y ha debido expatriarse en Dunkerque. También ha sufrido espectaculares derrotas en el mar. Alemania, victoriosa, le ofrece la paz repetidamente, sin pedirle nada. El 14 de Julio de 1940, Hitler declaró en una entrevista concedida a un reportero de la "United Press" que estaba dispuesto a aceptar la mediación de quien fuera con tal de llegar a un acuerdo, sobre bases honorables, con Inglaterra, y que entonces Alemania se retiraría inmediatamente de todos los territorios ocupados. Cinco días después, el 19 de Julio, nueva propuesta de Hitler, en un discurso pronunciado en el Reichstag: ofrece la paz, con vuelta las fronteras de 3 de Septiembre de 1939, en Occidente, mientras en el Este se llegará a un acuerdo honorable con Polonia. Nuevo rechazo de Churchill. Y nada menos que Joseph E. Davies, el varias veces citado magnate, miembro del "Brain Trust" de Roosevelt, y judío, declaró, en un discurso pronunciado en el Ayuntamiento de los Ángeles, el 22 de Enero de 1943, que Alemania ofreció, a mediados de 1940, la dimisión de Hitler, si con ello Inglaterra se avenía a aceptar una paztablas. Esta oferta se hizo a través del Vaticano. Según Davies, Churchill rechazó esa proposición sin consultar siquiera con su Gobierno[359]. Y aún se harían por entonces dos tentativas más para obtener la paz, ambasiniciadas por Alemania, por conducto de Suecia y del Vaticano, con el mismo negativo resultado[360].

Churchill quiere la guerra y, tenazmente, prepara un nuevo golpe. Así se fragua la "Operación Katherine" descrita por el entonces Primer Ministro Británico en sus "Memorias" como una "operación para forzar el paso de la Home Fleet por el Báltico y poder, así, extender la mano hacia Rusia, en forma que ejercería, seguramente, un efecto decisivo". "Katherine" prevé la ocupación por los británicos de los puertos suecos de Estocolmo, Smogen, Gotemburgo y Malmoe. Londres contaba ya con la prometida colaboración de los soviéticos, que habían colocado a una masa de cinco millones de hombres en Polonia Oriental y los Países Bálticos. El mando alemán -como luego veremos- conocía las intenciones de la URSS, de atacar a Alemania

---

[359] "The Times", Londres, 22-1-1943.
[360] "Lectures Françaises", París, No.-106.

tan pronto como ésta se viera envuelta en un largo conflicto militar en el Continente. Pero "Katherine" no pudo llevarse a la práctica por no contar todavía la R.A.F. con la suficiente fuerza para apoyar una acción de tal envergadura. Pero en Londres se contaba ya con el apoyo soviético, siempre y cuando se lograra distraer las fuerzas de Alemania en otras operaciones secundarias, bien creando un puente naval hacia Rusia en el Báltico, bien provocando nuevos conflictos entre Alemania y otros países neutrales.

Entonces empezaron las maniobras de la hábil diplomacia inglesa para lograr la creación de un frente terrestre en el Continente, que permitiera a los soviéticos descargar el primer golpe. Belgrado, Atenas, Sofía y Estambul son teatro de innumerables intrigas diplomáticas. El fracaso de las gestiones de los diplomáticos ingleses en Turquía y Bulgaria queda compensado por el éxito obtenido en Grecia. El gobierno griego cede bases en su territorio nacional para ser utilizadas por la "Home Fleet" y la R.A.F. Esto constituye una amenaza tremenda para Italia, qué inmediatamente protesta ante Atenas. Ribbentrop aconseja a Ciano que Italia no tome medidas militares contra Grecia pues un frente terrestre en el Continente en tales momentos, con el ejército soviético agazapado para dar el golpe, es altamente inconveniente. Hitler, temiendo una extensión del teatro de operaciones, se propuso entrevistarse con Mussolini para disuadirle de su propósito, pero éste, sin previo aviso a Berlín, declaró la guerra a Grecia el 28 de Octubre de 1940, atacándola desde el protectorado italiano de Albania. Simultáneamente, en Belgrado, el gobierno yugoeslavo se ve sometido a fuertes presiones de la diplomacia inglesa, norteamericana y soviética. Campbell, el embajador británico, no cesa de intrigar para crear un conflicto germano-yugoeslavo. Churchill nos dice en sus "Memorias" que mandó a Campbell un mensaje ordenándole: "Continué molestando y hostigando al Rey Pablo y a sus ministros. Indíqueles, si es preciso, que los alemanes están preparando la invasión del país". No obstante, el gobierno de Cvetkovic firma un pacto de Amistad y No-Agresión con el Reich, el 24 de Marzo de 1941.

Pero apenas han transcurrido veinticuatro horas cuando se produce un sorprendente golpe de teatro. Fresca aún la tinta de las firmas del Pacto, así como de la adhesión de Yugoeslavia al Pacto Tripartito, se produce un cuartelazo, organizado por la embajada británica y contando con la probada colaboración de las células comunistas serbias. El gobierno, democráticamente elegido, es derrocado; el Príncipe Regente Pablo es obligado a dimitir, y el Rey Pedro, menor de edad, es elevado al trono. El Pacto Germano-Yugoeslavo es denunciado, y la adhesión de Belgrado al Pacto Tripartito retirada. Cvetkovic es detenido y tropas británicas procedentes de Grecia cruzan la frontera y se dirigen a la frontera germano-yugoeslava. El nuevo gobierno, presidido por Simovic, un israelita, firma un Tratado de Asistencia Mutua con la URSS y otro con Inglaterra. En las calles de Belgrado las células comunistas organizan manifestaciones antia- lemanas. El embajador alemán advierte al nuevo gobierno yugoeslavo que si permite la instalación de tropas inglesas en su territorio, el Reich lo considera- rá un peligro para su seguridad. Pero las tropas inglesas continúan afluyendo desde Grecia. El 6 de Abril de 1941, la Wehrmacht se lanza al ataque atravesando la frontera yugoeslava. En una impresionante "guerra relámpago", el ejército yugoeslavo capitula en once días de lucha. Simultáneamente, la Wehnnacht ataca a Grecia por Macedonia, lo cual alivia la crítica posición italiana en Albania. En ocho días, Grecia capitula. Los ingleses deben repetir el "número" de Noruega, de Holanda, de Bélgica y de Dunkerque, concentrando sus tropas en la isla de Creta, de donde son desalojadas por unidades de paracaidistas alemanes.

Es, precisamente, tras la victoria de Creta y coincidiendo con una victoriosa contraofensiva de Rommel con su "Afrika Korps" en África del Norte, cuando Hitler, antes de iniciar la campada de Rusia quiere hacer una enésima tentativa de paz con Inglaterra. El 10 de Mayo de 1941, Rudolf Hess, lugarteniente del Führer arriesgó su vida para lograr la paz. Pilotando un "Messerschmitt" logró burlar la vigilancia de las patrullas de la R.A.F. y aterrizó en Escocia, con el propósito de entrevistarse con el Duque de Hamilton, antiguo amigo suyo y muy influyente en la Corte. Hess contaba con que el Duque le ayudaría a conseguir una entrevista con el Rey Jorge VI y con Churchill, para convencerles de que "el Führer no quiere continuar esta guerra insensata" y de que "el verdadero enemigo está en Rusia"[361]. En garantía de que el Reich cumpliría lo pactado -la tantas veces pedida "paz empate"- el mismo Hess se ofrecía como rehén. Pero Hess no consiguió entrevistarse con el Rey, ni con Churchill, que lo mandó encarcelar. Llama la

---

[361] "Ilse Hess": "Prisioner of Peace".

atención que a un emisario que se presenta libremente, por su propia voluntad, a proponer la paz, no se le deje regresar a su país y se le encarcele. Esta ha sido la costumbre desde hace, por lo menos, cincuenta siglos, y la han practicado todos los pueblos, incluyendo los más incivilizados. El Duque de Hamilton, rompiendo, por fin, un silencio que te fue impuesto durante veinte anos dijo que "ciertamente la guerra hubiera podido terminar en 1940, pero la mejor oportunidad la proporcionó el vuelo de Hess, en Mayo de 1941". Es curioso que Churchill, cuyas autoacusadoras "Memorias" debieran, en buena lógica, hacer renegar de la Democracia a cualquier lector provisto de un mínimo de sentido crítico manifestara "no ser directamente responsable de la manera cómo se trató a Hess". Ahora bien, si Churchill, Primer Ministro con más poderes que muchos dictadores (¿se imagina alguien a Churchill destituido y encarcelado por su Rey, como le sucedió a Mussolini con el suyo?) no fue directamente responsable del trato a Hess, ¿quién lo fue?.. ¿Quién tenía más poder que Churchill en asunto de tal gravedad?.. ¿QUIEN MANDABA EN INGLATERRA?

ATAQUE ALEMÁN A RUSIA

Pese al fracaso de la misión de Hess, Hitler decidió llevar adelante la realización del "Plan Barbarroja", nombre-código que había sido dado a la invasión de la URSS. Se ha afirmado que el ataque hitleriano, iniciado el 22 de Junio de 1941, constituyó una agresión contra un país neutral, con la especial agravante de que con tal país había firmado Alemania un Pacto de No- Agresión dos años atrás. El alevoso ataque alemán constituía, en este caso, a la vez una agresión y una ruptura de pacto. No obstante, bueno será tener en cuenta que: El Pacto Germano- Soviético fue roto por los soviéticos, antes que por los alemanes, en seis ocasiones: a) Ocupando Lituania, el 3-VI-1940; b) Ocupando Letonia, el 5-VI-1940; c) Ocupando Estonia, el 6-VI-1940;d) exigiendo a Rumania la entrega inmediata de Besarabia y Bukovina del Norte, el 25-VI- 1940; e) Atacando a Finlandia, el 30-XI-1940 y obligando a ésta a cederle importantes territorios en el Báltico, en el Océano Ártico y en Carelia; f) Apoyando, en Marzo de 1941, el "cuartelazo" de Simovic en Belgrado y firmando un Pacto de Ayuda Mutua con el nuevo gobierno yugoeslavo, el cual había denunciado unilateralmente el anterior pacto Germano- Yugoeslavo y abierto sus fronteras a las tropas inglesas. Los cinco primeros casos son violaciones flagrantes e indudables del Pacto Germano-Soviético, por una de cuyas cláusulas Moscú y Berlín se comprometían a respetarse mutuamente ciertas "zonas de influencia", pero también se comprometían a mantener el *statu quo*. Y una cosa es una zona de influencia", que significa relaciones preferencia- les con los países de tal zona, y otra cosa es una ocupación militar, o un "chantaje" (como se hizo a Rumania) o una expedición de rapiña (caso de Finlandia) o, en fin, una conjura para provocar un cambio de régimen en un país aliado de aquél con quien se ha suscrito un pacto de reparto de zonas de influencia, que es el sexto caso, ocurrido en Yugoeslavia.

Este argumento es puramente jurídico. Alemania no ignoraba los movimientos del Ejército Rojo, situando una verdadera marea humana en los territorios ocupados por los soviéticos en Polonia Oriental. Evidentemente, el argumento puede volverse del revés y afirmar que los rusos colocaban a ese numeroso ejército porque esperaban un ataque alemán. Y es cierto que los rusos esperaban tal ataque de la Wehrmacht por dos razones: una política y otra de simple sentido común. A saber:

a) A Stalin le constaba que, a pesar del Pacto Germano-Soviético, y por simples razones de imperativos geopolíticos, la tendencia alemana a dirigirse hacia el Este, la *Drang nach Osten*, era irreversible. No se trataba ya de que Hitler quisiera actualizar esa política; desde el Siglo XI, los Caballeros Teutónicos de la Orden Hanseática se enfrentaban a las amenazas del Este, personalizadas ora en los Hunos, ora en los Turcos, ora en los Mongoles, luego los Tártaros, los Eslavos y, más adelante, la Rusia de los Zares, una creación del genio nórdico de los Varangios, cuya agresividad antieuropea había sido potenciada al máximo por sus sucesores soviéticos. Stalin, gran político, sabía -no podía no saberlo- que los territorios que él mismo se había anexionado, quebrantando el Pacto Germano-Soviético, indicaban a Berlín con toda claridad su tendencia expansionista hacia Occidente. Esos territorios constituían un glacis de protección de la URSS, de manera que, en caso de guerra, la aviación alemana quedaría muy alejada de los principales objetivos militares soviéticos. Por otra parte, el objetivo de Stalin, es decir, que se desencadenara en Occidente una guerra entre democracias y fascismos ya se había logrado, coadyuvando a ello, en buena parte, el Pacto Germano-Soviético, auspiciado y propiciado por Stalin. El plan consistía en que democracias y fascismos se desangraran mutuamente y luego Stalin llegaría en un pacífico paseo liberador hasta Gibraltar, Noruega e Irlanda. Para tantear a Hitler, Stalin mandó a Molotoff a Berlín en Noviembre de 1940 pidiendo carta blanca al Reich para ocupar el resto de Rumania, Bulgaria, la Macedonia Griega incluyendo el puerto de Salónica y los Dardanelos.

Es decir, que tras sus anteriores proezas contra pequeños países, ahora la URSS se proponía engullir cuatro países más (o al menos, parte de los mismos) y lograr su soñada salida al Mediterráneo. La renuncia de Hitler a aceptar tal propuesta, junto con las duras protestas de Ribbentrop a Molotoff por las anteriores violaciones soviéticas del Pacto Germano-Soviético, hizo comprender a Stalin que de Berlín ya no podría obtener nada más. En cambio, Inglaterra y los Estados Unidos -éstos, todavía, neutrales- no cejaban de hacer promesas a Stalin. A éste se le prometió todo lo que Hitler rehusó a Molotoff en Berlín. Pero aún hay más: dos días antes de la firma del Pacto Germano-Soviético, el 21 de Agosto de 1939, el agregado militar de la Embajada de Francia en Moscú, General Doumenc, recibió la orden de firmar un acuerdo militar con la URSS, según el cual los soviéticos ocuparían Rumania y Polonia -la pobre Polonia por la cual (¿?) se iban a lanzar a la guerra las democracias- tras permanecer neutrales, durante algún tiempo, en la futura lucha entre los alemanes, por un lado, y los anglo-franceses, apoyados por los USA, por el otro. Es decir, que paralelo al Pacto público entre Berlín y Moscú, existía otro privado y secreto entre Moscú, Londres y París, con la bendición de Roosevelt. Según tal pacto no escrito, del que daremos abundantes pruebas emanadas de testimonios de parte contraria al ocuparnos de la entrada de los USA en la guerra, la URSS debía atacar a Alemania cuando ésta debiera atender varios frentes a la vez y ya los Estados Unidos hubieran entrado en guerra. La maniobra no fue, de momento, totalmente coronada por el éxito por haberse anticipado Hitler al proyectado ataque de Stalin.

Esto nos lleva de la mano a concluir que el Pacto Germano-Soviético era, al menos en el espíritu de una de las partes firmantes, más favorable a los intereses de Europa que las propuestas hechas por los occidentales a la URSS. Los hechos así lo han demostrado: Hitler reconoció una limitada "zona de influencia" soviética al Este de la línea Vístula-San-Narev, y nada más. Los occidentales -y basta, para convencerse de ello con echar una ojeada a las "Memorias" de Churchill- reconocieron a Stalin todo lo que pidió, es decir, mucho más que una simple y reducida "zona de influencia"; le concedieron el dominio en media Europa, más su expansión colonial en Asia y cumplieron su palabra, a pesar de que, al terminar la guerra mundial, en 1945, el Ejército Rojo había sufrido tremendos golpes ante la Wehrmacht mientras el poderío norteamericano en Europa estaba casi intacto, y no hubiera costado nada -ni siquiera una guerra, que entonces los rusos no podían afrontar- obligar a los soviéticos a retirarse de todas las naciones por ellos ocupadas en Europa. Esto es así, por mucho que los "mass media" intenten dar gato por liebre al ingenuo hombre de la calle.

A Stalin, en una palabra, le constaba, por simples motivos políticos, el ataque alemán a la URSS. Stalin no podía ignorar que Hitler no en un imbécil y que éste había captado perfectamente el sentido de la visita de Molotoff a Berlín: era un ultimátum y, además, un chantaje: "si vosotros, alemanes, deseáis ganar tiempo antes de que nosotros, soviéticos, entremos en guerra, debéis concedernos esto y lo otro". El rechace de tal ultimátum y tal chantaje, significaba la guerra. Sólo quedaba por saber quien atacaría primero. Por tal motivo:

b) Por simple sentido común, Stalin debía esperar el ataque hitleriano. Para retrasarlo, Churchill complicó en la lucha a diversos estados neutrales y, con la colaboración soviética y norteamericana, extendió el teatro de las operaciones bélicas a los Balcanes: primero Grecia, luego Yugoeslavia, y no siguió Rumania porque el Gobierno de Antonescu consiguió imponerse a la vacilante política del Rey Carol. Era, pues, elemental, para Stalin, suponer que Hitler le atacaría antes de ser atacado. Y por ese motivo el propio Stalin se decidió a atacar primero, colocando a sus tropas en posición de ofensiva. Según el testimonio de un antinazi tan furibundo como Halder, mariscal alemán que se autoalaba hogaño de haber boycoteado ordenes de Hitler en plena campaña, a los jefes del Ejército Rojo capturados por la Wehrmacht se les ocuparon pla- nos y mapas de Polonia Occidental, Alemania y Hungría. Que el Ejército Rojo se hallaba dispuesto en posición de ataque es comunmente sabido y admitido hoy día por los historiadores y expertos en el arte militar[362]. Ahora bien, lo que no podía sospechar Stalin es que Hitler le ganara la baza y atacara primero. Era, realmente, insospechable, increíble casi, que se trasladara el grueso del ejército alemán desde Francia hasta Polonia Occidental y Prusia Oriental y se improvisara una operación tan compleja como el "Plan Barbarroja" en tan poco tiempo. Por eso Stalin esperaba, no sólo que Yugoeslavia y Grecia, con el apoyo británico, duraran más, sino que también Rumania se inmolara en el "altar de las democracias" y que la precaria situación de los italianos en África del Norte obligara a Alemania a desplazar allí a una parte importante de sus tropas, aunque luego resultara que con un simple ejército expedicionario, al mando de Rommel, bastara para cambiar el signo de la lucha. Stalin, en suma, esperaba el ataque alemán para la Primavera de 1942, por resultar para él impensable que el Reich lo atacara en Invierno, siendo, precisamente, el "General Invierno" el mejor estratega ruso desde tiempo inmemorial. Pero no podía esperar el ataque de la Wehrmacht a comienzos del Verano de 1941.

Roosevelt, como más adelante veremos, había avisado a Stalin que se preparara para un ataque alemán en Junio de 1941, pero naturalmente Stalin creyó, en buena lógica, que la extensión de la lucha y las debilidades de Italia retrasarían tal proyecto. No. fue así, y Alemania "agredió" a la URSS. La desmesurada cantidad de prisioneros capturados por la Wehrmacht en los primeros días de la campaña de Rusia demuestra la ubicación, junto a la frontera, de un numerosísimo ejército. Es lícito suponer que tal ejército no se hallaba en aquella zona disfrutando de sus vacaciones de verano. Finlandia y Rumania se unieron a Alemania en el ataque a la URSS, con el objetivo concreto de recuperar los territorios que ésta les había arrebatado unos meses atrás. Poco después seguirían Hungría y Eslovaquia. Los mass media, heraldos de la Conciencia Universal, trompetearon que Alemania había llevado a cabo una nueva agresión. En cambio, silenciaron otras agresiones, por cierto bien auténticas.

ELIMINACIÓN DEL CONCEPTO DE NEUTRALIDAD

La por Churchill llamada "Guerra Idiota" debía contemplar la eliminación del

---

[362] Franz Halder: *"El Estado Mayor Alemán"*.

concepto de "neutralidad". Este concepto fue suprimido, precisamente, por los campeones patentados del Derecho Internacional, es decir, las democracias occidentales y su aliada soviética.

Ya hemos hablado de la ocupación de diversos territorios franceses, llevada a cabo por los ingleses en toda la geografía del Planeta. Queda, aún, sin mencionar, la ocupación inglesa del Irak, llevada a cabo sin razón alguna, y sin molestarse en buscar otro pretexto que la necesidad inglesa de disponer, gratuitamente, del petróleo irakí. Y en Agosto de 1941, tropas anglosoviéticas invadirían igualmente Irán "con objeto de que no pudiera ser utilizada como base por los alemanes", tal como argüía el comunicado oficial conjunto emitido por Londres y Moscú. Y aunque una simple ojeada al mapa demuestra al más ingenuo que los alemanes no pueden, materialmente, llegar al Irán, algo sí queda indiscutiblemente patentizado: los anglo-soviéticos quieren obtener, gratis, el petróleo iraní. Lo demás son burdas excusas.

Pero no todo es piratería petrolífera. También existe la otra piratería: la clásica. En pleno siglo XX asistimos a la resurrección de los piratas, aún cuando sus actividades sean recubiertas de ropajes democráticos. En todos los países neutrales la Gran Bretaña instaura el sistema de los "navycerts", o certificados navales, en virtud del cual, cualquier buque, de cualquiera país neutral, puede ser registrado en alta mar, o en cualquier puerto neutral, por unidades de la " Home Fleet " y ver su cargamento decomisado, o arrojado al mar, si la mercancía no viene amparada por los susodichos "navycerts". Dichos "certificados" son expedidos por los consulados británicos de todo el mundo, previo pago de los consiguientes derechos. Abarcan cualquier clase de mercancía, destinada a cualquier país. Es decir, España, por ejemplo, debe pagar un cañón a Inglaterra por enviar productos químicos españoles a la Guinea Española; en caso contrario, España puede perder la mercancía, e incluso el buque. Inglaterra, así, se anexiona la totalidad de los mares del mundo, es decir, extiende su soberanía a las 17/20 partes del globo terráqueo... y todo ello, por "defender la Democracia y el Derecho Internacional". El razonamiento es, a la vez, sencillo y pueril. Inglaterra, por propia definición, se considera el BIEN y califica a sus enemigos como el MAL. El BIEN tiene todos los derechos -incluido el de pisotear la neutralidad de los demás- y el MAL, no tiene ninguno. Por tal motivo, Inglaterra, ayudada por los teóricamente no-beligerantes Estados Unidos, instaura la piratería universal. Muchos pequeños países, para escapar a ese "impuesto" naval anglosajón, declaran la guerra a la lejana Alemania, y numerosos navíos brasileños, cubanos, hondureños o costarricenses se irán al fondo de los mares, torpedeados por submarinos alemanes. ¡Pobres neutrales!

LAS MANIOBRAS DE ROOSEVELT

Los tremendos reveses encajados por las tropas soviéticas ante el avance arrollador de la Wehrmacht hacen presagiar un rápido hundimiento de la ciuda- dela del Comunismo. Pero el Capitalismo Internacional -entronizado en Nueva York- no puede permitir que su hijuela comunista sea destrozada y borrada de la faz de la Tierra. Para ello Roosevelt y su "Brain Trust" llevarán a cabo un verdadero *tour de force*, cuyo objetivo final es meter a los Estados Unidos en la guerra que alcanzará, así, la dimensión de "mundial", aún cuando para ello deban entrar en la misma por la puerta trasera. Ya hemos visto cómo el pueblo norteamericano es masivamente contrario a la participación en la II Guerra Mundial. Por ello, y pese a todos los precedentes de su propia conducta personal, Roosevelt, con un raro cinismo, proclama que él es un pacifista y dice" Yo os juro solemnemente, madres y esposas americanas, que vuestros hijos y maridos no serán mandados a luchar en tierras extranjeras". Willkie, el candidato republicano[363], basa su propaganda en un moderado y condicional antibelicismo, pero Roosevelt se presenta como un pacifista por encima de todo, y su costosa propaganda electoral -un torrente de oro que lo arrasará todo- hace el resto: Roosevelt es reelegido.

Pero una vez confirmado en su cargo empieza a traicionar sus promesas electorales; algo que, si es clásico y generalizado, es insólito por la desenvoltura y celeridad con que Roosevelt defrauda a sus electores. En realidad, desde que la guerra estalló en Europa, Roosevelt no ha cesado de participar, subrepticiamente, en la contienda.. Ya en 1939, en la Conferencia de Panamá, trata de alinear a los países iberoamericanos en una especie de "Cruzada Anti-Nazi", pero no tiene éxito.

---

[363] El candidato del Partido Republicano debiera haber sido el Coronel Charles Lindbergh, pero la bombástica campaña de prensa que contra él se desató fue de tan rara virulencia, que ha pasado a la Historia como "Lindbergh Treatment" (Tratamiento Lindbergh). Lindbergh fue prácticamente borrado de la escena política por los poderes fácticos y en su lugar se puso a Willkie, un tránsfuga, que colaboró con Roosevelt en su campaña belicista. (N. del A.).

En vista de los repetidos fracasos militares británicos, quiere ayudar a Inglaterra, pero el Congreso, que ha votado la "Neutrality Act", se lo impide. Roosevelt, entonces, ordena al ejército de los Estados Unidos que devuelva parte de su material bélico como "chatarra" y lo ceda, a vil precio, a la industria privada y ésta, a su vez, lo vende como "chatarra" a Inglaterra. El precio de ese material es de unos trescientos millones de dólares, pero Inglaterra, por tratarse de "chatarra" sólo paga cuarenta y tres, es decir, apenas un catorce por ciento de su valor real. El Senador Borah denuncia, en el Senado, los "trucos indignos del Presidente, ten- dentes a meternos en la guerra". Dos semanas después, Roosevelt pide autorización al Congreso para enviar un millón de fusiles norteamericanos a Inglaterra. El Congreso niega tal autorización, pero una vez más, Roosevelt apela al sistema de hacer una venta simulada de "chatarra". Pero la más escandalosa venta de "chatarra" se realizará con la entrega a Inglaterra de cincuenta destructores norteamericanos, para paliar las terribles pérdidas que está sufriendo la flota británica. Esto, totalmente anticonstitucional, promueve tal escándalo en el Congreso que, durante unas semanas, Roosevelt guardará una relativa neutralidad. Pero pronto, el 10 de Enero de 1941, Roosevelt, pese a la oposición del Congreso, substituye la fórmula del *Cash and Carry* (Pague y Lléveselo) por la "Lend Lease Act " (Ley de Préstamo y Arriendo), la cual permite que las mercancías sean vendidas a Inglaterra, a crédito, y llevadas hasta puertos ingleses en barcos americanos con pabellón británico. Esto es contrario a las leyes de la neutralidad, e incluso a la propia legislación americana, pero Roosevelt está dispuesto a pasar por encima de toda ley con objeto de apoyar a Inglaterra, cuya situación es cada vez más difícil. En Febrero de 1941, ordena artillar a sus mercantes, lo que constituye una nueva y flagrante violación de la neutralidad, así como de la Convención de Ginebra. Los senadores Wheeler y Agar acusan a Roosevelt de querer meter a los Estados Unidos en la guerra, contra la voluntad del pueblo americano, mediante una serie de provocaciones permanentes contra Alemania[364].

La ayuda de Roosevelt a Inglaterra no es sólo económica y militar (aunque se disfrace de "chatarra"). También es política, al presionar a los gobiernos de Yugoeslavia y Turquía para que dejen de comerciar con el Reich. El 20 de Marzo

---

[364] Robert Sherwood: *"Roosevelt & Hopkins"*.

de 1941, los Estados Unidos, oficialmente, hacen un señalado favor a la URSS. En efecto, Summer Welles, Subsecretario de Estado, informó al embajador ruso en Washington de que "este Gobierno (el americano) tenía informes que confirmaban su convencimiento de que Alemania se disponía a atacar a la URSS"[365]. Roosevelt, vía Welles, se hace, pues, espía honorario de Stalin. Y también de Churchill, pues manda a sus patrulleros al Atlántico Norte con objeto de detectar la presencia de los submarinos alemanes e indicar su posición a la flota inglesa[366]. Esto es un acto puramente bélico. "Alemania dispone de todas las excusas y motivos que quiera invocar para atacarnos", afirma el Senador Wheeler, pero precisamente los submarinistas alemanes, disciplinadamente, acatan la orden del Alto Mando, de no responder a las provocaciones yankis. El pueblo americano desconoce totalmente que su Marina colabora con la británica en su delación de los sumergibles y, por su- puesto, de los navíos de superficie alemanes. Dos submarinos delatados por la neutral marina estadounidense, más los mercantes alemanes "Iderwald", "Columbus", "La Plata", "Wangoni", "Lhein" y "Phrygia" son destruídos por los ingleses. Pese a esta sucesión de provocaciones, nada sucede: Alemania no responde a ellas y se limita a encajar. No se quieren dar pretextos al coloso yanky.

El 9 de Marzo de 1941, Roosevelt firma un "acuerdo" con el embajador danés, Kauffmann, que permite a los Estados Unidos ocupar temporalmente la isla de Groenlandia, vieja colonia de Dinamarca. El gobierno danés desautoriza a su embajador, le destituye y le procesa en rebeldía. Pero Roosevelt no hace caso de las protestas danesas y ocupa Groenlandia, desde cuyas costas controla el tranco naval por el Atlántico.

* * *

Al comprobar que sus provocaciones no dan resultado y que Alemania no responde a las agresiones, expresas o tácitas, norteamericanas, Roosevelt dirige su vista al Japón. No puede declarar la guerra sin un motivo válido a Alemania, y ésta no le da pretexto alguno, encajando todas sus provocaciones. Pero el inquilino de

---

[365] "War and Peace", Documentos oficiales del Departamento de Estado, pág. 132.
[366] Ibid. Id. Op. Cit. pág. 147.

la Casa Blanca espera poder entrar en la guerra indirectamente, provocando al Japón, ligado con Alemania e Italia por el Pacto Tripartito.

Que la súbita preocupación norteamericana por la agresividad nipona no la provoca la seguridad de la China de Chiang-Kai-Chek lo demuestra que la guerra chino-japonesa data del 18 de Septiembre de 1931, y durante estos diez años de constantes y laboriosas conquistas japonesas en el Continente Asiático, los Estados Unidos han sido los principales suministradores de petróleo para el ejército japonés. Pero he aquí que, súbitamente, Roosevelt se siente terriblemente preocupado por la paz en el Continente Amarillo; hasta ahora, por divergencias ideológicas, Roosevelt ha hostigado verbalmente al Japón e incluso, en su *célèbre* "discurso de la Cuarentena", le ha situado en el bando de los pueblos "réprobos", pero la cosa no ha pasado de ahí, a efectos prácticos. Los Estados Unidos siguen suministrando al Japón el petróleo y los materiales estratégicos que éste necesita para mantener su acción bélica en China. Japón, es lógico, paga religiosamente. También el Imperio Británico y Holanda venden petróleo y materiales estratégicos a los Japoneses, incluso en plena guerra con Alemania. Se trata de no incomodar al peligroso y joven imperio nipón, pues ingleses y holandeses ya tienen bastantes problemas en Europa para provocar más en Asia. Unos y otros -americanos, ingleses y holandeses- venden también a China todo lo que ésta puede pagar, es cierto, pero nos interesa dejar constancia del hecho de que el Japón se halla desfavorecido comercialmente por las democracias, y que incluso su agresión en China sólo es posible gracias a los suministros democráticos. Conviene, además, tener en cuenta que las disponibilidades petrolíferas del Japón son muy escasas, mientras, en cambio, abundan, no sólo en los Estados Unidos y sus satélites económicos, Venezuela, Colombia y México, sino también en Birmania (cetonia inglesa), Insulandia (colonia holandesa) y, por supuesto, en Siberia y la península de Kamchatka.

Cuando estalló la guerra en Europa, Chiang-Kai-Chek se dirigió a Roosevelt para conseguir la mediación americana entre China y Japón. Roosevelt quiso asociarse con Francia e Inglaterra a tal respecto, pero ambas se negaron. La continuación de la guerra en China disminuía el peligro de un eventual ataque japonés contra sus colonias del Pacífico y del Indico, mientras que una intervención anglo-francesa tendente a frustrar a los japoneses del fruto de sus victorias militares sólo serviría para robustecer el bloque del Pacto Tripartito. A tanto llegó la complacencia anglofrancesa respecto al Japón que el llamado "Gobierno de China Nacional", constituido en Nanking bajo la protección del Japón, y presidido por Wang-Ching-Wei, fue acogido con simpatía y diplomáticamente reconocido por Londres. No así por Roosevelt. No olvidemos que Churchill hacía poco tiempo que había llegado, de matute, al poder, y varios de sus ministros -de los que iría prescindiendo con el tiempo- eran seguidores de Chamberlain y pensaban más en Inglaterra que en los poderes fácticos que atenazaban y guiaban a Churchill. No obstante, éste, unos meses después, retiraría el reconocimiento a Wang-Ching-Wei, acusándole de "fascista", ante las presiones de Roosevelt.

Los hombres del "Brain Trust" se dan perfecta cuenta de dos cosas: a) De que si Alemania no responde a las provocaciones de que es objeto por parte de América, la única manera que tiene el gobierno americano de entrar en la contienda consiste en provocar al Japón, de forma que éste sea, técnicamente hablando, el agresor. El Japón depende más de América, primera potencia en el Pacífico, que de nadie; la provocación, pues, tiene más posibilidades de éxito con Japón que con Alemania; ésta sólo responderá a las provocaciones por una pérdida de control de los nervios de sus gobernantes; aquélla, por razones vitales, existenciales. Pero, que, en el fondo, lo que interesa es la guerra contra Alemania lo atestigua el propio Hopkins, alter ego de Roosevelt cuando afirma: "Hace tiempo que pienso que los Estados Unidos deben hacer la guerra totalmente. Sería deseable entrar en la guerra de forma que Alemania fuera la agresora... Los Estados Unidos deben participar en la guerra contra Alemania lo más pronto posible"[367]. Aunque, contrariado, debe reconocer... "evidentemente, el Congreso no dará su aprobación a una declaración de guerra"[368] b) De que si el Japón, haciendo honor a las cláusulas del Pacto Tripartito, ataca a la URSS tras el ataque alemán a ésta, la ciudadela del Bolchevismo, que tanto les costó implantar a los poderes fácticos, se derrumbará. Pero el quid del problema estriba en que la única manera que tiene América de provocar un casus belli con el Japón consiste en cortar los suministros de petróleo. El Japón entonces dispondrá, sólo, de dos alternativas: a) Buscar el petróleo donde

---

[367] Robert E. Sherwood: "*Roosevelt & Hopkins*".

[368] Ibid. Id. Op. Cit.

pueda encontrarlo, b) Capitular, precisamente en el momento de sus mayores victorias militares. Resulta de meridiana claridad que el Japón lo intentará todo antes de aceptar esta segunda eventualidad. Ahora bien:

¿Dónde puede, el Japón, encontrar el petróleo, si América, su fiel e interesada proveedora, se lo niega bruscamente? Sólo en Siberia e Insulandia, pues el petróleo árabe está demasiado lejos y, en última instancia, depende de Inglaterra y de los Estados Unidos o de compañías Judeo-americanas. A la vista de este planteamiento, la jugada está clara: si el "Brain Trust" desea entrar declaradamente, en guerra con Alemania, necesita un casus belli con el Japón. Este casus belli se puede plantear de dos maneras: a) dejando que el Japón prosiga su expansión en Asia y busque su petróleo en Siberia, cumpliendo, de paso, sus compromisos con el Pacto Tripartito, b) procurando que el Japón vaya a buscarlo a Birmania e Insulandia. Esta segunda solución es la escogida por los poderes fácticos, que no pueden tolerar un segundo frente contra la URSS. Ahora bien, una de las consecuencias secundarias del eventual bloqueo petrolífero contra el Japón era obligarle a dirigir la mirada a las colonias anglo-holandesas, donde únicamente podría encontrar aquéllo de que había sido privado. Inglaterra y Holanda hubieran continuado suministrando petróleo, caucho, y otras materias primas al Japón, pero en realidad sus gobiernos eran, entonces, satélites de América, sobre todo Inglaterra la cual, sin la ayuda americana, era incapaz de continuar la guerra. Todo consistía, pues, en obligar a holandeses e ingleses a secundar el bloqueo del Japón, aún constandoles que así atraían sobre sus cabezas el ataque japonés sobre unos ricos territorios que eran incapaces de defender en las circunstancias del momento. Constituyó un acto de verdadera orfebrería política, llevado a cabo con magistral pericia por el "Brain Trust" de Roosevelt, desviar el previsto ataque japonés contra Siberia y atraérselo sobre los propios americanos y, de paso, sobre las viejas colonias anglo-holandesas.

Y así se produce el embargo del petróleo americano al Japón, en Marzo de 1940. Los japoneses ven, así, cerrada una fuente de energía, pero de momento continúan comprando a México, a Venezuela y a los anglo-holandeses. Konoye, Presidente del Consejo de Ministros, se da cuenta de que esta medida no es más que un primer paso, y de que la soga se irá estrechando en el cuello del Japón. Por otra parte, no deja de ver que, por amplias que sean las conquistas japonesas en

China, su consolidación dependía, por encima de todo, del resultado de la guerra mundial que se libraba en el resto del mundo. Konoye ordena a su Ministro de Asuntos Exteriores, Matsuoka, que trate de llegar a un acuerdo con los americanos, pero evitando que se entere de las gestiones el General Tojo, Ministro de la Guerra. Matsuoka recurre a un procedimiento extraordinario, sin precedentes en la historia de la diplomacia; en Noviembre de 1940 se entrevista con dos misioneros norteamericanos, los PP. Drought y Waish, y solicita de que ellos hagan saber que el Gobierno Japonés firmaría un acuerdo anulando su adhesión al Pacto Tripartito y garantizando la retirada de todas las tropas japonesas en China. Japón renunciaría a los frutos de su victoria, a cambio del levantamiento del bloqueo. Los PP. Drought y Waish celebran una entrevista, de dos horas de duración, con el Secretario de Estado, Cordell Hull, con nulo resultado[369]. Hull, en suma, dijo que no aceptaba aquellos mediadores religiosos, y que si Konoye deseaba tratar, lo que debía hacer era enviar un plenipotenciario.

Hasta Berlín llegaron rumores de lo que tramaba Konoye, multiplicando Ribbentrop los gestos hacia Tokio para que éste fuera a buscar el petróleo a Siberia, o, en todo caso, a Birmania y Java. Pero lejos de atender tales sugestiones nazis, Konoye nombra a Nomura nuevo embajador en Washington. Nomura había sido el agregado naval de la embajada durante la Primera Guerra Mundial, cuando los Estados Unidos y el Japón eran aliados contra la Alemania del Kaiser, y su personalidad parecía la más adecuada para apaciguar a los norteamericanos. Lo que no parecía comprender Konoye era que no se trataba de intereses americanos, precisamente. Así se concibe su sorpresa ante el encastillamiento de las posiciones de Hull. Durante cuarenta y cuatro conferencias, Nomura irá cediendo a todas la exigencias de Hull y, por fin, cuando parece que éste se da por satisfecho con el acuerdo logrado, se descuelga con un verdadero ultimátum de cuatro puntos, imponiendo, con el énfasis de cuatro "mandamientos" de Jehová, lo siguiente:

a) Respeto a la integridad territorial y a la soberanía de todas las naciones, incluyendo Manchuria y Corea. Esta forma parte de Imperio Japonés desde 1907, y aquélla no formaba parte de China, que parecía ser la "gran preocupación" de Hull.

---

[369] Charles Callan Tansill: "*Back Door to War*", págs. 628-629.

De manera que el militarmente vencedor Japón debe saldar la guerra con China con pérdidas territoriales; al amo americano no le basta con el statuo quo; el Japón debe pagar un precio por haber osado meterse en una guerra sin su permiso.

b) Vigencia del principio de no ingerencia en los asuntos interiores de otros países. Lo cual, en la práctica, significa que si los poderes fácticos imponen en Manchuria, Corea o China gobiernos hostiles a Tokyo, éste deberá conformarse.

c) Establecimiento del principio de igualdad, incluso en las oportunidades comerciales. O, en otras palabras, abandono de la autarquía, implantación del Patrón-Oro y la consiguiente pérdida de mercados que el Japón ha ido trabajosamente conquistando.

d) Statu quo en el Pacífico y libertad política. Es decir, renuncia a todo tipo de expansión y apertura de la "Kermesse" democrática, con los consiguientes partidos, incluido el comunista.

Estas condiciones son tan apabullantes, tan humillantes, que ningún gobierno normal las podría aceptar. Para Hull y los que en Hull mandan, el Japón es un agresor, un delincuente internacional, indigno del diálogo, y sólo merece ser sentenciado, previo desarme voluntario. Su rendición sin lucha ante su magnánimo juez americano le debe hacer esperar que éste será generoso en su sentencia. Por supuesto, el pueblo japonés deberá volver a encerrarse en la estrecha prisión de sus islas temblorosas, de donde los poderes fácticos sólo le permitieron salir dos veces: una para batir a la Rusia Zarista y posibilitar, con aquélla derrota, el primer acto de la tragedia soviética; y otra para colaborar en la derrota de la Alemania del Kaiser. Una vez jugado su papel de cipayos, los japoneses deberán volver a sus islas y esperar que les llamen otra vez para participar, a cambio de nada, en cualquier Cruzada Democrática.

¿Qué le importa a Hull, y, sobre todo, qué les importa a los que mueven a Hull, a los Baruch y Frankfurter, a los Brandéis y Roosevelt, a los Warburg y Kahn, que la prisión sea demasiado estrecha, que para vivir, en la época en cuestión, noventa millones de japoneses deben trabajar como bestias y regalar sus productos a cambio de un puñado de arroz, que cada día puede ser más minúsculo si así lo deciden los magnates del Capitalismo que determinan el curso de los cambios de Bolsa? No. Hull y los que le mueven no pueden permitir el expansionismo japonés. No es moral.

Tan sólo les permiten esos caballeros una excepción expansionista a esa campeona de la Moral que es la Unión Soviética... la cual, ahogándose dentro de sus estrechísimas fronteras, se ha visto forzada, doliéndole en su marxista alma, a anexionarse los Países Bálticos, media Polonia, media Rumania y, justamente en el momento en que el boquiabierto Nomura asiste a esa lección de teología política, está buscando espacio vital en la superdemocrática Finlandia. ¡Qué importa que si la población de todo el Planeta fuera ubicada dentro de las fronteras soviéticas de 1940 se hallaría menos estrecha que la demografía japonesa (y alemana) dentro de las suyas en aquélla misma fecha!. Cabe preguntarse: ¿Se dio cuenta Hull, se dieron cuenta los que mandaban en Hull, de los peligros que es llevar a la desesperación a un pueblo que todo lo que puede perder es su miseria? Creemos, honradamente, que sí se dieron cuenta, pues imbéciles no lo podían ser. Por eso pusieron esas condiciones inaceptables al Japón. Para que no las aceptara.

* * *

El Japón continuará la lucha; continuará ampliando sus conquistas, y los poderes fácticos irán apretando el dogal. El petróleo venezolano dejará de llegar al Imperio del Sol Naciente: la "Standard Oil" del trust Rockefeller, propietaria del petróleo "venezolano", anuncia que decide suspender los envíos. Poco después, presionado por el "Gran Hermano del Norte", seguirá México. En estos momentos, el Japón domina toda la costa de China, casi la mitad de las provincias mas ricas del interior, incluidas las grandes capitales, Manchuria y el inmenso Jehol; se trata de un imperio inmenso como un mar, superior en población a cuantos se han conocido hasta ahora. Pero falta petróleo y también empieza a faltar el caucho y el mineral de hierro, pues Inglaterra y Holanda, presionadas por Roosevelt, van reduciendo sus envíos de materiales estratégicos. La situación del Japón, en el cenit de su poderío militar, es desesperada por falta de materiales vitales para continuar la lucha.

Al producirse el ataque alemán a Rusia, parece que se abren nuevas posibilidades al Japón. En Siberia hay petróleo en abundancia, pero los soviéticos, que están al tanto de la situación y conocen las implicaciones del Pacto Tripartito, mantienen allí una poderosa guarnición. Pero Roosevelt se inquieta, y el 4 de Julio de 1941, manda un mensaje al Primer Ministro japonés haciendo referencia a "los informes que de varias fuentes se recibían al efecto de que el Japón había decidido atacar a Rusia"[370]. Añadía el mensaje que ese propósito de conquiste y agresión militar destruía la esperanza americana de que no se perturbara la paz en el Pacífico (lo cual era absurdo, pues ya había sido perturbada con la guerra chino- japonesa desde hacía diez años). Decía Roosevelt, con su inimitable estilo patriarcal que "deseaba que tales informes fueran inciertos y nos agradaría recibir garantías del gobierno japonés en ese sentido"[371].

El Gobierno japonés, por otra parte, recibió una comunicación, transmitida verbalmente por el embajador americano en Tokyo, en el sentido de que si la respuesta al mensaje del Presidente Roosevelt no era positiva, se presionaría a Colombia (prácticamente el único proveedor petrolífero del Japón, ya) para que cesara sus envíos de oro negro. La respuesta japonesa llegó el 8 de Julio. En ella se afirmaba que el Japón siempre había tenido sinceros y legítimos deseos de evitar que la guerra europea se extendiera a las regiones del Asia Oriental y de preservar la paz en el Pacífico y que hasta la fecha el Gobierno Japonés no había pensado en la posibilidad de participar en ningún acto hostil contra la Unión Soviética[372].

El 22 de Julio, a causa de la presión ejercida, conjuntamente, por las autoridades alemanas e italianas sobre el gobierno francés, éste concedió al Japón el derecho de mantener tropas y establecer bases aeronavales en el Sur de Indochina, entonces colonia de Francia. El propio embajador japonés explicó a Summer Welles que el Japón necesitaba contar con una fuente segura de abastecimiento de víveres y otras materias primas, compradas precisamente a Francia, y cuyo envío al Japón era susceptible de ser obstaculizado por los chinos y los partidarios que el General De Gaulle pudiera tener en el Sur de Indochina. La reacción que esta diminuta e incruenta ocupación provoca en las esferas gubernamentales norteamericanas es tremenda. El propio Roosevelt convoca urgentemente al embajador Japonés y le dice que "... los Estados Unidos estaban sumamente preocupados por esta nueva agresión Japonesa".... que "él personalmente estaba convencido de que la política que seguía el Japón se debía a la presión alemana"[373] y que "el Japón no veía tan

---

[370] "War and Peace", Documentos Oficiales del Departamento de Estado de los Estados Unidos, pág. 127.
[371] Ibid. Id. Op. Cit. Pág. 128.
[372] Y la preservaba ocupando todos los puertos chinos. (N. del A.).
[373] Recordemos que "La política que seguía el Japón" tenía una antigüedad de diez años, pues la guerra

claramente como nosotros que Hitler estaba empeñado en el dominio del mundo entero si Alemania lograba derrotar a Rusia y dominar Europa y África"[374]. Afirmó Roosevelt al atónito embajador japonés que "es muy posible que dentro de muy pocos años los ejércitos del Japón y los Estados Unidos estén luchando contra Hitler, el enemigo común... " aunque, de momento, y mientras ese idílico momento no llegase, Roosevelt se veía obligado a informar al embajador que, con efectos inmediatos, los Estados Unidos sus- pendían el envío de cualquier clase de mercancías al Japón y, además, garantizaban la integridad y la seguridad de las colonias británicas y holandesas en el Pacífico"[375].

Una simple observación. Roosevelt castiga al Japón borrándole totalmente de la lista de sus clientes porque éste, con la anuencia del gobierno francés de Vichy - reconocido por todo el mundo, incluidos los Estados Unidos- establece unas bases aeronavales en territorio de soberanía francesa. Además, garantiza la integridad de las colonias angloholandesas en el Pacífico. Es más: garantiza la integridad y la seguridad. ¡Elástico concepto! Conclusión: los Estados Unidos, que han arrebatado a Dinamarca su colonia de Groenlandia y han estableado en la misma bases aeronavales que sirven para albergar unidades americanas cuya misión consiste en informar a las flotas inglesa y rusa sobre los movimientos de buques y submarinos alemanes, siendo neutrales, no toleran al Japón, que es un beligerante, que establezca unas bases con el permiso de la potencia colonizadora. Consideramos que, para cualquier cerebro normal, la absurdez y el cinismo de esa situación debe ser anonadante.

Pero el incansable Roosevelt prosigue su tarea. El 26 de Julio de 1941, ordena, saltándose olímpicamente lo estatuido por su Constitución, que le obliga a consultar al Senado antes de dar semejante paso, congelar los valores japoneses en los Estados Unidos. Esto colocaba bajo el control de la Administración americana todas

---

chino - japonesa empezó en 1931, y entonces Hitler todavía no había llegado al poder. ¿Acaso Roosevelt creía que el católico Canciller Brüening aconsejaba al Emperador y al General Tojo?. (N. del A.).

[374] ¡Sencillísimo! Primero Rusia; y luego Europa y África. En total, unos sesenta y tres millones de Km. cuadrados y mil ochocientos millones de habitantes. Toca a 1,3 alemanes por kilómetro cuadrado y unas cuarenta y tres milésimas de alemán (incluyendo bebés y ancianitas) para esclavizar a esos mil ochocientos millones. Con los que sobraran, Hitler debía acometer -según Roosevelt- la conquista de América, el Japón, la China, Australia y los Polos. (N. del A.).

[375] *War and Peace*, Pág. 136.

las operaciones financieras de importación y exportación relacionadas con intereses Japoneses y, como resultado, pronto se paralizó virtualmente el comercio exterior Japonés. Ello es lógico: en tiempo de guerra las transacciones de los beligerantes con los neutrales se realizan mediante créditos documentarios. La mecánica del procedimiento financiero hace que el banco considerado "último pagador" sea un banco de Londres, Zurich o Nueva York; las dos terceras partes de las operaciones de este tipo se realizaban ya entonces a través de bancos neoyorquinos. Por razones obvias de relativa vecindad, el Japón trabajaba casi exclusivamente con entidades financieras norteamericanas. Y, de la noche a la mañana, por decisión personal, dictatorial, de Roosevelt, al Japón se le congelaban, es decir, se le robaban literalmente, sus disponibilidades en divisas, indispensables para mantener el precario mercado exterior que aún conservaba. Este era el golpe de gracia para el Japón.

El mismo día, el gobierno inglés y el holandés, exiliado en Londres, adoptan la misma medida de Roosevelt, a consecuencia de la cual, los relativamente modestos haberes japoneses en Londres y en las posesiones holandesas quedaban bloqueados. La coincidencia de fechas hace pensar que ésta segunda medida se ha producido bajo presión de Roosevelt. Cedemos la palabra a Churchill: "La drástica aplicación de sanciones económicas el 26 de Julio de 1941 precipitó la crisis interna del Japón... Evidentemente, los embargos significaban la estrangulación del Japón... En el transcurrir del tiempo comprobé los tremendos efectos de los embargos decretados el 26 de Julio por Roosevelt... Nuestro embargo conjunto ESTA FORZANDO AL JAPÓN A DECIDIRSE POR LA PAZ O LA GUERRA CON NOSOTROS, AUNQUE MAS BIEN CREO QUE SE DEJARA ARRASTRAR A ELLA"[376].

El Gobierno japonés, obviamente aterrorizado por el bloqueo dirigido por Roosevelt que, por razones geopolíticas, para el Japón tiene características de bloqueo mundial -dada la lejanía de Alemania e Italia- ofrece retirarse inmediatamente de sus bases de Indochina, a cambio del levantamiento del embargo, es decir, de que se le devuelvan sus haberes incautados. Roosevelt y Churchill, conjuntamente, rechazan la propuesta japonesa. Parece lógico que si la

---

[376] Winston S. Churchill: "*Memorias*".

medida del embargo fue provocada por la instalación de bases en Indochina, el desmantelamiento inmediato de tales bases debería provocar el levantamiento del embargo. Si no es así, es lícito suponer que el embargo no fue provocado por las mencionadas bases, sino por el deseo de crear dificultades al Japón, y que las bases japonesas en Indochina Francesa no fueron más que un pretexto utilizado por Roosevelt para hostigar al Imperio del Sol Naciente. Los Japoneses no se arredran por la negativa de Roosevelt y Churchill, y ofrecen, una vez más, la retirada de sus tropas en China. Pero de nuevo Churchill y Roosevelt se niegan. Francamente lo dice Churchill: "No podíamos prestar nuestra conformidad a un convenio por el cual el Japón quedara en libertad de atacar a Rusia"[377].

Esta confesión de parte es extremadamente valiosa. De ella se deduce que lo que les interesaba por encima de todo a Churchill y a Roosevelt es que el Japón no quede en libertad para atacar a Rusia. Que lleve diez años atacando a China; que se haya anexionado, prácticamente, a Manchuria, y que, a causa del embargo, se ponga en peligro la seguridad de Hong-Kong, Singapur, Malasia, Insulandia, el rosario de islas inglesas en el Pacífico e incluso Australia, todo eso pesa menos, según parece, que la seguridad de Rusia. Pesa menos, no para Stalin -que sería lógico-, sino para dos prepotentes cabezas visibles del Capitalismo, cual Roosevelt y Churchill. Así es. Pero nadie parece sorprenderse. El bloqueo del Japón, decretado por Roosevelt y secundado por Churchill y el satélite holandés, así como por los demás beligerantes -salvo la URSS, excepción paradójica- tiene como efecto primordial el impedirles a los Japoneses el sospechado y temido ataque contra Stalin. La situación provocada por el bloqueo y el embargo (un auténtico robo) privando al Japón de petróleo, caucho y mineral de hierro, sin los cuales no puede continuar la guerra contra China, ha de incitar al Mikado a buscarlos donde los pueda hallar y apoderarse de ellos. Y aunque lo deseado está en la URSS (en Siberia Sakhalin del Norte), no es tan fácil de tomar como el que se encuentra en las posesiones anglo-holandesas del Pacífico. Es cierto que los Estados Unidos han garantizado la integridad y la seguridad de tales colonias, y que un ataque a las mismas puede significar la guerra con el Tío Sam. Por tal motivo, el Japón, de acuerdo con la lógica de la situación dada, debe aprovechar el estado de desarme

---

[377] Winston S. Churchill: "*Memorias*".

de los Estados Unidos, procurando asestarle un primer golpe, inesperado y traicionero, que explote la actual debilidad militar norteamericana. Un golpe certero y decisivo; de lo contrario, la gran superioridad material y tecnológica de los yankis decidirá la contienda en contra del Japón. Esto no sólo es lógico. ESTO LO SABEN PERFECTAMENTE EN LA CASA BLANCA.

En efecto, en el documento oficial del Departamento de Estado, profusamente citado aquí[378] se afirma: "El 27 de Enero de 1941, nuestro embajador en Tokio, Grew, informó a ésta Secretaría que uno de sus colegas diplomáticos, le había dicho a un miembro de la embajada que había informes procedentes de muchas fuentes, Incluso de una de origen Japonés, según los cuales las fuerzas militares japonesas preparaban un ataque en masa por sorpresa contra Pearl Harbour, en caso de dificultades con los Estados Unidos". Luego se pondría en claro que el diplomático aludido era el embajador peruano en Tokyo. Es decir, que cuando Roosevelt, tras docenas de provocaciones, decreta el embargo de los haberes japoneses y el consiguiente bloqueo, sabe, desde hace seis meses, que el Japón, en caso de "dificultades" atacará por sorpresa a Pearl Harbour. ¡Pearl Harbour!. Allí, precisamente, se halla fondeada la escuadra americana del Pacífico. ¿Por qué, conociendo Roosevelt con seis meses de anticipación, la decisión japonesa de atacar Pearl Harbour, no pone a la escuadra en estado de Alerta permanente y no asigna a la base una fuerte vigilancia de aviones y cañones antiaéreos, precisamente para frustrar el ataque por sorpresa? Se ha dicho que Roosevelt no creyó la información enviada por Grew desde Tokyo. Es raro, muy raro, que un embajador cuyos informes no son creídos, sea mantenido como ministro plenipotenciario en una potencia de primer rango. Porque, de dos alternativas debemos tomar una: O bien Roosevelt no creía lo que Grew le decía, máxime en un asunto que involucraba una agresión contra los Estados Unidos, y en tal caso era absurdo que le mantuviera en el cargo. O bien lo creía, y en tal caso es absurdo que Roosevelit no tomara las elementales precauciones de seguridad que el caso imponía. Pero hay más: esas preocupaciones de seguridad, que toma cualquier policía del mundo cuando se anuncia un atentado, por inverosímil que pueda parecer su comisión, parecen imponerse en este caso, en que se anuncia nada menos que

---

[378] "*War and Peace*".

un ataque por sorpresa, precursor de una guerra. En cualquier caso debería haber reaccionado Roosevelt. Pero no hizo nada. Si acaso, lo que hizo fue desproteger la base, como invitando al anunciado ataque, como más adelante veremos.

* * *

Entretanto, prosiguen los esfuerzos de Roosevelt para mentalizar a su país sobre su entrada en la guerra. Así, propone al Congreso la aprobación de una "Ley de Servicio Militar Selectivo", que autorizaría la instrucción de hasta novecientos mil reclutas. Pese a la inusitada actuación del "whip"[379] del Partido Demócrata, la ley fue aprobada por un sólo voto de mayoría. Esto hace que Hopkins anote en su diario: "Ese único voto de ventaja indica claramente que el Gobierno no podrá obtener la aprobación del Congreso si declara la guerra..."[380] Es lógica la reticencia del Congreso a votar esa nueva ley de reclutamiento; el Congreso no tragó demasiado bien las explicaciones del General Marshall sobre la ley en cuestión. Pretendía Marshall que el peligro de guerra implicando en ella a los Estados Unidos había aumentado con el ataque hitleriano contra la URSS; numerosos diputados respondieron que dicho ataque, si acaso, había disminuido el peligro para América, pues Alemania, enfrentada a la vez a Rusia y al Imperio Británico, difícilmente podría pensar en nuevas agresiones, y menos contra América, poderosa y lejana; en cuanto al Japón había dado ya suficientes pruebas de su dependencia energética con respecto a América para constar a todos los miembros del Congreso que aquél sólo atacaría a América en caso de una provocación o de una agresión permanente por parte de América, pues, como dijo el propio Marshall, si en el Pacífico permanecemos quietos, en aquella zona no habrá guerra. Hopkins añadía en su Diario: "... la guerra parecía alejarse del suelo americano más que nunca, pues los japoneses continuaban enredados en el caos chino y Hitler ya tenía bastante trabajo con la URSS... La oposición inquiere por qué debieran morir por Thailandia los

---

[379] El "whip" (literalmente, látigo) es una en las dos democracias anglosajonas. Es un diputado del partido mayoritario cuya misión consiste en mantener te disciplina del partido, y, ante una votación decisiva, controlar la emisión de los votos en un determinado sentido; para ello recurre, si es preciso, a toda clase de presiones, al ser nominativas las votaciones. (N. del A.)

[380] Harry Hopkins: "*Diario*".

americanos, o por unas posiciones del imperialismo británico, cual Hong-Kong o Singapur o por el imperialismo holandés en las Indias Orientales, o por el Comunismo".

Finalmente, una confesión de parte de gran peso, hecha por el propio Hopkins: "Churchill le ordenó a Lord Beaverbrook, especie de embajador itinerante suyo en América, que hiciese algunos sondeos...; sus informes desarmaron mucho a sus compañeros de gabinete. Afirmaban, y era bien verdad, que no había probabilidad ninguna de que los Estados Unidos entrasen en la guerra, si no se veían obligados a ello por un ataque directo a su territorio"[381].

Y es, por cierto, Hopkins, hombre de confianza de Roosevelt, enviado por éste a Londres, en Julio de 1941, para entrevistarse con Churchill. Antes ha estado Hopkins en Moscú, sosteniendo nueve entrevistas con Stalin. En Londres, informa a Churchill de que la ayuda de los Estados Unidos a Inglaterra continuará, e incluso será aumentada, pero le dice también que "... nuestra actitud es de apoyo a ultranza a Stalin para derrotar a Hitler, pues nuestra histórica amistad con Rusia sigue en vigor". Un inciso: Esa histórica amistad con Rusia es una licencia literaria: desde finales de siglo hasta 1917 la actitud de todos los gobiernos americanos hacia Rusia fue totalmente inamistosa. La amistad empieza, si acaso, con la llegada del Bolchevismo a Rusia. Pero sigamos. Hopkins lleva, en su cartera, dos cuestiones a tratar con Churchill: una, preparar una próxima entrevista Churchill-Roosevelt; otra, la entrada parcial, no declarada, e ilegal, de los Estados Unidos, en la guerra, al lado de Inglaterra. ¿Cómo se producía esa subrepticia entrada de los Estados Unidos en la guerra? El propio Hopkins nos lo explica; con pelos y señales en su *Diario*. El enviado especial de Roosevelt era portador de una página de la revista *The National Geographic Magazine*, que había sido arrancada por el mismo Roosevelt el cual, con un lápiz, había trazado en dicha hoja una línea que "seguía el grado 26 de longitud, partiendo desde el Atlántico Sur, comprendiendo las Azores. Al Sudoeste de Islandia, la línea trazaba una recta en dirección Este, formando un arco en torno a Islandia, cuyo radio era de unas doscientas millas, área calculada para las operaciones de patrullas de la Marina y la Aviación de los Estados Unidos".

Hopkins explica: "Extendí la arrugada hoja ante los ojos sorprendidos de

---

[381] Harry Hopkins: "*Diario*".

Churchill y le dije que toda la navegación al Oeste de la línea marcada a lápiz se desarrollaría, inmediatamente, bajo la vigilancia de la flota de los Estados Unidos, dejando así libres a los buques de escolta británicos para servicio en otras rutas, particularmente en la ruta de Murmansk".

Es, para este Autor, extraordinariamente curioso el comprobar cómo egregios historiadores, licenciados y doctorados, mullidos en la dirigida admiración general, pasan, como sobre ascuas, sin prestarle atención alguna, sobre este episodio de la visita de Hopkins a Churchill. Lo mencionan como una simple visita diplomática, cual si fuere una rutina protocolaria, y nada más. Y, no obstante, se nos ocurren dos consideraciones, que proponemos al examen del lector amigo:

1).- Cuestión de fondo: los Estados Unidos, neutrales pese a todas las maniobras de su gobierno; neutrales por que todavía pesa lo suyo la voluntad colectiva de mantener apartado al país de la conflagración euroasiática, se anexionan, de hecho, porque sí, sin consultar democráticamente con nadie, más de medio Océano Atlántico (un territorio bastante mayor que el ferrocarril y la carretera en el pasillo de Dantzig) y en él anulan el derecho de libre navegación: por allí sólo podrán navegar barcos de las beligerantes Rusia e Inglaterra y, naturalmente, de los Estados Unidos. La finalidad de esa anexión -que incluye territorios europeos, cual las Azores e Islandia- consiste, como le dice Hopkins a Churchill, en permitir a los navíos de escolta de la Home Fteet, quedar libres para servicio en otras rutas, PARTICULARMENTE EN LA RUTA DE MURMANSK. Esto es un acto bélico. Uno más de los perpetrados por Roosevelt a espaldas de su pueblo. Y aquí un inciso: Hopkins le dice a Churchill, por encargo de Roosevelt, que esta preciosa ayuda norteamericana, ese gran respiro para la Home Fleet, deberá servir para prestar servicio en otras rutas, pero le precisa, muy específicamente, "particularmente en la ruta de Murmansk", es decir que, para Roosevelt, el auxilio se presta a Inglaterra, no para que ésta proteja mejor sus propias costas o sus rutas imperiales, sino, particularmente, para que proteja la ruta de Murmansk, por la cual, Inglaterra y, sobre todo, los neutrales Estados Unidos, socorren a la URSS.

2).- Cuestión de forma: Roosevelt le comunica a Churchill, vía Hopkins, el 13 de Julio de 1941, sobre una hoja arrancada de una revista, la zona que los Estados Unidos se anexionan en el Atlántico, para permitir a la Home Fleet concentrarse en otras zonas (y particularmente en Murmansk). Esta hoja facilita, creemos, un precioso indicio. Roosevelt dispone, dentro de su célebre *Brain Trust*, de un excelente equipo de consejeros militares, empezando por el general George C. Marshall, y es lógico suponer que puede obtener, en el acto, un buen mapa, para mandárselo a su colega británico, y no uno de ocasión, arrancado de una revista. Parece más que natural que algo tan importante como es elegir ese amplio teatro de guerra para la Marina y la Aviación del Tío Sam mereciera estudio y consejo técnico, no ya del general Marshall, sino del Alto Estado Mayor y del Ministerio de Defensa, fijando los límites del área en cuestión en forma técnica y no como lo haría un niño que juega a la guerra con un amiguito. Para tal anomalía sólo puede deducirse que debe existir una razón muy sólida, clara, poderosa y respetable: la razón de estado, La razón de pretender guardar, Roosevelt, el mayor secreto. Ahora bien: ¿secreto sobre qué?.. ¿Secreto sobre el área que debían anexionarse las fuerzas navales americanas? Imposible, porque, pese a lo que dice Hopkins en su *Diario*, tal vez para justificarse a posteriori, la orden a la escuadra americana de ocupar más de medio Atlántico la dio Roosevelt el día 1 de Julio, y la entrevista Churchill-Hopkins, con la entrega del mapa y las líneas a lápiz, trazadas por Roosevelt, tiene lugar el 13 de Julio, fecha en que ya conocen Churchill y el Almirantazgo el relevo de los barcos británicos por los americanos en el Atlántico Norte y el Atlántico Occidental. El secreto relacionado con el mapa de Roosevelt, con anotaciones de puño y letra del mismo, debe ser, forzosamente, otro. ¿Cuál? Respondan los hechos: Un secreto que ningún alto mando de la Marina ni del Estado Mayor americano merece conocer. Un secreto que sólo pueden conocer Roosevelt, Churchill, el "eslabón" Hopkins y - es de suponer - el *Brain Trust*. Pero no los mandos oficiales del Ejército y la Marina de los Estados Unidos. ¿Qué había en esa hoja con notas y rayas manuscritas? Tenemos indicios para suponer razonablemente que en ella se marcaban los puntos del Atlántico donde se iban a desarrollar diversas *reprises* del episodio del "Maine"; autoagresiones (o agresiones perpetradas por unidades británicas) atribuyéndolas a Alemania. Más adelante hablaremos de ello. De momento creemos haber probado que no es formalmente posible que el misterioso mapa presidencial sirviera para comunicarle a Churchill algo que éste ya sabía, oficialmente, por haberlo leído en la prensa, desde hacía trece días.

Una tercera observación se nos ocurre relativa a la visita de Hopkins a Londres.

Aún cuando Roosevelt siempre ha sido partidario de ayudar a Inglaterra contra Alemania, ha eludido entrevistarse con los *premiers* británicos, incluso con Churchill, con quien tantos lazos ideológicos le unen. El motivo no es otro que el miedo que, electoralmente, siente Roosevelt cada vez que da un paso que aparta a su país de una neutralidad por la cual él fue votado. Ayuda masiva a Inglaterra, sí; pero procurando guardar las formas. Y preguntamos: ¿Por qué, ahora que el peligro para la amada Inglaterra disminuye, Roosevelt quiere hablar personalmente con Churchill, y antes se negó, cuando el peligro era infinitamente mayor para los ingleses? ¿Qué le hace a Roosevelt abandonar su clásica cautela electoral? Creemos que la conclusión se impone por sí misma: el motivo de la entrevista no es el peligro para Inglaterra, sino el peligro para la URSS. Inglaterra, de hallarse sola ante Alemania, ha pasado a encontrarse con la nueva situación, en que Alemania debe volcar el peso principal de su esfuerzo en Rusia. Además, Roosevelt ha regalado a la Home Fleet, a punto de desplomarse, cincuenta destructores, que serán un obstáculo enorme para los submarinos alemanes; ha duplicado su ayuda y ha ocupado, en beneficio -temporal y condicional- de Inglaterra, más de medio Atlántico. Inglaterra se encuentra en mucho mejor situación ahora que en los años en que Roosevelt rehuía entrevistarse personalmente con Chamberlain y Churchill No; no es Inglaterra lo que motiva que Roosevelt se enfrente abiertamente con su electorado, sino la URSS. De toda evidencia, los poderes fácticos han presionado al viejo paralítico para que acuda en apoyo de su hijuela comunista, entronizada en Rusia, sean cuales fueren las consecuencias electorales. Y para ello debe concertarse personalmente con Churchill, desechando la presencia de embajadores y ministros.

* * *

La decisión presidencial de anexionarse medio Atlántico sienta muy mal en la llamada Opinión Pública de los Estados Unidos, pese a que la Gran Prensa y la Radio se vuelcan en ditirámbicos elogios a Roosevelt por la adopción de tal medida, "tendente a reforzar la paz", como dijera el periodista israelita Walter Lippmann.

Pero Roosevelt no ceja en sus propósitos. Una vez más manda a Hopkins a Moscú, para entrevistarse, de nuevo, con Stalin. Observemos cómo -pese a ser personas totalmente adictas a Roosevelt y a los poderes fácticos- en estos contactos diplomáticos no intervienen, como hubiera sido lo lógico, ni el Ministro de Asuntos Exteriores, Cordell Hull, ni el embajador en Moscú, Davies. Hopkins se presenta en Moscú con una carta personal de Roosevelt para Stalin, y una credencial de Summer Welles, el Sub-Secretario de Estado, es decir, el adjunto de Hull, pero subordinado suyo. Todo lo relacionado con la ayuda norteamericana a la URSS lo lleva Welles, el pederasta que luego será echado de su cargo por un escándalo motivado por su tara. Parece cómo si en aquél turbio asunto de la ayuda yanki a la URSS, hubiera interés en que la escasa participación forzosa de la diplomacia oficial se canalizara tan sólo a través de un par de hombres (¿?) Welles y Hopkins cuya honra, vida política y hasta física[382] estuviese en manos de sus auténticos jefes, garantizados así de su obediencia, silencio y discreción. Está es una de las más clásicas y utilizadas tácticas de los poderes fácticos.

En la credencial de Welles para Hopkins - que recordémoslo, no tiene cargo oficial alguno y que, la única vez que se presentó como candidato a sheriff de su pueblo natal fue derrotado - se lee éste párrafo, dirigido a Stalin: "Mr. Hopkins visita Moscú a petición mía, para tratar personalmente con usted y con otros funcionarios, la cuestión tan vital e importante de cómo podremos entregar la ayuda que Estados Unidos va a prestar a esa nación de usted en su magnífica resistencia a la traidora agresión de la Alemania hitleriana. En el próximo Invierno podremos abastecer a la URSS de todo el material, por mucho que sea, que su gobierno desee obtener de éste país. Le ruego que trate a Mr. Hopkins con la misma confianza que si hablase conmigo personalmente. El me comunicará a mí, de modo también personal, sus impresiones"[383]. Del informe publicado -sin duda tras ser "purgado" por la censura- se deduce que Stalin entregó a Hopkins una carta para Roosevelt, y que en tal carta se pide que los Estados Unidos entren en la guerra al lado de Inglaterra y Rusia. Incluso se dice que Stalin estaría dispuesto a admitir la ayuda de tropas americanas en Rusia, bajo el mando indiscutido de jefes americanos. Hopkins respondió a Stalin que "... nuestra entrada en la guerra la debía decidir, en gran parte, el mismo

---

[382] Que Welles era un pederasta era público y notorio, y así lo manifiesta Elliott Roosevelt, hijo del Presidente, en su libro "As my Father Had Wanted". Cuando aludimos a su "vida física" nos referimos a la misteriosa y nocturna agresión de que fue víctima tras un "party" en que, ebrio, se fué de la lengua y dijo a sus boquiabiertos comensales que, sin él, el Comunismo habría dejado de existir. (N. del A.).

[383] Robert Sherwood: "*Roosevelt & Hopkins*".

Hitler..." Pero intuimos que algo más debió decirle Hopkins a Stalin, pues las patrullas navales americanas están lanzando cargas de profundidad contra los submarinos alemanes en el Atlántico Norte desde hacía tiempo... Es posible que Hopkins añadiera que esas cargas de profundidad se lanzaban para decidir a Hitler a que decidiera a América. Y que la experiencia de tanto tiempo, de tantas cargas de profundidad, de tantas provocaciones sin respuesta por parte de Alemania le hiciese dudar a Stalin de que Hitler decidiera decidir a los americanos a entrar en la guerra. Y, como apunta Mauricio Karl[384], aquí vendría la respuesta de Hopkins, que justificaría sobradamente el secreto de lo tratado y el que sólo pudiera conocerlo Roosevelt.

Pudo decir Hopkins, por ejemplo: Si Hitler no se decide a decidirnos, Churchill está decidido a hacer que nos decidamos. Si los sumergibles de Doenitz no lanzan sus torpedos contra los agresivos patrulleros americanos, otros torpedos, oficialmente alemanes, serán lanzados; acabo de acordarlo y precisarlo sobre le mapa acotado por el propio Roosevelt". ¿Que esto no pasa de ser una suposición? Bien. Pero que esa suposición será confirmada por hechos lo iremos viendo más adelante. Y algo más: es, creemos, sencillamente impensable, que Roosevelt mande a su enviado especial de mayor confianza a Moscú, para entrevistarse con Stalin, solo para darle ánimos y escuchar que a los rusos les agradaría que los americanos les sacaran las castañas del fuego.

* * *

Entretanto, y para congraciarse con sus electores católicos -con los que debe contar, pues, sin ellos, jamás hubiera salido elegido ni reelegido-[385] Roosevelt manda a dos emisarios de primer rango, simultáneamente, a Moscú y al Vaticano. Harriman, el "rey de los ferrocarriles" y padre de la red ferroviaria soviética, a Moscú. Myron C. Taylor, viejo empleado de la "Standard Oil of New Jersey", del clan Rockefeller, y director de la gigantesca I.T.T., una de las mayores empresas privadas

---

[384] Mauricio Karl: "*Pearl Harbour, traición de Roosevelt*".

[385] Según Georges Ollivier, in "Franklin Roosevelt, L'Homme de Yalta" los católicos americanos siempre votaron, en su gran mayoría, por Roosevelt. Su número era tres veces mayor que la máxima diferencia favorable alcanzada por aquél en las elecciones.

del mundo, al Vaticano; Taylor asegura al Santo Padre que su colega Harriman, en Moscú, ha ido a buscar garantías para la libertad de cultos para los católicos rusos y ucranianos, y que Roosevelt avala dichas garantías. No sabemos la respuesta que la jerarquía católica da a Taylor, pero como, en buena lógica, no puede darle ninguna respuesta negativa, toda vez que, en realidad, Taylor no ofrece más que buenas intenciones, éste regresa a los Estados Unidos y allí declara que se halla muy satisfecho de los resultados de ésa entrevista. Los "mass media" dicen que el acuerdo (¿sobre qué?) con el Vaticano es total. El mismo día regresa Harriman de Moscú, portador de la noticia de que Stalin "hará, como siempre, respetar la Constitución Soviética que garantiza la libertad de cultos". Los católicos americanos quedan satisfechos y así, como dice Hopkins en su *Diario*... "ya no surgió ningún problema serio, con los católicos, al mandar a la Rusia comunista más de 11.000.000.000 de dólares de material".

Un inciso: para pagar esos once mil millones de dólares, un americano le entrega un cheque a un ruso. Pero no es de Cordell Hull que se lo da a Molotoff, como parecería lo lógico. Hull y Molotoff sólo son dos simpatizantes sionistas, casados con judías. El cheque se lo da Fiorello La Guardia, alcalde de Nueva York, a Maxim Litvinoff, miembro del Presidium del Soviet Supremo. Un judío de Fiume (Italia) a otro judío de Byalistok (Polonia). El pueblo américano -la masa borreguil que paga los impuestos- paga la operación que consiste en que la URSS reciba mercancías y armamentos que le suministraran determinadas empresas radicadas en América. Buen negocio. Pese a que, como dice Hopkins "América está haciendo por la Rusia comunista cosas que no haría por ninguna otra nación sin totales y previos informes", los rusos se muestran recelosos. Temen, sobre todo, que Roosevelt no pueda seguir desempeñando su papel a causa de su precaria salud. Temen, también, que la fuerte corriente antibelicista inglesa se imponga a Churchill y el Imperio Británico firme una paz por separado con Alemania. Temen quedarse solos ante Hitler sin que América tenga tiempo a intervenir en favor de la URSS. La situación es, ciertamente, curiosa. Roosevelt confesará a Churchill, en cierta ocasión: "Es posible que jamás declare la guerra, pero es posible que haga la guerra. Si llegase a pedir al Congreso la declaración de guerra, tal vez se pase discutiéndola tres meses. La Ley de Reclutamiento, sin la cual el Ejército Norteamericano no puede existir, ha sido aprobada por una mayoría de un sólo voto"[386]. Y Churchill apostillará sus propias reflexiones con esta promoción extraña: "... si sólo la agresión japonesa podía arrastrar a América a la guerra, era preciso esperar a que tal agresión se produjera..."[387]. Esto lo dice -o lo piensa- Churchill, en vista de que Hitler, haga lo que haga Roosevelt, no pica en el anzuelo y no proporciona la soñada excusa, y, en tal caso, sólo queda la provocación al Japón para que facilite la excusa a Roosevelt para entrar en la contienda y salvar a la URSS.

LA CARTA DEL ATLÁNTICO

La cita que Hopkins concertara entre Churchill y Roosevelt, en su misteriosa visita a Londres, tiene lugar en un lugar del Atlántico, cerca de Terranova. Ha pasado a la Historia como el lugar en que dos estadistas, uno beligerante y otro oficialmente neutral, se reunieron para redactar la llamada "Carta del Atlántico", documento de filosofía política y humanitaria que, para muchos ingenuos y otros que no lo son tanto, debía ser el fundamento de las nuevas relaciones entre los hombres y entre los pueblos una vez alcanzada la paz. La Carta del Atlántico será posteriormente oficializada como "finalidad de guerra" de los Aliados lo que -si se compara su texto con la realidad- constituirá un verdadero monumento de hipocresía.

Roosevelt se desplaza al lugar del encuentro en un crucero de combate, escoltado por nueve cruceros, siete destructores y dos submarinos. Churchill en el acorazado "Prince of Wales", escoltado por seis cruceros y destructores. Un marco muy belicoso para elaborar la nueva filosofía de los Tiempos Modernos. He aquí los filósofos que acompañan a Churchill: el Almirante Pound, Primer Lord del Almirantazgo; el General Dill, Jefe del Estado Mayor Imperial; el Sub-Jefe de las Fuerzas Aéreas, Freeman y los coroneles Hollins y Jacobs, acompañados de los miembros del Estado Mayor Conjunto británico. Y ahora los filósofos que siguen a Roosevelt: el General George Catiett Marshall, Jefe del Alto Estado Mayor; el Almirante Mayor de la Flota, King; el General Arnold, Jefe Supremo de las Fuerzas Aéreas y la totalidad de los miembros de los respectivos Estados Mayores.

Hace treinta y nueve días que los navíos de guerra americanos están delatando

---

[386] Winston & Churchill "*Memorias*".

[387] Ibid. Id. Op. Cit.

la presencia de submarinos alemanes en el Atlántico Norte y, como ya hemos mencionado, incluso llegan a atacarlos. Pero los alemanes no responden a la provocación, por lo que cabe suponer que los filósofos flotantes de las aguas de Terranova deben hallarse algo escépticos sobre la eficacia del método para provocar la entrada de los Estados Unidos en la guerra. Por eso hay motivos para suponer que en la Conferencia de Terranova se ultimaron los detalles para provocar un nuevo "Maine", o varios nuevos "Maines", pues aunque se hacen esfuerzos para meter a los Estados Unidos en la guerra por la "puerta trasera", no se olvidan los intentos de entrar por la "puerta principal".

La oposición republicana le hizo prometer a Roosevelt, antes de abandonar los Estados Unidos, camino de las aguas de Terranova, que, en su entrevista con Churchill no tomaría medida alguna tendente a complicar al país en la guerra. No obstante, el Ministerio de la Guerra británico mandaría un comunicado al Comandante en Jefe de las Tropas Imperiales en Malasia informándole de que se habían recibido seguridades de apoyo por parte de las fuerzas militares americanas en caso de ataque japonés contra las posesiones inglesas u holandesas en el Pacífico[388]. Roosevelt, pues, había faltado, una vez más, a su palabra; él, tan democrático en teoría, se comportaba como un autócrata. Y será coincidencia, si se quiere, o quieren los hagiógrafos del Presidente americano, pero el caso es que, poco después de celebrada la conferencia de Terranova, empiezan los "Maines"...

* * *

Roosevelt, preocupado por las pérdidas de la Marina Mercante británica pese al apoyo que recibe de la neutral Marina Norteamericana, propone al Congreso la adopción de una ley que permita artillar a los mercantes americanos y llevar sus mercancías, con pabellón americano, hasta puertos ingleses. El Congreso se opone masivamente. Todo el Partido Republicano y casi la mitad del gubernamental Partido Demócrata votan en contra, y entonces, con insólita oportunidad, el destructor americano "Greer" recibe unos torpedos - que, afortunadamente, no explotan - en el Atlántico Norte. Gran alboroto de la Prensa: "los alemanes atacan nuestros barcos ".... pero no pasa nada. Roosevelt vuelve a presentar otro proyecto de ley, con

---

[388] Charles C. Tansill: "*Back Door To War*".

ligeras modificaciones, sobre el artillamiento de sus mercantes y la posibilidad de hacerles llegar hasta puertos ingleses. En plena discusión de las Cámaras, que siguen oponiéndose a tal medida beligerante, otro destructor americano, el "Kearny", recibe otro torpedo "alemán". Esta vez los torpedos explotan; el buque resulta con ligeras averías, y once tripulantes pierden la vida y otros dieciocho resultan heridos. Nueva agitación de los "mass media", y la propuesta de ley de Roosevelt vuelve, empero, a ser rechazada, aunque por escaso margen. Roosevelt, tenaz, presenta otra vez otra proposición, que es tan parecida a la anterior que el presidente del Congreso trata de rechazarla de oficio. Debe reunirse el Comité Constitucional que, finalmente, acepta que la tercera proposición del Presidente sea sometida a la Cámara. Empiezan los debates, y entonces, con fantástica oportunidad, los "alemanes" torpedean a otro destructor americano, el "Reuben James".... y ésta vez los torpedos alcanzan de lleno al navío yanki y lo hunden, pereciendo ciento quince tripulantes. Tercera campaña propagandística de prensa y radio, y Roosevelt consigue que su proyecto de ley se convierta en ley, a todos los efectos, tras una ínfima mayoría en ambas Cámaras. Esta ley anula la "Neutrality Act" y, según subraya el Senador Usher Burdick, "de hecho, mete a nuestros mercantes en plena contienda, con todas sus consecuencias".

Un breve comentario que -creemos- se impone. Pese a los ordenes severísimas del Alto Mando alemán, he aquí que los hombres de Doenitz, súbitamente, desobedecen, tres veces seguidas, y lo hacen en los tres momentos precisos en que se discute, públicamente, en el Congreso y en el Senado, la aprobación de una ley que va a meter todavía más en la contienda a los Estados Unidos. Las ordenes dadas a los submarinos eran tajantes: no responder a ninguna provocación de las fuerzas navales norteamericanas si necesario, dejarse torpedear. Durante largos meses, y en centenares de casos, los submarinos alemanes obedecerán esta orden. Pero, de pronto, súbitamente, desobedecen tres veces seguidas, con una fantástica oportunidad... para Roosevelt. Y con una igualmente fantástica inoportunidad, para Alemania. Sorprendente, ¿no?

Sorprendente y admirable. Como admirable es la ferocidad graduada de los torpedos teutones. Primero unos torpedos que no explotan. Y el Congreso no se inmuta. Luego, unos torpedos que dan a un pacífico destructor yanki de refilón y le causan ligeras averías y unos pocos muertos. Y el Congreso se incomoda un poco.

Finalmente, un torpedo que alcanza, esta vez, de lleno a un destructor y le hunde. Y el Congreso esta vez se sacude la modorra y vota la insólita ley que le propone Roosevelt. Admirable. Por supuesto, los servicios de la Kriegsmarine niegan que los submarinos alemanes hayan torpedeado a los tres destructores americanos, pero nadie les hace el menor caso. Los alemanes son los villanos del cuento y los americanos - y, sobre todo, Roosevelt - los buenos. Bien. Preguntémonos: ¿A quién benefician los torpedeamientos, a Hitler o a ingleses y soviéticos?

* * *

Animado por haber conseguido anular la "Neutrality Act", Roosevelt se lanza declaradamente por el sendero de la guerra. Primero, ordena congelar los créditos alemanes en los Estados Unidos. Luego seguirán los haberes de Italia, Hungría y Rumania. Vanas protestas diplomáticas de los países del Eje... que no toman medidas de retorsión contra los haberes Norteamericanos en Alemania, Italia, Hungría y Rumania. Alemania y sus aliados no responden a las provocaciones yankis. Exasperado, Roosevelt ordena, sin consultar con el Congreso, cerrar las legaciones consulares alemanas e italianas en los Estados Unidos. Una semana más tarde, ordena incautar quince buques daneses, seis italianos y cinco alemanes que se encuentran en los Estados Unidos y hace que se entreguen a Inglaterra. Pero Alemania sigue sin adoptar las lógicas medidas de retorsión que, convenientemente tratadas por los "mass media", permitirían a Roosevelt hablar de una agresión alemana. No hay manera. Alemania no agrede a los Estados Unidos pese a que, según reconoce al Senador Barkley, "se le han dado todos los motivos imaginables"[389]. A Roosevelt no le queda otra opción, para entrar en la guerra, que encaminarse a la "puerta de servicio". Si no puede entrar por el Atlántico, entrará por el Pacífico, sellando, así, la suerte del Japón, cuyo acogotamiento se llevará a extremos mortales, para forzarle a golpear primero, y cometer una agresión técnica.

LA ENCERRONA DE PEARL HARBOUR

---

[389] John T-.Flynn.- "*El mito de Roosevelt*".

Ya hemos visto cómo, en la situación descrita, a finales del verano de 1941 el Japón, para no sucumbir tras diez años de ininterrumpidas victorias, debía forzosamente llevar a cabo un acto agresivo contra uno de sus vecinos, productores de petróleo: la URSS, Insulandia (colonia holandesa) o Malasia (colonia inglesa). También hemos visto cómo, a medida de que los poderes fácticos se van dando cuenta de que sus provocaciones contra Alemania, llevadas a cabo por Roosevelt hasta el extremo de que América "está haciendo a Alemania una guerra no declarada oficialmente, pero innegable"[390], no surten el deseado efecto, multiplican su presión sobre el Japón, pero lo hacen de manera que su previsto golpe contra Siberia Septentrional se desvíe hacia las colonias anglo-holandesas de Extremo Oriente. Esto permitirá a los soviéticos retirar las sesenta y cinco divisiones que mantienen junto a la frontera china y manchú, y mandarlas rápidamente a Moscú, que será salvada *in extremis* con la llegada de este importantísimos refuerzo. Una vez conseguido este objetivo, y amparándose en el propio Pacto Tripartito, una de cuyas cláusulas era la mutua asistencia de los tres signatarios en caso de guerra, Roosevelt y sus hombres tendrían una base legal y una apariencia de derecho para incluir, entre sus enemigos, también a Alemania e Italia.

La primera parte del plan ya había sido realizada, merced al bloqueo del Japón y a las maniobras -anticonstitucionales y antidemocráticas- de Roosevelt. A Tokyo sólo le quedaba una disyuntiva: o rendirse sin lucha o agredir. Dos escritores norteamericanos de la talla de Josephson y el General Willoughby revelan[391] que el sorprendente cambio de frente Japonés fue inducido y alentado, en gran parte, por el llamado "Council of Foreign Relations", organización de empaque oficial, pero en realidad privada, y funcionando bajo el patrocinio del clan Rockefeller. Estos historiadores afirman y demuestran que fue el famosísimo espía Richard Sorge quien, en ultima instancia, convenció a los Japoneses de la conveniencia de cambiar de dirección su proyectado ataque en busca de petróleo y primeras materias, apartándolo de Siberia Meridional y desviándolo hacia las Indias Anglo-holandesas y los territorios americanos del Pacífico. Sorge era un alto funcionario de la embajada alemana en Tokyo, y cripto-comunista. Tenía por misión ponerse en

---

[390] Frase del Senador John Agar, según Flynn, Op. Cit.

[391] Emmanuel M. Josephson: "*Rockefeller Internacionalist*". Charles A. Willough: "*Shanghai Conspiracy*".

contacto con Agnes Smedley, otra comunista, funcionaria de la embajada americana en la capital nipona. El enlace entre los dos comunistas era un alemán, de etnia judía, residente en Tokyo, y apellidado Stein. La Smedley y Stein transmitieron a Sorge los detalles del plan elaborado por los poderes fácticos -de los que los Rockefeller no eran más que unos brillantes heraldos- para inducir al Japón a atacar a los Estados Unidos. Era muy sutil el trabajo que debía llevara cabo Sorge: como funcionario de la embajada alemana, debía dejarse querer, dejarse "trabajar" por los agentes Japoneses que se movían por embajadas, legaciones y consulados, y hacerles creer que las posiciones americanas en el Pacífico eran muy débiles.

La Smedley debía también dejarse sonsacar, corroborando las manifestaciones de Sorge. Por otra parte, Sorge y su organización de espionaje "Rotte Kapelle" debían dejar entre ver a los japoneses que el Ministro de Asuntos Exteriores, Matsuoka, que quería cumplir los compromisos del Pacto Tripartito, por considerarlos, además, beneficiosos para el Japón, recibía dinero de Berlín. El anticomunista Matsuoka sería, así, substituido por el almirante Toyada, conocido por sus simpatías pro-americanas. Sorge llegó a tener tanto poder e influencia en la embajada alemana en Tokyo -se ha sugerido que tenía sometido al propio embajador mediante chantaje- que logró facilitar falsa información según la cual los soviéticos mantenían en Siberia más del doble de fuerzas de las que habían en realidad. Con estas acciones, Rockefeller y el grupo Sorge cumplían su misión de hacer cambiar de dirección el proyectado ataque japonés. La siguiente etapa, llevada a cabo con un virtuosismo extraordinario por Roosevelt y sus hombres, con Marshall y Stark a la cabeza, consistía en obligar a los japoneses a golpear en un punto determinado: precisamente en Pearl Harbour. ¿Por qué en Pearl Harbour? Porque para hacer entrar a los Estados Unidos en la guerra mundial, el golpe lo debían recibir los norteamericanos en su propia carne. De otro modo, no autorizaría el Congreso la declaración de guerra. Por otra parte, los japoneses no se atreverían a atacar a los poderosos Estados Unidos si no estaban plenamente convencidos de poder asestar, con plena impunidad, un primer golpe por sorpresa, lo suficientemente fuerte como para asegurarles una substancial ventaja inicial. En consecuencia, por orden especial del Presidente Roosevelt, el grueso de la escuadra norteamericana en el Pacífico fue situado en la base de Pearl Harbour.

El Almirante Richardson, Jefe de la Flota del Pacífico fué a visitar personalmente al propio Presidente Roosevelt, exponiéndole su punto de vista técnico, opuesto totalmente al estacionamiento de una gran flota en Pearl Harbour, basándose en que las Islas Hawai estaban demasiado expuestas, por su situación geográfica, a un ataque del presunto adversario de los Estados Unidos en aquella zona, es decir, el Japón; y también en que la baso carecía de elementos defensivos suficientes para protegerla contra un ataque aéreo o naval. Finalmente, aducía, Richardson, los buques que se le habían encomendado carecían de la tripulación necesaria para un caso de emergencia. Roosevelt, tras escuchar a Richardson, le dijo que tendría noticias suyas. Las noticias tardaron cuatro días en llegar al Almirante: fue cambiado de destino y mandado a un cargo secundario, en una guarnición naval en el Pacífico Sur.

* * *

El embajador americano en Tokyo, Grew, comunica personalmente a Roosevelt que los servicios de información de la embajada le han hecho partícipe de la intención de los japoneses de atacar Pearl Harbour, por sorpresa, y sin previa declaración de guerra, en los primeros días de Diciembre de 1941, si las últimas propuestas del embajador nipón Nomura para hacer levantar el bloqueo americano al Japón no son aceptadas por el gobierno de Roosevelt. La información de Grew está reseñada en el muy oficial libro de documentos, editado por el Departamento de Estado, y ya diversamente aludido, "War and Peace". Pero en la Casa Blanca no parecen darse por aludidos.

El comandante de la plaza de Pearl Harbour, almirante Husband E. Kimmel, manda un informe a Washington haciendo constar la indefensión de Pearl Harbour y pidiendo el urgente envío de baterías antiaéreas, cien aviones patrulleros y otros ciento ochenta caza-bombarderos[392]. Marshall, por orden de Roosevelt, le responde que no dispone de los aviones pedidos, y que la petición de las baterías antiaéreas se estudiará. Insólito este estudio. En cuanto a que no se dispone de los aviones pedidos por Kimmel, es mentira: Roosevelt está mandando aviones, por millares, a la Gran Bretaña y a la URSS. Nueva demanda de Kimmel, pidiendo apremiantemente personal especializado para las instalaciones de detección que,

---

[392] Husband E. Kimmel: *"Facts about Pearl Harbour"*.

por otra parte, califica de insuficientes. Otra vez responde negativamente Marshall: los Estados Unidos no disponen de técnicos en detección (!)[393].

Roosevelt y sus cómplices hacen bien las cosas: Les consta que si proporcionan a Pearl Harbour las instalaciones de defensa adecuadas, el Japón no atacará, por constarle que su única posibilidad de defensa consiste en asestar el primer golpe y que éste sea lo suficientemente fuerte para obtener rápida ventaja; de no darse estas premisas, la gran superioridad tecnológica americana se impondrá fatalmente. Y si el Japón no ataca, Roosevelt no puede meter a los Estados Unidos en la guerra; más aún, si el Japón no ataca contra los occidentales, atacará, por necesidad pura, a la URSS, y esto es lo que hay que evitar a toda costa. Por tal motivo, se desoyen las constantes protestas del Almirante Kimmel, atónito ante el hecho mágico de tener a su cargo la mayor concentración de fuerzas navales que el mundo ha visto, encajonadas en la rada de Pearl Harbour, sin apenas protección antiaérea - anticuada o escasa- con pocos aparatos de detección y sin personal especializado para ocuparse de ellos, y sin los suficientes aviones para asegurarle la imprescindible cobertura aérea. Aún hay más: el Vice- Almirante Theobald se queja a Washington de la escasez de municiones: un par de andanadas por barco. Ridículo. Pero el alto mando no reacciona[394]. El Almirante William Halsey, que ha sucedido al castigado Richardson, apoya ante Washington las demandas de Kimmel y de Theobald, pero tampoco se le hace caso[395]. Al contrario: se ordena desde Washington que un portaaviones, cuatro cruceros ligeros y dieciocho destructores abandonen la escuadra fondeada en Pearl Harbour. Es decir, se hace que abandonen la base, exclusivamente, navíos de protección. Los cruceros ligeros y los destructores son buques de fácil manejo y gran capacidad de maniobra: por sorpresivo que sea el previsible ataque japonés varias de estas unidades lograran abandonar la rada y hacer frente a los atacantes, dificultaran el ataque y, en todo caso, disminuirán los resultados del mismo. En cuanto al portaaviones, bien sabido es que constituye el principal buque armado de apoyo. Sólo quedaban, con la retirada del "Texas", dos pequeños portaaviones tipo "Lexington", que, luego, como veremos, también serían mandados a las Islas Samoa. Con estas medidas, Pearl

---

[393] Departamento de Estado USA: *"War and Peace"*.

[394] Robert E. Theobald: *"Last Secret of Pearl Harbour"*.

[395] *"U.S. News & World Report"*, Agosto 1954.

Harbour se convertía en un depósito de barcos de gran tonelaje, casi totalmente indefensos. Nada menos que once acorazados, siete cruceros pesados y cuatro grandes buques auxiliares, con el aditamento de unos pocos cruceros ligeros y destructores, como única protección real.

* * *

El Japón, como todos los países, utilizaba códigos cifrados para sus comunicaciones diplomáticas y militares con el exterior. Aunque usaba varios sistemas corrientes, poseía uno titulado de "alta seguridad", y denominado "Código Púrpura". Su particularidad consistía en que el cifrado lo realizaba una máquina extremadamente perfecta, cuyo método "permitía un número de variaciones enorme en los despachos, haciendo imposible que pudieran ser descifrados sin poseer la máquina de descifrar gemela"[396]. Aún cuando los demás países utilizaban sistemas mecánicos para cifrar y descifrar, las máquinas respectivas de cada nación no servían para descifrar lo cifrado en las de otras. Pero la técnica, o el espionaje americano, o ambos a la vez lograron descifrar el Código Púrpura y hasta consiguieron construir un modelo de máquina que descifraba los despachos japoneses con la misma facilidad que el aparato que se hallaba instalado en la embajada del Japón en Washington. El modelo gemelo construido por los americanos recibió el nombre de "Magia". Pronto se construyeron cinco máquinas "Magia", distribuyéndose así: Dos máquinas para el Servicio de Información del Departamento de Guerra.

Dos máquinas para el Servicio de Información del Departamento de Marina. Una máquina enviada a Londres, bajo el control del "Intelligence Service" y la responsabilidad personal del propio Churchill. En Abril de 1941 se construyó una sexta máquina "Magia", enviada, con su correspondiente personal técnico, a la base naval americana de Manila, cuya dotación habitual la constituían una docena de unidades ligeras y medianas y un crucero pesado, es decir, una miseria comparado con Pearl Harbour. Y, precisamente, para Pearl Harbour, no hubo máquina "Magia". El mando militar de Pearl Harbour sólo sabría de los japoneses aquello que tuviera a bien comunicarle Roosevelt. No se aprecia razón alguna, ni militar ni técnica, para

---

[396] Mauricio Karl: "*Pearl Harbour*".

privar de la máquina "Magia" a la escuadra de Hawai, donde se concentraba el noventa por ciento de las fuerzas navales del Pacífico[397].

En Febrero de 1941, el almirante Kimmel le pidió al Almirante Stark, del Estado Mayor de la Armada, que se le mantuviera informado "de los hechos más importantes que ocurran, a medida que se produzcan y por los medios más rápidos de que se disponga"[398]. Stark no respondió a tan normal pe- tición; de modo que Kimmel volvió a presentarla, y esta segunda vez personalmente, en Junio de 1941, dándosele seguridades de que le sería facilitada información. Esto sólo se cumplió dos meses más tarde, y aún de forma fragmentaria, de manera que en la base nunca se estuvo al corriente del deterioro tremendo de las relaciones yanki-niponas.

Entretanto, el embajador Grew, desde Tokyo, avisa, en comunicación personal a Roosevelt, que "el Japón se arriesgaría a un hara-kiri nacional antes que ceder a la presión extranjera". Grew debía creer que formulaba una seria advertencia a Roosevelt, cuando, en realidad, no hacía más que confirmar plenamente la intuición del Presidente americano, de que el Japón atacaría si el mantenía el letal bloqueo. He aquí, entresacados del oficial "War and Peace", del Departamento de Estado Norteamericano, algunos comunicados particularmente significativos del gobierno japonés a sus embajadas, sobre todo a la de Washington: Día 11 de Noviembre de 1941: "Tokyo a la embajada en Washington: Es imperativo que convenza usted al gobierno americano de que no será posible mantener la paz en Asia Oriental si continúa el bloqueo. Comprenda que las cosas están en su punto culminante y el plazo es cada vez más corto". Día 14 de Noviembre de 1941: "Tokyo al Cónsul en Hong-Kong: Si se produjera el colapso en las negociaciones con Estados Unidos, la situación en que nos veríamos envueltos sería de una tremenda crisis. He aquí la política extranjera del Imperio tal y como ha sido decidida por el Gabinete en lo que a China respecta: 1) Destruiremos completamente el poderío británico y americano en China. 2) Tomaremos todas las concesiones del enemigo y sus dere-

---

[397] El general Marshall afirmó más tarde, ante la Comisión investigadora del Senado, que se privó de la "Magia" a Pearl Harbour para evitar la posibilidad de que la retransmisión por "Magia" entre Washington y Hawai pudiera ser identificada por los japoneses. Esto es absurdo, ¿o es que no existía el mismo peligro al usar la "Magia" en Filipinas y en Londres?. Al menos, ¿no podía mandarse copia por avión de los comunicados de "Magia" a Pearl Harbour?. (N. del A.).

[398] Departamento de Estado: "*War and Peace*".

chos e intereses importantes en China. 3) Tomaremos todos los derechos de propiedad del enemigo, aunque pueda tener conexión con el nuevo gobierno nacional chino, si ello fuera necesario".

Día 15 de Noviembre de 1941: "Tokyo a la embajada en Washington: Cualquiera que sea el resultado de las negociaciones en curso, la fecha tope del 25 de Noviembre es absolutamente inamovible. Si en tal fecha no ha logrado usted que se suprima o, al menos, se aminore en forma substancial el bloqueo contra el Japón, se darán las negociaciones por rotas, pero es imprescindible, repetimos imprescindible, que los negociadores americanos no se aperciban de ello. Refúgiese usted en la excusa de que está esperando instrucciones de su gobierno, y gane tiempo como sea hasta la fecha del 7 de Diciembre". Un inciso: de la anterior comunicación se desprende, sin lugar a dudas, que el Japón se ha fijado un plazo limite, el 25 de Noviembre, para lograr levantar, o aminorar, el bloqueo, y que, pasado este plazo, pondrá en marcha el dispositivo de ataque, aunque, para no poner sobre aviso al enemigo, se instruye al embajador en Washington para que haga ver que las negociaciones siguen, utilizando para ello las tácticas dilatorias.

Día 20 de Noviembre: El embajador en Washington pide que se amplíe el plazo del 25 de Noviembre, pero... Día 22 de Noviembre: De Tokyo a la embajada en Washington: Es terriblemente difícil para nosotros variar la fecha que establecí en mi mensaje 736. Ya se que está usted trabajando mucho. Aténgase a la política que hemos fijado y haga lo que pueda. No ahorre esfuerzos e intente alcanzar la solución que deseamos. Hay razones para su pericia para conjeturar por qué razones necesitamos restablecer las relaciones normales con Norteamérica y romper el bloqueo antes del día 25; si necesita usted tres o cuatro días más, le doy, como último plazo, el día 29. Una vez pasada esta fecha, cruzaremos la línea muerta y nada podrá cambiarse. Después de ella, las cosas ocurrirán automáticamente".

Día 26 de Noviembre: El embajador en Washington comunica a su gobierno el fracaso de sus negociaciones tendentes a levantar el bloqueo. Día 28 de Noviembre: El gobierno japonés ordena a su embajador en Washington diga al Secretario de Estado americano, Cordell Hull, que en Tokyo están estudiando la nota americana (en realidad, un ultimátum) y que espera instrucciones. El embajador debe ganar tiempo hasta el 7 de Diciembre. Día 29 de Noviembre:

"Tokyo a la embajada en Washington:... Al llevar a cabo estas instrucciones, sírvase tener cuidado de que no se llegue a nada se mejante a una ruptura de las negociaciones..."

Día 30 de Noviembre: "Tokyo a la embajada en Berlín: Instrucciones al embajador para informar a Hitler lo que sigue: Las conversaciones empezaron entre Tokyo y Washington en Abril último... ahora están rotas. Dígales muy secretamente, a Hitler y a von Ribbentrop, que hay sumo peligro de que la guerra pueda estallar repentinamente entre las naciones anglosajonas y el Japón, por medio de un golpe de fuerza, y que la hora del principio de la guerra puede llegar más rápidamente de lo que cualquiera puede imaginar". Día 30 de Noviembre: "Tokyo a embajada en Washington: La fecha consignada en mi mensaje X 812 ha llegado y ha pasado, y la situación continúa haciéndose más crítica cada vez. Para impedir que los Estados Unidos sospechen indebidamente, hemos avisado a nuestra prensa que, aunque subsisten diferencias importantes entre el Japón y los Estados Unidos, las negociaciones continúan".

Todos estos comunicados son interceptados por la "Magia", de modo que Roosevelt y sus secuaces más seguros se enteran de su contenido prácticamente al mismo tiempo que sus destinatarios. Los mensajes son clarísimos: el Japón va a atacar a los Estados Unidos. Incluso se conoce la fecha del ataque: el 7 de Diciembre según el mensaje del 15 de Noviembre enviado al embajador japonés en Washington.

Roosevelt y los suyos están informados de que los servicios diplomáticos nipones en Berlín deben avisar al Führer de que la guerra puede estallar repentinamente en el Pacífico. Una información de ese calibre, a un Jefe de Estado situado en las antípodas, no se da porque sí ni a la ligera. Se conocen las instrucciones severísimas pasadas por el alto mando japonés a sus agentes en las Hawai para que permanezcan en estado de guardia permanente e informen del más mínimo movimiento en la rada de Pearl Harbour. El alto mando japonés toma medidas de prevención y alerta a todos sus hombres en el extranjero y la mayoría de instrucciones enviadas a las más importantes partes del mundo, son conocidas perfectamente por los servicios de contraespionaje norteamericanos, como se sabe también que entre las órdenes cursadas las destinadas al Embajador japonés en

Washington son muy claras: ha de ganar tiempo, indicándole que con tácticas dilatorias entretenga a Cordell Hull, aún teniendo la total seguridad de que no es posible llegar a ningún acuerdo en aquellos momentos. Todo ello es la señal inequívoca de que se está luchando contra el reloj, de que se quiere ganar un tiempo precioso para asestar el golpe.

También se sabe el lugar dónde va a asestarse el golpe, pues, desde el día 24 de Septiembre, Tokyo comunica al Cónsul General del Japón en Honolulú, que debe informar de todos los movimientos de navíos en Pearl Harbour. Para ello las aguas de ese puerto son divididas en cinco zonas. El Cónsul japonés informa regularmente, tal como se le ha pedido. Todos sus mensajes son captados y descifrados por los usuarios de la "Magia", pero su contenido no es comunicado al Almirante Kimmel. El 29 de Noviembre, fecha en que termina el plazo que a sí mismo se ha fijado el Gobierno Japonés, se pide al Cónsul en Honolulú que informe constantemente sobre la situación del puerto de Pearl Harbour, aún cuando no haya movimientos. El técnico en espionaje, o el experto militar más cretino es capaz de interpretar la significación de esos despachos. Si lo habitual y lógico era que el Servicio Secreto Japonés conociera los movimientos de la escuadra y de sus unidades, la novedad de "cuadricular" el puerto para dar la situación exacta de cada navío andado y ratificar luego la orden de que hasta ahora sólo había interesado la situación de los barcos en movimiento, pero que a partir de ahora interesaba la situación de los barcos en reposo, esto no podía tener más significación, incluso para el más negado de los mortales, sino que el Almirantazgo japonés pedía tales datos para desencadenar un ataque; ataque que se llevaría a cabo desde el aire, pues al ser Pearl Harbour un puerto cerrado y fortificado, sólo por aire podían ser alcanzados los grandes barcos en sus fondeaderos. El ataque del 7 de Diciembre sólo podía tener lugar, de acuerdo con los textos de los mensajes interceptados y descifrados a los Japoneses, en Pearl Harbour. Para volatilizar cualquier atenuante -suponiendo que la idiotez sea un atenuante- he aquí el texto exacto de un mensaje, ya aludido, del embajador americano en Tokyo, Grew, al Departamento de Estado: "27 de Enero de 1941.- El embajador peruano ha informado a un miembro de mi personal que ha oído de varias fuentes, incluyendo una japonesa, que en el caso de un conflicto entre los Estados Unidos y el Japón, los japoneses intentarían un ataque por sorpresa contra Pearl Harbour, con toda su fuerza y empleando todo su equipo. El embajador peruano considera el rumor como fantástico, pero sin embargo cree que tiene suficiente importancia para dar esta información a un miembro de esta embajada".

Está escrito, en documentos oficiales, y al alcance del público, que Roosevelt y su círculo gobernante sabían, diez meses antes de que se llevara a cabo el ataque, que éste se desarrollaría contra Pearl Harbour. Es más, desde Julio de 1941, el espía Sorge se lo comunicó al clan Rockefeller, y éste a Roosevelt, a través de la agente Smedley, pormenorizando incluso la fecha: el 7 de Diciembre de 1941.

* * *

Como los Departamentos de Guerra y Marina estaban controlados por hombres de Roosevelt, las revelaciones de "Magia" sólo a Roosevelt llegaban. Y Roosevelt callaba. Pero los Estados Unidos disponían -y disponen- de unos Servicios de Espionaje y Contraespionaje clásicos, que normalmente debieran escapar al control presidencial. No obstante, cuando, tras el ataque alemán a la URSS, Roosevelt declara una "emergencia nacional ilimitada", asume el control directo de los Servicios Secretos. Nada menos que Robert Stripling, que fue Investigador en Jefe del "Comité de Actividades Antiamericanas" reveló que el Presidente del Comité, el tejano Martín Dies, fue obligado personalmente por el Presidente Roosevelt a abandonar la vigilancia sobre los agentes comunistas en los Estados Unidos, en Octubre de 1940. A principios de 1941 Roosevelt llamó de nuevo a Dies a su presencia. Dies creyó que volvía a la "gracia presidencial", pero cuál no sería su sorpresa al comprobar cómo Roosevelt ordenaba secamente a Dies que su "Comité" dejara de investigar las actividades de los agentes japoneses en el territorio nacional y, en especial, en las Islas Hawai. Stripling afirma: "Durante todo el resto de mi vida seguiré creyendo que nuestras revelaciones habrían provocado alarma lo suficientemente grande como para que los japoneses abandonaran sus proyec- tos de atacar Pearl Harbour"[399]. Cuando el "Comité de Actividades anti- Americanas" fue paralizado por orden personal de Roosevelt, estaba a punto de echar el guante al jefe de la red de espionaje trabajando para el Japón en el propio Pearl Harbour, y que informaba sobre el movimiento de los navíos americanos en la base: se

---

[399] Robert E. Stripling; "*The Comunist Conspiracy in the US*".

trataba de un israelita de nacionalidad alemana, llamado Bernard Julius Kuhn, que trabajó con plena impunidad hasta el ataque japonés contra Pearl Harbour[400].

Hasta el último momento, Roosevelt, el Almirante Stark y el General Marshall, serán los artífices de la genial organización de la derrota de Pearl Harbour. Hopkins, el indispensable confidente de Roosevelt, será el *homme à tout faire* que tapará los resquicios por los que pudiera escaparse el secreto de "Magia".

Los últimos días son dramáticos. En un mensaje japonés, descifrado por "Magia", parece que el General Tojo duda, a última hora, en lanzar el ataque contra Pearl Harbour. Pregunta a su embajador en Washington si cree sería prudente a cordell Hull si un comunicado del Embajador del Japón, adjurando a conservar la paz en Asia, seria útil. Visiblemente, Tojo titubea. Los Estados Unidos son una superpotencia. Los belicistas de Washington se alarman, y para inducir al Japón a no suspender su ataque, los dos últimos portaaviones "Lexington", que quedaban en Pearl Harbour, abandonan la base en dirección a las Samoa. Pearl Harbour queda, así, privada de toda defensa aeronaval. Esta orden la da personalmente el Almirante Stark.

Pero, simultáneamente, el Comandante McCollum, uno de los jefes del ser- vicio criptográfico, cuya misión consistía en trabajar con la "Magia", no puede contenerse, y pese a las ordenes severísimas que tiene de no informar del contenido de los mensajes descifrados a nadie que no sea el Presidente Roosevelt, el Almirante Stark y el General Marshall, se decide, por su cuenta y riesgo, a mandar un mensaje al Almirante Kimmel, concebido en estos términos: "Recuerde que los enemigos de las potencias anglosajonas suelen escoger como día de la semana más adecuado para sus ataques el sábado o el domingo. Las negociaciones con el Japón han sido rotas. Tome precauciones y haga un despliegue defensivo fuera de la base". En última instancia, y como queriendo cubrirse, McCollum le muestra el texto del mensaje a Stark. Este monta en cólera y le manda arrestar en el acto[401]. El 5 de Diciembre, el Almirante Noyes, jefe de transmisiones, alarmado ante la gravedad del contenido de los mensajes japoneses, redacta un comunicado al Almirante Kimmel, concebido en estos términos: "Guerra con el Japón inminente. Elimine toda posibilidad de un

---

[400] Ronald Seth: "*Secret Servants*".
[401] Charles C. Tansill: "*Back Door to War*".

nuevo Port-Arthur. Recuerde que el ataque a Port-Arthur se produjo por sorpresa, sin previa declaración de guerra, y en domingo". Noyes se dirige al General Marshall, el único que, a parte del presidente Roosevelt, tenía facultades para cursar un mensaje de tal gravedad. Y Marshall se negó a que el mensaje fuera mandado.

A últimas horas del día 5 de Diciembre, la "Magia" empieza a descifrar un mensaje de Tokyo a su embajador en Washington. Se trata de un mensaje que -se avisa- será muy largo, y que empieza con una exposición de motivos del pueblo y el gobierno japonés para sentirse víctimas de la provocación y la guerra no-declarada del gobierno de los Estados Unidos. El tono del comunicado no deja lugar a dudas, ni tampoco los de los comunicados que, a continuación, y conexos con el mismo, van llegando: se trata de la declaración de guerra, aún cuando, por hallarse el mensaje a medio pasar, dicha declaración explícita todavía no ha aparecido. Sé dice al embajador japonés que el texto del mensaje, cuando lo haya recibido en su totalidad, deberá entregarlo a Cordell Hull, el día 7 a las once de la mañana, hora occidental, es decir, en el mismo momento en que los Japoneses iban a lanzar su ataque contra Pearl Harbour. El día 6 de Diciembre, algo insólito: el Emperador del Japón manda un mensaje circular a los embajadores en Washington y Londres, así como a todos los Cónsules japoneses en ciudades americanas e inglesas: "Profundamente agradecido por sus servicios a la patria, espero sabrá cumplir, si fuere necesario, con el código nacional del honor..." Para los dos embajadores hay instrucciones especiales: "Ordenoles destruir todos los códigos de cifra y todos los documentos oficiales de ésa embajada".

No pueden caber dudas para ningún ser racional. Es la guerra. Cuando el propio Emperador se dirige a sus embajadores y cónsules, en un mensaje circular, agradeciéndoles los servidos prestados y recomendándoles que, si es necesario, se hagan el hara-kiri, es porqué se va a declarar la guerra. Por tal motivo cuando, con la guerra desaparece la inmunidad diplomática de embajadas y consulados y se prevé la ocupación de los mismos, se ordena, siempre, la destrucción de los códigos cifrados y de los documentos oficiales.

A primeras horas de la madrugada del día 7 de Diciembre, el gobierno japonés manda la decimocuarta y última parte del mensaje que, como era de prever, termina con la declaración de guerra. El mensaje termina con las palabras: "Después de descifrar parte 14 de mi X 902, y también mi X 907-908 y 909, sírvase destruir seguidamente la restante máquina descifradora y todos los códigos de máquina. Disponga igualmente de todos los documentos secretos".

El Coronel Bratton, encargado de la distribución a Roosevelt, Stark y Marshall de los mensajes de "Magia", corre en busca de Stark, el Almirante Jefe de Operaciones del Pacífico. Justamente aquella mañana Stark ha salido a pasear. Son las 8.30. Generalmente sale a pasear a caballo, los domingos a las nueve, y regresa a las diez. Ese día sale antes que nunca, a las ocho, y cambia su itinerario habitual, ¡Qué casualidad! Naturalmente, no se le encuentra. Bratton corre en busca de Marshall. También éste ha salido a pasear a caballo. Aunque suele regresar a su casa sobre las diez, aquél día se retrasa un poco y llega a las diez y media. Bratton le aborda sin contemplaciones. "Mi General. ... Los japoneses... Pearl Harbour... La guerra". Marshall le interrumpe. "Espéreme usted en mi despacho. Voy a cambiarme". Marshall deja transcurrir más de veinte minutos en cambiarse. Llega a su despacho. Son casi las once... Las siete en Pearl Harbour, la hora del ataque... si los japoneses, a última hora, no han dado marcha atrás... cosa improbable según el último comunicado y el mensaje circular del Emperador.... Bratton, atropelladamente, casi le mete el mensaje japonés a Marshall bajo sus ojos. Este se cala las gafas y lo lee lentamente. Según luego declararía ante la Comisión Investigadora del Senado el Coronel Bratton, Marshall invirtió casi un cuarto de hora en leer y releer la cuartilla con el mensaje. Por fin, alargó la mano, cogió un bloc y, pesando cada palabra que escribía, como si le faltase el dinero para pagar un telegrama demasiado largo, redactó:

"Los japoneses presentarán, hoy, lo que parece ser un ultimátum. También tienen ordenes de destruir sus máquinas código inmediatamente lo que significa exactamente la hora establecida no lo sabemos pero esté alerta en consecuencia. Informe de esta comunicación a las autoridades navales. Marshall".

Bratton: "Pero, ¡mi general!, el teléfono. Telefonear a Pearli Harbour... ¡Pronto!".

Marshall: "No se ponga nervioso, Coronel. Mande este telegrama".

Bratton: "¿Telegrama?".

Marshall: "Sí. Telegrama". Bratton: "Por vía de urgencia...".

Marshall: "No. Por vía ordinaria"[402].

---

[402] Husband E. Kimmel: *"Facts about Pearl Harbour"*.

Está probado, y admitido por el propio Marshall que el aviso a Pearl Har- bour se cursó por vía ordinaria, cual si se tratase de una felicitación de cumpleaños al comandante de la base.

Fue transmitido de Washington a San Francisco por la línea de la "Westem Unión" y desde esa ciudad, pasando por la compañía privada R.C.A., a Honolulú. Marshall disponía del teléfono transpacífico. Si transmite por él, su mensaje hubiera llegado al Almirante Kimmel casi media hora antes de consumarse el ataque, pues a última hora el ataque japonés se retraso algo, debido a un temporal acaecido la víspera, que obligó a reducir la cadencia de marcha de los portaaviones japoneses, que debían estacionarse a unos cincuenta kilómetros de Pearl Harbour para, desde allí, soltar sus cazabombarderos cargados de torpedos. Pero, enviando el telegrama por la Westem Unión y la R.C.A., le negó a Kimmel ocho horas después, es decir, casi siete horas después de haber sufrido, en Pearl Harbour, las siguientes pérdidas: Seis acorazados y un crucero pesado, hundidos. Otras once unidades mayores de la flota, hundidas. Dos acorazados y nueve grandes buques de guerra, averiados. Un barco auxiliar y un ténder de hidros, hundidos.

Las instalaciones de la mayor base americana, totalmente destruidas. Tres mil trescientos americanos muertos y mil trescientos heridos. Una verdadera hecatombe.

La derrota naval más aplastante de que habla la Historia.

* * *

El refinamiento de las provocaciones americanas contra el Japón llegó al verdadero paroxismo. Se ha podido saber que, cuando, a última hora, el Mariscal Tojo y, más aún, el Almirante Yamamoto, parecen dudar sobre si lanzar o no el ataque a Pearl Harbour, varios buques americanos se internaron en el Mar de la China, zona bélica chino-japonesa y arrojaron cargas de profundidad contra submarinos japoneses, por lo menos en dos ocasiones [403]. El Japón fue materialmente llevado a rastras a la guerra. Su primitivo plan de dirigirse contra la URSS fue desviado por Roosevelt y sus hombres, y el golpe se dio contra Pearl

---

[403] Challes A. Lindbergh: "*Memorias de guerra*", p. 293-294.

Harbour. Y, a la misma hora (! ataque contra esa base, un millón y medio de soldados soviéticos eran rápidamente transportados, desde Siberia y Mongolia Exterior hasta la Rusia Europea.

La doble maniobra de los poderes fácticos afincados en USA: meter a los Estados Unidos en la guerra e impedir un segundo frente contra la URSS en Asia se había visto coronada por el éxito. Roosevelt, entonces, soltó la siguiente frase ante el Congreso: "A pesar de que Alemania e Italia no han hecho todavía una declaración formal de guerra, se consideran tan en guerra con los Estados Unidos como con Inglaterra y Rusia". Más adelante, el curso de la perorata presidencial, agrega: "Naturalmente, tomaremos nuestras medidas contra las potencias totalitarias que aún no nos han declarado formalmente la guerra, pero que se consideran en guerra con nosotros". El día siguiente Alemania e Italia, amparándose en "las constantes violaciones de la neutralidad cometidas por el gobierno de los Estados Unidos" enviaron sendas declaraciones de guerra. Declaración de guerra que no tiene más efecto que permitir, por fin, a los submarinos de Doenitz, responder a los ataques de los buques yankis, que se realizan, sin rebozo, desde hace seis meses.

* * *

Una última palabra sobre la encerrona de Pearl Harbour. Dejando a parte los hombres componentes de los aludidos poderes fácticos, sólo hubo tres hombres que, en todo momento, supieron todo sobre la conspiración -que una conspiración y no otra cosa fue- y sobre el contenido de los mensales Japoneses, descifrados por la "Magia". Estos hombres fueron el presidente Roosevelt, el General Marshall y el Almirante Stark. Ya hemos hablado suficientemente de la personalidad del primero de estos hombres. En cuanto al General Catlett Marshall, futuro Premio Nobel de la Paz -por haber financiado a los gobiernos socialistas de la Europa de la Post-Guerra- se distinguiría luego como embajador norteamericano en China, donde llevaría a cabo una tarea tan genial como en la organización del fiasco de Pearl Harbour, pues el protegido Chiang Kai-Chek fue derrotado y el comunista Mao ocupó su lugar. George C. Marshall era judío, y estaba emparentado con Louis Marshall, que fue confidente de Theodore Roosevelt.

El Almirante Harold R. Stark fue el clásico guerrero de despacho; burócrata empedernido. Era, igualmente, judío y un hijo suyo estaba casado con una sobrina del todopoderoso Félix Frankfurter, uno de los miembros más prominentes del *Establishment* en América.

Estos tres hombres fueron los organizadores reales del fiasco de Pearl Harbour. Roosevelt, mayestático, no fue sometido a ninguna investigación de la Comisión del Senado. Pero los otros dos, Marshall y Stark, salieron de la misma blancos como la nieve. Como hubiera sido excesivo echarles las culpas a los pobres Kimmel y Halsey, la Comisión concluyó con un "no ha lugar".

No había lugar para pedir responsabilidades a nadie. De Pearl Harbour y de la ocultación de informaciones no tuvo culpa alguna nadie.

LA GUERRA MUNDIAL

La última Guerra Mundial mereció tal nombre no ya por haber abrazado, su escenario, todos los continentes del Globo, sino por haberse visto involucradas en la misma, *volens nolens*, todas las naciones, o su mayoría, independientemente de sus deseos de neutralidad.

La entrada de los Estados Unidos en la contienda significó el fin de lo que aún pudiera quedar del concepto de la neutralidad. La mirada rapaz de Roosevelt y sus consejeros se posa en todos los lugares del Planeta. Con el pretexto de impedir que los alemanes lleguen primero, lo que se hace es llegar primero que ellos, y que nadie.

Para empezar, unidades de la Marina Norteamericana ocupan todos los territorios franceses en las Antillas y, posteriormente, las Islas de Saint Pierre y Miquelon, en el Atlántico Occidental. Vichy protestará, pero todo será en vano. Deberían seguir las Islas Azores, y Roosevelt dio orden al Almirante Stark de que preparara la invasión de dicho Archipiélago. Si no se hizo fue por haberse temido que Portugal replicara declarando la guerra a los Aliados y poniendo sus colonias a disposición de las potencias del Eje.

Nada menos que Summer Welles, Sub-Secretario de Estado, revela[404] que, en

---

[404] Summer Welles; "*Memorias*".

1941, la Gran Bretaña decidió ocupar las Islas Canarias, aún a riesgo de una guerra con España; Churchill así se lo expuso a Roosevelt en la Conferencia de Terranova, pero el rápido envío de refuerzos españoles a aquél archipiélago y el temor de que España abriera sus fronteras a los alemanes y les permitiera ocupar Gibraltar hizo que, finalmente, el proyecto se abandonara. En los últimos días de 1941, Churchill informaba a Roosevelt de "un proyecto a largo plazo, previsto para 1943, consistente en el desembarco simultaneo en varias costas de países maduros para la rebelión"[405]. Se trataba - una vez más de la invasión de Canarias por los ingleses - Operación "Pilgrim"-, de las Azores por los americanos, del desembarco en las costas cantábricas - Operación "Goshawk" (Azor)- y en las catalanas, bautizada ésta última como "Operación Rosas", por deber llevarse a cabo, precisamente, en el Golfo de Rosas (Gerona). Tras la ocupación de las Canarias se preveía la instalación de un gobierno títere, de signo monárquico, que seria inmediatamente reconocido por los Aliados. Ese "gobierno" debería luchar por la recuperación del país (la Península) cuya neutralidad, o muy relativas simpatías por el Eje no eran demasiado del agrado de los poderes fácticos[406].

Los países iberoamericanos que aún quedan neutrales son prácticamente forzados a declarar la guerra a Alemania, con un par de excepciones. Si intentan resistirse se les amenaza con el boycot comercial e incluso, si es necesario, con organizar un cuartelazo que instale en el poder a algún generalito más dócil que el precedente.

Pero la mayor intervención -o, en todo caso, más decisiva- contra los neutrales, tiene lugar con el ataque norteamericano al África del Norte que, pese a la resistencia de las unidades leales al Gobierno de la Francia de Vichy -por cierto reconocido por los Estados Unidos-, fue ocupada en escasas semanas. Argelia, Marruecos y Túnez cayeron en manos de los Aliados, cogiendo entre dos fuegos al frente ítalo-alemán de Libia, que, en tal circunstancia, se vio forzado a capitular.

Este fue, cronológicamente, el último crimen de los buenos contra la paz. Porque al llegar ésta -la paz- darían comienzo otra clase de crímenes.

---

[405] Summer Welles; "*Memorias*".

[406] David Jato: "*Gibraltar decidió la guerra*".

* * *

No hay, creemos, mayor crimen contra la paz que atacar a un país neutral. Véase el siguiente cuadro comparativo que hemos establecido sobre los países o territorios neutrales efectivamente invadidos por Alemania, por una parte, y por los Aliados, por otra. No hemos tenido en cuenta otro criterio que el material de la propia invasión: no hemos tomado en consideración -como sería, por ejemplo, el caso de Bélgica o de Noruega- el que la invasión se hizo para prever otra del enemigo. Al fin y al cabo, también los ingleses ocuparon Madagascar para impedir que lo ocuparan los alemanes, y como nos negamos a invadir los arcanos de la conciencia de Churchill, vamos a aceptarlo así.

Territorios neutrales invadidos por los Aliados democráticos / km^2

Islandia	101.071
Madagascar	585.196
Siria	181.344
Irak	430.997
Líbano	10.222
Lran	1.620.007
Nueva Caledonia	21.763
Argelia	2.051.258
Marruecos	444.203
Túnez	123.053
Antillas francesas	32.745
Islas Faroer, de Jan Mayen y Osos	2.427
Spitzbeg	60.190
	5.664.476

Territorios invadidos por los países totalitarios / km^2

Dinamarca	43.212
Noruega	319.217
Bélgica	30.513

Holanda..35.560

Luxemburgo..2.587

Yugoeslavia..255.804

Grecia..61.934

748.827

Es decir, que por cada kilómetro cuadrado que los malos ocuparon, los buenos ocuparon siete y medio. No mencionamos la ocupación de Groenlandia por los americanos, por cuanto el argumento nos parecería especioso. Pero convendría no pasar por alto la ocupación de todo el Atlántico Norte y Central por Norteamérica, a partir de mediados de 1941, y la de todos los mares por la Gran Bretaña, cobrando un peaje de tránsito, cual si se tratara de una autopista particular, a todo navío neutral que navegara por este Planeta.

* * *

Hemos mencionado o aludido, en las páginas precedentes, a todos los países beligerantes en la Segunda Guerra Mundial, (e incluso a los neutral) más significados. Queda una potencia, geográficamente no vinculada a ningún territorio -al menos entre 1939 y 1945- que se declaró ella misma beligerante. En efecto:

El rabino Moses Perzlweig, jefe de la sección británica del Congreso Mundial Judío, declaró ante la sección Judeo-Canadiense: "El Congreso Mundial Judío se halla en guerra con Alemania desde hace siete años"[407]. Esto lo dijo el pío orador el 25 de Febrero de 1940, en Toronto. Si restamos siete de 1940 deducimos que el Congreso Mundial Judío, según uno de sus más cons- pícuos Jerifaltes, se hallaba en guerra con Alemania seis años antes de que el conflicto estallara oficialmente entre Alemania por una parte, e Inglaterra, Francia y Polonia, por otra. Esta declaración confirma la de Samuel Unterme- yer que, el 7 de Agosto de 1933, declaró, en nombre de la Asociación de Sina- gogas de América, que " el judaismo se encontraba en una Guerra Santa con Alemania ". Moshe Shertok, que seria el primer Jefe de gobierno israelí manifestó, ante

---

[407] "*Toronto Evening Telegram*", 26-II-1940.

la Conferencia Sionista Británica[408] que "el Yishuv (Sionismo) estuvo en guerra con Hitler mucho antes que la Gran Bretaña y América".

Queda, finalmente, el testimonio de Lord Strabolgi, biógrafo de Chamberlain, quien declaró al oficioso "The Times" que, justo en el mismo día en que se declaró la guerra a Alemania, Chaim Weizzmann, primer Jefe del Estado de Israel en 1948, ofreció al Primer Ministro inglés la ayuda de toda la Judería mundial, incluyendo soldados voluntarios en el ejército británico[409].

"Las muchedumbres son impulsivas y versátiles. Como los salvajes, no admiten que pueda interponerse nada entre su deseo y la realización de ese deseo. Y lo comprenden tanto menos cuanto que su propio número les da idea de una potencia irresistible. Para el individuo en muchedumbre, la noción de imposibilidad desaparece. Formando parte de la muchedumbre, tiene conciencia del poder que le da el número, y este basta para sugerirle ideas de pillaje y exterminio, y para impulsarle que ceda inmediatamente a la tentación. El obstáculo inesperado será destrozado con rabia. Si el organismo humano permitiera la perpetuidad del furor, podría decirse que el estado normal de la muchedumbre era el furor" (Gustavo Le Bon: "Psicología de las multitudes").

"Seguí al enjambre de manifestantes y cuando llegué al lugar indicado se ofreció a mis ojos el espectáculo de una casa asaltada en la que se cometían toda clase de violencias Sin que me acuciara el menor motivo personal, poseído de un furor inexplicable, me sumé a los jóvenes vándalos. Me sentí arrastrado como por un torbellino, por lo que tienen de diabólicos esos arrebatos populares. Comprendí también que los accesos de esta rabia no se calman fácilmente, pues sólo remiten después de haber degenerado en frenesí. Al día siguiente me desperté como si saliera de una pesadilla y para convencerme de que realmente había tomado parte en los acontecimientos tuve que tocar con mis manos el girón de una cortina" (Richard Wagner).

Las masas nunca tienen razón. Las masas son menores de edad, y como menores de edad deben callarse cuando hablen los mayores; deben ir siempre

---

[408] *"Jewish Chronicle"*, Londres, 22-I-1943.
[409] *"The Times"*, Londres, 4-VII-1944.

acompañados y deben levantarse temprano y no salir de noche" (Enrique Jardiel Poncela).

"El summum de lo peor, es la multitud". (Séneca: De la vida feliz)...

"La multitud es un enjambre de falsos duros, arrastrados por una élite negativa de duros falsos".

SEGUNDA PARTE

LOS CRÍMENES DE GUERRA

Si admitimos el punto de vista popular de que el principal "crimen de guerra" es la misma guerra y el principal culpable es el que la provoca, es porque estamos convencidos de que tal aserto contiene gran parte de la verdad.

Si no hubieran guerras, no habrían crímenes de guerra: es somero, es simple, tal vez demasiado simple, pero, en el fondo, es una de tantas verdades del olvidado Perogrullo. Por tal motivo, en la 1ª Parte de este estudio sobre los CRÍMENES DE LOS BUENOS, hemos procurado mostrar qué países, o más bien, qué gobiernos, o mejor aún qué FUERZAS actuando detrás de esos gobiernos planearon, programaron, provocaron, desencadenaron y finalmente declararon la guerra; esa hecatombe de guerra que marca el fin de una época civilizada y amable para entrar -si un último sobresalto de Occidente no lo remedia- en la época de la Gran Termitera.

Pero ello no debe hacer pasar por alto los otros crímenes; los específicamente llamados "crímenes de guerra" por cuanto fueron cometidos durante la guerra, contra militares o civiles del bando de los MALOS, según la iconografía puesta en boga por los mass media en los últimos años. Con objeto de sistematizar este estudio, tras los Crímenes contra la Paz, ya tratados, vamos a ocuparnos de los Crímenes de Guerra, entendiendo por tales los cometidos en el curso de la guerra por los BUENOS. Cuando lo consideremos útil, estableceremos un paralelismo entre los crímenes de ambos bandos. Finalmente, nos ocuparemos de los Crímenes contra la Humanidad. Aún cuando comprendemos que tal denominación es absurda -la Humanidad la constituimos todos los bípedos implumes, más o menos razonables de este Planeta, en todo tiempo y lugar- la adoptamos porque nos ha parecido útil seguir, al menos en la técnica expositiva, el modelo de las Actas de Acusación del Tribunal de Nuremberg. Para aquéllos curiosos juristas, había tres grandes cuerpos de delitos: Contra la Paz, relativos a la culpabilidad en el desencadenamiento de la guerra; De Guerra, que trataban de atrocidades innecesarias para la conducción normal de la guerra entre países civilizados; y contra la Humanidad, referentes a los malos tratos contra grupos raciales, civiles o religiosos determinados en razón a su pertenencia a los mismos. Ya hemos hablado -lo repetimos- de los Crímenes contra la Paz. Vamos a hablar, ahora, de los Crímenes de Guerra. Como siempre, vamos a dejar que hablen los testigos de parte contraria, o, al menos, los neutrales, por ser irrebatibles sus testimonios.

EL CALVARIO DE LOS CIVILES ALEMANES EN POLONIA

En epígrafes precedentes hemos tratado ampliamente de las sevicias sufridas por las minorías alemanas en Polonia, antes de la ruptura de hostilidades, el 1 de Septiembre de 1939. Como ya hemos expuesto, a partir de la Primavera de 1939 una violenta campaña se desarrolló en la mayor parte de los sectores de la opinión pública polaca; como siempre ocurre, la llamada "opinión pública" no era más que un subproducto elaborado; en este caso, elaborado por los servicios del estado polaco. Esta campaña de odio fue llevada a cabo metódicamente en todas las capas de la población y en particular en los cuarteles y entre los miembros de las jóvenes formaciones paramilitares, que debía llevar a cabo una labor de terrorismo muy importante desde los primeros días de la guerra. Se trataba, pues, de una campaña de odio premeditado, alimentada con falsas noticias y excitaciones propagadas por el gobierno y por los servicios oficiales; campaña dirigida contra la minoría alemana instalada en Polonia desde hacía siglos y, de hecho, antes que los propios polacos. En una palabra, se trataba de una campaña que presentaba TODOS los caracteres de excitación al odio en razón de la pertenencia a un grupo étnico determinado. En efecto, esa campaña era racista según la interpretación dada por los leguleyos del Tribunal Militar de Nuremberg, toda vez que los alemanes residentes en Polonia eran de nacionalidad polaca; las cinco sextas partes de los mismos eran campesinos y los restantes que vivían en ciudades carecían de toda influencia social o política, lo que no podía decirse, por ejemplo, de los judíos residentes en el Reich cuando Hitler llegó al poder.

El resultado fue una orgía sistemática de personas asesinadas y torturadas únicamente en razón de su pertenencia racial, es decir, exactamente lo que el Tribunal de Nuremberg calificaría más tarde de genocidio. Los informes de las comisiones de encuesta de la Cruz Roja y de los Tribunales alemanes han fijado en 58.000 la cifra probable de muertos y desaparecidos que fueron ejecutados en poco más de una semana, entre la declaración de guerra y el 9 de septiembre. En noticia publicada por la agencia de noticias norteamericana "Associated Press", al final de la encuesta de la Cruz Roja Alemana, el 1 de febrero de 1940 el número de cadáveres identificados de alemanes que habían formado parte de la minoría alemana en Polonia se había elevado a 12.857. A esa cifra deben añadirse los 45.000 desaparecidos que, oficialmente, habían sido considerados como tales. Salvo rarísimas excepciones, esas personas deben ser consideradas como asesinadas al haber sido imposible encontrar rastros de las mismas. Los detalles de las diferentes deposicio-nes demuestran que el hecho de ser alemán y de hablar alemán servía para determinar la elección de las víctimas. Los alemanes residentes en ciudades de cierta importancia y que podían explicarse en polaco sufrieron incomparablemente menos que sus compatriotas de las zonas rurales. Las víctimas habían sido designadas, en muchísimas ocasiones, por medio de denuncias de sus vecinos polacos, y, particularmente, de las mujeres, "que llegaron a mostrar un odio y una histeria inauditas".[410] Las escenas de bestialidad polaca mencionadas por los testigos recuerdan, a menudo, la técnica del linchamiento, pero, en realidad, se injertaban sobre unas medidas de carácter más general, cuya iniciativa había sido tomada por el gobierno polaco. Atendiendo a las circunstancias, el gobierno de Moscicki y Beck había dado, por radio, la orden de que fueran detenidos, en masa, y sin orden judicial previa, todos los individuos de origen alemán, aún cuando su nacionalidad fuera polaca (lo que sucedía en un 99 por ciento de los casos) que se encontraran en territorio polaco y, muy en particular, los colonos agrícolas que formaban parte de la minoría étnica alemana instalada en Polonia desde el siglo XV. Esa orden, transmitida a todos los gobernadores regionales y a los alcaldes el mismo día 1 de septiembre de 1939, dos horas después de haber estallado la guerra entre alemanes y polacos, fue puntualmente ejecutada. Naturalmente, la suerte de los civiles dependía, en gran parte, de la catadura moral o del pasajero estado de ánimo del responsable polaco que se hiciera cargo de ellos.

Muchos alemanes fueron detenidos y llevados, sin darles tiempo a vestirse, a

---

[410] *"Les Crimes de guerre des Alliés"*, Maurice Bardèche.

las comisarías de policía. Una parte de ellos fueron conducidos al tristemente célebre campo de concentración de Bereza-Kartuska, en el Este de Polonia, desapareciendo prácticamente de este mundo. No se ha podido saber si fueron ejecutados por los polacos o capturados por los rusos cuando estos ocuparon una parte del país; en todo caso, desaparecieron como si se los hubiera tragado la tierra. Otra parte de los detenidos, tras serles tomada declaración en las comisarías, fueron invitados a regresar a sus domicilios, pero entonces empezó su verdadero calvario al ser maltratados, golpeados, heridos y, a menudo, lapidados en plena calle por grupos patrióticos polacos. Otra parte importante de los alemanes de Polonia fueron ejecutados sumariamente en ocasión de visitas domiciliarias de las autoridades o de unidades paramilitares polacas.

A menudo se pretendía que los alemanes disparaban contra la multitud polaca, e inmediatamente un grupo de alemanes eran acusados, llevados a rastras y abatidos a tiros o a golpes de hacha (este tipo de ejecución era muy corriente) y sus cadáveres abandonados en fosas comunes. Como ya hemos mencio-nado, la Comisión de Encuesta de la Cruz Roja Alemana logró identificar, al cabo de cuatro meses de intenso trabajo, a casi trece mil de esos desgraciados. Otros cuatro mil cadáveres quedaron sin identificar, aún cuando, según todos los visos de verosimilitud, también se debía de tratar de alemanes o de ucranianos, víctimas del populacho polaco. El tipo de heridas infligidas a las víctimas (tiro en la nuca; ojos reventados; cabezas rotas a martillazos, hachazos en el rostro o en la cabeza; destripamientos; amputaciones de miembros, etc) demuestra que esas ejecuciones tuvieron caracteres de linchamiento. Las ejecuciones regulares según "sentencia" de un tribunal, dictada apresuradamente, y bajo la aleatoria acusación de traición a la patria polaca, no llegaron a un centenar.

Aún cuando los abusos contra la minoría alemana tuvieron lugar en toda Polonia, las "massacres" colectivas más notables se llevaron a cabo en Jagerhoff, en Slonsk. en Jesuittersee y en Kleinbartelsee. En Jagerhoff, suburbio de Bromberg -donde ya la chusma polaca, el 30 de agosto, antes de empezar la guerra, había llevado a cabo una horrible matanza de civiles alemanes- la "massacre" empezó con el asesinato del pastor protestante Kutzer, padre de cuatro hijos, de tres a catorce años, todos los cuales fueron despedazados a golpes de hacha. A Kutzer se le acusaba de guardar armas en el presbiterio. Al no encontrarlas quisieron obligar al pastor a que manifestara dónde las había escondido, y para animarle a ello, empezaron por disparar un tiro en la nuca a su anciano padre octogenario. Luego, como hemos dicho, seguiría el pastor y sus hijos. Otros 35 alemanes de Jagerhoff fueron fusilados, tras haber sido apaleados, por un destacamento del ejército polaco.

El día siguiente, 4 de septiembre, 39 hombres pertenecientes a la minoría alemana de Bromberg y sus alrededores fueron asesinados por un destacamento regular del ejército polaco. La matanza se desarrolló junto a la orilla del lago de Jesuittersse, a 21 kilómetros de Bromberg.

Entre los hombres destinados a ser ejecutados se encontraban los alemanes Gustav Gruhl y Leo Reinhardt, de Zielonke, que, por fortuna, lograron escapar a la muerte. Según la deposición de estos testigos, en la madrugada del 4 de septiembre, hombres, mujeres y niños, supervivientes de las matanzas de Bromberg fueron obligados a emprender una larga marcha a pie a lo largo de la carretera de Lohensalza.

Las mujeres y los niños fueron separados de los hombres y éstos alineados y ametrallados. Al darse cuenta de que iban a ser ejecutados, algunos alemanes intentaron escapar, y Gruhl y Reinhardt lo lograron.[411] Otro grupo de alemanes igualmente procedentes de Bromberg, fueron también ametrallados junto al Jesuittersee al atardecer de aquel mismo día. La cifra que se ha dado es de 41: 39 hombres y 2 mujeres. Seis alemanes lograron escapar, aunque todos resultaron heridos. Esta segunda matanza de Jesuittersee revistió un grado de salvajismo superior a la primera. En efecto, los resultados de la autopsia demostraron que una de las víctimas, a parte de una herida de bala a quemarropa, recibió 38 bayonetazos, uno sólo de los cuales resultó mortal. Otra víctima pereció de un disparo en el ano; la salida del proyectil por la región superior del abdomen prueba que el desgraciado, sin hallarse estirado en el suelo, se encontraba en una postura inclinada, con el rostro hacia el suelo. Varias víctimas presentaban signos de haber sido heridas hasta 15 veces; la herida mortal era siempre un disparo. Una docena de alemanes murieron, según demostró el examen de sus pulmones, ahogados en el Jesuittersee;

---

[411] La actitud de esos alemanes que, al darse cuenta de que van a ser asesinados intentan huir y -en ocasiones- lo logran, nos parece más humana y, sobre todo, más lógica que la de los judíos de los llamados "Campos de la Muerte" nazis. En efecto, según la iconografía del pretendido Holocausto Judío, las víctimas se dirigían a las cámaras de gas entonando el Cantar de los Cantares. (N. del A.)

todos ellos habían sido torturados pudiéndose constatar, de modo incontestable, que se les habían reventado los ojos.

El Ministerio de Asuntos Exteriores del Reich publicó en 1940, un Libro Oficial sobre las atrocidades cometidas por los polacos contra los alemanes de Polonia. No aduciríamos ese documento como prueba de no mediar la circunstancia de que en él se citan repetidamente informes y rapports de la Cruz Roja Alemana y que tales rapports fueron luego reproducidos en la prensa de numerosos países neutrales, incluyendo los Estados Unidos. La Agencia Associated Press se hizo eco de los mismos.

Haría falta un volumen dedicado exclusivamente al tema de los abusos contra la minoría alemana en Polonia pero ello no es objetivo de este libro. Nos limitaremos a mencionar la deposición de Heinrich Krüger, campesino de Tannhofen, en la región de Posen (o Poznania, en polaco). "Mi hijo Heinz y sus amigos Willi y Heinz Schaffer y Albert Zittlau, que en un principio se habían escondido en nuestra granja, decidieron huir al esparcirse los rumores de que los soldados polacos recorrían las granjas de los ale- manes y fusilaban a todos los varones y, eventualmente, a las mujeres que se resistían a ser violadas. El 19 de septiembre, la esposa de Zittlau me dijo que había encontrado a su marido enterrado en un campo situado junto a la carretera de Rucewko. Me dijo que sólo la cabeza y un brazo emergían del suelo. Cerca de ese lugar se había encontrado el gorro de Willi Schaffer; suponiendo que los cuatro muchachos debían estar enterrados juntos me dirigí a aquel lugar en compañía de unos cuantos alemanes de nuestra aldea. Pronto encontramos la fosa en que yacían enterrados mi hijo, Zittlau y los hermanos Schaffer. Bajo los cadáveres, la tierra estaba impregnada en sangre; supongo que les mataron mientras se encontraban en la fosa y fueron enterrados a continuación. Mi hijo tenía el vientre completamente abierto y sus intestinos salían hacia fuera. Le habían quitado los zapatos, el reloj y la cartera. Heinz Schaffer también había sido destripado y además le habían amputado los órganos genitales. A los otros dos muchachos les habían abierto también el vientre, y, además, les habían vaciado las cuencas de los ojos".

Todos estos actos tomados aisladamente, constituyen flagrantes casos de asesinato, violencias y torturas susceptibles de causar la muerte y sevicias en primer grado. El conjunto de la operación, precisamente en virtud de su carácter específico, puede perfectamente entrar dentro de la categoría de Genocidio, pues la instigación a la violencia por parte de las autoridades legales polacas y, como mínimo, su abstención en impedir esos abusos están ampliamente demostradas. Tras la ocupación de Polonia por las tropas alemanas, un Tribunal establecido en Bromberg dio órdenes de busca y captura contra los autores de esos actos. El número de personas castigadas no llegó a la docena. No se dictó sanción jurídica alguna contra las autoridades polacas que, por acción u omisión, coadyuvaron a la comisión de tales delitos que, por ejemplo, el Tribunal de Nuremberg hubiera englobado bajo la denominación de genocidio.

La culpabilidad de las autoridades polacas, atestada por su orden radiada de proceder contra los alemanes de Polonia, está fuera de toda duda razonable. Culpables fueron, también, los gobernantes de Varsovia, de la creación de un clima delirantemente xenófobo, al que contribuyeron con la propagación de falsos infundios. Así, por ejemplo, el 3 de septiembre, Radio Varsovia anunció que el Santuario Nacional de la Virgen en Czestochowa había sido destruido por la aviación alemana. Czestochowa es a la tradición religiosa polaca lo que la Catedral de Santiago, o la Basílica del Pilar de Zaragoza a España, o Notre-Dame de Paris, a Francia. La indignación que la noticia produjo en Polonia fue inaudita y, entre otros abusos contra la minoría alemana se registra el del apaleamiento de los pastores protestantes alemanes internados en el campo de concentración de Bereza-Kartuska. Se constataron casos de religiosos con todos los dientes arrancados y la lengua cortada, en represalia por el bombardeo de Czestochowa. Fue esta la única ocasión en que los polacos se ocuparon de los casi 20.000 detenidos de ese campo, pues si algo ha trascendido de la suerte que corrieron esas pobres gentes es que durante las tres semanas que, aproximadamente -si dejamos a parte el tiempo empleado en liquidar el cerco de Varsovia- duró la campaña en Polonia, a los internados se los mantuvo a régimen de pan y agua. En todo caso, una cosa es cierta: el sacrosanto furor religioso de los apaleadores de pastores protestantes, aparte de injustificado, era totalmente gratuito. En efecto: al ocupar el territorio, las autoridades alemanas convocaron a representantes de la prensa de países neutrales, invitándoles a visitar el Santuario de Czestochowa, que nunca fue bombardeado y que, por consiguiente, no sufrió daño alguno. El bien conocido periodista L.P. Lochner, de la Associated Press, dio fe de ello, reproduciendo, incluso, unas declaraciones del Prior del Santuario, Norbert Motzlewsky, en el sentido de que los ocupantes alemanes observaban una conducta correcta con ellos y la población civil.

Creemos que se impone un inciso. Deseamos llamar la atención sobre el hecho de que las masacres colectivas que produjeron un más elevado número de bajas (80 en las dos masacres del Jesuittersee; 41 en Jagerhoff; 36 en Eichtorff, 58 en Torn, 104 en Tarnova y 53 en Kleinbartelsee) representan un índice muy bajo comparado con los 12.587 muertos oficiales e identificados, por no mencionar los otros 45.000 oficialmente desaparecidos y con toda probabilidad ejecutados y arrojados al Vístula. A nuestro juicio esto demuestra que los alemanes fueron ejecutados, no al por mayor, sino al detalle, y en toda Polonia, en sus domicilios o fuera de ellos. No se trató, pues, según toda presunción lógica, de aislados brotes de la chusma, sino de un movimiento general, tolerado, cuando no propiciado e incluso instigado por las autoridades legales polacas. La única masacre al por mayor se produjo en Bromberg pero -como ya hemos visto al tratar de los Crímenes contra la Paz- un día antes de que estallara la guerra; prueba suplementaria, a nuestro juicio, de que la matanza de Bromberg -6500 muertos según fuentes neutrales, y 10.000 según fuentes alemanas- fue algo deliberado y fríamente programado, y que aunque el autor material fueran las turbas polacas, los agentes provocadores posiblemente no fueran, siquiera, ciudadanos polacos.

EL ATAQUE A LA ESTACIÓN DE GLEIWITZ

Queremos referirnos, aún cuando sea muy someramente, al que sería -y empleamos, adrede, el condicional- el primer crimen de guerra de la II Guerra Mundial. El primero, cronológicamente, hablando.

Nos referimos al ataque a la estación de radio de Gleiwitz. El escritor húngaro Joseph Sueli refiere[412] el episodio de la siguiente manera: "La noche del 31 de agosto estaba escuchando Radio Gleiwitz, estación radiofónica alemana, justo al lado de la frontera polaca. Súbitamente, unos minutos después de medianoche, el programa musical se detuvo y unas voces excitadas anunciaron, en lengua alemana,

---

[412] J. Sueli, editor de la obra de Louis Marschalsko "*The World Conquerors*", en nota a pié página 81.

que la ciudad de Gleiwitz había sido invadida por formaciones polacas irregulares, que se dirigían hacia la estación de radio. Luego, súbitamente, se hizo el silencio. Continuó con la radio puesta y a las dos de la madrugada (ya, viernes 1 de septiembre) Radio Gleiwitz emitía en lengua polaca. Radio Colonia anunció que las tropas alemanas estaban rechazando a los atacantes de Gleiwitz. A las seis de la mañana, las tropas alemanas invadieron Polonia. Unos días después de estallar la guerra, leí un pequeño párrafo en la prensa inglesa, según el cual los alemanes aseguraban, entre otras cosas, que los polacos habían empezado, de hecho, la guerra, invadiendo Gleiwitz en las primeras horas de la madrugada del viernes 1 de septiembre".

He aquí la versión que, de los hechos, da el escritor antinazi y medio-judío H.S. Hegner: Heinrich Müller, alto funcionario de la Gestapo, había sido encargado (¿por Hitler?) de proporcionar el motivo oficial para declarar la guerra a Polonia. Un centenar de prisioneros de los campos de concentración alemanes fueron concentrados en la ciudad de Oppeln, cercana a la frontera polaca. Estos hombres fueron vestidos con los uniformes de las S.S. y colocados cerca de la frontera. Allí, fueron atacados, por sorpresa, por soldados alemanes, vestidos con uniforme polaco, que se precipitaron sobre los desgraciados prisioneros disfrazados de S.S. y les asesinaron. Una vez hecho esto se encaminaron hacia la frontera polaca y, de paso, prendieron fuego al puesto aduanero de Hohenlinde. A continuación, un supuesto agente de la Gestapo, llamado Naujocks, al mando de soldados alemanes disfrazados de miembros de una organización patriótica paramilitar polaca (que, por cierto, Hegner omite mencionar) atacaron la emisora de radio alemana de Gleiwitz. En esta operación hubo solamente un muerto, que oportunamente facilitó Müller. Era un prisionero que llevaba uniforme polaco y a quien se había dejado inconsciente por medio de inyecciones y que después fue ejecutado en el lugar de la acción[413].

Ahora, veamos qué dicen al respecto los alemanes:

"31 de agosto.- 4. Comunicación del Jefe de Policía de Gleiwitz. La radioemisora de Gleiwitz fue asaltada por tropas irregulares polacas que, de momento, lograron

---

[413] H. S. Hegner: "*El III Reich*".

ocupar la emisora. Los irregulares fueron desalojados por la policía fronteriza alemana. En la defensa resultó mortalmente herido un irregular.

"5.- Comunicación del Delegado de Hacienda de Troppau. En la noche del 31 de agosto al 1 de septiembre, la aduana de Hohenlinde fue atacada por irregulares polacos que lograron ocuparla; pero gracias a un contraataque de las tropas auxiliares (S.S.), los irregulares fueron desalojados"[414].

Si comparamos el texto de Hegner con el texto oficial alemán veremos que toda esta acción no tenía razón de ser si no era presenciada por nadie -nos referimos a nadie neutral- o si no eran fotografiados los S.S. disfrazados de polacos "irregulares". Debemos hacer constar que no existen fotografías al respecto. Por otra parte, en el antes citado documento oficial alemán se mencionan 44 actos bélicos efectuados por los polacos y en ninguno de ellos se cita la muerte de los S.S., según la versión de Hegner. Además, en el texto alemán se señala explícitamente que los asaltantes no vestían uniforme polaco, sino que eran tropas irregulares, tanto en Hohenlinde como en Gleiwitz. También, según los documentos alemanes, el puesto de Hohenlinde no fue incendiado, sino ocupado.

Si se comparan los dos textos, -el de Hegner y el oficial alemán- veremos que:

1).- Si los alemanes hubiesen disfrazado con uniformes de las SS a prisioneros y les hubiesen dado muerte después, no cabe la menor duda posible y razonable de que hubiera sido con el fin de dar a conocer el hecho, ya con fotografías, ya con documentos escritos. Ninguno de los dos relatos mencionados, ni los otros 43 que desde el 25 de agosto hasta el 1 de septiembre contiene el Libro Blanco Alemán, menciona que muriese un sólo hombre de las S.S.

2).- Los informes oficiales alemanes mencionan el carácter de tropas irregulares de los asaltantes, definiendo como tal el único muerto que se menciona, tanto en dichos textos como en el libro de Hegner. Es de pura lógica que si éste hubiese sido previamente "cocinado" por los servidos de la Gestapo -como pretende Hegner- también hubiese sido con el fin evidente de hacerlo público. De hecho, el único escritor aliadófilo que ha pretendido dar vida a esta rocambolesca historia de presos disfrazados de alemanes y de alemanes disfrazados de polacos es el semijudío Hegner. No existen, al respecto, versiones oficiales del bando aliado, ni en los libros

---

[414] Libro Blanco Alemán núm. 2, Documentos sobre los antecedentes de la Guerra. núm 470.

amarillos franceses, ni en el Libro Azul inglés, ni en las "Memorias" de Churchill. Las únicas versiones son debidas al precitado Hegner y a tres o cuatro autores más, que citan a Hegner. Resulta clarísimo que tropas irregulares polacas -sabiéndolo, o, más probablemente, sin saberlo el mando regular polaco- realizaron una incursión en territorio alemán y que ello constituyó, de hecho, y cronológicamente hablando, el primer CRIMEN DE GUERRA, pues crimen de guerra es utilizar tropas irregulares y, más aún, si cabe, atacar cuando aún no existe un estado de guerra. De todo este confuso asunto sólo emerge con claridad una cosa: que, en las horas que precedieron al rompimiento de hostilidades, hubo numerosos enfrentamientos entre irregulares polacos y regulares, o auxiliares, alemanes (S.S., FeldGendarmerie, policías de Aduanas, etc.) ... y que tales enfrentamientos tuvieron lugar en territorio alemán. No debe olvidarse que, según el aducido testimonio del húngaro Sueli, a las 12 de la noche se produjo "un" ataque a la estación de Gleiwitz y a las 2 de la madrugada Radio Gleiwitz emitía en lengua polaca; poco después Radio Colonia anunciaba que se estaba rechazando el ataque. En cambio, el comunicado oficial alemán mencionaba, como hora del ataque, las 9 de la noche del 31 de Agosto, mientras Hegner afirma que fue a las 8. ¿Por qué no menciona el comunicado alemán el ataque de la madrugada del día 1 de septiembre? Nos inclinamos a suponer que, cuando en vísperas de una guerra se registran 44 acciones bélicas a lo largo de un frontera tan larga como la germano-polaca de 1939, una ha podido omitirse, especialmente si se ha producido, por repetición, en un mismo lugar. Hemos querido dar especial relieve a esta acción de Gleiwitz- Hohenlinde porque la versión de Hegner, luego reiterada por otros autores que le citan, ha pretendido ser incorporada a la Historia por el conocido sistema publici- tario de la repetición sistemática, en detrimento de la Historia real.

MANDEL, ASESINO DE PRISIONEROS

Jeroboam Rothschild (a) Georges Mandel, Ministro del Interior en el Gabinete de Paúl Reynaud fue, según la cronología, el primer responsable directo del asesinato de prisioneros de guerra. En efecto, pese a que las Convenciones de Ginebra y de La Haya autorizaban el uso de soldados paracaidistas en una guerra regular, Mandel hizo promulgar un decreto-ley, por el procedimiento de urgencia según el cual se consideraría "francotiradores" a los paracaidistas. Los alemanes habían empleado con éxito a sus paracaidistas en la campaña de Noruega, y el Sr. Mandel decidió amedrentar a los paracaidistas alemanes, en caso de ser utilizados en la campaña de Francia.

Como el Ejército Alemán no utilizó a sus unidades de paracaidistas en la guerra contra Francia, Mandel no quiso privarse del lujo de ser el primer ejecutor de prisioneros de guerra, y dictó otra ley, según la cual los pilotos de los aviones de caza que fueran capturados en la retaguardia francesa serían, también, considerados "paracaidistas", si habían saltado en paracaídas para sal- var su vida. De este modo, fueron ejecutados un cierto número de pilotos alemanes cuyos aviones fueron derribados en suelo francés. Según Rebatet, "un par de docenas"[415] y unos 20 según el Coronel Alenne[416].

Unas palabras más sobre éste, cronológicamente hablando, primer ejecutor de prisioneros de la pasada guerra mundial Como ya hemos visto al ocupamos de los "crímenes contra la paz", Mandel fue uno de los hombres que más trabajaron para que estallara la guerra. Teóricamente situado a la derecha de lo que se ha dado en llamar el "espectro político", fue virulentamente combatido por los medios derechistas franceses de la pre-guerra, que le acusaron, con harta razón, de belicista. Como Ministro de Telégrafos y Comunicaciones en 1936-38 se hizo notar por la instalación de las llamadas "mesas de escucha", registrando las conversaciones telefónicas de sus colegas políticos, tanto de derechas como de izquierdas. Esto le permitió ser el hombre mejor informado de Francia, acusándosele de obtener todos los cargos que ansiaba merced al recurso del chantaje. Al estallar la guerra, su celo depurador se hizo notar en una serie de medidas administrativas contra los franceses que tuvieran el mal gusto de no opinar como él. En junio de 1940 ordenó detener, acusándoles de germanofilia (un delito no previsto por el Código Penal Francés) a los redactores de la revista *Je suis partout*, que se oponían a la guerra "por Dantzig".

El Conde Thierry de Ludre, colaborador de dicha revista, desapareció en el curso de un traslado de prisión, "abatido, según se afirmó, por sus guardianes, quienes

---

[415] Lucien Rebatet: "*Les Décombres*", Omnia Veritas Ltd.
[416] J. Alenne: "*Les causes militaires de notre défaite*".

habían recibido órdenes muy estrictas, en tal sentido, del propio señor Ministro del Interior"[417]. La casi totalidad de los periodistas franceses de aquella época acusaron a Mandel de "haberse vengado atrozmente del Conde de Ludre, fustigador implacable de los belicistas". Por cierto que la muerte del Conde de Ludre, aplicándosele la tristemente famosa "ley de fugas" sobrevino pocos días después de la matanza de Abbeville, en el Norte de Francia, donde, por orden directa de Mandel fueron fusilados 21 detenidos belgas y franceses ("rexistas" de Degrelle, nacionalistas franceses e incluso apolíticos opuestos a la entrada de su país en la guerra) tras ser apaleados y pinchados con las bayonetas. Entre los muertos se encontraba el diputado belga Jan Rijkoort y Joris Van Severen, el "inventor" del Benelux *avant la lettre*, como primer paso hacia una "Europa de las patrias carnales". Mandel huyó a Argelia tras el armisticio Franco-Alemán, pero allí fue detenido por orden personal del Mariscal Pétain y conducido a Francia, donde fue procesado y encarcelado. Cuando los alemanes invadieron la zona sur de Francia, en noviembre de 1942, le detuvieron, enviándole al campo de concentración de Oranienburg, y luego a la prisión bávara donde se encontraba su amigo y correligionario León Blum. Laval, que había prometido a un lloroso Mandel que nunca le entregaría a los alemanes, logró que estos le devolvieran al gobierno de Vichy, pero Mandel nunca pudo llegar a la Zona Libre, pues, tal como le sucediera a Thierry de Ludre, fue muerto a tiros por los *miliciens* de Vichy, encargados de su custodia, en el curso de un traslado de prisión, en la carretera de Fontainebleau. Este fue el trágico final del primer linchador legal de prisioneros en la Seguna Guerra Mundial.

VARSOVIA Y ROTTERDAM, O LA GUERRA DE FRANCOTIRADORES

Mientras huía a Inglaterra, el gobierno polaco ordenó al mando militar de Varsovia que resistiera "hasta el último hombre". Cómico, si no fuera trágico.

El gobernador militar de la plaza repartió armas entre numerosos civiles y, además, fortificó la ciudad. El mando alemán, a Fin de ahorrarle inútiles sacrificios a la población civil, pidió la capitulación de Varsovia. Durante 8 días las fuerzas alemanas que cercaban la capital polaca apenas hostigaron a los defensores. Por

---

[417] Henry Coston:"*Dictionnaire de la politique française*". pg. 660.

fin, y tras una última advertencia del propio Hitler, desoída por el gobernador militar de Varsovia, el Führer ordenó que la capital polaca fuera tomada a sangre y fuego, haciendo responsable de los sufrimientos de la población civil al citado gobernador. El 26 de septiembre la Luftwaffe arrojó volantes sobre Varsovia pidiendo que los sitiados se rindieran, y dando 3 horas suplementarias de plazo. Ante la nueva negativa polaca, esa misma noche se inició el ataque directo que culminó con la capitulación, dos días más tarde. Al concertar ésta, Hitler dejaba a salvo "el honor militar de su adversario que había sucumbido tras luchar valerosamente". Se permitió a los jefes y oficiales polacos conservar sus espadas y a la tropa se la dejó en libertad después de desarmarla. A los civiles que fueron capturados con armas en la mano se les perdonó la vida en todos los casos, pese a que, de acuerdo con las leyes de la guerra, sancionadas por las Convenciones de Ginebra y La Haya -de las cuales eran firmantes la mayoría de los países civilizados, incluyendo Polonia- podían ser fusilados en el acto. Y ello es comprensible. La guerra es asunto de soldados. Si uno de los contendientes involucra a sus propios civiles en la lucha y permite que, amparándose en su condición de tales, que les hace irreconocibles a los ojos de los soldados adversarios, tomen las armas contra los mismos, será responsable de lo que a tales civiles pudiera ocurrirles. Quien utiliza a sus civiles como parapeto no tiene ningún derecho a quejarse por lo que le ocurra a tal parapeto. Todos los Códigos de justicia militar de todos los países del mundo -y no sólo de la Alemania nazi- consideran "francotirador" al civil emboscado, e incluso provisto de un brazalete, que empuña las armas contra sus soldados.

El episodio de Varsovia se repetiría, unos meses más tarde, con ocasión del ataque alemán a la ciudad holandesa de Rotterdam, la cual había sido igualmente fortificada y muchos de sus civiles armados para resistir al ataque de la Wehrmacht. Los mass media armaron un alboroto infernal a propósito del bombardeo terrestre de Rotterdam, olvidando que fue el gobernador militar de esa plaza, siguiendo órdenes de su gobierno -que, con la Reina Guillermina al frente había huido a Londres- quien ordenó fortificarla y distribuir armas cortas entre los civiles que lo solicitaran. Sólo unos 3.000 civiles se avinieron a tomar las armas, pero no se produjo ninguna ejecución de francotiradores, pese a que las leyes de la guerra autorizaban a ello a los alemanes. Sí, es cierto, en Varsovia y en Rotterdam hubo crímenes de guerra, pero quienes los cometieron no fueron los "malos" sino los "buenos", y las víctimas fueron los soldados alemanes abatidos por los francotiradores, y los civiles inocentes y desarmados que recibieron las bombas que los alemanes debieron arrojar sobre dos ciudades cuyos gobernadores militares decidieron convertirlas en fortalezas.

LA GUERRA DEL HAMBRE

Hasta 1939, la Gran Bretaña, debido a su situación geográfica, gozaba de un privilegio único: era, de todas las naciones europeas, la única que podía hacer la guerra sin jugarse su propia existencia. Además, y en virtud de las posiciones que, gradualmente, había conseguido ir ocupando en el todo el mundo - por otra parte totalmente inexpugnables a sus vecinos e inaccesibles a potencias de primer rango- se sentía perfectamente capaz de continuar indefinidamente sus actividades comerciales mientras durara la lucha. Por otra parte, la élite dirigente inglesa (que existía con plena vigencia fáctica pese a su empaque de gran matrona democrática reservado para la galería de paletos mundiales) sabía perfectamente que Inglaterra, sola, era incapaz de ganar una guerra en Europa. Inglaterra siempre había necesitado dos frentes: uno, marítimo, del cual se encargaba ella sola, y otro continen- tal, que exigía el concurso de potencias aliadas. De estos dos principios deriva la diferencia entre la manera inglesa de concebir las guerras (insistimos, hasta 1939, en la Edad Pre-Atómica) y la de las otras naciones. Para Londres, tanto en 1914-18 como en 1939, la situación particular de Francia, cuyo campo de acción, desde el Mar del Norte hasta Suiza, la convertía en un asociado de segundo rango, por no decir un auxiliar, obligaba a ésta a plegarse a las concepciones inglesas de la guerra.

Según tales concepciones, la verdadera misión de los ejércitos consiste en concurrir a la parálisis, al bloqueo, a la asfixia del enemigo. Los ejércitos terrestres deben completar, a su manera, la acción marítima, económica, política y psicológica del bloqueos reprimiendo brutalmente y por todos los medios, toda tentativa de las fuerzas adversarias de romper el cerco. Esa tarea ingrata y absorbente, Inglaterra siempre la dejaba a sus aliados, mientras ella, gracias al dominio de los mares, continuaba desarrollando sus actividades comerciales y acumulaba sus ganancias, al quedarse, sin disparar un solo tiro, con los mercados ultramarinos de sus rivales.

Así comprendida, la guerra se convertía en una especie de coerción, llevada a cabo utilizando toda clase de medios, entre los cuales la desmoralización del adversario figuraba en primer lugar, toda vez que se atacaba, de tal guisa, menos a sus soldados que a las familias de los mismos. Inglaterra deducía su estrategia político-militar de su situación geográfica y de sus circunstancias. No en vano Hausshoffer, el padre de la Geopolítica, hace constantes referencias a Inglaterra. Su estrategia se basaba sobre ventajas geográficas y marítimas excepcionales, así como sobre sus inmensas posibilidades industriales y financieras y, *last but not least*, sobre la red de influencias políticas que, gracias a la Masonería, había tejido en todo el mundo.[418]

Insulares y coloniales, los ingleses razonaban apoyándose en el dogma de la inviolabilidad de su país, basándose en el prejuicio -bastante bien fundado- de su omnipotencia marítima, comercial y financiera. Nunca perdían de vista el Mapamundi. Para ellos Europa no era más que una pequeña parte de este Globo del que controlaban una gran parte de los recursos inmediatamente ex- plotables; una pequeña parte, en suma, menor que el Canadá o Australia, por no mencionar la India. Desde siempre -o, al menos, desde el Siglo XV- las élites dirigentes de esa llamada "Democracia" miran a Europa por encima del hombro y no acaban de comprender que los estados de que Europa se ha compuesto en el transcurrir de los tiempos hayan podido emitir la pretensión de substraerse a su voluntad. Detentores de riquezas inextinguibles, dueños de las encrucijadas del mundo (Islas Normandas, Gibraltar, Malta, Chipre, Port-Said, Suez, Socotra, Ceylán, Hong-Kong, Singapur, Aden, El Cabo, Belize, las Malvinas), viviendo opulentamente de la substancia de inmensas po- blaciones (unos setecientos millones de habitantes), inspirando o imponiendo su política a una docena de naciones europeas, habían edificado sobre estos privilegios inauditos una estrategia que ellos consideraban infinitamente superior a la de los países desprovistos de posibilidades similares a

---

[418] La alianza anglo-masónica es algo probablemente indemostrable pero no por ello menos evidente. Desafiamos a que se nos cite un sólo franc-masón de alto rango que no haya sido anglómano o, en todo caso, que no haya servido los intereses de Inglaterra, hasta 1939, momento en que habiendo logrado forzar al gobierno inglés a que declare una guerra idiota y contraria a sus intereses, la alianza secular se rompe de hecho. En nuestra obra "*El Enigma Capitalista*" comentamos con cierta extensión este fenómeno de la colusión anglo-masónica. (N. del A.)

las suyas.

Que una nación pobre, sin colonias, exclusivamente continental como Alemania, tan manifiestamente inferior en materias primas, se vea reducida, en caso de guerra, a buscar una decisión sobre el campo de batalla, -y una decisión rápida, además-, es algo que aparece, ante esos mercachifles, como un signo de irremediable debilidad. Si pretende vencer y alzarse a un rango prioritario, una tal nación. Alemania, en este caso, no tiene otro recurso a su alcance que derrotar rápidamente a los aliados continentales de Inglaterra. Puede ser que lo logre, pero Inglaterra, más allá de Europa, en medio del mar, se halla al abrigo de toda sorpresa. Un gran imperio mundial no puede hallarse sujeto a los expedientes de soluciones forzadas. Un imperio como el suyo escapa a las contingencias. Sus actividades marítimas y comerciales nunca podrían ser alcanzadas. La guerra la declarará Inglaterra, pero -sin querer menoscabar el heroísmo de marinos y aviadores británicos- la guerra de verdad la "hará" Francia. Y, eventualmente, como ya hemos visto al tratar de los "crímenes contra la paz", con Francia o después de Francia la harán otros: noruegos, belgas, holandeses, griegos, yugoeslavos,... "Luego" -pensarán las élites dirigentes inglesas- "la harán otros, como Rusia, por ejemplo...". Error. Craso error. No hay tal "Rusia". Lo que hay es la URSS. Y ésta lucha por sí misma y por el Comunismo Mundial[419]. En cuanto al "pariente pobre de allende el Océano", como dijera Lord Asquith, que ha dejado de ser "pobre" para convertirse en un ricachón "parvenu", el clásico advenedizo para los aristocráticos dirigentes de Londres, también luchará, pero no por Inglaterra, ni siquiera por sí mismo, sino por las Fuerzas que inspiran y mueven a su primer mandatario, Roosevelt. Pero eso no lo saben, todavía, los políticos de Londres. Tradicionalistas a ultranza, toman al pié de la letra las lecciones de la Historia. De su Historia. Sus historiadores son unánimes en reconocerlo: la guerra sólo interesa a Inglaterra como un negocio lucrativo. La Gran Bretaña no se bate más que para afirmar sus posesiones y adquirir otras nuevas. Su ascenso al rango de superpotencia fue, en sus comienzos, el resultado de una serie de empresas privadas, animadas o patrocinadas más o menos abiertamente por el Estado... empresas a las que nadie niega, al otro lado del Canal

---

[419] ... aún cuando el Comunismo Mundial no sea mas que otra herramienta de los poderes fácticos. Nuevamente debemos remitirnos a nuestra obra "*El Enigma Capitalista*", Omnia Veritas Ltd. (N. del A)

de la Mancha, que tuvieron un neto carácter de piratería. Se trataba de llevar a cabo, a cañonazos, operaciones comerciales de las que se esperaban obtener substanciosos dividendos. Expulsar de los mares a los pabellones extranjeros, despojar a Portugal, a España, a Francia y a Holanda de sus posesiones ultramarinas no era, para los marchantes británicos más que una manera más radical, más expeditiva de suprimir la competencia y de encaminarse hacia el monopolio del tráfico marítimo y colonial. El meollo de la cuestión consistía en lograrlo con los menores riesgos y, sobre todo, con los menores gastos posibles. Sólo se recurría a la batalla cuando era imposible obtener mejores resultados con la intriga, la amenaza o el chantaje. Es preciso reconocer que soberanos y parlamentos, armadores y negociantes, corsarios, piratas y mercaderes ingleses demostraron, durante tres siglos, en la búsqueda de soluciones a esos problemas utilitarios, si no honradez, al menos una unidad de puntos de vista y una constancia a las cuales debe su patria el predominio que hasta 1939 detentó y - lo que es más singular y sorprendente - su prestigio ante sus propias víctimas.

Las élites dirigentes inglesas, hasta 1939, haciendo abstracción de toda ley humana o divina que pudiera oponerse a sus designios, edificaron toda su estrategia sobre un bloqueo del enemigo organizado a la medida de sus medios: bloqueo gigantesco, multiforme, englobando, cuando fuere necesario, toda la Tierra. Esas élites dirigentes, se hacían de los derechos de Inglaterra como beligerante una concepción altanera y simple, resumida en este orgulloso e inmutable sofisma: "los ingleses combatimos para la defensa de la Civilización contra la Barbarie y nuestra victoria significará la libertad de todos los pueblos; por consiguiente, todos los pueblos deben ayudarnos a conseguirla, bajo pena de perder su independencia".

Esa tradición de éxitos debía necesariamente marcar a los gobernantes ingleses, que afrontaron la guerra, en 1939, con las mismas disposiciones estratégicas de siempre. Y así, el 4 de septiembre, es decir, un día después de haber declarado la guerra al Reich, el gobierno británico hacía pública una lista de "mercancías prohibidas". Esta lista, extraordinariamente amplia, contenía un gran número de objetos destinados al uso de la población civil. La lista fue entregada por todos los embajadores británicos acreditados en países extranjeros, sin una sola exclusión. Mayestáticamente, el gobierno inglés, en contra de todas las disposiciones del Derecho Internacional, declaró contrabando de guerra, toda clase de alimentos y forrajes, toda clase de artículos de vestir, así como todas las materias primas y objetos que se utilizan para su producción. Si recordamos que, como mencionamos al tratar de los "crímenes contra la paz", Inglaterra recibió, de la América de Roosevelt no sólo alimentos sino incluso fusiles y hasta...

¡50 destructores!, se nos aparecerá en toda su crudeza el arrollador cinismo de esa conducta. Mediante una brutal violación del derecho de gentes y del Derecho Internacional, consiguió, así, el gobierno inglés, la posibilidad de controlar e incautar arbitrariamente los alimentos y forrajes que Europa no podía producir en cantidad suficiente para el sostenimiento de toda su población y que, por consiguiente, debía importar de Ultramar. Al mismo tiempo, ese gobierno inglés afirmaba que luchaba por la libertad y contra la fuerza, y esperaba que el mundo creyera estas palabras, en abierta contradicción con sus actos. ¡Y el mundo lo creyó! Al menos una buena parte del mismo, por cuanto los mass media así lo pregonaron con impar cinismo.

El 5 de septiembre de 1939, se creaba en Londres un "Ministerio de la Guerra Económica", cuyas bases teóricas debían, forzosamente, estar establecidas desde mucho tiempo antes, es decir, desde mucho antes de estallar la guerra, pues un ministerio no se improvisa en 48 horas en ningún lugar del mundo, y mucho menos en Inglaterra, país que ha hecho del empirismo y de la cauta prudencia verdaderas virtudes nacionales.

Este tipo de "guerra económica" es contrario al espíritu y a la letra de las Convenciones de Ginebra y La Haya, que prevén muy claramente, entre otros conceptos, que la guerra sólo la harán los soldados contra los soldados; es decir, ejércitos regulares contra ejércitos regulares en las zonas de combate. Y no sólo contravenían los gobernantes británicos las convenciones sobre la guerra, sino también sobre las relaciones con los países neutrales. En Inglaterra se estaba convencido de que para privar al pueblo alemán de los suministros ultramarinos era necesaria la más estrecha vigilancia de todos los estados neutrales. A tal efecto, los neutrales debían ser obligados a adquirir las mercancías indicadas en la lista de contrabando inglesa, sólo para la propia producción y el propio consumo ulterior en Alemania. Por ello, numerosos países neutrales fueron obligados -cediendo a toda suerte de presiones- a permitir órganos ingleses de vigilancia de sus relaciones comerciales y a reconocer un severísimo control de su comercio interior y exterior por los ingleses. Se hicieron famosas las llamadas "listas negras": listas negras de empresas que se sospechaba comerciaban con Alemania; listas negras de empresas en cuyo Consejo de Administración figuraba algún alemán; listas negras de productos que no se podían vender, no ya a Alemania, sino a nadie, exceptuando Inglaterra... y, más tarde los Estados Unidos y la URSS.

El ex-Presidente norteamericano, Hoover, había elaborado un plan, conforme al cual serían abastecidas de alimentos básicos (especialmente carne, trigo y cereales), las poblaciones civiles de Holanda, Bélgica y Francia, antiguos países aliados de Inglaterra. El ex-Presidente americano aseguró que no deseaba lesionar los intereses británicos y que se trataba únicamente de pre- servar del hambre a muchos millones de europeos, especialmente niños, que pagaban las consecuencias de la guerra. Pero el gobierno de Roosevelt rechazó este plan sin ningún escrúpulo moral; el Presidente norteamericano afirmó que había recibido una visita del embajador británico manifestándole que el Imperio consideraba el Plan Hoover como lesivo a los intereses de Inglaterra.

El Ministro de la Guerra Económica, Cross, [420] descubrió, en unas manifestaciones suyas publicadas en el *Times*[421] la verdadera finalidad del bloqueo por hambre de los países ocupados por Alemania. "El bloqueo" -declaró fríamente- "será tanto más humano cuanto más completo, pues así, la guerra será más corta y se derramará menos sangre. Alemania se veía obligada a contribuir a alimentar a la población de los territorios ocupados, debilitándose de esta manera". Es decir, Inglaterra abandonaba fríamente, despiadadamente, al hambre, a sus antiguos aliados, a fin de que Inglaterra pudiera conservar su posición de preeminencia en el plano político.

Hasta qué punto tenía que pasar hambre Bélgica se deduce, de manera puramente estadística, de los datos oficiales belgas[422] sobre las importaciones y exportaciones de algunos productos alimenticios más importantes en Bélgica, sólo dos años antes de empezar la guerra, en 1937: Trigo: 1.053.000 Tm. Cebada: 431.000 Tm. Maíz: 914.000 Tm. Azúcar. 40.000 Tm. Queso, 23.000 Tm. Alemania contribuyó en la ayuda alimenticia a Holanda, Bélgica, Francia y otros países ocupados, pero la medida, ciertamente, fue insuficiente. No se pueden calcular las

---

[420] Verdadero nombre, Arthur Crossman, sionista. (N del A.)
[421] *"The Times"*, Londres, 4-XII-1940.
[422] Encyclopédie Larousse: *"Belgique, 1937"*.

muertes por inanición que se produjeron en Europa por culpa de la inhumana política del bloqueo continental inglés, pero no es arriesgado aventurar que fueron varias decenas de miles. También es incalculable, pero cierto, el efecto que la desnutrición debió ejercer en la multiplicación de taras y enfermedades degenerativas así como el empobrecimiento general de la salud de sucesivas generaciones. Por otra parte, la medida del bloqueo por hambre, tuvo efectos militares muy relativos y, en cualquier caso, desproporcionadamente bajos si se tienen en cuenta los medios puestos a disposición del "Ministerio de la Guerra Económica".

Donde, en cambio, sí produjeron efectos positivos las medidas de ese insólito "Ministerio" fue en la guerra contra los neutrales. Así, por ejemplo, desde el 3 de Septiembre de 1939 hasta finales de 1942, la Marina Real Bri- tánica se apoderó, en nombre de la Lucha por la Libertad, de 9.875.000 toneladas de buques pertenecientes a 24 países neutrales, que se habían arriesgado a intentar comerciar con Alemania, pese a la prohibición inglesa.[423] Unos 1.200 buques -cuyas mercancías fueron decomisadas por Inglaterra- que sirvieron a la Gran Bretaña, durante la contienda. Dichos buques fueron devueltos después de la guerra, exceptuando los que no fueron hundidos por los alemanes, es decir, casi la mitad de ellos. Ese espectacular aumento de la flota mercante británica, por el aleatorio sistema de la moderna piratería, resultaría, sin duda, decisivo en la guerra.

También son imputables al insólito "Ministerio de la Guerra Económica" las medidas tomadas contra la República de Irlanda, Al negarse el gobierno irlandés a poner a disposición de Inglaterra sus puertos y sus costas para el establecimiento en las mismas de bases militares inglesas, Churchill ordenó a Cross (a) Crossman, a principios de enero de 1941, que controlara todas las importaciones y exportaciones irlandesas y suspendiera el envío de cereales, carnes y materias primas a los recolectantes de Irlanda, que no parecían comprender que Inglaterra luchaba por la Libertad y el Derecho. Estas medidas provocaron el hambre en Irlanda, y, como consecuencia del mismo, una renovada corriente emigratoria hacia los Estados Unidos, que alcanzó su cota máxima en 1942.

* * *

---

[423] J. Alerme: *"Stratégie Anglaise"*, pg. 45.

El Presidente Roosevelt fue, casi, tan culpable como Churchill y su gobierno, de la extensión del hambre a toda Europa, por lo menos en el periodo comprendido entre la ruptura de hostilidades y la entrada de los Estados Unidos en la guerra tras la encerrona de Pearl Harbour. Evidentemente, Roosevelt, al igual que Lord Halifax - que, poco después de empezar la contienda fue nombrado embajador inglés en Washington, consideraba como falso humanitarismo organizar en Bélgica y en Francia cocinas colectivas para 3 millones de mujeres y niños hambrientos. Roosevelt no podía ignorar que los agricultores de los Estados Unidos, debido a la ilegal política inglesa de bloqueo, tenían que quedarse con sus reservas, y que les hubiera resultado sumamente agradable poder colocar en Europa una parte de su sobrante mediante acciones de socorro, y aunque fuera a vil precio. Más vale, ciñéndonos a términos puramente económicos, un precio vil que dejar que los productos alimenticios se pudran por falta de consumo. Pero Roosevelt no quiso saber nada, ni siquiera cuando la Cruz Roja Francesa, por intermedio del Comité Internacional de la Cruz Roja, pidió a Roosevelt que autorizara la compra de grano en su país. El 8 de marzo de 1941, el Presidente Roosevelt dijo, en un mensaje radiado lo siguiente: "Los productos de la agricultura de los Estados Unidos son suficientes para sus propias necesidades y para lo que necesitan los amigos de América en otros países. Para los demócratas se puede producir, y los otros, los no demócratas pueden morirse de hambre".[424] Era típico de Roosevelt, como de Churchill, cargar sus culpas a hombros de los demás, desviando la responsabilidad por las privaciones y el hambre que sufría la población en los países ocupados, y atribuirla a Alemania, sustrayéndose así a los reproches y acusaciones de una Humanidad doliente, utilizando, al mismo tiempo, estos sufrimientos como propaganda, y engañar, al mismo tiempo, al pueblo americano sobre la verdadera situación. Pero ni en la forma ni en el fondo puede existir la menor duda de que al gobierno inglés y al Norte-americano les corresponde toda la responsabilidad por la inhumana guerra de hambre contra millones de europeos, aún cuando las cajas de resonancia de los mass media soslayaran este hecho indiscutible.

Para terminar con este tema, examinémoslo desde el punto de vista legal, es

---

[424] Citado por Paul Hartig: "*El Humanitarismo de la Guerra Británica de Hambre*". Confirmado por el americano Dan Smoot: "*The Invisible Government*".

decir, de la legislación vigente en Derecho Internacional, en la época que nos ocupa: Alemania, según el artículo 43 de la ordenación de La Haya sobre la guerra terrestre, sólo está obligada a restablecer y mantener el orden público y garantizar la vida de los ciudadanos en los territorios ocupados, pero no a alimentar a la población con sus propias reservas. Es más, según el artículo 52 de la misma Ordenación, el ejército alemán de ocupación estaría autorizado a reclamar para sí, en proporción adecuada a sus efectivos, parte de las provisiones del país. Sin embargo, las tropas alemanas, por lo menos hasta 1942, se alimentaron con víveres traídos de Alemania. Debe tenerse también muy en cuenta, que los ejércitos inglés, francés y belga en fuga, destruyeron numerosos depósitos de víveres... Francia, Bélgica y Holanda, en fin, eran países habituados a cubrir su déficit de productos alimenticios por vía marítima. Confiando en Inglaterra, la Reina de los Mares, dejaron de hacer autarquica su economía, y pagaron su confianza con el hambre, las privaciones y la miseria. Un sólo ejemplo entre las docenas que se podrían citar:

En enero de 1941, el mercante francés "Mendoza", con cargamento de medicamentos que el Gobierno de Vichy había comprado en la Argentina, y que destinaba a la población de Francia no ocupada, intentó atravesar el Océano Atlántico desde Sudamérica. Primero fue detenido por un buque auxiliar inglés dentro de las aguas jurisdiccionales uruguayas, pero se le permitió continuar el viaje; pero dos días después, a 5 millas y media de la costa brasileña, es decir, dentro de la zona de seguridad panamericana, fue apresado y los ingleses se incautaron del buque y de la carga. Los ingleses sabían muy bien que el "Mendoza" transportaba víveres y sobre todo medianas para mujeres y niños de la Zona No Ocupada. Sabían que respecto a la distribución habían sido dadas todas las garantías por parte de la Cruz Roja Americana.[425]

CRÍMENES NAVALES

El 3 de septiembre de 1939, la inferioridad naval alemana con respecto a Inglaterra y Francia, era considerable. La flota inglesa contaba con 272 barcos de primera línea y 400 barcos de segunda línea, mientras la francesa contaba con 99

---

[425] "*Le Petit Parisien*", 16-1-1941.

barcos de primera línea y 180 de segunda. La flota alemana se componía, con todo, de 54 naves. En cuanto a submarinos, Inglaterra y Francia totalizaban 135, contra 57 de los alemanes. Ante tan aplastante diferencia de fuerzas a su favor, las democracias occidentales escogieron el mar como primera línea de batalla, y tal como acabamos de ver en el epígrafe anterior, montaron un sistema de bloqueo absoluto contra Alemania, para impedir que recibiera víveres y materias primas. La respuesta de Alemania al bloqueo total que sufría en el mar fue un bloqueo parcial de las rutas marítimas inglesas. Que ese bloqueo era parcial estaba impuesto por la necesidad y por razones, diríamos, físicas. 54 barcos y 57 submarinos no pueden bloquear a casi 700 barcos de guerra y 135 submarinos; al menos, no pueden ejercitar un bloqueo total. Pueden llevar a cabo, haciendo verdaderos prodigios de habilidad y heroísmo, un bloqueo parcial muy eficaz, y de ahí no se puede pasar, porque la realidad tiene sus derechos y los hechos son tozudos.

Y hablando de hechos: en el momento de empezar la guerra, de los 57 submarinos alemanes, sólo 27 eran capaces para efectuar largos recorridos y de operar en acciones contra Inglaterra. Y como por cada submarino en acción había dos en "punto muerto" (ya camino de la base para reabastecerse de torpedos, combustibles y alimentos, ya en camino hacia las rutas navales británicas) solamente 9 sumergibles se hallan diariamente en acción de guerra. Esto, repetimos, al principio, porque luego la producción de submarinos se incrementó notablemente. Prácticamente, el primer éxito de los submarinos alemanes en el decurso de la II Guerra Mundial se obtuvo contra el portaaviones inglés "Courageous", hundido el 18 de septiembre de 1939 por el Capitán Schuhart Poco después, el 13 de octubre, el sumergible del capitán Prien logra entrar en la base británica de Scapa Flow y hunde al acorazado "Royal Oak", logrando, luego, escapar hacia su base.

En la Convención de La Haya se había estipulado que los buques mercantes que fueran avistados por un navío enemigo, debían detenerse, abstenerse de utilizar la radio, dando su posición, y permitir que los tripulantes del navío enemigo subieran a bordo para proceder a una inspección de la carga. Si dicha carga era material de guerra o minerales estratégicos, el navío mercante seria hundido y su tripulación tomada a cargo por el buque de guerra adversario, o colocada en botes salvavidas, avisando por radio que buques neutrales o amigos que se encontraran por aquellos parajes pasaran a hacerse cargo de los náufragos. En caso de llevar carga de interés no militar, el buque mercante debía continuar la marcha absteniéndose de mencionar, por radio, el hecho, en las próximas 6 horas. En todo caso, los navíos mercantes debían viajar desarmados.

Pero, desde el primer día de la guerra, la flota mercante británica quedó bajo las órdenes directas del Almirantazgo Inglés, lo que se pudo, incluso, comprobar documentalmente, al ocupar los Archivos Conjuntos Inter-Aliados en La Charité-Sur-Loire (Francia). "Con ello, los ingleses renunciaban implícitamente a la protección que concedía a los mercantes el Derecho Internacional".[426] Además, los mercantes ingleses fueron armados, no sólo con cañones y ametralladoras antiaéreas, sino con cargas de profundidad, elementos de lucha puramente ofensiva. Finalmente, los capitanes de los buques mercantes ingleses recibieron órdenes de comunicar, inmediatamente, por radio, la posición de los submarinos alemanes que se les acercaran, así como de navegar, por la noche, con todas las luces apagadas.

El 1 de octubre de 1939, Winston Churchill, entonces Primer Lord del Almirantazgo, ordenó a los capitanes de los buques mercantes que abordaran a todo submarino que les saliera al paso[427]. Todas estas medidas, contrarias al Derecho Internacional, obligaron a Alemania a emprender una guerra sin, apenas, restricciones, contra el tráfico marítimo.

Al colocar a los buques mercantes dentro de la lucha armada, el Almirantazgo inglés, queriéndolo o no, era responsable de cuanto ocurriese a los civiles de servicio en dichos barcos. Téngase en cuenta, por ejemplo, que la medida churchilliana de obligar a los capitanes de los barcos mercantes a comunicar por radiotelegrafía la situación de todo submarino avistado, equivalía a encuadrar a los buques mercantes en el Servicio de Transmisiones de la Home Fleet. Asimismo, la medida de obligar a viajar con las luces apagadas durante la noche - igualmente contraria a las leyes de la guerra- debía provocar lamentables incidentes. El primero de ellos se refiere al "Athenia", barco de pasajeros inglés que navegaba en zigzag, a velocidad máxima y con las luces apagadas, siguiendo, además, un derrotero distinto del ordinario en la línea de transatlánticos. El comandante del submarino U-30 creyó que se trataba de un crucero auxiliar y lo hundió. Perecieron 138 pasajeros. A causa de este

---

[426] Harald Busch: "Así fue la Guerra Submarina", pg. 28.

[427] Winston S. Churchill: "Memorias".

incidente, se cursó la siguiente orden a todos los comandantes de los submarinos:

"Por orden del Führer, abstenerse en principio de efectuar ningún ataque contra cualquier barco de pasajeros, aún cuando forme parte de un convoy". Con esta orden de Hitler, los alemanes concedían a los buques de pasajeros una situación privilegiada, porque su hundimiento, si formaban parte de un convoy, estaba admitido, sin más trabas, por el derecho Internacional. Un trato aún más generoso se dispensó a los mercantes franceses. El 3 de septiembre de 1939 recibieron los submarinos la siguiente orden: "Francia se considera en guerra con Alemania desde las 17,00 horas. Por ahora sólo deben abrirse hostilidades contra sus mercantes cuando éstos traten de embestir o abordar a nuestros submarinos".[428]

El 6 de septiembre fue reforzada esta orden con otra del propio Führer, que decía:

"La situación con respecto a Francia sigue siendo incierta. Sólo se abrirán hostilidades contra los mercantes enemigos en defensa propia. No detener a los mercantes franceses. Evitar rigurosamente todo incidente con Francia".

En virtud de tales órdenes, cualquier barco mercante francés tenía que ser tratado con mayores consideraciones incluso que un barco neutral. Al fin y al cabo, a este último, según las Convenciones de La Haya sobre Regulación de Presas, podía dársele el alto, registrarle, y, en caso de que transportase armamentos, hundirlo.

En virtud de esa orden de Hitler, tendente a evitar problemas con Francia, pese al estado de guerra, declarada por esta última, el comandante de un submarino alemán tenía que procurar, antes de detener un barco, asegurarse de que no era un barco mercante francés, porque en tal caso no se le podía molestar. Esto era muy difícil, a veces casi imposible, y, especialmente de noche, totalmente impracticable. Todas estas órdenes, tendentes a humanizar la guerra en el mar y a circunscribirla, exclusivamente, a los combatientes, excluyendo a los civiles, limitaban enormemente la capacidad bélica de los submarinos a la par que

---

[428] Karl Doenitz; *"Diez años y veinte días"*.

aumentaban enormemente los riesgos y la exposición al peligro de los mismos. Estas órdenes provocaron repetidas protestas de Doenitz a Hitler, interviniendo, incluso, el Gran Almirante Raedor en apoyo de Doenitz. El motivo de tales órdenes dictadas por Hitler se basaba en que: "quería que la ruptura de hostilidades fuese un acto unilateral de las potencias occidentales y porque trataba de evitar, con respecto a Francia, a pesar de su declaración formal de guerra, un ensanchamiento efectivo del conflicto. Sólo cuando se vio que estas esperanzas no se cumplirían fue cuando, a fines de septiembre, se levantaron las limitaciones impuestas con respecto a los barcos franceses".[429]

La Dirección de la Guerra Marítima Alemana, procedió con gran circunspección, y sólo paso a paso, a reaccionar contra las medidas adoptadas por los ingleses, que se apartaron de las normas de la Convención de La Haya y del Protocolo Naval de Londres. En realidad, los ingleses, violaron las leyes de la guerra naval desde el primer día de hostilidades y ello, público y notorio, lo reconoce su mejor historiador naval, el capitán Rosskyll[430]. Los alemanes sólo aplicaron totalmente medidas de retorsión, según orden del propio Führer, el 17 de agosto de 1940, es decir, 11 meses y medio después, de haber iniciado su ilegal guerra marítima los ingleses.

De hecho, históricamente, el primer buque mercante inglés que contravino, con actos positivos y peligrosos para el adversario las leyes de la guerra fue el "Manaar" que, el 6 de octubre de 1939 atacó al submarino alemán U-38, que le había dado el alto en el Mar del Norte para efectuar un reconocimiento de acuerdo con el Reglamento de Presas. El "Manaar", mientras comunicaba por radiotelegrafía su posición, informando de la presencia de un submarino alemán, empezó a disparar cañonazos que no alcanzaron el submarino. Unos días después se repitió un incidente similar en el Atlántico. Los ingleses, siguiendo las órdenes de su Almirantazgo, convirtieron la guerra en el mar en una inútil carnicería. El caso del "Laconia" es típico y merece que nos detengamos a estudiarlo.

En la noche del 12 al 13 de septiembre de 1942, el submarinos U-156, al mando del teniente de navio Hartenstein, hundió, a 600 millas al Sur de Cabo de Palmas al buque británico de pasajeros "Laconia", que había sido habilitado, oficialmente,

---

[429] Karl Doenitz: Ibid. Id. Op. Cit.

[430] Capitán Johnn Rosskyll: "War at Sea".

como transporte de tropas y que, según el manual británico de buques de guerra iba dotado con 14 piezas de artillería. Según posteriores datos ingleses, se encontraban a bordo del "Laconia", 436 tripulantes, 268 soldados británicos que se dirigían a su patria, de permiso, 80 mujeres y niños, 1.800 prisioneros de guerra italianos capturados en Etiopía y 160 soldados polacos. El "Laconia", de casi 20.000 Tm., tardó una hora y media en hundirse, y al desaparecer bajo las aguas se oyeron numerosas explosiones, debidas a las cargas de profundidad que llevaba a bordo. La Prensa Inglesa, naturalmente, armó un alboroto enorme a propósito del pacífico trasatlántico atacado por los "criminales de Doenitz"... Pero el diario de operaciones del U-156 dice lo siguiente: "Según declaraciones de algunos náufragos italianos, los ingleses, después del impacto, cerraron las puertas estancas de los compartimientos habilitados para los prisioneros y los contuvieron con las armas cada vez que intentaban alcanzar los botes salvavidas".[431]

Debido a esa inhumana medida de los tripulantes, sólo 90 de los 1.500 prisioneros italianos pudieron ser salvados. Hartenstein pidió instrucciones a Doenitz, pues había numerosos náufragos, ingleses y polacos, en botes salvavidas y la mar estaba muy agitada. Pese a que, en la guerra, aún y cuando se respeten las reglas del Derecho Internacional, los objetivos bélicos se anteponen siempre a los de salvamento, Doenitz ordenó a los submarinos del Grupo Eisbaer, Schacht, Wuedermann y Wilamowitz, que se dirigieran inmediatamente a cooperar con Hartenstein en el salvamento de los náufragos[432].

Sigamos con el diario de operaciones del U-156: "Nuestro submarino está rodeado de náufragos. Imposible seguir ayudándolos. Tengo ya 193 a bordo, incluyendo los italianos, y no puedo pasar de este limite si quiero conservar la capacidad de permanecer en inmersión un cierto tiempo. Por favor, mande instrucciones". Respuesta de Doenitz, en persona: "A Hartenstein. Informe urgentemente si el buque hundido ha emitido mensajes y si hay náufragos en botes o nadando. Detalle circunstancia y datos lugar hundimiento. Doenitz". Respuesta de

---

[431] Harald Busch: "Así fue la Guerra Submarina".

[432] El Almirante Nimitz, Jefe de la Flota de los Estados Unidos, declaró en el Proceso de Nuremberg: "Por regla general, los submarinos de los Estados Unidos no salvaban a los supervivientes enemigos cuando ello representaba un peligro innecesario para el submarino o cuando la presencia de los náufragos a bordo impedía ejecutar otra misión".

Hartenstein: "Buque ha transmitido situación exacta. Tengo a bordo 193 hombres, de ellos 90 italianos, 23 ingleses y 80 polacos. Centenares de náufragos nadando en las cercanías. Propongo neutralización diplomática lugar hundimiento. Por la escucha radio, sabemos hay un barco desconocido en proximidades. Hartenstein".

Cuatro horas después del torpedeamiento, Hartenstein transmitió en longitud de onda de 25 metros un mensaje en inglés, diciendo: "Si algún barco quiere auxiliar a los supervivientes del "Laconia" no será atacado, a condición de que no lo sea, por barcos o aviación. He recogido 193 hombres. Situación 04 grados 52'Sur, 11 grados 26'Oeste. Submarino alemán". Este mensaje fue repetido en onda de socorro internacional. Después de esto, ya no podían caber dudas de que los ingleses conocían el hundimiento del Laconia y del subsiguiente salvamento de náufragos por el submarino alemán, pero ningún barco acudió a la llamada de socorro. El Almirante Doenitz, además de los submarinos ya mencionados, dio orden de que se dirigieran a toda prisa hacia aquella zona a los submarinos de los comandantes Merten y Poske y pidió al mando de los submarinos italianos que operaba en Burdeos, que mandase, también, ayuda. Los italianos mandaron al submarino "Capellini", mientras el gobierno de Vichy mandó a sus corbetas "Annamite" y "Gloire", que se encontraban en la zona. Durante todo el día Hartenstein y sus hombres se ocuparon de los supervivientes, la mayor parte de ellos en pequeños botes salvavidas o en el mar, asidos al emergido submarino, pero no se presentó ningún buque de salvamento. Por la tarde se recibió otro mensaje de Doenitz: "Hartenstein: 1) Entregue todos los supervivientes al primer submarino que llegue. 2) El submarino que reciba los náufragos debe esperar a Schacht o a Wuedermann y repartirlos con ellos. 3) Todos los supervivientes se entregarán a buques franceses o en puerto que se indicará. Seguirán instrucciones". El día siguiente llegaron los dos subma- rinos alemanes y, mientras trataban de reunir los botes salvavidas para facilitar su entrega a los franceses, su presentó una avión "Liberator" americano.

Hartenstein había colocado sobre el puente una gran bandera de la Cruz Roja. Por morse se le pregunta al avión de dónde viene y si hay algún barco cerca para hacerse cargo de los náufragos. El avión no contesta y desaparece. Pero vuelve al cabo de media hora y arroja dos bombas, que no alcanzan al submarino. Pero una tercera bomba alcanza de lleno un bote repleto de náufragos. Otra bomba estalla sobre la cámara de mando y la tórrela del submarino es dañada. Hartenstein ordena que los náufragos pasen a los botes. A algunos hay que echarlos a la fuerza, pues se niegan a salir. Milagrosamente, el submarino, pese a sus averías, logra sumergirse, y escapar del ataque del avión. Doenitz dio órdenes de continuar las operaciones de salvamento, pero dando absoluta prioridad a la seguridad de los submarinos. Finalmente, una parte importante de los náufragos pudo ser salvada, pero la intervención del avión americano evitó que se salvaran muchas vidas, a parte de las muertes que causó su tercera bomba. En el transcurso del día 17 siguió sin aparecer ningún barco inglés para socorrer a los náufragos. Por fin llegaron los dos barcos de guerra franceses "Annamite" y "Gloire", al punto convenido, y se hicieron cargo de los náufragos sin más contratiempos. En suma: durante los 4 días que duró la operación de salvamento, los aliados, no sólo no hicieron nada para socorrer a los náufragos, entre los que se encontraban unos mil ingleses y polacos, sino que aprovecharon la ocasión para atacar a los submarinos. Esto hizo que el Almirante Doenitz cursara la siguiente orden:

"Toda tentativa de salvamento de personal de buques hundidos, así como el rescate de los que están nadando, la recogida a bordo de los que estén en botes salvavidas, el remolque de los mismos y la asistencia con víveres y agua quedan prohibidos. El salvamento se opone a la superior exigencia de la acción bélica, cuyo fin único es la destrucción de los buques y tripulaciones enemigos".

Algo más a propósito del caso del "Laconia": El teniente Hoad disparó a una parte de los italianos que consiguieron desatrancar las puertas tras las que se les habían encerrado, dando muerte a tiros a varios de ellos, y a otros, los contuvo a golpes el oficial Young. Los italianos recogidos (90 sobre 1.600) tenían un aspecto deplorable. Los ingleses los tenían a pan y agua, Mucha estaban semi-desnudos y otros desnudos por completo.

* * *

El capitán de corbeta Hans Wit, que mandaba un navío alemán en el Mediterráneo pidió audiencia al Almirante Doenitz y le expuso que, en aquel escenario de batalla, los aviones ingleses ametrallaban a los náufragos de los submarinos y de los aviones alemanes que caían en el mar, por lo que el disgusto y la excitación eran vivísimos entre los militares alemanes de todas las armas y graduaciones; como consecuencia, en general, la idea de que, en justa represalia, debíamos atacar igualmente a los náufragos de los buques aliados hundidos, a los que hasta entonces se había tratado con la mayor caballerosidad.

No obstante, Doenitz rechazó enérgicamente tales propósitos "por ser absolutamente contrarios a nuestras normas de hacer la guerra". Aunque el enemigo proceda con tan evidente falta de humanidad, nosotros no debemos imitarlo, pues, de hacerlo, aunque fuera por una sola vez, ocasionaríamos al Mando Supremo graves perjuicios".[433]

Esta conducta de Doenitz no fue, con todo, muy apreciada por los ingleses, que, en general, condujeron la guerra en el mar con una ausencia de "fair play" casi total. Por ejemplo, según reconoce un historiador británico[434], después de hundir al acorazado alemán "Bismarck", "... la flota británica se retiró de los parajes sin recoger a los náufragos supervivientes..." Según el aludido historiador, "había muchos "jerries" (alemanes) en el agua y no tenían nada a qué aferrarse, ni siquiera una balsa". Plácenos, no obstante citar el caso del Almirante Sir Bruce Fraser que mandaba la flotilla que hundió al acorazado alemán "Scharnhorst". Fraser reunió a sus oficiales en la cubierta del "Duke of York" y les dijo: "Si alguna vez se encuentran al mando de un barco que se enfrente a un enemigo muchas veces superior, espero que se porten como lo hicieron los marinos del Scharnhorst, que hagan maniobrar su buque con la misma habilidad y que luchen con sus hombres como lo han hecho en este día los oficiales del barco alemán que acabamos de hundir". El Almirante Fraser mandó formar la guardia de honor y arrojó una corona de flores en el lugar en el que el buque alemán se había hundido.

LOS ALIADOS Y LAS LEYES DE LA GUERRA

Aunque la guerra sea, de por sí, algo horrible y horribles sean también sus consecuencias, siempre se hizo de acuerdo con ciertas reglas indispensables. Por lo menos, indispensables entre personas civilizadas. Las Convenciones de La Haya

---

[433] Deposición de Hans Wit ante el Tribunal de Nuremberg. (N. de A.)

[434] Capitán Russell Greenfell: "El Episodio del Bismarck".

y Ginebra, de las que eran signatarios todos los países, con la única excepción práctica de la URSS, regulaban el modo de conducir la guerra, limitándola a una lucha, lo más leal posible, entre soldados con exclusión de civiles. Los soldados, además, debían llevar un uniforme; la utilización de disfraces estaba penada con la muerte. Los civiles que participaban en la lucha armada -como, por ejemplo, los comisarios políticos del Ejército Rojo- fueron equiparados a los francotiradores, y tratados en consecuencia. Ello se oficializó en la famosa Orden de los Comisarios dictada personalmente por el propio Führer. Los comisarios políticos tenían una autoridad superior a la de los jefes de las unidades militares, y podían someter a juicio sumarísimo y ejecutar en el acto a los soldados e incluso a los oficiales que consideraban insuficientemente puros desde el punto de vista comunista. Los comisarios imponían el terror y eran, de hecho, los hombres de la Cheka en el ejército ruso. No eran combatientes, no eran soldados, y aparecían con armas y vestidos de paisano en primera línea. Pese a la bombástica campaña en contra de la Orden de los Comisarios, ésta estaba perfectamente justificada y en acuerdo con las leyes de la guerra entonces vigentes.

Lo que no estaba de acuerdo con las leyes de la guerra eran ciertos métodos empleados por los ingleses, por primera vez, en el Norte de África. Se ha dicho y no es demasiado cierto, que, al llegar Montgomery a aquél escenario, la "guerra entre caballeros" que Rommel y Bastico habían llevado a cabo contra Wavell, Ritchie, Auchinleck y Alexander se terminó de pronto. En efecto, Montgomery empezó por dar una orden prescribiendo que los prisioneros de guerra, cuando fueran trasladados de un lugar a otro, fueran esposados, y si no se disponía de esposas, maniatados. En la práctica, el maniatamiento de soldados y oficiales alemanes e italianos con alambres se hizo corriente. Esto era contrario a las leyes de la guerra, pero a "Monty" no le preocupaban esas minucias. Como tampoco les preocuparon demasiado a las tropas inglesas que atacaron Cirenaica en la Primavera de 1941, el respeto a los heridos del hospital "Duque de Aosta", en Banghazi, que fueron, en su mayor parte, rematados a ráfagas de ametralladora por un pelotón de soldados antes de emprender una precipitada retirada en el consiguiente contraataque alemán[435]. Las tropas inglesas y australianas devastaron

---

[435] Testimonio de Caterina Cortesani, de la Cruz Roja Italiana, citado en "Ché cosa hanno fatto gli inglesi in

la iglesia, profanaron tumbas del cementerio, y destruyeron objetos de incalculable valor del Museo de Cirene.[436] Actos de vandalismo gratuito, tal vez imputables a la pérdida de todo control moral, en seres muy inferiores, desde todos los puntos de vista, en situaciones de extrema tensión. No obstante, ese descontrol moral llevó incluso a generales ingleses a ordenar el envenenamiento de los pozos de Banghazi, dejando a una ciudad de 250.000 habitantes, en pleno desierto, sin agua potable. Hubo epidemias y muertes por deshidratación. Los nombres de los oficiales británicos que cometieron ese auténtico crimen, indiscriminadamente contra soldados enemigos y contra la población civil, no son conocidos. Pero el General Wavell, Virrey de la India, cubrió sus acciones con su autoridad.

* * *

El Capitán W.E. Fairbairn y su colega P.N. Walbridge, instructores en lucha cuerpo a cuerpo publicaron un libro, editado por Faber & Faber de Londres, que llegó a ser texto oficial en el Centro de Entrenamiento Especial del Ejército Británico.

El libro -repetimos, oficial- no tiene desperdicio. Ya en el prólogo se recuerda que es necesario que los soldados vuelvan a apelar a la brutalidad de la Edad de Piedra para obtener la victoria. Luego se explica cómo hay que hacer para degollar a un soldado enemigo. Para que no hayan dudas, se acompaña el texto con explicativos dibujitos. Finalmente, se explica cómo hay que hacer para inmovilizar a un prisionero al que se desea conservar la vida para hacerle hablar. (Incidentalmente, parece que si no hace falta hacerle hablar, no vale la pena conservarle la vida!). Bajo el titulo "Distintos procedimientos para atar a un prisionero" se dice en ese reglamento oficial del Ejército Británico: "Tírese al enemigo al suelo, de forma que caiga de boca, átese sus muñecas con el "nudo de atracadores", tal como se ve en el dibujo adjunto y levántese cuanto se pueda sus brazos hacia la parte superior de la espalda.

Pásese después la cuerda alrededor del cuello para volver de nuevo a las muñecas. Luego dóblese las rodillas y átese también como lo muestra el dibujo". Luego se añade: "... si el prisionero se queda quieto no le pasa nada, pero si intenta

---

Cirenaica". pg. 27 y siguientes.
[436] Rapport de la Cruz Roja Italiana. Ibd. Id. Op. Cit.

oponerse se estrangula él mismo irremisiblemente". Por supuesto este modo de tratar a los prisioneros se opone a las normas del Derecho Internacional y a las leyes de la guerra. Un periódico sueco escribió: "El Gobierno Británico tuvo que confesar que durante el ataque contra Dieppe se había ejecutado una orden no autorizada según la cual se debían atar las manos de los prisioneros de guerra y que durante el ataque a Sercq ocurrió lo mismo".[437]

En este instructivo librito se enseña también cómo se debe proceder para atar a un prisionero a un árbol o a un poste cualquiera: "Oblíguese al prisionero a trepar un pequeño trecho. Colóquese su pierna derecha alrededor del árbol, con el pie hacia la izquierda. Póngase después su pierna izquierda sobre el tobillo del pie derecho. Oblíguese luego al prisionero a resbalar por el poste o árbol hasta que el peso de su cuerpo "cierre" el pie izquierdo...." La nota aclaratoria sobre esta instrucción dice: "aunque se dejan libres las manos del prisionero, resulta imposible para éste escapar, siempre que se haya procedido bien. En casos normales, una persona colocada en esta posición sufre un calambre en una o en las dos piernas al cabo de 10 o 15 minutos. Bajo estas circunstancias es probable que intente tirarse con el cuerpo hacia atrás. Esto significaría su muerte".

En este didáctico libro se moraliza, igualmente, sobre las ventajas de la llamada "coz del bronco": "se recomienda dar un salto sobre un enemigo que se halla en el suelo, con los pies muy juntos y las rodillas bastante levantadas. Cuando las piernas se hallen bastante altas por encima del cuerpo del adversario, se estiran repentinamente con toda violencia. De esta forma, dos botas provistas de tachuelas dan en el cuerpo del enemigo y le "deshacen", como describe, cínicamente, la instrucción.

Mister Fairbairn, co-autor del formativo mamotreto (por lo visto, para pergeñar ese engendro literario fueron menester dos personas), fue Jefe de la Policía Municipal de Shangai Pero tal reglamento no se escribió como policía de aquella ciudad, sino como capitán del Ejército Británico y Jefe del "Army Special Training Control". Los métodos del pulcro Mister Fairbairn se califican de instrucción standard para el ejército británico en el prólogo de este reglamento: "Standard Instructions of the Bristish Army".

---

[437] "*Svemska Dagbladet*" Estocolmo, 12-X-1942.

Es decir, que lo que aprendió un policía en Shangai en sus frecuentes tratos con marinos borrachos y criminales chinos en los barrios más inmundos de aquella dudad cosmopolita se convirtió en un principio de instrucción "standard", es decir, ordinaria, en el Ejército Británico. Claro que cuando se lucha por la Libertad y el Derecho, todo vale!... y, por consiguiente, no es de extrañar que nunca, ningún Tribunal haya pretendido procesar a Mister Fairbairn[438] como criminal de guerra.

* * *

Charles Lindbergh, el gran piloto norteamericano, sirvió como voluntario en las Fuerzas Aéreas de su patria en el escenario bélico del Pacífico. En sus apasionantes "Memorias" nos narra, con lujo de detalles, el modo de proceder de soldados, marinos y aviadores que, en el frente del Pacífico, defendieron la Libertad y el Derecho.

"... Nosotros disparamos contra emisarios japoneses que se nos acercaban con bandera blanca para rendirse... "[439] "Una larga serie de incidentes desfila por mi memoria: nuestros marinos disparando contra los supervivientes japoneses que intentaban llegar nadando hasta la bahía de Midway; el ametrallamiento de prisioneros nipones en el aeródromo de Hollandia; los relatos de los australianos, que echaban por las escotillas de sus aviones de transporte a los prisioneros japoneses de Nueva Guinea; los huesos de cadáveres japoneses utilizados para la manufactura de abrecartas y cortaplumas; las palabras del joven piloto que iba a bombardear ese hospital un día de estos; los puntapiés en las bocas de los cadáveres japoneses en busca de dientes de oro (la ocupación favorita de nuestra infantería, según el general Wood); los cráneos japoneses enterrados junto a los hormigueros para que las hormigas de los trópicos los dejaran bien limpios para podérselos llevar como recuerdo; los cadáveres arrastrados por los bulldozers y precipitados en fosas comunes mezclados con excrementos y basura... todo ello aprobado por miles de americanos que pretenden luchar por altos, civili- zados

---

[438] Angel Ganivet sustentaba la teoría de que los nombres ejercen cierta influencia sobre las personas, ya que muchas actúan sugestionadas por ellos. El caso de Mister Fairbairn debe ser la clásica excepción que confirma la regla: en, lengua céltica (escocés) "fair bairn" significa "niño bueno". ¡Sin comentarios! (N. del A).
[439] Charles Lindbergh: *The Wartime journals*. pg. 559.

ideales. ¡Dios, qué asco!"[440].

Edgar L. Jones, un americano que estuvo durante más de un año con el Octavo Ejército Británico en África del Norte y luego, durante tres años más en el frente del Pacífico, como corresponsal de guerra del *Atlantic Monthly*, de Boston, Estados Unidos, escribió, en el numero de febrero de 1946 de dicha revista: "Los americanos tenemos la peligrosa tendencia, en nuestra actitud ante otras naciones, de adoptar una pose de superioridad moral Nos consideramos a nosotros mismos más nobles y más decentes que otros pueblos y, por consiguiente, en mejor situación para decidir lo que está bien y lo que está mal en el mundo. Pero ¿qué clase de guerra se figura nuestra población civil que hicimos nosotros? Nosotros fusilamos prisioneros a sangre fría, bombardeamos hospitales, disparamos contra náufragos, matamos o maltratamos civiles enemigos, rematamos a los heridos, enterramos a los moribundos en fosas comunes junto a los cadáveres, y en el Pacífico hasta montamos un comercio de calaveras y huesos japoneses. Inventamos el bombardeo por saturación y arrojamos dos bombas atómicas sobre dos ciudades indefensas, estableciendo el record mundial de matanzas masivas instantáneas. Pregunté a algunos de nuestros soldados, por qué, por ejemplo, regulaban sus lanzallamas de tal modo que los soldados enemigos que resultaran alcanzados, murieran lentamente y más dolorosamente, en vez de matarlos casi en el acto. ¿Acaso porque odiaban muchísimo al enemigo?.. No. Simplemente porque odiaban la guerra. Posiblemente por la misma razón nuestros soldados mutilaban los cadáveres de los enemigos, les cortaban las orejas y les arrancaban los dientes de oro para llevárselos como recuerdo, les cortaban los testículos y se los colocaban en las bocas, pero tan flagrantes violaciones de todos los códigos morales pueden ser estudiadas dentro del campo de la psicopatía".

Pero la psicopatía no quedaba confinada en los rangos de la soldadesca. Nada menos que el general norteamericano Mark Clark dijo, en un mensaje al V Ejército, el 12 de febrero de 1944, que agradecía los ataques alemanes, porque... "os dan mayores oportunidades para matar a vuestros odiados enemigos en grandes cantidades. Se ha abierto la veda en Anzio y no hay límite para el número de alemanes que consigáis matar". ¿Cómo pueden, soldados de naciones civilizadas

---

[440] Charles Lindbergh: Ibd. Id. Op. Cit. pg. 541.

comportarse de este modo? Una explicación parcial puede, tal vez, hallarse en la innoble actitud de los mass media. Según refiere Lindbergh, el Coronel Clear, que mandaba un regimiento de "marines" en Bataan "...aún cuando en la batalla es raro encontrar actos de generosidad, podría esperarse una razonable consideración y humanidad por parte de los nipones en circunstancias normales"[441]. El mismo oficial menciona que "los japoneses arrojaron una nota de aviso, en un saco de arroz, diciendo que volverían al día siguiente, para bombardear la estación de radio que estaba localizada cerca del hospital. Los nipones nos aconsejaban evacuar el hospital. El hospital fue evacuado y la emisora de radio destruida. Naturalmente nuestros periódicos omitieron hablar de la estación de radio, dijeron que los japoneses habían bombardeado un hospital lleno de heridos y no hablaron para nada de la nota de los japoneses".[442] No es extraño que esa cínica distorsión de la Verdad convirtiera, a veces, en monstruos, a personas normalmente inofensivas. En cuanto a los Nobles Aliados Soviéticos (Churchill dixit), los valientes guerreros del Ejército Rojo merecen, creemos, párrafo aparte. Más adelante nos ocuparemos de ellos.

EL TERRORISMO AEREO

Una de las verdades históricas que los llamados medios informativos han procurado distorsionar más celosamente es que fueron los cruzados de la Democracia los inventores y casi exclusivos promotores de los bombardeos aéreos contra las poblaciones civiles. Se ha hablado mucho de los ataques aéreos de la Luftwaffe contra Londres y Coventry. Especialmente, los bombardeos a Coventry fueron muy intensos, pero iban dirigidos contra las industrias de la ciudad, y no contra la catedral de Saint Michel, como pretendió la propaganda inglesa. Saint Michel fue alcanzada por varias bombas, es cierto, pero no es menos cierto que cuando fue alcanzada fue en un bombardeo nocturno y que, en Coventry, las fábricas estaban instaladas en la propia ciudad, y no en las afueras. Coventry fue bombardeada porque poseía fábricas de motores de aviación, de locomotoras, de equipos de telecomunicación, de toda clase de utillaje eléctrico y de material

---

[441] Charles Lindbergh: Ibid. Id. Op. Cit, pg. 409.
[442] Charles Lindbergh: Ibid. Id. Op. Cit. pg. 411.

bélico[443]. En cuanto a Londres, a parte sus industrias y sus cuarteles, posee un inmenso puerto, así como astilleros. Eran, pues, Londres y Coventry, así como Birmingham, Manchester, Bristol, Leeds y otras ciudades que fueron igualmente bombardeadas, objetivos militares sin ningún género de dudas. Pero creemos que será mejor abordar el tema desde el principio. Desde mucho antes de que estallara la guerra.

* * *

El 18 de Febrero de 1932, es decir, un año antes de que Hitler llegara al poder, Alemania presentó, ante la Conferencia de Desarme, reunida en Ginebra, una proposición tendente a la supresión de la aviación de combate. El delegado inglés prometió "estudiar el asunto". Mientras se estudiaba, Lord Baldwin, Primer Ministro declaró, el 10 de Noviembre de 1932, en la Cámara de los Comunes: "... He dicho que toda ciudad al alcance de un aeródromo puede ser bombardeada. La única defensa es el ataque, es decir, hay que matar más mujeres y niños que los que nos mate el enemigo a nosotros, si uno quiere protegerse a si mismo".

Por fin, el 16 de Marzo de 1933, presentaba Inglaterra un proyecto ante la Conferencia del Desarme, el Plan MacDonald, cuyo artículo 34 decía: "Las altas partes contratantes aceptan la total abolición de los bombardeos desde el aire (excepto para necesidades policíacas en determinadas regiones lejanas)". El paréntesis, como se observará, es sibilino. La Delegación Alemana (no olvidemos que Hitler estaba ya en el poder) propuso la siguiente modificación a la propuesta inglesa: "Las palabras entre paréntesis desde excepto hasta lejanas deben ser tachadas y añadirse las palabras siguientes:. ..."Y la prohibición de toda preparación de tal lanzamiento". El representante español, el conocido liberal Salvador de Madariaga, dijo que "el proyecto británico, en cuanto a la lucha aérea, es altamente insuficiente". Anthony Edén, el representante británico, defendió la posición inglesa diciendo, textualmente: "No hace falta ser un Julio Verne para describir una terrible guerra en la que el punto menos expuesto será, acaso, la trinchera de primera línea y el más expuesto las viviendas de la población civil".

---

[443] *Encyclopoedia Britannica*: Vol. VI., pg. 678.

Durante dos años el gobierno alemán hizo notables esfuerzos para llegar a un acuerdo con los demás estados para excluir el arma aérea como medio ofensivo contra las ciudades abiertas y la población civil. Hitler, en la sesión del Reichstag del 21 de Mayo de 1935, propuso, incluso, la abolición del arma aérea. La propuesta fue presentada en la Conferencia del Desarme y rechazada por los representantes inglés y francés. Una nueva proposición se hizo, por el gobierno alemán directamente al gobierno inglés, el 31 de Marzo de 1936, tendente a la humanización de la guerra. El artículo 13, concretamente, decía:

1).- Prohibición del lanzamiento de bombas de gas, tóxicas e incendiarias.

2).- Prohibición del lanzamiento de bombas de toda clase sobre poblaciones abiertas que se hallaren fuera del alcance de la artillería pesada de los frentes combatientes.

3).- Prohibición de hacer fuego contra ciudades, con cañones de largo alcance, fuera de una zona de combate de 20 kilómetros.

4).- Prohibición y abolición de la artillería ultrapesada.

El gobierno alemán, además, se declaraba dispuesto a adherirse a cualquier reglamentación de ésta índole, siempre que obtuviera validez internacional. El gobierno inglés no contestó directamente a este Memorándum alemán, pero el 14 de Febrero de 1938, el Primer Ministro Chamberlain declaró ante la Cámara de los Comunes que "el Gobierno de Su Majestad no estaba dispuesto a limitar la actividad de sus fuerzas aéreas".

La Delegación de Holanda en París, insistió cerca del gobierno francés para que éste, por su parte, y mediante presiones sobre el gobierno inglés, aceptara la totalidad o una parte del Memorándum alemán del 31 de Marzo de 1936, pero la sugerencia holandesa no fue tenida en consideración.

El mismo día que estalla la guerra con Polonia, Hitler dice en su discurso ante el Reichstag: "... No quiero hacer la guerra contra mujeres y niños. He ordenado a nuestro ejército del aire que limite sus ataques a los objetivos militares". Y a la embajada de Polonia en Berlín, en el momento de entregar los pasaportes a los miembros del cuerpo consular polaco que van a regresar a su país, provistos de la inmunidad diplomática, se les entrega una nota en la que se afirma: "Las fuerzas de combate aéreas han recibido orden de limitarse en sus operaciones en Polonia, a objetivos militares. El mantenimiento de esta orden presupone naturalmente el que las fuerzas aéreas polacas se atengan a la misma regla. Si ésto no fuera así, los alemanes emplearíamos inmediatamente la más enérgica represalia".

El 6 de Septiembre, el Subsecretario de Estado británico, Butler, afirma en la Cámara de los Comunes: "Parece demostrarse que los alemanes, en sus ataques aéreos, alcanzan por lo general objetivos militares y no dirigen sus ata- ques impremeditadamente contra la población civil". Esto es confirmado por el general Armengaud, agregado militar francés en Polonia, quien, en un informe enviado a su gobierno, dice: "La Luftwaffe no ha atacado a la población civil. Debo subrayar que las fuerzas aéreas alemanas han obrado con arreglo a las leyes de la guerra[444]; han atacado sólo objetivos militares, y si a menudo ha habido muertos y heridos entre la población civil, ello ha sido debido a que se encontraban a proximidad de estos objetivos militares. Es importante que ésto se sepa en Francia e Inglaterra para evitar que se emprendan represalias allí donde no hay motivo para represalia, y para no desencadenar una guerra aérea total por nuestra parte".

El 6 de Octubre de 1939, pronuncia Hitler un discurso en el Reichstag y, en el curso del mismo, aboga por que la guerra se conduzca de la manera más humanitaria posible. Entre otras cosas, dice a este respecto: "Así como la Convención de Ginebra consiguió, al menos en lo que a los estados civilizados se refiere, prohibir dar muerte a los heridos, maltratar a los prisioneros y hacer la guerra contra no participantes en la contienda, y así como se logró que esta prohibición fuera generalmente respetada en el curso del tiempo, así debe ser posible reglamentar la intervención del arma aérea, el empleo de gases, de los submarinos, etc., así como también el concepto de contrabando, de forma que la guerra pierda el terrible carácter de una lucha contra mujeres y niños, y, en general, contra personas ajenas a la misma. La continuación de determinados procedimientos conduce por sí sola a la supresión de armas que entonces resultarían supérfluas". Pero estas palabras no fueron tenidas en cuenta...

El primer bombardeo de la II Guerra Mundial fue llevado a cabo por aviones de

---

[444] A pesar del obstruccionismo inglés en esta materia, la Convención de la Haya había prohibido el bombardeo de poblaciones civiles. Todas las potencias de primero u segundo orden ratificaron dicha Convención, con la única excepción de la URSS. (N del A)

combate ingleses que arrojaron bombas sobre Wilhelmshaven y Cuxhaven, el 5 de Septiembre de 1939. En el curso de Septiembre y Octubre de 1939 la R.A.F. sobrevoló numerosas veces territorio belga, holandés y danés para realizar vuelos de observación sobre Alemania, pero sin volver a arrojar bombas. Tampoco la Luftwaffe bombardeo territorio inglés o francés. El 27 de Noviembre, en la sesión del Consejo Supremo de Guerra, en Londres, Chamberlain propuso el bombardeo, sin contemplaciones, de la región del Ruhr. Pero Daladier se opuso, por considerar imposible bombardear fábricas sin alcanzar a obreros, es decir, a no combatientes. Pero Inglaterra decide hacer caso omiso de las objeciones de Francia, e inicia por su cuenta su guerra de bombas. Sus bombardeos se dirigen contra las ciudades de Wilhelmshaven, Vechta, Heligoland, Sylt, Borkum, Juist y Amrum... es decir, puertos de Alemania Septentrional.

En contraste con esta actitud, el Mando Supremo de la Wehrmacht anuncia, el 25 de Enero de 1940, la limitación de la guerra aérea a objetivos puramente militares y en zonas de combate (con respecto a Francia) y a ataques aéreos contra objetivos terrestres en la metrópoli, incluidos los puertos (con respecto a Inglaterra).

El 30 de Enero de 1940, Hitler dijo, en su discurso del "Sportpalast", de Berlín, lo siguiente: "El estado al que Inglaterra ha prestado su garantía ha sido barrido del mapa en dieciocho días, sin que se cumpliera dicha garantía. Con ello ha terminado la primera fase de esta contienda. Comienza la segunda. El señor Churchill[445] arde ya de impaciencia por esta segunda fase. A través de sus mediadores, y también personalmente, expresa la esperanza de que comience al fin la lucha con las bombas. Y dice ya que, naturalmente, esta lucha no se detendrá ante mujeres y niños. ¿Cuándo ha reparado Ingla-terra en mujeres y niños? Toda la guerra de bloqueo no es más que una guerra contra mujeres y niños. La guerra contra los boers no fue sino una guerra contra mujeres y niños". Maticemos: Churchill no había, evidentemente, dicho que haría una guerra contra mujeres y niños. Por lo menos, no lo había dicho explícitamente. Pero lo que sí había hecho era abogar por la extensión de la guerra aérea, del bloqueo naval e incluso de arrojar bombas incendiarias contra explotaciones agrícolas, y esto era, indirectamente al menos,

---

[445] Aún cuando Chamberlain sigue en el poder, transitoriamente, a Hitler le consta que el alma del dan belicista ingles a ultranza, en Inglaterra, es Churchill y por eso alude a él. Los hechos darían la razón al Führer. (N. del A.)

hacer la guerra a no combatientes, es decir, ancianos, mujeres y niños.

Y los ataques aéreos ingleses continuaron. El 14 de Abril son bombardeadas Haide y Wenningstedt, a pesar de no existir allí objetivo militar alguno. Tras empezar la guerra aérea, ahora la R.A.F. ha empezado el terrorismo aéreo. Es, de momento, un terrorismo muy limitado, algunos aviones que dejan caer algunas bombas en aldeas y pequeñas ciudades. Todo ello, posiblemente, emanado de la iniciativa de algunos mandos subalternos. Consta que Chamberlain se opone a la acción de la R.A.F. contra objetivos no militares. Pero cuando Chamberlain cae -dimite, o es dimitido - y Winston Churchill se instala en el poder comienza la verdadera lucha a muerte contra la población civil. Esto es un hecho que ninguna propaganda masiva, a escala mundial podrá jamás disimular por completo, pese a los esfuerzos tremendos que se han hecho en tal sentido. Churchill, en efecto, es nombrado Primer Ministro el 10 de Mayo de 1940, y el día 11 de Mayo, la R.A.F. recibe la orden de volar a gran altura a través del frente de combate - en plena ofensiva alemana en Bélgica, Holanda y Francia y de descargar sus bombas sobre ciudades alemanas desprovistas del menor interés estratégico y militar, y, por consiguiente, sin protección antiaérea. Ese día, la ciudad de Freiburg, totalmente alejada de la zonas de operaciones militares, y sin una sola industria remotamente relacionada con la guerra, fue bombardeada por la R.A.F. Cincuenta y tres civiles, incluyendo veinticinco niños que jugaban en un jardín público resultaron muertos. Otros 151 civiles fueron heridos. Mr. Edward Taylor, de la Cruz Roja Norteamericana dio estos datos en el *New York Times*[446].

El Secretario del Ministerio del Aire británico, J. M. Spaight certifica que fue Inglaterra la iniciadora del bombardeo de civiles, y se vanagloria de ello: "Empezamos a bombardear las ciudades alemanas antes de que el enemigo procediera de igual forma contra las nuestras. Es, este, un hecho histórico que debe ser públicamente admitido. Pero como teníamos dudas respecto al efecto psicológico de la desviación propagandística de que habíamos sido nosotros quienes habíamos empezado la ofensiva de bombardeos estratégicos, nos abstuvimos de dar la publicidad que merecía a nuestra gran decisión del 11 de Mayo

---

[446] "*The New York Times*", 13-V-1940.

de 1940. Seguramente esto fue un error. Era una espléndida decisión".[447] Para Mister Spaight -que inventa la palabra "estratégicos" para designar el terrorismo aéreo- bombardear poblaciones civiles fue una "espléndida decisión". Hacia justicia a sus compatriotas al guardar el secreto de que fué la R.A.F. la iniciadora de esa sucia forma de combatir, por constarle que lo reprobarían, pero remacha afirmando que, en todo caso, fue una espléndida decisión.

F.J.P. Véale, escritor inglés especializado en temas bélicos dice que "... esa histórica noche, los grandes bombarderos ingleses "Whitley", en vez de atacar las concentraciones alemanas en el frente, fueron lanzados hacia la retaguardia civil del enemigo. Era un acontecimiento que hacía época, puesto que era la primera ruptura deliberada de la regla fundamental de la guerra civilizada, de que sólo se deben llevar a cabo hostilidades contra las fuerzas combatientes enemigas... Sin saberlo, los tripulantes de esos 18 bombarderos estaban dando la vuelta a una gran página de la Historia. Su vuelo marcó el fin de una época que había durado dos siglos y medio"[448].

J.F.C. Fuller, uno de los mejores críticos militares ingleses de ésta época, por su parte, escribió al respecto: "Churchill, a pesar de ser comandante supremo de las fuerzas armadas británicas, no podía actuar como un caudillo militar, pero superó estas dificultades dirigiendo una guerra particular con las formaciones de bombardeo de la R.A.F., una especie de ejército privado suyo. El 11 de Mayo de 1940 ordenó bombardear la ciudad de Freiburg. Pero Hitler no devolvió el golpe, aunque no cabe la menor duda de que estos ataques contra Freiburg y otras ciuudades alemanas lo impulsaron, a su vez, a pasar al ataque"[449].

Los alemanes, evidentemente, protestaron contra el terrorismo aéreo. Al cabo de varios meses de ininterrumpidos ataques contra ciudades alemanas desprovistas de todo interés militar, las autoridades militares alemanas amenazaron con tomar represalias contra las dudados inglesas. Pero los bombardeos no cesaron y las víctimas entre la población civil alemana empezaron a contarse por millares. No puede haber ninguna duda razonable: la adopción del terrorismo aéreo por parte de Inglaterra no tuvo otro objeto que provocar represalias alemanas, enardeciendo, de

---

[447] J. M. Spaight: "*Bombing Vindicated*". (Ved. aaargh-international.org/fran/livres/livres4/Bombing.pdf)

[448] F. J. P. Veale: "*The Crime of Nuremberg*".

[449] J. F. C. Fuller: "*The Conduct of War*".

tal suerte, al pueblo inglés, que seguía, casi en bloque, reacio a exponer la suerte del Imperio por motivos tan fútiles y extraños a sus intereses como "Dantzig", la "Democracia", "Las fronteras occidentales de Polonia", etc. Así, la Gran Prensa, sujeta en Inglaterra, como en el resto del mundo, al Internacionalismo Financiero, soslayó el hecho de que fue la R.A.F. quien comenzó los bombardeos de terror contra los civiles y cuando, por fin, Hitler, tras el bombardeo contra un barrio residencial de Berlín, ordenó el bombardeo de represalia contra Londres, el día 7 de Septiembre, pudo decirse que Churchill había logrado su objetivo. La Gran Prensa - que había guardado atronador silencio sobre los "raids" contra poblaciones civiles alemanas - armó un alboroto tremendo al comentar el ataque de la Luftwaffe contra Londres, presentándolo como un ataque, traidor e improvocado, contra la población civil inglesa. La opinión pública británica, hasta entonces reacia a tomar en serio la guerra contra Alemania, montó en cólera y se apiñó junto a su gobierno. El objetivo había sido alcanzado.

Sir Thomas Elmhirst, Vice-Mariscal del Airé pudo, más tarde, averiguar que "... Hitler estaba furioso contra la primera incursión de bombardeo nocturno de la R.A.F. contra un suburbio de Berlín el 27 de Agosto de 1940 y ordenó a los bombarderos de la Luftwaffe tomar represalias contra Londres. El bombardeo contra la ciudad universitaria de Heidelberg hizo que el ataque a Londres se realizara, el 7 de Septiembre"[450]. Apelamos al testimonio de J.M. Spaight, al que ya hemos aludido anteriormente: "Hitler empezó a contestar contra los bombardeos a ciudades más de tres meses después de que la R.A.F. los hubiera iniciado y siempre estuvo dispuesto, en cualquier momento, a suspender esa clase de guerra. Desde luego, Hitler no quería que continuase el mutuo bombardeo"[451]. Sir Arthur Harris, Mariscal del Aire y uno de los "padrinos" del eufemísicamente llamado bombardeo estratégico, -al que consideraba moderno, mientras llamaba anticuado al sistema alemán de guerra aérea, limitado a objetivos militares exclusivamente- confirma que los alemanes fueron prácticamente arrastrados a ese tipo de guerra terrorista por la R.A.F.[452]

De este modo se inició la que sería llamada "Batalla de Inglaterra", respuesta

---

[450] Thomas Elmhirst: *"The German Air Force"*.
[451] J.M. Spaight: *"Bombing Vindicated"*.
[452] Sir Arthur Harris: *"Bomber Offensive"*.

alemana a los bombardeos terroristas británicos y un ataque a la industria inglesa. Se puso de moda el verbo "coventryzar", y, en efecto, como hemos ya dicho, Coventry sufrió tremendos bombardeos, al igual que Londres y otras ciudades industriales inglesas, pero los ataques, en general, se dirigieron contra objetivos militares o para-militares. No hubo, por ejemplo, bombardeos de Oxford, Eton o Cambridge, pero los hubo de Heidelberg o de Halle por la R.A.F.. Son, estos, hechos incontrovertibles que ninguna propaganda ha sido, jamás, capaz de soslayar. De todos modos, y refiriéndose a estos bombardeos alemanes, el propio Churchill confiesa, en sus "Memorias", que fueron objeto de grandes exageraciones por la prensa inglesa. Además, esos ataques comenzaron el día 7 de Septiembre, es decir, casi cuatro meses después del ataque terrorista de la R.A.F. contra Freiburg.

El ya aludido historiador inglés F.J.P. Veale comenta al respecto: "Uno de los mayores triunfos de la moderna ingeniería emocional es que, a pesar de la claridad del caso, que no podía enmascararse ni torcerse en modo alguno, el público británico, a través de todo el período de la *Blitzkrieg* (guerra relámpago), de 1940 y 1941, siguió convencido de que la responsabilidad por los sufrimientos que esta experimentando, recata sobre los líderes alemanes"[453]. Y otra prominente figura de la aviación británica, y uno de los co-autores del llamado bombardeo estratégico, J. M. Spaight, reconoció que "hay abundante evidencia de que Hitler se opuso con tenacidad al terrorismo aéreo..."[454].

Pero hay, aún, más testimonios anglo-norteamericanos en ese sentido: Anthony Edén dijo en la conferencia anual del Partido Conservador, celebrada en Londres, el 20 de Mayo de 1943: "... Sabemos qué conviene a Alemania: no ataques nocturnos o diurnos, sino ataques nocturnos y diurnos, continuos, sin interrupción, hora tras hora". El General Arnold, Jefe Supremo de las Fuerzas Aéreas Norteamericanas durante la II Guerra Mundial, declaró a un representante de la *United Press*, el 14 de Diciembre de 1943: "Cada ciudad y cada aldea de Alemania serán alcanzadas por nuestros bombardeos. Alemania puede prever ahora que el número de los sin hogar aumentará constantemente y que el aprovisionamiento de todo lo necesario para la vida de su población se hará cada vez más difícil". El

---

[453] F.J.P. Veale: "*El Crimen de Nuremberg*".

[454] J.M. Spaight: "*El Fantasma de Douhet*".

propio Arnold apostilló, el 14 de Marzo de 1944[455]; "¡Podemos poner tapices de bombas en Alemania! Es más indicado para quebrantar la moral de un pueblo; produce confusión en una comunidad y contribuye a la destrucción de una ciudad más que a la de un objetivo, como nosotros intentamos hacerlo".

El General -luego Mariscal- Montgomery declaró: "Yo creo que una de las grandes cosas que realmente tienen importancia es bombardear Alemania. Yo bombardearía una ciudad cada tarde, y esperaría a ver hasta cuando resiste"[456]. El General I. C. Eaker, Comandante en Jefe de las Fuerzas Aéreas Norteamericanas en Europa, dijo, en una interviú publicada en 1942: "Disponemos de suficientes aviones para destruir Alemania. Los obreros alemanes necesitan casas para vivir en ellas. Nadie querrá, sin embargo, trabajar bajo tierra, sabiendo que durante su ausencia puede ser destruido su hogar y perecer su familia"[457]. Brendan Bracken, miembro del Gabinete de Guerra inglés y jefe de fila del Partido Conservador, dijo: "... nuestros planes son: bombardear Alemania por todos los medios a nuestro alcance; exterminar por el fuego y destruir sin piedad a los pueblos responsables del desencadenamiento de esta guerra. He dicho y repito, sin piedad"[458]. El Lord Mayor (Alcalde) de Londres, Philip Cribbles, declaró a la Agenda Reuter: "El perder el tiempo en conferencias sobre la aplicación dé determinados artículos del Derecho Internacional, en los que se expresa que los niños menores de dieciséis años y hombres y mujeres de más de setenta años deberían quedar al abrigo de la guerra total, constituye una torpeza criminal"[459].

El Vice-Mariscal del Aire, Saundby, ex-piloto de la R.A.F. en la 1ª Guerra Mundial, declaró: "... En las ciudades alemanas ya atacadas han sido asolados casi el 25% de los distritos edificados. El número de edificios destruídos asciende a millones. En las ruinas de Hamburgo, Dusseldorf, Colonia y otras ciudades no es posible una vida civilizada, tal como nosotros la entendemos"[460]. Como se observará, en estas manifestaciones de prohombres ingleses y americanos se nota

---

[455] "*Chicago Sun*". 14-III-1944.

[456] "*Daily Mail*", Londres, 28-XII-1943.

[457] "*Daily Mail*". Londres, 22-IX-1942.

[458] Declaración a la prensa de Quebec, 19-VIII-1943.

[459] Agencia Reuter, 11-IX-1943.

[460] "*Exchange*", Londres, 15-XII-1943.

fácilmente la existencia de una autocomplacencia por la conducta de las democracias occidentales en su guerra aérea contra las poblaciones civiles de sus adversarios, es decir, Alemania, primero, Italia, después, y luego toda Europa ocupada. No sólo reconocen que han sido ellos los pioneros de esta clase de guerra contra la población civil, sino que además se enorgullecen de ello. Walter Lippmann (a) Lipschitz, el buda sionista de los periodistas americanos, hombre con más influencia real que muchos ministros y miembro distinguido del *Brain Trust* de Roosevelt, escribió en uno dé sus artículos: "Deberíamos avergonzarnos de nosotros y de nuestra causa, si no pudiéramos mirar con sincera conciencia nuestra responsabilidad moral en la destrucción de las ciudades alemanas"[461]. Y Hugh Baillie, diputado laborista, remachó: "Una tras otra han sido reducidas a polvo las grandes urbes alemanas. Las viviendas de obreros, que son consideradas objetivos militares han sido convertidas en ingentes montones de escombros. Los obreros mismos se convierten así en fugitivos. En los cálculos de la ofensiva aérea en marcha entra en que los obreros alemanes sean lanzados a la calle como fugitivos".[462] He aquí lo que decía el editorial de uno de los más leídos periódicos americanos, a finales de 1943: "Nadie cree ya las habladurías de daños puramente industriales al referirse a las incursiones de nuestra aviación y de la R.A.F. sobre Alemania. Cuando nuestros bombarderos toman el vuelo, nuestros campesinos sacuden la cabeza y esperan que ello signifique la pronta terminación de la guerra. Al fin y al cabo, es preferible que las matanzas tengan lugar en Alemania".[463] Acudamos, ahora, al *Newsweek*, el primer semanario de América, al referirse al ataque terrorista sobre Berlín, el 22 de Noviembre de 1943: "... lo mismo que en Hamburgo, probablemente muchos refugios se convirtieron en hogueras vivientes. De un extremo de la ciudad al otro, yacen convertidos en ruinas los monumentos en que estaba materializada tanta historia alemana"[464]. Y cerremos esta, creemos, definitiva exposición de testimonios de parte contraria con la opinión de Raymond Clapper, el decano de los corresponsales de guerra norteamericanos:

---

[461] "*Sunday Times*", 2-I-1944.
[462] "*Daily Mirror*", Londres, 25-XII-1944.
[463] "*New Statesman and Nation*", 4-XII-1943.
[464] "*Newsweek*", New York, 6-XII-1943.

"El terror y la brutalidad de la guerra aérea son uno de sus mejores aspectos. Tenemos, por fin, los medios de hacer inhabitables las ciudades y sembrar -¿por qué no hemos de reconocerlo abiertamente?- la destrucción sobre barrios de viviendas. Hemos llegado ahora al punto en el que la guerra se ha hecho tan horrorosa para la población civil, que tal vez se evidencie algún día su falta de sentido".[465]

Es irrefutablemente histórico: las democracias occidentales, en el periodo de pre-guerra, se opusieron tenazmente a toda concesión, incluso teórica, en el desarme aéreo. Si firmaron la Convención de la Haya sobre guerra aérea, que prohíbe expresamente el recurso a las tácticas de Douhet[466] es porque no tenían posibilidad moral de evitarlo. Pero luego, en la práctica, recurrieron a ese sistema de combatir, que es no sólo desleal y criminal, al romper las barreras que durante siglos se habían mantenido entre combatientes y ciudadanos, sino que además es ineficaz desde un punto de vista puramente militar, pues en pleno auge de los bombardeos terroristas sobre Alemania, la producción industrial y militar del Reich llegó a su punto máximo. El terrorismo aéreo no tuvo, inicialmente, otra finalidad que procurar las represalias alemanas - que llegaron, en efecto, pero con una virulencia cien veces menor, como reconoce el propio Churchill - que sirvieran para motivara una opinión pública reacia a la participación de Inglaterra en una guerra extraña a sus intereses reales. Posteriormente, otros motivos fueron injertándose en el inicial, y concretamente la venganza mesiánica del Sionismo contra el Nacionalsocialismo alemán y, en definitiva contra Alemania. Nada menos que Winston Churchill reconoce en sus "Memorias" que fue Lord Cherwell el instigador de los bombardeos de terror contra Alemania. ¿Quién era lord Cherwell? Era un tal profesor Lindemann, un hebreo emigrado de Alemania en 1935. Ese noble lord era el Presidente del "Bomber Command", y pese a su rango de civil tenía autoridad sobre profesionales como Harris y Spaight, y sólo dependía, en última instancia, oficialmente, de Churchill. Su secretario particular -y correligionario suyo- David Bensussa-Butt y el Profesor Salomón Zuckerman estudiaron científicamente los efectos de los bombardeos sobre poblaciones civiles. En el informe de Lindemann,

---

[465] "New York World Telegram", 12-V-1943.

[466] Douhet era un aviador italiano que, antes que nadie, preconizó el bombardeo terrorista de poblaciones civiles para obligar al enemigo a capitular. (N. del A).

en el que colaboraron Bensussa y Zuckerman, se prescribe una serie de bombardeos masivos "para zapar la moral del enemigo, dirigidos contra zonas obreras de las 58 ciudades alemanas cuya población supere los 100.000 habitantes... Cada bombardero lanzará unas 40 toneladas de bombas. Si éstas caen en zonas habitadas, producirán la pérdida de viviendas a unas 4.000 u 8.000 personas"[467].

La consecuencia inmediata de este tenebroso informe fue la directiva del Estado Mayor del Aire, aprobada personalmente por el Primer Ministro, Winston Churchill, así concebida: Referencia: Directiva sobre nuevos bombardeos. Supongo ha quedado suficientemente claro que los objetivos deben ser las zonas edificadas, y no, por ejemplo, los docks o fábricas. Esto, si aún no está lo suficientemente claro, debe quedar bien entendido de una vez para siempre"[468]. El conocido escritor y hombre de ciencia Charles Snow publicó en Londres en 1961, el libro *Science and Government*, en el que afirma: "El Plan Lindemann fue adoptado bajo la presión conjugada de los jefes de la aviación inglesa y, naturalmente, los medio Judíos tan poderosos entonces en el gobierno".

El reconocimiento oficial del carácter terrorista de los bombardeos aliados se hizo en 1953, cuando la "H.M. Stationery Service" (Servicio de Imprenta de Su Majestad) publicó el primer volumen de una obra titulada *La RAF 1939-1945*, libro presentado como una publicación oficial, leída y aprobada por la Sección Histórica del Ministerio del Aire del Reino Unido. El autor, Dennis Richard, dice con toda franqueza que la destrucción de instalaciones industriales no era más que una finalidad secundaria de los ataques aéreos contra Alemania, ataques que se iniciaron en Mayo de 1940. La finalidad principal de esas incursiones era inducir a los alemanes a llevar a cabo raids de represalia similares contra Inglaterra. Tales raids provocarían una intensa indignación en Inglaterra contra Alemania, y crearían así la psicosis de guerra imprescindible en una guerra moderna. Dennis Richard concluye sin ambages: "Los ataques aéreos contra el Ruhr no eran más que una manera disfrazada de inducir a los alemanes a bombardear Londres".

En 1961, la Imprenta Oficial de Su Majestad Británica volvía a reconocer, por

---

[467] David Irving: "*La Destrucción de Dresde*", pg.. 44.
[468] Ibid. Id. Op. Cit. pg. 45-46.

segunda vez, el carácter terrorista de su aviación en la II Guerra Mundial, en su publicación *The Strategic Air Offensive*.

Creemos huelgan más argumentos en favor de la super-demostrada tesis de que fueron los ingleses, secundados luego entusiásticamente por los americanos y los rusos, los iniciadores y casi exclusivos cultivadores del terrorismo aéreo. El odio de Churchill - o de los poderes fácticos que movían al Primer Ministro británico- contra Alemania fue tan brutal que no dudó en quebrantar los más elementales sentimientos humanitarios en la conducción de la guerra. Es el propio Churchill quien, con increíble desenvoltura, manifiesta en sus *Memorias*: "Di instrucciones al Gabinete de Guerra para que todas las ambulancias aéreas alemanas fueran derribadas u obligadas a descender por nuestros aviones de combate".

* * *

La cifra total de muertos causados entre la población de Alemania por los bombardeos terroristas angloamericanos es difícil de evaluar. Se ha hablado de tres millones. En todo caso, la cifra más baja la da el periódico suizo *Die Tat*, en un artículo del demógrafo de Zurich Dr. Adalbert Aigner, quien afirma: "La cantidad de 2.050.000 muertos en los bombardeos de ciudades alemanas es la que me parece mis próxima a la verdad"[469]. El escritor inglés, de raza judía, David Irving, cree que la cifra se halla próxima a los dos millones y medio[470]. Mas de 15.000 tripulantes angloamericanos perdieron sus vidas en estos bombardeos en que la estupidez disputaba con la más satánica crueldad un combate interminable. Mientras tanto, la industria alemana, infinitamente menos atacada que la población civil, llegaba a su punto más alto de producción a finales de 1944.

Hay que tener muy presente el número de heridos y mutilados a causa de los bombardeos, que se ha evaluado en algo más de 4 millones de personas, la mayoría, como es lógico, ancianos, mujeres y niños. Así mismo, debe tenerse muy presente los enfermos crónicos y los subsiguientemente fallecidos a causa de las intoxicaciones por óxido de carbono. El siniestro Profesor Lindemann consideraba que el óxido de carbono liberado por las bombas debía causar aproximadamente el

---

[469] "*Die Tat*", Zurich, 19-I-1955.
[470] David Irving: "*Dresde*", ed. francesa, pg. 88.

70 por ciento de las víctimas de los bombardeos. Resumiendo, creemos, personalmente, que el número total de muertos a causa de los bombardeos terroristas Aliados debe hallarse cerca de los 4 millones, pero nos quedaremos, para la evaluación final, con la más baja que hemos encontrado, de los 2.050.000.

Aunque toda ciudad alemana de alguna importancia fue profusamente bombardeada, cabe hacer especial mención de los bombardeos de Berlín y, sobre todo, de Hamburgo, el 25 de julio y el 3 de agosto de 1943. Los ataques contra los barrios residenciales de la capital hanseática se desarrollaron de noche, y con una saña hasta entonces inigualada. Pero todos los récords de la gratuita violencia fueron batidos en el bombardeo de Dresde, llevado a cabo durante la noche del 13 al 14 de febrero de 1945. Esa fué la más sangrienta acción bélica realizada, a lo largo de toda la Historia del Mundo, contra una población civil. Dresde, se hallaba entonces, a unos 115 kilómetros de las líneas del frente germano-ruso, y a ella habían llegado más de medio millón de refugiados, ancianos, mujeres y niños. Dresde era una dudad abierta. En ella no habían cuarteles, ni fábricas de armamentos, ni objetivos militares de ningún género. Habían, en cambio, numerosos hospitales, con enormes cruces rojas pintadas en sus azoteas.

En la mañana del 13 de febrero, 35 aviones ingleses de reconocimiento volaron sobre Dresde y tomaron numerosas fotografías, sin ser inquietados por la "Luftwaffe", que se hallaba operando en el frente, ni por las defensas antiaéreas, inexistentes en una ciudad residencial cuya única industria era la de cerámicas. Por la noche, 800 bombarderos de la RAF arrojaron sobre la indefensa ciudad, abarrotada de refugiados, una lluvia de bombas explosivas e incendiarias. Al amanecer del día siguiente, una segunda oleada de bombar- deros descargó otro alud de fuego. Y horas más tarde, otros 1.200 tetramotores acabaron de machacar la ciudad destruida, avivando la horrorosa pira con latas de petróleo. En total se lanzaron sobre Dresde 10.000 bombas explosivas y 650.000 bombas incendiarias, amén de 15.000 latas de petróleo, de un hectolitro cada una.[471] El escritor inglés F.J.P. Veale, dice: "Para dar una impresión más dramática, en medio del horror general, las fieras del Parque Zoológico, frenéticas por el ruido y por el resplandor de las explosiones, se escaparon. Se cuenta que estos animales, así como los

---

[471] David Irving: "Dresde".

grupos de refugiados, fueron ametrallados cuando trataban de escapar a través del Parque Grande, por aviones de caza en vuelo rasante... en dicho parque fueron encontrados luego muchos cuerpos de hombres y animales acribillados a balazos... Para evitar las epidemias causadas por los cadáveres en putrefacción, hubo que organizar gigantescas piras que consumían, cada una, cinco mil cuerpos o pedazos de cuerpos. La espantosa tarea se prolongó durante varias semanas.

Los cálculos del número total de victimas en ese descomunal bombardeo varían mucho de uno a otro. Algunos elevan la cifra hasta un cuarto de millón. Personalmente nos sentimos inclinados a adherirnos a esa cifra"[472]. Irving no se atreve a dar cifras aunque opta por la de 235.000 muertos[473] y cabe suponer que el número de heridos debió, al menos, doblar esa cantidad. En una palabra, el gratuito crimen de Dresde costó más muertos que las dos bombas atómicas de Hiroshima y Nagasaki juntas. He aquí lo que dice F.J.P Veale al respecto: "Para la mente popular quizá lo mejor que puede decirse del lanzamiento de la primera bomba atómica es que la muerte cayó literalmente del cielo azul sobre la ciudad condenada. Pero lo que ocurrió allí, puede parecer menos turbador que lo que ocurrió unos meses antes en Dresde, cuando una gran masa de mujeres y niños sin hogar se puso en camino hacia ahí y tuvo que correr alocada por una dudad desconocida en busca de un lugar seguro, en medio de explosiones de bombas, fósforo ardiendo y edificios que se derrumbaban"[474]. El Comodoro del Aire Leslie MacLean censuró, en un libro[475] escrito después de la guerra, al Estado Mayor Aéreo Inglés que "se alejó de su antigua tradición, hasta el grado de abandonar los últimos restos de humanidad y caballerosidad, a cambio de nada... pues el ataque terrorista aéreo fue un fracaso, desde el punto de vista militar, ya que la nación sufrió bombardeos en escala nunca antes imaginada no se doblegó bajo el terrible castigo".

Los americanos tomaron el relevo de los ingleses tras el bombardeo de Dresde. Según David Irving en su varias veces citado libro: "El día siguiente al brutal ataque, los americanos atacaron Chemnitz. Esta vez ni se intentó camuflar el objetivo del ataque. Curiosamente, aunque en Chemnitz había una fábrica de tanques, varias

---

[472] F.J.P. Veale: "El Crimen de Nuremberg".

[473] David living: "Dresde".

[474] F.J.P. Veale: Ibid. Id. Op. Cit.

[475] Leslie MacLean: "Bomber Offensive".

fábricas textiles de fabricación de uniformes para el ejército, así como uno de los mayores centros de reparación de locomotoras del Reich, los servicios de información pasaron las siguientes órdenes a las escuadrillas americanas: "Esta noche, el objetivo será Chemnitz. Vais allí para atacar a los refugiados que van llegando, tras el ataque a Dresde la noche pasada. Vuestras razones para ir allí son de acabar con todos los refugiados que puedan haberse escapado del fuego de Dresde. Llevareis el mismo cargamento de bombas, y si el ataque de esta noche tiene el mismo éxito que el de la noche pasada, ya no volveréis a realizar incursiones en el frente ruso".

Y añade Irving: "La ferocidad del raid de la aviación estratégica americana durante toda la jornada del 14 de febrero, puso, finalmente a la población civil de rodillas... Pero no fueron las bombas las que desmoralizaron finalmente a los habitantes; fueron los aviones de caza Mustang que, descendiendo súbitamente sobre la ciudad, abrían fuego sobre todo lo que se movía". Parece ocioso decir, y, no obstante, debe ser dicho, que ninguno de los responsables de ese macabro e inútil crimen fue jamás procesado por Crímenes de Guerra.

Aunque Alemania se llevó la palma del martirio en la cuestión de los bombardeos de terror contra la población civil, otros países de Europa también los sufrieron en su propia carne, aún cuando en mucha menor escala. Roma, Milán y Venecia vieron sus barrios residenciales bombardeados, e e incluso Paris, Bruselas, Amberes, Sofía y Bucarest. Mención especial merece el bombardeo del puerto de Le Havre, efectuado por los norteamericanos un día antes de su ocupación por los propios americanos, y cuando ya los alemanes habían evacuado por completo la ciudad. Una explicación a tan estúpida y gratuita acción destructora puede hallarse en el hecho de que, en 1946, fue un consorcio norteamericano quien se encargó - naturalmente, pagando Francia- de la reconstrucción de dicho puerto.

En Extremo Oriente, la acción de la aviación norteamericana contra el Japón no presentó, en un principio, rasgos de tan excepcional crueldad como la desplegada en Alemania. No obstante, debe mencionarse el bombardeo de la ciudad de Toyama, de unos 125.000 habitantes, a finales de 1944. Según el historiador Caidin, los edificios de la ciudad fueron destruidos en un 98,6 por ciento.[476] Tokyo sufrió

---

[476] Martín Caidin: *"A Torch to the Enemy"*.

varios bombardeos, el mayor de ellos a finales de mayo de 1945. En ese ataque, aunque se atacaron fábricas, se bombardeó también el núcleo urbano de la población. Se ha llegado a decir que se produjeron 500.000 víctimas en un sólo día, la cifra más baja dada por la literatura aliada es de 130.000. Es decir, más o menos Hiroshima y Nagasaki juntas, aunque no se han dado datos oficiales contrastables. Desde luego, y tal como reconoce la revista propagandística norteamericana, en lengua castellana, *En Guardia* (num. 9, año 4), "tan destructiva fue la campaña que las autoridades japonesas se vieron obligadas a retirar de Tokyo a la mayor parte de la población". El padre espiritual de esos bombardeos contra el Japón fue el General Curtis Emerson Le May, un hebreo que ya se había distinguido en los ataques aéreos contra las ciudades alemanas, desde 1942 hasta 1944. Se ha pretendido que ese ataque a Tokyo fue un simple bombardeo de un objetivo militar. Ahora bien, lo que en modo alguno pueden considerarse ataques a objetivos militares fueron las dos bombas atómicas lanzadas por los norteamericanos contra Hiroshima y Nagasaki Se ha pretendido que el Presidente Truman ordenó personalmente ambos ataques atómicos contra esas ciudades para forzar al Japón a pedir la paz y ahorrar, así, derramamientos ingentes de sangre norteamericana. El argumento sería valido de no mediar dos hechos que lo invalidan por completo:

a) A principios de 1945, el Mikado hizo tanteos de paz, a través de la URSS y de Suecia, pero Roosevelt los rechazó, exigiendo una rendición incondicional[477].

b) En mayo de 1945, unos días después de la capitulación de Alemania, Suzuki, nuevo Presidente del Consejo de Ministros del Japón, ofrece retirar todas las tropas niponas de Birmania, China, Malasia y todas las islas que aún conservan en el Pacífico. Sólo pide la no ocupación de la metrópoli y que sea respetada la familia imperial. El ofrecimiento se hace a través de los servicios diplomáticos del Vaticano, especificando que es "una base de negociación", lo que equivale a decir que se trata de un mínimo, y que otras exigencias norteamericanas pueden ser discutidas y, consiguientemente, aceptadas. Pero Truman sigue los pasos de su antecesor, Roosevelt, y rechaza la oferta japonesa.[478]

---

[477] Georges Ollivier: "*Franklin Roosevelt L'homme de Yalta*".

[478] Robert E. Theobald: "*Last Secret of Peal Harbour*".

El 6 de agosto de 1945, un avión norteamericano deja caer la primera bomba atómica sobre Hiroshima, ciudad desprovista de objetivos militares y, lógicamente, de defensas antiaéreas: 70.000 personas perecen en el acto.

El Japón pide la paz de modo oficial. Washington prepara cuidadosamente su respuesta a la petición japonesa. Muy laboriosamente para que Stalin tenga tiempo de denunciar su tratado con Tokyo, declarar la guerra al Japón y poder participar como "beligerante" en la Conferencia de la Paz. Lo hace el día 8 de agosto. Veinticuatro horas después, una segunda bomba atómica es arrojada sobre Nagasaki. 55.000 muertos. El Imperio del Sol Naciente pide la paz, de nuevo, y por cuarta vez. Esta vez, Truman, magnánimo, se la concede, aunque, eso sí, incondicionalmente.

El caso es, no obstante, que esa "incondicionalidad" será, en la practica, mucho menos dura que la impuesta a Alemania. De hecho, los americanos aplicarán las condiciones que pedía el Japón a Truman en el mes de mayo, pero la diferencia práctica será enorme: de haber aceptado la petición nipona de mayo del 1945 -que equivalía a todos los efectos, a una rendición sin condiciones,- la URSS no habría tenido tiempo de declarar la guerra al Japón (lo que fue insólitamente solicitado por Truman) y no se hubiera podido inmiscuir en los asuntos del Asia oriental. El rechazo de la petición del Presidente Suzuki en mayo del 1945 trajo como consecuencia que, al final de la guerra en Extremo Oriente, los soviéticos, que no llegaron a disparar un sólo tiro contra los japoneses, ocuparon el Sur de la gran Isla de Sakhalin y Manchuria, lo que les fue revalidado en el tratado de paz. En cambio, todos los que efectivamente lucharon contra el Japón saldaron su participación en la "victoriosa" contienda con pérdidas territoriales: los ingleses y los holandeses perdieron sus imperios asiáticos; los norteamericanos perdieron las Filipinas, y los chinos, que luchaban contra el Japón desde 1931 recibieron, como premio, la implantación del Comunismo, posibilitada por Washington. Todo eso, por el criminal retraso en aceptar una capitulación. Todo eso, para poder largar dos bombas atómicas sobre dos ciudades indefensas. Y no podemos pasar por alto la interesantísima observación hecha por un escritor católico inglés, Arthur Kenneth Chesterton, quien recuerda:

c) La primera comunidad católica del Japón se hallaba precisamente en

Hiroshima.

d) la primera comunidad protestante y segunda cristiana, en número de practicantes, tras Hiroshima, se hallaba precisamente en Nagasaki.

e) La orden de que se lanzaran esas bombas las dio personalmente el Presidente Harry Salomón Schippe Truman.

f) La escuadrilla a la que pertenecía el avión homicida de Hiroshima se llamaba "Dreams of David" (Sueños de David).

g) El piloto que arrojó la primera bomba atómica, Thibbets, era de la misma extracción racial que el Presidente Truman y el Rey David.[479]

Los libros de Monniot, Streicher y Mullins sobre crímenes rituales judíos serán una falsedad, como asegura la "Verdad" oficial, pero analizando los móviles, los ejecutores y las víctimas de esos dos horrendos genocidios, cabe -creemos- dar paso a la duda razonable.

No podemos cerrar el "caso" Hiroshima y Nagasaki sin mencionar que, desde entonces, cada año han venido pereciendo supervivientes de la horrorosa matanza y a consecuencia de la misma, la prensa mencionó, en junio de 1979, el suicidio de uno de ellos, que, tras soportar más de 30 años los males causados por la radiación, puso fin a sus días al declarársele un cáncer ocasionado por ésta. El numero de muertos causados por los efectos de la radiación desde el día siguiente al del bombardeo hasta hoy, sobrepasa la cifra de 25.000, y los nacimientos de seres tarados imputables a tal causa, no bajan de 18.000.

* * *

Aún cuando por razones de espacio, hemos querido limitar a unas pocas páginas el tema del terrorismo aéreo de los "buenos", no queremos dejar pasar por alto el tema de dos tipos de crimen particulares, dignos en su ejecución de seres bárbaros, ignorantes y depravados: los ataques contra los niños y los ataques contra las obras de arte.

El 18 de marzo de 1941, la prensa sueca[480] publicaba, espantada, la noticia de

---

[479] A.K. Chesterton: "*Candour*", Septiembre 1963.

[480] "*Svenska Dagbladet*", Estocolmo, 18-III-1941.

que la aviación británica había literalmente inundado varias poblaciones italianas con objetos aparentemente inocuos, como lapiceros, plumas estilográficas y juguetes que, al ser recogidos, estallaban, causando graves heridas en quienes ingenuamente las tomaban en sus manos. El satánico experimento se repetiría en Alemania. En la documentación gráfica que acompaña a esta obra puede observarse el efecto causado en niños alemanes e italianos por los mortíferos juguetes. Mencionemos, igualmente, que en el bárbaro ataque aéreo contra la dudad de Freiburg, el 10 de mayo de 1940, la aviación inglesa, además de arrojar sus bombas, descendió en vuelo rasante para ametrallar un parque en el que estaban jugando numerosos niños, de los que 20 perecieron acribillados. Podríamos extendernos más sobre este desagradable tema, pero creemos que como muestra basta con estos dos tristes ejemplos.

La lucha contra el Arte europeo, llevada a cabo con singular violencia por las fuerzas aéreas norteamericanas y británicas, obtuvo, tristemente, éxitos sobresalientes. El escritor francés Henry La Farge, en un libro prologado por el español Juan Estelrich -y ni el uno ni el otro podían ser catalogados, ciertamente, como nazis-, cita las principales destrucciones de monumentos artísticos ocasionadas por la guerra. De las 410 principales destrucciones mencionadas en el libro en cuestión[481], por lo menos 357 son imputables, sin duda posible, a la aviación de los "buenos", y otras 31 pueden serle, con grandes visos de similitud, igualmente atribuidas. Las 22 atribuibles a los "malos" se produjeron a causa, bien de bombardeos terrestres (como el palacio Real y el Palacio Staczic de Varsovia, o la Iglesia de San Lorenzo de Rotterdam) en plena batalla, bien en bombardeos de objetivos militares que, por error, causaron daños en monumentos como la Catedral de Coventry. A las armas de represalia, V-1 y V-2, pueden achacarse los irreparables destrozos causados en el Merchant Taylor's Hall y la Portland House, de Londres, así como en la Iglesia de San Nicolás de Bristol.

A los "buenos, los patentados inventores del terrorismo aéreo, hay que reconocerles el "mérito" de haber destruido joyas arquitectónicas como el barrio gótico y la Catedral de Ulm. el Castillo de Karlsruhe, la Iglesia Conventual de Stuttgart, la Iglesia de San Killian de Heilbronn, la "Marienkapelle" de Wurzburg, la

---

[481] Henry La Farge: "*Los tesoros perdidos de Europa*".

totalidad de la preciosa ciudad de Hildesheim, que pasaba por ser la más bella de Europa, la Iglesia de las Damas, de Nuremberg, El Castillo Monbijou de Berlín, el Ayuntamiento de Brunswick, el ya mencionado arrasamiento de Dresde, el Monte di Pietá de Vicenza, El Palacio Salvadego y la Iglesia de Santa María de los Milagros, de Brescia, el Monasterio de Santa María de las Gracias y el Palacio Real de Milán, el Palacio Pallavicini de Genova, el Teatro Farnesio de Parma, el Museo Anatómico de Bolonia, el Templo Malatesta de Rímini, el Cementerio de Pisa, con los incomparables frescos de Benozzo Gozzoli, el Monasterio de Santa Clara de Nápoles, la Catedral de Benevento, la Catedral de Aquisgrán, la de Colonia, la de Mainz, y mil joyas más de nuestra Europa, destruidas por nada, porque sí... ¿Por que sí?

¿Acaso, como se demostraría después, como se demuestra hogaño a diario, los poderes fácticos que desencadenaron esa guerra idiota, no odiaban a Europa entera sin distinguir entre nazis y no nazis? ¿Acaso no es cierto que los alemanes, mientras estuvieron en guerra con Francia nunca bombardearon París pero los ingleses sí lo hicieron, en Junio de 1941, causando destrozos en los barrios más humildes de la capital francesa y provocando la muerte de 1.500 personas, civiles en su totalidad? ¿No fue la RAF? Lo que se odiaba no era sólo Alemania: era Europa entera y su espíritu, representado por sus mejores joyas artísticas. Los poderes fácticos movían a sus muñecos de las democracias occidentales porque odiaban y temían a Europa, presente y futura, y para matar a ese futuro atacaban, con diabólica lógica, a sus niños. Lindemann, el padre del terrorismo aéreo, fue hecho Lord por Jorge VI. Pero su pobre ejecutor, Churchill, que sólo llevaba a cabo el sucio trabajo por aquellos planeado, sólo quedó en Sir. Para los que mandan de verdad, "Lord". Para los simples instrumentos Gentiles, para los chusqueros incircuncisos, "Sir" y gracias.

LA GUERRA DE PARTISANOS

Los Convenios de Ginebra y La Haya elevaron al rango de ley de Derecho Internacional la vieja costumbre de las guerras entre naciones civilizadas que limitaba las acciones bélicas a los ejércitos regulares. Exceptuando a la URSS, las demás potencias aliadas, que unilateralmente se autoproclamaron defensoras del Derecho, eran cosignatarias de los mencionados Convenios. No obstante, desde el principio de la guerra, utilizaron el recurso de los partisanos, guerrilleros y francotiradores. A pesar de la iconografía puesta en solfa por los risibles pseudo-historiadores pandemocráticos y popularizada a nivel masivo por los peliculeros de Hollywood, los efectos puramente militares de la acción subversiva fueron, tomados en conjunto, negligibles. Nada menos que el Comandante Supremo de las tropas aliadas en Europa, General Eisenhower, reconoció que las actividades de la supercelebrada "Resistencia" francesa, por ejemplo, ni acortaron la guerra ni aportaron una ayuda digna de mención a las tropas anglosajonas que desembarcaron en Normandía. En el colmo de la irrespetuosidad para con el chauvinismo francés definió a su "Résistance" como *wet kitchen cloth* (un trapo de cocina mojado)[482].

En cambio, donde tuvieron importancia las acciones de la guerra subversiva fue en el plano político. Dice el historiador inglés Russell Grenfell: "Los alemanes, en Francia y Bélgica, se comportaron de manera irreprochable. Los periódicos ingleses de 1940 informaron respecto a la excelencia de sus modales en Francia, levantándose los soldados alemanes en tranvías y autobuses para ofrecer sus asientos a las mujeres, etc. Pero Churchill saboteó con éxito esa conducta alentando y animando los movimientos de resistencia, en Francia y Bélgica primero, y luego en el resto de Europa ocupada. Esos movimientos de resistencia estaban en gran parte, constituidos por elementos emboscados comunistas."[483]

Es bien cierto. Desde mayo de 1940, cuando se produce el derrumbamiento de Francia, hasta el 21 de junio de 1941, cuando Alemania ataca a la URSS, no hay, prácticamente, actividades guerrilleras francesas. Las acciones practicadas de la demasiado famosa, "Résistance" empieza cuando Alemania ataca a la URSS y Stalin da luz verde a sus cipayos franceses del Partido comunista para que empiecen a hostigar a los alemanes y a los franceses que, bien colaboraban con Alemania, bien se limitaban a cumplir los términos del Armisticio suscrito con esta por el Gobierno legal de su país. La "Résistance", con su núcleo de comunistas especialmente entrenados en esos menesteres, se dedicó a asesinar a la élite nacional francesa (y casi todos los supervivientes serían "juzgados" tras la llamada

---

[482] Dwight D. Eisenhower: *"Crusade in Europe"*.

[483] Rusell Grenfell: "Unconditional Hatred".

Liberación) y a poner alguna que otra bomba en una cafetería o un bar frecuentados por oficiales o soldados alemanes. Estos hechos traerían como consecuencia las represalias del ocupante alemán. Toda represalia ocasiona víctimas inocentes y un abismo se abre entre ocupantes y ocupados. Todo terrorismo no tiene otra finalidad que provocar represalias para hacer imposible una paz auténtica. Porque hay que tener en cuenta que el soldado de un ejército regular -de cualquier ejército regular- uniformado, tiene derecho al alojamiento, comida y auxilios médicos cuando es hecho prisionero en campo de batalla, pero el saboteador, el espía o el guerrillero que, vestido de civil, se compromete en una lucha subterránea, automáticamente se priva a sí mismo de los derechos del soldado regular y se hace acreedor a inmediata ejecución. La ejecución de los partisanos está prevista en todos los códigos de justicia militar de todos los países del mundo. Incluso en Occidente, hoy en día, en que en casi todas panes se ha suprimido prácticamente la pena de muerte para asesinos, violadores, infanticidas y toda clase de delincuentes, continúa vigente el principio inmutable de que los guerrilleros capturados en combate son fusilados en el acto. No digamos, ya, en la URSS, donde se aplica este principio con impar "generosidad"[484]. La ejecución de guerrilleros es una costumbre vieja como el mundo, y tal costumbre fue sancionada como ley de Derecho Internacional en La Haya y en Ginebra. A esa costumbre y a esa ley se acogió Hitler, como se acogieron y se han acogido tras él todos los estadistas que han debido enfrentarse a una guerra subversiva.

Que la población judía fuera el alma del movimiento guerrillero antialemán, como se ha dicho, es excesivo. Que fuera el núcleo rector del mismo, generalmente, desde Londres, es más cierto. Con todo, es innegable que, pese a la vigilancia de la Gestapo y de la S.D., muchos judíos con habilidad ancestral, obtenida en muchos siglos de lucha sorda y secreta, habían logrado acomodarse en sitios claves en la Europa ocupada, y en la misma Alemania. El propio rabino Stephen Wise descubre que el gobierno de los Estados Unidos recibía informes de un prominente industrial alemán que ocupaba una de las posiciones más importantes en la guerra de su

---

[484] Todavía en 1962, seis años después de la insurrección armada del pueblo húngaro contra los soviéticos a la muerte de Stalin, se continuaba fusilando a civiles húngaros por el delito de haber actuado como francotiradores siendo menores de edad. Hasta que alcanzaban la mayoría de edad se les hacía trabajar por cuenta del Estado, y a los veintiún años se les fusilaba. Toda la prensa liberal comentó el hecho. (N. del A).

país, "lo que le daba acceso a los cuarteles y a los planes de guerra nazis".[485] Incluso la Universidad de Varsovia fue convertida en uno de los más activos centros de conspiración anti- alemana; el núcleo de la conspiración lo constituían estudiantes Judíos. Fue precisamente en la Universidad y en el ghetto de Varsovia donde se inició el levantamiento armado del 19 de abril de 1943, aniversario del "Pesaj", o insurrección judía en Egipto.

Naturalmente, la represión de esa sublevación fue muy dura, aunque sólo se aplicaron las leyes de la guerra contra los saboteadores a los principales cabecillas.

Donde la acción de los partisanos tuvo efectos reales fue en Yugoeslavia.

Favorecidos por la accidentada orografía del país, surgieron dos movimientos que practicaban la guerra de guerrillas. Uno, a cuyo frente se hallaba el general Draza Mihailovitch, era, políticamente, monárquico, y fue sostenido, en un principio por ingleses y norteamericanos. Otro, dirigidlo por el comunista Iosif Broz (a) "Tito", era comunista y lo sostenía la URSS, aunque a mediados de 1943 los occidentales empezaron a abandonar a Mihailovitch y volcaron su ayuda sobre Tito. Esos movimientos guerrilleros llegaron a entretener en territorio yugoeslavo a unas 20 divisiones alemanas (aproximadamente 300.000 hombres). Sin la actividad guerrillera probablemente con la mitad de esos efectivos hubiera bastado para asegurar el orden en el país. Los alemanes contaban, además, con el apoyo de unidades croatas e italianas en Dalmacia. Algunos autores han pretendido que Tito es judío[486] y que su nombre original era Iosif Walter Weiss. Durante la guerra de España fue miembro de una brigada internacional y al morir un amigo suyo, Iosif Broz Tito, de origen croata, tomó el nombre de éste "a fin de perfeccionar su mimetizada apariencia de yugoeslavo"[487]. En todo caso, lo que sí es innegable es que su consejero, Moisa Pijade, sí era israelita, y fue él quien le concilio las buenas gracias de Baruch, el conocido mentor de los presidentes americanos, para que Occidente le apoyara, abandonando a Mihailovitch. Dice Hanson Baldwin, escritor norteamericano[488] que "Mihailovtích se sublevó a iniciativa del gobierno yugoeslavo exiliado en Londres, pero su abandono fue convenido en la Conferencia de Teherán,

---

[485] Stephen Wise: "*Years of Fight*".

[486] Romanescu, rumano; Borrego, mexicano; Manchalsko, húngaro, entre otros. (N del A).

[487] Traian Romanesca: "*Amos y Esclavos del Siglo XX*".

[488] Hanson Baldwin: "*The seeds of the new war*".

el 26 de noviembre de 1943, entre Churchill, Roosevelt y Stalin".

También actuaron los guerrilleros en Grecia, y especialmente en Creta, aunque en plan casi anecdótico. Según el historiador inglés Veale, los guerrilleros griegos se dedicaron sobre todo al bandidaje, reservando sus armas para el final de la guerra. Fue entonces cuando esos guerrilleros, armados exclusivamente por Inglaterra desde el aire, se lanzaron abiertamente a la lucha contra el régimen legal de su país y si no consiguieron implantar un régimen comunista en el mismo poco faltó para ello. También es curioso constatar que los terroristas de la organización "Eoka", que lucharon contra los ingleses en Chipre desde 1945, apenas terminada la guerra mundial, hasta echarlos de la isla, disponían de armamento inglés, facilitado por los ingleses a los griegos para que lucharan, como partisanos, contra Alemania.[489]

La lucha en Ucrania, frecuentemente a retaguardia del frente alemán, apenas puede denominarse "guerra de guerrillas", dada la enormidad de los efectivos puestos en juego por los rusos. Cabe mencionar que tales "guerrilleros" disponían incluso de tanques y cañones. Más bien, debería hablarse, en este caso, de guerra ilegal del Ejército Rojo, aterrorizando a la población civil y forzándola a colaborar en la lucha contra la Wehrmacht, saboteando las líneas de comunicación y alineando a sus soldados con atuendos civiles.

No debe cerrarse este epígrafe sin mencionar las acciones terroristas de comandos militares o militarizados, con ropajes civiles, contra personalidades políticas o militares alemanas o simplemente anticomunistas. Eva Braun cuenta[490] de un atentado contra Hitler en el invierno de 1942, cerca de Berchtesgaden, que fue impedido por el propio Führer quien desarmó a su agresor. Menos suerte tuvo Heydrich, el Jefe de los Servicios de Seguridad del Reich, quien fue muerto debido a la acción de un comando de soldados con ropajes civiles, a cuyo frente se hallaba un israelita, llamado Peretz Goldstein.[491] El pueblo bohemio de Lídice, que había dado albergue a los partisanos, fue objeto de severa represalia por parte de las unidades de castigo alemanas. Según ciertas fuentes fueron ejecutados 150 habitantes del pueblo, según otras, 190. Puede parecer brutal y, sin duda, lo es.

---

[489] F.J.P. Veale: "*Advance to Barbarism*".

[490] Eva Braun: "*Diario*", citado por S. Borrego, mexicano, en "*Derrota Mundial*", Pg. 423.

[491] *Encyclopoedia Britannica*. T. XIII, pg.176.

Pero ello es consecuencia de esa guerra sucia, que sólo puede ser, en la práctica, combatida con un contraterrorismo de sentido contrario. Mucho peor hicieron los rusos en Budapest, en 1956, contra un pueblo teóricamente aliado, y los americanos en Viet-Nam, en circunstancias similares. Pero la culpabilidad, en última instancia, recae siempre en los patrocinadores de la ilegal guerra de guerrillas.

MATANZAS DE PRISIONEROS

En 1943, los alemanes convocaron a delegados de la Cruz Roja de países neutrales, para mostrarles las horrorosas fosa de Katyn, cerca de Smolensko. En dichas fosas se encontraban los cadáveres de unos 15.000 oficiales y suboficiales polacos, todos ellos ejecutados por el sistema del tiro en la nuca, clásico de la policía soviética. Pero el caso es que el titulado gobierno polaco en el exilio de Londres tenía serios indicios de lo que había sucedido, mucho antes de que los alemanes exhumaran las fosas de Katyn. Confírmalo Churchill: "He almorzado con Sikorski, que me ha dicho que tiene pruebas de que el gobierno soviético ha hecho asesinar a unos 15.000 oficiales y suboficiales polacos, así como a otros prisioneros que tenía en su poder, y que se les había sepultado en enormes sepulcros abiertos en los bosques, principalmente en las cercanías de Katyn. Tenía superabundancia de pruebas. Le dije que, si de verdad estaban muertos, nada podía hacer él para devolverlos a la vida, y que no era el momento de buscar querellas con Stalin".[492] El gobierno de Sikorski no se contentó con la inaudita recomendación de Churchill y rompió sus relaciones con la URSS, pero pocos días después Sikorski perdía la vida en un rarísimo accidente de aviación.

Recordemos que Inglaterra y Francia dijeron haber declarado la guerra a Alemania para defender a Polonia del ataque de aquélla. Pero Rusia atacó a Polonia dos semanas después, y no sólo no le declararon igualmente la guerra, sino que buscaron tenazmente su alianza, prometiéndole -y concediéndole- infinitamente más territorios y prebendas que los que Stalin pidió a Hitler y éste le negó. Y cuando se demostró que los soviéticos asesinaron a la totalidad de la flor y nata de la oficialidad polaca, el gobierno británico mandó callar al llamado gobierno polaco en el exilio

---

[492] Winston S. Churchill: "*Memorias*".

londinense y su titular, Sikorski, tuvo un misterioso y oportunísimo accidente de aviación.

Y cuando Arciszewski, el sucesor de Sikorski, se atrevió a pedir a Stalin, desde Londres, que permitiera la intervención de una comisión de la Cruz Roja británica en la URSS, para interrogar a los polacos que el Ejército Rojo capturó en 1939, así como a prisioneros de guerra alemanes para intentar obtener informaciones de primera mano sobre lo sucedido en Katyn y en otros lugares de Polonia, recibió una brutal negativa. A pesar de haber en- vuelto su petición con los oropeles de una retórica apaciguante... "pues estoy seguro que los trabajos de esa comisión demostrarán que el señor Sikorski se dejó engatusar por la falaz propaganda alemana". Pero Stalin hizo más. Negó toda virtualidad política al gobierno polaco de Londres y creó otro, con comunistas polacos residentes en Moscú, y presidido por un hebreo, Jerzy Rusinek.

En el juicio de Nuremberg el Fiscal Soviético, con audacia obscena, llegó a pretender que los victimarios de la oficialidad polaca en Katyn eran los alemanes. Ni siquiera aquél Tribunal, con tan descomunales tragaderas, pudo admitir esta acusación. Y hoy día está admitido, sin resquicio alguno para la duda razonable, que Katyn fue un crimen, -uno más- exclusivamente imputable a los soviéticos. El 22 de julio de 1971, la Agencia EFE daba la noticia de que Abraham Wydra, israelí que estuvo internado en un campo de trabajo ruso durante la II Guerra Mundial fue informado de las matanzas rusas en el campo de Katyn por oficiales judíos del Ejército Soviético que participaron en ellas o que las presenciaron. Incluso da los nombres de esos participantes correligionarios suyos: Alexander Suslov y Semyon Tichonow. Pero, esos, al fin y al cabo, eran unos simples comparsas. Por cuanto consta que los que ordenaron la matanza de Katyn eran Lev Rybak y Chaim Finberg. Y, en última instancia, la orden para un genocidio de tal magnitud sólo pudo salir del Comisario del Interior, Lavrenti Paviovitch Berkowitz (a) Beria. Todos ellos, del mismo origen étnico que el ex-polaco y neo-israelita, Abraham Wydra quien, con 30 años de retraso, se sintió presa de remordimiento y confesó la verdad sobre la identidad de los asesinos. ¡Más vale tarde que nunca!

Aún quedaban, en Moscú, en un régimen oficialmente llamado "confinamiento", pero, prácticamente, de "detención" unos 300 oficiales polacos, cuya existencia fue reconocida por la URSS y que el General Anders -un polaco que luchó por Inglaterra en Oriente Medio, en África del Norte e Italia- reclamó repetidamente, apoyado por Churchill. Nunca fueron devueltos y todos fueron ejecutados[493]. Podrá acusarse a los soviéticos de lo que se quiera, pero no de falta de continuidad en sus ideas. Para Stalin era vital la derrota de Alemania, con la que sostenía un duelo a muerte, pero más aún lo era la destrucción de sus enemigos de clase, es decir, de los nacionalistas europeos, y no sólo de los alemanes. Así, mandó asesinar a los oficiales polacos porque debido a su preparación nacionalista eran reacios a dejarse absorber por el régimen comunista. En tales casos, y desde su instauración en Rusia, en 1917, el Bolchevismo utiliza la llamada "ingeniería social", que consiste en la eliminación física de elementos inasimilables por el Marxismo pontificalmente definido en el Kremlin.

Evidentemente, los soldados alemanes que cayeron prisioneros de los soviéticos no podían esperar mejor tratamiento que los polacos. Se sabe que en 1943 los bolcheviques organizaron festejos populares para ejecutar a oficiates de la Wehrmacht. En Kharkov se organizó una de esas macabras ceremonias. Un centenar y medio de prisioneros fueron ahorcados el primero de diciembre en la plaza principal de la ciudad ante una asamblea de miembros del Partido Comunista. La revista americana *Time* publicó un espeluznante relato de lo ocurrido[494]. El escritor húngaro, nacionalizado inglés, y de raza judía, Arthur Koestler, describe así la escena: "Cuando los vehículos sobre los que los condenados estaban de pie fueron alejados, haciendo que los cuerpos cayeran lentamente y se iniciara el procedimiento de estrangulación, surgió de la enorme multitud un gruñido ronco, bajo, de profunda satisfacción; hubo quien mostró su desprecio por los moribundo agregando silbidos al estertor de sus boqueadas; muchos otros aplaudían".[495] Incluso se filmaron "close ups", es decir, primerísimos planos, de los gestos de los agonizantes, que aparecerían, luego, en un film de Serge Eisenstein, "en que la crueldad y el sadismo hacían pareja con el mal gusto"[496].

Podría escribirse, no un libro, sobre toda una biblioteca sobre las salvajadas

---

[493] A. Wysocki: "*Odisea Polaca*".
[494] "*Time*", New York, 15-XII-1943.
[495] Arthur Kestler: "*Soviet Myth and Reality*".
[496] William L. White: "*My Report on the Russians*".

cometidas por los soldados del Ejército Rojo. El Mariscal Von Manstein refiere[497] que varios de sus oficiales le habían manifestado que antes de dejarse capturar por los soviéticos se dispararían un tiro en la sien. En la Conferencia de Teherán, Stalin dijo que brindaba por el fusilamiento de 50.000 oficiales alemanes, conforme se les fuera capturando, o cuando terminara la guerra. Churchill, el hombre de los tapices de bombas sobre Alemania, en un fugaz acceso de humanidad, o tal vez hablando para sus biógrafos, dijo que se oponía, por ser, tales métodos contrarios a la tradición militar de Inglaterra.

Entonces intervino Roosevelt, quien propuso que se rebajara la cifra de fusilados a 49.500. Churchill se levantó de la mesa, pero Stalin fue a buscarle diciéndole que se trataba de una broma.[498] Pero no era una broma, pues, como más adelante veremos, más de un millón de prisioneros alemanes -oficiales y soldados- se esfumaron en la URSS, sin dejar rastro.

Cuando, el 28 de abril, las avanzadillas del Ejército Rojo lograron abrir brechas en las defensas de Berlín, el Ministro de Propaganda soviético, Ilya Ehrenburg[499] lanzó la siguiente orden del día al Ejército Rojo: "Los soldados rojos arden como si fueran de paja, para hacer de los alemanes y de su capital una tea encendida de su venganza; para vosotros, soldados del Ejército Rojo, la hora de la venganza ha sonado... Desgarrad con brío el orgullo racial de las mujeres alemanas; tomadlas como botín legítimo. ¡Matad! ¡Destruid, bravos y aguerridos soldados del Ejército Rojo!"

El mando soviético dio carta blanca a sus tropas para que cometieran toda clase de excesos. Un testigo nada sospechoso de nazismo, el capellán del Ejército norteamericano, Padre Francis Samson, refiere que "los soldados rojos que entraron en Berlín, en su mayoría asiáticos, daban la impresión de estar enloquecidos y disparaban en todas direcciones. Habían recibido una ración especial de vodka. Por todas partes remataban a los heridos, asaltaban a los civiles, les robaban o asesinaban; la suerte de las mujeres era infernal, y muchas terminaban siendo muertas; incluso vi a una colgada de los pies, a quien le habían abierto el vientre"[500].

---

[497] Eric Von Manstein: "*Victorias Frustradas*".
[498] Winston S. Churchill: "*Memorias*".
[499] Judío. Premio Lenin de literatura (N. del A).
[500] "*Y terminó en el Elba*". por Jurgen Thornwald.

El mismo testigo presencial cuenta que "... cuando llegué a donde un par de días antes se encontraba la hermosa ciudad de Neubrandenburg, me pareció como si estuviera contemplando el fin del mundo y el juicio final"[501].

En la plaza polaca de Glowno, el General Mattern, cercado, sin municiones, y sabedor de que no podía esperar ninguna ayuda de la Wehrmacht en retirada, se rindió con 2.000 soldados, la mayoría heridos. A los ilesos y a los "heridos que en pocos días podían recuperarse les envió a limpiar minas, mientras que a los demás se les achicharró con lanzallamas.

MATANZAS DE CIVILES

Cuando los rusos irrumpieron en Alemania y en los demás países del Este de Europa, que con ella se habían aliado contra el comunismo, se desencadenó una orgía apocalíptica contra la población civil. Ilya Ehrenburg había desempeñado, durante años, una tarea de emponzoñamiento mental, en su calidad de jefe de la propaganda soviética. Había machacado y hecho machacar en la cabeza de los miembros de las fanatizadas masas bolcheviques la idea de que los alemanes eran, todos, unos criminales, y de que las mujeres alemanas deberían ser consideradas botín de guerra. Todos los frenos interiores -lo que llaman Derecho Natural- que el ser más ignorante que se quiera imaginar lleva en el fondo de su alma, fueron adormecidos por esa propaganda constante, que llegó a apagar todos los escrúpulos. Además, los altos mandos del Ejército Rojo, tales cómo el General Zhukov, y su colega Rokossowsky, coadyuvaron con sus órdenes a la puesta en práctica de esa propaganda.

He aquí lo que dice el noruego Thorwald: "Todo poblado y toda aldea conquistada cayó en un inenarrable infierno. Ancianos asesinados a culatazos porque tenían un hijo en las SS; civiles muertos de un tiro en la nuca, delante de sus familiares; civiles requisados como bestias y utilizados para cargar municiones o arrojados ante las líneas alemanas para que hicieran estallar minas al pisarlas. Niñas de 12 años y mujeres de hasta 70 ultrajadas públicamente y en masa; criaturas que lloraban y gritaban presas de espanto al ser obligadas a presenciar

---

[501] Ibid. Id. Op. Cit.

aquellas torturas de sus madres; saqueos de ropa y de víveres; mujeres semidesnudas, abandonadas en los caminos para morir lentamente de hemorragia y de frío. Todo lo que se temía del Oriente, monstruosamente superado por aquel infierno. Caravanas aterrorizadas de civiles comenzaban a huir hacia la retaguardia. Los tanques soviéticos, a veces, les alcanzaban y se divertían disparando contra esos blancos inermes, para luego caer sobre las mujeres. Hubo casos en que no respetaban ni a las muertas"[502].

En la confusión de la huida, agravada por los ataques rasantes de los aviones soviéticos, se producían escenas dantescas. Había, incluso, caravanas de prisioneros de guerra franceses, ingleses o rusos, que voluntariamente se alejaban del frente soviético[503]. La RAF y la aviación norteamericana también participaron activamente en los ataques contra las caravanas de civiles refugiados. Pero el record del horror se batió en ocasión del cerco de Prusia Oriental. La ciudad de Gumbinen fue tomada por los soviéticos, pero recuperada por un contraataque de la Wehrmacht el día siguiente. Lo sucedido en Gumbinen en menos de 24 horas desafía toda descripción. Marchalsko se limita a decirnos que había mujeres alemanas crucificadas en las puertas de sus casas; otras, colgadas boca abajo de las ramas de los árboles; otra con el vientre abierto, pendían de una rama colgada con sus propios intestinos. Ancianos castrados; niñas ultrajadas a bayonetazos; incendios por doquier; bebés empalados; incluso animales domésticos degollados; algo que ni Dante pudo imaginar al describir el Infierno[504].

Al saberse lo de Gumbinen, se apoderó el pánico de la población civil. Nadie quería quedarse en casa al retirarse la Wehrmacht. El Batallón de la SS francesa "Charlemagne", salvó a 5.000 civiles, al lograr romper el cerco ruso durante unas horas, operación en la que unos bravos franceses salvaron el honor de su patria, que otros franceses mancillaron en Stuttgart, donde cometieron innumerables tropelías contra la población civil.

Al quedar cercada Prusia Oriental, los restos de la marina mercante alemana se dedicaron infatigablemente a evacuar civiles. Lograron transportar hacia el resto de Alemania cerca de un millón y medio de refugiados, pero debieron pagar el tributo

---

[502] Jurgen Thomwald: "*Empezó en el Vístula*".

[503] Ibid. Id. Op. Cit.

[504] Louis Marschalsko: "*World Conquerors*", Omnia Veritas Ltd.

del sufrimiento. La flota soviética del Báltico, que había permanecido escondida durante toda la contienda en la rada de Leningrado, salió de sus escondrijos y en los últimos días de la guerra pudo aprovecharse del blanco fácil que ofrecían los transpones.

El "Wilhelm Gustloff", fue torpedeado de noche por un submarino ruso, y de sus 5.000 refugiados y tripulantes sólo 950 pudieron ser rescatados de las frías aguas del Báltico. El "General Steuben", que zarpó de Koenigsberg con 2.000 soldados heridos y 1.000 niños, fue alcanzado por un torpedo ruso y su proa se hundió casi inmediatamente en el agua. Pánico tremendo en cubierta, con todos los supervivientes apiñándose en la proa; luego, al escorarse la nave y cundir el desconcierto y el caos, muchos niños y adultos resbalaban por la cubierta hacia el agua o caían sobre las hélices. Algunos hombres que llevaban pistola, se suicidaron, mientras el capitán del barco moría de un ataque al corazón. Entretanto, los 2.000 heridos, trataban de subir a cubierta, cuando el barco fue alcanzado por un segundo torpedo. Cuando se hundió, de pronto, lo que sobresalía del barco "dos mil gritos de los encerrados en el interior cesaron repentinamente, sin intermedio, como cortados por un tajo único y terrible, mientras, al desaparecer la nave hizo un remolino tan vertiginoso que se tragó a los escasos supervivientes que nadaban a su alrededor. Sólo 11 personas se salvaron de las 3.000 que salieron de Koenigsberg"[505].

Algo parecido le sucedió al transporte "Goya" con 7.000 fugitivos, de los que sólo se salvaron 170[506]. Entretanto, los aliados occidentales, al apercibirse de estas evacuaciones, sembraron minas desde el aire ante los puertos de Kiel, Lubeck y Stettin, para evitar que dichas evacuaciones continuaran.

Thornwald recoge el testimonio del cabo de la Wehrmacht, Paul Scholtis, que le decía, fuera de sí: "No teníamos razón. Tenía razón Hitler, tenia razón Koch; tenían razón todos los que querían tratarles como se merecen. Si no hubiéramos dejado a uno con vida, no estarían aquí y no podrían violar, asesinar y destrozar. Frente a los bolcheviques y frente a todo el Este no cabe política alguna humanitaria; es cuestión de vida o muerte para los países civilizados, y se llevará la victoria el que

---

[505] Fritz Brustat-Naval: "*Operación Escape*".

[506] Ibid. id. Op. Cit.

primero y mejor extermine al otro. Hitler lo ha comprendido así y nosotros, los que hemos tenido escrúpulos de conciencia y a veces hemos saboteado sus órdenes o las hemos dejado de ejecutar, no hemos comprendido la necesidad del momento[507]. ¿Ha visto Ud. los niños de pecho despedazados en Neutief? ¿Ha visto a las mujeres que apenas podían arrastrarse, ultrajadas 40 veces? ¿Y a las niñas de 12 años, desangrándose con sus cuerpos mancillados? ¡Qué terriblemente nobles se presentan esos fariseos de Londres y Nueva York! ¡Luchan por la Humanidad y el Derecho! ¡Qué bien suena! ¡Y se unen a un continente de bestias! ¡En muy pocos años comprenderán su estupidez, cuando la mierda les llegue al cuello...!

Entonces despertaran asustados. Los pueblos civilizados comprenderán alguna vez su propia historia política y la reprobarán, pero entonces será demasiado tarde..."[508]

En Occidente, el trato a la población civil fue incomparablemente mejor, pero, aún y todo, muy inferior al que, anteriormente, habían deparado los ocupantes alemanes a los civiles franceses, belgas, etc. Cabe destacar los excesos cometidos en la ciudad de Stuttgart por los franceses del General De Lattre de Tassigny. La dudad había sido ocupada por los americanos, pero los franceses llegaron para relevarles como ocupantes, mientras los hombres de Patton seguían luchando. Violaciones masivas y un par de centenares de asesinatos, todos ellos impunes. Todos ellos cubiertos por un general que se decía católico e iba a misa cada día. Lo de Stuttgart lo describe, con lujo de detalles, el americano Charles Lincoln, que luchó en el Ejército de su país que, según él, no se comportó demasiado mejor que los franceses en Stuttgart.[509] También iba a Misa el General, luego Mariscal, Juin, quien, en cierta ocasión, prometió a sus tropas marroquíes que, si lograban romper la línea del frente, al Este de Monte Cassino, tendrían 24 horas de licencia total para hacer lo que se les antojara con la población civil. Juin cumplió su promesa. Hubo 500 violaciones, incluyendo las internas en un manicomio[510].

---

[507] Se debía referir, probablemente, a la "Orden de Comisarios" según la cual debería ejecutarse a todo comisario que fuera capturado (N. del A.)

[508] Jurgen Thomwald: *"Comenzó en el Vístula"*.

[509] Charles Lincoln: *"Por orden del gobierno militar"*.

[510] En 1955 se filmó en Italia una película de Sophia Loren, titulada *"La Ciociara"* que ilustraba ese tema. (N. del A.)

TERCERA PARTE

LOS CRÍMENES CONTRA LA HUMANIDAD

Siguiendo el camino que nos hemos trazado, tras los "Crímenes contra la Paz" y los "Crímenes de Guerra" -para usar la terminología del Tribunal de Nuremberg-, vamos a ocuparnos ahora de los denominados "Crímenes contra la Humanidad", es decir, "los referentes a los malos tratos contra grupos raciales, civiles o religiosos determinados en razón a su pertenencia a los mismos".

El primero de los crímenes que contra "la Humanidad" se cometió fue, a nuestro Juicio, la prolongación innecesaria de la guerra. La exigencia de una rendición incondicional fue oficialmente definida en la Conferencia de Ca-sablanca. Según varios autores norteamericanos, biógrafos de Roosevelt, fue el Secretario del Tesoro, Henry Morgenthau, quien se mantuvo, en Casablanca, permanente junto al Presidente para que permaneciera inflexible y no aceptara fórmulas de compromiso de paz negociada, tal como hubiera preferido, posiblemente, Churchill.[511] En todo caso, fuera o no Morgenthau el instigador, lo esencial es recordar que, como hemos visto al estudiar los "Crímenes contra la Paz", Roosevelt era, virtualmente, un prisionero de su *Brain Trust*, y era éste quien tomaba las decisiones. Pero lo que no se puede negar a Morgenthau es que fue él el autor del siniestro plan de su nombre. En efecto, por el plan Morgenthau se planeaba convertir Alemania en un "país pastoril", privándole de todos sus recursos. De este modo, se especifica cínicamente en el Plan Morgenthau "Alemania, en pocos años, se convertirá en un país de unos 40 millones de habitantes, en vez de 90 millones". El Plan Morgenthau, adoptado en la Conferencia de Quebec, es una grandiosa e innegable prueba histórica de que el Alto Mando del Sionismo preparó, a sangre fría, asesinar a una Nación. Un escritor Judío, William L. Newman, afirmó que "el propósito de este Plan es transformar a Alemania en un país nómada y pastoril, con un mínimo de agricultura".[512] El Plan Morgenthau empezó a ponerse en práctica al día siguiente

---

[511] [ausente. Ed.]

[512] [ausente. Ed.]

del Armisticio del 9 de mayo de 1945, y sólo se detuvo al cabo de dos años, por imperativos de la "guerra fría" y por un cambio de política de los Poderes Fácticos.

* * *

Pero si el Plan Morgenthau no se llevó íntegramente a la práctica, sí se llevó a la práctica el menos conocido Plan Kauffmann. Theodore Nathan Kauffmann, un sionista de pasaporte norteamericano pero nacido en Alemania publicó en 1941, unos meses antes de que su patria de adopción entrara oficialmente en la guerra, un libro[513] en el que afirmaba que, al final de la contienda, Alemania debería ser completamente desmembrada. La población civil alemana, hombres y mujeres, sería esterilizada, con objeto de asegurar la extinción total de Alemania. Los soldados presos o los desmovilizados, tras ser esterilizados, deberían trabajar como esclavos para los países aliados.

El libro alcanzó una notable difusión en todo el mundo, incluyendo Alemania. Hemos dicho que el Plan Kauffmann se llevó a la práctica, aunque no literalmente. Desde luego Alemania sí fue desmembrada; desde luego millones de soldados alemanes sí trabajaron como esclavos durante muchos años, como más adelante veremos, pero los alemanes no fueron esterilizados... físicamente. Pero sí lo fueron espiritualmente, al menos en una gran parte, hasta el pun- to de que hoy día Alemania tiene una demografía regresiva; tiene más óbitos que nacimientos. Pero sigamos adelante. Y mencionemos el libro de otro hebreo, Maurice León Dodd[514] en el que el autor proclama que los alemanes que sobrevivan a los bombardeos aéreos deberán ser vendidos como esclavos a las colonias anglosajonas o francesas, o regalados a los rusos. Otro correligionario suyo, Charles G. Haertmann[515] exige el exterminio físico de los alemanes, o "al menos, el 90 por ciento".

Einzig Palil, un sionista de nacionalidad canadiense sostiene una posición similar[516] exigiendo el desmembramiento de Alemania y la total demolición de su

---

[513] Theodore Nathan Kauffmann: "*Germany must Perish*", pg. 104.
[514] Maurice León Dodd: "*How Many Wold Wars?*".
[515] Charles G. Haertmann: "*There must be no Germany after war*".
[516] Einzig Palil: "*Can we win the peace?*". Londres, 1942.

industria. Ivor Duncan, sionista inglés, en un divulgadísimo artículo periodístico titulado "La secuela del Pangermanismo" aconsejaba la esterilización de 40 millones de alemanes[517] aquilatando el costo total de esa optación en unos 5 millones de libras esterlinas. Todavía otro sionista, Douglas Miller, éste de nacionalidad norteamericana, estimaba que 80 millones de alemanes eran demasiados. Humanitario el hombre, rechazaba los sistemas drásticos, pero preconizaba una regulación de las importaciones y las exportaciones, de manera que unos cuarenta millones de alemanes perecieran de hambre[518].

Pero el ejemplo más curioso es el libro de otro sionista, éste de Nueva York, Maurice Gomberg "A New World Moral Order for Permanent Peace and Freedom" (Un nuevo orden moral mundial para la paz y la libertad permanente). Este Gomberg era un hombre enteradísimo de los entresijos de la Gran Política Mundial. En su libro aparece un mapa de lo que será el mundo después de la guerra. En dicho mapa Rusia se ha anexionado media Polonia, los Estados Bálticos, Rutenia Transcarpática, Besarabina, Bukovina, Prusia Oriental, y Carelia Septentrional. También se ha anexionado las Kuriles y el Sur de la isla de Sakhalin, así como Manchuria. China, Polonia, Hungría, Checoeslovaquia, Albania, Yugoeslavia, y Bulgaria aparecen como estados "vasallos" de la URSS. Alemania está partida en dos trozos. También se hallan divididas Corea, Indochina y Berlín. Este reparto del mundo, como sabemos, coincidiría con el que, cuatro años después, acordarían Roosevelt y Stalin con un Churchill cada vez más "descolgado" en Yalta. Aún hay más cosas en ese mapa "profético". Los imperios ultramarinos inglés, holandés y francés, han desaparecido, pasando como "vasallos", ora a la URSS, ora a los USA... ¡Qué premonición más fantástica!...

¿No parece increíble?.. Sobre todo, si tenemos en cuenta que el libro fué escrito antes de Pearl Harbour, es decir, antes de la entrada de los Estados Unidos en la contienda.

Todo esto se sabía en Alemania y, como es natural, endureció aún más la resistencia del país, costando millones de vidas a alemanes y aliados la prolongación innecesaria de la guerra y siendo causa inmediata del hundimiento de

---

[517] Ivor Duncan: "*Zentral Europa Observer*", Ginebra, Marzo 1942.

[518] Douglas Miller: "*The New York Times*", 8-II-1942.

los imperios coloniales de los enemigos de Alemania, excluyendo a la URSS y, por unos pocos años, a los USA. Debemos tener muy presente, que la exigencia de una rendición incondicional no tiene precedentes en la Historia Universal.

Morgenthau, además, organizó una "Sociedad para la Prevención de la III Guerra Mundial", en la que se exigía que todas las cláusulas relativas al desmembramiento de Alemania fueran llevadas a la práctica. Los bienes de los alemanes en países beligerantes, e incluso, neutrales, debían ser incautados por los gobiernos aliados. A los hombres de negocios americanos no se les concederían visados para visitar Alemania. No se concederían visados a alemanes para emigrar a los Estados Unidos. Sé prohibía el matrimonio de mujeres alemanas con soldados americanos. Las comunicaciones postales con Alemania no debían ser restauradas en dos años. Varias de estas exigencias se cumplirían al pie de la letra; otras no fue posible aplicarlas por su propia demagogia y por el cambio de política que las circunstancias impondrían a partir de 1948. Con todo, el daño causado a Alemania por esa pacífica sociedad. fue notable. ¿Quiénes eran sus componentes? Pues eran Juliys Goldstein, Isidor Lischutz, Emil Ludwig, Erich Mann, E. Amsel Mowre, Aarón Shipler, Louis Nizer, W.E. Shirer, F.W. Foerster, Guy Emery, Cedrik-Forster y el inevitable Morgenthau. Todos judíos. Será casualidad o lo que se quiera, pero todos esos pacíficos ciudadanos americanos eran judíos. Quien no era judío, pero sí cripto-comunista, como más tarde quedaría ampliamente demostrado, era Richard B. Scandrette, miembro prominente de la Comisión Americana de Reparaciones, creada bajo los auspicios de Morgenthau. Scandrette en un informe ante el Congreso[519] declaró: "No debemos tener misericordia para con la población civil, pues es culpable de haber asistido a Hitler hasta el final. Hay que mantener a ese país en un status puramente agrícola y pastoril; todas las industrias deben ser desmanteladas; los soldados alemanes deben servir como trabajadores forzosos en Rusia e Inglaterra.

Nadie debe quedar exento de castigo, ni siquiera las Iglesias, que también son culpables en Alemania, especialmente la Católica".

---

[519] Discurso ante el Congreso, 7-VI-1945.

EL SAQUEO DE ALEMANIA

Debemos abreviar. Sobre el saqueo de Alemania podría escribirse un libro del tamaño de una enciclopedia. Nos limitaremos a esquematizar al máximo, partiendo, como siempre, de fuentes de parte contraria, o, como mínimo, neutrales. Desde Mayo de 1945 hasta Junio de 1954, es decir, en 9 años, las expro-piaciones impuestas a Alemania, según fuentes emanadas de la propia República Federal (que, como gobierno impuesto por Washington que es, es más antinazi que el estado de Israel), se deglosan así:

a). Valores confiscados según sentencias de los tribunales de "Desnazificación"..108.500 millones

b). Botín de las tropas de Ocupación[520]..............................15.000 millones

c). Confiscaciones "indirectas", tales como expropiación de la Flota Mercante, etc..138.100 millones

d). Pérdida causada por la "reforma" monetaria impuesta por los Aliados Occidentales...198.000 millones

e) Pérdida causada por los "billetes de Ocupación" emitidos por los Aliados...46.000 millones

f) Desmantelamientos de fábricas[521]...............................10.000 millones

g) Pérdidas causadas por la limitación artificial del precio del carbón ....84.000 millones

h) Confiscación de valores alemanes extranjeros ....18.000 millones

--------------------617.600 millones

Esas cifras, naturalmente, sólo abarcan datos que es posible conocer, y que han sido debidamente registrados [522]. Si se pudieran contabilizar las exacciones cometidas, a título individual y de las que no ha quedado constancia alguna, la cifra de 15.000.000.000 D.M. mencionada en el apartado b) quedaría ampliamente

---

[520] Sólo en la Zona Occidental. En la Oriental la cifra debió ser como mínimo diez veces mayor. (N. del A.)

[521] Cabe aplicar el mismo comentario que en la nota precedente. (N. del A.)

[522] "*Der Weg*", n. 6. VI-1954. Buenos Aires.- L. Manchalsko: "*World Conquerors*" pg.176, Omnia Veritas Ltd.

multiplicada[523].

Además, debe tenerse presente que rusos, franceses y americanos, por este orden, se dedicaron a destruir sistemáticamente todo lo que no pudieron llevarse. El valor de los bienes y propiedades deliberadamente destruidos en Alemania y Austria alcanzó la cifra meteórica de 320.000 millones de DM. Esta cifra no incluye el importe de los daños causados por los incendios intencionados de bosques y parques forestales en la Zona Francesa de ocupación: 14.000 millones D.M.

Tampoco puede valorarse el robo de las patentes de invención alemanas, por la sencilla razón de que tal valor era prácticamente incalculable. Fueron confiscadas nada menos que 346.000 patentes de invención. Según el periodista norteamericano Harry Reynolds[524] "el office of Technical Services", de Washington anunció que, además, se habían encontrado cerca de un millón de inventos y "perfeccionamientos técnicos" en la Alemania Nacional-socialista. Tanto es así que rápidamente fue necesario confeccionar un nuevo diccionario aleman-inglés con 40.000 palabras técnicas y científicas nuevas, relativas a los inventos en cuestión ".

El mismo periodista, dos días después, escribía: "Fuentes oficiales anglo-norteamericanas han admitido que una valiosísima y sorprendente colección de secretos militares, científicos e industriales de incalculable valor ha pasado a manos de los Aliados... Agencias del Estado Mayor combinado anglo-americano han registrado toda Alemania encontrando una enorme cantidad de información sobre armas de guerra, incluyendo una bomba atómica, y nuevos datos en los campos de producción de petróleo, materias primas, productos sintéticos, procedimientos químicos y de ingeniería aerodinámica y construcciones de buques, así como de aviones y cohetes teledirigidos. Los rápidos progresos de los ejércitos aliados les impidieron poner en práctica la mayor parte de esos progresos tecnológicos. Los alemanes no sólo habían progresado significativamente en el perfeccionamiento de una bomba atómica y en la producción de agua pesada, sino que además estaban planeando: Un proyectil con piloto, con alcance de 4.800 kilómetros, que podría llevar pasajeros a través del Atlántico en 17 minutos. Camuflaje contra radar. Motores ultramodernos de propulsión a chorro. Motores diesel de enfria- miento por

---

[523] *"Deutsche Soldaten Zeitung"*. Munich. 9-VI-1955.

[524] Harry Reynolds, *"International News Service"*, 24-VIII-1945.

aire. Mantequilla, alcohol, lubricantes para motores de aviación, jabón y gasolina extraídos del carbón. Torpedos eléctricos propulsados por agua salada. Los resultados de más de dos mil investigaciones hechas ya se han enviado a Washington".[525]

El Teniente Coronel John A. Keck, jefe del departamento técnico de los Servicios de Inteligencia del Ejército de los Estados Unidos, reveló[526] que "los técnicos alemanes llevaban muy avanzados sus planes para montar plataformas del espacio a 7.500 Kilómetros de la Tierra. Hemos planeado llevar un gran grupo de sabios e investigadores alemanes a los Estados Unidos... Los sabios alemanes hacían planes con alcance para 50 y 100 años. Esos Investigadores tenían como metas lejanas las exploraciones de otros planetas mediante estaciones del espacio fuera del campo de gravedad. Los investigadores aliados han quedado profundamente impresionados por la solidez de las teorías germanas"[527].

El Coronel Bernard Bernstein, Director del Negociado de Monopolios y Bienes en el Extranjero, judío con pasaporte norteamericano, y que, además, ostentaba el cargo de agregado al Gobierno Militar Norteamericano en Alemania reveló en el Senado de los Estados Unidos que "Alemania descubrió los dos gases venenosos más potentes del mundo. Estos gases, desconocidos por las autoridades multares aliadas, son capaces de penetrar cualquier máscara antigás de las conocidas"[528]. Se trataba de los gases Tabun y Saryn. El Tabun es incoloro e inodoro, a través de ojos y pulmones, paralizaba el sistema nervioso y mata en cinco minutos. Naturalmente, todo esto es condicional pasado, pues el monstruo Hitler ya dijo en 1935 que nunca emplearía gases y no dio apoyo al desarrollo de esta arma que sus químicos habían descubierto. Sé trataba de un arma criminal, ciertamente, pero era el arma absoluta, pues, como atestiguaba el técnico Bernstein, no existía careta antigás que pudiera oponérsele. El gas Saryn, por su parte podía paralizar el sistema muscular y matar en cuestión de minutos. Habían, igualmente, los químicos

---

[525] Harry Reynolds: "*International News Service*", 26-VIII-1945.

[526] "*The New York Times*", 28-VI-1945.

[527] Citemos, pouir mémoire, que el padre de la N.A.S.A. americana es el alemán Wemer von Braun, mientras otro alemán, von Bock, es el padre real de todos los proyectos espaciales soviéticos. (Véase "*Est moins Ouest égale zéro*", de Werner Keller, suizo).- (N. del A.)

[528] Declaración ante el Senado de los USA, el 11-XII-1945.

alemanes, descubierto los gases llamados psicoquímicos, uno de los cuales dejaba sumidos a los soldados en un sopor completo y otro les volvía totalmente apáticos aún ante los más poderosos estímulos.

Pedimos excusas por esta disgresión, pero nos ha parecido oportuno traer a colación -al hablar de los inventos alemanes robados por los vencedores- este tema, que demuestra, creemos que irrefutablemente, que, aparte la bomba atómica -casi a punto- los alemanes disponían del arma absoluta y no la emplearon. Escrúpulos que los vencedores no experimentaron en Hiroshima, ni en Nagasaki, ni en Dresde, ni en mil otros lugares y circunstancias.

Para completar el cuadro del saqueo de Alemania -perpetrado por los que se decían partidarios y defensores del Derecho - hay que mencionar que se obligó, unos años más tarde, al sedicente "Gobierno de la República Federal de Alemania", implantado por los ocupantes norteamericanos, a reconocer una deuda de reparaciones de 3.600.000.000 de marcos, pagaderos al Estado de Israel, que ni siquiera existía cuando las pretendidas exterminaciones de Judíos tuvieron lugar[529]. Pero la realidad es que, hasta 1975, el Gobierno de Alemania Federal había pagado al de Tel Aviv la cifra astronómica de 52.400.000.000 marcos, estando previstos otros 27.600.000.000 marcos hasta, finales de 1980. Además de ello, Israel ha recibido de Alemania, gratuitamente, en mercancías solo, el equivalente de 750 millones de dólares, a saber, 60 unidades navales, 5 centrales térmicas construidas por los alemanes en Israel, modernización del sistema ferroviario y del puerto de Haifa, contribución a la canalización del desierto de Negev, equipamiento para la explotación de una mina de cobre, tractores, maquinaria, herramientas y 190 millones de dólares en petróleo.[530] Alemania Federal, en fin, paga reparaciones, a título individual, por los motivos más fútiles a Judíos dispersos por los cinco continentes, que alegan que a ellos o a sus ascendientes se les causaron daños, valorados en tanto y cuanto, y los "tribunales" les dan la razón. Como dijo Lord Halifax, el pariente por alianza del Rothschild londinense: Luchamos por la sustitución de la Fuerza Bruta por la Ley como Arbitro entre las Naciones. Cómo dijo Roosevelt: Luchamos en defensa del derecho de los pueblos a disponer de sí

---

[529] Remitimos al lector a la lectura de la obra "*El Mito de los Seis Millones*", de este Autor.

[530] "*U.S. News & World Report*", Enero 1965.-"*Das Parlament*", Bonn 4-XI-1972.

mismos. Como dijo Stalin: Luchamos contra el Imperialismo y la opresión de los pueblos. Como dijo Churchill: Luchamos por la libertad.

Y, como colofón a tan sabias máximas; como dijo Roosevelt: Luchamos por la defensa de los principios cristianos.

¡No comment!

LOS CONSEJOS DE LA VENGANZA

La venganza, sabido es, suele ser mala consejera. Algunos ejemplos, relacionados con la ocupación de Alemania. Al firmarse la capitulación, Inglaterra se apoderó, como botín de guerra, de 97 ultramodernos submarinos del Reich. En vez de incorporarlos a su Flota, que bien los necesitaba, decidió sentenciarlos a muerte. La idea partió del propio Churchill, jefe del Gabinete de Guerra Inglés, ser contradictorio y hermético, en el que confluían las influencias de su ascendencia parcialmente judía[531] su patriotismo inglés "jingoísta" y reaccionario, y de su inestable salud, agravada por el desconsidera- do abuso del alcohol.[532] Sólo un par de meses antes, Churchill intentaba, tímidamente, presionar a Roosevelt para que se aprovecharan los restos del poderío militar alemán para frenar a la URSS en su predecible marcha sobre Centro-Europa. Pero un buen día, tal vez en pleno delirium tremens, ordena que se vuelen 97 submarinos de primera línea. Para la ejecución se escogió un lugar situado a 160 kilómetros al Este de Bloody Foreland, cerca de Islandia, precisamente donde la flota submarina alemana había hundido medio centenar de barcos aliados en una de sus más encarnizadas batallas, en 1942. Los ingleses obligaron a los prisioneros alemanes a atar los submarinos a varios barcos de guerra, que los remolcaron hasta la tumba de los barcos aliados, y allí se les colocaron cargas explosivas. De la calidad de los submarinos -del tipo Mark 25- dará idea el hecho de que al estallar las cargas de explosivos, no se hundieron, y fue preciso rematarlos a cañonazos.

---

[531] La madre de Churchill, americana, tenía tres abuelos judíos. Del hebraísmo de la familia Jerome da abundantes testimonios el excelente biógrafo churchilliano Francis Neilson. ("*The Churchill Legend*", pg. 300).
[532] Según Sir Barry Domvile (en "*From Admiral to Cabin Boy*"), "era muy corriente ver a Churchill, sobre todo en momentos de tomar decisiones graves, presa de una rara agitación y euforia, alterándose y perdiendo la compostura por detalles nimios; luego entraba en una especie de sopor". El detalle es corroborado en las "*Memorias*" de Lord Moran, su medico.- (N. del A.)

En Essen, existía la fábrica de cañones más grande del mundo, integrada en el antiguo consorcio Krupp. En vez de utilizarla para la defensa de Europa, el gobierno laborista inglés dio orden de arrasarla hasta sus cimientos.

Tan sólo en la Zona Norteamericana de Ocupación, en los dos primeros años que siguieron a la guerra, los yankis utilizaron a 35.000 hombres para el desmantelamiento de fábricas. A veces ocurría que mientras esperaban la augusta resolución de las autoridades de ocupación, los obreros alemanes reparaban los daños causados por los bombardeos a sus fábricas y las ponían nuevamente a trabajar, pero entonces llegaban los equipos de desmantelamiento para destrozar todo lo que tan penosamente había sido reconstruído. Un caso típico fue el de la planta de carburante sintético de Ruhrohemie, cerca de Oberhausen, destruida a fin de que Alemania no fuera autárquica en combustibles, como había llegado a serio en tiempo de Hitler[533]. Los rusos, por su parte, destruyeron, por pura venganza, lo que no se pudieron llevar, pero quienes batieron el record en cuestiones de venganza pura, sin móvil de lucro alguno, fueron los franceses. El libro "Por Orden del Gobierno Militar", escrito por un alto oficial del ejército norteamericano, que no es precisamente tierno para con los propios yankis, es tremendamente acusador hacia los franceses. La fábrica de Salzigitter, el mayor complejo metalúrgico del Continente, fue dinamitada por orden personal del General Koenig.[534]

Pocos años después, ingleses, franceses y americanos, debían rearmar apresuradamente a Alemania Occidental para que les sirviera de amortiguador ante su ex-aliado soviético. La venganza es mala consejera. Y lo es porque, por regla general, permite actualizar el viejo dicho de que "por la boca muere el pez". Por eso, precisamente, ha podido saberse quiénes fueron los instigadores y, allí donde no hubo riesgo personal, los ejecutores de las venganzas contra los alemanes, nazis o no. Habla el Judío, oficial del Ejército Norteamericano, David Salamon:

"Si hubiera tenido la oportunidad de escoger mi trabajo en esta guerra, hubiera

---

[533] Es posible que esto no fuera sólo una venganza. A los Poderes Fácticos –incluyendo la dinastía Rockefeller- controladores del llamado petróleo árabe y distribuidores del mismo no les interesa la autarquía energética de Europa. (N. del A.)

[534] Coronel hebreo, que fue nombrado General por De Gaulle. Detuvo al Mariscal Pétain y le trató como un delincuente. (N. del A.)

escogido exactamente el que se me asignó. A través de Francia, a través de Alemania, para destruirlo todo. Nunca ha habido en la Historia otra guerra como esta. Estoy contento porque podré decir a mis nietos que estuve allí y tomé parte en la revancha. Doy, por ello, las gracias a Dios...

Cuando, por fin llegamos a Alemania, empezamos a destruirlo y devastarlo todo. Entonces me di cuenta de que esto es lo que yo esperaba, de que esto es aquello por lo que yo vivía. Lo único que sentía es no poder destrozar y matar más de lo que estaba destrozando y matando. Cuando llegamos a Wiesbaden nuestro ritmo se hizo mis lento, porque ya no quedaba mucho por destrozar o por matar. Habíamos hecho un trabajo tan perfecto que debimos detenernos por un tiempo".[535]

En Alemania, en efecto, operó una "Brigada Judía", en calidad de tropa de ocupación, que se ilustró por sus desmanes. Tomamos diversos ejemplos, que nos han parecido por demás significativos, del libro *Les Vengeurs*, escrito por el judío Michel Bar-Zohar, que confiesa haber tomado parte en las acciones que describe.

"Poco tiempo después de haber llegado la Brigada Judía a Treviso, en el Tirol del Sur, se producen desórdenes en la ciudad: alemanes atacados, casas pertenecientes a nazis incendiadas, mujeres violadas..Estas violencias desordenadas perjudican la causa judía. Hay que encauzar el sentimiento de venganza que domina a todos los soldados judíos, y a ese propósito, los jefes de la Haganah[536] deciden confiar a un sólo grupo de hombres, particularmente seguros y conocidos por sus cualidades morales, el derecho de derramar sangre en nombre del pueblo judío".[537]

"Para llevar a cabo nuestros actos de venganza debíamos guardar el secreto para con el Ejército Británico, del que formaba parte la Brigada Judía. Los ingleses habrían desaprobado nuestros actos, aunque en numerosas ocasiones, también, hacian la vista gorda".

"En el transcurso de las semanas siguientes, en el Alto Adigio, en el Tirol Austriaco, en Klagenfurt, en Innsbruck, oficiales SS, jefes de la Gestapo, altos dignatarios nazis desaparecen. A veces aparecen loe cadáveres, pero la mayoría de esos hombres parecen haberse disipado en el aire. Aún hoy, los parientes más allegados de aquellos

---

[535] John Keyes: "*Joy Street*".

[536] Haganah, ejército secreto judío, sionista, infiltrado en la "Brigada Judía" del Ejército Británico, lo que ignoraban - o pretendían ignorar - los ingleses. (N. del A)

[537] Michel Bar-Zohar: "*Los Vengadores*", pg. 37.

nazis ignoran qué fue de ellos".[538]

A menudo, los miembros de esa Brigada, que se irrogaban a sí mismos las facultades de juez y verdugo, se presentaban en casa de un alemán que había pertenecido al ejército, o a las SS, y le decían que estaba citado en la Comandancia Británica. El hombre les seguía, confiado, y nunca regresaba a casa. Por lo general, en la camioneta que utilizaban los titulados vengadores, le ahogaban con una soga enrollada en el cuello, y luego la arrojaban a una charca. También actuaban en los hospitales de las prisiones militares británicas, donde "extraños fallecimientos se producen entre los enfermos que gozaban de demasiado buena salud".

Otra perla: "Estábamos en los camiones, cuenta Sam Halevy, actualmente granjero en la llanura al norte de Haifa. Por las autopistas alemanas solíamos adelantar a menudo a los ciclistas. La vista de un alemán bastaba para despertar nuestro deseo de venganza. En las cabinas, al lado del conductor, había chicos de la Brigada. En el momento que el "Dodge" llegaba a la altura del ciclista, la puerta del camión se abría violentamente. El hombre rodaba bajo las ruedas del vehículo y era aplastado. De ese modo, matamos a un cierto número."[539]

Los ingleses, finalmente, mandaron a la Brigada Judía a Bélgica, y posteriormente a Francia. El número de asesinatos imputable a esta Brigada oscila entre 200 y 300[540]. Pero otro grupo más secreto, más implacable todavía, iba a tomar su relevo. "Aquellos hombres venían de la Europa del Este. Traían documentación falsa y dinero. Era un grupo muy misterioso. Sólo querían una cosa: vengarse. Eran unos 50, y parecían disponer de todo el dinero que necesitasen".[541]

Estos hombres, autodenominados "Grupo Nakam" (que, en hebreo, significa "Venganza") superaron largamente en eficiencia asesina a sus predecesores de la Brigada Judía. Dejemos hablar al judío Bar-Zohar:

> "En el Estado Mayor del Grupo Nakam se elaboró un proyecto de cuyo alcance estábamos enterados algunos. Mucho tiempo y mucho dinero se consagraron a

---

[538] Ibid. Id. Op. Cit. pg. 41.
[539] Bar-Zohar: Ibid. Id. Op. Cit. pg. 53.
[540] Ibid. Id. Op. Cit pg. 56.
[541] Ibid. Id. Op. Cit pg. 57.

preparar aquel plan. Si lo lográbamos, sabíamos que cualquier otra acción sería superflua. Hoy, con la perspectiva de los años, aquel plan puede calificarse de diabólico. Se trataba de matar a millones de alemanes. Digo bien, millones, así de golpe, sin distinción de edad ni sexo. La principal dificultad estribaba en que sólo queríamos matar alemanes. Ahora bien, en el antiguo territorio del Reich se encontraban soldados aliados y supervivientes de los antiguos campos alemanes. El plan consistía en el envenenamiento simultaneo de las fuentes, depósitos de agua, y canalizaciones de las principales ciudades, utilizando un poderoso veneno en grandes dosis. El temor a lo que pudiera suceder con muchos Judíos que no estuvieran en el secreto de la operación y las represalias de las autoridades de ocupación nos indujeron a abandonar el llamado Plan "A". Así fue como nos dedicamos principalmente al Plan "B". Tras algunos meses de búsqueda, escogimos nuestro terreno de acción, un campo de prisioneros cerca de Nuremberg, precisamente la ciudad que había sido la sede del nazismo. Allí habían sido concentrados 36.000 SS. Y hacia aquel campo se dirigió un pequeño grupo de reconocimiento, a principios de 1946, para ejecutar el primer acto de venganza...

Decidimos -dice Jacob Karmi- envenenar a los 36.000 SS, y yo fui encargado de la ejecución del proyecto. En primer lugar, conseguí que admitiesen a dos de mis hombres en la administración del campo: uno como chofer y otro como almacenero; luego conseguí que admitieran a más hombres míos en las oficinas..."[542] Saltamos el relato, excesivamente prolijo, sobre cómo unos laboratorios les procuraron un poderosísimo veneno para introducir en el pan destinado a los prisioneros. Veneno que actuaba con cierta lentitud pero era inexorablemente mortal. Se escogió la noche del 13 al 14 de abril de 1946 para proceder al adulteramiento del pan; por una serie de circunstancias fortuitas, el plan fracasó parcialmente, pues solo pudieron envenenarse una mínima parte de los panes... Según cálculos de los vengadores Judíos, 4.300 prisioneros tuvieron molestias intestinales. Un millar aproximadamente, fue transportado de urgencia al hospital. Durante los días siguientes a la operación, murieron de 700 a 800 prisioneros. Otros más atacados de parálisis, murieron en el transcurso del año. En total, los vengadores dan la cifra de unos mil muertos y varios miles de enfermos, muchos de los cuales morirían posiblemente también".[543]

El libro en cuestión es una verdadera "delicia". Habla de otros dos

---

[542] Bar-Zohar: Ibid. Id. Op. Cit. pg. 70-72.
[543] Bar-Zohar: Ibid. Id. Op. Cit. pg. 74.

envenenamientos de pan, con numerosas víctimas (sin especificar cifras) en otros campos de prisioneros, así como de la colocación y explosión de minas en el interior de un campo (página 75); el incendio de un cinema "donde muchos alemanes perecieron (página 76); el nuevo proyecto de envenenamiento de los depósitos de agua de Berlín, Munich, Nuremberg, Frankfurt y Hamburgo (que fracasó por haberlo impedido las autoridades de ocupación), las innumerables ejecuciones de oficiales y soldados alemanes en campos de concentración por médicos judíos, etc. El libro, repetimos, lo ha escrito un Judío, Michel Bar-Zohar, que confiesa haber tomado parte en los actos que relata, vanagloriándose de ellos. Creemos que huelgan los comentarios. Si acaso uno sólo: ese judío experimentó la necesidad de inmortalizar sus venganzas, escribiéndolas él mismo. Nos tememos que le habrá hecho un flaco favor a los pobres "Gentiles" que simpatizan con la causa judía.

DOS ACTITUDES

El 11 de noviembre de 1918, la capitulación de Alemania fue firmada en un vagón de ferrocarril. La delegación alemana fue tratada de forma indigna por el comandante en jefe de las tropas aliadas, el mariscal francés Foch, quien ni se levantó para saludar a los delegados. Los franceses levantaron una lápida conmemorativa con la siguiente inscripción; "Aquí sucumbió el 11 de noviembre de 1918 el criminal orgullo del Reich alemán, vencido por los pueblos libres a los cuales pretendía sojuzgar".

El 21 de junio de 1940, Hitler, acompañado, entre otros, de su lugarteniente Rudolf Hess y del Mariscal del Aire Hermann Goering, recibe en el mismo lugar, y en el mismo vagón, a la delegación del armisticio francesa, precedida por el General Huntzinger. Hitler y sus acompañantes se levantan para saludar al contrincante derrotado. Las conversaciones se llevan de una forma correcta. En el preámbulo de armisticio alemán se dice: "Francia ha sido derrotada tras una serie de sangrientas batallas y de una resistencia heroica. Por consiguiente, Alemania no tiene la intención de dar a las condiciones del Armisticio o conversaciones sobre el mismo un carácter despreciativo frente a un enemigo tan valeroso".

El 7 de mayo de 1945 se efectuó la firma de la rendición incondicional de Alemania ante los Aliados. Al presentarse el General Jodl, ninguno de los asistentes contestó a su saludo militar; ni siquiera se levantaron de la mesa. La diferencia de la actitud de los Aliados con relación a la que los alemanes tuvieron con los franceses cinco años antes era un signo premonitor de lo que iba a suceder a Alemania y al pueblo alemán al estallar la paz.

Pese al grosero trato recibido, el general Jodl se cuadró militarmente y dijo: "Como consecuencia de esta firma, el pueblo y las fuerzas alemanas son entregadas, para bien o para mal, en manos de los vencedores. En esta guerra que ha durado más de 5 años, ese ejército y ese pueblo han sufrido probablemente más que cualquier otro en el mundo. En esta hora sólo puedo expresar la esperanza de que los vencedores los traten generosamente".

Como estamos viendo, la esperanza del General Jodl se vería completamente defraudada, y a él lo ahorcarían.

SEVICIAS CONTRA LA POBLACIÓN CIVIL

Nunca un país ocupado ha sido tratado tan brutalmente como lo fue Alemania a partir de 1945 y durante, como mínimo, un año, por sus ocupantes. Los testimonios de vencedores honrados y neutrales son apabullantes en este aspecto. Todas las normas del Derecho Natural fueron conculcadas, con escarnio total de los ideales por los cuales los Aliados decían haber luchado. El ensañamiento contra la población civil adquirió caracteres patológicos, y no sólo en el Este, donde el Ejército Rojo se comportó en la paz -con la población civil- como se había comportado en la guerra.

La entrada de los rojos en Berlín, especialmente, fue apocalíptica. "Prácticamente todas las mujeres, desde los siete años hasta las más ancianas, fueron repetidamente violadas..."[544]. "Tras las violaciones, muchas de ellas eran degolladas o destripadas; muchas de aquellas desgraciadas eran finalmente ultrajadas a bayonetazos".[545]

"En el Gran Berlín, el número de mujeres violadas no debió bajar del millón y medio".[546]

---

[544] Jurgen Thorwald: "... Y terminó en el Elba".
[545] Saint Paulien: "*Les Maudits*".
[546] Jurgen Thorwald: "... Y terminó en el Elba".

"Los soldados del Ejército Rojo, en Berlín y en todas partes, no fueron más que unos ladrones y unos violadores, en todos los casos, y muy frecuentemente, además, unos asesinos. Una chica alemana que luego yo tomaría como secretaria, cuando tenía 17 años, debió ser hospitalizada, tras lograr huir de Berlín y llegar a nuestras líneas. Siete soldados rusos violaron por turno a la chica y a su madre en su apartamento... 230 mujeres alemanas fueron tratadas en el mismo hospital en un sólo día, a consecuencia de violaciones y sevicias". Así se expresaba el General norteamericano Frank Howley, el 17 de Junio de 1945"[547].

Hay un libro anonadante, "Martirio y Heroísmo de la Mujer Alemana del Este"[548], prologado por el antiguo Obispo Auxiliar de Breslau -el único obispo superviviente tras el paso de los rusos- Joseph Ferche, en el que se dan detalles sobrecogedores sobre el trato dado a la población alemana de la zona ocupada por los rusos, y, en especial, a las mujeres. Algunos ejemplos tomados al azar:

"... Eran terribles las noches en que los rusos penetraban en las casas para saquear y deshonrar. Muchas conocidas mías fueron víctimas de los rusos. Quien se negaba era fusilada en la mayoría de los casos. Desde la muchacha, aún niña, hasta la anciana de 82 años -una señora conocida mía- corrieron esta suerte". "Mi hija fue violada 23 veces"[549].

"Así deshonraron a una venerable anciana de 80 años en presencia de su familia; una horda se lanzó sobre una muchacha de 13 años. La niña perdió la razón. En Herwgtswaldau todas las mujeres fueron violadas por rusos y polacos"[550]. "... Noche y día los rusos eran huéspedes. No se podían con- ducir más bestialmente al deshonrar a las muchachas o a las ancianas. ¡Cuántas veces se oía de noche el grito de socorro! Pero ¿quién podía prestar auxilio? Si uno se atrevía a hacerlo era fusilado al instante. Nada se podía impedir..."[551] "Elisabeth Thomas, hija del campesino Alois Thomas, fué sacada por los rusos de su casa y llevada a un pajar, donde la ataron a un palo después de deshonrarla y le cortaron los pies y las manos. Sus gritos de muerte se oían por todo el pueblo. Se la halló al día siguiente, casi enteramente carbonizada en

---

[547] "*Newsweek*". 23-1-1950.
[548] Johannes Kaps: "*Martirio y Heroísmo de la Mujer Alemana del Este*", Ibid. Id. Op. Cit. pg. 45.
[549] Ibid. Id. Op. Cit. pg. 46.
[550] Ibid. Id. Op. Cit. pg. 51.
[551] Ibid. Id. Op. Cit. pg. 52.

el pajar incendiado por los rusos"[552]. "Los rusos se comportaban exactamente como animales. ¡Deshonraron salvajemente a mujeres de todas las edades. Los polacos demostraron ser unos buenos alumnos de los rusos"[553]. "En Wiese Pauliner, la Madre Superiora, que intentaba proteger a una alumna de los intentos lascivos de un polaco, fue atada a un pajar, golpeada con látigos y repetidamente violada. Al final, fue estrangulada"[554]

Tras los rusos y polacos, los que peor trataron a la población civil alemana, y en especial a las mujeres, fueron los franceses. En especial, los batallones de argelinos y marroquíes estacionados en Baviera se llevaron la palma en lo que a violaciones de mujeres se refiere. Salvando raras excepciones, el comportamiento de los ingleses fue bastante correcto en este sentido; no así en el de los saqueos, en el que los "gentlemen soldiers" del Ejército Británico casi igualaron los récords establecidos por rusos, polacos y franceses. En cuanto a los norteamericanos, sobre todo sus tropas de color, lograron también una buena marca en el capítulo de las violaciones, así como en el de las destrucciones gratuitas[555].

Las llamadas "altas autoridades morales" guardaron prudente silencio largo tiempo. Por fin, habló S. S. Pío XII, el día de Todos los Santos de 1945:

"Deseamos participar de todo corazón en todas vuestras preocupaciones y miserias al expresar especialmente Nuestra inquietud a éstos que viven en Berlín y en Alemania Oriental. Conocemos bien su suerte, extremadamente dura y vemos casi con nuestros ojos las ruinas y terribles devastaciones en aquellas provincias, ciudades y lugares antes florecientes, producidas a consecuencia de la guerra. Sentimos con vosotros aquellos insultos y tratos indignos que sufrieron no pocas mujeres y muchachas alemanas".[556]

Más vale tarde que nunca. Y eso que en el Vaticano, por ejemplo, poseían -no podían no poseerla- información de primerísima mano sobre las matanzas de

---

[552] Ibid. Id. Op. Cit. pg. 50.

[553] Ibid. Id. Op. Cit. pg. 89.

[554] Ibid. Id. Op. Cit. pg. 106.

[555] Austin J. App: "*Morgenthau Era Letters*".

[556] Texto publicado por "*Amstblatt der Erdiozese Munchen-Freising*", n. 1, 20-1-1946

sacerdotes cristianos, y casi todos ellos católicos, de Silesia. Los victimarios eran rusos y polacos. Por ejemplo, la lista oficial de sacerdotes católicos del Arzobispado de Breslau, asesinados entre 1945 y 1949 ascendió a 275.

Sus nombres, apellidos y cargos aparecen relatados de forma impresionante[557]. También se posee la lista completa de los asesinados, en el mismo lapso de tiempo, en la Vicaría General de Branitz, diecisiete ministros de la Iglesia, y en la Vicaría General de Glatz, catorce sacerdotes más... y las doscientas monjas violadas y mutiladas en Neisse, por rusos y polacos[558].

Podríamos extendernos, a lo largo de páginas y más páginas, sobre el tema de las sevicias contra la población civil alemana, pero, ello, claro está, escaparía del ámbito de esta obra. Nos limitaremos a mencionar que el trato dado por los ocupantes alemanes a la población civil pacífica -no, naturalmente, a los partisanos- desde el Cabo Norte hasta Hendaya y desde Brest hasta Stalingrado fue, salvo rarísimas excepciones individuales, sancionadas por el propio Mando Alemán, extremadamente correcto. Churchill pretendió que los alemanes actuaban así movidos por móviles propagandísticos. No pasa de ser una opinión del alcohólico Primer Ministro, pues no creemos que el Todopoderoso le informara sobre las motivaciones de la conducta de los nazis. En todo caso, no cabe duda que los alemanes se hicieron a sí mismos mejor propaganda que los Aliados; incomparablemente mejor propaganda, máxime si se tiene en cuenta que éstos cometieron crímenes abominables contra poblaciones civiles inermes, y en tiempos de paz.

DEPORTACIONES MASIVAS DE ALEMANES EN EL ESTE DE EUROPA

Una de las finalidades de guerra definidas por los Aliados en la Carta del Atlántico incluía el de la libertad de residencia de los seres humanos en los territorios de su elección. No obstante, esa finalidad de guerra -como tantas otras- resultaría ser una burda patraña, sin más finalidad que reforzar el arsenal propagandístico de los Aliados. Tanto es así, que nada menos que el sabio Albert Schweitzer, en su discurso de recepción del Premio Nobel de la Paz en 1954, dijo:

---

[557] Dr. Johannes Kaps: "*El Martirio de los sacerdotes de Silesia*", 1945-1946".

[558] Ibid. Id. Op. Cit. pg. 108.

"La violación más grave del derecho basado en la evolución histórica y en cualquier derecho humano en general consiste en privar a las poblaciones del derecho a ocupar el país en el que viven, obligándoles a trasladarse a otro lugar. El hecho de que las potencias vencedoras al final de la Segunda Guerra Mundial impusieran ese fatal destino a millones de seres humanos y, lo que es peor, de una manera absolutamente cruel, muestra cuan poco les importaban a esas potencias el restablecimiento de la prosperidad y el gobierno de la ley".[559]

Y, que nosotros sepamos, todavía no se le ha ocurrido a nadie calificar de "nazi" a Albert Schweitzer.

La deportación, como ganado, de dieciséis millones de alemanes residentes en el Este de Europa se decidió en la Conferencia de Potsdam por los señores Truman, Attle y Stalin. En números redondos, puede desglosarse así: 8.500.000 residentes en el Este de Alemania, 3.5000.000 en los Sudetes, 250.000 en los Estados Bálticos y el distrito de Memel, 380.000 en Dantzig, 1.300.000 en la región de Posen, 623.000 en Hungría, 537.000 en Yugoeslavia, 786.000 en Rumania y 150.000 en Bulgaria[560]. Esos dieciséis millones largos de personas hicieron el desplazamiento a pié, tras abandonar todas sus pertenencias. No ha podido saberse con exactitud el número de muertos en el transcurso de ese éxodo, pero ningún comentarista serio baja de los dos millones de muertos, más una cifra incalculable, pero importante, de muertos a consecuencia de la infrahumana remoción de la población[561]. La mayor parte de los refugiados supervivientes se instalaron en lo que hoy se llama República Federal de Alemania, y en Austria, aunque casi tres millones y medio quedaron, por no habérseles permitido prolongar su viaje, en lo que hoy se denomina República Democrática de Alemania.

Para encontrar precedentes históricos a esa deportación en masa debemos reportarnos a los tiempos del Imperio Asirio, cuando Assurnasirpal y Assurbanipal, en los siglos VIII y VII antes de Jesucristo deportaron a unos tres millones de

---

[559] Albert Schweitzer, Oslo, 4-XI-1954.

[560] Alfred M. de Zayas: "*Nemesis at Potsdam*", Prólogo, pg. 24.

[561] El norteamericano De Zayas calculaba en su obra citada que el número de muertos debió ser de unos 2.200.000 (N. del A.).

personas de sus reinos. Esa práctica de éxodos forzosos se abandonó prácticamente en la Era Cristiana; el territorio de los enemigos vencidos podía ser repartido o anexionado, pero las poblaciones nativas podían permanecer en sus tierras y automáticamente pasaban a convertirse en sujetos del nuevo soberano. Una excepción a esa regla general surgió, únicamente, en el Nuevo Mundo, donde la política yanki del llamado "destino manifiesto" trajo como consecuencia el progresivo desplazamiento de los indios americanos cada vez más hacia el Oeste, hasta terminar alojándolos en reservas, preludio de su exterminación física. Inmediatamente después de la Primera Guerra Mundial hubo el tratado greco-turco, para la remoción de dos millones de griegos de Asia Menor, particularmente de la región de Esmirna y Constantinopla; tratado que fue supervisado y aprobado por la Sociedad de Naciones, La remoción de los griegos se llevó a cabo en cuatro años y con relativo orden.

Posteriormente, y por necesidades bélicas, o lo que conceptuaron tales, los alemanes deportaron a buena parte de los judíos que cayeron bajo su zona de influencia -unos 3.200.000 como máximo- instalándolos en ghettos gigantescos, como el de Varsovia o el de Theresienstadt, y los americanos albergaron en Pine City, en California, a unos 300.000 japoneses de nacionalidad norteamericana, que nos les merecían credibilidad patriótica, en razón del color amarillento de su piel, a los campeones patentados del antirracismo militante. Pero las deportaciones de 1945-46, en plena paz, sin la excusa de los expedientes de tiempo de guerra, no tiene excusa ni justificación posible. Naturalmente, cuando una cifra es demasiado enorme, demasiado monstruosa, se convierte en una simple estadística, y, andando el tiempo, en una cifra que puede llegar a convertirse en sospechosa. Tal vez no choque demasiado a la consciencia del lector amigo el hallarse confrontado con una tal estadística, con un mero número de personas desarraigadas en cualquier lugar del mundo. Para comprender su importancia debiera ser necesario visualizar la cifra estadística en cuestión como personas concretas, reales, sufriendo la muy auténtica desgracia de perder de vista, para siempre, su suelo nativo, sus casas, sus enseres, sus animales, sus amigos. No es posible, para un ser humano, a menos de estrujarse materialmente el cerebro, lo que no es corriente en una época, como la actual, de perezosos mentales; no es posible, decíamos, percibir existencialmente, prácticamente, lo que representa una estadística de "16.000.000 de deportados", si no se ha visualizado, siquiera mentalmente, a la madre hambrienta con su hijo aterido de frío, arrastrándose cientos y cientos de kilómetros sobre la nieve; el anciano sólo en el mundo con la mirada perdida, y esto no tan sólo una vez. sino millones de veces.

Y eso no es todo. Hay más, mucho más. Ya hemos visto cómo los vencedores, y especialmente los soviéticos, trataron a la población civil, en el epígrafe titulado "Sevicias contra la población civil". Pero aún hay que añadir el uso de civiles, deportados en sentido inverso, y que no se incluyen en la mencionada estadística de los dieciséis millones de deportados, todos los cuales fueron llevados hacia el Oeste. Una cifra no inferior a cuatrocientos mil alemanes residentes en Polonia y Eslovaquia fueron deportados hacia el Este en condiciones infrahumanas [562]. Tampoco se incluyen los prisioneros de guerra tratados como esclavos en plena paz, y de los que luego hablaremos. Y queda, en fin, sin tasación posible, el valor de las propiedades, bienes y enseres de los casi dieciséis millones y medio de deportados.

Como dijo Sir Winston Churchill: "Luchamos por la Libertad".

LA "REEDUCACIÓN" DE ALEMANIA

En la Conferencia de Y alta, Roosevelt, Churchill y Stalin decidieron que el pueblo alemán debía ser reeducado. Como ciertos maestros de la más vetusta escuela, aquellos grandes demócratas creían que "la letra, con sangre entra", pues su proceso de "reeducación" se inició con la instauración de tribunales militares, apodados Tribunales de Desnazificación.

El hecho es que, en la lista original de "criminales de guerra" redactada por los juristas de las Naciones Unidas habían "sólo" 2.524 "criminales" alemanes, pero pronto las llamadas unidades especiales de Desnazificación organizaron una gigantesca cacería humana contra más de un millón de alemanes. El lugar que se eligió para procesar a los dirigentes del III Reich fue Nuremberg, donde se sentaron como jueces los representantes de las potencias culpables de los crímenes colectivos de Katyn, de Hiroshima, de Dresde, de Berlín, de Nagasaki... Numerosos

---

[562] De esos 400.000, no menos de 125.000 perecieron a consecuencia de la deportación y de los malos tratos, según el historiador norteamericano De Zayas ("*Nemesis at Potsdam*" .Pg.70).

autores se han ocupado de aquella parodia de juicio. Simplemente recordaremos, muy someramente, que:

a) El principio *Nullum crimen, nullam poenam sine lege* fue dejado de lado. En efecto, hasta Nuremberg nadie podía ser acusado, y menos aún, condenado, por la comisión de actos que, cuando se afirma que fueron cometidos, no estaban sancionados por la Ley. A partir de Nuremberg, se implantó una legislación *ex post facto*. Así, por ejemplo, las leyes de guerra, dictadas por las Convenciones Internacionales de Ginebra y La Haya, de las que eran signatarias todas las potencias aliadas con la excepción de la URSS, no fueron tenidas en cuenta; en cambio, se inventaron una serie de "delitos y figuras" jurídicas, como las organizaciones criminales. Los miembros de tales organizaciones -las SS, las SA, el Frente del Trabajo, la Policía del Estado (Gestapo), etc.- eran culpables en principio y debían demostrar su inocencia.

b) El Tribunal admitió como pruebas los llamados " affidavits ", es decir, declaraciones juradas de individuos que no se presentaban a declarar y que, por consiguiente, no podían ser contrainterrogados por la Defensa.

c) El Tribunal se reservaba el derecho a admitir ciertas pruebas y a rechazar otras, pero no definía a priori el criterio en que iba a basar su elección.

d) Muy a menudo, a los acusados no se les permitía elegir abogado defensor. A Streicher, por ejemplo, se le impuso como defensor al judío Marx, que más que un defensor parecía un fiscal.

e) Los prisioneros fueron, a menudo, torturados. Streicher declaró ante el Tribunal que soldados negros del Ejército Americano le habían arrancado los dientes y, sujetándole la cabeza, habían escupido dentro de su boca. A Sauckel se le apaleó y se le dijo que si no declaraba culpable se le entregaría a él, a su mujer y a sus hijos, a los rusos. Cuando denunció el hecho ante el Juez Kempner -otro judeo-americano- éste se negó a escucharle.

f) Contrariamente a los más elementales principios jurídicos, jueces, fiscales, "defensores" y funcionarios del Tribunal eran Juez y Parte. Nada menos que dos mil cuatrocientos de los tres mil funcionarios que participaron en tan grotesca mascarada pseudo-jurídica eran judíos[563]. Lo eran, incluso, los dos principales verdugos, Woods, de nacionalidad inglesa y Rosenthal de pasaporte canadiense, que explicaron muy gozosos a la prensa cómo habían hecho durar el mayor tiempo posible la agonía de los ejecutados[564].

* * *

El Juez Wennersturm, norteamericano, dimitió de su cargo en Nuremberg, en señal de protesta por los linchamientos legales que allí se estaban realizando. Lo mismo hizo el Juez Van Rhoden, también norteamericano. Una pléyade de escritores y juristas, ciudadanos de países que formaban parte del bando aliado manifestaron, de palabra y por escrito, su reprobación por la venganza judicial de Nuremberg; entre los más destacados podemos citar a Montgomery Belgion, Gilbert Murray, Michael F. Connors, Francis Neilson y Barry Elmer Barnes, norteamericanos; F.J.P. Veale, A.J.P. Taylor y David Hoggan, ingleses; Maurice Bardèche Paul Rassinier y el Profesor Faurisson, franceses; el suizo Hoffstetter, los americanos Austin J. App y Freda Utley; el portugués Alfredo Pimenta y muchos más. Aquella mascarada legal pretendía vestir con ropajes jurídicos la venganza de Morgenthau, cuyo siniestro Plan estaba siendo llevado a la práctica. Goering resumió con una sola frase el pensamiento de acusados y observadores imparciales: "No era menester tanta comedia para matarnos".

El Autor es abogado, aunque -tal vez por ello- su fe en la llamada Justicia humana sea harto limitada. Prefiere no comentar la frase de aquél gran demócrata, Raymond Poincaré, de que "la Justicia Militar es a la Justicia lo que la Música Militar es a la Música", y desde luego, está convencido de que en los procesos políticos las sentencias son dictadas por las conveniencias igualmente políticas y no por una hipotética Justicia Inmanente. Hecha esta salvedad, el Autor se permite recordarle al lector amigo que los alemanes capturaron a numerosos políticos aliados de

---

[563] Louis Marschalsko: "*World Conquerors*", Omnia Veritas Ltd, www.omnia-veritas.com.

[564] Woods y Rosenthal tuvieron mala suerte. A Woods le dijo Streicher, antes de que lo colgaran: "Un día los rusos le colgaran a Vd." No le colgaron, pero los comunistas le mataron en la guerra de Corea, en 1951. A Rosenthal, obeso septuagenario, lo arrojaron por la ventana de un hotel, unos desconocidos, por móviles ignorados, en Julio de 1979 (N. del A.).

primerísimo rango que fueron bien tratados. Entre ellos se encontraban hombres de la talla de León Blum, el buda del Socialismo francés, judío y enemigo declarado del Reich; Paul Reynaud, Jefe del gobierno francés que les declaró la guerra; Édouard Daladier y Vincent Auriol Jefe del Partido Radical-Socialista y Presidente de la Asamblea Nacional; el Rey Leopoldo de Bélgica y el Presidente de la República Francesa, Albert Lebrun, ni siquiera fueron detenidos.

Podrá objetarse, con esa manía actual de hacerles procesos de intención a los muertos que si los alemanes hubiesen vencido también habrían ahorcado a sus adversarios políticos y que si tal no hicieron con los personajes mencionados fue porque esperaban a que llegara el final de la guerra. El argumento es pueril. Lo que los alemanes hubiesen hecho con los dirigentes aliados, de haber vencido no se sabe ni nunca podrá saberse con certeza. No se ha encontrado ningún documento nazi refiriéndose a proyectos de ejecuciones de enemigos políticos. Lo que se diga sobre lo que los alemanes hubieran hecho no son más que conjeturas sin fundamento. Pero creemos que hay indicios para suponer que no habrían ejecutado a los Churchill, Roosevelt, Stalin y demás corifeos aliados, por la razón de que ya tuvieron en sus manos a primerísimas figuras aliadas y les respetaron la vida. Los términos del Plan Morgenthau habían sido suficientemente aireados para que los nazis los conocieran y tomaran contra las mencionadas figuras una anticipada venganza. No lo hicieron. Es un hecho. Los Aliados si ejecutaron a los Vencidos -y no solamente a los jerarcas, sino a muchísimas Figuras de segundo y tercer rango- y aún hoy día, 36 años después del final de la guerra, continúan buscando nazis, juzgándolos y condenándolos. Esto también es un hecho. Todo lo demás son hipótesis sobre las que los poderes fácticos tratan de basar una insostenible coartada para sus crímenes legales contra la Humanidad.

* * *

El 30 de septiembre de 1945 fueron promulgadas las sentencias, fijándose la fecha del 15 de octubre para las ejecuciones de los jerarcas nazis de primer rango. El Mariscal Goering y el Dr. Ley, que habían sido condenados a muerte, se suicidaron. Sucesivamente, y por este orden fueron ahorcados: Joachim Von Ribbentrop, Ministro de Asuntos Exteriores. Wilhelm Keitel, Jefe del Alto Estado

Mayor de las FF.AA. Alfred Jodl, Jefe del Estado Mayor de la Wehrmacht. Julius Streicher, director del periódico antisemita *Sturmer*. Ernst Kaltenbrunner, Jefe del Departamento de Seguridad. Fritz Sauckel, Ministro de Trabajo. Hans Frank, Gobernador General de Polonia. Arthur Seyss-Inquart, Gobernador General de Austria. Wilhelm Frick, Ministro del Interior.

Alfred Rossenberg, teórico del Partido y Administrador de los territorios del Este. Baldur Von Schirach, Jefe de las Juventudes Hitlerianas, fue condenado a 20 años de cárcel, así como Albert Speer, Ministro de Armamentos. El Almirante Karl Doenitz fue condenado "sólo" a 10 años de presidio, pero no fue libertado hasta los 11, caso insólito, creemos, en toda la Historia del Derecho. Rudolf Hess, que había ido por su propia voluntad a Inglaterra a ofrecer la paz, fue condenado como "criminal de guerra" a cadena perpetua.

Creemos, se impone, un breve inciso para tratar someramente del caso Hess. Fuentes oficiales inglesas, para cubrirse ante el propio pueblo británico, llegaron a afirmar que las ofertas de paz de Hess no podían ser tomadas en consideración porque Hess estaba loco. Es inconcebible que a un loco se le meta en la cárcel, y no en un establecimiento psiquiátrico. También es inconcebible que se mantenga a un anciano enfermo custodiado en una fortaleza, en Spandau, metido en una celda exigua, racionándosele, con un pasómetro atado a una pierna, hasta los pasos que puede dar al cabo del día; permitiéndosele recibir una sola visita al mes, de 15 minutos de duración, y censurándosele la correspondencia, cual si se creyera que, desde el interior de su celda estuviera preparando una insurrección nazi en cualquier lugar del mundo. El trato dado a Hess es inhumano y sobre el tema se han escrito libros documentadísimos[565], lo que invalida cualquier argumentación basada en la ignorancia. Los "altos poderes morales" de este Planeta conocen muy bien el trato dado a Hess. No pueden no saberlo ni alegar ignorancia culpable. Ninguno ha pedido, oficialmente, la liberación del llamado "prisionero de la paz" ni siquiera una mejora en el trato que se le da. El Obispo de Canterbury y los Papas Juan XXIII y Paulo VI tuvieron tiempo, pese a sus múltiples ocupaciones, para pe- dir clemencia en pro de terroristas convictos y confesos y hasta les sobró tiempo para "olvidarse"

---

[565] Tal vez el mejor, "*Rudolf Hess, el prisionero de Spandau*", escrito por Eugene Bird, que fue uno de sus guardianes, americano. (N. del A.)

de mandar pésames por la muerte de las víctimas de tales terroristas. Pero no consideraron útil hacer, siquiera, un pequeño gesto en pro de Hess, pese a habérseles solicitado repetidamente. Es humano. Demasiado humano, diría Nietzsche. Al fin y al cabo, ni Hess ni sus dispersos seguidores pueden turbar las serenas digestiones de tan elevadas instancias morales ni poner en peligro la cotización de las acciones del Banco del Espíritu Santo[566], pero los patronos de los señores terroristas sí pueden hacerlo. ¡Es triste!

Los Tribunales de Desnazificación prosiguieron su tarea incansablemente. Aún hoy día se juzga a septuagenarios y octogenarios acusados de actos que, cuando fueron cometidos, hace 35 o 40 años, no eran delitos. Aún hoy día se encarcela, se multa, se sanciona, se ahorca; para ello ha sido preciso que la República Federal Alemana, instaurada por los vencedores americanos, vulnere su propia Constitución al anular o prorrogar los plazos de prescripción de los supuestos crímenes nazis. Es muy difícil avanzar una cifra de condenados a muerte o a prisión por los jueces aliados o por sus esbirros con toga de la República Federal Alemana. El autor norteamericano Alfred M. de Zayas da la cifra de 1.347 condenados a muerte y unos 375.000 condenados a prisión[567]. Otras fuentes más recientes, y emanadas de datos oficiales de la propia República Federal Alemana, especifican que el número de condenados a muerte se eleva, de momento, a 1.735[568]. Y decimos "de momento" porque; repetimos, la "cacería" sigue. Y sigue con la misma tónica de odiosa y ridícula arbitrariedad cuya pauta ya fuera marcada por el Tribunal de Nuremberg. Pero es que la farsa de Nuremberg era, a su vez, complementada por otras farsas legales. Así, por ejemplo, se daba el caso de que cuando, para intentar dar una impresión de imparcialidad, un acusado era absuelto, inmediatamente era reclamado por otro tribunal desnazificador, que le condenaba por los mismos cargos que acababan de serle imputados y de los que le habían abbsuelto Tal es el caso de Von Papen, Fritzsche y Schacht, que habían sido absueltos por el Tribunal de Nuremberg, pero fueron luego condenado a trabajos forzados por otro tribunal: Von Papen a 8 años y Fritsche a 9. Schacht, que basó su defensa en el hecho de haber

---

[566] No se trata de una broma irreverente. El "Banco di Santo Spirito" pertenece a la realidad, no a la ficción. (N. del A.)

[567] Alfred M. de Zayas: "*Nemesis at Potsdam*", pág. 104.

[568] Walter Lötje: "*Res Militaris*".

traicionado a Hitler, "sólo" fue condenado a 8 años, aunque fue absuelto al cabo de un año.

Hubo verdaderas aberraciones jurídicas: los generales List, Milch y Schoerner y el Gran Almirante Raeder fueron condenados a cadena perpetua, pero lo curioso del caso es que, para este último, el Fiscal "sólo" pedía 20 años de cárcel. El hecho de que un juez sancione más de lo que pide el fiscal es no ya aberrante, sino que demuestra, si aún preciso fuera, la absoluta ausencia de la imparcialidad y del más mínimo sentido de justicia imperante en aquellos Tribunales.

Otro hecho curioso y aberrante, pero, a la vez, cómico: El piloto de caza de la Luftwaffe, Hartmann, que ostentaba el record mundial de derribos de aviones, pues había logrado abatir 352 aparatos soviéticos, fue condenado a 11 años de prisión por "boicot a la industria soviética de armamentos". Hay un detalle que conviene tener en cuenta a la hora de evaluar la magnitud de la barrabasada jurídica de la "desnazificación", y es que, además de los miles de condenas homologadas oficialmente, deben ser tenidas en cuenta las condenas *in absentia*, o por rebeldía, de numerosos altos cargos nazis, que lograron huir, sobre todo a Sudamérica y a los Países Árabes. El condenado *in absentia* de más alto rango fue, sin duda, Martín Bormann, cuyas huellas se evaporaron a pesar de haberse lanzado en su busca prácticamente toda la policía de los países aliados y los sabuesos israelitas. Debe tenerse, igualmente en consideración, que numerosos altos cargos, generales y gauleiters se suicidaron, antes que pasar por la ignominia de aquellos absurdos juicios, terminados siempre con veredictos insultantes para la dignidad y el sentido común. El suicidado de mayor renombre fue Heinrich Himmler, "Reichführer" de las SS[569], y, antes del fin de las hostilidades se habían suicidado Hitler, su esposa Eva Braun, Goebbels y toda su familia. No nos gusta hacer procesos de intención, pero creemos que si el Dr. Ley, por ejemplo, fue condenado a muerte, (aunque también escapara al verdugo suicidándose) también hubieran incurrido en la misma condena Hitler, Goebbels, Himmler y muchos más.

El trato dado a los procesados fue infrahumano en la mayoría de los casos. El Juez Edward Le Roy Van Rhoden, norteamericano, denunció "los métodos salvajes

---

[569] Es posible, y hasta probable, que Himmler no se suicidara, sino que fuera oportunamente suicidado por ser precisamente el testigo que mayor claridad pudo haber aportado en los supuestos casos de gaseamiento de seis millones de Judíos. (N. del A).

empleados por nuestros agentes fiscales, que actuaron casi siempre con una infrahumanidad total; apaleamientos y puntapiés bestiales; dientes arrancados a golpes y patadas y mandíbulas partidas". Y este juez no tenía motivo alguno para testificar a favor de los alemanes, pues su hijo, aviador, fue herido en combate y estuvo 2 años prisionero en el campo de concentración de Dachau.[570] Con tales métodos para obtener "confesiones", muchos presos murieron antes de comparecer ante sus Jueces. Víctimas de los tratos recibidos murieron en los campos de concentración aliados los generales Von Busch, Von Brauchitsch, Von Blomberg, Von Richtofen y Von Kleist. El caso de este último es revelador: Capturado por los ingleses fue entregado por estos al nuevo gobierno yugoeslavo de Tito; tras permanecer en cárceles yugoeslavas fue entregado a los rusos, que lo tuvieron en un campo de concentración sin juicio alguno, hasta que murió en 1954.

* * *

Hubo alemanes que, por el simple hecho de haber sido miembros del Partido Nacional Socialista Obrero Alemán fueron encarcelados. Naturalmente, no todos los miembros del Partido fueron a la cárcel, pues el N.S.D.A.P. llegó a tener 13 millones de afiliados, pero, en principio, cualquiera de ellos era susceptible de visitar las prisiones democráticas. El *modus operandi* era el siguiente: un alemán, acusado de haber pertenecido al NSDAP era interrogado en un campo de concentración, donde debía responder por escrito un quisquilloso cuestionario[571]. En el interior de los campos de concentración, los "tribunales" funcionan. Los internados son clasificados como "grandes criminales de guerra, o bien su culpabilidad es reconocida menor o inexistente y entonces son puestos en libertad. Algunos, que se hallaban comprendidos en la segunda categoría, abandonaron los campos, solamente en 1949, es decir, tras 4 años de detención arbitraria. Pero, nos dice el escritor francés Paul Serant, "el liberado del campo de concentración no es devuelto a la vida

---

[570] "*Associated Press*", 14-I-1949.-"*Sunday Pictorial*", 23-I-1949.

[571] El escritor Enst von Salomón cuenta en una deliciosa obra, precisamente titulada "El Cuestionario" algunas de las sevicias que debían soportar tos detenidos. Explica que al negar haber pertenecido nunca al Partido Nazi, el fiscal no le creyó, pero quedó convencido cuando von Salomón le explicó que ganaba más dinero como escritor independiente que como miembro del Partido. A von Salomón le ayudó a obtener su libertad, tras cuatro años de palizas, el haber manifestado que su esposa era Judía (N del A.).

normal. No es un criminal, pero sigue siendo culpable, sin especificar de qué es culpable. La libertad de que goza es una libertad disminuída. Por una sorprendente paradoja, la ley del 5 de marzo de 1946, que restringe sus derechos civiles, se titula "ley de la liberación" (*Befreiungsgesetz*). Esta ley, en efecto, no concierne a los nazis de primer rango; se aplica a todos los antiguos miembros de las formaciones Hitlerianas. Su primera consecuencia es que todos cuantos la sufren quedan excluídos de una ocupación regular. El número de personas a quienes alcanza esta ley es, de este modo, infinitamente superior al de los internados en los campos."[572] Según otro historiador francés, Robert d´Harcourt, "solo en la zona americana de ocupación encontramos a más de 3 millones de habitantes afectados por esta ley inicua (exactamente 3.294.318 según las estadísticas oficiales)".[573] No hemos podido obtener datos sobre el numero de ciudadanos privados de derechos cívicos en las otras tres zonas de ocupación, inglesa, francesa y soviética, pero si aplicamos una sencilla regla de tres, teniendo en cuenta la población de estas zonas, llegaremos a la conclusión de que el número de ciudadanos de segunda clase instaurados por los vencedores debió rondar la cifra de los 10 millones de personas.

EL "CASO" WIESENTHAL

La sed de "justicia" de los buenos es inextinguible. Muchos alemanes pudieron escapar a los tribunales de desnazificación, huyendo a otros países.
Pero hasta allí les siguió el ansia vindicativa de los vencedores de la guerra.
Simón Wiesenthal, un judío austríaco, poseedor de numerosos pasaportes, aunque parece que su verdadera nacionalidad es la israelita, es el auténtico *deus ex machina* de una organización judía que se dedica a raptar y ejecutar antiguos nazis en todos los países del mundo. Muchos de esos nazis ya no poseen, siquiera, la nacionalidad alemana, sino la de diversos países sudamericanos. Muy a menudo aparece en la prensa el relato sobre la desaparición, o el rapto de antiguos nazis, y su posterior reaparición, muertos, y frecuentemente, mutilados. Estos comandos de sedicentes justicieros judíos actúan con completa impunidad; su labor es conocida de todos los gobiernos. El Autor recuerda haber visualizado una interviú a Simón

---

[572] Paul Serant "*El destino de los vencidos*", pág. 59.

[573] Robert d´Harcourt "*Les Allemands d'aujord'hui*".

Wiesenthal en la TV Francesa, en 1967. El tal Wiesenthal se jactaba de hallarse en Francia para "hacer justicia" a un viejo ex-nazi; lanzaba Wiesenthal sus bravatas en un país teóricamente soberano, y a través de las ondas de una TV estatal. No se tomó ninguna medida contra él; al contrario, según testimonio unánime de la prensa francesa de aquellos días, Wiesenthal recibió innumerables ofertas de ayuda de comunistas, socialistas y judíos, que le abrumaron con denuncias contra alemanes residentes en Francia y contra "derechistas" franceses.[574]

La mayor "hazaña" de los servicios de Wiesenthal, o al menos, la más espectacular, consistió en el rapto del Teniente Coronel, habilitado a Coronel, Adolf Eichmann. Este obscuro personaje de la administración de los campos de concentración nazis, fue convertido, por la propaganda judía, en el "mayor criminal de la Historia". Fue secuestrado en Argentina y llevado a Israel, donde se le sometió a juicio. Eichmann no pudo hablar. Debía contestar a través de un micrófono, respondiendo simplemente por "si" o "no", y se encontraba encerrado en una jaula de cristal irrompible. Naturalmente, fue hallado culpable y ejecutado. De nada valieron las protestas de la República Argentina por esa flagrante violación a su soberanía. Incluso llevó el asunto a la Asamblea General de la ONU, donde fue paralizado por un veto del representante de los Estados Unidos, el judío Arthur J. Goldberg.[575] Wiesenthal, continúa, incansable, sus hazañas. Se mueve tranquilamente a través de todas las fronteras. Nadie le inquieta. Todos le adulan. Las "altas autoridades morales" de este mundo asisten, impertérritas, a la prosecución de la venganza de Wiesenthal y sus adláteres. Ni una sola vez, ¡ni una! -se habría sabido- el pío *Osservatore Romano* se ha dignado o se "ha atrevido" a criticar la labor de ese señor que se erige a sí mismo en policía, juez, fiscal y verdugo de individuos a los que reprocha actos cometidos hace casi 40 años. Las "altas autoridades morales", aparentemente, no están para esas cosas. Bastante tienen con ocuparse del sexo de los ángeles.

A Wiesenthal, como, al fin y al cabo es lógico en esta época de transmutación

---

[574] Joachim Peiper, ex-general de las SS, indultado por los americanos tras haber pasado cuatro años en prisión, residía en Francia con su familia. Un periódico provincial francés publicó su dirección, en 1978, así como la fotografía de su casa, que fue dinamitada, sin que la policía francesa logran encontrar a los culpables. (N. del A.)

[575] Fue la primera vez que los USA utilizaron el privilegio del veto (N del A).

de valores, se le acaba de conceder (Marzo de 1980) la Medalla del congreso de los Estados Unidos. No se le concedió ese galardón por un "ukase " unilateral de Carter, sino por votación, ampliamente mayoritaria, del cuerpo legislativo que se supone rige los destinos de la nación cuya propaganda nos la presenta como el baluarte de la Civilización Occidental.

TRAFICO DE ESCLAVOS EN EL SIGLO XX

El Plan Morgenthau preveía el uso de los prisioneros de guerra alemanes como mano de obra forzosa en los países que habían estado en guerra con el Reich. Esto se llevó a cabo con impávida rudeza desde el día en que cesaron las hostilidades. No ha sido posible llevar a cabo una investigación total y exhaustiva sobre el número de prisioneros de guerra retenidos como trabajadores forzosos al término de las hostilidades, dada la negativa soviética a facilitar datos en este sentido. Tampoco los occidentales (ingleses y franceses en especial) han querido dar datos sobre el particular. Pero, pese a todo, ha sido posible obtener algunos muy significativos, que a continuación exponemos.

Según la anglosajona *Encyclopedia Chambers*, en á epígrafe "Slave Labour" (Trabajo de Esclavos) se calcula que, al terminar la guerra, los rusos utilizaron como trabajadores forzosos a unos cinco millones de soldados alemanes, prisioneros de guerra, y a unos tres cuartos de millón de soldados presos de otras nacionalidades, mayormente rumanos e italianos, pero también hungaros, eslovacos, búlgaros y finlandeses. Muy poco se ha vuelto a saber de esos esclavos. Ciñéndonos a casos particulares, y según datos de una revista alemana occidental obsesivamente antinazi[576] los soviéticos capturaron en el frente de Stalingrado a unos cien mil soldados alemanes. Seis mil de ellos, tan sólo, regresaros a la patria a finales de 1950, es decir, que permanecieron en un estado de esclavitud durante cinco años y medio, en plena paz. Los otros noventa y cuatro mil perecieron a consecuencia del tratamiento digno de ESCLAVOS, que recibieron. Y si volvemos al caso general de los cinco millones de alemanes y los 750.000 europeos de otras nacionalidades guardados por los soviéticos como esclavos, los colaboradores de la *Encyclopedia*

---

[576] "*Stern*", Frankfurt.

Chambers convienen en que es muy difícil establecer una cifra con visos de garantía relativa a los que perecieron en la esclavitud, pues no es posible demostrar, en términos JURÍDICOS, que la pretensión rusa de que los prisioneros, al término de su cautiverio, prefirieron quedarse en la Unión Soviética es una burda patraña. Las gestiones de la Cruz Roja para localizar, individualmente, a muchos prisioneros de guerra, sobre todo alemanes e italianos, fracasaron por completo. No creemos que los casi seis millones de esclavos perecieran pero sí es innegable que una parte importante de ellos murió a consecuencia de los malos tratos, y los restantes, dispersados como trabajadores forzosos a lo largo y ancho de toda la URSS, continúan en un "status" de esclavos sometidos al Dios-Estado Soviético, y perdidos para siempre para sus patrias, y para sí mismos en su condición de hombres libres.

Pero no fué sólo la URSS. El Gobierno Británico, varios años después del término de la Guerra fue severamente amonestado por la Cruz Roja Internacional, no sólo por utilizar prisioneros de guerra como trabajadores forzosos, sino por tratarles de forma infrahumana, hasta el extremo de dejarlos morir de inanición y de frío en muchos casos comprobados. Según informes de la Cruz Roja Internacional, un año y medio después del final de la guerra, Inglaterra tenía a 460.000 soldados alemanes trabajando forzosamente para ella. En esa época se calculó que el gobierno laboralista de S.M. Británica ganaba anualmente 250.000.000 de libras esterlinas con el alquiler de sus esclavos alemanes, Esos esclavos eran, en efecto, PRESTADOS a los agricultores e industriales ingleses por una cifra que oscilaba entre 7.50 y 10.00 Libras a la semana. A los esclavos se les pagaba un máximo de seis peniques (es decir, entre un 5% y un 7,5% de lo que le rendían al gobierno) para que pudieran pagarse el rancho que se les daba (!?). En honor del pueblo inglés sea dicho, se desató una tal oleada de indignación popular que, a finales de 1946, el gobierno del laborista Atlee debió comprometerse a liberar a los prisioneros a razón de 15.000 cada mes. Es decir, que la última tanda de prisioneros regreso a Alemania en Junio de 1949, cuatro largos años después del final de la contienda.[577] La Cruz Roja Internacional desde su sede central en Ginebra ordenó el tratamiento de los Aliados a sus prisioneros de guerra, en términos de extremada claridad:

---

[577] Michael McLaughlin: "*For those who cannot speak*".

"Los Estados Unidos, Inglaterra y Francia, dos años después del final de la guerra, están violando los Acuerdos de la Cruz Roja Internacional, en su inhumano tratamiento a los prisioneros de guerra, acuerdos que ellos solemnemente firmaron en 1929".

Observemos que la nota de la Cruz Roja Internacional no hace alusión a la URSS, que no había firmado tales acuerdos, y que nunca reconoció a la Cruz Roja Internacional.

Como creemos conocer algo del cinismo de la naturaleza humana, hablando en términos generales, nos consta que muchos replicarán que, teniendo en cuenta lo que los alemanes hicieron a sus prisioneros, el tratamiento dado a los prisioneros alemanes era válido y natural. A ello debe replicarse:

a) Los alemanes sólo utilizaron a prisioneros soviéticos como trabajadores en tiempo de guerra por no tener ninguna obligación en contrario, al no haber suscrito la URSS la Convención de Ginebra sobre prisioneros. Además, les constaba a los alemanes el tratamiento que sus propios prisioneros recibían en Rusia. En todo caso, la propia Convención de Ginebra autorizaba el empleo de prisioneros de guerra en determinados trabajos, como la agricultura y la industria no bélica. En tales menesteres fueron utilizados los prisioneros de guerra ingleses, franceses y americanos. En todo caso, habían trabajadores extranjeros en Alemania, sobre todo franceses, tal como se había previsto en las cláusulas del Armisticio. Otros franceses habían ido a trabajar VOLUNTARIAMENTE a Alemania[578]. Pero repetimos - y creemos que la salvedad es importante - todo sucedía en tiempo de guerra, mientras que el uso de escla- vos por los campeones patentados del Derecho Internacional se hizo en tiempo de paz, y a sangre fría, en millones de casos, con fines mercantilistas, y durante cinco años, como mínimo, en la URSS, y cuatro en Inglaterra.

b) El tratamiento de Alemania a los prisioneros de guerra fue, salvo casos aislados, independientes de la voluntad del Mando, correcto. Allan Wood, uno de

---

[578] Uno de esos trabajadores voluntarios en Alemania fue el que, andando el tiempo, se convertiría en Secretario General del Partido Comunista Francés. Georges Marchais. En 1978 Marcháis demando a la revista francesa *Minute* por haberle calumniado al afirmar que Marcháis había trabajado para los nazis por dinero. El tribunal falló que no había lugar a la demanda y que *Minute* había dicho la verdad. (N. del A.)

los más populares corresponsales de guerra británicos escribió: "Lo más sorprendente de esta guerra en el Oeste, en lo que se refiere a atrocidades, es su escaso número. Son rarísimos los casos en que he podido constatar que los alemanes no trataran a sus prisioneros de acuerdo con las Convenciones de Ginebra y las recomendaciones de la Cruz Roja".[579] El teniente Newton L. Marguiles, Juez del Cuerpo Jurídico del Ejercito Americano declaró: "Los alemanes, incluso en los momentos de máxima desesperación, trataron a sus prisioneros correctamente y obedecieron la Convención de Ginebra a todos los respectos".[580] Digamos, de paso, que el Teniente Marguiles era judío. La Cruz Roja Americana, en 1945, reconoció oficialmente que el 99% de los prisioneros de guerra americanos en Alemania regresaron sanos y salvos a sus hogares.[581]

Los Aliados, pues, no tienen, siquiera, la excusa de haber obrado en plan de represalia contra los prisioneros de guerra alemanes. Utilizaron a esclavos por que les convino y nada más.

Como dijo Sir Winston Churchill: "Luchamos por la libertad".

PATTON Y MORGAN

Los abusos cometidos por las fuerzas de ocupación en Alemania llegaron a extremos tan bestiales que varios personajes aliados se opusieron - o trataron de oponerse - a ellos. Ya hemos hablado de la expoliación de Alemania; de los tribunales de desnazificación; de los destrozos deliberados; de la esclavización de los hombres y la deshonra de las mujeres; de las deportaciones masivas de poblaciones en condiciones infrahumanas... Pero hubo más. Hubo mil y una ofensas deliberadas, inscritas en el infame Plan Morgenthau. A los soldados Aliados se les prohibía CONFRATERNIZAR con la población civil. Estaba prohibido a los soldados americanos casarse con alemanas, pero no tener ayuntamiento carnal con ellas. Esto equivalía a reducir a las alemanas al "status" de prostitutas. Esta prohibición pronto caería en deshuso, por su absoluta impracticabilidad, pero el hecho es que

---

[579] "*London Express*", 6-VI-1945.

[580] "*Saint Louis Dispatch*", 27-IV-1945.

[581] Michael M. MacLaughlin: "*For those who cannot speak*".

oficialmente subsistió. Como subsistieron mil vejaciones más. Lindbergh refiere[582] como los soldados americanos quemaban las sobras de sus alimentos para impedir que pudieran aprovecharlas famélicos civiles alemanes que merodeaban cerca de los cubos de basura del Ejercito.

También dice: "En nuestro país, la prensa publica artículos sobre el modo cómo "liberamos" a los pueblos oprimidos. Aquí, nuestro soldados utilizan la palabra "liberar" para describir el modo de obtener botín. Todo lo que se coge en una casa alemana; todo lo que se le quita a un alemán es "liberado", según el lenguaje de nuestros soldados. Las cámaras fotográficas "Leica" son liberadas; los alimentos, las obras de arte, las ropas, son "liberadas". Un soldado que viola a una alemana, la está "liberando".[583] "Hay niños alemanes, que nos miran mientras comemos... nuestros malditos reglamentos nos impiden darles de comer. Me acuerdo del soldado Barnes, que ha sido arrestado por haberte dado una tableta de chocolate a una niña harapienta. Es difícil mirarles a la cara a estos niños. Me siento avergonzado. Avergonzado de mí, de mi pueblo, mientras como y miro a esos niños. ¿Como podemos llegar a ser tan inhumanos?"[584]. esto lo dice el Coronel Lindbergh, héroe nacional de los Estados Unidos, que llegó a ser propuesto Candidato a la Presidencia de su país, que luchó en la guerra con la aviación de su patria; que no era un nazi. Esto pudieron verlo muchos norteamericanos e ingleses decentes. El General Patton, tal vez el más popular de los generales americanos, se opuso inmediatamente a la aplicación total o parcial, del Plan Morgenthau en su sector de ocupación. Pronto topó con otro general, de mayor rango que el: El General Eisenhower[585].

Son bien conocidas las discusiones violentísimas que opusieron a los dos hombres sobre el modo cómo tratar a la población civil alemana. Patton fue SENTENCIADO A MUERTE tras las bambalinas del escenario. Un día, el coche de Patton fue arrollado por un camión militar en lo que a muchos pareció un rarísimo accidente. El General fue trasladado a una ambulancia, y de allí a un hospital, donde

---

[582] Charles Lindbergh: "*War Memories*". pág. 531.
[583] Ibid. Id. Op. Cit. p.513.
[584] Ibid. Id. Op. Cit p. 548.
[585] Eisenhower descendía de los judíos alemanes Saúl y Rebecca Eisenhower, que emigraron a los USA en 1.885. (N. del A.)

se le apreciaron lesiones importantes, aunque no graves. Pero unos días después fallecía de un ataque al corazón. La muerte de Patton, en todo caso, fue oportunísima. El General había anunciado que pensaba trasladarse a los Estado Unidos, donde iba a denunciar públicamente lo que estaba sucediendo en Alemania. Pero no tuvo tiempo. Había tenido altercados con demasiada gente importante. El General Eisenhower debió tomar personalmente el teléfono y ordenarle que se detuviera antes de llegar a Berlín. En Yalta los nuevos "amos del mundo" habían acordado que serían los soviético los primeros en entrar en la capital alemana. Patton quiso evitar la vandálica entrada del Ejercito Rojo en la capital del Reich y se enemistó con Eisenhower. Un mes antes pudo haber entrado en Praga, pero también se lo impidió Eisenhower, dejándole clavado en el terreno con una orden. Las dificultades de Patton con los PODERES FÁCTICOS tras la ocupación de Alemania fueron tan grandes que Eisenhower lo destituyó como Jefe del III Ejército y le encomendó el mando de una unidad secundaria. Patton se sabía en peligro de muerte y así lo había comunicado a sus familiares y allegados. Se le temía por su prestigio - era el General americano de más renombre, pues Eisenhower no era más que un militar político - y sus palabras podían alertar a la opinión pública americana sobre lo que realmente estaba sucediendo en Alemania. Así se preparó su accidente, que no era, ni mucho menos, el primero. El día 21 de Abril de 1945, su avión con el que se trasladaba al Cuartel General del III Ejercito en Fedfield (Inglaterra) fue atacado por lo que se supuso ser un caza alemán, pero luego resultó ser un "Spitfire" pilotado por un inexperto piloto polaco. El avión de Patton quedo acribillado, pero pudo aterrizar milagrosamente. El 3 de Mayo, unos días antes del final de la guerra, el "jeep" del General fue embestido por una carreta de bueyes, resultando Patton con heridas leves. El 13 de Octubre de 1945 fue cuando se produjo la colisión con el camión. Cuando Patton parecía reponerse del incidente se le produjo el "ataque al corazón". El caso es que desde el 13 de Octubre sólo los médicos vieron a Patton, negándosele la posibilidad de recibir visitas. Hasta hace bien poco sólo se suponía que Patton había sido asesinado. Hoy día se sabe. Y se sabe por una razón muy sencilla. Porque un agente de la conocida O.S.S. (Office of Strategical Services) o espionaje militar americano, un tal Douglas Bazata, un judío de origen libanés, lo manifestó ante 450 invitado; de alto rango, ex-miembros de la O.S.S, en el Hotel Hilton de Washington, el 25 de Septiembre de 1979. Bazata dijo textualmente:

"Por diversos motivos políticos, muchos altísimos personajes odiaban a Patton. Yo sé quien le mató. Pero soy yo el que cobró por hacerlo. Diez mil dólares. El propio General William Donovan, director del O.S.S. me encomendó esa misión. Yo preparé el accidente. Como no murió en el acto se le incomunicó en el hospital donde se le mató con una inyección".[586]

La trágica suerte de Patton convenció a otros colegas o compatriotas honrados suyos de la inutilidad de enfrentarse a los PODERES FÁCTICOS. Y si aún quedaban dudas sobre quién mandaba realmente en Alemania el "caso Morgan" acabo de disiparlas.

El General Frederick Morgan era el encargado de la sección de abastecimientos de la Zona de Ocupación Inglesa en Alemania. Pronto tuvo dificultades con la U.N.R.R.A., un organismo de las Naciones Unidas cuya misión consistía en distribuir en Europa, entre la población civil, los víveres y medicamentos que la generosidad de los pueblos de los países aliados, y concretamente de los Estados Unidos, mandaba a Europa. Morgan manifestó en privado y en público que los funcionarios de la U.N.R.R.A. eran, en su inmensa mayoría, unos contrabandistas, que vendían en el mercado negro los donativos que recibían para ser gratuitamente distribuidos. Sobre los abusos de gran parte del personal de la U.N.R.R.A. se han escrito abundantes volúmenes. La honrada actitud de Morgan le ganó la inmediata enemistad de Morgenthau, quien le amenazó, por teléfono, con una destitución inmediata. Lógicamente, Morgan respondió que el era inglés y que un político norteamericano carecía de jurisdicción sobre él. Eso creía Morgan. El General Norteamericano Lucius D. Clay, Jefe de la Zona de Ocupación Norteamericana, comunicó personalmente a Morgan su cese, tras reprocharle haber proferido observaciones antisemitas. Morgan respondió que no admitía injerencias de oficiales extranjeros, aunque fueran generales, en el Ejército Británico. Pero unas horas después se presentó el General Harold Isaac, del Cuerpo de Intendencia del Ejército Británico, con la orden de relevo. Y los caballeros de la U.N.R.R.A. pudieron continuar su trabajo, sin necesidad de oír desagradables observaciones antisemitas

---

[586] *"The Spotlight"*, Vol. V, núm. 42, 15-X-1979, pág. 16-18

de un general inglés que era lo bastante ingenuo para creer que en el Ejército Británico sólo mandaban los ingleses. Desde luego, parece improbable que su sucesor, el "gentleman" Isaac, hiciera tal tipo de observaciones.

LOS AUSSLANDSDEUTSCHE

Los alemanes residentes en el extranjero, o *Ausslandsdeutsche*, sufrieron diversos tipos de persecuciones, desde las matanzas colectivas en Checoeslovaquia hasta la expoliación pura y simple en Bolivia. Aunque ya nos hemos ocupado de las deportaciones sufridas por dieciséis millones de alemanes en otro epígrafe, ahora vamos a tratar de los robos, sevicias y puros exterminios que tuvieron lugar desde los últimos días de la guerra hasta varios meses después de terminada la misma.

Vamos a empezar por el caso de los alemanes de Checoeslovaquia y el territorio de los Sudetes. Mayo de 1945. La guerra ha terminado, y Checoeslovaquia ya ha sido liberada. El país de los Sudetes, donde, desde hace siglos, viven alemanes en su inmensa mayoría, está sometido a la ley marcial. Residen, en 1945, tres millones y medio de alemanes. La administración civil es asumida por comités nacionales checos. El Presidente Benes había proclamado en un decreto: "Los alemanes y los magiares no son seguros. Es preciso arrebatarles la administración del país y sus bienes personales". Las granjas y el utillaje agrícola de los alemanes fueron confiscados. Estas medidas fueron complementadas por otras, de orden policial: insignia-distintivo para los alemanes; limitación de las horas para salir de sus domicilios; prohibición de asistir al culto, de caminar por las aceras y de recibir cuidados médicos en los hospitales. El mismo Benes había declarado en un discurso: "A los alemanes sólo hay que dejarles un pañuelo para enjugarse las lagrimas". Por Radio Praga se llegó a dar la inicua consigna: "¡Muerte a todos los alemanes!". En cada ciudad se creó un campo de concentración, pero en las grandes ciudades se crearon muchos. Sé instauraron, oficialmente, las penas corporales. Faltar al respeto a un policía o a un partisano checo costaba, si era "falta leve", diez latigazos. Si era falta conceptuada como grave, el fusilamiento.

He aquí qué dice Manfred Lutgenhort, testigo ocular de los hechos que describe:

"He aquí el caso de Helena Burger:" Aquí os traigo a esas cerdas alemanas ", dijo el Profesor Zelenka, entregando a las turbas veinte mujeres, algunas de las cuales tenían sesenta y setenta años. Fueron salvajemente golpeadas. Luego, Helena Burger oyó una orden: "De rodillas, putas alemanas". Las mujeres se arrodillaron y se les cortaron los cabellos con bayonetas. Helena Burger se desvaneció, pero fue reanimada con un cubo de agua helada. Luego, de un puntapié le rompieron dos costillas. Finalmente, se cortó de su pié un pedazo de carne de cuatro centímetros de profundidad. Cuando por la noche volvió a su casa, sus hijos no la reconocieron. Varias de sus compañeras de infortunio habían muerto a consecuencia de los golpes. Dos se habían suicidado. Otra se había vuelto loca. Tres semanas más tarde, Helena Burger fue transferida al campo de concentración de Hagibor, que contaba 1.200 detenidos repartidos en cuatro hangares. Durante la noche, una hermana de la Cruz Roja Checa tomaba nota de las mujeres jóvenes y bonitas, y por te noche conducía a los soldados rusos a sus hangares. Algunas mujeres fueron violadas hasta cuarenta y cinco veces en el curso de una noche"[587].

Ahora el testimonio del Ingeniero Franz Resch:

"En Bokowitz vi a miles de alemanes, hombres y mujeres, civiles y soldados, e incluso a criaturas de diez años, salvajemente asesinados. Las turbas apalearon a aquellos seres indefensos. Los cuerpos dislocados eran recubiertos de ácido clorhídrico, para aumentar los sufrimientos. Algunos todavía vivían cuando se les cortaron los dedos para arrebatarles sus anillos o alianzas. También vi, en el campo de Kladnow, cómo se vertía alquitrán hirviendo sobre las espaldas desnudas de ciertos internados, tras lo cual se les pegaba con bastones. Yo perdí el riñon derecho a consecuencia de los golpes recibidos. El 10 de Mayo, el día siguiente del fin oficial de la guerra -aún cuando Checoeslovaquia ya había sido liberada desde hacía más de un mes- llegó al campo de Kladnow un tren de carga, lleno de soldados alemanes heridos. Fueron concentrados en un descampado y se les lanzaron granadas de mano. La mayoría murieron"[588].

Las mismas escenas de horror se reproducían por todas partes. En Iglau, el alcalde, alemán, es juzgado y, sin permitírsele hablar, es condenado a ser

---

[587] *"Dokumentation des Veirtreibung der Deutschen"*.

[588] Libro Blanco de los Alemanes Sudetes, Documento num. 5.

escalpelado en pleno Tribunal. Los alaridos fueron tan tremendos que el desgraciado se quebró las cuerdas vocales. 350 vecinos de Iglau fueron obligados a marchar, completamente desnudos, por la noche, a paso ligero; al que se detenía o se caía le remataban a culatazos. Tras 33 kilómetros de marcha de la muerte, no quedaban supervivientes. En vista de lo que estaba sucediendo, 1.200 alemanes de Iglau prefirieron suicidarse [589]. En el campo de concentración de Freudenthal, los detenidos son golpeados hasta que los guardianes no pueden más. Algunos detenidos son entenados vivos[590]. En el campo de Moraska Ostrava, la mujer de un campesino, encinta de ocho meses, fue golpeada en el vientre hasta que abortó. En trance de muerte le fueron cortados los senos[591]. Todos los habitantes de la ciudad de Saaz (unos 3.000 alemanes) fueron ametrallados por una unidad del Ejército checo, el 15 de Mayo, seis días después del fin de la guerra[592].

Pero el apoteosis tuvo lugar en Praga, donde vivían más de medio millón de alemanes. El 13 de Mayo de 1945 entró en Praga, procedente de Londres, Edouard Benes, el Gran Maestre de la Franc-Masonería Checa. Benes era el *bel esprit*, el niño mimado del progresismo europeo liberaloide y bien-pensante. Con Benes llegaba Massaryk, el otro buda del liberalismo ortodoxo. El recibimiento que les prepararon sus secuaces, a cuyo frente se hallaba un comunista Judío, llamado Slansky, fue espectacular. Muchos alemanes fueron colgados por los pies de los grandes paneles de anuncios de la Plaza de San Wenceslao, y rociados con gasolina. Luego, cuando los dos grandes "humanitarios" llegaron, los cuerpos fueron quemados hasta formar antorchas vivientes[593].

En un libro de más de mil páginas, el Libro Blanco de los Sudetes Alemanes, se describen horrores sin precedentes en la historia de la Humanidad. Mujeres checas y Judías, armadas con porras, golpeaban los vientres de alemanas encintas hasta que se producía el aborto. En un solo campo de concentración morían diariamente diez mujeres a consecuencia de esas torturas[594]. En otro campo, los

---

[589] Ibid. Id. Op. Cit. Doc. núm 11.

[590] "*Dokumentation des Vertreibung der Deutschen*"

[591] Libro Blanco de los Alemanes Sudetes. Doc. núm. 14.

[592] Ibid. Id. Op. Cit Doc. núm. 12.

[593] Libro Blanco de los Sudetes Alemanes. Documento núm. 15.

[594] Ibid. Id. Op. Cit. Documento n. 16.

detenidos eran obligados a lamer los aplastados sesos de sus compañeros que habían sido golpeados hasta morir. A otros detenidos se les obligaba a comer excrementos infecciosos de sus compañeros que padecían disentería[595]. Los doctores checos y judíos rehusaron ayuda, médica a las mujeres alemanas que habían sido violadas por los soldados rusos. Centenares de miles perecieron o se suicidaron. Tal fue el caso, por ejemplo, de la ciudad de Brno, donde en un sólo día 275 mujeres cometieron suicidio[596]. En el estadio municipal de Praga, el 18 de Mayo, nueve días después de terminada la guerra, cinco mil prisioneros de las SS fueron ametrallados[597].

El número total de muertos en los Sudetes y en Checoeslovaquia asciende a unos 250.000, más los que perecieron en la subsiguiente deportación y los que lentamente agonizaron en los campos de trabajos forzados[598]. Es difícil evaluar el número de muertos en la deportación forzosa y aún más los fallecidos en los campos de trabajos forzados. Ningún testigo es de fiar en este sentido, ya que las cifras que han avanzado son de tercera o cuarta mano, y probablemente exageradas. En todo caso, a los 250.000 masacrados, según el *Libro Blanco de los Sudetes Alemanes*, en los meses que siguieron al final de la guerra, hay que añadir, como mínimo, otros 175.000 que murieron de malos tratos o de hambre en los campos de trabajo, según fuentes oficiales oeste-alemanas[599].

* * *

El exterminio de los alemanes residentes en Yugoeslavia fue llevado a cabo, para empezar, mediante una serie de matanzas realizadas sin orden ni método, y posteriormente gracias al apoyo jurídico de una legislación inicua decretada por el llamado "Comité Antifascista de Liberación de Yugoeslava", hecha pública el 21 de Noviembre de 1944. Ese "Comité" estaba precedido por el propio Mariscal Tito, actuando como Secretarios del mismo Moisés Pijade y Jakob Rankowitz. Esas leyes,

---

[595] Ibid. Id. Op. Cit. Documento n. 17.

[596] Louis Marschalsko: "*World Conquerors*", pág. 120, Omnia Veritas Ltd, www.omnia-veritas.com.

[597] *Dokunentation des Vertreibung der Deutschen.*

[598] Libro Blanco de los Sudetes Alemanes. Documento n. 22.

[599] "*Comité de Refugiados Sudetes*", T. II, pág. 86.

entre otras cosas, prescribían que:

a)   Todas las personas de origen alemán que vivieran en Yugoeslavia perdían automáticamente la nacionalidad yugoeslava, aún cuando ellas o sus padres hubieran nacido en territorio yugoeslavo. Perdían igualmente la totalidad de sus derechos civiles y políticos.

b)   Todos los bienes, muebles o inmuebles, de dichas personas, debían ser considerados como confiscados automáticamente por el Estado, que asumía su plena propiedad.

c)   Las personas de origen étnico alemán no podían reclamar ningún derecho civil ni político; no tenían derecho a recurrir a los tribunales ni a utilizar las leyes existentes para proteger sus vidas, sus personas o sus bienes[600].

En una palabra, los alemanes eran considerados *res nullius*. Al no poderse considerar amparados por ninguna ley, cualquiera podía hacer con ellos, literalmente, lo que le pluguiera, desde robarlos hasta matarlos. Tenían, de hecho, menos derechos que un perro callejero. Esa legislación infame, sin precedentes en la historia de la Humanidad, era conocida de los Aliados Occidentales, los autores de las bellas frases sobre la Libertad y la Democracia. Winston Churchill tenía, como embajador personal itinerante junto al "Mariscal" Tito, a su hijo Randolph. Aún hay más: la increíble legislación que equiparaba a los alemanes de Yugoeslavia a menos que las bestias y los ponía al nivel de *res nullius*, es decir, de "cosas de nadie", fue leída por las emisoras de la BBC londinense. El Autor, entonces un niño, recuerda haberlo oído con verdadero estupor, y que le turbó profundamente escuchar la lectura de aquellos decretos precisamente después de un vibrante discurso de un jerifalte británico en el que se aseguraba que se luchaba para que fuera una realidad la doctrina de que los hombres eran iguales.

A consecuencia de esas leyes y su posterior aplicación, 250.000 alemanes fueron apartados de la Humanidad. Casi todos ellos eran campesinos, particularmente numerosos de la región de Marienbad (Maribor).

Sus tierras, sus aperos de labranza, sus muebles, incluso sus vestidos les fueron inmediatamente arrebatados. Todo lo que conservaban sobre sí lo tenían, pues, a

---

[600] Maurice Bardèche; "*Crimes de guerre des Alliés*". pág 26-27.

precario. Todo alemán representaba un valor-trabajo, que podía ser vendido, transferido o cambiado por algo. Podía ser alquilado, o incluso destruído por el Estado. En numerosos casos, los alemanes fueron alquilados a particulares, pero a veces fueron también alquilados o transferidos a otros estados, y especialmente a Rusia. Por otra parte, los alemanes no tenían ni derecho a vivir con su familia; no tenían ningún derecho sobre sus hijos que, en miles de casos, les fueron arrebatados sin explicaciones; no tenían ningún derecho a hacer o a no hacer nada; ni a permanecer en un lugar determinado o a irse sin permiso de sus "dueños". Literalmente, se habían convertido en objetos del Estado y de la Administración. Una tal situación no se había jamás producido en Europa; nunca habían existido en Europa hombres sin derecho a poseer nada ya que, incluso lo que llevaban encima no era de su propiedad; no podían adquirir, legar ni dar nada; no podían recibir nada; no tenían derecho a recibir alimentos ni ropa, y si recibían un mínimo vital, para asegurar su, supervivencia como esclavos, era a título gracioso y podía ser retirado a capricho del Estado.

La innovación mas grave instituida por dicha ley consistía en la prohibición de pedir protección a los tribunales o a las instituciones del Estado.

Esto significaba que los alemanes no tenían derecho a presentar una queja, y mucho menos, a querellarse contra nadie; significaba también que no tenían derecho a llevar consigo papel de identidad alguno, incluyendo su certificado de bautismo. Podían ser registrados en cualquier momento por cualquier ciudadano yugoeslavo, y si se les encontraba un papel podían incurrir en cualquier castigo. De hecho, podían incurrir en cualquier sanción sin motivo alguno, pues el hecho de prohibirles presentar quejas o querellarse hacía de los alemanes hombres expuestos a cualquier mal trato, sin que a ningún yugoeslavo se le pidieran cuentas por ello. Todo yugoeslavo tenía jurisdicción sobre ellos, y podía convertirse, a la vez, en su juez y verdugo. Esta situación era agravada por una propaganda oficial, que hacía creer a los yugoeslavos que, infligiendo malos tratos a los alemanes, realizaban un acto de patriotismo.

Las leyes del 21 de Noviembre fueron confirmadas por otra ley del 29 de abril de 1945, por la que, además, se precisaba que tales leyes se aplicaban, no sólo a los alemanes, o descendientes de alemanes, residentes en Yugoslavia sino incluso a los alemanes que se encontraran en Yugoeslavia por cualquier motivo, es decir, esencialmente, a los soldados alemanes, a los que se asimilaba igualmente a la condición de *res nullius*.

Estas leyes, huelga decirlo, tenía por finalidad el exterminio masivo de los alemanes residentes en Yugoeslavia, lo que se obtuvo por tres métodos: liquidación masiva, deportación masiva y exterminio por el hambre y los trabajos forzados en los campos de concentración.

Las liquidaciones masivas tuvieron lugar, casi totalmente, durante el periodo anárquico que precedió a las leyes del 21 de noviembre de 1944, y sus autores fueron los partisanos, que llegaron a exterminar a pueblos enteros. Tras las leyes del 21 de noviembre, las liquidaciones masivas cesaron y fueron reemplazadas por liquidaciones individuales permitidas por la ley, y que "expresaban la tendencia al sadismo al que la nueva legislación dejaba libre curso"[601]. Hacia 1948 terminaron las liquidaciones individuales y una de las últimas víctimas fue el muy conocido Padre Adalbert Schmidt, benedictino, que pasó los 12 últimos años de su vida oponiéndose al Nacionalsocialismo por razones que él calificaba de teológicas. El Padre Adalbert que creía ciegamente en la Igualdad de los hombres, murió apaleado por sus "iguales" yugoeslavos que estuvieron zurrándole varias horas seguidas.

Pero el caso es que en 1948 quedaban ya muy pocos alemanes vivos en Yugoeslavia: apenas 42.000 que fueron finalmente enviados a Rusia como "mano de obra", es decir, como esclavos. Fueron enviados andando, y en invierno, lo que hace suponer que muchos morirían por el camino.

En todo caso, nada se ha vuelto a saber de ellos. En total, de la colonia alemana que habitaba en Yugoeslavia cuando empezó la guerra, compuesta de unos 250.000 sólo lograron salvarse, huyendo hacia Austria y entregándose a las tropas norteamericanas e inglesas, unos 10.000.

* * *

En los últimos días de la guerra, ya en Mayo de 1945, unos 80.000 soldados alemanes se rindieron a los ingleses en Austria, y fueron internados en un campo de concentración en Karnten. Casi al mismo tiempo, llegaron a ese campo los restos

---

[601] Maurice Bardèche; "*Crimes de guerre des Alliés*". pág. 29.

del Ejército Croata (unos 290.000 oficiales y soldados que se habían rendido a los ingleses y americanos). El 17 de mayo, esos 370.000 soldados fueron entregados a Tito.

Debe tenerse presente que esos soldados, prisioneros de guerra y miembros de los ejércitos regulares, estaban amparados por las Convenciones de Ginebra y La Haya y, por consiguiente, tenían derecho a un trato correcto. No obstante, en el curso de los tres primeros meses que siguieron al final de la guerra fueron liquidados sin ninguna acusación y sin ningún proceso, ya por medio de matanzas sistemáticas en los alrededores de Bleiburg[602] ya en el curso de la "marcha de la muerte", de Maribor a Ursac. En efecto, se ha podido observar, en el curso de la última guerra, que los comunistas llevaban a cabo una técnica determinada de exterminio, que consistía en hacer marchar, por la carretera o a través del campo, a grandes masas de población que querían destruir. Esto ha podido verificarse como realizado no sólo por los comunistas rusos, sino también, y muy especialmente, por los comunistas yugoeslavos y, concretamente, serbios.

La horrenda masacre de los prisioneros croatas y alemanes en Bleiburg es corrientemente conocida como "La Tragedia de Bleiburg". Los cadáveres de esos 370.000 soldados entregados a Tito por los angloamericanos han sido en contrados en las fosas colectivas siguientes:

En Maribor (Marienbad), unos 40.000 cadáveres; en Kcevje, aproximadamente 30.000 cadáveres; en Bleiburg unos 40.000 cadáveres en condiciones de mutilación atroces; en Kranj, 2.500 cadáveres; en Saint-Vid (Teskocelo) 25.000 cadáveres; en Potudik, 2.000 cadáveres; en Huda Luknja, unos 16.000 cadáveres; en Bezigrad, 2.000 cadáveres, en Hrastkik, 7.000 cadáveres; en Lasko, 3.000 cadáveres; en Reichelburg, 1.000 cadáveres; en Kostenjevica, 7.000 cadáveres; en Crna, 3.000 cadáveres; en Kamnik, 1.000 cadáveres;en Zagreb, once enormes fosas conteniendo unos 80.000 cadáveres; en Cracano, 2.000 cadáveres; en Sosice, 3.000 cadáveres; en Vrgin Most, 7.000 cadáveres, en Dubocac, unos 2.000 cadáveres; en Patravski-Klostar, 2.000 cadáveres; en Virovitica, 2.000 cadáveres; en Butmir-Kasindon, 2.000 cadáveres; en Kravarski, 5.000 cadáveres; en Bjelovar, 8.000 cadáveres; en Nasice, 4.000 cadáveres; en Backi Jara, 5.000 cadáveres; en

---

[602] Eduardo Augusto García: "*La Tragedia de Bleiburg*"

Vrach, 2.500 cadáveres.[603]

Henos aquí ante un super-Katyn que, por su crueldad y su aterradora extensión es absolutamente único. Esas fosas colectivas se extienden sin interrupción desde la frontera austro-yugoeslava hasta la frontera yugoeslavo-rumana. Es de notar que el Gobierno yugoeslavo nunca ha negado la veracidad de los hechos. Cuando el titulado "Comité de Investigaciones sobre la Tragedia de Bleiburg ", presidido por los profesores universitarios norteamericanos John Prcela y Joseph Hesimovic, denunció el caso de Bleiburg a las Naciones Unidas, el delegado yugoeslavo respondió cínicamente que a los muertos había que enterrarlos, y que por eso se encontraban tantas fosas con cadáveres en territorio yugoeslavo[604].

Sólo nos resta añadir, antes de cerrar la exposición de los crímenes de los buenos en Yugoeslavia, que los principales acusados por el Comité de Investigaciones sobre la Tragedia de Bleiburg fueron Koca Popovic y Dusan Kvedr, aparte, naturalmente, el Mariscal Tito. Pues bien: Popovic fue Ministro de Asuntos Exteriores de Yugoeslavia y Kvedr embajador de Yugoeslavia en Bonn. No cabe duda: cuando mandan los buenos el Crimen paga buenos dividendos. Un ejemplo más: el "general" partisano Holjevac, especialista en el exterminio de soldados y civiles italianos en la zona de Trieste, fue nombrado Alcalde de Zagreb.

* * *

La región del Bánato se extiende a lo largo de los Alpes de Transilvania, el Danubio y los ríos Tisza y Mures. En los tiempos de dominio turco, el Bánato, de ser una región fértil y próspera había pasado a convertirse en lugar desolado, por tal motivo hubo que recurrir a colonos alemanes que contribuyeron a su recuperación. Al final de la I Guerra Mundial, el Bánato, pese a constituir una unidad geográfica y económica, fue repartido entre Yugoeslavia, Hungría y Rumania[605].

No queremos extendernos más relatando actos de vesánica crueldad, aunque

---

[603] Maurice Bardèche: Ibid. Op. Cit. pág. 35.- El testimonio de Bardèche se basa en el acta de acusación del abogado de Klagenfurt, Schottler, que ha sido corroborado como correcto por el "Comité de Investigaciones sobre la tragedia de Bleiburg", de Cleveland, Ohio. (N. del A.)

[604] *National Zeitung*, Munich, 10-IV-1965.

[605] *Gran Enciclopedia Catalana*, T. III, pág. 123.

hay documentación sobre miles de casos, más vomitivos los unos que los otros. Mencionaremos únicamente que la "moda" en el Bánato húngaro consistía en atar a los campesinos alemanes, extendidos sobre mesas, de pies y manos, y abrirles en canal con cuchillos, dejándoles desangrarse tal y como se hace con los cerdos en Francia y España. En Cernje, en el Bánato húngaro, todos los alemanes de la ciudad -unos 5.000- fueron, para empezar, apaleados.

No se libraron ni los ancianos ni los niños. Luego, gitanos armados iban de casa en casa y hacían saber a las mujeres alemanas que aún no habían sido ejecutadas a palizas, que las iban a violar, y luego a decapitar. La violación y la muerte de las alemanas de Crnje empezaron el 24 de Octubre de 1944. Muchas escaparon a esa suerte, suicidándose. Familias enteras se daban voluntariamente la muerte. El sacristán Johann Joldscheck fue muerto por desangramiento, de la manera ya descrita; antes se le hizo contemplar la violación de su mujer y sus dos hijas por varios gitanos y la decapitación de su hijo[606]. No sigamos: toda la población alemana del Bánato, unas 200.000 personas, desapareció sin dejar rastro, pues tras las primeras orgías de asesinatos y torturas, los supervivientes fueron enviados hacia el Este, probablemente a Rusia, a pié[607].

En Polonia, la minoría alemana huyó, en su mayor parte, antes de la llegada del Ejército Rojo. Se calcula que sólo unos treinta y cinco mil civiles alemanes permanecieron en sus hogares en Polonia. Prácticamente todos fueron internados en el campo de concentración de Lamsdorf, donde el tratamiento que recibieron fue similar al descrito cuando nos ocupamos de los campos de concentración checos y yugoeslavos. Una particularidad de los polacos -o, en todo caso, de la chusma desmandada- consistía en el ensañamiento con mujeres y niños. Según el Doctor Esser, superviviente que logró evadirse a Alemania Occidental, seiscientos de los ochocientos niños que había en Lamsdorf murieron de inanición y malos tratos, aunque la mayoría de niños fueron llevados en camiones hacia el Este y nunca volvió a saberse de ellos. A los sacerdotes les estaba prohibido ejercer su ministerio. El cura católico de Lamsdorf rehusó en varias ocasiones la Extremaunción a detenidos moribundos, tal era el odio "racista" de ese hombre, sistemáticamente

---

[606] Maurice Bardèche: "*Crimes de guerre des Alliés*", pág. 44.

[607] Ibid. Id. Op. Cit, pág 46.

atizado por la propaganda oficial[608].

No hay cifras oficiales sobre las bajas sufridas por la población civil alemana residente en Polonia. Se sabe que unos 350 o 400 lograron evadirse a Occidente. La suerte de los demás se ignora oficialmente, aunque una comisión de juristas franceses independientes llegó a la conclusión de que debieron ser probablemente ejecutados o dejados morir de inanición, a menos de ser entregados a los rusos que hacían trabajar a sus cautivos hasta que perecían por extenuación física.

* * *

En todas partes, y en diversos grados, los *Ausslandsdeutsche* fueron maltratados. Hubo países, como Bolivia, que decretaron la expropiación de los bienes inmuebles pertenecientes a alemanes, e incluso a ciudadanos bolivianos de origen alemán. Hubo otros, como la neutral Suiza, que entregó a los Aliados occidentales a ciudadanos propios, pero de ideas nacionalsocialistas y, con mayor "razón" a ciudadanos alemanes que residían en la Confederación Helvética, cuando se los reclamaban ingleses, franceses o americanos. Hubo de todo. Y, por haber, hasta hubo un ensordecedor silencio de los pastores espirituales de la Cristiandad. Algunos hablaron. Muy pocos. Los más, temerosos, callaron, mientras el gallo cantaba tres millones de veces en las antesalas de los palacios cardenalicios y Cristo era de nuevo crucificado, millones de veces, en las personas de innumerables desgraciados torturados, deshonrados, mutilados, asesinados.

LOS EXPOLIOS TERRITORIALES

Cuando Churchill y Roosevelt se reunieron, a bordo de un pacífico acorazado, en aguas de Terranova y firmaron lo que luego se llamaría la Carta del Atlántico, dogmatizaron que, a partir de entonces, se habrían acabado las anexiones territoriales. Decidieron que los países sólo aumentarían su sobera- nía territorial mediante plebiscitos libres y democráticos de las poblaciones que habitasen zonas litigiosas. En todo caso, además, las minorías tendrían sus derechos reconocidos y

---

[608] *"Documentation sur l'expulsion des Allemands en Pologne"*, testimonio del Dr. Easer, cirujano militar. (Comisión de juristas independientes franceses) Paris, 1951.

garantizados. Los dos estadistas democráticos consiguieron que Stalin pusiera su firma al pié de dichos acuerdos, que serían el embrión del arsenal ideológico de las Naciones Unidas, asociación de estados democráticos que iba a gobernar el mundo. Ya hemos visto cómo fueron tratadas las minorías en Yugoeslavia, en Checoeslovaquia, en Polonia y hasta en países neutrales. En cuanto a la intangibilidad de las fronteras salvo plebiscitos democráticos, diremos que, sin comicios y sin urnas, los Aliados dieron su bendición a los siguientes tijeretazos sobre el martirizado mapa de Europa:

a) La Ciudad Libre de Dantzig fue incorporada a Polonia.
b) La URSS se incorporó Estonia.
c) La URSS se incorporó Letonia.
d) La URSS se incorporó Lituania.
e) La URSS se incorporó la Rutenia (antes checoeslovaca).
f) La URSS se incorporó Carelia Septentrional y Pétsamo.
g) La URSS se incorporó Besarabia.
h) La URSS se incorporó Bukovina.
i) La URSS se incorporó Memel.
j) La URSS se incorporó Prusia Oriental.
k) La URSS se incorporó el 35% de Polonia.
l) A Polonia se la compensó con territorios indiscutiblemente alemanes, de manera que una nueva "Polonia" apareció en Centro-Europa, moviéndose hacia el Oeste.
m) Francia se quedó, por diez años, el territorio del Sarre.
n) Checoeslovaquia se quedó los Sudetes pese a que, en el Acuerdo de Munich, Inglaterra y Francia habían reconocido el carácter germánico de esos territorios.
o) Transilvania, la Alsacia-Lorena del Sudeste de Europa, volvió a soberanía rumana.
p) Croacia y Eslovaquia desaparecieron del mapa, nuevamente englobadas, por fuerza, en los conglomerados estatales de Yugoslavia y Checoeslovaquia.
q) A Italia le fueron arrebatadas sus colonias.

r) La URSS se anexionó Skhalin del Sur.

s) La URSS se anexionó el Archipiélago de las Kuriles.

t) La URSS ocupó Manchuria, que luego pasaría a soberanía china.

u) Albania fue convertida en una "república" comunista y los 300.000 colonos italianos expulsados perdiéndolo todo.

v) Alemania fue dividida en cuatro zonas de ocupación. Cuando, tras no menos de seis años, los ocupantes se fueron -dejando a sus hombres de paja como gobernantes- el país quedó dividido en dos repúblicas independientes: la Federal, satélite de los Estados Unidos, y la Democrática, satélite de la URSS.

w) La división de Alemania quedó completada con la división de Berlín en dos zonas: una occidental y otra oriental. El "muro de la verguenza" fue construido por los comunistas, es cierto, pero los occidentales y, concretamente, los americanos, dejaron hacer.

Los campeones de la Democracia, autocráticamente, sin plebiscitos, sin zarandajas, porque sí, faltando clamorosamente a su palabra empeñada y a los ideales que habían servido para arrastrar a primera línea a millones de combatientes de buena fe, habían asestado dos docenas de golpes de bisturí al mapamundi, y se habían quedado tan tranquilos. Habían decidido que Prusia Oriental era Rusia, y Silesia y gran parte de Prusia Occidental, Polonia. Kant y Herder eran rusos, y Freiherr Von Eichendorff, Gerhardt Hauptmann, Ewald von Kleist y Schoppenhauer, polacos. Ridículo y grotesco. Y, por supuesto, odioso.

EL EXTRAÑO CASO DE AUSTRIA

Integrada en el III Reich por el *Anchluss* de 1938, Austria, en 1945, recobraba oficialmente su independencia. No era, sin embargo, un país liberado como los demás. Los Aliados consideraban que los austríacos habían colaborado con excesivo entusiasmo con la Alemania Nazi y, en consecuencia, si por una parte aseguraban el renacimiento del Estado Austríaco, por otra dividían a Austria, como a Alemania, en cuatro zonas de ocupación y las decisiones del "gobierno" austríaco debían ser provisionalmente sometidas a la aprobación de un Consejo de Control de los llamados "Cuatro Grandes".

Austria, incluso, debió pagar unas módicas reparaciones de guerra. El hecho de que fueran módicas -simbólicas casi- no impide que fueran básicamente absurdas. ¿Cómo diablos puede comprenderse que deba pagar reparaciones una víctima? En todo caso, una cosa es cierta: a los soldados Aliados les fué rigurosamente prohibido dedicarse a pillajes análogos a los que padecía el Reich ocupado. Por lo menos, a los Aliados occidentales. Los rusos, particularmente en la capital, Viena, cometieron numerosas tropelías, aunque en un grado incomparablemente menor al Apocalipsis de Berlín, por poner un ejemplo. Desde el 8 de Mayo de 1945, el nuevo "Gobierno" de Austria había promulgado una ley, llamada "ley de las prohibiciones". Por cierto, ¿no es delicioso que un gobierno, titulado democrático, sea impuesto, sin elecciones, por las autoridades extranjeras de ocupación, y que su primera ley -al no ser votada por ningún Parlamento- sea, en realidad, un Decreto, y que ese Decreto democrático sea un compendio de prohibiciones? A los austríacos, que, por fin, habían "recobrado" su libertad, se les prohibía: a) Difundir ideas nacionalsocialistas, b) Difundir ideas racistas, c) Ejercer, por escrito o de palabra, críticas contra la Democracia, d) Propugnar la unión de Austria con Alemania. Además, se declaraba "fuera de la ley" al Partido Nacionalsocialista y a todas las organizaciones anexas.

También quedaban fuera de la protección de la Ley todos los individuos que hubieran pertenecido al Partido Nacional-socalista entre el 1 de Julio de 1933 y el 13 de Marzo de 1938, fecha del *Anschluss*. Los funcionarios incluidos en esa categoría eran destituidos y privados de pensión. Asimismo, los "fuera de la ley" no podían, en el futuro, ser funcionarios del Estado, ni directores de sociedad, ni ejercer determinadas profesiones liberales; igualmente se les privaba de disponer libremente de sus bienes muebles o inmuebles; es decir, no podían comprar ni vender nada, ni una casa, ni un solar, ni un piano de cola, ni una camisa. "La suerte que preveía la ley para los miembros de las SS" -decía el escritor francés Sérant- "era todavía más severa; además de las sanciones indicadas debían estar sometidos a una estricta vigilancia de la policía, obligados a los trabajos más rudos o internados en las cárceles. Esta ley represiva fue pronto ampliada hasta incluir a los miembros del Partido Nacionalsocialista y a numerosas organizaciones represivas"[609]. Por

---

[609] Paúu Sérant: "*El Destino de los Vencidos*", pág. 104.

último, la ley de prohibiciones preveía la pena de muerte para los criminales de guerra, entre los que se incluía de oficio a los titulares de altas funciones nazis.

Los Tribunales populares comenzaron a abrir sus sesiones a partir del 13 de Agosto de 1945. Estos tribunales estaban compuestos por tres jueces, cada uno de los cuales representaba a uno de los tres grandes partidos políticos reconstituidos después de la liberación, a saber: el Partido Populista (católico y de tendencia conservadora), el Partido Socialista y el Partido Comunista. El 12 de Junio de 1946, el Canciller Figl, Jefe del nuevo estado austríaco, presento un balance oficial de la represión: 8.850 interrogatorios a personas acusadas de crímenes de guerra habían sido abiertos; sobre 3.360 interrogatorios terminados, 1.380 habían concluido en acusación. En el plano de la depuración administrativa, 149.044 funcionarios -de los cuales 23.558 habían sido miembros del Partido Nacionalsocialista antes del *Anschluss*- habían sido sido destituidos[610].

Si la "ley de prohibiciones" no pudo llevarse totalmente a la práctica en lo referente a la eliminación de la vida pública de 600.000 personas que comprendían a la élite intelectual del país, fue por obvias razones de imposibilidad práctica de hacer tal. No obstante, a esas personas se les obligó a pagar impuestos 20% más elevados de los que les correspon- diera, se les impuso multas de diversas cuantías y se les imposibilitó ciertos cargos y profesiones durante cinco años. Además, se instituyó que los nazis catalogados de "importantes", independientemente de otras penas en que pudieran incurrir, pasarían un mínimo de dos años en campos de trabajo for- zoso. Los nazis catalogados de "menos importantes", un año. Además, se prohibió cursar estudios a cinco mil universitarios sospechosos de nazismo o de pertenecer a familias nazis. Estas leyes inicuas y arbitrarias provocaron vigorosas protestas. Es de justicia hacer resaltar que las principales muestras de disconformidad emanaron de medios religiosos, y concretamente católicos. Monseñor Rohsacher, Arzobispo de Salzburgo, acusó al nuevo gobierno austríaco de estar dominado por el espíritu de represalia. El Obispo de Innsbruck, Monseñor Rusch, acusó al gobierno de arbitrariedad y de emplear con sus enemigos políticos los mismos medios que siempre les habían reprochado a ellos.

No queremos cerrar el epígrafe dedicado a Austria sin reproducir un texto del

---

[610] Ibid. Id. Op. Cit. pág. l05.

escritor francés Pierre-Antoine Cousteau, que se había refugiado en Austria y que fue internado durante algún tiempo en el campo de concentración de Mockry, cerca de Bludenz (en la zona francesa). He aquí lo que nos dice Cousteau, refiriéndose al mes de Junio de 1945, es decir, un mes después de consumada la victoria aliada:

> "Cuando se produjo el Anschluss en 1938, en Bludenz se detuvo a una docena de sospechosos. Esta vez, se han detenido a 800, es decir, prácticamente a todos los hombres válidos de Bludenz. ¿Por otra parte, se podía obrar de otro modo? En la Gran Alemania, todo individuo que ejerciera un oficio estaba inscrito de hecho en una asociación profesional, y esta asociación llevaba el sello sindical nacionalsocialista: existían los lecheros nacionalsocialistas, los veterinarios nacionalsocialistas, los barrenderos nacionalsocialistas; las asociaciones culturales o artísticas o deportivas también eran nacionalsocialistas. Se podía ser coleccionista de mariposas nacionalsocialista o clarinetista nacional-socialista. Luego, para los Cruzados de la Democracia, todo lo que aparecía acompañado de esa etiqueta, revelaba el crimen de guerra. Cuando llegamos al campo de Mockry, muchos sospechosos habían sido puestos en libertad, pero aún quedaban allí varios centenares"[611].

LA OPERACIÓN "KEELHAUL"

En el curso de la guerra, se constituyó un Ejército de Liberación Ruso que luchó al lado de Alemania. Este ejército se hallaba constituido por prisioneros de guerra, procedentes de todas las regiones de Rusia, que tomaron las armas contra la URSS, siguiendo el llamamiento del General Wlassow. Más de un millón de rusos, georgianos, ucranianos, lucharon, con Alemania, contra la URSS, "por la liberación del yugo bolchevique", según frase de Wlassow. Otros muchos miles de cosacos, musulmanes y, sobre todo, ucranianos, llegaron a estar encuadrados en unidades combatientes alemanas, o en las SS. En total, un millón y medio de hombres. El manifiesto de Wlassow terminaba con las siguientes palabras:

> "El Comité liberador de los pueblos de Rusia acepta agradecido la ayuda de Alemania en condiciones que no atenían ni al honor ni a la independencia de nuestro país. Esta ayuda representa, actualmente, la única posibilidad de organizar la lucha

---

[611] P. A. Cousteau: *"Les lois de l'Hospitalité"*, pág. 145-146.

armada contra la camarilla staliniana. ¡Oficiales y soldados del Ejército liberador! La sangre derramada en una lucha común sella la combatividad de todos los luchadores de las distintas nacionalidades. Perseguimos el mismo fin.... ¡Compatriotas! ¡Hermanos que os encontráis en Europa! Sumáis millones. Vuestro regreso a la patria con plenitud de derechos es tan sólo posible después de nuestra victoria. De vosotros depende el éxito de la lucha. Pensad que, por fin, trabajáis por la causa común".

Fue masiva la respuesta a este llamamiento. Un auténtico levantamiento popular se consumó contra el Bolchevismo y, hasta el último momento, estos rusos anticomunistas lucharon contra los soviéticos. Al final de la guerra, un millón doscientos mil combatientes rusos y casi un millón de civiles igualmente rusos, musulmanes procedentes del Asia Central sometida a la URSS y ucranianos, se entregaron a los angloamericanos. Unos doscientos mil croatas, por su parte, se dirigieron a Austria y se entregaron a los ingleses. También se entregaron a los ingleses los soldados cosacos que, a los ordenes de von Pannwitz, lucharon contra los soviéticos hasta el final de la guerra. Naturalmente, prefirieron entregarse a los británicos, cuyo General en Jefe, Montgomery, les prometió que serían tratados como combatientes regulares, y de acuerdo con las leyes de la guerra.

La realidad, empero, fue muy otra. Por encima de las promesas de Montgomery y de los mandos políticos y militares occidentales, estaba el Plan Morgenthau, por el que, entre otras cosas, se había decidido entregar a los soviéticos el mayor número posible de anticomunistas. Así se concibió la *Operation Keelhaul*[612]. De acuerdo con su programa, los mandos militares Aliados debían aceptar la rendición de todas las unidades específicamente anticomunistas, aún cuando debieran prometer que los que se rindieran serían tratados como prisioneros de guerra y respetados como tales, y nunca serian entregados alos soviéticos. Debe tenerse muy presente que en el frente del Este lucharon, única y exclusivamente contra el Comunismo, soldados procedentes de todos los países del área racial blanca, voluntarios alistados en la SS, ya ex prisioneros occidentales, ya procedentes de países neutrales. Así hubo una legión de San Jorge, formada con ingleses y

---

[612] "Keelhaul", en inglés, significa "castigar a un cordero atándole una cuerda al rabo y arrastrándole de un lado a otro; bárbara costumbre imperante en el Medio y Lejano Oeste Americano". (Enciclopedia Chambers del Siglo XX). (N. del A.)

norteamericanos; una Brigada Carlomagno, de franceses; una división flamenca y otra valona; y unidades croatas, eslovenas, estonianas, letonas, polacas, noruegas, danesas, holandesas; incluso españolas y portuguesas. Hubo, como hemos dicho, representantes de todos los pueblos de Rusia: ucranianos y georgianos; bielorrusos, cosacos, tártaros de Crimea y azerbayanos; hubo un batallón armenio y *rara avis* musulmanes blancos de la India. Muchos de los supervivientes de estas unidades lograron huir y cobijarse bajo cielos más clementes, mientras otros fueron condenados a prisión o a trabajos forzados al llegar a sus respectivas patrias liberadas[613]. Pero la gran mayoría fueron entregados a los soviéticos, de acuerdo con los términos de la abyecta "Operación Kelhaul".

He aquí algunos párrafos de un artículo publicado en la mundialmente conocida "Selecciones del Reader's Digest", a la que ni con la más fantasiosa imaginación podrá tildarse de antidemocrática o de antiamericana:

"Al finalizar la contienda, los aliados occidentales forzaron al regreso a su país de unos dos millones de rusos que habían sido capturados por el ejército alemán o se habían evadido de la URSS en el curso de la guerra. Lo que ocurrió a aquellos desventurados constituye uno de los episodios más horripilantes de la más sangrienta guerra de la historia. Millares de rusos decidieron quitarse la vida antes que regresar a su patria. Enormes contingentes fueron transportados por la fuerza a territorio dominado por los rusos. Elevado número de aquellos prisioneros devueltos fueron ejecutados inmediatamente por los miembros de la MVD (la policía secreta rusa). Otros fueron enviados a Moscú para ser sometidos a juicio en masa y luego ejecutados. Se ha sabido que un general ruso que había caído prisionero fue decapitado y que su cabeza se ex- puso como un trofeo en Moscú. La mayoría de los prisioneros restantes fueron despachados a los campos de trabajos forzados de Siberia y apenas ha vuelto a saberse de ellos.

"Al terminar la II Guerra Mundial, los Aliados occidentales descubrieron que más de dos millones de rusos, ex-prisioneros de los alemanes, luchaban al lado de la

---

[613] Naturalmente, los luchadores anticomunistas españoles y portugueses fueron dejados en paz. Pero a los suizos, por ejemplo, se les aplico un tratamiento muy dispar al regresar -o intentarlo- a sus hogares. Como no hubo una unidad SS específicamente Suiza, los suizos fueron encuadrados, según su procedencia étnica, en unidades francesas, alemanas o italianas. De manera que unos trescientos ciudadanos helvéticos fueron entregados, ilegalmente, por las autoridades suizas a Francia, Inglaterra y a los nuevos gobiernos democráticos de Italia y Alemania Occidental (N del A.).

Wehrmacht contra las tropas soviéticas. Las fuerzas alemanas tenían con ellas a todo un ejército ruso a las ordenes del general Andrei Wlassow. Centenares de miles de prisioneros fugitivos fueron acorralados. Casi todos se mostraron abiertamente opuestos a ser enviados a Rusia. La suerte de estos rusos liberados quedó, sin embargo, decidida por una orden del Mando Supremo Aliado, emitida poco después de la Conferencia de Yalta y en la cual se disponía que todos los rusos liberados fuesen transferidos a las autoridades soviéticas lo antes posible".

La repatriación forzada en gran escala comenzó en Mayo de 1945.

➢ Centenares de miles de rusos intentaron eludir el forzoso retorno a su patria y decenas de millares se suicidaron cuando iba a llevarse a efecto. Cuando iban camino de Austria para ser repatriados, casi mil rusos se arrojaron desde las ventanillas de los trenes al cruzar un puente del ferrocarril alpino sobre un profundo desfiladero cercano a la frontera austríaca. Todos murieron. En la ciudad austríaca de Linz hubo otra oleada de suicidios y fueron muchos los que perecieron ahogados en el río.

➢ Siguieron otras siete repatriaciones en masa desde Alemania. En todas ellas hubo intentos colectivos de suicidio. Los ahorcados eran los más numerosos. Cuando llegaban las autoridades rusas que debían hacerse cargo de los repatriados forzados, era frecuente que éstos irrumpiesen en las iglesias hasta rebosar la capacidad de los templos. Testigos norteamericanos cuentan que las autoridades soviéticas sacaban invariablemente a los rusos liberados arrastrándolos hasta la calle y luego los apaleaban antes de hacinarlos en los vehículos de transporte.

➢ Otros ex-prisioneros rusos fueron llevados a Inglaterra y cargados como ganado en embarcaciones con destino a Odessa, en Rusia. Hubo otra oleada de suicidios. En una ocasión se emplearon tres días en sacar del barco a los rusos y hubo que arrastrarlos desde los escondrijos donde se habían refugiado en la bodega.

➢ Algunos de los rusos liberados pocos días después del Día-D (desembarco en Normandia) fueron llevados a los Estados Unidos e internados en campamentos del Estado de Idaho[614]. Pocos de ellos querían ser repatriados, pero

---

[614] Esos "campamentos" eran, simplemente, campos de concentración, eufemismos aparte. (N. del A.)

no tardaron en verse a bordo de buques rusos en la costa norteamericana del Pacifico; a esos hombres hubo que sacarlos de sus casetas con gases lacrimógenos para poder embarcarlos".[615] En el mismo artículo se refiere que, hasta el verano de 1947, todos los desertores del Ejército Rojo eran entregados por los occidentales a los soviéticos, a sabiendas de que a los pocos días iban a ser fusilados por éstos. En última instancia, los responsables de estas ordenes inicuas fueron el Presidente Truman, el Primer Ministro Attlee y el General De Gaulle.

Hay que tener en cuenta que los rusos forzosamente devueltos a la URSS se englobaban en tres categorías de personas:

x) Voluntarios antisoviéticos alistados en las SS, procedentes de la Zona de Rusia y Ucrania ocupada por la Wehrmacht.

y) Voluntarios antisoviéticos alistados en las SS, procedentes de los campos de concentración para prisioneros, y de origen étnico ruso, ucraniano, o de cualquiera otra de las regiones blancas de la URSS.

z) Voluntarios antisoviéticos que actuaban como auxiliares de la Wehrmacht, y especialmente en los Servicios de Intendencia, procedentes de las regiones no étnicamente blancas de la URSS.

aa) Unos 150.000 rusos " blancos ", que habían salido de Rusia durante la revolución de 1917, refugiándose en Europa. La mayor parte de esos individuos eran apátridas o bien habían tomado nacionalidades de países occidentales, sobre todo Francia; apoyando de diversas maneras la acción anticomunista de Alemania.

bb) Las familias de los individuos englobados en los apartados a), b) y c). En total, algo más de dos millones de personas cuya suerte fue, en el mejor de los casos, la deportación a Siberia, hasta morir de frío o de inanición. Y en el caso más corriente de los combatientes que depusieron las armas fiándose de las promesas de los demócratas occidentales, el pelotón de ejecución, amenizado con torturas y humillaciones previas en determinados casos. El caso de otros europeos entregados por los occidentales a los comunistas para ser ejecutados no es, numéricamente, tan importante como el de los rusos, pero, tal vez, es aún más inhumano. El caso de los croatas, sobre todo, es dantesco. 37 generales, 167 oficiales, cerca de 5.000

---

[615] "Selecciones del Reader´s Digest", Octubre de 1952.

suboficiales y unos 200.00 soldados croatas, acompañados de una masa de civiles igualmente croatas que huían del Paraíso de la Yugoeslavia de Tito, se habían concentrado en el Valle del Drava, en Carintia y Tirol Meridional, poniéndose bajo la protección de los ingleses. El Alto Mando Británico les dijo que podrían elegir entre regresar a su país, emigrar a otros países que quisieran admitirlos, o permanecer en Alemania o Austria, como refugiados. Pero, de acuerdo con el programa del Plan Keelhaul se decidió la entrega en masa de los croatas y sus familias el 23 de Mayo de 1945. Fue encargado de la poco gloriosa ejecución el Comandante de la 11a. División Acorazada Británica. Los mandos croatas fueron invitados a presentarse en el Cuartel General inglés, en Spittal-Lienz, bajo el pretexto de sostener una conferencia sobre la organización de la intendencia de los croatas y la traslación de la masa de refugiados croatas a campos de albergue británicos. Creyendo en las promesas que se les habían hecho solemnemente, de que nunca serian entregados a los comunistas, los oficiales y mandos croatas respondieron dócilmente a la invitación inglesa, pero una vez llegados allí fueron inmediatamente detenidos y entregados a los emisarios yugoeslavos, que ya les estaban esperando. Todos estos generales, oficiales y mandos civiles croatas fueron ejecutados, sobre el terreno, por los comunistas, en zona británica de Austria, y sin tomarse la molestia de ocultarlo. A la entrega de los mandos croatas siguió la de los soldados y no menos de 35.000 mujeres, niños y demás civiles. En el colmo de la desesperación los croatas enviaron telegramas a todas partes: a Truman, a Eisenhower, a Montgomery, a Churchill, a Attlee y al Papa, Pió XII. Pero todo fue inútil. Nadie les hizo el menor caso.

En los inmensos campos donde habían sido amontonados millares de sol-dados, mujeres, niños y ancianos croatas se extendió el terror. Los terroristas no eran, por esta vez, los sicarios de la policía militar soviética, sino los de Su Majestad Británica. Las escenas que se produjeron fueron espantosas. Hombres que se abrían las venas; madres que ahogaban a sus hijos o los arrojaban al rio Drava; escenas increíbles de soldados croatas atacando desarmados a los tanques británicos, que abrieron fuego causando la muerte de millares de inocentes que se oponían a ser enviados a los campos de tortura de Tito. Este macabro espectáculo duró días enteros. Croatas abatidos como perros rabiósos por las balas británicas cuando intentaban huir, mientras muchos otros se suicidaban para escapar a su suerte.

Escenas semejantes se registraron en los demás campos de concentración donde se encontraban los croatas, en Mann- heim, Dachau, Deggendorff, Platting, etc.

A los croatas que no se suicidaron les esperaba una suerte horrible al llegar a Yugoeslavia. Los más significados de entre ellos fueron inmediatamente ejecutados. Los demás, sin distinción de sexo ni edad, fueron destinados a los trabajos forzados de por vida. Según el escritor francés Fabrice Laroche, el número de croatas asesinados por los sicarios de Tito en Mayo y Junio de 1945 llegó a los 280.000[616]. Se sometió un memorándum a la Cruz Roja Internacional quien, a su vez, lo remitió a Tito. Este no se dignó responder siquiera.

Particularmente dramático fue, también, el caso de los cosacos de Von Pannwitz, oficial alemán que mandaba aquellos legendarios escuadrones de caballería en el frente del Este. El General inglés Davis, a quien se rindieron personalmente, les dio su palabra de caballero de que, en ningún caso, serían entregados a los rusos. Luego, a punta de bayoneta, fueron, efectivamente, entregados a los rusos. Antes de ser entregados trescientos jefes y oficiales prefirieron suicidarse. No así el General von Pannwitz que, el 27 de Enero de 1947 fue ejecutado juntamente con los principales jefes de los cosacos: el atamán Domanov y los generales Krasnov y Klytsch. Si contra estos tres últimos los soviéticos fulminaron el anatema de la "traición a la patria soviética", no podían, evidentemente, acusar de lo mismo a von Pannwitz. No se sabe, con exactitud, cuál fue el pretexto esgrimido para ejecutar al legendario general, En todo caso, la muerte de von Pannwitz puso fin a las ejecuciones de jefes de unidades rusas antisoviéticas. Todos los demás ya habían muerto.

LA LIBERACIÓN DE EUROPA

Roosevelt y Churchill, haciendo caso omiso de que Alemania tenia, en Europa, como compañeros de armas a Rumania, Bulgaria, Hungría, Finlandia, Croacia y Eslovaquia, sin contar a Italia que cambió de bando -por lo menos la mayor parte de ella- en 1943, pretendieron que los Aliados hacían la guerra por la liberación de Europa. Eisenhower llegó a bautizar la campaña en nuestro Continente como una

---

[616] Fabrico Laroche: "*Traitement des Prisonniers de guerre et des troupes désarmées*" Pg. 89.

"Cruzada en Europa", y tal fue el título que dio a un libro de memorias bélicas que sobre tal tema publicó unos años más tarde. En cambio, una figura política del calibre de Sir Anthony Eden, manifestó al respecto: "Desde Noruega hasta los Alpes Marítimos, los Aliados han emprendido la más formidable caza del hombre de la Historia". Y esto fue la liberación de Europa, tras la Cruzada: una auténtica cacería humana.

Vamos a estudiar, muy someramente, los rasgos principales de esa liberación al "estallar la paz", el 8 de Mayo de 1945. Empezaremos por Francia, oficialmente uno de los "Cinco Grandes", teóricamente vencedor en la guerra, cuyo territorio liberaron los ejércitos norteamericanos y los multinacionales y multicolores ejércitos británicos. A esa tarea ayudaron (?) las llamadas F.F.I. (Fuerzas Francesas del Interior), cuya contribución militar, según testimonio ya citado de Eisenhower, fue prácticamente nulo. Ahora bien, cuando se ilustraron los valientes *maquis* de las F.F.I. fue cuando el último soldado alemán hubo emprendido la retirada. Dejemos hablar a los propios franceses:

> ➢ Existe un campo de detenidos sobre el cual se ha procurado guardar silencio, en nuestra patria. El campo de Estivaux. El día siguiente a la Liberación, un campo fue creado en las cercanías de Saint-Rémy-sur-Durolle, en el Departamento del Puy-de-Dome, para guardar en él a todos aquellos -y aquellas- que, con razón o sin ella, eran sospechosos de colaboracionismo con los alemanes. Hubo pronto en Estivaux varios centenares de detenidos, arrestados, ilegalmente y en la mayoría de casos sin motivo preciso ni válido. Vigilados por energúmenos armados hasta los dientes con granadas y ametralladoras, los detenidos no tardarían en enterarse de que, en el capítulo de las ignominias, ciertos franceses no tenían nada que aprender de los torturadores de la G.P.U. o de la Gestapo.

> ➢ Fueron, en primer lugar, las mujeres, las que sirvieron de diversión a los siniestros guardianes. Tras haber sufrido todos los ultrajes infligidos por los brutos que las custodiaban, las desgraciadas fueron sometidas a abominables torturas. Una de ellas, originaria de Saint-Rémy-sur-Durolle, después de haber sido mutilada, fue ejecutada de la siguiente manera: arrastrada hasta el medio del campo, fue hinchada con aire comprimido hasta que, al estallarle los intestinos, murió en medio de atroces sufrimientos. No fue, ¡ay!, la única víctima de los innobles verdugos que,

encontrando el "juego" divertido, reincidieron sobre varias mujeres mas. "Pero los verdugos no se contentaban con asesinar a sus víctimas: a veces llevaban el sadismo hasta a convidarles a participar en diversiones preliminares tales como ésta: Media docena de pobres diablos, más muertos que vivos, eran arrastrados hasta el interior de un circulo formado por sus carceleros é invitados, a punta de bayoneta, a cavar rápidamente su tumba. Cuando el agujero se consideraba suficientemente profundo, una víctima designada por sorteo era precipitada en su interior y la horda aloquecida la pisoteaba, danzando y vociferando durante horas. Cuando los carceleros se cansaban del espectáculo, la victima era enterrada allí mismo por sus compañeros"[617].

➢ Unas dos mil mujeres acusadas de colaboracionismo fueron paseadas desnudas por las calles principales de París, el día de la Liberación. Algunas fueron violadas y todas apaleadas. Era corriente que les cortaran los pelos del pubis. Hubo verdaderas abominaciones"[618].

No queremos extendernos más sobre las ignominias cometidas ni relatar sádicas escenas, impropias de las bestias.

Marcel Willard, miembro del Partido Comunista Francés, a quien el General De Gaulle había nombrado Ministro de Justicia, declaró, en una interviú, en 1944:

➢ De ahora en adelante, el signo de la Justicia ya no será una balanza, sino una ametralladora". Este camarada-Ministro nombró a un abogado miembro del Partido, Midol, adjunto del Fiscal General de la República, con la consigna de aguijonear el rigor de aquél. El resultado de esta nueva concepción de la Justicia es conocido, a pesar de la conspiración del silencio que los grandes medios de comunicación intentaron imponer. Según el Ministro del Interior de la República Francesa, Adtien Tixier[619], en Francia metropolitana se produjeron, entre la liberación y Febrero de 1945, unas 105.000 ejecuciones sumarias de colaboracionistas. Esta cifra no incluye más que ciudadanos franceses lapidados. El número de soldados alemanes prisioneros, sumariamente ejecutados, más los

---

[617] "*Paroles Francaises*", Paris, 27-III-1947.

[618] Robert Aton (escritor Judío): "*Histoire de L'Épuration*".

[619] Diario de Sesiones de la Asamblea Nacional, 4-XI-1950.

soldados alemanes y los ciudadanos franceses condenados a muerte por "crímenes de guerra" o por "inteligencia con el enemigo" no ha podido ser establecido, aunque se sabe que, solamente en la Provenza, más de 50.000 soldados alemanes y "traidores" franceses fueron masacrados sin juicio por los *maquisards*[620]. El escritor francés Jean Paulhan y el periodista americano Donald Robinson encuentran esta cifra muy prudente[621]. Robinson cree que, en Provenza, la realidad debe hacercarse más a los setenta mil que a los cincuenta mil, y en toda Francia debe andar cerca del doble de esa cantidad. He aquí cómo se expresa el popular periodista yanki:

"Desde Toulouse hasta Niza se desencadenó un verdadero infierno del crimen y de la estupidez; la presencia de las tropas americanas frenó algo el desbordamiento de las pasiones. Hubo, incluso, muchos americanos entre las víctimas; en numerosas ocasiones nuestros soldados fueron apaleados a muerte por muchedumbres histéricas, instigadas y atizadas por elementos del Partido Comunista Francés. Perdimos, así, varios centenares de hombres"[622]. Un escritor inglés, Frank McMillan escribió a este respecto: "El Jefe de la División Histórica del Ejército Americano dijo que el número de combatientes miembros de unidades paramilitares, como la Milicia del Régimen de Vichy que fueron sumariamente ejecutadas en la zona mediterránea francesa, entre Junio de 1944 y Febrero de 1945, oscila alrededor de 50.000. Luego, las matanzas prosiguieron, pero a ritmo más lento"[623].

Queremos llamar la atención del lector sobre un punto generalmente olvidado. La lucha armada entre los ejércitos alemán y francés duró, oficialmente, unos diez meses; en la práctica, cuarenta días, entre Mayo y Junio de 1940. Los datos oficiales de muertos franceses a consecuencia de la guerra dan la cifra, exacta, de 318.671 [624]. Pues bien, tomando la consideración los 105.001 ejecutados sumariamente por los liberadores; mis los 50.000 linchados en Provenza (tomando los datos más bajos), más los linchados en el resto de Francia (cifra desconocida, pero seguramente no inferior a la de la región de la Provenza), más los franceses

---

[620] Sisley Huddleston: "*France: the Tragic Years*".
[621] Donald Robinson: "*The American Mercury*", Abril 1946.
[622] Donald Robinson: Ibid. Id. Op. Cit.
[623] Frank McMillan: "*The Tablet*". 7-I-1950.
[624] Encyclopédie Larousse.

víctimas de los raids terroristas de la aviación aliada (unos 8.000) más los franceses muertos, de uno y otro bando en las luchas fratricidas entre gaullistas y petainistas en Siria, el Líbano, Madagascar, Túnez, Argelia y el África Ecuatorial, se deduce que, de los muertos en la guerra, de nacionalidad francesa, dos terceras partes, aproximadamente, fueron muertos por otros franceses y, eventualmente, por sus aliados occidentales. De cada tres franceses que murieron en la guerra, dos fueron enviados *ad patres* por otros franceses. Naturalmente, se echará la culpa a Hitler. Es lo cómodo.

Jean Paulhan, escritor francés de primera fila, escribió una célebre "Carta a los directores de la Resistencia", en la que, entre otras cosas, decía:

" ...No hay crimen que no hayáis perpetrado. No hay infamia que no hayáis cometido. No hay villanía a la que no os hayáis rebajado. Habéis cometido, al ciento por uno, todas las felonías de que habéis acusado a un enemigo que, cuando lo teníais cerca, os inspiraba un santo pavor. Me repugnáis. Me dais náuseas. Sois innobles. Lo único que lamentaré siempre es haber estado a vuestro lado"[625].

No es de extrañar que, a la vista de cómo los franceses trataban a otros franceses, su comportamiento para con los prisioneros alemanes fuese, si cabe, peor. Hubo de todo. Desde el fusilamiento colectivo de prisioneros alemanes en Annecy[626] hasta las torturas a soldados en Foix, pasando por la matanza de prisioneros de guerra heridos en Evian. No hay datos concretos acerca del número de prisioneros alemanes masacrados por los *maquis*, pero Freda Utley, escritora norteamericana que se ha ocupado documentadamente del asunto, cree que, como mínimo, la cifra debe rondar los diez mil[627].

Citaremos, a título de ejemplo, dos casos entre los muchísimos homologados:

"En Foix (Ariège) el 20 de Agosto de 1944, 57 soldados alemanes que no obedecieron las ordenes recibidas de su Alto Mando de unirse a las columnas de la Wehrmacht que se dirigían hacia el Este, quisieron, no obstante, salvar el honor y no

---

[625] Tras escribir su "*Lettre aux Directeurs de la Resistence*", Jean Paulhan dimitió como miembro del "Consejo Nacional de Escritores". (N. del A.) Véas. <http://aaargh-international.org/fran/livres3/Paulhan.pdf>

[626] "Nuremberg II". Maurice Bardèche, Omnia Veritas Ltd.

[627] Freda Utley: "*The Resistance*".

rendirse a las F.F.I. sin, antes, llevar a cabo un simulacro de resistencia. Se atrincheraron dentro del liceo pero, sin disparar un sólo tiro, se rindieron al recibir la primera invitación a deponer las armas. No era, ciertamente, un acto glorioso que añadir al historial de la Wehrmacht, pero, al fin y al cabo, eran viejos guardias territoriales, que no tenían nada de común con la SS ni con la Gestapo, que estaban hartos de la guerra y que preferían constituirse prisioneros antes de combatir. Sin mediar siquiera un simulacro de interrogatorio, fueron amontonados dentro de dos camiones, llevados a una cantera a dos kilómetros de Foix y fusilados en masa. El único oficial que se encontraba entre ellos fue paseado por toda la dudad, recibió centenares de puntapiés y escupitajos por una gloriosa población, al fin liberada, y fué finalmente colgado de un árbol en la Avenida de la Vilotte, ante el Ayuntamiento. Toda la ciudad de Foix puede testimoniar que ésto es cierto"[628].

"Yo era oficial-Jefe de los servicios de transmisiones de la Sección 446. Durante la retirada de Francia mi unidad fué entregada al mando del Coronel Krappman, en Chantillón- sur-Seine. La unidad se rindió a los americanos, al hallarse cercada y sin municiones, y fué entregada por éstos a los grupos de la Resistencia en el propio Chantillón el 10 de Septiembre de 1944 y provicionalmente internada en un campo de prisioneros montado junto al aeródromo de Chantillón. El jefe de los grupos de *maquisards* era un tal Barras, o Barrès, que era un cervecero de Chantillón, comunista, que se daba a si mismo el título de Coronel. El 18 de Septiembre, a ordenes de ese "Coronel" y en su presencia, el Coronel Krappman, que se hallaba gravemente herido, dos capitanes, un teniente, un sub-teniente, un suboficial de Estado Mayor, un sargento, un cabo y unos cincuenta soldados, fueron sacados del campo bajo pretexto de llevarlos a un batallón disciplinario. Dos semanas más tarde, supe que unos cincuenta y cinco o sesenta alemanes habían sido fusilados en las cerca nías de Chantillón". (Informe del suboficial de la Wehrmacht Rudolph Krachner, recogido por F. J. P. Veale, historiador inglés).

El testimonio del alemán Krachner lo hubiéramos pasado por alto, fieles a la norma de esta obra, que sólo toma en cuenta los testimonios de parte contraria. Pero hemos decidido mencionarlo por haber sido corroborado por el prestigioso historiador británico citado[629] que dedicó al caso una investigación exhaustiva. Se ha hablado mucho de los *maquisards* franceses. Creemos que demasiado. Ya

---

[628] *"Paroles Françaises"*. Paris, 25-III-1947.

[629] F.J.P. Veale: *"Advance to Barbarism"*.

hemos hablado, en otro lugar de este libro, de su utilidad puramente "política", al contribuir a envenenar el ambiente y dificultar la colaboración franco- alemana. En cuanto a su valor militar, Ch. Liddel-Hart, inglés, y autoridad mundial en el campo de la crónica militar, la describe con una sola palabra: "nuisance", palabra inglesa que podríamos traducir, aproximadamente, por "una lata". Pero, ¡atención!, una lata para los angloame-ricanos. Por razones políticas, el General De Gaulle era informado a priori de los planes militares de los occidentales en Francia; automáticamente las F.F.I. dinamitaban un puente que los angloamericanos pensaban ocupar por sorpresa y utilizarlo para hacer pasar sus tanques por el mismo, o desarrollaban una serie de movimientos sospechosos que ponían sobre aviso al mando alemán. "Hubo que optar por informar al iracundo De Gaulle a posteriori", dice Liddel-Hart[630].

Algunos espíritus "fuertes" han pretendido, por otra parte, justificar los torpes crímenes de la "Resistencia" basándose en que no eran más que una reacción humana ante los crímenes del ocupante alemán. A tal efecto se ha hablado, a todo trapo, de Onadour-sur-Glane. Sobre Onadour sólo se ha dicho la verdad a medias. He aquí TODA la verdad y nada más. A principios de Julio de 1944, la II División SS *Das Reich*, en su marcha desde el Sudoeste de Francia, donde estaba acantonada, hacia Normandia, sufrió varios atentados de la Resistencia, que, sin causar pérdidas a la unidad, ciertamente la incordiaban. Pero un buen día el comandante Kempfe y cinco soldados, que se habían rezagado en un pueblecito, llamado Oradour, según parece para comprar unas vituallas, fueron apresados por el *maquis*. La unidad regresó a: Oradour y, tras ímproba búsqueda, halló los cadáveres de los seis hombres: les habían vaciado las cuencas de los ojos; habían sido mutilados y Kempfe tenía los testículos cortados, introducidos dentro de la boca. El comandante de la unidad -una compañía- ordenó que se apartara a las mujeres y a los niños y que los hombres fueran encerrados en unas granjas. El comandante ordenó luego a sus hombres, amenazándoles con la pistola, que dispararan sus armas automáticas y lanzaran granadas de mano sobre los hombres encerrados. Según unas versiones perecieron 642 personas. Según otras, perecieron unos 1250. El Comandante en Jefe de la División SS *Das Reich* castigó a la unidad que llevó a

---

[630] Ch. Liddell-Hart: "*Memorias de un cronista militar*".

cabo la matanza ordenada por su jefe, a expiar el crimen en el campo de batalla. El Jefe fue fusilado. En cuanto a su unidad, estuvo en primera línea hasta el final de la guerra.

Hay que tener presente que, según se demostró luego, por los propios franceses, el pueblo de Oradour era varias veces reincidente en el apoyo a las actividades de los *maquisards*. Y es que, en ningún caso, un ejército de ocupación puede, impunemente, permitir ser apuñalados por la espalda por tropas irregulares. Por tal motivo el artículo 358 del Código de Justicia Norteamericano tiene prevista la ejecución de rehenes como represalia contra los ataques de guerrilleros. Su cuota es de 200 rehenes por cada militar asesinado. En los artículos 453 y 454 del mismo código para el Ejército Británico, se prevé la ejecución de 20 rehenes por cada soldado inglés. La cuota de los franceses era de 25 a 1, mientras que la cuota alemana era, sólo, de 10 a 1. Por tal motivo, por haber rebasado tan ampliamente el cupo reglamentario fue fusilado por los propios alemanes el comandante que ordenó la masacre de Oradour y castigados los hombres del pelotón de ejecución[631].

Creemos, además, que debe hacerse hincapié en el hecho de que no hay constancia de que ningún tribunal, civil o militar, de ninguno de los países Aliados, condenará a un sólo criminal de guerra de los homologados como "buenos" por la hagiografía de los vencedores. Si la hay, como en el caso de Oradour de tribunales alemanes dictando penas contra crímenes y abusos cometidos por individuos aislados de la Wehrmacht o de las SS[632]. Otro sí. Ningún ejército de ocupación, en ninguna época y en ningún lugar de este Planeta, ha permitido nunca que le apuñalaran por la espalda los guerrilleros. Los Aliados fueron los primeros que pusieron en práctica esta ley -escrita o no en los códigos militares- al llegar a Alemania. El Mariscal Montgomery anuncio, nada más pisar suelo alemán, que por cada soldado inglés que fuera muerto por paisanos no uniformados, serían fusilados 100 rehenes, lo cual constituía una flagrante violación de las leyes militares inglesas que, como hemos dicho, autorizaban solamente el fusilamiento máximo de veinte

---

[631] Sólo ocho componentes de la unidad que llevó a cabo la matanza de Oradour fueron localizados por los franceses al final de la guerra, y condenados. Cuatro de ellos resultaron ser loreneses. (N. del A).

[632] El escritor francés Saint-Loup cuenta en "*Les Hérétiques*" que dos miembros de la VII División SS "Charlemagne" fueron condenados a muerte por haber violado a una chica, pese a que los dos acusados afirmaron que su "partenaire" había consentido. (N. del A).

rehenes por cada soldado inglés victima de tropas irregulares.

Los franceses, por su parte, dieron una muestra de su manera de entender la sumisión de la población civil en Sttugart-Sillenbruch, el 28 de Octubre de 1948, tres largos años después de terminada la contienda. Aquél día un soldado de las tropas de Ocupación francesas -un argelino borracho que molestaba a una mujer alemana- fue muerto de un botellazo en la cabeza por un alemán que resultó ser el esposo de la mujer. Los "responsables", como rezaba el comunicado oficial francés fueron pasados por las armas. Seis alemanes fusilados, incluido el ma- rido de la mujer ofendida. Se impuso a la ciudad una multa colectiva de 200000 de Marcos y se dispuso el toque de queda, desde las seis de la tarde hasta la nueve de la mañana, durante tres meses[633]. No queremos cerrar el penoso *dossier* de la liberación de Francia sin hacer mención de los procesos políticos contra los miembros de los gabinetes del Gobierno de Vichy. Recordemos que ese gobierno había sido reconocido por todos los del mundo, con la única excepción de la Gran Bretaña, que había inventado, promocionado y protegido el mito De Gaulle. Incluso los Estados Unidos y la URSS habían reconocido al gobierno de Vichy. Pues bien el nuevo gobierno provisional del General De Gaulle, instalado a remolque de los tanques angloamericanos, decretó la ilegalidad del gobierno de Vichy y todos los políticos y funcionarios de cierta categoría que habían servido bajo aquél régimen fueron juzgados por tribunales políticos y, con monótona regularidad, condenados. El Jefe del Estado, el Mariscal Pétain, el héroe de Verdún en la I Guerra Mundial, fué condenado a muerte por traición, pero De Gaulle le conmutó la pena por la prisión perpetua, que cumplió hasta su muerte, a los 95 años de edad. Philippe Laval, Jefe del Gobierno Pétain, fue judicialmente linchado. El Juez le interrumpía continuamente. Los jurados le llamaban *cochon* (cerdo). Naturalmente, fue condenado a muerte. El General De Gaulle rehusó la petición de gracia presentada por su abogado. Misteriosamente enterado de la negativa de De Gaulle, Laval se envenenó en su celda. Los guardianes que fueron a buscarle para conducirle ante el pelotón de ejecución le encontraron agonizante. Pero la "Justicia" no quiso dejarse escapar esa presa. Reanimado a medias con un lavado de estómago, Laval, medio muerto, fue fusilado sentado en una silla.

---

[633] Maurice Bardèche: "*Crimes de guerre des Alliés*".

***

La Liberación no produjo en Bélgica un número relativamente comparable de víctimas como las que causó en Francia; al menos, en lo que a muertes se refiere. Pero en lo referente a sanciones y multas Bélgica quedó colocada en un buen lugar entre los depuradores. Se creó la figura Jurídica del "incívico") que representaba todo aquél que hubiera sido pro-alemán, o partidario de la amistad con Alemania, o, simplemente, anticomunista. Una ley especial, llamada "123 *sexies*", aprobada después de la Liberación, prohibía a los incívicos toda responsabilidad social especialmente, les estaba prohibido a los incívicos ejercer los empleos y profesiones siguientes: administrador de sociedad, abogado, periodista, médico, actor de teatro y de cine, locutor de radio, profesor, escritor, conferenciante, director de teatro y de cine, e incluso... tramoyista y apuntador[634]. El 19 de Enero de 1945, el Auditor Militar de Bruselas ponía en conocimiento de la población que quien quiera que ayudara a los incívicos podía ser condenado a una pena que oscilaba entre los quince y los veinte años de prisión. En Mayo de aquél mismo año, el Colegio de Abogados de Brujas hacía saber que sus miembros como consecuencia de las amenazas que recibían de parte de los extremistas, socialistas y comunistas, que hacían la ley en Bélgica, debían renunciar a defender a los incívicos. El Estado belga llego a ordenar la detención de veintiocho mil jefes de empresa - casi toda la patronal belga - por "colaboración económica" con Alemania. En Bélgica, en suma, se asesinaron unas quince mil personas[635], se declararon incívicas otras 231.000 y unas setenta mil fueron encarceladas. También se abrieron 75.391 *dossiers* por colaboracionismo económico[636].

Particularmente odiosa fue la represión contra los muchos miles de voluntarios belgas - flamencos y valones - que lucharon en Rusia contra el Bolchevismo. A finales de Mayo de 1945, regresaron unos tres mil trabajadores belgas que, voluntariamente, como obreros asalariados, habían ido a trabajar para los alemanes. Regresaron en un buque belga, que los había ido a buscar a Odesa, en Ucrania. Esos trabajadores creían regresar del exilio. Pero no tuvie- ron tiempo de descender.

---

[634] Paul Sérant: "*El destino de los Vencidos*", pág. 136.

[635] Es la cifra mínima, que nos ha dado Robert Poulet. (N. del A.)

[636] Paul Serant: Ibid. Id. Op. Cit. pág. 134.

"La muchedumbre, en Ostende, se apoderó de ellos. Les arrojó al agua. Nadaron hacia la orilla. La muchedumbre les rechazó. Se ahogaron todos. Se hizo justicia contra aquellos incívicos"[637]. En cuanto a los que, con las armas en la mano se opusieron al Comunismo, se les consideró traidores a Bélgica.

León Degrelle, Jefe del movimiento Rex, que luchó contra los comunistas en Rusia, logró llegar a España en los primeros días de Abril de 1945. Pese a las repetidas demandas de extradición de la Justicia Belga, el gobierno español se negó a autorizar su extradición. Degrelle había sido condenado a muerte "in absentia" a finales de 1944 por un tribunal político belga. La condena se basaba únicamente en un "delito de opinión", por su calidad de Jefe del "Rex" y por haber sido voluntario en el frente del Este. El proceso fué grotescamente odioso. Degrelle siempre se mostró dispuesto a regresar a su patria, inmediatamente, si se le daba la garantía de poder defenderse con libertad, de tener un juicio regular, equitativo e imparcial, y, especialmente, si los debates eran ampliamente difundidos. No debía sentirse muy segura de su causa la Justicia belga cuando no aceptó tal ofrecimiento. Degrelle permaneció, pues en España[638]. Pero la Justicia tiene brazos muy largos. No pudo alcanzar a Degrelle, pero sus ancianos padres que jamás habían intervenido en política, fueron encarcelados, por el delito de ser sus padres. Por esa nueva forma de delito de parentesco fue a la cárcel uno de sus cuñados y sus hermanas, su esposa y hasta su hija, de nueve meses de edad. Finalmente, su hermano fue asesinado por los libertadores.

* * *

El gobierno holandés en el exilio fue el único gobierno de Europa Occidental que no sólo no fomentó la caza de los llamados colaboracionistas sino que incluso cursó órdenes para que no se produjeran ejecuciones sumarias.

Por tal motivo, la represión en Holanda no tuvo el carácter dramático que tuvo, por ejemplo, en Francia o en Italia. Hubo, no obstante, algunas exepciones sumarias en Holanda, pero parecen haber sido menores en número que, por ejemplo, en

---

[637] "*Le Monde*", Paris, 25-V-1945.

[638] En 1960. un comando judío intentó raptar a Degrelle y llevárselo de España hasta Israel, pero la intentona fracasó. (N. del A.)

Bélgica. En cambio, hubo una desproporcionada cantidad de detenciones; entre 150.000 y 200.000 personas internadas, cantidad evidentemente considerable para un país de unos diez millones de habitantes.[639]

Estas detenciones, efectuadas en las primeras semanas por los militantes de la Resistencia -dominada, como en Francia e Italia- por los comunistas pasaron a depender en seguida de la autoridad militar. Por decisión de la propia Reina Guillermina, se liberaron muchas personas contra las cuales no podía levantarse ningún cargo. Pero todos los demás fueron mantenidos en prisión. En Octubre de 1945, había, aún, oficialmente en las cárceles, 96.044 presos políticos[640], entre los cuales había cerca de 24.000 mujeres. Esta última cifra podrá sorprender, pero debe tenerse en cuenta que además de las militantes políticas, había en los campos de Internamiento mujeres a las cuales se les reprochaba haber tenido relaciones con alemanes o, simplemente, haber bailado con ellos. Como las posibilidades penitenciarias de los Países Bajos eran insuficientes para acoger a esa masa de detenidos, hubo que organizar campos de concentración en los que, dado el estado general del país las condiciones de vida no podían ser sino lamentables. Los arrestos masivos crearon situaciones realmente trágicas: hubo 20.000 niños privados provisionalmente de sus padres, y si bien se encontró albergue provisional para la mitad de ellos, la otra mitad debió ser internada en campos de detención.

Para llevar a cabo la depuración, el gobierno holandés exilado en Londres debió modificar el Código Penal. La pena de muerte, que Holanda había -primer país en el mundo- abolido en 1873, fue restablecida. Hubo pues, en Holanda, como en otros sitios, aplicación de una ley retroactiva. Nada más injusto y arbitrario, nada más contrario al Derecho, que una ley retroactiva. Nada más paradójico -por no decir cínico- que unos campeones de la Justicia y el Derecho inventando a todas prisas una nueva legislación que les permitiera, con apariencias de respetabilidad y legalidad, castigar a sus enemigos políticos. Y fue precisamente en Holanda donde tos campeones de la Democracia "rizaron el rizo" del farisaísmo. Para empezar, se crearon dos nuevas figuras jurídicas: los "crímenes de guerra" y la "actitud desleal". El "crimen de guerra" cuadraba a los que habían ocupado cargos relevantes en la

---

[639] Paul Sérant: Ibid. Id. Op. Cit pág. 313.

[640] Henry L. Mason: "*The purge of Dutch Quisling-Emergency Justice in Netherlands.*"

Administración Pública durante la Ocupación, se habían alistado en la División SS "Netherland" que luchó contra el Bolchevismo en Rusia, o habían ido a trabajar a Alemania. La "actitud desleal" era algo extremadamente vago y equivalía, de hecho, a un verdadero "proceso de intenciones". Se consideraba culpables de actitud desleal a los acusados a los que no se les podía reprochar ningún "crimen" bien definido, sino únicamente unos hechos que demostraban, según los términos del decreto Real de 17 de septiembre de 1944, firmado por la Reina Guillermina en Londres "un estado de animo nacionalsocialista o fascista". Según el Profesor norteamericano, Henry L. Masón, los acusados fueron de este modo condenados a cárcel o a trabajos forzados en la Guayana Holandesa por los hechos siguientes:

a) Comida celebrada en común con los alemanes.

b) Lazos de amistad con los alemanes.

c) Permiso concedido a un hijo menor para entrar en una formación colaboracionista o de frecuentar a los alemanes.

d) Saludo brazo en alto hecho en público.

e) Correspondencia privada terminando con el saludo del N.S.B. (organización nazi holandesa) "Hou zee".

f) Retrato de Hitler expuesto en la propia casa.

g) Suscripción a un periódico colaboracionista.

h) Sentimiento de orgullo expresado a propósito de un origen alemán.

i) Calificativo de "asesinos" aplicado a los aviadores Aliados.

Creemos que huelgan los comentarios.

Los tribunales pronunciaron alrededor de 200 penas de muerte, pero sólo 38 condenados fueron ejecutados. Sumando las condenas por "crímenes de guerra" y por "actitud desleal" los tribunales holandeses pronunciaron 46.615 penas de prisión o de trabajos forzados[641].

Como dice Paul Sérant[642], es de notar que "si jurídicamente hablando, la depuración de los Países Bajos fue una de las más severas de Europa Occidental,

---

[641] Henry L. Mason: Ibid. id. Op. Cit.
[642] Paul Sérant: Ibid. Id. Op. Cit. pág. 326.

fue también, proporcionalmente, una de las menos sangrientas".

* * *

Los angloamericanos liberaron Luxemburgo en Septiembre de 1944, pero la contraofensiva Rundstedt los "desliberó" unas semanas más tarde.

Fue en la Primavera de 1945 cuando se produjo la liberación definitiva del Gran Ducado. La atmósfera que reinaba en ese pequeño país era comparable, en apasionamiento, a la que reinaba en Francia y Bélgica. El número de personas que fueron arrestadas en los primeros días de la liberación se estima en unas 10.000[643], cifra ciertamente impresionante para un país de una población de 270.000 habitantes. En julio de 1943, la Gran Duquesa Carlota había firmado, desde su exilio londinense, unas enmiendas en el Código Penal del Gran Ducado, proveyendo la pena de muerte para las personas que voluntariamente hubieran tomado las armas contra los aliados de Luxemburgo o que voluntariamente habían ayudado al enemigo; la prisión para los que habían ayudado a "destruir las instituciones nacionales" y dos años de presidio para "los que habían mostrado simpatía hacia Alemania". Traducimos: muerte para los 15.000 luxemburgueses que habían luchado en la Wehrmacht como voluntarios[644]. Prisión -de 10 a 15 años- para los que habían colaborado con la Administración Alemana de Ocupación. Y dos años a la sombra para los que, en una conversación privada cualquiera, habían expresado sus preferencias por una victoria alemana, en vez de soviética, al término de la contienda. Los 200 funcionarios que acompañaban a la Gran Duquesa Carlota y a su séquito al regreso de Londres eran partidarios de una depuración de tal modo severa, que hubiera conducido prácticamente al total desmantelamiento del país. El Ministro de Instrucción Pública del Gobierno Provisional incluso concibió la estupenda idea de invalidar todos los exámenes escolares a partir del día de la entrada de los alemanes. Después de un periodo de total confusión, hubo que rendirse a la evidencia y la Gran Duquesa debió recomendar calma a sus celosos depuradores. No se podía fusilar a 20.000 jóvenes luxemburgueses en edad militar

---

[643] Paul Sérant: Ibid. Id. Op. Cit. pág. 290.

[644] Otros 4.5000 luxemburgueses habían trabajado en las fábricas del Reich, como obreros libres. A ellos también les correspondía la pena de muerte. (N. del A.)

por la sencilla razón de que la demografía luxemburguesa hubiera sufrido un garrotazo del que nunca más se hubiera podido recuperar, y no se podía meter en la cárcel a los "colaboradores" porque -aparte unos cuantos centenares de comunistas- sólo hubieran quedado libres las campesinas y los niños. Más de la mitad de los sospechosos fueron rápidamente liberados, no sin haber sufrido antes vejaciones y malos tratos por parte de carceleros improvisados. De fuente oficial, -que no hemos podido confirmar ni impugnar- se afirma que no hubo ni una sola ejecución sumaria en el país. Si es así, hay que celebrarlo. Por el contrario, la depuración tuvo como resultado la reintroducción de la pena de muerte en el país. Antes de la guerra, en efecto, a algún asesino crapuloso se le condenaba a muerte, pero como Luxemburgo no poseía una instalación de guillotina el condenado era sistemáticamente indultado por la Gran Duquesa, que lo llamaba a su presencia y le echaba un sermón moral. La liberación puso fin a esa tradición benigna. En 1946, cuatro condenados a muerte fueron efectivamente ejecutados aunque, -eso sí- se ahorraron el sermón. Su "crimen" fue haber abogado entre 1940 y 1944, por la germanización del territorio y su incorporación al Reich. Es decir, un delito de opinión. Claro es que éste es un delito que se castiga severamente en las grandes "democracias", y Luxemburgo no había de ser una excepción.

Algunos grupos políticos censuraron al gobierno por no llevar a cabo una depuración mas radical. Entonces se produjo algo que, si Franz Lehar todavía viviera, le hubiera inspirado otra opereta. Un consejero socialista, antiguo jefe de la Resistencia[645], Albert Wungert, intentó derrocar al gobierno por la violencia, para poder llevar a cabo una depuración como era debido. El horrible *complot* fue descubierto a tiempo y Wungert condenado a muerte y, acto seguido, indultado[646]. La última pena le fue conmutada por otra casi tan tremenda como aquella: fue desposeído de la nacionalidad luxemburguesa.

* * *

---

[645] Las principales actividades de la Resistencia luxemburguesa consistían en pintar la palabra "Schwein" (Cerdo) en las paredes de las casas habitadas por oficiales nazis. Cuando estos se fueron, es dudoso que los luxemburgueses propietarios de las casas así decoradas apreciaran la caligráfica intrepidez de sus patrióticos contemporáneos. (N. del A.)

[646] Paul Sérant: ibid. Id. Op. Cit pág. 291.

La invasión de Dinamarca, totalmente incruenta, fue seguida de una declaración oficial del gobierno del Reich haciendo saber que ni la integridad territorial ni la independencia de Dinamarca serían afectadas. La ocupación fué extremadamente benigna. Bien es verdad, que el 8 de Julio de 1940, el Ministro de Asuntos Exteriores, Scavenius, hizo una declaración en la que expresaba "el deseo y la voluntad de Dinamarca de colaborar de la manera más positiva y leal a la construcción de esa Europa continental, dirigida por Alemania, nueva Europa cuyos fundamentos habían sido puestos por los acontecimientos políticos de estos últimos años y las decisiones militares de los 10 últimos meses".[647] Es importante recalcar que el Gobierno y el Rey continuaron ejerciendo sus funciones; que los alemanes no impusieron ningún cambio ministerial, a pesar de que el Doctor Clausen, Jefe del Partido Nacionalsocialista Danés había sido ministro en otras ocasiones y que su nombramiento, dadas las circunstancias, hubiera parecido de lo más normal.

El acercamiento germano-danés fue confirmado en 1941, principalmente cuando los Estados Unidos se incautaron de numerosos barcos daneses y ocuparon Groenlandia; cuando los angloamericanos ocuparon Islandia -nominalmente vinculada entonces, a la Corona Danesa- y cuando Dinamarca rompió sus relaciones diplomáticas con la URSS y con los EEUU. Más adelante, el Gobierno Danés reconoció a los estados pro-nazis de Eslovaquia y Croacia y dió su adhesión al Pacto Antí-Komintern. Además, en 1941, el Ministro de Justicia, hizo votar una ley poniendo fuera de la Ley al Partido Comunista.

Mil voluntarios se inscribieron en la División SS "Nordland", ya a fínales de 1941. Y, hasta finales de la guerra se fueron inscribiendo más daneses en las SS, hasta totalizar unos 6.500. El gobierno danés, por otra parte, no puso traba alguna a que los alemanes reclutaran mano de obra retribuída para que trabajara en las industrias germánicas. El Rey de Dinamarca, por otra parte, se opuso a que se tomaran medidas contra los ciudadanos daneses de origen étnico judío; él mismo hizo saber que si se obligaba a los judíos a llevar, bien visible, sobre la ropa, la estrella amarilla, él sería el primero en ponérsela. Dice el escritor francés Paul Sérant[648]: "Los

---

[647] S. Stellung-Michaud: "*Les partís politiques et la guerre*".
[648] Paul Sérant: Ibid. Id. Op. Cit pág. 148.

alemanes dejaron marchar a Suecia a la mayor parte de los judíos daneses, y es bien cierto que estos no habrían sido molestados si hubiesen preferido no crear incidentes en un país que, como Dinamarca, no les planteaba problemas." Pero el caso fué que fueron precisamente judíos los contados daneses que constituyeron lo que, con notoria hipérbole, se ha venido en llamar la "Resistencia Danesa", cuyas actividades se limitaron a unos cuantos actos de sabotaje, sin eficacia militar alguna.

Al cabo de tres años de ocupación, la situación cambió. En agosto de 1943 se creó, en Londres, un nuevo "gobierno danés" en el exilio, mientras el gobierno legal de Copenhague dimitía en pleno. El monarca, progenitor de la operación, continuó en sus funciones, pero los ocupantes, que habían perdido su confianza en él, redujeron su significación política a algo meramente simbólico, mientras ordenaban que la interinidad gubernamental fuera asegurada por los secretarios generales, sometidos a un estrecho control del ocupante.

Habiendo capitulado sin combatir, el 4 de mayo de 1945, las fuerzas de ocupación, sólo hubo, finalmente, en Dinamarca, algunos ajustes de cuentas y unas represalias limitadas. Pero la atmósfera de la Liberación se mostró también allí apasionada e injusta; tanto como en los países más puestos a prueba y, de este modo, la depuración fue también importante y sangrienta en grado sumo. unas 22.000 personas fueron arrestadas por los grupúsculos de resistencia, que se volvieron particularmente numerosos en los últimos días de la guerra, cuando la suerte de la misma ya estaba echada. Ejercía una manifiesta influencia sobre esos grupos el Partido Comunista Danés. Hubo tambien, hasta Julio de 1945, dos meses después de acabada la guerra, ejecucio-nes sumarias, que se han evaluado en unas 500, así como 78 de condenas a muerte, de las que sólo se llevaron a efecto 46[649]. Si el número de condenas pronunciadas en Dinamarca fue menor que en otros países de Europa Occidental, la depuración no fue por ello menos importante. Se instruyeron, en total, 15.724 dossiers y unas 11.000 personas fueron condenadas a la pena de privación de libertad y otras 62 a trabajos forzados a perpetuidad. Otras 12.600 personas fueron privadas de sus derechos cívicos por determinado tiempo, 2.936 de ellas de por vida.

---

[649] "*Anuario del Departamento de Estadística*", Copenhague 1951. (Citado por Paul Sérant, Ibid. Id. Op. Cit. pág. 154.

Dinamarca contribuyó brillantemente al progreso del Derecho positivo con las decisiones de su Tribunal de Apelación. Es costumbre -y en Derecho, costumbre es ley, cuando no se opone al Derecho Natural- que los tribunales de Apelación confirmen la sentencia o la reduzcan. Los tribunales de Apelación daneses, en 641 casos, agravaron la condena de los apelantes. A un sargento de la SS "Nordland" al que el juez le había colgado tres años, se encontró con 10 años a cuestas tras recurrir en apelación[650]. No fue este el único caso chusco en que incurrió la "justicia" en aquellos días, en Dinamarca. Se dio, por ejemplo, el caso de soldados de las SS danesas condenados por haber luchado contra el bolchevismo en Rusia, mientras los ministros responsables de la propaganda que había propiciado su alistamiento, y el propio Monarca que había dado su visto bueno a la empresa, continuaban tan campantes, otra vez sentados en las poltronas gubernamentales y, como el Ministro de Justicia y el Rey, firmando condenas y denegando recursos de gracia.

"¿Cómo este país, que había atravesado con éxito los años de la guerra, evitando la mayor parte de las pruebas por las que, por diversos motivos, debieron pasar la mayor parte de los otros países ocupados, no pudo escapar a los trastornos consecutivos de la guerra?" se pregunta el ya citado Paul Sérant, y él mismo da la explicación: por la influencia desmesurada del Partido Comunista, impulsor casi exclusivo de los grupos de Resistencia, que actuaron muy a última hora. Fue la Resistencia danesa, con un porcentaje desmesuradamente elevado de judíos en sus lugares de dirección, quien provocó la mayoría de los excesos liberatorios, creando el ambiente necesario, del que no supieron o no quisieron -por puro oportunismo político- sustraerse los demás partidos. Otra circunstancia que contribuyó a agravar la situación fue el hecho de que a finales de 1944 las autoridades alemanas habían instalado en Dinamarca unos 300.000 civiles refugiados de Silesia y Prusia Oriental.

Como quiera que la Alemania Occidental estaba ya tan recargada de refugiados, los de Dinamarca se debieron quedar allí hasta finales de 1948. Su presencia en Dinamarca contribuía a reforzar el resentimiento popular contra los alemanes, alimentado por la tenaz propaganda oficial. Propaganda sostenida con celo por un Gobierno y un Trono que tenían mucho interés en hacer olvidar su reciente pasado y hallaron cómodo el expediente de descargar las culpas propias sobre los hombros de los colaboracionistas de rango menor que el suyo.

---

[650] S. Stelling-Michaud: "*Les partís politiques et la guerre*".

De todo esto no sería lícito extraer la conclusión de que el país albergaba sentimientos germanófobos. Un rasgo curioso merece ser mencionado. Una periodista danesa abrió una encuesta entre las jóvenes que habían tenido relaciones con soldados alemanes y que en Dinamarca, como en el resto de la Europa liberada, habían sido situadas al margen de la sociedad por los puristas del patriotismo. La mayoría de las jóvenes declararon que si habían frecuentado a los militares alemanes no había sido por razones ideológicas, sino, simplemente, porque los encontraban más corteses y más educados que sus compatriotas".[651]

* * *

El gobierno noruego en el exilio había publicado, desde Londres, un decreto especial en el que preveía la restauración de la pena capital para el crimen de traición y colaboración con el enemigo. Así mismo se modificaba el Código Penal, de manera que también en Noruega funcionó el principio, tan injusto, de las leyes retroactivas. Si bien las ejecuciones sumarias, incontroladas fueron muy escasas, en cambio, en ese pequeño país de poco más de tres millones de habitantes, cerca de 92.000 personas, fueron por diversos motivos, castigadas por la depuración, con penas que oscilaban entre un año de cárcel y el fusilamiento. Hubo unos 50 fusilados, entre ellos el Jefe del Gobierno durante la Ocupación Vidkun Quisling, y el principal animador del Partido Nacionalsocialista noruego, Ridar Haaland. El restablecimiento de la pena de muerte produjo honda reprobación en ciertos medios. En 1947, un grupo de sabios, escritores y artistas dirigió una memoria, pidiendo que los condenados fueran, en lo sucesivo, indultados.

Se opuso, con éxito, a ello, el diputado Hambro, judío, socialista y, naturalmente, millonario.

Aparte de las 92.0000 condenas apenas diversas, otras 40.000 personas fueron encarceladas al día siguiente de la liberación, por diversos motivos, excusas y pretextos, aunque a primeros de noviembre de 1947 un comunicado oficial del gobierno noruego pudo precisar que sólo quedaban en los campos de concentración, en espera de ser juzgados, 5.300 personas. Finalmente, conviene mencionar que 5.500 personas fueron privadas del uso de sus derechos cívicos,

---

[651] Cf. Grete Hartmann: "*Las chicas que dejaron tras ellos*", Copenhague, 1946.

prohibiéndoseles el ejercicio de determinadas actívidades[652].

En Noruega, como en Holanda, las autoridades habían demostrado, desde la liberación, su voluntad de conducir la depuración con el máximo de disci-plina. No obstante, hubo, como en otros sitios, innobles escenas en las calles de mujeres esquiladas y paseadas desnudas en público, pero la policía recibió la orden de poner freno a esos absurdos desmanes.

* * *

La liberación, en Europa Oriental, fue llevada a cabo, directamente por el Ejército Rojo, auxiliado por los comunistas locales, y revistió caracteres de bestialidad muy superiores a la de Europa Occidental.

El primer país liberado de la ocupación alemana fue Polonia. Polonia, recordémoslo, fué la excusa oficial, el pretexto esgrimido para la declaración de guerra. Polonia, como ya hemos dicho, fue amputada de la mitad oriental de su territorio, y, a cambio, se le regaló una cantidad similar de territorio indiscutiblemente alemán[653]. Los soviéticos organizaron un "gobierno polaco" con el mariscal ruso Rokossovsky como Ministro de la Guerra. Es el primer caso de la Historia Universal en que el cargo de ministro es ejercido por un ciudadano extranjero. Pero es que a los comunistas se les podrá acusar de muchas cosas, aunque no, ciertamente, de hipocresía. La hipocresía presupone una dosis de engaño en el hipócrita, y creemos, a la vista de los acontecimientos, que dejarse engañar por los comunistas implica que uno quiere que le engañen. Porque ¡por Dios! sólo un ciego voluntario o un

---

[652] Ch. Christensen: "*La ocupación y sus secuencias*".

[653] El periódico francés "Le Fígaro" publicó, el 3 de Noviembre de 1953, extractos de las Memorias de Guerra de Sir Winston Churchill. Hablando del viaje que éste hizo a Moscú en Octubre de 1944, para entrevistarse con Stalin, Churchill explica que escribió en un papel: "el 90 por cien de predominio soviético en Rumania, contra 90 por cien británico en Grecia; 75 por cien soviético en Bulgaria e igualdad de predominio en Hungría y Yugoeslavia". Empuje el papel hacia Stalin -cuenta Churchill-, "Tuvo un ligero momento de duda. Después él tomó su lápiz azul, y trazó una fuerte línea en signo de aprobación y me lo devolvió. Todo fué arreglado en menos tiempo del que fue necesario para decirlo. En cuanto a Polonia, no habían dudas. El predominio soviético sería del 100 por cien". Hubo un largo silencio. Churchill dijo: "¿No parecerá demasiado cínico que nosotros, sin consultar a nadie, hayamos decidido de la suerte de millones de personas? ¿Qué tal si quemáramos este papel?"... "No, guardémoslo", dijo Stalin. El famoso papel azul estatuía ya, antes de la terminación de la guerra, la suerte de Polonia. (N. del A.)

débil mental podía negar que Polonia, como todos los demás países del otro lado del telón de acero, no es más que un satélite de Moscú, y que lo más lógico, en un satélite -o, políticamente hablando, en una colonia- es asegurar la posesión de los puestos de mando colocando a hombres propios. A Rokosovsky, Moscú pudo haberle nombrado "virrey de Polonia". Como el término suena "reaccionario", le denominó Ministro, y nada más. En el Politburó del Partido Comunista, 7 de sus 11 miembros eran judíos, y el Secretario General del Partido, Berman, y, asimismo, también lo era el Jefe del Estado Wladislaw Gomulka, así como los miembros Edward Ochab, Vice-Primer Ministro, Saúl Amsterdamsky, Edward Braniewsky, Julius Katz-Suchy e Hilary Minc. El encargado de la depuración era otro judío, Tadeusz Cyprian, Fiscal General del Tribunal Supremo.

Inmediatamente, los comunistas pusieron en marcha, en Polonia, lo que ellos denominan "Ingeniería Social", consistente en la eliminación pura y simple de los considerados "enemigos de clase" y la deportación de los políticamente dudosos. El Gobierno Polaco en el exilio, que continúa instalado en Londres, ha facilitado cifras sobre las víctimas de la depuración roja en su país. Pero la realidad es que se sabe muy poco de lo que ahí ha ocurrido. Según fuentes occidentales, la depuración costó en Polonia, más de un millón de vidas, pero no es posible saber nada con exactitud. Sólo una cosa se sabe con certeza: Polonia ya no es más que un nombre. El nombre de un estado satélite. De una colonia que la URSS posee en Europa. El Mariscal Rydz-Smigly ya lo dijo en 1939: "Con los alemanes perderemos nuestra libertad. Con los rusos perderemos nuestra alma". La élite nacional polaca lo sabía en 1939. Esa "élite" quiso la guerra. Es dudoso -no se sabe si nunca podrá saberse- que con los alemanes, los polacos hubieran perdido su libertad, lo que si es cierto es que con los rusos han perdido la libertad y el alma.

* * *

Casi al mismo tiempo que Polonia, fueron liberados los Estados Bálticos Estonia, Letonia y Lituania. En Lituania, a finales de 1945, en cada una de las 309 comunidades del país se asesinaron, por las patrullas especiales de la NKWD, de 50 a 60 personas, lo que totaliza un mínimo de unas 15.500. Añadiéndoles las personas masacradas en Kovno y en Vilna el día de la llegada de las tropas rojas -

dos verdaderos festivales de sangre- puede calcularse que unos 100.000 lituanos perdieron la vida. Otros 40.000 fueron deportados al interior de Rusia, a las costas del Mar Blanco, a las minas del Norte de los Urales. Las condiciones de trabajo de esos desgraciados son tan bestiales que muy pocos sobreviven. A consecuencia de esas medidas, el 34 por cien de la población lituana desapareció en 1945. En su lugar los rusos establecieron a tártaros, desterrados de Crimea.

En Estonia la represión fue, tal vez, menos brutal, con todo, los datos de pérdidas estonianas son impresionantes: unos 60.000 muertos o desapare- cidos, para un país de algo más de un millón de habitantes[654]. A los em- pleados y funcionarios públicos se les obligó a afiliarse a la llamada "Liga de los Sin Dios", prohibida por los alemanes pero reimplantada por los ocupantes soviéticos. Particularmente odiosa fue la represión antirreligiosa en Estonia. Fueron fusilados, o deportados al Ártico, unos 130 eclesiásticos evangélicos, inclído el Obispo Rahamoggi. La Iglesia Ortodoxa perdió asesinados a un prior y tres sacerdotes, mientras quince sacerdotes más desaparecían o eran encarcelados. En igual forma sufrió la Iglesia Católica Romana, cuyo obispo fue detenido probablemente muerto. Cuarenta y cinco iglesias fueron quemadas o destruidas y muchas más sufrieron daños de consideración o fueron convertidas en almacenes del Ejercito Soviético[655].

En Letonia, sucedió igual que en Estonia, con el agravante de que los miembros de la VII División Letona "Lettland" que no murieron en combate, fueron exterminados en masa al regresar a sus hogares. Sus vecinos y familiares fueron deportados. El número de deportados en ese pequeño país ascendió a cincuenta mil, de los que, al cabo de seis años regresaron, procedentes del Mar Blanco, unos 2.500. Los muertos pasaron de treinta mil[656].

* * *

En Bulgaria la represión fué, comparativamente, menos fuerte que en otros

---

[654] Julian Keris: "*Estonia, un país condenado a la deportación*".

[655] Julian Keris: Ibid. Id. Op. Cit. pág. 38.

[656] En un artículo aparecido en el "Canadian Intelligence Service Bulletin", de Mayo de 1951, el exiliado lituano. Doctor James Kaskelis dijo: "Había sólo unos 3.000 comunistas en los países bálticos. Casi todos ellos eran judíos, y fueron los instigadores y Monitores de las matanzas cuando los rusos llegaron." (N. del A.)

países del Este Europeo, se ha dado como explicación de este fenómeno el hecho de que Bulgaria, prácticamente, no participó en la contienda, aunque, al final, como veremos en otro lugar, logró estar en guerra con todo el mundo. Sea como fuere, el caso es que en Bulgaria no se produjo un clima de guerra civil larvada, tal como ocurrió en casi todos los demás países europeos, precisamente a causa de la guerra mundial. Únicamente se produjo, a título de depuración, la bien conocida "Ingeniería Social", cuando los soviéticos llegaron. Las fuentes más moderadas hablan de unas diez mil ejecuciones y unos ciento diez mil deportados a Rusia.

Creemos es muy significativo lo que a continuación mencionamos. Un Judío inglés, David Pela, escribió en el órgano oficioso de la Judería británica, el *Jewish Chronicle*: "Las medidas que, desde 1945 hasta hoy, ha tomado el nuevo régimen comunista de Bulgaria, han provocado el disgusto de importantes sectores populares. Esos elementos que disienten de la política del gobierno, invariablemente culpan a los judíos que ocupan elevados puestos en la administración, de los perjuicios que se les han ocasionado"[657]. Y opinamos que es, también, muy significativo, que, pese, a que la población judía de Bulgaria no llegue al 1 por cien, la mitad de los ministros y el hombre-clave, el llamado ojo de Moscú en el Comité Central del Partido Comunista Búlgaro, Kiril Lazarov, fueran judíos. Esto, nos dirán, los bien pensantes, no tiene nada que ver, y, en todos caso, se trata de una coincidencia. Nos parece muy bien. Simplemente queremos dejar constancia de que esta coincidencia se repite constantemente, en todas partes, sin ninguna excepción.

* * *

Infinitamente más cruel fue la represión en Rumania. Esta fue llevada a cabo, a la par, por las unidades especiales del Ejército Rojo, y por los comunistas locales. Al frente de éstos se hallaba Anna Rabinsohn (a) Anna Pauker, Judía originaria de Polonia y ojo de Moscú hasta 1952. El Mariscal Antonescu, Jefe del Gobierno, fue colgado, y, con él, todos sus ministros. Todos los cargos administrativos de mediana y pequeña importancia fueron condenados a largos años de trabajos forzados. Toda la élite del país sufrió las consecuencias de la "Ingeniería Social". No tenemos datos

---

[657] "*Jewish Chronicle*", Londres, 5-XII-1952.

de parte contraria sobre el total de ejecutados, pero parece fuera de toda duda que el número fue varias veces superior que el de Bulgaria. Al verse obligada a ceder a la URSS la Besarabia y la Bukovina, Rumania se vio amputada de casi un tercio de su territorio nacional. Y, para colmo, en Bucarest se instaló un gobierno títere, a las ordenes de Moscú. Todos los cargos de alguna importancia, con Anna Pauker a la cabeza, estaban ocupados por judíos, aunque el "Jefe" oficial era un rumano ario, Petru Croza, casado con una hebrea, y llevando a cabo un papel puramente decorativo.

En Rumania, como en los demás países del Este de Europa, fue particularmente odiosa la persecución religiosa. Todas las escuelas religiosas fueron cerradas y los seminarios confiscados por el Estado; la Acción Católica suprimida. La mayoría de los sacerdotes que no fueron asesinados fueron mandados a campos de concentración, donde muchos murieron. También murió, a consecuencia de los malos tratos, Monseñor Marco Glasev, Vicario General de Jasi, y el Nuncio Papal, Monseñor O'Hara fue expulsado como "indeseable".

* * *

Algo menos cruel que en Rumania, pero también implacable y solapada fue la depuración que se llevó a cabo en Eslovaquia. Se calcula, por las fuentes más conservadoras, que la tal depuración causó en Eslovaquia unos 25.000 muertos, sin contar los soldados alemanes que cayeron en manos de los "patriotas" de la Resistencia, casi todos ellos comunistas. Hubo más de cien mil detenciones en campos de concentración. La persecución anticristiana no se produjo de inmediato, pero la prensa creó un ambiente hostil a la Iglesia Católica, porque el Presidente del Estado Libre Eslovaco, era un ministro de la Religión Católica, Monseñor Iosef Tisso. El proceso contra Tisso duró casi dos años, y los asistentes a su "juicio" dicen que, en los últimos días, parecía un autómata y casi no podía ni hablar. Fué, naturalmente, condenado a muerte por traición, y ahorcado el 18 de Abril de 1947.

Pero cuando, en 1948, tras el ostracismo de Benes y la defenestración de Massaryk, Eslovaquia, integrada por fuerza en el Estado Checoeslovaco, experimentó de verdad lo que es el Comunismo y se lleva a cabo, con rudeza implacable, el sistema de la "Ingeniería Social". No hay cifras con garantías de verosimilitud. No se sabe nada. Pero consta que las deportaciones han sido masivas. También es en 1948 cuando se desencadena en toda su virulencia la persecución religiosa. Eslovaquia era, antes de la invasión soviética, un país católico en un 80%. Pues bien: más de 800 sacerdotes fueron internados en cárceles o campos de concentración; 2.500 religiosos y religiosas fueron mandados a campos de trabajo del Ejército. Todos los conventos fueron cerrados y todas las escuelas confesionales pasaron a ser propiedad del Estado[658]. Las instituciones de la minoría religiosa protestante fueron puestas fuera de la Ley.

* * *

En epígrafes precedentes ya nos hemos ocupado de los desmanes de los liberadores contra los croatas y contra las minorías alemanas en el Bánato, Croacia y Serbia. Recogiendo testimonios fragmentarios, se llega a la conclusión de que el método de la "Ingeniería Social" contra elementos civiles yugoeslavos no complicados de ningún modo con los alemanes, funcionó con siniestra eficiencia. Sólo en Eslovaquia, región mayoritariamente católica, el régimen de Tito encarceló, desde 1945 hasta 1953, a mas de 40.000 católicos, acusados, precisamente, de ser católicos, lo que está considerado un crimen contra la Revolución. También hubo, naturalmente, el correspondiente cupo de ejecuciones sumarias, como la del Obispo de Ljublana, Monseñor Vovk, a quien los comunistas rociaron de gasolina y prendieron fuego[659]. En Croacia, se llegaron a dictar condenas, desde seis meses de cárcel hasta la muerte, contra 750.000 católicos; 560 sacerdotes fueron asesinados y otros 470 enviados a trabajos forzados; 400 más fueron desterrados de sus parroquias. Todos los edificios e instituciones pertenecientes a la Iglesia fueron incautados. El Arzobispo de Zagreb, Monseñor Stepinac, fue condenado a dieciséis meses de prisión y el Obispo de Mostar, Monseñor Peter Chule, a once años de trabajos forzados.

Debemos abreviar. Pero no queremos cerrar el "dossier" yugoeslavo sin mencionar que 16.000 chetniks serbios, que lucharon con los alemanes contra el comunismo en Rusia y, en los Balcanes, contra las bandas de Tito, fueron

---

[658] Traian Romanescu: "*La Gran Conspiración Judía*", pág. 234.
[659] Ibid. Id. Op. Cit. pág. 235.

entregados, faltando a la palabra empeñada, por los ingleses al gobierno comunista de Belgrado. Los ingleses cometieron con los chetniks la misma felonía que con los ustachis croatas: instarles a la rendición prometiéndoles que serán tratados como soldados y no serán entregados a los comunistas, y luego hacer lo contrario de lo solemnemente prometido. Los chetniks fueron exterminados a mansalva. Lo mismo sucedió con unos 10.000 anticomunistas eslovenos, al mando del General Andrei Preselj.

* * *

Albania era un país con mayoría religiosa musulmana. Como aquí no existía una comunidad judía que realizara las tareas de verdugos, tal como sucedió en los demás países del Este de Europa, los soviéticos, en 1945, buscaron atraerse a los musulmanes contra los cristianos ortodoxos y los católicos, instaurando un régimen de dictadura roja a base de musulmanes[660], mientras que en Serbia, Rusia Europea y Asia Central Rusa, no solamente se ha prohibido la religión musulmana, sino que millones de creyentes de esa religión han, sido aniquilados. Así, utilizando a los musulmanes contra los cristianos, los 10.000 "consejeros políticos" que los soviéticos instalaron en Albania aniquilaron tanto a la Iglesia Ortodoxa griega como a la Católica en ese pequeño país. El número de muertos causados por la depuración se calcula en unos 20.000. La élite de Albania fue exterminada. El Delegado Apostólico, Monseñor León Negris, fue expulsado en 1945. De los otros tres obispos católicos, dos de ellos, Monseñor Volaj y Monseñor Gjini, fueron fusilados. Monseñor Vincenzo Prendhusi, Arzobispo de Durazzo, condenado a treinta años de trabajos forzados, murió en la cárcel en 1948.

Una vez eliminados los católicos, los comunistas han empezado a fomentar las disensiones entre las sectas musulmanas. La religión mahometana se halla, en Albania, en franca recesión, y, en 1975, existían la mitad de mezquitas que en 1945, cuando la población había registrado un aumento del 10 por ciento.

Antes de seguir adelante conviene mencionar que los SS albaneses que lucharon en la División SS "Skandenberg", que lograron supervivir a la ofensiva

---

[660] No obstante, el dictador de Albania fue, desde 1945, Tuk Jakowa y su "segundo" Moses Spiro, ambos judíos. (N. del A.)

soviética en los Cárpatos, se dispersaron por Europa, negándose a regresar a Albania. No obstante, los ingleses o americanos, cuando lograban identificar a uno de ellos, inmediatamente lo enviaban a Albania, a sabiendas de que iba a ser inmediatamente fusilado.

Al término de la guerra, en Grecia hubo los habituales ajustes de cuentas y las típicas venganzas personales, encubiertas bajo la capa del patriotismo. Casi inmediatamente, y a pesar de que en Moscú Churchill y Stalin habían pactado que este país quedaría bajo la influencia británica, se desató una auténtica guerra civil, entre comunistas y nacionalistas. En las zonas ocupadas por los comunistas, en Tracia, se procedió a sistemáticas matanzas para eliminar a los "enemigos de clase". Hubo unas diez mil ejecuciones sumarias. Finalmente, los nacionalistas, apoyados por los ingleses, lograron reducir la insurrección comunista, apoyada por los soviéticos desde Bulgaria. No cabe la menor duda razonable de que, haber triunfado la insurrección comunista, la depuración que hubiera conocido Grecia hubiera sido mucho más severa. Conviene mencionar que los dirigentes del Partido Comunista -que, pese a haberse comprobado que había intentado derrocar al Gobierno "legal" continuó autorizado- eran Lazzaridis, Gavrilidis (Gabriel), Daniellidis (Daniel), Efraimidis (Efraín), Benaroggias (Ben Aaron) y, por encima de todos, Motzas, también judío y Jefe del Buró Político del Partido[661].

* * *

De entre los países del Este, el que más sufrió en la depuración fue Hungría. El Sur del país fue ocupado, en un principio, por las bandas armadas de Tito. 30.000 campesinos húngaros y 20.000 alemanes murieron en las "purgas" de las primeras semanas. Esos desgraciados, tras ser apaleados, fueron internados en improvisados campos de concentración que carecían de las más elementales facilidades sanitarias. Se les mezcló en las comidas -según el escritor húngaro Marschalsko- vidrio en polvo[662]. Muchos de ellos perecieron en horrible agonía. Los supervivientes fueron enviados, andando, hacia el Este, y nunca mas volvió a saberse nada de

---

[661] Traian Romanescu: "*Amos y Esclavos del Siglo XX*".
[662] Louis Marschalsko: "*World Conquerors*", pág. 121.

ellos. En el resto del país, ocupado directamente por las tropas soviéticas, otras 230.000 personas, civiles pertenecientes a la élite intelectual de Hungría, fueron igualmente mandados a la URSS, juntamente con 600.000 soldados, prisioneros de guerra. De esas 830.000 personas, sólo volvieron a Hungría, al cabo de unos años, 400.000, casi todas con la salud arruinada para siempre[663]. Según los cálculos más modestos, en las celdas de la calle Andrassy, n. 60, donde los comunistas instalaron su cheka principal, no menos de 50.000 personas fueron torturadas hasta morir[664], entre 1945 y 1948. Un millón de mujeres húngaras fueron violadas en las primeras semanas de liberación. Todos los miembros del gobierno húngaro, con Szallasy, el Primer Ministro, a la cabeza, fueron ahorcados, incluido el Ministro del Interior, Bardossy, que evitó que muchos judíos húngaros fueran deportados a Alemania[665].

Citamos a Marschalsko: "En esta edad de asesinatos raciales, el caso de Hungría es completamente extraordinario. Esta infortunada nación, incluso en el desmembrado estado en que quedó tras los Tratados de París de 1920, proveyó a 560.000 judíos con su alojamiento pacifico, a pesar del papel casi preponderante judaico de la revolución comunista de Bela Kuhn en 1919-20. Esa minoría racial, que representaba sólo el 6 por den de la población total del país poseía el 12,5 por cien de la tierra; el 51 por cien de la propiedad urbana en Budapest y el 30 por cien, como mínimo, de la riqueza nacional. Hasta 1943, Hungría fue el último refugio de los judíos europeos, pues los alemanes los mandaban a todos a los campos de Concentración. Bardossy, apoyado en esto por Szallasy, se opuso a la política alemana de deportación de judíos húngaros. A pesar de ello, cuando la guerra terminó el vengativo espíritu judío infligió verdaderos horrores sobre el inocente pueblo magiar. El gobierno constituido con el apoyo de las bayonetas soviéticas estaba constituido por Matyas Rakosi (a) Rosenkrantz (a) Roth comprendía a once judíos entre sus diecisiete miembros. Judío era también Martín Hemmler, un coronel del Ejército Americano, nacido en Hungría, que, en Viena, dirigió la campaña de revancha contra 300.000 húngaros que huyeron de su patria para escapar a la liberación. Hemmler gestionaba con las autoridades de ocupación inglesas y americanas la extradición de esos pobres desgraciados, muchos de los cuales

---

[663] Louis Marschalsko: Ibid. Id. Op. Cit. pág. 120.
[664] Louis Marschalsko: Ibid. Id. Op. Cit. pág. 122.
[665] Louis Marschalsko: Ibid. Id. Op. Cit. pág. 117.

cometían suicidio al verse forzados a regresar a su patria, donde sabían les esperaban las torturas y la muerte"[666].

Creemos que huelgan los comentarios.

* * *

Sólo resta hablar de la liberación en Rusia. Los ucranianos, los tártaros de Crimea, los alemanes del Volga, los bielorrusos, sufrieron tremendas pérdidas en vidas humanas. Lo único que se puede perder en la URSS, donde el Estado Omnipotente es el dueño absoluto de todo. No existen datos concretos y seguros. En realidad, tales datos son imposibles, pues la depuración continúa. Aún podemos leer en los periódicos occidentales que en determinado lugar de la URSS -generalmente en Ucrania- ha sido ejecutado un ciudadano soviético, acusado de simpatizar con los nazis, o de haber colaborado con ellos, hace casi cuarenta años, o de formar parte de los movimientos nacionalistas anti rusos o antisoviéticos. La matanza sigue. No puede detenerse. Es la dinámica del Bolchevismo. Hay que depurar continuamente. Hay que matar para que viva el monstruo frío soviético. Un estudio llevado a cabo por el periódico francés *Le Fígaro* asegura que, entre 1959 y 1978, en la URSS se ejecutaron, como mínimo, tres millones de personas[667]. ¿Cuántas debieron matarse en la primera y tremenda depuración que siguió a la retirada de la Wehrmacht? Probablemente, no se sabrá nunca.

EL CASO DE ITALIA

Deliberadamente, hemos dejado a Italia para un epígrafe a parte. Italia, en efecto, es un caso especial; un caso a parte. Un caso que, si no fuera trágico, resultaría más que cómico. Ni Pirandello seria capaz de inventar un argumento más enrevesado, en el que la maldad, el gusto por la "combinazione", la traición y la astracanada se mezclaran en tales dosis. Despacharemos el caso de Italia lo más rápidamente posible; sin ensañamos con un país europeo. La depuración en Italia, comienza con la detención de Mussolini tras ser destituido por el Gran Consejo

---

[666] Louis Marchalsko: Ibid. Id. Op. Cit pág. 121.

[667] J. P. Dujardin: "*Le Coût du Communisme*". Editado por Le Figaro, París.

Fascista. Diecinueve de sus veintiséis miembros votan por su cese, y para que se restituya al Rey el mando supremo de las fuerzas armadas. Mussolini no hace gran caso de ese "Gran Consejo" todos cuyos miembros han sido digitalmente nombrados por el Duce. El poder del Consejo sólo es consultivo. Por ese motivo, cuarenta y ocho horas después de esa votación adversa, el Duce va a visitar al Rey, que le ha mandado llamar. Mussolini no teme nada especial. Pero Víctor Manuel III le dice que ha decidido substituirle por el Mariscal Badoglio. Al salir de Palacio, el perplejo Mussolini es detenido por unos carabineros. Inmediatamente, es conducido al Gran Sasso. La depuración comenzó, pues, en Italia, con el arresto del principal responsable de los destinos del país. Al conocerse la noticia, hubo por doquier, en la Península Itálica, explosiones de alegría popular: si el Duce era alejado del poder, eso era señal inequívoca de que la paz estaba cerca. El pueblo italiano estaba harto de guerra. El chaqueteo de la mayoría de los altos responsables fascistas respecto a un jefe al que debían todo, fue imitado por la mayoría de los militantes del Partido. He aquí lo que dice, al respecto, el principal interesado, el propio Mussolini:

> "Desde la madrugada del 25 de Julio, la turba, encuadrada y protegida por los carabineros, desfiló por las calles de Roma, saqueando las sedes de todas las organizaciones fascistas, rompiendo los pabellones de lictores a su paso, maltratando a los fascistas que encontraban y destruyendo, por una estúpida iconoclastia, todo lo que podía recordar a Mussolini y al Fascismo. Mientras que, desde las ventanas, volaban por millares mis bustos y mis retratos, las vitrinas se guarnecían con esfinges de Víctor Manuel y de Badoglio"[668].

La destitución de Mussolini trajo como consecuencia, lógicamente, la de sus más fieles partidarios. Los diarios comenzaron campañas de denuncias, solicitando que se formaran comités depuradores. Esto lo impidió el Rey, temeroso de que esos comités se desbordaran y el extremismo se apoderara del país. El 8 de Septiembre, Víctor Manuel y Badoglio, firmaban el acta de capitulación. No tardaron los alemanes en reaccionar, ocupando toda la parte de la Península que no había caído en manos de los Aliados.

Si el Rey y Badoglio esperaban la respuesta alemana, lo que no podían pre- ver

---

[668] Benito Mussolini: "Historia de un año".

era la increíble audacia con la cual los paracaidistas alemanes lograrían liberar al Duce. Nada más ser liberado, Mussolini se entrevistó con Hitler y decidió reemprender sus funciones, creando la República Social Italiana, cuya capital se instaló junto al lago Garda, en Saló. En Italia había, pues, en el otoño de 1943, dos gobiernos. El de Badoglio, reconocido por los Aliados y casi todos los países neutrales, y el de Mussolini, reconocido por Alemania y sus aliados de la época. Es preciso reconocer que la inmensa mayoría del pueblo italiano era partidaria de Badoglio, por la única razón de que estaban convencidos de que los Aliados iban a obtener la victoria. Mussolini, es cierto, logró, en el Norte, recalentar el entusiasmo de un cierto número de italianos. La primera preocupación de los dos gobiernos italianos fue organizar la depuración. Mussolini quiso limitarla a los principales traidores (desde el punto de vista fascista) o héroes (desde el punto de vista democrático) de Septiembre de 1943. Dos almirantes, que habían entregado la flota italiana a los Aliados[669] y cinco miembros del Gran Consejo que habían provocado la caída de Mussolini, fueron condenados a muerte y fusilados. Entre éstos últimos se encontraba el propio yerno del "Duce" y ex-Ministro de Asuntos Exteriores, Galeazzo Ciano.

Esta fue la depuración de la República Social Italiana.

No hubo desmanes callejeros, ni ejecuciones sumarias. Y no porque las masas de la República Social fuesen mejores que las de la nueva Monarquía liberal, sino porque, en vez de instigarlas a cometer tropelías, se hizo saber que quien se saliera de los límites de la Ley sería castigado adecuadamente. No hay más secreto, en los desmanes de las masas, que la inhibición, o, a fortiori, el respaldo de los gobiernos. Ya hemos hablado, someramente, de los abusos cometidos contra los fascistas en la zona sur del país, donde, oficialmente, al menos, mandaban el Rey y Badoglio. Pero, además de la guerra internacional que en su suelo se libraba, Italia estaba condenada a sufrir los efectos de una guerra civil. Los partisanos empezaron por cometer crímenes crapulosos contra elementos catalogados como fascistas o, simplemente, derechistas. También asesinaron a soldados alemanes, en acciones aisladas e individuales. Los alemanes procedieron, entonces, a tomar

---

[669] En todo caso, parece fuera de toda duda razonable que entregar la flota de un país una potencia o a una coalición de potencias extranjeras es un delito de traición, penado por cualquier código militar con la muerte. Mussolini nunca entregó la flota italiana los alemanes. (N. del A.)

represalias, con lo que nuevamente se puso en marcha el mecanismo infernal terrorismo-contraterrorismo-terrorismo, con la violencia aumentando en espiral. Como el avance de los Aliados fue mucho menos rápido de lo que éstos habían previsto, la prolongación de las operaciones militares se vio acompañada en el conjunto del país por una generalización del desorden. Por todas partes, en la zona ocupada por los Aliados, se creaban tribunales marciales para reprimir las tentativas de elementos fascistas. En Cerdeña, en Nápoles y en Sicilia, hubo quince condenas a muerte y más de doscientas a prisión por haber intentado reconstruir los "cuarteles de líctores". Por otra parte, un Decreto-Ley[670] firmado por Víctor Manuel III preveía la creación de nuevos tribunales de distrito, específicamente encargados del castigo de los fascistas. Los miembros del jurado debían ser "elegidos entre los ciudadanos cuya aversión por el fascismo esté manifestada por una vida irreprochable y por la conducta política que han adoptado desde el 28 de Octubre de 1922"[671]. Esto nos parece sencillamente delicioso. Exceptuando, tal vez -no estamos seguros- a los tribunales de cafres o kikuyus, los jurados son designados por sorteo, y una vez sorteados, son eliminados como tales aquellas personas que por cualquier motivo o circunstancia pudiera sospecharse que estén predispuestas contra los acusados a los que, en principio, y hasta prueba en contrario, se presupone inocentes. El democrático Decreto-Ley de Víctor Manuel dogmatiza que los jurados serán "elegidos". ¿Entre quién serán elegidos? Entre aquellos ciudadanos cuya aversión por el Fascismo esté manifestada por una vida irreprochable. Es decir: que si no se siente aversión por el Fascismo, no se lleva una vida irreprochable. ¿Donde? Evidentemente, en Italia. ¿Desde cuándo? Víctor Manuel tiene respuesta para todo: desde el 28 de Octubre de 1922. ¿Qué pasó en tal fecha en la patria de Frégoli? Pues que Benito Mussolini fue llamado a formar gobierno. Ya. Y llamado ¿por quién? Por Víctor Manuel III. Sigamos.

El profesor Vinciguerra, de la Universidad de Nápoles, solicitaba que se privara de sus derechos políticos durante veinte años a los fascistas que hubieran ocupado

---

[670] Parece una constante política de este azaroso siglo, que cuando un dictador es sucedido por un régimen democrático, encarnado en un presidente o en un monarca liberal, éstos se dediquen a gobernar recurriendo a los decretos-leyes y a los nombramientos digitales y, naturalmente, con una frecuencia muy superior a la del dictador precedente. (N del A.)

[671] Filippo Anfuso: "Del Palacio de Venecia al Lago de Garda".

un cargo en la Administración, por poco importante que éste hubiera sido. Admirable. Italia se hubiera quedado sin funcionarios, y se hubieran debido importar centenares de miles de ellos, desde jueces hasta carceleros, desde alguaciles hasta enterradores, desde burócratas hasta barrenderos municipales, y desde serenos hasta profesores, como el intrépido Vinciguerra, nombrado por el Fascismo.

Como diría humorísticamente Pierre-Antoine Cousteau, "siempre se es el fascista de alguien". Esto deberían experimentarlo, muy pronto, en su propia carne, los partidos de la derecha y del centro, artífices de la maniobra que había derrocado al Fascismo en el Sur del país. Esos elementos conservadores se inquietaban vivamente al ver cómo los comunistas y socialistas reivindicaban el monopolio del antifascismo. Y, en efecto, la Izquierda, por su parte, pasaba rápidamente del antifascismo al antimonarquismo. La animosidad entre unos y otros llegó a su punto culminante con motivo del proceso contra el General Varboni, miembro del Partido Fascista y también -naturalmente en secreto- del Partido Socialista. Cuando el Gobierno Italiano firmó la paz con los Aliados y declaró la guerra a Alemania, Varboni, que había hecho saber a todo aquél que le habla querido escuchar que era "socialista de toda la vida", fue nombrado por Badoglio gobernador militar de Roma. Cuando los alemanes aparecieron por allí, abandonó la capital sin disparar un sólo tiro y se fue al monte, para organizar la resistencia de los partisanos. Al menos, esto fue lo que se dijo. Badoglio no quedó muy convencido y le hizo comparecer ante un tribunal militar, acusándole de deserción. Por cierto, que nos parece exquisito que Badoglio tenga redaños para acusar a alguien de deserción. Pero sigamos. El diario socialista *Voce Republicana* publicó lo siguiente: "Se persigue al único general que ha permanecido en Roma y que, al caer la cuidad, se ha ido a los Abruzzos a organizar la resistencia... ¿Y el Rey?.. El Rey no ha abandonado su puesto. Está cubierto por la tregua institucional que se ha jurado mantener. ¡Muy bonito!... Badoglio, que se ha salvado subiéndose al barco del rey, no ha abandonado su puesto. Ambrosio, que se fue con Badoglio, con Roatta y con el rey, tampoco ha abandonado su puesto. Gracias al candor del presidente Parri[672], los tristes personajes del Quirinal y del Ministerio de la Guerra llegan a sentar la

---

[672] Parri, demócrata-cristiano, era una especie de co-presidente civil, nombrado maquiavélicamente por Víctor Manuel III para hacer contrapeso a la figura de Badoglio. (N del A.)

Jurisprudencia siguiente: los que se escapan despavoridos, dejando al ejército sin ordenes y que huyen apresuradamente desde Nápoles a Brindisi, no abandonan su puesto; pero el que, permaneciendo en Roma, instala su puesto en un mando fuera de la sede del mando normal, es un traidor y un desertor. Los generales de la primera categoría están todos protegidos por la Casa de Saboya; los generales de la segunda han manchado públicamente de felonía y de ignominia la dinastía y su corte militar"[673].

Tales críticas en la prensa de izquierdas indicaban con bastante claridad que la depuración no se limitaría a los fascistas, sino que podía extenderse rápidamente a los cuadros del régimen provisional y alcanzar a la propia monarquía, si los partidos de izquierda obtenían preponderancia en el país. Y, de hecho, así iba sucediendo. Los comités de partisanos, armados por los Aliados para que combatieran a los alemanes, inquietaban bien poco a éstos, pero eliminaban a fascistas y demócratas a mansalva.

En Italia, pues, todo el mundo depuraba a todos el mundo. Los liberales, y monárquicos depuraban a los fascistas; los comunistas depuraban a los fascistas y a los liberales y monárquicos; los partisanos, en el Norte, asesinaban a fascistas, o a quien fuera y, cuando le encontraban sólo y distraído, mutilaban a algún soldado alemán. Entonces los alemanes o los "camisas negras" ordenaban el fusilamiento de rehenes; entonces, en represalia, los partisanos ponían una bomba en el orfelinato de Cuneo. En medio de aquél indescriptible caos, alemanes y "camisas negras" luchaban contra soldados de quince naciones, incluyendo italianos. En el Vaticano, el Papa invitaba a todos a serenarse, meditar y rezar. Pero lo que hachan los italianos era robar, asesinar y violar. Nunca se ha violado tanto en Italia, ni en ninguna parte del mundo, como entonces. ¿Que Rosetta le gustaba a Giovanni? Pues éste copulaba con ella, de grado o por fuerza, y la declaraba fascista, monárquica, reaccionaria, atea, o lo que le conviniera.

Pero, además de violar a las "ragazze", se violaba a la Ley. El Conde Sforza, al que el Fascismo había respetado la vida y hacienda, y al que Víctor Manuel había nombrado Ministro de Justicia anunció, en el Verano de 1944, que 1.350 personas iban a comparecer ante el juez, acusadas de "colaboración con el Fascismo".

---

[673] "*Voce Republicana*". 28-VIII-1945.

¡Colaboración con el Fascismo! ¿Quién no había colaborado, en Italia, con el Fascismo, que había gobernado el país durante 21 años? Uno de los principales procesos fue el del General fascista Roatta que, tres días antes de iniciarse los debates, logró evadirse. Roatta fue condenado a prisión perpetua, por contumacia; Anfuso, embajador de Italia en Berlín, fue condenado a muerte. El ministro Suvich y el virrey de Albania, Jacomini, eran condenados a veinticuatro años de cárcel. Era interesante que se condenara a veinticuatro años de encierro al Virrey de Albania; sobre todo si se tiene en cuenta que el retrato de su superior jerárquico, el Rey de Albania -Víctor Manuel III- presidía las sesiones del Tribunal.

* * *

Cuando, en pleno hundimiento del frente italiano, Mussolini, acompañado de varios de sus ministros y de su amante, Clara Petacci, intentaba llegar a Austria, fue detenido por unas bandas de partisanos comunistas y ejecutado. También fueron abatidos Clara Petacci, los dieciséis ministros del gobierno y el Rector de la Universidad de Bolonia, Profesor Coppola. Los cadáveres fueron mutilados y colgados, boca abajo, en una estación de gasolina de Dongo. Durante quince horas el populacho estuvo desfilando ante los cadáveres, escupiéndoles, orinándose sobre ellos y pegándoles puntapiés. Era líder del comando de ejecutores Valerio Audisio, miembro del Partido Comunista que, posteriormente, sería elegido diputado tras haber basado su campaña electoral en el mérito (?) de haber asesinado a un anciano indefenso y que no ofrecía resistencia.

No queremos seguir. Limitémonos a mencionar que el número de muertos causados por la depuración, según una revista democrática italiana de la época, oscilaba entre 100.000 y 150.000 según los cálculos más prudentes. A ellos hay que añadir unos 12.000 fascistas abatidos por los partisanos durante la guerra civil y más de 10.000 italianos de Venecia Julia, Istria y Dalmacia, eliminados como fascistas por los partisanos yugoeslavos de Tito[674]. Según la misma revista que, no lo olvidemos, era ortodoxamente democrática, las pérdidas antifascistas fueron de unas 29.000 personas, repartidas así: 6.000 partisanos muertos en combate. 13.000

---

[674] "*Orbis*", Roma, Julio de 1945.- Alfred Fabre-Luce, en "*Diario de Europa*" afirma que las víctimas de la depuración en Italia fueron unas 300.000. (N. del A.)

fusilados por represalias. Y otros 10.000 fusilados por los alemanes como castigo por llevar a cabo una guerra irregular. Estas cifras han sido muy discutidas por los "neofascistas" italianos, quienes afirman que el número máximo de muertos que tuvieron los antifascistas fue de unos 15 a 20 mil.

El número de detenidos, internados en repletas prisiones o en improvisados campos de concentración alcanzó el medio millón, aunque es difícil obtener cifras oficiales, dado el caos que se organizó en Italia, y que duró, por lo menos, hasta 1947. Rachele Mussolini, la viuda del Duce, fue internada durante cinco meses en el campo de Terni, improvisados por los británicos.

"Los prisioneros eran princesas, autoras, duquesas, esposas de hombres ilustres y de desconocidos, mujeres del pueblo y prostitutas. Era difícil dormir en ese campo de concentración. Más allá de las alambradas, unos proyectores barrían despiadadamente los menores rincones, y esa luz entraba por las ventanas sin postigos; inexorable, visitaba nuestras camas. A veces teníamos la impresión de volvernos locos....Cuando, al fin, los proyectores se apagaban, el sol estaba ya alto y comenzaba de nuevo la Jornada"[675].

LAS PARADOJAS INGLESAS

Los ingleses son gentes simpáticas, dadas al humor, y que destacan en el cultivo de la paradoja. Pero los gobiernos de Churchill y Attlee debían superar, sin proponérselo, a Chesterton y a Bernard Shaw, cuando pusieron en marcha sus medidas depuradoras.

Muchos ignoran aún que una parte del territorio metropolitano británico fue ocupado por los alemanes: las Islas Anglo-Normandas de Jersey, Guernessey, Aurigny, Herm y Serq fueron ocupadas por los alemanes sin encontrar resistencia. El Gobierno Británico hizo saber a sus súbditos de aquellas islas que no podía asegurar su defensa y que encargaba a los magistrados del archipiélago aseguraran el orden hasta que la situación volviera a la normalidad. Se concluyeron unos acuerdos entre las autoridades ocupantes y las de las Islas anglo-normandas. El magistrado de la Isla de Jersey, al hacer notar; que la Gran Bretaña se hallaba en

---

[675] Rachele Mussolini: "*El Duce, mi marido*".

guerra logró evitar que fuesen aplicadas en su isla las disposiciones alemanas para los territorios franceses. En cambio, el magistrado de Guernessey, no dudó en pedir incluso a los alemanes que participaran con él en la administración de la isla. En Jersey y en Aurigny los alemanes instalaron un campo de concentración para prisioneros que habían intentado evadirse. Había unos mil rusos, que fueron utilizados en la construcción de fortificaciones. Las autoridades inglesas de la isla estaban encargadas, precisamente, de la administración que, según Paul Sérant, era muy rígida.[676]

El archipiélago fue liberado sin lucha. Hitler, sorprendentemente, había decidido mantener en él nada menos que a 35.000 hombres, que no fueron, nunca, atacados, rindiéndose cuando Alemania capituló oficialmente. ¿Qué hicieron las autoridades inglesas al recobrar el control de las islas? En vez de crear un tribunal especial para perseguir a los "colaboracionistas", el gobierno británico hizo establecer una lista de los insulares que merecieran ser condecorados o ennoblecidos. Este honor se concedió incluso a los dos magistrados, bien que el de Guemesey hubiera impuesto multas y sancionado con la cárcel a algún insular que había dibujado la "V" churchilliana en la pared de la casa donde se hospedaba algún oficial alemán. Es cierto que, después de ser nombrado Sir, el magistrado fue invitado a dimitir y a abandonar la isla, y que un cierto número de personas contra las cuales reclamaban sanciones sus conciudadanos emigraron a Inglaterra, sin que la justicia británica les molestara para nada." Así, no sin humor y buen juicio, se concibió la depuración en territorio británico. De los países europeos, fue Inglaterra el único que quizo salvar las apariencias y no ridiculizar el buen nombre nacional con la pública exposición de disensiones internas.[677]

Por desgracia para Inglaterra, el buen juicio apuntado por Robert Aron no se manifestó, en la metrópoli. Pues fue, precisamente Inglaterra el primer país, cronológicamente hablando, que puso en marcha una depuración contra ciudadanos propios. Esta depuración fue "por delito de opinión" que, como los hechos demuestran a diario, es el más perseguido en toda democracia que se respete.

Inglaterra pretendía luchar por la Libertad. Este slogan se ha repetido *ad*

---

[676] Paul Sérant *"El Destino de los Vencidos"*, pág. 235.

[677] Robert Aron: *"Les grands dossiers de L'Histoire contemporaine"*.

nauseam. Y entre las libertades concretas que abarca la Libertad abstracta, figura, en lugar primordial, la "libertad de expresión". ¿No es así? Pues bien, la campeona autopatentada de la Libertad, Inglaterra, siempre tan admirada por los papanatas continentales que se figuran ser demócratas, impuso, por Decreto-Ley, no votado por el Parlamento, es más, ignorado en un principio por el Parlamento, la llamada "Regulación 18-b". Por esa "regulación" podían ser detenidos por las autoridades civiles o militares inglesas, un número indeterminado de personas que, a juicio de tales autoridades, tuvieran simpatías por Alemania, por el Nazismo, el Fascismo, o simplemente, se opusieran a la entrada de Inglaterra en la guerra o a la continuación de la misma. Se observará el carácter inmaterial, subjetivo, de la "regulación" en cuestión.

No se puede discutir que la sacrosanta libertad debe ser recortada en tiempo de guerra. Pero hay una diferencia, que aparece, precisamente, y con notoria evidencia, en la Historia de Inglaterra. En las anteriores guerras, cuando él control de Inglaterra lo ejercían los propios ingleses, muchas personalidades que no estaban de acuerdo con la causa de su país, por considerarla injusta o contraria a los verdaderos intereses del mismo, pudieron decirlo francamente, y en público, a condición, claro es, de que no interfirieran en el normal desarrollo de la guerra. Citaremos, entre muchos otros, los siguientes ejemplos:

William Pitt, tres veces Primer Ministro, que escribió y habló contra la causa inglesa en la Guerra de la Independencia Americana.

Charles James Fox, quien hizo lo mismo durante las guerras napoleónicas.

John Bright, Ministro de Relaciones Exteriores, como Fox, que adoptó la misma actitud durante la guerra de Crimea.

Lloyd George, dos veces Primer Ministro, que dijo en el Parlamento que la Guerra de Inglaterra contra los Boers era "estúpida y criminal" y que sólo se hacía "por el oro y los diamantes".

Ramsay MacDonald, líder del Partido Laborista, ministro y futuro Premier, quien se opuso a la I Guerra Mundial una vez había estallado, preconizando repetidas veces una paz honorable con Alemania.

Herbert Morrisson, el conocidísimo laborista contemporáneo, que hizo lo mismo que MacDonald y aún más, pues invitó a los soldados británicos a tirar las armas y confraternizar con los alemanes.

Ninguno de estos hombres fue molestado, lo cual no dejaba de ser lógico, en un país que se presenta como abanderado de la libertad de expresión.

Pero, durante la II Guerra Mundial, hombres que no llegaron a pedir nunca a los soldados ingleses que se convirtieran en desertores, sino que se limitaron a proclamar que la guerra era contraria a los intereses de Inglaterra, y que el Judaísmo había forzado a Inglaterra a declararla -algo que los hechos posteriores y el testimonio del propio Chamberlain, respectivamente, probarían incuestionablemente- fueron encarcelados durante tres, cuatro y hasta cinco años, en condiciones infames, incomunicados de sus familiares, y pisoteando las leyes británicas, como el "Habeas Corpus", que obliga a las autoridades a presentar a todo acusado ante el Juez, en un plazo de 48 horas, bajo una acusación fundada en hechos -no en "simpatías" o intenciones subjetivas - o soltarlo. Casi 600 personalidades inglesas fueron detenidas, y 11 de ellas murieron en las ergástulas de Albión. Había héroes de la Guerra de 1914-18, como el Almirante Sir Barry Domvile, miembros del Parlamento, como el diputado conservador Capitán Archibald Maule Ramsay, políticos como Arnold Leese y el líder fascista inglés Sir Oswald Mosley, miembro del Parlamento, a quien se acusó, zafiamente, de antisemitismo. (Esto era ridículo: Mosley estaba casado con una señora cuyo nombre era Rebeca Levy, lo que hace ociosos todos los comentarios). Las autoridades inglesas, que se mofaron de sus propias leyes, del "Bill of Rights", del "Habeas Corpus", que obligaban a las detenidas, incluyendo a la esposa de Mosley, a convivir con ladronas y prostitutas, llevaron su cinismo y su desprecio por la ley hasta el extremo de arrestar, durante 5 años, a Tyler Kent, funcionado de la Embajada de los Estados Unidos, del que se sospechaba, con razón, que era más proamericano que projudío. Arnold Leese, que fue pensionista roñoso de las cárceles democráticas inglesas, las describe como "la GPU judeo-democra- tica de Inglaterra"[678].

Estas personas fueron liberadas al terminar la guerra. Ni una sola fue acusada de nada.

Simplemente fueron puestas en la calle, famélicas y enfermas.

Los ataúdes de los 11 muertos en prisión fueron entregados a las familias, prohibiéndoseles los funerales públicos.

---

[678] Arnold S. Leese: "*The Jewish War of Survival*". pág 14.

En 1943, los familiares de algunos detenidos llevaron el asunto hasta la Cámara de los Lores, que nombró de su seno un Comité de Apelación, formado por cuatro hombres, de los que tres eran Judíos, o tenían conexiones familiares con judíos[679]. El Comité de Apelación rechazó la demanda de aplicación del "Habeas Corpus".

Theodor Haller Cooper, Waffen SS y reclutador de la "Legión Saint George", de voluntarios británicos contra el Bolchevismo, fue condenado a muerte pero se le conmutó por la pena de prisión perpetua. Otros 48 ingleses que habían lachado contra los Soviets, fueron condenados a diversas penas de prisión.

Otras penas fueron pronunciadas contra ciudadanos británicos, pero nos ocuparemos de ellas al estudiar la llamada depuración intelectual.

RESUMEN NUMÉRICO DE LOS CRÍMENES DE LOS BUENOS

Creemos útil, en el corto epígrafe que va a seguir, hacer un resumen, puramente numérico, de los crímenes de los Buenos. Como podrá observar el lector amigo, tomamos como definitivas las cifras más bajas reconocidas por los propios victimarios, en el caso de las democracias occidentales, o antinazis, cuando se trata de las democracias orientales, llamadas populares.

A) Muertes causadas por crímenes de guerra, en violación de las Convenciones de Ginebra y La Haya, o a causa de la Depuración.

1.- Víctimas de los bombardeos terroristas sobre Alemania y Austria..2.050.000

2.- Víctimas de los bombardeos terroristas sobre el resto de Europa ocupada..28.000

3.- Víctimas de los bombardeos terroristas sobre Italia....................11.000

4.- Víctimas japonesas causadas por la atomización de Hiroshima y Nagasaki..125.000

5.- Víctimas Japonesas por los bombardeos terroristas americanos...300.000

6.- Soldados alemanes incluyendo heridos y prisioneros víctimas de los partisanos:

---

[679] Ibid. Id. Op. Cit. pág. 87.

a) En Francia 6.000

b)   En Italia 6.500

c)   En Yugoeslavia 35.000

d)   En el resto de Europa 5.000

e) En Rusia[680] 150.000

7.- Oficiales polacos asesinados en Katyn............................ 15.000

8. - Civiles alemanes asesinados en Polonia, antes de la declaración de guerra.. 11.500

9.- "Ausslandsdeutsche" asesinados:

a)   En los Sudetes 250.000

b)   En Checoslovaquia 175.000

c)   En Yugoeslavia 240.000

d)   En el Bánato (rumano y húngaro) 200.000

e)   En Polonia[681] 35.000

f)   en Memel (Lituania) 10.000

10.- Víctimas de la depuración legal en Alemania, amparándose en leyes retroactivas... 11.500

11.- Víctimas de asesinatos colectivos en Alemania y Austria[682]...25.000

12.- Muertes de civiles a consecuencia de las deportaciones forzosas en el Este de Europa[683].. 2.000.000

13.- Refugiados alemanes muertos por los soviéticos al tratar de huir de Prusia Oriental[684]... 10.000

14.- Soldados croatas, ucranianos, rusos, musulmanes, serbios y albaneses,

---

[680] La cifra real debe, al menos, triplicar los 150.000, pero es la más baja que hemos encontrado, en "Cruzada en Europa" de Eisenhower.

[681] Durante y después de la guerra. (N. del A.)

[682] La cifra debe ser varias veces mayor. 25.000 es la cifra de los muertos en Koenigsberg y en Gumbinen, lugares donde se pudieron obtener datos exactos. (N. del A)

[683] Es la cifra más baja que se ha dado. Según De Zayas, debieron ser unos dos millones y medio. (N. del A).

[684] Cifra de los muertos en los torpedeamientos del "Wilhelm Gustloff" y el "Goya", Se desconocen los datos exactos correspondientes a casi veinte torpedeamientos más. (N. del A).

víctimas de la Operación Keelhaul y muertos en deportación[685]........745.000

15.- Ciudadanos americanos de origen japonés, muertos en los campos de concentración de Arizona[686]..7.000

16.- Ciudadanos franceses victimas de la depuración legal -con leyes retroactivas- en Francia...50.000

17.- Ciudadanos franceses "ejecutados" sumariamente en la Liberación...105.000

18.- Victimas de la depuración belga...4.000

19.- Víctimas de la depuración holandesa 38

20.- Victimas de la depuración luxemburguesa 4

21.- Victimas de la depuración danesa 546

22.- Víctimas de la depuración noruega 50

23.- Víctimas de la depuración polaca[687] 250.000

24.- Victimas de la depuración lituana 100.000

25.- Victimas de la depuración estoniana 60.000

26.- Víctimas de la depuración letona 30.000

27.- Muertos en la depuración búlgara 10.000

28.- Muertos en la depuración rumana[688] 50.000

29.- Muertos en la depuración eslovaca 25.000

30.- Muertos en la depuración yugoeslava 26.000

31.- Muertos en la depuración albanesa[689] 5.000

32.- Muertos en la depuración griega[690] 2.000

33.- Muertos en la depuración húngara[691] 215.000

34.- Muertos en la depuración ucraniana y rusa 3.000.000

---

[685] Los implicados en la Operación Keelhaul fueron 2.335.000. Damos un total de sólo un tercio de muertos, cuando es sabido que de las deportaciones en Rusia apenas regresaban un 10%. (N. del A.)

[686] El la cifra mas baja que hemos encontrado. App dice que fueron unos 11.000 muertos. (N. del A.)

[687] El gobierno polaco de Londres ha dicho que los rusos mataron a un millón de polacos, pero hemos dividido la cifra por cuatro. (N. del A.)

[688] Sólo poseíamos cifras de Traian Romanescu, y las hemos dividido por seis. (N. del A.)

[689] Hemos seguido idéntico procedimiento. (N. del A.)

[690] Hemos seguido idéntico procedimiento. (N. del A.)

[691] Hemos dividido por dos las cifras de Manchalsko. (N. del A.)

35.- Muertos en la depuración italiana[692] 125.000

36.- Italianos "ejecutados" por los partisanos en el Norte de Italia 12.000

37.- Italianos de Istria, Dalmacia y Venecia Julia ejecutados por los "Titistas" 10.000

TOTAL: 10.531.088.

A esta cifra de más de diez millones y medio de muertos hemos llegado, como ya se hace observar en las frecuentes notas de pié de página, tomando las cifras mínimas o dividiendo por tres o hasta cuatro -según nos ha parecido más Justo, a nuestro leal entender- aquellas cifras procedentes de fuentes que pudieran parecer parciales. Creemos, con todo, que la cifra real debe superar bastante la de ese espeluznante y auténtico holocausto. Como muestra, el siguiente ejemplo: De los más de cien mil prisioneros alemanes de Stalingrado regresaron de la URSS unos seis mil. En ningún caso -incluyendo el de los italianos presos en la bolsa del Don- regresaron más de un diez por ciento.

Hemos dado por supuesto que, en la Operación Keelhaul, se salvaron dos terceras partes. Aplicando el porcentaje de Stalingrado, por ejemplo, la cifra de muertos en ese Apartado subiría a más de dos millones, en vez de los 745.000 que adjudicamos.

B) Personas desapareadas, sin dejar rastro, soldados prisioneros y civiles deportados, en violación de la Convención de Ginebra:

1.- Soldados ucranianos, rusos, croatas, musulmanes, serbios y albaneses, victimas de la Operación Keelhaul ....1.490.000[693].

2.- Soldados alemanes usados en la URSS como trabajadores forzosos..4.400.000[694]

---

[692] Hemos tomado los datos más favorables a los buenos. Pero todos los autores están de acuerdo que en Italia hubieron mas muertes que en Francia. (N. del A.)

[693] Véase el punto 14 del precedente apartado A) y la nota 685, que explican esta cifra. (N. del A.)

[694] De los cinco millones -como mínimo- de soldados alemanes mantenidos en la URSS, tras el cese de hostilidades, y realmente desaparecidos, hemos dado por supuesto que un 12% lograron huir de la URSS o se les dejo marchar, sin publicidad. Recordemos de nuevo que de los prisioneros de Stalingrado sólo regresaron seis mil (o sea un 6%). Creemos que se trata de una concesión bastante deportiva. Por eso reducimos la cifra de cinco millones en seiscientos mil (N. del A.)

3.- Soldados rumanos, italianos, búlgaros, eslovacos, húngaros y finlandeses, usados en la URSS en el mismo concepto[695] 660.000

4.- Civiles lituanos deportados a la URSS 40.000

5.- Civiles letones deportados a la URSS[696] 41.800

6.- Civiles búlgaros deportados a la URSS[697] 55.000

7.-Niños griegos, deportados a la URSS[698] 1.500

8.- Civiles húngaros y alemanes residentes en Hungría, deportados a la URSS[699] 215.000

9.- Civiles eslovacos y polacos, deportados a la URSS[700].........................?

6.903.300

Creemos que aquí se impone el mismo comentario que hacemos al final del Apartado A). Hemos tomado las cifras más bajas y, cuando las fuentes nos han parecido antisoviéticas, las hemos, simplemente, dividido por dos. B) Hemos citado *pour mémoire* a los civiles eslovacos y polacos deportados a la URSS, sin mencionar cifra por ausencia de datos fidedignos.

C) Personas privadas de libertad en virtud de leyes retroactivas, o sancionadas en virtud de dichas "leyes", o soldados internados en campos de concentración pese al cese de hostilidades:

1.- Alemanes condenados por los tribunales de Desnazificación 375.000

2.- Alemanes privados de derechos civiles[701] 10.000.000

3.- Soldados alemanes ilegalmente retenidos como trabajadores forzosos en

---

[695] Hemos seguido el mismo método: Los 750.000 los rebajamos en un 12%. (N. del A.)

[696] De los 50.000 letones deportados regresaron 2.500. De los 47.500 desaparecidos hemos deducido otro 12%. (N. del A.)

[697] Como las fuentes relativas a los deportados búlgaros son antisoviéticas, hemos querido suponer que de los 110.000 deportados a la URSS regresó la mitad, porcentaje que nunca se ha dado. (N. del A.)

[698] De los 1.500 niños griegos desaparecidos se hizo eco toda la prensa mundial de la época (1945-46). Consta su no devolución. (N. del A.)

[699] Hemos dividido por dos la cifra de Marschalsko, de 430.000. (N. del A.)

[700] No hemos hallado cifras dignas de fe relativas al número de deportados en estos dos países, pero ciertamente no fueron inferiores a los desaparecidos búlgaros o lituanos. (N. del A.)

[701] Se llega a esa cifra mínima suponiendo que los rusos fueran igual de rigurosos que los americanos e ingleses, aunque es de creer que lo fueran más. (N. del A.)

Inglaterra 460.000

4.- Soldados alemanes retenidos en Francia por el mismo concepto 210.000

5.- Soldados japoneses retenidos en Australia como trabajadores forzosos[702] 130.000

6.- Funcionarios administrativos depurados en Austria 149.044

7.- Ciudadanos austríacos condenados a prisión 1.380

8.- Ciudadanos franceses arrestados por las autoridades provisionales de la "Resistencia"[703] 1.000.000

9.- Ciudadanos belgas encarcelados a raíz de la Liberación 70.000

10.- Ciudadanos belgas multados por "colaboracionismo económico" 75.391

11.- Ciudadanos belgas privados de derechos civiles 231.000

12.- Ciudadanos holandeses arrestados tras la Liberación[704] 150.000

13.- Ciudadanos luxemburgueses internados en campos de concentración al ser liberados 15.000

14.- Ciudadanos daneses condenados a prisión por "colaboracionismo" .11.000

15.- Ciudadanos daneses privados de derechos civiles 12.600

16.- Ciudadanos noruegos condenados a prisión por "colaboracionismo" 92.000

17.- Ciudadanos noruegos privados de derechos civiles 5.500

18.- Ciudadanos italianos encarcelados al ser liberados[705] 500.000

19.- Ciudadanos británicos encarcelados sin acusación ni juicio, durante la guerra[706] 600

20.- Ciudadanos británicos condenados a prisión por haber luchado contra el Bolchevismo 4

21.- Ciudadanos griegos condenados por "colaboracionismo" con Alemania e

---

[702] Faltan datos numéricos sobre los japoneses retenidos en la India. (N. del A.)

[703] Según "Le Fígaro", Paris, 1-I-1946.

[704] El moderadísimo Paul Sérant habla de una cifra oscilante entre 150.000 y 200.000 Tomamos la mas baja. (N. del A.)

[705] Cifra de Sérant Giorgio Pisanó, in "Sangue chiama sangue", habla de 575.000 Tomamos la cifra mas baja, de Sérant. No desglosamos, por considerarlo excesivamente prolijo, entre los condenados posteriormente y los simplemente multados o privados derechos civiles. (N. del A.)

[706] Todos los autores ingleses consultados dan la cifra de unos 650. Domvile habla de "unos 600", en "From Admiral to Cabin boy". Tomamos, como siempre, la más baja. (N. del A.)

Italia 63

Total: 13.488.02

A parte de haber, como en los casos precedentes, tomado las cifras deliberadamente por lo bajo, este Apartado debe quedar forzosamente muy por debajo de la realidad, por cuanto, por carecer de datos fidedignos, no mencionamos a las víctimas de los países del Este.

En resumen, pues, los Buenos, de acuerdo con la legislación vigente cuando se cometieran los hechos incriminados, y según sus propias confesiones de parte, cometieron un mínimo de 10.531.088 asesinatos, provocaron la desaparición y probable muerte de otras 6.903.300 personas y encarcelaron, condenaron, multaron o privaron de sus derechos civiles -esos derechos que cuando se conculcan, o se supone que se conculcan, en la persona augusta de un negro de Alabama provocan la santa indignación de las vestales democráticas- a otras 13.488.027 personas. Es probable que algunas -o muchas- de las víctimas fueran seres bien poco interesantes, o efectivamente culpables de algo, pero es innegable que, al ser sumariamente ejecutadas o sancionadas de acuerdo con una legislación *ex post facto*, el tratamiento que recibieran transfería la culpa al victimario, máxime si éste se investía de autoridad con ropaje legal.

No es excusa aducir que muchos de los abusos fueron cometidos por personas incontroladas. La primera obligación de un verdadero gobierno consiste, precisamente, en asegurar el orden, sin el cual no puede existir libertad ni convivencia civilizada alguna. Es más, como ya hemos visto, en numerosas ocasiones fueron los propios gobiernos - provisionales o no - los que azuzaron a las masas contra seres vencidos e indefensos. Todos los gobiernos, y no solamente el soviético, utilizaron, durante muchos años, mano de obra de esclavos. Todos los gobiernos, y no solamente el soviético, dieron carta blanca a la soldadesca para que se desmandara y pillara, violara y asesinara a civiles y prisioneros. Todos los gobiernos, y no solamente el soviético, robaron metódicamente cuanto pudieron, tanto a organismos públicos como a particulares. Fueron los gobiernos occidentales los que proporcionaron a sus aliados de entonces, los soviéticos, la carne de matadero imprescindible para la Operación Kellhaul. Fueron jueces occidentales los que, amparándose en una legislación retroactiva, es decir, ilegal, dictaron condenas inicuas contra millones de personas. Y fueron los "cristianos" gobiernos occidentales los que -empujados por las Fuerzas Fácticas- programaron y ejecutaron los bombardeos terroristas que causaron más de dos millones de muertos y casi tres millones de heridos entre la población no combatiente.

Todos estos desmanes, cometidos por los cruzados de la Democracia, tienen, además -por lo menos en su mayor y más grave parte- el agravante de haber sido perpetrados después de terminada la guerra, cuando los ánimos, lógicamente, debieran estar más aplacados, y cuando la natural alegría por la victoria debiera suscitar sentimientos más sanos que la venganza contra seres indefensos. Fue un crimen masivo y frío; algo completamente inédito en la historia de Occidente. Cometido con larga premeditación -el Plan Morgenthau se concibió en 1944- y con infame alevosía, contra un adversario inerme. Francis Parker Yockey afirma[707] que

> "la bestialidad sin precedentes de esa indecente venganza, prueba, por sí sola, la existencia de un elemento extranjero, parásito, extraño a Occidente, que la promovió, la inspiró y, a menudo, la ejecutó".

LOS BUENOS Y LOS INTELECTUALES

Es un hecho relativamente bien conocido hoy día que las listas negra contra los artistas e intelectuales europeos acusados, con razón o sin ella, de ser nazis o pro-nazis, fueron redactadas mucho antes que las listas de los criminales da guerra, exceptuando, claro es, la primera lista que incluía a los miembros del Gobierno Alemán. Dice Louis Marschalko:

> "Esos conquistadores del mundo que llegaron a la vencida Alemania procedentes de los Estados Unidos y que eran, casi todos ellos, fanáticos comunistas, compilaron esas listas y las trajeron consigo cuando llegaron como agregados de prensa y propaganda del ejército de los Estados Unidos. Pero, aunque lucían el uniformes del ejército norteamericano, no representaban el espíritu de Jefferson, sino al espíritu vengativo e intolerante del chauvinismo Judío... Esa gente solo perseguía una finalidad:

---

[707] Francis Parker Yockey: "*Imperium*", Omnia Veritas Ltd, www.omnia-veritas.com.

destruir a la competencia intelectual de las clases sociales y las profesionales, y rebajar la intolerable superioridad del estilo de vida cristiano"[708].

Dijeron Churchill y Roosevelt que, además de la lucha en las trincheras, se estaba desarrollando otra lucha en pro de la libertad de la Humanidad y del espíritu humano. No obstante, las listas negras, la censura, la prohibición de ejercer profesiones y carreras artísticas, el amordazamiento de la Verdad y el terrorismo intelectual puro y simple fueron implantados en Europa, la creadora de casi todas las Culturas que el Mundo ha visto, no sólo por los chekistas que seguían al Ejército Rojo sino también por deseo expreso de los gobiernos de las democracias occidentales.

En esas listas negras figuraban hombres como Sauerbruch, el mayor genio médico del siglo, y Wilhelm Fürtwangler, el más grande de los directores de orquesta. Junto a ellos, músicos de renombre mundial como Richard Strauss, Herbert von Karajan, Clemens Krauss, Julius Patzak, Walter Gieseking, Vasa Prihoda, Pfitzner, Paul Linke, Karl Böhm, Werner Krauss; escultores geniales como Thorak y Arno Breker, cuyas obras fueron destruidas por los bárbaros de la Libertad; actores y directores de cine, como Emil Jannings, Theo Lingen, Ulrich, Leni Riefensthal; el tenor checo Leo Slezak, que se retiró en 1934, pero que por el hecho de haber residido en Alemania y haber sido partidario de Hitler fue a parar a la cárcel; Fredl Weiss, un conocido actor cómico, que a menudo hacía bromas y chistes a costa de Hitler, debió comparecer ante los tribunales de los libertadores. El terrorismo de éstos no se detuvo ni ante la figura de un genio intelectual de la talla de Gerhardt Hauptmann, "sospechoso" por haber osado escribir unas líneas tristes expresando su pesar por la suerte de Dresde. A Erwin Guido Kolbenhayer se le prohibió publicar sus libros. Incluso los muertos fueron incluidos en esas listas negras, como Heinrich George, que fue capturado por los soviéticos y murió en un campo de concentración. Todos los intelectuales y artistas alemanes fueron depurados, en mayor o menor grado. La depuración alcanzó incluso a figuras del Deporte, tales como el ex-boxeador Max Schmelling, a quien se acusó falsamente de haber sido un torturador de un campo de concentración.

---

[708] Louis Marschalsko: "*World Conquerors*", Omnia Veritas Ltd.

El líder de esa depuración de intelectuales y artistas era, en el Este de Alemania, el comunista Gerhard Eisler, compositor de la famosa marcha revolucionaria "La Internacional". En el Oeste, junto a Eisenhower, inspirándole constantemente en esa tarea hubo, sucesivamente, tres individuos más tarde desenmascarados como cripto-comunistas[709]: Cedic Henni Belfrage, James Aaronson y Moses Kagan. Los cuatro: Eisler, Belfrage, Aaronson y Kagan pertenecían a ese "elemento extraño, parásito, extranjero en Occidente", denunciado por Yockey.

La depuración intelectual, por supuesto, no se limitó a Alemania. No era sólo Alemania el enemigo de los poderes fácticos: era Europa y lo que repre-sentaba. Así, en Italia, Gioacchino Volpe fue condenado a muerte en rebeldía; escritores como Evola, Gentile, Farinacci (ambos asesinados por los par- tisanos), Barracu fueron condenados, muchos años, al ostracismo. Tremenda fué, también, la represión intelectual en Hungría. Laszlo Endre, el poeta que acabó sus días en una celda de la checa de la famosa Andrassyut escribió, en su carta de adiós que pudo llegar a Occidente: "Los Protocolos de los Sabios de Sión son auténticos"[710]. No hubo un sólo escritor o artista de cierta categoría, que hubiera ejercido su arte y su profesión antes de la Liberación que no fuera a parar a la cárcel, en el mejor de los casos. Lo mismo puede decirse de Rumania, Bulgaria y la desgraciada Polonia.

En Francia fue, tal vez, donde la depuración se cobró mayor número de víctimas, dejando Alemania aparte, naturalmente. Figuras del relieve intelectual de Charles Maurras y Henri Béraud fueron condenadas a prisión perpetua. Brasillach, el poeta exquisito, fue condenado a muerte tras un proceso inicuo. También lo fue el escritor y periodista Georges Suarez. Igual suerte corrieron Jean-Hérold-Paquis, locutor de Radio París, Jean Luchaire, redactor-jefe del periódico *Temps Nouveaux*, y el novelista Paul Chack. Pierre-Antoine Cousteau y Lucien Rebatet fueron condenados a muerte, pero les fué conmutada la pena por la de prisión perpetua, hasta que, tras siete años de cárcel, se beneficiaron del indulto de Vincent Auriol. Urbain Gohier obligó al tribunal a molestarse: como no podía moverse de su cama del hospital a causa de su parálisis, los magistrados se desplazaron allí y le condenaron a cadena perpetua. Jean Drault fue condenado a treinta años de trabajos for zados por haber

---

[709] Louis Marschalsko: "*World Conquerors*", Omnia Veritas Ltd.
[710] Ibid. Id. Op. Cit.

escrito media docena de artículos antisemitas en su juventud. Algunos escritores escaparán a los jueces: Drieu La Rochelle se suicidó el 15 de Marzo de 1945, cuando acaba de abrirse contra él una instrucción.

Louis-Ferdinand Céline, refugiado en Dinamarca, sólo será castigado a una pena ligera, por contumacia, cuando cinco años más tarde se le juzgue: cierto es que habrá debido pasar dos años en prisión en el país al que solicitó asilo. Alphonse de Chateaubriant, el antiguo director de *La Gerbe*, vivirá clandestinamente en Austria, donde morirá en 1951. Raymond Abellio, condenado a veinte años de trabajos forzados *in absentia*, será indultado en 1952, tras seis años de exilio en Suiza.

El terrorismo intelectual sería completado por la acción de un autotitulado "Comité Nacional de Escritores", a cuya cabecera figuraban Sartre y François Mauriac[711]. Jean Queval, mediocre escritor, se vengará de sus colegas infinitamente superiores a él, redactando la lista de "autores colaboracionistas", a los que, durante largo tiempo, se les vetará en periódicos, salas de redacción, editoriales e imprentas. He aquí la impresionante lista:

Claude Farrère, Jean Cocteau, Paul Fort, Colette, León-Paul Fargue, Sacha Guitry, Jean Anouilh, Jacques Audiberti, Marcel Carné, Henry de Montherlant, Jean Sarment, Octave Aubry, Pierre Bénoit, André Bellesort, Jacques Boulenger, Robert Desnos, Charles Dullin, Leon Frapié, Marcel Lherbier, Jacques de La Varende, Paul Morand, Pierre Mac Orlan, Victor Margueritte, Henri Poulaille, Maurice Rostand, Henry Troyat[712], Maurice Yvain, Marcel Aymé, Marcel Berger, René Barjavel, Félicien Challaye, Luc Durtain, el editor Bernard Grasset, Pierre Hamp, Gabriel Hanotaux, La Fouchardiére, Alfred Fabre-Luce, Louis Ferdinand-Royer, Pierre Mille, Henri-Raoul Lenormand. Bertrand de Jouvenel, Jacques Roujon, Emile Roche, André Salmon, Francis Delaisi, Pierre Varenne, René Malliavin y Jacques Bénoist-Méchin.

Este ultimo, condenado a muerte, seria, luego, indultado. También fue condenado a muerte *in absentia*, el finísimo escritor Abel Bonnard, que encontró asilo político en España, hasta su muerte. Infinidad de periodistas, tanto de la prensa de París como de la de provincias, fueron víctimas de esa depuración intelectual,

---

[711] Tanto Mauriac como Sartre solicitaron y obtuvieron el favor de las autoridades ocupantes, pero tuvieron la habilidad de olfatear a tiempo el cambio bélico-político en 1943. (N. del A.).

[712] Troyat era judío. Era lo que quedaba por ver; un judío pro-nazi (!!!).(N. del A.)

que se prolongó durante tres largos años[713]. Una periodista, o, más exactamente, una "juntaletras" que, pese a su orígen étnico, no fue molestada durante la Ocupación alemana, Madeleine Jacob, apodada "La Hiena", se destacó en su labor delatora privando del pan, y a veces de la libertad, a numerosos colegas suyos.

El sabio Alexis Carrel fue detenido y se le anunció que se le iba a juzgar por "colaboracionista y racista". Pero la Justicia no pudo cobrarse esa víctima, pues Carrel, en precario estado de salud, morirá en el hospital de la cárcel. El "pecado de racismo" no lo perdonan los inquisidores democráticos franceses. Por ese motivo será condenado a muerte y fusilado el gran etnólogo Georges Montandon. Georges Claude, una de las figuras capitales de la ciencia europea, será condenado, a los setenta y siete años de edad, a cinco de prisión. La depuración llegará a tal paroxismo de vesania y estupidez que hasta figuras tan populares como el cantor Maurice Chevalier, el actor Louis Jouvet y el boxeador Georges Carpentier serán multados por haber actuado ante los voluntarios de la División SS "Charlemangne".

Toda la intelectualidad francesa recibió un golpe tremendo del que nunca se repondría totalmente. El escritor Georges Bernanos, uno de los pocos que no fue molestado por el celo de los depuradores, tuvo la franqueza y el coraje de escribir:

"Digo que Francia jamás ha conocido un régimen tan mediocre como el que, en 1945, se ha impuesto en el país como liberador, y no ha cesado de prostituir después, o antes de ridiculizarse en su favor, la palabra "liberación". Nunca la más baja y la más vulgar corrupción alcanzó ese grado, no de cinismo -en el que hay, aún, algún amargo desafío- sino de inconsciencia casi pueril, infantil, en el regateo de los puestos, el sofoco de los escándalos y la ostentación obscena de las mediocridades satisfechas"[714].

En Bélgica, la depuración intelectual comenzó con el asesinato del periodista Paul Colin, director del gran semanario *Cassandra*. Jules Lhost, editorialista del mismo periódico, fue condenado a cadena perpetua, pero, por indicación del auditor

---

[713] Todavía en 1960, al escritor rumano Vintila Horia, al que un jurado literario había concedido el "Premio Goncourt", se le retiró dicho premio porque el "Comité France-Israel" desarchivó unos artículos escritos por él, veinte años antes, y juzgados antisemitas. (N. del A.)

[714] "*L'intransigeant*", Paria, 13-III-1948.

militar, fue juzgado por segunda vez y condenado a muerte en Febrero de 1945. Lo mismo le sucedió a otro periodista, Joseph Streel, director de *Le Pays Réel*, que fue también condenado a cadena perpetua, pero igualmente el auditor militar consiguió que se repitiera el juicio y se le condenara a muerte. El mismo caso inicuo se dio con Robert Poulet, tal vez el mejor de los novelistas belgas: cadena perpetua primero; revisión del proceso y condena a muerte, aunque consiguió el indulto. También fueron condenados a muerte los periodistas Victor Meulenyzer y "Jam", el dibujante satírico, aunque éste último fue indultado. Otros escritores que tuvieron problemas con los depuradores fueron el célebre novelista Georges Simenon y el autor teatral y ensayista Félicien Marceau.

Un ejemplo de la intolerancia de la época nos lo suministra el caso del di-bujante Hergé, el célebre creador de "Tintín", héroe de los cuentos infantiles. Bajo la ocupación alemana, dos álbumes del dibujante "Tintín en América" y "La Isla Negra", fueron prohibidos por los alemanes porque en ellos América era presentada de manera demasiado favorable[715]. Pero no por ello dejó Hergé de publicar sus dibujos en el diario *Le Soir*, de Bruselas. Esto fue suficiente para motivar su arresto por las milicias patrióticas.

Hergé vióse impedido de ejercer su actividad durante dos años.

En Holanda los depuradores no se perdieron en detalles: todos los periodistas que habían escrito durante la ocupación, fueron expulsados de sus periódicos, pero el número de condenados fue mínimo.

En Luxemburgo, como mencionamos en otro lugar, hubo cuatro ejecuciones. Una de las víctimas fue el profesor Damien Kratzenberg, director de la "Volkdeutsche Bewegung", que no fue acusado de acto inhumano alguno, pero que había optado por la germanización del Gran Ducado en sus libros. Lo hemos dicho y lo repetimos una vez más: el delito de opinión está muy mal visto en las llamadas "democracias".

En general, la depuración intelectual presentó caracteres similares en todos los países occidentales. Algunos casos singulares merecen, empero, una atención especial. El caso de Knut Hamsun, por ejemplo. Hamsun, Premio Nobel de

---

[715] Culpable de esa orden ridicula fue el Jefe de las tropas de ocupación. General Von Falkenhausen que, en cambio, tuvo mucha, manga ancha con los pistoleros de la "resistencia". Es curioso, pero innegable; donde la ocupación era dirigida por elementos del N.S.D.A.P. habían menos problemas que cuando era un general hiper- nacionalista, con monóculo, quien se ocupaba de esas funciones. (N. del A.)

Literatura, en una época en que tal premio tenía, todavía, una significación real, era generalmente reconocido como el más grande escritor escandinavo contemporáneo. Hamsun, cierto es, apoyaba al gobierno de Quisling, y era acendradamente antisoviético. En una ocasión solicitó audiencia a Hitler para solicitar la retirada de Noruega del *Gauleiter* Terboven, a quien execraban todos los noruegos, ya fuesen fieles al Rey exiliado, ya a Quisling. Según Sérant, "la audiencia supuso para el escritor una amarga decepción, pues el Führer se perdió en consideraciones generales sin prestar atención a los propósitos del escritor. A pesar de esas decepcionante experiencia, no por ello dejó Hamsun de arraigarse en sus convicciones"[716].

Cuando el mundo supo la muerte de Hitler, algunos días antes de la capitulación del III Reich, Hamsun publicó el siguiente homenaje al difunto Führer:

"Yo no soy digno de elevar la voz a propósito de Hitler; su vida y sus actos no invitan a manifestar emociones. Era un guerrero; un guerrero para la Humanidad; y, para todas las naciones, el predicador del Evangelio del Derecho. Era un reformador de la más alta condición. El Destino le ha hecho desplegar su acción en una época de brutalidad sin precedentes; esa brutalidad que, finalmente, le ha abatido. Así es como el europeo medio debe considerar a Hitler; nosotros, sus partidarios, nos inclinamos ante sus restos".

A partir del momento de la rendición alemana, Hamsun fue arrestado. Juzgado, fue condenado a treinta días de cárcel y fue declarado "indigno nacional". Al salir de la cárcel se le infligió, a sus ochenta y seis años, el ultraje de internarle en un asilo psiquiátrico. A su esposa, que nunca intervino en política, la condenaron a tres años de trabajos forzados y, a la muerte del escritor, el Estado le arrebató su pensión de viudedad.

Otro caso particularmente vergonzoso fue el de Ezra Pound, el mejor escritor norteamericano de su época y uno de los mayores genios de la Literatura contemporánea. La guerra le sorprendió en Italia, donde vivía regularmente. Habló por los micrófonos de la radio italiana, acusando a Roosevelt, a Churchill y a la Alta Finanza Internacional de haber provocado la guerra.

---

[716] Paul Sérant: "*El destino de los vencidos*", pág. 301.

Pound fue hecho prisionero por sus compatriotas. No sólo fue internado, sino que conoció el suplicio. Después de haberle metido en una celda de condenado a muerte, se le encerró en una Jaula, abandonándole en medio del campo; el gentío de los alrededores, debidamente aleccionado por las células comunistas, vino a desfilar ante el, cubriéndole de injurias y de escupitajos. A continuación se le transfiere a una celda, completamente aislado, y a oscuras, permaneciendo en la misma varios meses, antes de ser repatriado a los Estados Unidos. Al llegar a su patria fue entregado a una comisión de psiquiatras que ordenaron su internamiento en un asilo. Pound, no obstante, continuaba escribiendo y sus obras bastaban para demostrar que no era lo que se pretendía que fuera. Por fin, en 1958, tras una vigorosa campaña de varios escritores, con Hemingway a la cabeza, Pound fue autorizado a abandonar el asilo.

Inglaterra, la patria del Liberalismo, también conoció la lucha contra los intelectuales y contra la Libertad de opinión. El caso más extraño fue el de John Amery. Pertenecía a la mejor sociedad británica y su padre, Lord Amery, formaba parte del gabinete Churchill en calidad de Ministro de Asuntos Indios. El joven John Amery actuó como periodista en España, en donde permaneció hasta 1940. Luego pasó a Francia, donde entró en contacto con los líderes colaboracionistas franceses Marcel Déat y Jacques Doriot. Desarrolló una serie de conferencias radiofónicas con destino a su patria, invitando al pueblo ingles a deponer a Churchill y a concluir la paz con Alemania. Luego, se alistó en la "Legión Saint George" que combatió contra los soviéticos. En su proceso, que tuvo lugar el 28 de Noviembre de 1945, Amery dijo que no reconocía a un tribunal más judío que inglés el derecho a juzgarle. En consecuencia, no respondió a ninguna de las preguntas del Tribunal ni se tomó la molestia de explicar su actitud. Condenado a muerte, fue colgado algunas semanas más tarde. Tenía 33 años de edad. Su destino no tuvo repercusión alguna en la carrera política de su padre, que continuó siendo ministro de Indias hasta que su partido perdió las elecciones y el gabinete se disolvió.

William Joyce, al que los ingleses llamaban "Lord Haw Haw", hijo de padre irlandés y madre inglesa, había nacido en Nueva York. Desde muy joven vivió en Inglaterra y se alistó en el partido de Mosley, aunque en 1937 rompió con éste para crear un grupo disidente: el Partido Nacionalsocialista Británico. En 1939 se trasladó a Alemania y solicitó la nacionalidad alemana, que rápidamente obtuvo. Fue el comentarista principal de las emisiones de la radio alemana, con destino a Inglaterra. Nunca atacó a su anterior patria. Sólo aconsejó a sus ex-compatriotas que instaran a su gobierno a que hiciera la paz con Alemania y se uniera a ésta en la lucha contra el bolchevismo. Capturado por los ingleses al final de la guerra, fue condenado a muerte, por "traición" y colgado. Dejando de lado que no comprendemos cómo en una supuesta "democracia" puede condenarse a alguien por aconsejar que se haga la paz[717], queda el hecho de que difícilmente pueda ser "traidor" un extranjero como Joyce, naturalizado alemán.

Chuter Ede, Secretario de Estado británico para la Información manifestó que el número de ingleses acusados de traición y colaboración con el enemigo se elevaba a 125[718]. Entre los británicos que fueron acusados de traición hay que señalar el caso del célebre novelista P.G. Wodehouse. El 15 de Junio de 1941, la B.B.C. acusaba al novelista de "haberse postrado a los pies de Hitler" y de "haber vendido su honor a cambio de una vida cómoda". Esta información suscitó una profunda indignación en el país, en el cual Wodehouse era uno de los escritores más populares. Unos pilotos de la R.A.F., no se sabe si con autorización o sin ella, partieron en misión para bombardear la casa de Wodehouse en Touquet, pero destruyeron, por error, la casa vecina.

En efecto, Wodehouse residía desde hacía varios años en Francia. En realidad, el novelista se limitó a grabar unas charlas, en las cuales contaba, con su gracia habitual, algunas de sus aventuras y, en especial las de 1940, en la Francia ocupada y, más tarde, en la Zona libre, gobernada por el régimen de Vichy. Los alemanes difundieron esas charlas en la serie de emisiones con destino a Gran Bretaña. A Wodehouse le salvó de ir a la cárcel el apoyo masivo de sus colegas ingleses, en especial de Evelyn Waugh[719].

Otro caso que llegó a ser célebre fue el del escritor Sisley Huddleston, inglés, escritor de calidad, aunque silenciado por la crítica de la post-guerra. Este inglés

---

[717] Numerosos periodistas y casi la mitad de senadores de los Estados Unidos aconsejaron hace pocos años que se hiciera la paz en el Viet-Nam y -que sepamos- ninguno de ellos fue ahorcado. (N. del A.)

[718] "*The Times*", Londres, 11-IV-1946.

[719] Durante varios años, no obstante, a Wodehouse se le hizo el "black out" más completo. Sus libros fueron retirados de las bibliotecas públicas y dejaron de editarse sus obras. Wodehouse se fue a residir a los Estados Unidos donde culminó una fecundísima labor literaria. (N. del A.)

vivía en la Costa Azul cuando estalló la guerra y, como dice Sérant[720] "era uno de esos ingleses que hacen de Francia su segunda patria", como le sucedió a Chesterton. En 1940, tras la derrota francesa, se negó a regresar a Inglaterra. "Me parecía -escribe al evocar ese período- que eso era el fin de mi propia vida...Sin dejar de ser inglés tenía en ese momento la convicción de ser más francés que inglés". Huddleston se oponía a la política de Churchill, al que llamo asesino tras el ataque inglés contra la flota francesa en Mers-el-Kebir. Pero a Churchill le llamaron entonces asesino cuarenta millones de franceses. Por cierto que Huddleston solicitó y obtuvo la nacionalidad francesa. A la Liberación de Francia se refugió en Mónaco, pero las autoridades del Principado accedieron a la extradición hecha por las autoridades francesas. Huddleston fue condenado a cinco años de cárcel, por "simpatías hacia los ocupantes", lo cual no era cierto pues Huddleston era mas bien partidario de la política "esperista" y, en el fondo, antialemana, del Mariscal Pétain.

La psicosis de la persecución contra los intelectuales alcanzó incluso a los países neutrales. En Suiza, por ejemplo, el periodista y escritor Georges Oltramare, fue condenado a tres años de cárcel por haber escrito en su revista ginebrina *Le Pilori* que el principal enemigo de Europa era el Bolchevismo. En cuanto a Frank Burri, escritor y animador del "Nationale Bewegung des Schweitz", que reclamaba unas democráticas elecciones generales en Suiza, para consultar a los cantones sobre si deseaban continuar formando parte de la Unión Helvética o bien preferían integrarse a Francia, Alemania o Italia, fue condenado a veinte años de cárcel. Esa dureza de las autoridades judiciales suizas contrastó poderosamente con la magnanimidad mostrada hacia el otro bando. Por ejemplo, las autoridades del Cantón de los Grisones amnistiaron al israelita David Frankfurter, convicto y confeso del asesinato de Wilhelm Gustloff, el Presidente de la Asociación de Alemanes Residentes en Suiza. Para un asesino, la amnistía. Para un escritor, la cárcel. Y esto, en un país "neutral"[721].

---

[720] Paul Sérant: "*El destino de los vencidos*", pág. 233-234.

[721] Durante la guerra, Suiza había acogido liberalmente a los refugiados antinazis y antifascistas, y a unos 25.000 israelitas de todas las nacionalidades. A comienzos de 1945 los europeos amenazados por la depuración antifascista creyeron que podrían beneficiarse de esa misma hospitalidad. Se equivocaron. A la Sra. Mussolini le fui negada la entrada. También a Jean Herold-Paquis, que fue entregado a los franceses, a sabiendas de que le iban a fusilar. (N. del A.)

FINIS CORONAT OPUS

Parecía lógico que, tras la eliminación de los réprobos (diez millones y medio de muertos, casi siete millones de desaparecidos y trece millones y medio de condenados) la Democracia podría, al fin, reinar en el mundo e imponer la legalidad, la justicia, el orden y el progreso generales. El precio había sido un poco caro, pero valdría la pena. Treinta millones de víctimas, más los casi sesenta millones de muertos durante la contienda. ¡Ah!... pero, al fin, reinaría la Democracia. Y reinaría a escala mundial.

Para materializar ese hermoso sueño se creó la Organización de las Naciones Unidas. En tal Organización todas las naciones tendrían su voto.

Luxemburgo, con sus trescientos mil habitantes, tendría su voto, que valdría tanto como el de la India, con trescientos millones. Es decir, una verdadera Democracia, pero a nivel mundial. Claro es que, para corregir posibles defectos -la perfección, sabido es, no es de éste mundo- se decidió instaurar el aristocrático "derecho de veto", que vale más que todos los votos juntos. Es decir que si, en un rapto fugaz de lucidez, los casi ciento cincuenta miembros de tan augusta asociación mundial, decidieran condenar cualquiera de las agresiones que realiza, cuando le da la gana, la Unión Soviética, movilizando al Consejo de Seguridad para que enviara a los Cascos Azules a luchar contra el Ejército Rojo o cualquiera de sus satélites, la acción sería paralizada por el Veto Soviético, si a la URSS le interesara paralizarla.

El derecho de veto se lo reservaron los fundadores de la O.N.U., es decir: Estados Unidos, Inglaterra, la URSS y China. Pero, de hecho, quien domina en la O.N.U. son los dos super-grandes: los USA y la URSS, ya directamente, ya por satélites interpuestos. El llamado bloque tercermundista, enjambre de famélicos subcapaces y de reyezuelos de opereta, no es más que un instrumento de chantaje, generalmente al servicio de la URSS. No se quisieron unas elecciones pulcramente democráticas en Dantzig y se ha llegado a un mundo dividido en dos bloques, uno de los cuales, el Soviético, contando con la complicidad de los dirigentes reales y la estupidez de los dirigentes legales del Americano, le está propinando a éste todos los golpes que quiere, cuando quiere y como quiere. Con la anuencia general. E importándole muy poco el aparecer como Bueno, o como Malo.

Y así, -ahora, treinta y cinco largos años después de terminada la Cruzada Democrática contra la Barbarie Nazi, el mundo, que no ha cesado de arder en guerras desde entonces -a pesar de que aquella era, en frase de Halifax, la guerra para terminar con las guerras- y que se hallaba abocado a una tercera guerra mundial, que causará presumiblemente más muertes y destrucciones que todas las guerras precedentes Juntas, en vez de poner en práctica la vieja máxima romana *Si vis pacem, para bellum*, Occidente, conducido por unos pastores traidores o imbéciles, o ambas cosas a la vez, sólo se preocupa de lavar el cerebro de sus pobres masas idiotizadas con el bombardeo reitrado de folletines y folletones televisivos sobre los crímenes -y aquí si que cabría, con razón, aplicar la fórmula consagrada de supuestos crímenes- de los réprobos nazis. Y de saltar de gozo, y hacer saltar de gozo, a las aludidas masas, cada vez que los servicios de Simón Wiesenthal logran capturar a un anciano ex-sargento de las SS en el Paraguay o en las Quimbambas, acusado de matar ya no se cuántos millones de pobrecitos judíos.

Así, con el viejo y acreditado sistema de desenterrar mitos del Pasado, se distrae la atención del público sobre los crímenes del Presente. Sé ha acusado a los Malos, -a los Nazis- de todos los pecados de Israel[722], mientras se guarda distraído silencio, o se habla lo menos posible de los campos soviéticos actuales y auténticos.

La programada evolución de la Gran Política, dirigida por los poderes fácticos, ha hecho necesario que, ante la imaginación simplista de las masas, se intentaran otras imágenes. No bastaba con el Malo clásico, es decir, el Nazi, a quien se le endosarían culpabilidades y responsabilidades. Había que buscar otros chivos emisarios, y así, paulatinamente, han ido apareciendo otros Malos. Malos los americanos, en el Viet-Nam, por ejemplo. Malos los soviéticos en Hungría, o en Checoeslovaquia y, como siempre, y ante todo, en la propia Rusia[723]. Malos... o Buenos, pues ya no sabemos, en esta época de Caos generalizado y programado,

---

[722] No es una malévola insinuación del Autor. Es una frase de ese libro prestigioso e indiscutible: la Biblia. Que conste. (N. del A.)

[723] No añadimos el Afganistán, porque, pese a la perfidia de las agencias de noticias y a la idiotez de los periodistas en general, salvo raras excepciones, Afganistán ya era satélite soviético desde Mayo de 1978. Lo de 1980 no ha sido más que una revueltas trotzkysta (o "titista"), ahogada por los tanques soviéticos. (N. del A.)

si los viejos conceptos de. Bien y Mal son todavía vigentes o, como diría un cursilón de la nueva ola, obsoletos.

Malos o Buenos... como fuere, han continuado cometiendo lo que, en el fondo de la conciencia humana, el Todopoderoso ha hecho que se conocieran como crímenes. He aquí, muy por encima, y sólo a título de recordatorio, los Crímenes de los Buenos desde que estalló la Paz, en 1945, excluyendo, naturalmente, los ya mencionados crímenes contra los réprobos nazis y sus Aliados.

a) El Estado de Israel

Por una simple cuestión de respeto por las jerarquías nos ha parecido justo empezar por los crímenes de este nuevo Estado, bueno por definición. Aunque, ya se sabe, nadie es perfecto. El Estado de Israel nació con el despojo de Palestina, territorio ocupado por los árabes desde hace bastante más de mil años. Ese estado artificial fue creado por decisión unilateral de los gobiernos soviético y americano, movidos ambos, lógicamente, por los poderes fácticos. Su oficialidad fue consagrada por una votación de la O.N.U., que le adjudicaba algo menos de 10.000 kilómetros cuadrados. De 10.000, pese a las reconvenciones puramente formales de la O.N.U. pasó pronto a 30.000 y, tras la guerra de los Seis Días, a casi 100.000, aun cuando hoy, para calmar a los nacionalistas egipcios y dividir al Mundo Árabe, estén devolviendo a Egipto, con cuentagotas, una parte de los arenales de la Península del Sinaí.

No vamos a entretenernos, aquí, con los detalles de la gestación del Estado de Israel. En otra obra nos ocupamos de ello[724]. Nos limitaremos a mencionar aquí que, contrariamente a lo que pretenden los grandes medios de "información", no fueron los palestinos, ni los árabes en general, los que iniciaron el terrorismo en Tierra Santa. Fueron las organizaciones judías "Stern" e "Irgun Zvai Leumi", que atacaron a los ingleses y a los árabes, pero no en guerra abierta, sino en acciones de guerrillas, dirigidas tanto contra militares ingleses y árabes como contra civiles árabes. El terrorismo de esas organizaciones, apoyadas por una tercera, la "Haganah", especializada en raptos seguidos de petición de rescate, dio comienzo

---

[724] J. Bochaca: "*La Historia de los Vencidos*", Omnia Veritas Ltd, www.omnia-veritas.com.

en 1946. En Julio de ese año, los terroristas del "Irgun" hicieron estallar una bomba de gran potencia en el Hotel King David, de Jerusalén, acción dirigida contra los ingleses, que habían instalado allí su Cuartel General. 92 hombres y mujeres muertos bajo los escombros y otros 45 heridos, casi todos civiles que trabajaban en las oficinas militares, fué el balance de la operación. Unos días después, era asesinado a tiros, en El Cairo, Lord Moyne, Residente General Británico en la zona, personalidad con rango ministerial. Mandaba esas unidades terroristas Menaghem Beghin, que luego llegaría a Primer Ministro del Estado de Israel. Continúan las exacciones contra los ingleses que -Chamberlain dixit- fueron arrastrados por el mundo judío a la guerra contra Alemania.

Un día son dos soldados ingleses que son hallados, colgados de unos naranjales; otro día un sargento ingles que es hallado, horrorosamente mutilado, en las calles de Haifa. En Abril de 1948, los terroristas del "Irgun", mandados por Menaghem Beghin, atacan al pueblecito árabe de Deir Yassin, donde no hay un sólo soldado árabe ni inglés. Los judíos rodean, el 10 de Abril, la tranquila e indefensa villa, donde viven unos 600 árabes agricultores y, sin provocación alguna, pasan a cuchillo a no menos de 250 personas. De entre estos seres asesinados habían 25 mujeres embarazadas, cuyos fetos fueron ensartados en las bayonetas judías, 52 madres junto a sus hijos y otras 60 mujeres jóvenes. Las demás fueron atadas y llevadas en carretas al cuartel judío de Jerusalén y una vez desnudadas las hicieron desfilar por las calles mientras eran abucheadas por la población judía [725]. El Conde Bernardotte, Presidente de la Cruz Roja Internacional y emparentado con la familia Real sueca, presentó un informe en el que se daban a conocer esos hechos. Pocos días después era abatido por las balas asesinas del "Irgun". Y casi simultáneamente, los terroristas de "Stern" atacaban el poblado palestino de Nasiruddin y acuchillaron a ciento ochenta árabes más.

Estos son, cronológicamente, los primeros atentados contra civiles registrados en Tierra Santa. Luego vendría el contraterrorismo árabe, al que no pre-tendemos justificar, aunque es una verdad histórica que sólo se produjo como reacción ante el terrorismo judío. Entre árabes y Judíos ha habido, desde entonces, un verdadero

---

[725] Guy Ottewell: "*Deir Yassin, 1948*".

pugilato de violencias y salvajadas, si bien debe tenerse muy presente que:

a) No fueron los árabes, sino los Buenos, los judíos, los que invadieron Palestina, ocupada por árabes desde once siglos atrás, y los expulsaron de sus hogares a sangre y fuego, quedando casi un millón y medio de árabes hacinados, desde entonces, en errantes campos de concentración.

b) No fueron los árabes, sino los Buenos, los judíos, los implantadores del terrorismo en Palestina.

c) No fueron los árabes, sino los Buenos, los judíos, los perpetradores de las más crueles matanzas, en ese torneo de crímenes que se ha desencadenado a raíz de la creación del Estado de Israel. El atentado árabe que costó más víctimas a los judíos fue el ataque a un autobús cerca de la frontera israelo-libanesa; veintisiete muertos. Es un crimen. No lo negamos. Ahora bien, dejando a parte Deir Yassin, varios crímenes peores que éste han sido cometidos por los Buenos. Por ejemplo, el 14 de Octubre de 1953, el pueblecito Jordano de Qibyah fue atacado por los soldados del "Irgun". Una villa puramente agrícola: 135 civiles asesinados, más de la mitad, mujeres y niños[726]. El 11 de Diciembre de 1955, sin provocación previa alguna, y rompiendo la Tregua impuesta por el Consejo de Seguridad de la O.N.U., las tropas judías atacaron con artillería y morteros varios pueblecitos sirios en la Costa Este del Lago Tiberiades. Los árabes tuvieron 75 muertos y más de un centenar de heridos.

Una confesión de parte: El escritor judío David Hirst afirmó: "Ha habido violencias de los palestinos, pero no en la escala ni en la efectividad alcanzada por los sionistas" (*The Gun and the Olive Branch*).

Vivimos en una época de total transmutación de los valores morales. Por eso, sólo puede sorprender relativamente que a Menaghem Beghin, el dinamitero en jefe del Hotel Rey David, el matarife en jefe de Deir Yassin y de Qibyah y Jefe del Gobierno Israelí, todo en una pieza, se le haya concedido el Premio Nobel de la Paz. Si el "Guernica" es una obra maestra; Picasso un pintor genial; el Sufragio

---

[726] No se trata de la unilateral y subjetiva versión árabe. Es la versión del Jefe del Servicio de Supervisión de la Tregua, dependiente de la O.N.U., General Vagn Bennike, expuesta ante el Consejo de Seguridad el 24-XI-1953. (N. del A.)

Universal un sistema perfecto para elegir a los mejores y la República Democrática y Caníbal de Monomotapa un estado soberano, la concesión del Premio Nobel de la Paz a Menaghem Beghin nos parece perfectamente lógica[727].

Así va el Mundo.

b) Los Estados Unidos de América

El campeón de la Democracia. El paladín desinteresado de todas las causas nobles. El Apóstol dispuesto a imponer a una Humanidad ciega las ventajas del Sufragio Universal. El Fénix de los Derechos Humanos. Y el Adalid del Mundo Libre. ¿No? Bueno, así era por los años cincuenta. Algo menos por los sesen-ta. Bastante menos mediada la década de los setenta. Y, al enfilar la década de los ochenta, el Progresismo Mundial, el Colegio Cardenalicio de la Moda Política, siguiendo, sin duda, orientaciones bien precisas y concretas de los poderes fácticos, nos presenta, a los simples mortales, a través de SUS canales llamados informativos, y, en realidad, masificadores, al viejo Adalid como el villano de la película, el Malo por definición. Los U.S.A. sólo interesan como protectores incondicionales del Estado de Israel o como tutores de la Europa residual para que nunca se una de verdad y nunca logre poseer su propio armamento disuasorio. Por los demás, ya han dejado de interesar a los poderes fácticos, que sólo utilizan al viejo Adalid -prematuramente envejecido- como huésped para sus actividades parasitarias y como pieza de su Juego político mundial.

No queremos ensañarnos. Y, por otra parte, tampoco es propósito de esta obra ocuparse de la evolución política mundial en los últimos tiempos, sino, única y exclusivamente, de los crímenes de los Buenos, aunque, como en el caso presente, este Bueno de ayer ya haya dejado de ser Bueno para convertirse, por decisión de quien manda, en Malo. No queremos ensañarnos, repetimos. Por eso no vamos a solicitar testimonios de viejos aliados, como comunistas e izquierdistas de toda laya.

---

[727] Otro candidato a tan importante premio pudo haber sido el rabino Korff quien, en 1948 encabezó una marcha de 600 sionistas en Washington, pidiendo a Truman que lanzara una bomba atómica sobre......Londres!. Esa bomba hubiera causado centenares de miles de muertos, pero, en cambio Menaghem Beghin, buen pragmático, acuchilló, de verdad, a varios centenares de árabes"-. Como dice el sabio proverbio: "Más vale pájaro en mano, que ciento atomizando". Por eso debió preferirse Beghin a Korff. (N. del A.)

Vamos a limitarnos a entresacar algunas citas de un libro oficial, escrito por Mark Lane, periodista agregado de prensa del Departamento de Guerra de los Estados Unidos. Ese libro fue publicado por el citado Departamento y está debidamente registrado en la Biblioteca del Congreso de los Estados Unidos. Un miembro de la Comisión Investigadora del Senado pregunta a un soldado americano en Saigon:

P.- ¿Le enseñaron, en el Ejército, a torturar prisioneros?

R.- Por supuesto que sí.

P.- ¿Fueron enseñanzas privadas, de algún suboficial a algún soldado?

R.- Fueron enseñanzas públicas, de todos los suboficiales, a todos los soldados de mi unidad.

P.- ¿Lo sabían los oficiales superiores?

R.- Lo sabían.

P.- ¿Cómo puede estar tan seguro?

R.- Porque asistían a los entrenamientos.

P.- ¿Le enseñaron a torturar prisioneros?

R.- Me enseñaron a torturar prisioneros y prisioneras.

P.- ¿Qué le enseñaron a hacer a las prisioneras?

R.- Arrancados loe vestidos; obligarles a abrir cuanto fuera posible sus muslos e introducirles palos puntiagudos o bayonetas dentro de la vagina[728].

P.- ¿Tiene algo más que decirme sobre tratamiento dado a prisioneros de guerra enemigos?

R.- Sí. En una ocasión cogieron a un prisionero y ataron sus brazos y piernas a dos helicópteros. Cuando éstos despegaron, naturalmente partieron al prisionero en dos. Todos se rieron mucho.[729]

P.- ¿Lo que sucedió en My-Lai fue un caso aislado?

R.- No. Fue un caso repetido a diario. Por ejemplo, en mi unidad había tres soldados que violaron repetidas veces a dos jovencitas que no llegarían a los catorce años. Cuando terminaron de violarlas, cogieron sus lanzallamas e hicieron fuego

---

[728] Mark Lane: "*Conversations with Americans*", pág. 28.

[729] Ibid. Id. Op. Cit. pág. 29.

sobre la vagina de las muchachas..."[730]

* * *

"Un gordo marinero fué fotografiado orinando en el interior de la boca del cadáver en descomposición de un soldado norvietnamita"[731].

"Otro marinero americano fue fotografiado mostrando, sonriente, un collar de orejas humanas"[732].

"Era casi una costumbre de nuestros soldados, después de haber violado a una vietnamita, introducir el lanzallamas en el interior de la vagina, apretando muy tenuemente el gatillo. Sus estómagos arden y explotan. Era muy corriente ver a muchachas con los intestinos colgando fuera de sus cuerpos"[733].

* * *

Aunque el mayor crimen, para nosotros, que se cometió en la Guerra del Viet-Nam, fue la organización de la derrota americana. A pesar del martilleo de los medios masificadores, no creemos a ningún lector, tomado individualmente, capaz de creer que el Ejército Americano era incapaz de derrotar al Viet-Nam, por mucho que éste gozara de la ayuda de sus patrocinadores chinos o soviéticos. Ponemos a la Historia por testigo. Jamás una insurrección guerrillera ha podido vencer a un ejército regular. La lucha de los guerrilleros españoles contra las tropas de Napoleón fue todo lo heroica que se quiera, pero Napoleón no fue derrotado en Zaragoza, ni en Gerona, ni en el Guadarrama, ni siquiera en Bailén, al fin y al cabo un episodio local. Napoleón fue derrotado por el Numero, en Rusia, y por el Dinero, a orillas del Támesis. Sin esos ingredientes, el Gran Corso hubiera permanecido en España el tiempo que hubiera querido. Excúseme esta pequeña disgresión que me ha parecido oportuna y necesaria, y permítaseme recordar que nunca, nunca, desde Vercingetórix hasta Budapest, pasando por Sertorio y Viriato, ha tenido nada que hacer una guerrilla, o lucha de partisanos, contra un ejército regular. Creer que unos

---

[730] Ibid. Id. Op. Cit. pág. 183.

[731] Michael Herr "Dispatches", Nueva York, 1978. Pág. 93.

[732] Ibid. Id. Op. Cit. pág 99.

[733] Ibid. Id. Op. Cit. pág. 104.

montaraces indochinos, por muy fanatizados que se les quisiera suponer por las doctrinas comunistas, fueron capaces de derrotar a los Estados Unidos, es un diagnóstico de esquizofrenia. El Senado, el Congreso y los poderes fácticos, desencadenaron esa guerra, pero a condición de que durara, de que sirviera para desmoralizar al país, para derrotarle, para aureolar con el prestigio de una gran victoria al Comunismo y, al mismo tiempo -*last but not least*- para aumentar el poderío económico y, paralelamente, el Poder, a secas, de los grupos de presión en América. El periodista William Hoffmann le preguntó al todopoderoso Rockefeller: "Si, como dice usted, la guerra del Viet-Nam es un fardo que debemos estar preparados a sobrellevar en defensa de la Libertad, ¿considera que el aumento astronómico de los beneficios de sus bancos en los últimos cinco años es un ejemplo de ese fardo?"[734]. No nos consta la respuesta de Rockefeller al osado periodista. Pero si nos consta que perdió el empleo al día siguiente.

Lo más curioso del poco limpio caso de la guerra del Viet-Nam es que ésta se resolvió en Washington o, más exactamente, en Nueva York. Los mismos po- deres que consideraron que había que acudir a ayudar a los sud-vietnamitas democráticos que habían sido atacados por los nortvietnamitas comunistas fueron los que frenaron constantemente al Pentágono, impidiendo una rápida victoria militar, que era logísticamente inevitable, en cuestión de unas semana como máximo, y luego forzando el final de la misma, con la derrota norteamericana. Curiosísimo, también, que el grupo de senadores "palomas"[735] para la guerra del Viet-Nam, era, en cambio, "halcón" cuando se trataba de defender a Israel contra los árabes.

Y así, cuando los ex-Buenos se fueron del Viet-Nam, empezó la sangría de los sudvietnamitas. Y luego, vino el Cambodge, donde fueron masacrados "dos millones y medio de individuos entre Abril de 1975 y finales de 1978"[736]. Ahora les tocaba "empezar" a los Buenos comunistas del Sudeste asiático.

---

[734] William Hoffmann: "*Report on a Rockefeller*".

[735] Se denominaba "palomas" a los que querían la paz a cualquier precio en Viet-Nam, y "halcones" a los que querían la victoria. Que los "halcones" para Israel – un país extranjero- se trocaran en "palomas" para América en el Viet-Nam no parece haber sorprendido a muchos...! (N. del A.)

[736] "*Minute*". Paris, 25-XI-1978.

c) La Unión de Repúblicas Socialistas Soviéticas

Creemos que, llegados a este punto, en bueno encadenar con los crímenes de otro Bueno. La URSS. Este abanderado de la Libertad, que tanto tuvo que ver en la liberación de Europa de los nefastos nazis, ha continuado cometiendo, en la Paz, similares atropellos a los que cometió en la guerra. Tanto es así que desde los satélites soviéticos de Europa Oriental se produjo una emigración masiva hacia Alemania Occidental, vía Berlín. Se calcula que, hasta el 13 de Agosto de 1961, cuando el aislamiento de Berlín Occidental, con la construcción del Muro de la Verguenza, cerró la última ruta de escape hacia Occidente, entre 3.700.000 y 4.000.000 de habitantes de los territorios de Alemania comunista habían huido a Occidente[737]. Hoy, que tanto se habla de votaciones y plebiscitos, podría ponerse como modelo este sistema de votar adoptado, mientras les fue posible, por los alemanes del Este. Para evitar esta manifestación de autentica democracia, la URSS, Campeona de la Libertad, debió partir físicamente en dos sus posesiones europeas, electrificando las líneas de alambradas que, desde los montes de Bohemia, llegan hasta el Mar Báltico. Y en Berlín la última puerta que se cerró para impedir la salida del Paraíso Comunista, los soviéticos construyeron: 95 kilómetros de fosos. 102 kilómetros de alambradas electrificadas. 238 fortines, y 202 miradores[738]. Pese a ello, constantemente se juegan la vida alemanes que no quieren permanecer en la zona comunista. Hasta 1975, 499 alemanes lograron evadirse y otros 68 perecieron en el intento[739].

Mientras, tanto, en Afganistán, los soviéticos, sin preocuparse poco ni mucho en aparecer como "Buenos" o "Malos", están perpetrando un autentico genocidio, recurriendo incluso al empleo de gases asfixiantes (*Minute*, París, núm. 993 Febrero-Marzo 1980).

No queremos alargamos más. Sólo mencionar, de paso, que las represiones anticomunistas de Berlín Oriental, Praga, Budapest, Varsovia y Posen fueron hechas contra obreros, no contra aristócratas precisamente.

---

[737] "*La Muralla de Berlín. Atentado contra los Derechos Humanos*". Comisión Internacional de Juristas.- Ginebra, 1961.

[738] Enrico Altavilla: "Europa, pecado y virtud".

[739] Ibid. Id. Op. Cit.

* * *

Si es muy poco lo que se sabe sobre lo que realmente ocurre tras el Telón de Acero, todavía se sabe menos de lo acaecido al otro lado del llamado Telón de Bambú, donde se desarrolla, corregido y aumentado, el Esclavismo Bolchevique, en versión china. El semanario francés Le Fígaro Magazine, suplemento de Le Fígaro, el decano de los diarios parisinos, publicó un estudio de Jean-Pierre Dujardin, titulado: "Costo del Comunismo: 150 millones de muertos"[740]. Una aclaración importante: ese estudio sólo tiene en cuenta, y explícitamente lo hace constar, los soldados muertos en deportación o sumariamente ejecutados. Sólo se ocupa de datos referentes a víctimas de la NKWD o de las represiones masivas llevadas a cabo por el Ejército Rojo, ya ruso, ya chino. Por razones que no acabamos de comprender no considera "comunista" al régimen de Tito, en Yugoeslavia, al que ni menciona; ni tiene tampoco en consideración a los millones de soldados prisioneros, y desaparecidos en la URSS para siempre.

Con todo, he aquí el resumen que, con el título de costo del Comunismo, expone Dujardin:

1) Muertos en la URSS de 1917 a 1959 ....66.700.000
2) Muertos en la URSS desde 1959..3.000.000
3) Muertos en China 63.784.000
4) Oficiales polacos de Katyn 10.000
5) Civiles alemanes víctimas de la ocupación rusa 2.923.700
6) Represiones de Berlín, Praga, Budapest 500.000
7) Muertos en Cambodge, 1975-78 ....3.000.000
8) Muertos en las agresiones contra, Grecia, Malasia, Birmania, Corea, Filipinas, Viet-Nam, Cuba, África e Hispanoamérica.........................3.500.000

142.917.700

Se nos hace difícil Juzgar estas cifras. La de civiles alemanes victimas definitivas (muertos) de la ocupación rusa nos parece excesiva. También la de Cambodge que

---

[740] "Le Figaro Magazine", Paris, 18-XI-1978.

todas las fuentes que hemos hallado la dejan en dos millones y medio. También nos parecen excesivos medio millón de muertos en las represiones de Berlín, Praga (que fue casi incruenta), y Budapest. Por otra parte, las cifras de muertos en la URSS, desde 1917 hasta 1959 parece baja comparada con la realidad. Testimonio tan poco sospechoso como Robert Conquest opina que debe sobrepasar los 70 millones, y esto lo dice en 1955[741]. También la cifra de pérdidas humanas en China se nos antoja por bajo de la realidad. Se ha llegado a hablar de ochenta millones... Tenemos conciencia de que todas esas cifras son mareantes y parecen irreales, pero no se puede negar, que en conjunto, se acercan a la realidad. Que el costo humano de la experiencia marxista ha costado, por ahora, en el Mundo, entre 140 y 150 millones de muertos, excluyendo a heridos y desaparecidos, es innegable y lo han demostrado numerosos autores, no sospechosos de Nazismo, precisamente. Escapa del ámbito de esta obra el estudio comparativo del costo humano del Marxismo, pero autores como Conquest, Marsden, Douglas Reed, Dennis Fahey, Boris Brassol, De Goulevitch, etc., otorgan verosimilitud a las cifras del estudio de Dujardin.

En cantidad y en calidad, pues, *los Crímenes de los Buenos*, antes, durante y después de la II Guerra Mundial, han sido ampliamente superiores a los de los Malos. Aún admitiendo, a efectos puramente polémicos, como cierta, la fantasmagórica cifra de seis millones de judíos gaseados por los nazis, es ridícula si se la compara con la de los crímenes auténticos de los campeones de la Democracia. El estudio presentado por Dujardin contiene un detallado mapa de la URSS con los 135 campos de concentración para los presos políticos y enemigos del régimen que permanentemente retiene el Moloch soviético. De esos campos reales y auténticos, no sé habla, del millón y medio de refugiados palestinos tampoco se habla. Es mejor hablar de los supuestos horrores de otros campos, y de lo que en ellos se pretende que sucedió, hace casi cuarenta años. Esos son los crímenes que interesan: los míticos y, en todo caso, pretéritos. Así no se hablará de los Crímenes de los Buenos.

---

[741] Robert Conquest: "*The Great terror*".

EPILOGO

> **Zángano:** masculino. Macho de la abeja maestra o reina. De las tres clases de individuos que forman la colmena, es la mayor y más recia, tiene las antenas más largas, los ojos unidos en lo alto de la cabeza, carece de aguijón y no labra miel. Sólo sirve para fecundar a la reina y cuando ha cumplido su misen es eliminado por ésta. Figurado y familiar: Hombre holgazán que se sustenta con el sudor y d trábalo ajenos. (*Diccionario de la Lengua*. Real Academia Española).

FRANKLIN DELANO ROOSEVELT

En las páginas precedentes hemos hallado extensamente del cuatro veces Presidente de los Estados Unidos. El hombre del árbol genealógico plagado de apellidos judíos. El sionista ferviente. El amigo de Stalin, a quien llamaba "el buen viejo tío Joe". El compadre de Churchill hasta que Inglaterra se desangró, en la lucha contra Alemania, momento en que dejó de interesarle. El maestro de ceremonias -o eso se figuraba él- de la Conferencia de Yalta, donde se repartió el mundo con Stalin -o eso se figuraba él también-, y uno de los principales comadrones del Estado de Israel. El hombre de los poderes fácticos.

El sectario francmasón que, haciendo caso omiso del cuarenta por ciento de sus electores - él, tan democrático - se negó siempre a reconocer al Estado Vaticano, por considerar al Catolicismo como "un estado dentro del Estado" mientras, en cambio, hacía reconocer a la Unión Soviética, en 1933.

Roosevelt, el hombre que más hizo para que fuera realidad el mundo actual, tan admirado por nuestros pobres panglossianos y tan denigrado en el fuero interno de la gran mayoría de gentes, cada vez más sujetas al Moloch estatal, por mucho que éste alardee de Democracia.

Roosevelt, que sonaba con presidir, sentado en al silla de paralítico, el desfile de la victoria de las democracias en Berlín, no pudo ver realizado su sueño.

Murió súbitamente en Warm Springs (Georgia), unos meses antes de finalizar victoriosamente la guerra que él tanto había querido. Murió súbitamente, hemos dicho, por ser una expresión consagrada por el lenguaje popular. En realidad, todos mueren súbitamente. Un segundo antes de morir, el Señor Perogrullo estaba vivo. La versión oficial afirma que Roosevelt murió de una embolia cerebral. Pero de lo que no cabe duda es que debió ser una embolia muy especial. Gerald L.K. Smith, notabilísimo especialista americano en biografías de personajes célebres de su país, y bien conocido por su seriedad y honestidad informativa, asegura que la muerte de Roosevelt, es, en sí misma, un gran misterio. Y afirma que, en todo caso, no murió de muerte natural. Sus íntimos, con Hopkins a la cabeza, pretendían que padecía moralmente a causa de los remordimientos por haberse dejado engañar por Stalin en Yalta, algo que en el momento de su muerte ya podían ver hasta los más lerdos.

Otros afirman que su conciencia le aguijoneaba a causa del crimen de Pearl Harbour. Nos parece muy optimista imaginar que la conciencia de aquél hombre pudiera, ya, turbarse por nada. Según otra teoría, que nos parece infinitamente mas verosímil, deseaba que las Naciones Unidas se convirtieran, rápidamente, en una República Mundial, de la que el sería el Presidente, y se le hizo ver que su estado de salud y la evolución de los hechos no autorizaban tales pretensiones. En todo caso, algo es evidente. Y es que sólo ha quedado para la posteridad una fotografía mostrando a Roosevelt en su féretro. En esa fotografía puede verse una flor blanca cubriendo una herida en la cabeza de Roosevelt. Y cuando su hijo Jimmy llegó para asistir al funeral, su madre y el resto de la familia se negaron a que se abriera el ataúd para que pudiera ver a su padre por última vez[742]. ¿Suicidio? ¿Asesinato? ¿Cómo no se le hizo la autopsia, como ordena la ley americana para toda persona que muere sin testigos? Probablemente, nunca será posible responder a estos interrogantes.

WINSTON SPENCER CHURCHILL

El otro gran Campeón de la Democracia. La figura de proa del Liberalismo. El político genial, que recibió un Imperio como nunca vieron los siglos y lo dilapidó en una guerra idiota que él quiso tanto como Roosevelt, o Stalin.

El medio inglés y medio judeo-americano y, muy a menudo, borracho integral,

---

[742] Gerald L.K. Smith: "*Suicide*".

según las Memorias de su propio médico, Lord Moran, a las que ya hemos aludido páginas atrás.

Churchill también acariciaba la esperanza de celebrar su gran victoria sobre suelo alemán y luego, vencido por el Japón, ser el *alter ego* de Roosevelt en la dirección del Mundo, ya pacificado para la Democracia y el Progreso. Cuando, al morir Roosevelt, le sucedió la pálida figura del antiguo comerciante en camisas, Harry Salomón Schippe Truman, Churchill se vio aun más cerca del Poder Mundial. El Imperio Británico redondearía sus posesiones en Asia con la Indochina, entonces Francesa, y su hijo Randolph sería nombrado Virrey de la India. ¡Pobre Churchill! Una vez hizo su deber, es decir, contribuir a meter a Inglaterra en la guerra, ya no era menester. Su gran ilusión, participar en las discusiones para el reparto del mundo, tras el día V, de Mayo de 1945, debió ser pospuesta, para atender la campaña electoral inglesa. Como él mismo dijo, "estaba harto de gobierno de coalición"[743] y deseaba que los conservadores gobernaran solos. Así, desencadenó una triunfal campaña electoral. O eso creía él.

El retrato de este gran hombre quedaría incompleto si no se añadiera su intención de arrojar bombas bacteriológicas sobre Alemania. Según la revista americana *Spotlight* (8-VI-1981) Churchill quería lanzar bombas venenosas y bacteriológicas sobre Berlín, Hamburgo, Frankfurt y Sttugart, a finales de 1944. El plan consistía en arrojar un millón de pequeñas bombas sobre cada una de esas ciudades; esas bombas contendrían bacterias de ántrax. El ántrax es una enfermedad mortalmente contagiosa, tanto para personas como para animales. Tal vez en medio de una de sus clásicas intoxicaciones etílicas, Sir Winston le dijo al Jefe de su departamento de guerra química que investigara si el uso de bombas de gas, especialmente de gas mostaza, y de bombas bactericidas resultaría. Según el funcionario consultado, si el plan se hubiera llevado a la práctica, Berlín sería inhabitable todavía en 1981; el número de muertes no hubiera bajado de los tres millones de personas que, dadas las circunstancias, hubieran sido mayoritariamente mujeres, niños, ancianos y prisioneros de guerra.

Dichas bombas no se usaron por no haberse llegado a producir en número

---

[743] Churchill presidió, durante la guerra, un gobierno de coalición, integrado por conservadores, liberales y laboristas. (N. del A).

suficiente antes del fin de la guerra. Esta "perla" humanitaria ha sido divulgada, incluso, por la muy oficial B.B.C. Y tal vez convendría recordar aquí, que Hitler, una víctima del gas en la I Guerra Mundial, rehusó emplearlo en la II, y que Churchill fue también el responsable de los primeros campos de concentración para civiles en la guerra contra los Boers.

Churchill fue un caso único de versatilidad política. Los fue todo, y al contrario de todo. No sólo trazó, en sus libros *Step by Step* y *Great Contemporaries* rimbombantes panegíricos sobre Hitler y Mussolini, sino que en el *Illustrated Sunday Herald* del 8-II-1920 escribió una violenta diatriba anti- semita. En 1927 pidió a Sir Oswald Mosley, el jefe de filas del Fascismo británico, que le permitiera ingresar en el grupo dirigente de la British Unión of Fascists a lo que Mosley se negó. Luego, como sabemos, fue furibundo antinazi, antifascista y se alió con la URSS. Líder del clan belicista, forzó a Chamberlain a que Inglaterra fuera a la guerra por Polonia, y luego él mismo, como Primer Ministro, dio su anuencia para que Polonia fuera entregada en bloque a la URSS. Para trazar un paralelo histórico, podría decirse que Churchill fue al Imperio Británico lo que Godoy al Español. También Godoy, el "chicharrero" pasó por un gran hombre en su época.

Pero ante la Historia quedó, cual quedará Churchill, como un pobre diablo que procedió a la disolución de un gran Imperio.

Una vez más fue derrotado[744]. Los laboristas desencadenaron una campaña desaforada, acusando a los conservadores de toda clase de inmoralidades y corrupciones. Parecía, no obstante, que Churchill obtendría una ventaja ligera: un 53 por ciento de votos, por un 47 por ciento para el obscuro sodarista Attlee, ex-voluntario de una Brigada Internacional en la guerra de España; al menos, eso dijeron los sondeos preelectorales, una semana antes del día fijado para las elecciones. Y, entonces, inesperadamente, a Sir Winston se le "agradecieron los servicios prestados". Nada menos que el rancio *Times*, el órgano oficioso del Partido

---

[744] El pueblo ingles se hartó de negarle sus votos a Churchill. Para tan ferviente creyente en la taumaturgia de la Democracia eso debió ser desmoralizador y traumatizante. Fué, sucesivamente, derrotado en elecciones parciales a diputado cuando se presentó por los laborales, los jóvenes conservadores, los laboristas independientes y los conservadores. Llegó a Primer Ministro merced a una maniobra de pasillos en el Parlamento. Cuando volvió a ser Premier en 1951, lo hizo al alimón con Eden, pero al retirarse discretamente este, cual estaba convenido, el culto pueblo británico volvió a echarle. (N. del A).

Conservador desde los tiempos de Disraeli y aún antes, unió sorprendentemente su autorizada voz al coro de los laboristas, que acusaban a los Conservadores, Churchill incluido, de prevaricación. Un editorial del *Times*, escrito, según se dijo, por el mismo propietario del periódico, Sir Isaac Hammsworth, llegó a calificar a los prohombres "tories" con las muy expresivas palabras *thieves* y *scoundrels* (ladrones y granujas). El efecto fue tremendo, y los conservadores fueron barridos en los colegios electorales.

Churchill había tenido tentaciones de pensar "en inglés", y había presionado a Eisenhower para que se aprovechara el potencial militar alemán para oponerse a los soviéticos. Churchill pensaba en la Indochina Francesa. Y en el virreinato de la India para su vástago, Randolph. ..¡Pobre Sir Winston! Cuando quiso pensar como "inglés", fue echado por la borda. Y Eisenhower no le hizo el menor caso. Y la Indochina Francesa no fue para los ingleses, ni para los franceses, ni para los americanos, sino para los comunistas. Y Attlee entregó la India. Y el retoño Randolph se quedó compuesto y sin Virreinato.

IOSIF VISSARIONOVICH DJUGASCHVILI, (a) "STALIN"

El tercer grande de Yalta. O el primero, para ser exactos. El verdadero vencedor político de la guerra. El albacea testamentario de Lenin. El exegeta de Marx. Stalin, el Padre de los Pueblos y el Protector de los Oprimidos, como lo llamaba Ilya Ehrenburg.

Si Roosevelt se suicidó o fue "suicidado"; sí Churchill murió hecho un vegetal, y políticamente asesinado por *Times* pese a una tardía e inútil resurrección en 1951, Stalin era el superviviente. De hecho, el gran vencedor. El mismo se veía inmortal, y poseedor de una salud de hierro. Y no obstante, también sería políticamente, y tal vez físicamente, asesinado.

Si, hoy en día, pese a los esfuerzos de la propaganda izquierdista, en sentido contrario, parece casi un tópico hablar de los crímenes del Comunismo y, especialmente, de los cometidos en la época de Stalin, no por ello el tópico pierde un ápice de su veracidad. Y no obstante, para los grandes medios informativos internacionales dio la sensación de que en 1952 Stalin comenzaba a cometer desmanes.

En efecto, en el primer semestre de 1952 el mundo occidental comenzó a ser esporádicamente informado acerca de actos "antisemitas" tras el Telón de Acero. Esto sorprendió incluso a los menos enterados. El régimen soviético siempre ha tenido, en todos sus puestos clave, una gran mayoría de judíos. En esto, la unanimidad entre los autores es total. Pero los rumores continuaban y, de pronto, saltó la noticia casi increíble: el régimen comunista de Klement Gottwald anundó, en Checoeslovaquia, una vasta conjura contra el régimen: de los catorce altos cargos implicados en la conjura, once eran judíos. Ocho de ellos fueron ejecutados, con la evidente aprobación de Stalin. Los rumores sobre el antisemitismo en la URSS y satélites fueron haciéndose mas insistentes. En realidad, no se trataba de tal antisemitismo. Por lo menos, no todavía. Al fin y al cabo, los conjurados de Praga eran judíos en su mayoría, es cierto, pero también lo era Gottwald, la víctima supuesta de la conjura. También eran judíos más de la mitad de los miembros del Politburó soviético, verdadero órgano del Poder en la URSS. Se trataba de una lucha por el Poder: y como en los aledaños del Poder y en el Poder propiamente dicho, tanto en la URSS como en los países satélites, los judíos abundan, es lógico que se encuentren tanto en el campo de los conjurados como en el de los eventuales detentadores del mando. Slansky (a) Salzrnann, el hebreo comunista que encabezaba la conjura contra Gottwald, era tan hebreo y tan comunista como éste; tal vez aquél fuera trotzkysta y no, evidentemente, éste último, criatura de Stalin, enemigo y victimario de Trotzky.

El caso fue, con todo, que Stalin, súbitamente, pareció romper con el Judaísmo, según algunas autores, o simplemente quiso gobernar sólo, sin la tutela del Politburó, según otros. Esta segunda versión nos parece la más plausible.

Al fin y al cabo, el hombre de más confianza, el hombre de quien siempre se fió Stalin, Lazar Menkhilis, jefe de sus servidos personales de seguridad, era un judío. Los poderes fácticos no pueden tolerar a dictadores, ni siquiera de su propia cuerda. Necesitan un gobierno anónimo, colegiado, con hombres de paja obedientes, por omnipotentes que pudieran parecer a los ojos de las masas ignaras. El 13 de Enero de 1953, la Agencia Tass anunciaba oficialmente el descubrimiento de una vasta conjura contra Stalin y sus principales ministros, más adictos a él, en la Dirección Sanitaria del Kremlin. Según el comunicado de TASS, esos médicos formaban parte de la organización secreta *Joint Comiittee*, la cual operaba bajo el disfraz de una entidad humanitaria, fundada en 1914 por un grupo de Judíos. El *Joint* dependía de la *Jewish Agency* (Agencia Judía) la más antigua de las organizaciones sionistas en todo el mundo. Era señalar con el dedo. Siete médicos judíos, con el siniestro Doctor Levin[745] a la cabeza, fueron ejecutados y empezaron a aparecer los clásicos signos anunciadores de una "purga", algo tan corriente en la URSS. Entonces, en Occidente, los sionistas y sus amigos se alarmaron, y se mandó a la O.N.U. un pliego conteniendo las firmas de la flor y nata del Progresismo Mundial, pidiendo se adoptaran medidas drásticas "para impedir una verdadera catástrofe, que sería consecuencia de la campaña antisemita rusa". La Señora Roosevelt, siempre tan amiga de los soviéticos, era la primera firmante. He aquí que, después de causar la muerte de millones y millones de personas en todo el mundo, Stalin se atrevía a nombrar al *Joint* y ordenaba matar a unos cuantos médicos hebreos. ¡Stalin estaba empezando "a cometer crímenes contra la Humanidad"!.

Pasó un mes y medio. Stalin hizo publicar en Tass dos comunicados afirmando que se iba a reducir el poder del Politburó y aumentar el de los funcionarios de alto nivel (nombrados directamente por él). Y, el. 5 de Marzo, se facilitaba la sorprendente noticia de que Stalin había muerto, a consecuencia de una hemorragia cerebral.

Pero luego resultó que el comunicado era falso, como casi todo lo que emana de Moscú. Stalin no había muerto el 5 de Marzo, sino el 2 de Marzo. Un agente soviético, Kapanadze, georgiano, que logró escapar de la matanza de los leales de Stalin y huyó a Occidente, refirió parte de lo sucedido. El 28 de Febrero, Stalin, en perfecto estado de salud -se había hecho un chequeo tres días antes- fue al Kremlin para presidir un Consejo de Ministros. Encontró a toda sus compañeros hoscos y agresivos. Vorochilov lo increpó sobre el proceso a los doctores judíos y le dijo: "Has deshonrado al Partido de Lenin". Stalin le insultó groseramente y pretendió llamar por teléfono a su ayudante, Alexander Proskrebiev, por cierto un judío, pero la línea telefónica había sido cortada. Llamó a gritos a Menkhlis, pero le anunciaron que ya estaba en la Lubianka. Malenkov le dijo: "El Kremlin ha sido tomado". Y así, inverosímilmente, con la rapidez con que se desploman, a veces, las grandezas humanas, Stalin se dió cuenta de que era un cautivo. Luego fue encerrado y los

---

[745] El perfeccionador de la técnica del lavado de cerebro (N. del A.).

médicos del Kremlin, sucesores de los recientemente ejecutados, lo ejecutaron módicamente a él. Esta es la versión de Kapanadze. En cambio, Ivan Krylov[746] asegura que fue el propio Vorochilov quien le disparó un tiro en la nuca. Tanto Kapanadze como Krylov coinciden en una cosa: la fecha de la muerte de Stalin, que fue el 2 de Marzo de 1953 y no el 5 de Marzo, como afirmó el comunicado oficial.

El cadáver de Stalin fue inhumado el 7 de Marzo. Una semana después la radio de Praga (recordemos que fue precisamente en esa dudad donde se descubrió una conjura sionista, o trotzkysta, o como se prefiera llamar) anunció la súbita muerte de Klement Gottwald, el stalinista que acababa de regresar perfectamente sano de Moscú, precisamente para asistir a los funerales de Stalin.

Gottwald también murió de un ataque al corazón, como Togliatti, como José Díaz, y tantos otros comunistas. Y es que. ... ¡son tan sensibles, los simpáticos camaradas del Partido!.

CHIANG-KAI-CHEK

El cuarto grande. El que se sentó Junto a Roosevelt, Churchill y Stalin en el Cairo y en Teherán. El provededor de la carne de canon de China que era necesaria para frenar al Japón e impedir el, geopolíticamente hablando, Inevitable ataque de éste contra la URSS. Chiang-Kai-Chek, el hiper-nacionalista que fue exprimido como un limón cuando se trató de contener al Japón, y luego fue abandonado por sus "Aliados" americanos cuando Stalin -su colega entre los Grandes- empezó a ayudar a Mao-Tsé-Tung, el comunista.

Se quiso razonar la derrota de Chiang-Kai-Chek atribuyéndola a la corrupción de su régimen. Esa razón es pueril. Si la corrupción fuera causa de la muerte de los regímenes, pocos regímenes políticos subsistirían hoy en día. Acaso, ninguno. El caso es que el General George C. Marshall, el genial organizador del "fiasco" de Pearl Harbour, organizó, con la pericia que le conocemos, la ayuda a Chiang-Kai-Chek el cual pronto se encontró aposentado en su último reducto de Formosa.

Pero, con todo, continuaba siendo un "Grande". Con el derecho de Veto en el Consejo de Seguridad de la O.N.U. Hasta que un día China, la China continental,

---

[746] Ivan Krylov: "*My Career in the Soviet Central Staff*".

comunista, pidió oficialmente su admisión en la O.N.U. Chiang-Kai-Chek, gran señor, ordenó a su delegado que opusiera su Veto. Pero Kissinger le dijo que si no retiraba el Veto, los americanos le abandonarían a su suerte en Formosa. El Veto fue retirado, obedientemente. La China Continental fué admitida en la O.N.U. Formosa debió retirarse, no sólo de la O.N.U., sino de todos los organismos internacionales de alguna significación. Las embajadas de China Nacionalista fueron entregadas por los respectivos gobiernos a los funcionarios de China Roja. Y el pobre Chiang-Kai-Chek, encrucijada de contradicciones, tradicionalista y revolucionario, en su juventud; confucionista metodista; francmasón; hiper-nacionalista y occidentalista, debió quedarse, sólo, a precario, en Formosa, mendigo de los americanos en su propia casa. O mejor, en un desván de la misma. Ya no hacia ninguna falta a los poderes fácticos.

CHARLES DE GAULLE

El quinto y último grande. Pero, eso sí, el mas grande de todos, pues sobrepasaba los dos metros; exactamente, dos metros tres centímetros. El "libertador" de Francia, Hay franceses que se lo creen de veras. De Gaulle, católico practicante y con todos los atributos externos del clásico "derechista", era, lisa y llanamente, de Izquierdas. Izquierdistas eran sus ideas y su política. El acercamiento a Rusia, el gran sueño de su vida. Por resentimiento con los americanos apartó a Francia de la Alianza Atlántica. Por odio contra los ingleses, a los que nunca perdonó haberle sacado del ostracismo -los hombres pequeños, aunque pasen de dos metros, pueden perdonar un agravio, pero no un favor- alentó todos los movimientos independistas en el Imperio Británico, incluyendo su monumental *gaffe* diplomática de Montreal cuando, en presencia del Delegado de S. M. la Reina de Inglaterra gritó, insólitamente: "¡Viva Québec libre".

De Gaulle fue el primer político occidental que, como Jefe Provisional del Gobierno de la IV República, dió impulso a la sangrienta depuración contra los supuestos o reales enemigos de la Democracia. De Gaulle fue el primer político occidental que, en África, habló de Descolonización. Echado, por el libre Juego de las instituciones democráticas, lejos del Poder, esperó pacientemente su hora, que llegó el 13 de Mayo de 1958, cuando los generales de Argel le llamaron al poder para salvar Argelia para Francia y para Occidente. Hizo todo lo contrario. Entregó Argelia y reprimió duramente a los colonos blancos de ese territorio. De Gaulle fue el primer político occidental que reconoció oficialmente la absurda frontera Oder-Neisse. De Gaulle fue el primer político occidental que inició una colaboración tecnológica con la China comunista. De Gaulle, en una palabra, por vocación o por sugestión, siguió siempre una política admirablemente acorde con la de los poderes fácticos. Pero... Pero el que unánimemente fue considerado su mayor defecto: el orgullo, le gastaría una mala pasada. De Gaulle llegó a creerse, de verdad, lo que de él decía la propaganda. Creyó que era genial. Creyó que el pueblo francés le adoraba, simplemente porque ganaba los referéndums que él mismo, o sus secuaces, organizaban desde arriba. Un buen día, a su Primer Ministro, pálido y sorprendido, le lanza: "Aquí, las Tablas de la Ley, soy yo..."

Pompidou, el antiguo director general de la Banca Rothschild, había pedido a De Gaulle que dejara de apoyar a los árabes contra Israel. La negativa, y la alusión a las Tablas de la Ley, fueron poco apreciadas por los poderes fácticos. En el siguiente referéndum, al que se presentó De Gaulle, como siempre, convencido de vencer, fue derrotado. Fue la primera vez en la Historia del Mundo que un referéndum era perdido por aquél que lo organizaba. Así acaba el quinto grande de la coalición vencedora. Con un buen puntapié en las posaderas y una campaña periodística y televisiva demostrando que el "gran hombre" era, en realidad, un individuo muy pequeño, muy pequeño.

Un inciso. Queremos llamar la atención sobre un punto que hemos observado escapa a la atención de los más, pese a su sensacional rareza. En el momento de terminar la guerra de las Democracias contra loe Fascismos –nos consta que la denominación no es demasiado precisa, pero debemos esquematizar en aras de la comprensión general- eran líderes de las Cinco Grandes Potencias: Truman, Churchill, Stalin, De Gaulle y Chiang-Kai-Chek. Pues bien; ninguno de estos personajes llegó al poder por medio del Sufragio Universal. Truman sucedió automáticamente a Roosevelt, como Vice-Presidente que era, a la muerte de este, pero nadie le había votado como Presidente. Churchill llegó a Primer Ministro por una maniobra de pasillos en el Parlamento, pero el pueblo inglés no le votó, y en cuanto tuvo ocasión de votarle, le echó a la calle.

Stalin y Chiang-Kai-Chek eran dos dictadores y nunca habían sido votados. Y

De Gaulle, desde 1944 hasta 1948, permaneció en el Poder sin someter su augusta persona a ninguna votación.

Se ha dicho que fué la guerra de las Democracias contra las Dictaduras. Hemos visto que las democracias estaban encabezadas por individuos que no habían llegado al poder por el sistema del Sufragio Universal. El único que llegó al Poder por ese método fue el Canciller del III Reich, Adolf Hitler. Gustará o no gustará. Pero es un hecho. Y los hechos son tozudos.

PHILIPPE PETAIN

El héroe de Verdún, en la I Guerra Mundial. El Jefe del Estado Francés, muy democráticamente votado por la Asamblea Nacional, a requerimientos de Albert Lebrun, Presidente de la República, y de Vincent Auriol, de la Asamblea. Como tal Jefe de Estado, firmó el Armisticio con Alemania. Los términos del mismo fueron tan suaves, sobre todo si se tiene en cuenta la magnitud de la derrota francesa, que Pétain, que no podía literalmente creer en la generosidad del adversario, ni siquiera en el cálculo de ésta de usar hacia Francia una política de moderación para ganársela a su causa, exclamó, poco después de separarse de Hitler, tras firmar el armisticio: *Quel imbécile!* (Qué imbécil). Petain temía que le exigieran la Flota de Guerra, la Flota Mercante, bases en las Colonias y una fuerte contribución de guerra, máxime existiendo el precedente del Tratado de Versalles, en el que Francia se había arrojado sobre Alemania con apetito de hiena.

Pétain, que siempre buscó lo mejor -o lo que él creyó lo mejor- para Francia, quiso explotar al "imbécil" y dió comienzo al llamado *double jeu* (doble juego) practicado por la inmensa mayoría de los hombres de Vichy con singular pericia, durante casi cuatro años. En Octubre de 1940, después del criminal ataque de los ingleses contra la inerme Flota Francesa, en Mers-el-Kébir, Pétain mandó a su fiel amigo e influyente político, Louis Rougier, en misión especial a Londres para concluir un *gentlemen's agreement* (un acuerdo entre caballeros) con Churchill. El Gobierno de Vichy se comprometía a no ayudar a Alemania más que cuando se viera absolutamente forzado por las circunstancias. La Flota Francesa nunca sería entregada a los alemanes. En caso de peligro de que tal ocurriera, se tomarían medidas para que la Flota, o el grueso de la misma, se autodestruyera. El Gobierno de Vichy opondría una resistencia de principio, en las colonias francesas, en caso de que éstas fueran atacadas por los ingleses, pero, en cambio, el gobierno inglés se comprometía a devolver todos los territorios ocupados a Francia al final de la guerra. Finalmente, Vichy se comprometía a alinearse lo menos posible junto a las posiciones diplomáticas alemanas. Vichy cumplió escrupulosamente estos acuerdos: no sólo la Flota Francesa se autodestruyó en sus cuatro quintas partes, sino que cuando se recibió en Vichy un despacho del General Dentz dando cuenta de que el ataque inicial de los anglo-gaullistas contra el Líbano había sido rechazado, Pétain exclamó: "*J'ai toujours dit que ce petit bonhomme était un crétin. Il n'avait qu'à faire voir qu'il voulait se défendre, et puis capituler*"[747] (Siempre he dicho que ese hombrecito -Dentz- era un cretino. Todo lo que tenía que hacer era hacer ver que resistía y luego capitular). Y que no alineaba su política exterior sobre la alemana lo prueba el hecho de que siempre mantuvo relaciones diplomáticas con los Estados Unidos hasta el momento del desembarco de las tropas de Eisenhower en África del Norte, debiendo entonces, "pro-forma", romper dichas relaciones. Otro ejemplo definitivo: Cuando el Gobierno de Badoglio rompió su alianza con Alemania y le declaró la guerra, Vichy permaneció expectante. Pero cuando, unas semanas después, Mussolini constituía en Saló la República Social Italiana, Vichy reconoció oficialmente al Gobierno de... Badoglio.

Pétain fue llevado, parece que a la fuerza, por los alemanes a Sigmaringen, pero ¿él pidió al gobierno del Reich que le dejara regresar a Francia, vía Suiza, para responder ante el Tribunal de los crímenes de que se le acusaba, Hitler no se opuso. Pétain, que esperaba ser recibido con los honores debidos a su rango de Mariscal de Francia, fue detenido, junto con su esposa, como si se tratara de un delincuente, y conducido a una celda oscura y húmeda. Su proceso fue un verdadero linchamiento legal. Cuando pidió que se recurriera al testimonio de Sir Winston Churchill, el Juez -al que, en principio, hay que suponer imparcial- repuso: "No me extrañaría que eso que dice Usted del acuerdo con Churchill fuera verdad. Así se podrá decir que ha traicionado Usted a todo el mundo, Hitler incluido". Pétain fue condenado a muerte, por el delito de Alta Traición, sin atenuantes cualificados. Su ex discípulo, De Gaulle, le conmutó la pena por la Cadena Perpetua. Poco antes de

---

[747] Louis Rougier; "*Mission à Londres*".

morir, a la edad de 95 años, el Gobierno, para evitar la penosa impresión de dejar morir en la cárcel al viejo Mariscal, le llevó -vegetal inmóvil - a un domicilio particular de la isla de Yeu, Junto al Penal donde pasó los seis últimos años de su vida. En la Asamblea Nacional un diputado comunista se indignó de esa medida "sensiblera en favor del viejo traidor, el Mariscal Putain" (Puta).

PIERRE LAVAL

Jefe del Gobierno del Mariscal Pétain, y organizador del doble Juego, del que aquél fue artífice. Varias veces Ministro antes de la Guerra, era uno de los políticos mas conocidos en las formaciones de la Izquierda, fue quien convenció a Lebrun de que dimitiera y dejara paso a Pétain. Se pasó la guerra regateando con las autoridades alemanas de ocupación y, la verdad sea dicha, con éxito casi siempre. En Agosto de 1944 fue obligado por los alemanes a seguirles a Alemania. Trató de escapar y debió ser sometido a la vigilancia de la Gestapo. En el momento de la capitulación de Alemania logró llegar, en avión, a Barcelona.

En un rasgo que no añadirá ciertamente gloria a la tierra de Calderón y de Spínola, el vencedor de Breda, fue devuelto al punto de origen. Laval cayó así en manos de las autoridades inglesas, que le entregaron a los franceses. Tras un proceso inicuo fue condenado a muerte. De Gaulle rechazó su petición de indulto. Laval se envenenó. Los magistrados y los guardianes le hallaron agonizante cuando se presentaron, al amanecer del 15 de Octubre de 1945, para conducirle al lugar de la ejecución. Los médicos lograron reanimarle a medias y Laval fue atrozmente fusilado sentado sobre una silla. Y no obstante, es innegable que Laval mantuvo alejados del Poder, en Vichy, a hombres como Doriot y los suyos, y sólo aceptó a Marcel Déat y a Henriot cuando el Führer se indignó y amenazó a Laval con terminar con "toda la monserga de Vichy, de un sólo golpe". Laval, por otra parte, apartó de su gobierno al anglófobo y germanófilo Almirante Platon, manteniéndole en residencia vigilada en un lugar de la Dordogne donde el *maquis* pudo raptarle fácilmente y ejecutarle, en razón de la hostilidad del Almirante hacia la Francmasonería. Está, igualmente, probado, que varios miembros de la Masonería fueron, gracias a Laval, sustraídos a la acción de los servicios antimasónicos que dependían del Ministerio de Justicia. Durante mucho tiempo Laval tuvo como secretario particular a un argelino, Roger Stora, que era judío y francmasón. Cuando no pudo conservarlo por más tiempo, le hizo nombrar administrador de Correos en Grasse, en la Zona Libre. La mansedumbre de la "Comisión por la Lucha contra las Sociedades Secretas" se explica por el hecho de que Laval puso al frente suyo a un masón notorio. Dice Henry Costón: "Los antisemitas que habían tomado a Laval por judío (en razón de su nombre geográfico) y los antimasones (que estaban desconcertados por la lenidad de Laval en la lucha contra la Masonería) atribuían esa mansedumbre al hecho de que el estadista había conservado sólidas amistades judías... .¿No había Laval patrocinado a René Mayer, a Daniel Lazurick y a Roger Stora? ¿No era Laval el abogado del cineasta judío Bernard Nathan?..."

Hemos dicho que Laval fue condenado y ejecutado por Traición. A veces Dios escribe recto sobre renglones torcidos.

FRANÇOIS DARLAN

Almirante de Francia. Después de Pétain y, tal vez, Weygand, el militar francés de mayor prestigio en su época. Pétain le nombró Ministro de Marina. Profundamente indignado por la agresión británica contra la Flota Francesa de Mers-el-Kébir, se volvió el más anglófobo de los ministros de Vichy e intentó un acercamiento con los alemanes. Sé entrevistó varias veces con Otto Abetz y una vez con Hitler. El Mariscal Pétain le nombró Vicepresidente del Consejo, Ministro de Asuntos Extranjeros y sucesor suyo, mientras conservaba la cartera de Marina. El 11 de Diciembre se entrevistó de nuevo con Hitler, logrando de éste concesiones importantes: disminución de la contribución francesa a los gastos de las tropas de ocupación, repatriación de más prisioneros de guerra franceses, facilidades de paso a través de la línea de demarcación entre ambas zonas, etc.

El Mariscal Pétain le nombró Jefe Supremo de las Fuerzas Armadas, en Agosto de 1941. Como su hijo Alain, que se encontraba en Argel, enfermara, se trasladó a esa ciudad, y allí le sorprendió el desembarco Aliado. Fue detenido, pero le liberaron al cabo de media hora. ¿Qué poderosas instancias intervinieron? En todo caso, una cosa es cierta: el 10 de Noviembre de 1942, hablaba por Radio Argel y lanzaba la siguiente proclama: "Yo asumo la autoridad en África del Norte, en nombre del Mariscal Pétain. No quiero que la sangre se derrame inútilmente. En consecuencia, ordeno la suspensión de las hostilidades en África del Norte y la entrega del Poder a las tropas angloamericanas". En una conferencia de Prensa dijo: "La colaboración me fue impuesta por los alemanes, pero creo que he obtenido mucho para los franceses, y no he dado nada, a cambio, a los alemanes. Mis únicos objetivos consisten en ayudar a la liberación de Francia, salvar el África del Norte para Francia, y retirarme a la vida privada".

El joven monárquico Olivier Bonnier de la Chapelle, cuyo brazo había sido armado por activistas partidarios del Conde de París, no permitió que tan nobles deseos se realizaran. La víspera de la Navidad de 1942 vació todo el cargador de su revólver sobre el cuerpo del Almirante, que falleció a consecuencia de las heridas recibidas.

VÍCTOR MANUEL III, DE SABOYA

Rey de Italia. Es decir, Rey de un país en caos permanente, en 1923, cuando decide, en uso de sus atribuciones, llamar a Mussolini a la Jefatura del Gobierno. Este le da un gobierno estable que, a decir de todos -desde Churchill hasta Trotzky- convierte a Italia en un país moderno, situado pronto en el pelotón delantero de Europa. Hace más Mussolini. Víctor Manuel, como toda su familia, estaba excomulgado por el Soberano Pontífice, desde la anexión de los estados Papales por Italia. Esto era un grave hándicap político y moral para el Rey. Mussolini es el artífice del Tratado de Letrán, que obtiene el mutuo reconocimiento de los dos estados.. Italiano y Vaticano, y hace levantar la excomunión que pesaba desde casi sesenta años, sobre los hombros de la Casa Real de Saboya. De ser un Rey discutido y excomulgado en un país católico, Víctor Manuel pasa a ser el soberano de un estado unificado y prospero. Mussolini le hace emperador de Albania, Rey de Albania y Protector de Libia y Eritrea.

Cuando Mussolini propone entrar en la guerra, al lado de, Alemama, Víctor Manuel da su cálido asentimiento. Prevé una rápida y fácil victoria; los alemanes harán el trabajo y los italianos "con poco gasto" engrandecerán su Imperio colonial. Una de las reivindicaciones que inmediatamente presenta Italia es la de la región francesa de la Savoie (Saboya Occidental), que el monarca transalpino considera un patrimonio familiar. Pero Hitler, el "imbécil", según Pétain, no tiene intención de desmembrar a Francia. Esta será la primera fricción. Muchas otras seguirán. Sobre todo, al llegar los reveses militares y declinar la estrella del Eje. Hasta que, apoyándose en los sectores tradicionales del Ejército y de la alta burguesía, Víctor Manuel, en un abuso de hospitalidad, cometiendo una verdadera felonía, no sólo destituye a Mussolini, lo que, al fin y al cabo, era prerrogativa suya, sino que además le hace detener.

Víctor Manuel asegura al Führer que Italia continuará la lucha a su lado, cuando en realidad está ya preparando una paz separada con los Aliados, y la posterior declaración de guerra a Alemania. Así lo hace, y, valiente pero no temerario, abandona Roma -donde deja al General Varboni, que también huye al monte, con los maquis, cuando llegan los alemanes- y se instala en Brindisi. Allí permanecerá la Corte hasta el final de la guerra, en que regresará a Roma. Allí verá cómo los guardias de su Palacio deben disparar al aire para dispersar a las turbas que quieren linchar al "Rey Fascista". En vano recordará Víctor Manuel que él mandó detener a Mussolini; para los comunistas y sus acólitos sólo cuenta que él llamó a Mussolini en 1923 y fue su amigo y protector-protegido durante veinte años. Para salvar la Corona, Víctor Manuel abdicará en su hijo Humberto II, un mes antes del referéndum nacional sobre la futura forma de gobierno que deberá adoptar Italia. El reinado de Humberto será uno de los más cortos de la Historia: 24 días. Pues en el referéndum del 2 de Junio de 1946, por 12.717.923 votos contra 10.719.284, se decide que Italia pase a gobernarse por el sistema republicano.

PIETRO BADOGLIO

El conquistador de Abisinia; nombrado, luego. Duque de Addis-Abeba. General polifacético, pues incluso se dedicó a la política, siendo nombrado, por Mussolini, embajador en el Brasil. Luego, le hizo gobernador General de Libia e incluso, cuando Italia entró en guerra, Jefe del Alto Estado Mayor. Tuvo la habilidad de dimitir, en Diciembre de 1940, alegando su disconformidad por la invasión italiana de Grecia. En realidad, el Duce ya tenía previsto destituirle, dada su probada incapacidad en la dirección de las operaciones en el frente del Norte de África.

Fue instrumento decisivo en la conjura que provocó la destitución de Mussolini, a quien este soldado de opera bufa debía todo. Fue el primero en aconsejar al Rey que Italia cambiara de bando en Septiembre de 1943. Nombrado por Víctor Manuel Primer Ministro, disolvió el Partido Fascista y organizó la persecución legal de los fascistas. Badoglio tenía grandes planes para el futuro.

Quería hacer de Italia el país más democrático del mundo. Pero no tuvo tiempo. En una de esas combinaciones de pasillos tan comunes en los parlamentos democráticos, se encontró, inesperadamente -para él- en minoría, en Junio de 1944, y fue sucedido por Bonomi, un democristiano con más conchas que un galápago.

Pero, en realidad, las preocupaciones de Badoglio sólo empezaban entonces. Al terminar la guerra, el Negus, Emperador de Etiopía, reclamaba al gobierno italiano la extradición de Badoglio, como "criminal de guerra" en razón de la atrocidades que, según aquél, las tropas italianas habían cometido en su país. El Negus se proponía aplicar a Badoglio la expeditiva Justicia etíope. Poco después, también el nuevo gobierno "soberano" de Libia exigía la entrega del ex-Gobernador General, Badoglio. Entre el temor a ser entregado a los libios, que se proponían degollarle, o a los etíopes, que se proponían igualmente expedirle *ad patres* previa amputación de una parte esencial de su persona, Badoglio pasó los últimos años de su existencia, hasta que murió, en 1956, de un ataque al corazón.

Se ha dicho de éste ejemplar varón que era Judío[748]. Con toda sinceridad, a pesar de la autoridad de la fuente que atamos, tenemos nuestras dudas.

S. M. HAILE SELASSIE

Parece ser que, en 1948, había una noble disputa, en Francia, para elucidar quien, entre Da Gaulle y su Vice-Presidente del Consejo, el camarada Maurice Thorez, podía considerarse, cronológicamente, el Primer Resistente contra la barbarie Nazifascista. ¿Cuál de esos dos grandes franceses era el primer resistente? ¿El que había desertado de la Francia de Daladier o el que había desertado de la Francia de Pétain?[749] ¿El amigo del señor Stalin, o el amigo del señor Churchill?

---

[748] El origen Judío de Badoglio es afirmado por el rabino Stephen Wise en la revista norteamericana Opinión Magazine", XI-1939, citado por Arnold Leese in "*The Jewish War of Survival*", p.98.

[749] Cuando, en 1939, Thorez fue movilizado, desertó y se fue a la URSS. El gobierno Daladier le condenó a veinte años de cárcel y a la indignidad nacional. De Gaulle le indultó y le hizo Vice-Presidente del Consejo de Ministros. En cuanto a éste -De Gaulle- también, como sabemos, desertó en Junio de 1940, y fue condenado a muerte por contumacia. (N. del A).

Dolorosa incertidumbre que quitaba el sueño a los buenos demócratas y que se disipó el día en que apareció el Negus en París. Ese día, en efecto, el gobierno de la República Francesa pareció dar por terminado el apasionante debate, mandando a los dos postulantes a que se ocuparan en sus tareas favoritas: el uno, escribir sus plúmbeas Memorias, y el otro, insultar a los burgueses desde su escaño de la Asamblea Nacional. ¿Porqué? Pues porque el nuevo *outsider*, el Negus, resultó coronado solemnemente como "el Primer Resistente". El texto de esa consagración -el de la citación que acompañaba a la concesión de la Medalla Militar- es claro y no da pábulo a equívocos: "Simbolizando, el primero de todos, el espíritu de resistencia que, más tarde, hizo levantarse a los pueblos injustamente oprimidos, él (el Negus), no cesó, incluso en el exilio, de luchar por la liberación de su país".

De ese modo quedaban eliminados de la carrera dos personajes simpáticos, ciertamente, pero cuya resistencia parecía muy Joven al lado de la vieja resistencia del Emperador de Etiopía, a quien sus subditos daban la democrática denominación de Rey de Reyes. (¡Santa modestia!). Pero, ¿quería esto decir que, por haber defendido una civilización como la etíope, tan noblemente esclavista y tan gentilmente caníbal contra la barbarie de los fascistas blancos de Italia, S. M. Hailé Selassié simbolizó, realmente, EL PRIMERO, el espíritu de Resistencia?

Creemos que no. Sin quitarle mérito al recontrabiznieto de la Reina de Saba[750] creemos que hubo otros resistentes anteriores a él, y con tantos méritos, como mínimo. ¿Acaso no fueron resistentes los cipayos, los derviches, los Mau-Mau, Abd-el-Kader en Argelia, Abd-el-Krim en Marruecos, la Reina Ranavalo en Madagascar, los araucanos, desayunándose el corazón de Valdivia, que galvanizaron el espíritu de los pueblos injustamente oprimidos? Creemos que, ahí, el Gobierno de la IV República cometió una injusticia histórica, que convendría reparar. La Medalla Militar a título póstumo sería insuficiente para reparar los desafueros que los colonialistas blancos infligieron a esos luchadores admirables. Pero queda el Panteón del Soldado Desconocido. No se comprende que después de haber concedido al Rey de Reyes la Medalla Militar que retiró a Pétain, el Gobierno de una Francia agradecida no acogiera en el santuario en cuestión a todos los que lucharon intrépidamente contra los colonialistas blancos. Y que ya no se produzcan más

---

[750] Los emperadores etíopes aseguran descender, por línea directa, de la Reina de Saba. (N. del A.).

olvidos de patriotas obscuros, pero sublimes. Y, ahora, aludimos directamente a los anónimos patriotas de color, que combinaron tan agradablemente la Resistencia, la Gastronomía y la defensa del Laicismo deglutiendo con buen apetito un solomillo de misionero. Todo ello, coronado por un monumento al "Resistente de Color Desconocido". O al "Resistente Desconocido de Color" que ahora la sintaxis nos ha puesto una trampa saducea. El monumento podría reproducir el instante altamente civilizador en que un caníbal anónimo se está comiendo a Bougainville. Creemos que es un símbolo muy realista para expresar el espíritu de Resistencia.

Espíritu que animó tan bien a S. M. Hailé Selassié. Cuando, unos meses más tarde, el *Áfrika Korps* se acercó peligrosamente al Canal de Suez, el Rey de Reyes se desplazó a los Estados Unidos, en viaje de ampliación de estudios, sin duda. Al fin de la guerra, el Primer Resistente de la Edad Moderna, -vamos a reconocerle este título- quiso hacer bien las cosas y, dándose cuenta de que lo que necesitaba de verdad, su país, era una Constitución, llamó a un asesor, que resultó ser el conocido sionista Norman Bentwich. Este, aparte de redactar la Constitución Etiópica -que sin duda debe resultar apasionante- organizó la Administración del país. El profesor Kamrat se encargó de la Educación- ¡ruda faena, vive Dios!-, los señores Tedesco y Katz, se encargaron de las Finanzas; el señor N. Marion, de la justicia; Abraham Schalit, Ministro de Sanidad y Ulendorff, de propaganda. Se habían ido o, más exactamente, los había echado a puntapiés, los italianos. Pero llegaban los judíos[751].

Además, Eritrea fue regalada a Etiopia, para lograr su salida al Mar Rojo. Y, en esa antigua colonia italiana, el que se haría llamar Rey de Reyes nombró como Administrador precisamente al judío Greenspan y fue entonces, con el pretexto de Eritrea cuando se produjo lo que sería el principio del fin para el Negus. Liado en una guerra interminable con Somalia, para la posesión de Eritrea, los "consejeros" Soviéticos que tenía su Majestad organizaron una revuelta en palacio, que terminó con el derrocamiento del lejano pariente de la Reina de Saba y Primer Resistente Antifascista de nuestros tiempos, y su posterior supresión del mundo de los vivos.

Decididamente, ¡No somos nadie!.

---

[751] A. Leese "*The Jewish War of Survival*".

LEOPOLDO III DE SAXE COBURG, REY DE BÉLGICA

Cuando los alemanes ocuparon Bélgica, mientras unos ministros se iban a Londres y otros ofrecían para colaborar con los alemanes S.M. Leopoldo III decidió quedarse entre los suyos, en el castillo de Laeken. Sin duda, para insuflar moral a la población. De vez en cuando, cursaba una protesta contra las autoridades militares alemanas porque, a su juicio, éstas discriminaban en favor de los flamencos y en contra de los valones a la hora de liberar prisioneros de guerra. Es curioso que Degrelle, que era valón, no se apercibiera de tal "discriminación". En todo caso, el monarca fue respetado: pero, ciertamente, cometió feos actos de traición que le fueron puntualmente reprochados. Por ejemplo, contestó la felicitación de Navidad del Gobernador militar alemán Von Falkenhausen, e incluso, en una entrevista, ponderó el valor demostrado por los belgas de la "Légion Wallonie" en Tcherkassy. Esto era demasiado. No sirvió de nada que el rey hiciese valer que estaba secretamente de acuerdo con el Gobierno belga en el exilio londinense, y a tal efecto se hacía atestiguar por el jefe de ese Gobierno, Pierrlot. No sirvió de nada. Los partidos políticos belgas exigieron una consulta popular, para determinar si el país debía seguir siendo una monarquía, o bien una república. En vano hizo constar que sólo fingió en una ocasión, colaborar con los alemanes, pero que había rendido señalados servicios a la Resistencia. Todo fue inútil. El rey dedo someterse a un referéndum. El 57,68 por cien de los votantes optaron por la continuidad de Leopoldo III. Pero el comité parlamentario encargado de "interpretar" los resultados electorales decidió que no era suficiente. Leopoldo III protestó, pero el Partido Socialista organizó "una demostración popular" ante su palacio con lanzamiento de tomates, huevos, patatas y hortalizas en mal estado, y Su Majestad debió abdicar en su hijo Balduíno.

EDVARD BENES Y JAN MASARYK

Hay nombre que parecen ir, forzosamente, necesariamente, atados, juntos.

Que no pueden ir separados. Como Tristan e Isolda. Eloisa y Abelardo. Teopampa y Menodoro. O, moderadamente, como Benes y Masaryk. Los comadrones del Estado Checoeslovaco. Los *darlings* del Liberalismo Bien-Pensante y Alimenticio. Ya hemos hablado al ocuparnos de los llamados "Crímenes contra la Paz", de las actividades de ese par de demócratas. Ellos hacían y deshacían en Checoeslovaquia. Ellos rendían insignes servicios al Comunismo. Benes, hermano en la Masonería de Roosevelt, iniciaba las gestiones que llevarían al reconocimiento de los Soviets de Moscú por el Presidente norteamericano. Benes le decía a Roosevelt, literalmente "Cuando Stalin promete personalmente una cosa, se puede estar seguro de que mantendrá su palabra"[752]. Es inútil extenderse. Klement Gottwald, en quien hasta los ciegos veían al "ojo de Moscú", convertirá a Checoeslovaquia en un satélite soviético. Incluso le aconsejara a Benes que dimita. Este obedecerá el consejo y se irá, desilusionado, a su casa. Pero aconsejará a su amigo Masaryk que se quede en el Gobierno. Gottwald le aconseja a Masaryk que se vaya a su casa. Masaryk responde que se lo pensará. Mientras se lo piensa, recibe, por correo, una bomba, que hace volar las dos manos de su secretario. Pero continúa en su puesto, pues no puede creer que todo sea obra de Gottwald. "Siempre he creído en Gottwald", dice, Masaryk, sin reírse.

Hasta que, un día, deja de creer. Deja de creer y de pensar. Y de vivir. Porque se cae - ¿o lo hacen caer?- desde la ventana de su despacho oficial. Exit Masaryk. Y, unos días más tarde, exit Benes. De un "ataque al corazón". Ya, ya.

WLADISLAW RACKIEWICZ, STANISLAS MIKOLAJCZYK Y TOMASZ ARCISZEWSKY

Por si alguien lo ha olvidado -las cosas absurdas se olvidan pronto- Polonia, la seguridad e integridad de Polonia fue el pretexto oficial para el Suicidio de Occidente. Que eso y no otra cosa fue la Segunda Guerra Mundial. Al hundirse Polonia, el Presidente, Moscicki, que se refugió en Rumania, consideró que ya tenía bastante, y dimitió, nombrando sucesor suyo a Wladislaw Rackiewicz, que se hallaba en Francia. Mientras tanto, en Londres, el General Sikorski era nombrado Comandante en Jefe del Ejército Polaco, en el exilio. Pronto, como en toda Democracia que se respeta, empezaron las crisis ministeriales en el gobierno de los exiliados. No se ponían de acuerdo en nada. Es decir, sí. En una cosa sí se pusieron

---

[752] Tomas Mc Ian: "*Mentiras del mundo moderno*", p. 186.

de acuerdo. En firmar, en Londres, un Acuerdo de Cooperación con la Unión Soviética, el 30 de Julio de 1941.

Rackiewicz y sus ministros exiliados demostraban ser de muy buena pasta.

Nada rencorosos. Al fin y al cabo, un espíritu mezquino hubiera recordado que, mientras los alemanes atacaban a Polonia por el Oeste, los soviéticos, que tenían un Tratado de Amistad y no Agresión con los polacos, la atacaban por el Este. Pero eso, son, evidentemente, ganas de rizar el rizo. ¿Qué preveía ese Tratado con la URSS? Pues la creación de un Ejercito Polaco, en la URSS. Pero pronto hubieron malentendidos. Y empezaron los disgustos de los líderes polacos estacionados en la URSS. Al menos, lo suponemos, porque todos se morían de ataques al corazón. Luego, se supo lo de Katyn. Sikorsky se quejó a Churchill. Este lo mandó callar. Sikorsky insistió, y tuvo un accidente de aviación.

Mientras tanto, Rackiewicz recibía, un comunicado de Stalin, diciéndole que no le reconocía como gobierno legal de Polonia. Rackiewicz, no sin razón, le recordó que había firmado un Tratado con él, y que los Tratados se firman con seres vivientes. No con fantasmas. Stalin no se molestó en contestar a ese sofisma. Reconoció a "su" gobierno polaco, y los polacos de Londres, pobres, se enfadaron mucho. ¡Stalin les había engañado! Rackiewicz, indignado, dimitió. Le sucedió Mikolajczyk, que fue a Moscú a visitar a Stalin, quien se negó a recibirle y le mandó a Molotoff, el cual le ratificó el nuevo trazado de la frontera rusopolaca. Ratificación que le hacía a título personal, no oficial, pues el llamado gobierno polaco de Londres no era nadie, para Moscú.

Mikolajczyk dimitió a su vez, y le sucedió Tomasz Arciszewsky, un socialista que toda su vida había simpatizado con Moscú. Por desgracia para él, su amor no era correspondido por los soviéticos. A dos de estos hombres, a Arciszewsky y a Rackiewicz, los alemanes les ofrecieron la dirección de la nueva Polonia, sin otra condición que el retorno de Dantzig y Pomerania al Reich. Ambos prefirieron exilarse y recibir los bofetones de Stalin. Hoy día, sus obscuros sucesores continúan vegetando a orillas del Támesis.

MIKLOS HORTHY, REGENTE DE HUNGRÍA

El Regente Horthy, favorecido por la política alemana en Centro Europa, pudo recuperar, sin gasto alguno, ni en dinero ni en sangre, casi 43.000 kilómetros cuadrados de los muchos que por el Tratado de Trianon se le arrebataron a Hungría al final de la I Guerra Mundial.

En parte por tal motivo, y en parte por ser anticomunista total, al menos en su primera época, se adhirió al Pacto Tripartito. Cuando estalló la II Guerra Mundial, Hungría rechazó la petición alemana de permitir el tránsito de unidades de la *Wehrmacht* por su territorio. El gobierno húngaro citaba en su perfecto derecho a ello, y Alemania no parecía tener especiales motivo para quejarse. Lo que provocó el descontento del Führer fue el "Pacto de Amistad Eterna" que el gobierno húngaro concluyó con el yugoeslavo, que acababa de romper con Alemania. Esta "amistad eterna" duró nueve días, pues al darse cuenta de que los yugoeslavos eran rápidamente derrotados por los alemanes, los húngaros penetraron en territorio yugoeslavo y se anexionaron Vojvodina (un territorio de unos 11.000 kilómetros cuadrados). El Regente Horthy, Jefe del Estado, le echó las culpas del "eterno pacto" con Yugoeslavia a su Jefe de Gobierno, Teleki, que se suicidó. Horthy, entonces, nombró a Bardossy, un conservador moderadamente pro-alemán.

Cuando se produjo el ataque alemán contra Rusia, aunque Hitler no solicitara especialmente la ayuda húngara, Horthy, temiendo quedar atrás de los rumanos en la carrera hada los favores del Reich, declaró la guerra a la URSS amparándose en un burdo pretexto. Todo fue bien, hasta 1943, en que las tropas húngaras sufrieron un serio revés en Voronej. Entonces Horthy empezó a flirtear con los ingleses para una paz separada. Hitler, que olfateó algo, llamó a Horthy a Berchtesgaden para conminarle a poner todos los recursos de Hungría al servicio de la guerra y de preocuparse menos de reivindicaciones territoriales a costa de Rumania, Eslovaquia y Croacia. Horthy prometió a Hitler por su honor que Hungría lucharía con todas sus fuerzas, pero lo que hizo fue mandar a un emisario a Moscú, el 11 de Octubre de 1944, para concluir un armisticio. El 15 de Octubre se haría público este armisticio, y Horthy anunciaba a Alemania que se retiraba de la contienda. Además, empezó a desarmar a unidades alemanas estacionadas en los Cárpatos. Los alemanes reaccionaron con celeridad ante este acto de traición en campana y controlaron el país, una buena parte del cual se acordaba aún de la República Comunista implantada allí por Bela Kun.

Horthy fue obligado a abdicar, asumiendo Szallasy la Jefatura del Estado. Horthy fue enviado a Alemania, donde permaneció preso en un castillo. Los americanos te liberaron el 1945 y estableció su residencia en Estoril, donde vivió como un príncipe. Hungría se convirtió en un vasallo soviético pero Horthy no esgrimió sus derechos legales a la Regencia. Sólo volvió a Hungría para declarar, en juicio, contra Szallassy, Bardossy, Imredy y otros políticos húngaros, muchos de los cuales, como Bardossy, se limitaron a seguir su política tortuosa. Sus declaraciones sirvieron para mandarlos a todos a la horca. Luego, Horthy, con pasaporte especial americano, regresó a Estoril. Murió en febrero de 1957, tras sufrir varios atentados de refugiados húngaros para los que el Conde-Regente-Almirante Miklós Horthy de Nagibanya era la bestia negra. Su vida principesca en Estoril fue más aparente que real, pues moría en vida; no iba a ninguna parte solo y en sus últimos tiempos estaba prácticamente en manos de los psiquiatras.

ION ANTONESCU Y MIGUEL HOHENZOLLERN, REY DE RUMANIA

Seamos breves. Cuando la presión del Movimiento Legionario obliga al Rey Carol y a su concubina Magda Wolff (a) Princesa Lupescu a abandonar el país, el joven Rey Miguel I, que acaba de cumplir los 20 años, sube al trono. Nombra "Conducator" al Mariscal Ion Antonescu. Rumania se adhiere al Pacto Tripartito y se une a Alemania en el ataque contra la URSS. Todo va bien, como siempre, hasta que llegan los reveses. Entretanto, los alemanes no parecen dar importancia al hecho de que sus mayores simpatizantes e ideológicamente afines, los "legionarios", sean víctimas de verdaderas persecuciones por parte de Antonescu.

Al llegar los reveses militares, Antonescu inicia conversaciones para una paz separada con los Aliados occidentales. El Rey, que acaba de cumplir los 24 años, se entera y destituye a Antonescu. Pero la sorpresa es mayúscula cuando lo que hace el Monarca, apoyado por políticos burgueses y liberales, es firmar la paz por separado con la URSS y declarar la guerra a Alemania. El Rey ha preferido entenderse con los soviéticos, a hacerlo con los occidentales. El golpe militar ha sido muy fuerte para Alemania, pues casi al mismo tiempo se produce la traición de Bulgaria, de la que hablaremos más adelante, y que les corta prácticamente la retirada a casi 700.000 soldados. Cuando la guerra termina, Rumania se convierte en un satélite comunista soviético. Antonescu es ejecutado por alta traición. El Rey

Miguel le niega el indulto. Transcurre un año. Los comunistas, que ocupan todos los puestos clave del gobierno, encarcelan o fusilan a todos los Jefes de los partidos de- mocráticos y, huelga decirlo, a los pronazis. Finalmente, en Septiembre de 1947, la hebrea Anna Pauker, el ojo de Moscú, se presenta en Palacio e invita, sin ambages, al joven Monarca, al insólito "Rey de los Comunistas", a marcharse. "Antes firme aquí el Acta de dimisión". Trágica escena la que sigue. "¿Y si no quiero firmar?" "No diga tonterías. Usted sabe de sobras que firmará lo que yo le diga". "¿Qué día me tengo que ir?" "Ahora. Tiene dos minutos para bajar las escaleras y sentarse en un coche que le llevara a Viena"... "Pero mi equipaje, mi familia..." "Déjese de equipajes y de familias y váyase por su pié, o le haré echar por los guardias".

EL PRINCIPE CIRILO, REGENTE DE BULGARIA

Este personaje, pasará a la historia por haber conseguido, en sus afanes por lograr la paz, a cualquier precio, que su pequeño país se encontrara prácticamente en guerra contra todo el mundo. El hecho es de una bufonería insólita y -creemos- aleccionador.

Bulgaria, políticamente aliada del III Reich, miembro del Pacto Tripartito, no declara la guerra a la URSS, como hacen sus vecinos, cuando Alemania la ataca en Junio de 1941. Pero, para obtener las ventajas del "aliado" del que los notables búlgaros creen seguro vencedor, rompe las relaciones diplomáticas con Inglaterra. Luego, declara la guerra a los Estados Unidos. Es un acto gratuito e infantil. El Príncipe Cirilo, que se toma a sí mismo por una reencarnación de Maquiavelo, permite que los alemanes ocupen bases en el país y manda unos miles de "voluntarios" a luchar en Rusia.

Al darse cuenta de que Alemania tiene escasas probabilidades de vencer, sin molestarse en buscar una excusa, declara la guerra a Alemania, a la vez que pide a los Estados Unidos la suspensión de hostilidades. Unas hostilidades que nunca han llegado a romperse de verdad. Stalin, cuyas tropas han penetrado en Rumania gracias a las "habilidades" de Antonescu y del Rey Miguel, ve esfumarse la posibilidad de liberar a Bulgaria (oficialmente "enemiga" de los Estados Unidos, los "aliados" del Kremlin) y, sin dilaciones, declara la guerra a Bulgaria. El Príncipe Cirilo y sus secuaces reaccionarios, aterrados, ante la perspectiva de ser liberados por los rusos, anulan sus "negociaciones de paz" con los americanos y declaran la guerra a Inglaterra, para que los ingleses, que ocupan Grecia, lleguen antes a Bulgaria que los rusos, y les salven vidas y haciendas.

La consecuencia final de todo este tinglado diplomático es que los "hábiles", los "patrióticos" políticos del Consejo de Regencia Búlgaro han conseguido estar, simultáneamente, en estado de guerra con Alemania, la Unión Soviética, los Estados Unidos, la Gran Bretaña y toda la *Commonwealth*.

Naturalmente, el primero en pagar la factura de tanto maquiavelismo de vía estrecha es el pueblo búlgaro. Sofía, en una noche será sucesivamente bombardeada por la aviación alemana y por la norteamericana. Los soviéticos atravesarán la frontera rumano-búlgara y los hábiles serán ejecutados por traidores al Pueblo, con el Príncipe Regente Cirilo a la cabeza.

ARCHIDUQUE OTTO DE HABSBURGO

Al término de la Primera Guerra Mundial, los revolucionarios comunistas y socialistas de Austria proclamaron la República. Una república marxista, cuyo signo, tras el *Diktat* de Versalles, sería cambiado por las democracias occidentales en una república burguesa, liberal, de corte clásico, tolerante con los marxistas, tolerante con todas las llamadas "opciones" políticas e intolerante -como es clásico- con las opciones no democráticas.

El Archiduque Otto de Habsburgo, hijo del fallecido Kaiser reivindicó la Corona de Austria. Lo hizo, prudentemente, desde Londres. El Gobierno austríaco, entonces socialista, respondió a tal pretensión con una orden de busca y captura del "ciudadano Otto llamado de Habsburgo", acusado de conspiración contra la patria austríaca. Decepcionado, el Archiduque permaneció en Londres varios años. Montó una oficina política y se especializó en el periodismo, impartiendo sabios consejos a los gobernantes de las democracias occidentales, que no le hicieron gran caso.

Al llegar al poder en Viena los conservadores tras sus triunfos electorales, los partidarios del Archiduque pudieron moverse con más libertad en Austria, pero ni Dollfuss ni Schussnigg hicieron el menor gesto de aliento en pro de una restauración monárquica. En 1934, la villa de Kopfstetten -el último pueblo austríaco en que se había detenido la familia imperial antes de partir para el exilio y dejar que sus escasos partidarios fueran masacrados por los marxistas de Víctor Adler- nombraba a Otto de Habsburgo ciudadano de honor, en una atmósfera de kermesse *ancien régime*, en presencia de los enviados del exiliado príncipe, que continuaba practicando tenazmente la virtud cardinal de la Prudencia. Los reales enviados pasaron unas horas en la cárcel y luego fueron puestos en la frontera por la policía de Dollfuss, que tenía fuertemente asidas las riendas del Poder y no quería saber nada de archiduques.

Al producirse el *Anschluss* en 1938, cesó la menguada actividad monárquica, pero el Gobierno del Reich ofreció al Archiduque Otto de Habsburgo la posibilidad de regresar a Austria, a condición de que renunciara a su pretensión de ser coronado Kaiser de una Austria independiente.

El Archiduque Otto, majestuosamente, rechazó esa imposición, y permaneció en Londres donde la prensa belicista inglesa le publicó varios artículos furibundamente antinazis o puramente antialemanes. Acusó a Hitler de usurpador, a los austríacos que colaboraran con Alemania de traidores y aseguró muy seriamente que el único gobierno legal de Austria era el presidido por él mismo desde su exilio londinense. El Tribunal de Leipzig le condenó a muerte, en rebeldía, como faccioso.

Al estallar la guerra, el Archiduque Otto, desde Londres, lanzó una proclama invitando a los austríacos a no seguir a Alemania "en el camino de una guerra injusta, perdida de antemano". La fe del Archiduque en la suerte de las armas democráticas debió sufrir algunas crisis, pues al consumarse el hundimiento militar de Francia, en Junio de 1940, abandonó su exilio londinense considerando por él poco seguro, y se fue a los Estados Unidos, donde tuvo el alto honor de ser recibido unos minutos por el Presidente Roosevelt, a quien propuso la creación de una fantasmagórica "Legión Austríaca" para luchar al lado de los Aliados. Parece ser que Roosevelt dio un distraído asentimiento pero fue el propio Presidente Benes - otro exiliado y bastante más enemigo de los Habsburgo que el Führer- quien hizo fracasar el proyecto, cuando el Archiduque ya había reclutado entre los prisioneros de guerra austríacos y algunos residentes en Norteamérica los efectivos suficientes para formar una compañía.

Por fin, el pretendiente logró alistarse en persona en el Ejército Norteamericano y hasta participó en el desembarco de Normandía donde tuvo la mala fortuna de caerse aparatosamente de una barcaza, en la playa, y pasó unos días en el hospital No se sabe nada más de sus hazañas bélicas. Cuando ya preparaba una fastuosa entrada en Viena, al término de la guerra, se encontró con que el nuevo gobierno austríaco, surgido de la derrota del Reich, mantenía la antigua ley de exilio contra los Habsburgo.

El partido de la "derecha" clásica austríaca, el llamado "Partido Populista" (¡Qué extraña manía de los derechistas de toda laya de adoptar denomina-ciones derivadas del *populus*, que no engañan a nadie más que a ellos mismos!) inscribió en su programa el retorno del Archiduque a Austria.

Por fin, el Tribunal Supremo Austríaco, en 1963, se pronunció en ese sentido. Habla, entonces, en Austria, un gobierno de coalición, con populistas y socialistas. Estos hicieron saber a sus socios de la Derecha que si era abolida la ley del exilio, no participarían en el gobierno y habría una crisis ministerial. Los "populistas" dejaron en la estacada a Otto de Habsburgo, que continúa amenizando las veladas de los fósiles conservadores con sus sesudos artículos periodísticos. Hitler le ofreció volver a Austria y no solo se negó sino que hasta le combatió, primero con la pluma y luego -modestamente- con las armas. Derrotado su enemigo, son sus supuestos amigos democráticos los que le niegan el retorno a su patria, pese a mediar un fallo a su favor de la más alta instancia jurídica austríaca. ¡Sic transit gloria mundi! no somos nadie.

MOHAMMED REZA PAHLAVI

Cuando estalló la II Guerra Mundial, el Irán observó una escrupulosa neutralidad. Si bien es cierto que respetó los numerosos intereses británicos en el país, no lo es menos que Alemania llegó a ser el segundo cliente y el tercer proveedor del mismo. Reza Shah, al que se comparó con Kemal Ataturk, realizó una gran tarea de modernización y desarrollo de las potencialidades del Irán.

Como ya hemos mencionado en otro lugar de esta obra, los anglosoviéticos invadieron Irán en 1941 con el pretexto de impedir una ocupación alemana. Reza Shah, tras una resistencia de principio, debió capitular, el 16 de septiembre de 1941. Los anglosoviéticos impusieron la ocupación del Irán, indefinidamente, hasta la terminación de la guerra, más un periodo transitorio de 6 meses. Reza Shah, que fue llevado cautivo a la isla Mauricio y luego a Sudáfrica, murió -según se dijo- de pena, al comprobar cómo su hijo, entonces de 22 años de edad, se avenía a colaborar con los ocupantes del país, que lo nombraron nuevo Shah. Lo primero que hizo éste fue perseguir cruentamente a los partidarios de su depuesto padre que se habían opuesto a la ocupación anglosoviética. Hizo más: en Septiembre de 1943 realizó un acto puramente simbólico y gratuito, que sorprendió a los propios Aliados: declaró la guerra a Alemania.

Durante 37 años, Mohammed Reza Pahlavi fue el hombre del Establishment. En 1953 solapó el golpe del fanático santón Mossadegh que arrebató los pozos petrolíferos de la más o menos británica "Anglo-Iranian Oil Company" para transferirlos veladamente a intereses Judeo americanos tras los que se perfilaba sin dudas el poderío inmenso de la "Standard Oil" y más tarde, de la "Exxon" del trust Rockefeller. Amigo personal de Kissinger, el Shah llegó a ser uno de los hombres más ricos del mundo. Pero también a él le llegaría el turno del agradecimiento de los Poderes Fácticos.

A mediados de 1979, tras varios meses de agitación del populacho, fomentados, a la vez, por elementos procomunistas y por la propia Embajada de los Estados Unidos en Teherán, el Shah debía abdicar. Primero los poderes fácticos, representados por los diplomáticos yankis, le obligaron a democratizar su régimen. El Shah obedeció. Luego a que neutralizara a su bien pertrechado ejército. El Shah siguió obedeciendo. Y luego, a que permitiera las manifestaciones callejeras de la chusma fanatizada. Más obediencia del Shah.

Hasta que el embajador americano le sugiere que se aleje por algún tiempo.

Y el Shah se aleja, mientras los políticos, militares y policías que se han comprometido en su defensa son exterminados, ingloriosamente, como ratas. Para que en esta tragedia no falte el elemento bufón, la Embajada Americana, el centro de la agitación contra el Shah, es asaltada por una turba de fanáticos "estudiantes" musulmanes y medio centenar de funcionarios tomados como rehenes, durante varios meses, sin que el increíble mercader de cacahuetes, huésped de la Casa Blanca, tome la decisión que se impone, sin duda porque a los poderes fácticos les traen sin cuidado tales rehenes, una vez realizado su trabajo. Una orgía de sangre y de locura se desata en Iran. Khomeiny, o quien en él mande, impone embargos petrolíferos a unos, sube el precio de su petróleo a otros, y exige a los americanos la extradición del Shah.

Lo quiere para recuperar el dinero que éste ha colocado fuera del Irán, y luego matarlo. Así lo confiesa sin rebozos, en pleno siglo XX.

Mientras tanto, el Shah, enfermo, inicia un tragicómico periplo. De Teherán se traslada a Marruecos, y, de allí, ante las presiones sufridas por el Sultán, se va a las Bahamas. Apenas permanece una semana, y se refugia en Cuernavaca (México). El gobierno mexicano se asusta ante las presiones de Khomeiny, y Rockefeller Invita a su amigo el Shah a Nueva York. El tiempo de sufrir una intervención quirúrgica y luego trasladarse a Lackland, en Texas.

De allí sale para refugiarse con su impresionante séquito en Panamá. Nuevas presiones del ayatollah Khomeiny, y el Shah que se va a Egipto. Mientras tanto, un sobrino suyo es asesinado en París por un comando de "Justicieros". Y se continúa matando a antiguos partidarios del Shah. Y el partido comunista va ganando posiciones y, en todo caso, las pierden los pro-occidentales. Y se maldice al Shah, el pobre ricachón que, tras traicionar a su padre, es traicionado finalmente por los poderes fácticos a los que él, sabiéndolo o no. queriéndolo o no, siempre sirvió.

ANASTASIO SOMOZA DEBAYLE

Desde 1912, Nicaragua es, de hecho, una colonia de los Estados Unidos.

Los presidentes que se fueron sucediendo desde entonces, Adolfo Díaz, Emiliano Chamorro Vargas y Juan Bautista Sacasa, no fueron, de hecho, mis que "virreyes" yankis. Sólo el General César Agusto Sandino, se opuso, en la década de los treinta, al poder omnímodo de los norteamericanos, desarrollando una política de Socialismo Nacional inspirada en los principios de Mussolini. Hasta que Sandino fue asesinado por miembros de la Guardia Nacional, a cuyo mando se hallaba un criptoestipendiado de los Estados Unidos, Anastasio Somoza Gutiérrez. Este llegó pronto a la más alta magistratura del Estado y, obediente a las sugerencias de Roosevelt, declaró la guerra a Alemania. Hasta 1956, Somoza gobernó omnímodamente a Nicaragua. A su muerte, la familia Somoza, con el apoyo indiscutido e indiscutible de los Estados Unidos, continuó gobernando al país. Su hijo Luís Somoza Debayle fue Presidente hasta 1963. Desde 1963 hasta 1967 fue Presidente nominal de Nicaragua Rene Schick Gutiérrez, un viejo amigo de la familia

Somoza, hasta que en 1967 ganó las elecciones el hijo segundo del viejo Somoza Gutiérrez, Anasta- sio Somoza Debayle quien, desde el primer momento, fue el hombre de los norteamericanos y completó el infeudamiento del país a Washington, políti- camente, y a New York, financieramente.

Y no obstante. Desde principios de 1979, un movimiento abiertamente comunista, que tuvo el impudor de abanderarse bajo el nombre del fascista Sandino, -el movimiento sandinista-, llevó a cabo una guerra innoble, de guerrillas, contra Somoza. La Embajada Americana, en un momento dado, traicionó -ésta es la palabra- a su viejo pupilo Somoza, llegando incluso a bloquear las entregas de armas al gobierno legal de Nicaragua mientras facilitaba la entrega de las mismas a los francotiradores comunistas del movimiento sandinista, conducidos por los viejos Judeo-bolcheviques Tomas Borge y David Ortega, y apoyados declaradamente por Fidel Castro. (*The Spotlight*, Washington, 17-XII-1979). Somoza se fué primero a Miami, y luego al Paraguay, donde acusó a la administración Carter de haberlo traicionado, para imponer un gobierno comunista en Nicaragua. Entretanto los "sandinistas" se quitan la careta. Se anuncia oficialmente el fusilamiento de diez mil simpatizantes de Somoza. Tomas Borge, amigo personal de Fidel Castro, es nombrado Ministro del Interior. Nicaragua firma acuerdos de cooperación con Cuba y la URSS y el nuevo Ministro de Educación, el israelita Carlos Tunnerman Bernheim se desplaza a La Habana para que su amigo Castro le mande 1200 maestros que reemplacen a los que han sido "depurados" en Nicaragua, por somosistas. Y, en Septiembre de 1980, pistoleros sandinistas asesinan en Paraguay a Somoza, cuyo cuerpo es destrozado por un tiro de bazooka.

GENERAL PETER WALLS

Los fusileros rhodesianos estaban conceptuados, hasta hace un par de años, como la mejor unidad del mundo, en su género. Cómo fusilero rhodesiano, luchando por el Imperio Británico, participó Peter Walls en la Segunda Guerra Mundial. En África del Norte y en Italia se enfrentó con los perversos nazis. Volvió a Salisbury (Rhodesia, hoy Zimbabwe) como suboficial. Cuando la minoría blanca de Rhodesia se separó del Imperio Británico, igual que hicieran, apenas dos siglos antes, los Estados Unidos de América, los fusileros rhodesianos debieron entrar en acción contra las guerrillas de los diversos grupos de "liberación" negros. Nuestro héroe ya era general. Se lució -nadie ha podido ponerlo en duda-luchando contra los "buenos" matabelés y xhosas, como antes lo había hecho contra los "malos" alemanes e italianos. El General Walls -dicen- se hizo franc-masón. No nos es posible probarlo. También le entró una gran afición por la política (con minúscula y en sentido peyorativo que da a esa palabra el pueblo sano), y llegó a Ministro de Defensa del gobierno de Ian Smith. Cuando este "hermano" empezó a engañar a la minoría blanca hasta entregarla maniatada a los líderes guerrilleros negros, Pe- ter Walls se quedó en el nuevo Estado de Zimbabwe como Vice-Presidente y Jefe del Ejército. Auspició la "melanización" de sus fusileros. Un inciso: esa palabreja, "melanización", la usan los neo-gerifaltes negros para significar la promoción de sus corraciales en todos los estamentos de la sociedad. Equivale a "ennegrecimiento" pero ésto parece peyorativo. Es parejo al término "arianización" que se utilizó en Alemania hasta 1945, hace, ya, muchísimos siglos. Un jefe kikuyu puede hablar de "melanización", hoy día, y no pasa nada. A un anciano, también hoy día, se le reprocha haber utilizado el término "arianización" hace unos días -en 1945- y tiene sólidos problemas con la "Justicia". Disculpas por el inciso y sigo.

El General Peter Walls preside la "melanización". Los arios se van y los melanios llegan. El General Walls, que siempre fue "bueno", que desarmó e hizo desarmar a los fusileros blancos que no querían capitular, ha pasado a ser -¡siempre pasa igual!- un "malo". El camarada Mugabe le ha destituído. El camarada Mugabe ha hecho incautar su palacio. El camarada Mugabe le ha expulsado de Rhodesia-Zimbabwe. Con lo puesto. ¡Pobre "hermano" Walls!.

FRANCISCO FRANCO

Abril de 1931. Reina en España Don Alfonso XIII de Borbón. Se celebran unas simples elecciones municipales a las que la prensa de Izquierdas quiere dar una significación de "test" del régimen. Salen elegidos 22.150 concejales monárquicos y 5.875 antimonárquicos. (Eduardo Comín: *Historia Secreta de la II República*, pág. 173-174). Pero éstos ganan en todas las grandes ciudades, con excepción de Madrid, donde se da un empate a 143. Pero, incluso en la capital, los perdedores salen a la calle. Los consejeros reales, pusilánimes, parecen temer una repetición del asalto al Palacio de Invierno, en San Petersburgo. El "triangulo" Acalá Zamora-Romanones-Marañón, actúa de "comadrón" de la República, y aconseja al Rey que abandone el Trono. El Poder está en la calle. Los republicanos lo toman. Lógico y natural. Se proclama un Gobierno Provisional. Al cabo de un mes, arden los conventos en toda España. Visítese cualquier hemeroteca y consúltese cualquier periódico de la época: Huelgas, atentados, caos y miseria. En 1934, clamoroso triunfo de las Derechas y, enseguida, huelga general en Asturias, rebelión armada de la Generalitat en Cataluña.: Continúan los desordenes, constatados por todos los republicanos decentes, empezando por Ortega y Gasset, con su "¡No es esto! ¡No es esto!". Junio de 1936. Nuevas elecciones. Las Derechas totalizan casi un millón de votos más que las Izquierdas, pero unas semanas antes de los comicios, se forma un hipotético "Centro" que escinde a las Derechas y, con el sistema de representación territorial, no proporcional, el "Frente Popular" alcanza el poder en las urnas.

Clima de guerra civil. Tiroteos entre pistoleros de los Sindicatos "Libres" y del "Único". Caso insólito en la historia de las tan alabadas democracias occidentales, agentes del Gobierno legal, uniformados, sacan de la cama al Jefe de la Oposición Parlamentaria, le pegan un tiro en la nuca y le arrojan a una cuneta. Días después estalla la guerra civil. Salvo contadas excepciones, el Ejército profesional se enfrenta al Gobierno. Este cuenta con las unidades paramilitares socialistas, con los anarquistas y con el control de las grandes ciudades. La Junta de Generales elige como caudillo al mas joven de entre ellos: Francisco Franco.

Treinta y dos meses de tremenda guerra. Prólogo de la Mundial, que seguirá cinco meses después de acabada la de España. La URSS, toda la llamada "intelligentsia" mundial, que es la turbina que agita la cloaca izquierdosa desde los comunistas hasta los anarquistas pasando por todos los lunáticos y los "idealistas" de Europa y América, la Francia del "Front Populaire", se vuelcan en ayuda - religiosamente cobrada- al Gobierno de Madrid. Alemania e Italia, convencidas de que en caso de derrota de los "nacionales" aquél será fatalmente desbordado por los marxistas, con los comunistas a la cabeza, ayudan a Franco. Pero, más que la "Legión Kondor" y los "voluntarios" italianos, lo que cuenta, para Franco, es el hecho del respaldo Italo- alemán. Sin él, la intervención francosoviética en España hubiera sido, aún, más declarada de lo que fue. Inglaterra, tibiamente pro-gubernamental, sigue su vieja táctica del *wait and see* (esperar y ver).

Al final, los "republicanos", los "rojos", los "gubernamentales" o como quiera llamárseles, son derrotados. Pero un hecho es innegable si se quiere tener un mínimo de decencia intelectual. Si el gobierno alemán no actúa, forzando prácticamente la creación del "Comité de No Intervención", los "nacionales" no ganan la guerra. Sin la presión diplomática de Hitler y Mussolini, sobre todo de aquel, Francia y Rusia intervienen directamente. Es inútil negarlo. Y si intervienen, Franco no gana la guerra. Pretender lo contrario es pura idiotez.

Septiembre de 1939. Estalla la II Guerra Mundial. Las victorias del Eje son jaleadas sin rebozo por la España oficial. Y eso que Hitler aún no ha iniciado el ataque a la URSS. España se declara "No Beligerante", es decir, neutral pero favorable a un bando. Al bando alemán. Si no fuera así, el Ministro de Asuntos Exteriores, Conde de Jordana, no hubiera empleado esa rebuscada perífrasis y hubiera dicho, simplemente, *neutral*. Pero no. España es "No Beligerante". Y, sin riesgos y sin tiros, se ocupa Tánger."Tánger nuestro es. Gibraltar nuestro será". Esto dicen los falangistas, por las calles. Franco y su gobierno dejan hacer. Y esperan. Viene el ataque alemán a la URSS. Y se manda allí a la "División Azul". La entrevista de Hendaya. ¿Que sucedió allí, de verdad? Sólo tenemos el testimonio de personas interesadas en cuidar su imagen. Se ha pretendido que Franco, astutamente, engañó a Hitler, haciéndole creer que entraría en la guerra a su lado, pero dando largas al asunto. Hitler -según parece a tenor de las explicaciones oficiales- debió ser un redomado idiota, al que todo el mundo engañaba. ¡Si llega a ser listo!. España no entrará en la guerra. Churchill promete a Franco, a través del embajador en Londres, Duque de Alba, la devolución de Gibraltar, al final de la guerra, si España conserva su neutralidad. Y España permanecerá neutral.

Neutral, aún cuando la "División Azul" continuara luchando en Rusia... Sólo en Rusia, porque cuando los soviéticos irrumpen en Polonia, el gobierno español da orden de regresar a sus tropas que combatían contra el Comunismo. Por lo visto, el Comunismo sólo era peligroso en España, en 1936-39, y en Rusia, en 1941-44, pero no en Polonia, Hungría, Alemania, a partir de entonces...(¡). El caso es que la neutralidad, incluso la "no beligerancia" de España, resulto altamente beneficiosa para los Aliados, según reconoció el propio Churchill. Es fácil comprenderlo. Si España entra en guerra, en 1940, cuando Francia se ha hundido estrepitosamente e Inglaterra, por el momento, se encuentra sola, la irremediable ocupación de Gibraltar y el cierre del Estrecho hubieran hecho imposible la continuación de la guerra en el Norte de África e igualmente la "comedia francesa" en Marruecos y Argelia. El Mediterráneo se hubiera convertido en un lago del Eje y la neutralidad turca –que tanto le costó a Inglaterra mantener, pagándola usurariamente- hubiera probablemente basculado. No importaba la probable intervención inglesa a través de su -entonces- satélite portugués. Los alemanes ya habían echado a los ingleses al mar, en similares circunstancias, en Noruega, en Dunkerque, en Yugoeslavia, en Grecia, en Creta. ... Y aún cuando no lo hubieran logrado en la Península ibérica, algo parece indudable: la guerra se hubiera prolongado y Alemania hubiera ganado esos meses, esos escasos meses, que la separaron de la victoria total, con la llegada de las nuevas armas, que no eran una invención del Doctor Goebbels, como luego se demostraría. Con la llegada de la bomba atómica alemana. El arma total, entonces.

Alemania pierde la guerra. Inglaterra, naturalmente, no devuelve Gibraltar. Las Naciones Unidas retiran sus embajadores de España. Pero la guerra fría, que empieza en 1949, hace recapacitar a algunos. Y los embajadores van volviendo. Franco dura, y dura, y dura. Dura nada menos que 39 años -36, si sólo se cuenta el periodo de paz-, y durante ese tiempo se hacen muchas cosas. El país se moderniza, da un gran salto adelante; se necesitaría mucha mala fe mental para negarlo. No es, el de Franco, un régimen fascista, como se ha dicho. De fascista no tiene nada. Sólo la musiquilla de fondo de ciertas actitudes, saludos y desplantes de la decada de los cuarenta en algunos mandos -no todos- falangistas. Pero nada más. Franco, políticamente, no creía en ideología alguna. Era un pragmático. Para no creer en nada, era monárquico, que, en España, es ser apolítico, en el sentido restringido que se da a la palabra en el Siglo XX. Y decimos Siglo XX porque creemos que, en el Siglo XIX, Franco hubiera sido genial. El mejor político del Siglo XIX, cuando cada nación era una galaxia aparte y podía ser neutral -o "no beligerante"- en un conflicto desarrollado fuera de sus fronteras.

Un dictador, se ha dicho. Sí, sin duda. ¿Y qué?"Dictó" cosas buenas, menos buenas y otras -sobre todo en el terreno educacional y político- bastante malas, según se ha podido ver con el paso del tiempo. Puesto a "dictar", hasta "dictó", a través de uno de sus referéndums, tan criticados entonces por sus enemigos recalcitrantes, el retorno de la Monarquía, que debía ser, según él, "católica, social y representativa". Todo lo dejó bien dispuesto.

"Atado y bien atado", dijo él.

Franco no fue un "zángano", y si lo incluímos en esta galería es por concurrir en su obra, en el resultado objetivo de su obra -no en su persona- similares circunstancias a las de los tristes individuos que le acompañan. Para empezar, murió en su cama, contrariamente a la mayoría de aquéllos. Y buscó -creemos- lo mejor para su patria. Que lo lograra o no es opinable. Los antifranquistas viscerales y cerriles dirán que no. Que no, en nada. Los nostálgicos de la "inmarcesible lealtad, inasequible al desaliento, etcétera, etcétera", dirán que sí. Una pregunta: ¿Creen Uds. dé verdad, que Franco quiso ESTO? ESTO: Monarquía Parlamentaria; régimen partitocrático; nacionalidades, regionalidades y taifas; huelgas salvajes; piquetes "informativos"; pornografía; delincuencia galopante; Partido Comunista legalizado; dictadura fiscal; inflación tercer mundista; crecimiento cero; nuestros pesqueros apresados por bárbaros de tribus berberiscas; abortos subvencionados por la Seguridad Social y la Pasionaria, sentada en el Parlamento junto a un Calvo Sotelo.

Me dirán que no. Que no lo quiso. Que lo engañaron todos, "post mortem". ¿De veras? Pues, en tal caso, podemos decir que, políticamente, se equivocó en lo principal En la continuidad. En la sucesión. Y, en política, por lo general, cuenta más, negativamente, una mala muerte que una buena vida.

Tal vez, si, en Hendaya, Hitler ejerce una ligera, ligerísima presión y Franco debe entrar en la guerra, el mundo ofrecería hoy una imagen bien diferente. Franco hubiera tenido, políticamente, una muerte igual a su vida, y el Señor Suarez -eso sí- continuaría siendo Ministro Secretario General del Movimiento. O, si se portaba bien, embajador en Berlín.

Podríamos escribir un libro voluminoso, dedicado todo él a los zánganos y "zanganillos" de las últimas décadas. Ahí tenemos el caso del Cardenal Joseph Pehm, de origen alemán, pero que, para que no quepan dudas de su "magiarismo" (¡Jesús bendito!) se hungariza el nombre dejándolo en Mindszenty, nombre de la aldea donde nació. El Cardenal se pasó la guerra incordiando a los alemanes por perseguir a los pobrecitos judíos y a los pobrecitos demócratas, y la Gestapo tuvo que arrestarle unos días. Cuando llegaron los rusos, Mindszenty empezó a incordiarles y un buen día, mientras predicaba en la Catedral, recordando que la

Gestapo le había detenido, vinieron a buscarle los de la A.V.H. (Policía Comunista Húngara). Y le pegaron unas palizas inmensas. Y le administraron actedrón, haciéndole declarar que era un enemigo del pueblo húngaro. Y todos sus victimarios, sin una sola excepción -Beno Auspitz, Gyula Alapy, Alexander Cipszer y Geza Kovacs- eran judíos. Y cuando en el levantamiento de Budapest en 1956 se refugia en la Embajada Americana, empieza a escribir sus "Memorias" que, dice él "Harán comprender al mundo que no se debe fiar nunca de los comunistas".

Sensacional descubrimiento. Brindaríamos otro tema a su Eminencia Reverendísima: Los niños no vienen de París... En fin. Sus "Memorias" no se publicarán nunca. El Vaticano firma un acuerdo con el Gobierno Comunista Húngaro. Este deja salir a Mindszenty de Hungría -contra su voluntad- pero Mindszenty no hablará. Y Mindszenty, fiel representante de la Iglesia del Silencio, no dirá nada. Así lo acordaron Pablo VI y el camarada Gromyko.

Ahí tenemos el caso del general portugués Spínola, que luchó en la "Legión Verde" lusitana en la estepa rusa, con Uniforme de la Wehrmacht Anticomunista de toda la vida... Pero que trae la Revolución de los Claveles a Portugal. El será el "consejero paternal" de los jóvenes revolucionarios. El controlará la Revolución. Se dará la independencia a las colonias portuguesas. La última en obtener la independencia será, naturalmente, la Guinea, donde él tiene grandes intereses— Luego, la triste realidad. La primera colonia en independizarse es precisamente la Guinea. Spínola es arrinconado. Lo pierde todo. Y sólo salva la vida merced a una precipitada huida. Los avances del comunismo sólo han llegado merced a los zánganos que, unas veces por cálculo, otras por maquiavelismo de vía estrecha, otras por pura estupidez, y siempre por egoísmo personal, creyeron salvar la piel o la ha- cienda, sacrificando el honor. Y se quedaron sin honor, y también sin vida y sin hacienda, en tantos casos como hemos visto. No comprendieron que, como dijo Calderón, "... él traidor no es menester, siendo la traición pasada". Y así, las Tonterías de los Listos hicieron posibles los Crímenes de los Buenos.

BIBLIOGRAFÍA

Louis Aragón - *Traité du Style*.
Lettre à Paúl Claudel.
Joseph Alerme - *Stratégie Anglaise*.
Les Causes militaires de notre défaite.
Austín J. App - *Morgenthau Era Letters*.
Robert Aron - *Histoire de L'Epuration*.
Les grands dossiers de L'Histoire contemporaine.
Filippo Anfusso - *Del Palacio de Venecia al Lago de Garda*.
Enrico Altavilla - *Europa, pecado y virtud*.
Eugene Bird - *Rudolf Hess, el prisionero de Spandau*.
Michel Bar-Zohar - *Los Vengadores*.
Fritz Brustat-Naval - *Operación Escape*.
Hanson Baldwin - *The seeds of the new war*.
Harald Busch - *Así fué la Guerra Submarina*.
Maurice Bardèche - *Les Crimes de guerre des Alliés*.
Fritz Berber - *La Política Europea*.
Im Spiegel des Prager Akten.
Georges Bonnet - *Le Quai d'Orsay sous trois Républiques*.
La Défense de la Paix.
Jacques Bénoist-Méchin - *Histoire de l'Armée Allemande*.
Jacques Bainville - *Les conséquences politiques de la Paix*.
Jacques Bénoit - *Mourir pour Dantzig*.
Karl Burkhardt - *My mission un Dantzig*.
William C. Bullit - *The world Menace*.
Cómo los USA ganaron la guerra y están a punto de perder la paz.
Joseph Beck - *Dernier Rapport*.
Alexis Carrel - *L'Homme, cet inconnu*.
Winston S. Churchill - *Memorias*.
Henry Costón - *Dictionaire de la Politique Francaise*.
Les Financiers qui mènent le monde.

La Haute Banque et les trusts.

Georges Champeaux - *La Croisade des Démocraties.*

Galeazzo Ciano - *Memorias.*

A. K. Chesterton - *The New Unhappy Lords.*

Martín Caidin - *A torch to the Enemy.*

P. A. Cousteau - *Les lois de L'Hospitalité.*

Ch. Christensen - *La Ocupación y sus consecuencias.*

Robert Conquest - *The Great Terror.*

J. P. Dujardin - *Le Coût du Communisme.*

Maurice León Dodd - *How many world wars?*

Barry Domvile - *From Admiral to Cabin Boy.*

Alfred M. De Zayas - *Némesis at Potsdam.*

Robert D'Harcourt - *Les Allemands d'aujourd'hui.*

Joseph E. Davies - *My mission in Moscow.*

Birger Dahierus - *Memorias.*

Robert Edwar Edmondsson - *I Testify.*

Alcide Ebray - *La Paix malpropre.*

Thomas Eimhirst - *The German Air Force.*

Dwight D. Eisenhower - *Crusade in Europe.*

Alfred Fabre Luce - *Diario de Europa.*

J. F. C. Fuller - *The Conduct of War.*

H. A. L. Fisher - *A History of Europe.*

Johnn T. Flynn - *The Roosevelt Myth.*

Saul Friedlander - *Píe XII et le III Reich.*

Grigore Gafenco - *Derniers jours de L'Europe.*

Max Gallo - *L'Italie de Mussolini.*

Mgr. Giovanetti - *El Vaticano y la Paz.*

A. Guizot - *Histoire de l'Europe.*

Jacques Galtier-Boissière - *Histoire de la deuxième Guerre Mondiale.*

Russell Greenfell - *Unconditional Hatred.*

- *El Episodio del Bismarck.*

Eduardo Augusto García - *La Tragedia de Bleiburg.*

David Hirst - *The gun and the olive branch*

Michael Heer - *Dispatches*.

William Hoffmann - *Report on a Rockefeller*.

Grete Hartmann - *Las Chicas que dejaron tras ellos*.

Sisley Huddleston - *France, the tragic years*.

Charles G. Haertmann - *There must be no Germany after war*.

Arthur Harris - *Bomber Offensive*.

Paul Hartig - *El humanitarismo de la Guerra Británica de Hambre*.

H. S. Hegner - *El III Reich*.

Harry Hopkins - *Diario*.

Franz Halder - *El Estado Mayor Alemán*.

Ilse Hess - *Prisoner of Peace*.

Hans Habe - *The mission*.

Neville Henderson - *Two years with Hitler*.

F. H. Hinsley - *Hitler no se equivocó*.

Sven Hedin - *Without commission in Berlin*

David Irving - *Dresde*.

David Jato - *Gibraltar decidió la guerra*.

Emmanuel M. Josephsson - *Rockefeller Internationalist*.

Mauricio Karl - *Pearl Harbour*.

Husband E. Kimmel - *Facts about Pearl Harbour*.

Peter v. Kleist - *Auch du warst dabei!*

Arthur Koestler - *Soviet Myth and Reality*.

Theodore Nathan Kauffmann - *Germany must perish*.

Johnn Keyes - *Joy Street*.

Julien Keris - *Estonia, un país condenado a la deportación*.

Mark Lane - *Conversations with Americans*.

Henry La Farge - *Los tesoros perdidos de Europa*.

Charles Lincoln - *Por orden del Gobierno Militar*.

Ch. Liddell Hart - *Memorias de un cronista militar*.

- *The other side of the hill*.

Fabrice Laroche - *Traitement des prisionniers de guerre et des troupes désarmées*.

Michael MacLauughlin - *For those who cannot speak*.

Emil Ludwig - *La nouvelle Sainte Alliance*.

Charles A. Lindbergh - *Memorias de Guerra*.

J. de Launay - *Les grandes controverses de l´Histoire contemporaine*.

Dt. Abraham Littauer - *Query*.

J. Montfort - *Dantzig, port de Pologne*.

Robert Martel - *Les frontières orientales de l'Allemagne*.

Jean Montigny - *Complot contre la Paix*.

Lord Louis Morand - *Memorias*.

Leslie Maclean - *Bombing Offensive*.

Anatole de Monzie - *Ci devant*

Henry L. Mason - *The purge of Dutch Justice in Netherlands*.

Rachele Mussolini - *El Duce, mi marido*.

Guy Ottewell - *Deir Yassin*.

Georges Orwell - *1984*

Georges Ollivier - *Frankiin Roosevelt, l'homme de Yalta*

Oswald Pirow - *Was the second world war unavoidable?*

André-François Poncet - *De Versailles à Potsdam*.

Einzing Palil - *Can we win the peace?*

Archibald M. Ramsey - *The nameless war*.

Paul Rassinier - *Les responsables de la deuxième Guerre Mondiale*.

J. von Ribbentrop - *Entre Londres y Moscú*.

Elliott Roosevelt - *As my father had wanted*.

Johnn Rosskyll - *War at sea*.

Lucien Rebatet - *Les Décombres*.

Paul Reynaud - *Révélations politiques*.

Erich Raeder - *Mi Vida*.

Nicolás Rutych - *Historia del Comunismo en la Unión Soviética*.

Michel Sturdza - *El suicidio europeo*.

Oswald Spengler - *La decadencia de Occidente*.

Robert E. Sherwood - *Roosevelt Memorial*.

Paul Schmidt - *Statist und diplomatischer Bahne*.

Robert Stripling - *The Communist conspiracy in the U.S.*

Ronald Seth - *Secret Servants*.

William L. Shirer - *El III Reich, desde sus orígenes hasta su caída*.

Paul Stehlin - *Témoignages pour l'Histoire.*

J. M. Spaight - *Bombing vindicated.*

Ernst von Salomon - *El Cuestionario.*

Paul Sérant - *El destino de los vencidos.*

Saint Paulien - *Les maudits.*

S. Stellung-Michaud - *Les partis potiliques et la guerre.*

Jurgen Thorwald - *Empezó en el Vístula.*

- *... Y terminó en el Elba.*

André Tardieu - *La Paix.*

A. J. P. Taylor - *The origins of the Second World War.*

Arnold Toynbee - *Hitler's Europe.*

G. M. Trevelyan - *History of the British Empire.*

Hyppolite Taine - *Notes sur l'Angleterre.*

Roben E. Theobald - *Last secret of Pearl Harbour.*

Charles C. Tansill - *Back Door to war.*

Robert Tourly - *Derrière les brumes de la Vistule.*

James V. Forrestal - *The Forrestal Diaries.*

F. J. P. Veale - *The Crime of Nuremberg.*

- *Advance to Barbarism.*

Freda Utley - *The Resistance.*

Stephen Wise - *Years of Fight*

A. Wysocki - *Odisea Polaca.*

William L. White - *My Report on the Russians.*

R. Wiedmann - *Der Mann der Feldherr werden wollte.*

Summer Wells - *Memorias.*

Charles A. Willoughby - *Shanghai Conspiracy.*

Leo Welliscz - *Foreign Capital in Poland.*

Francis Parker Yockey - *Imperium.*

Joaquín Bochaca - *La Historia de los Vencidos.*

El Enigma Capitalista.

El Mito de los Seis Millones.

Encyclopedia Britannica.

Encyclopédie Larousse.

Gran Enciclopedia Catalana.

Journal Officiel de l'Assemblée Nationale Francaise.

Livre Jaune Français.

Documents du Saint Siège relatifs à la Seconde Guerre Mondiale.

Compte Rendu des Débats. Nuremberg.

Archivos Diplomáticos Italianos.

British Blue Book.

Historical Section of the Foreign Office: -"*Documente on Germán Foreign Policy*".

Actas de Píe XII- Librería Vaticana.

Cruz Roja Italiana: -"*Che cosa hanno fatto gli Inglesi in Cirenaica*".

Departamento de Estado U.S.A - "*War and Peace*".

Libro Blanco Alemán.

Documentos Polacos relativos a la Historia de los orígenes de la Guerra

Actes de la Société des Nations.

Otros libros publicados por Omnia Veritas

  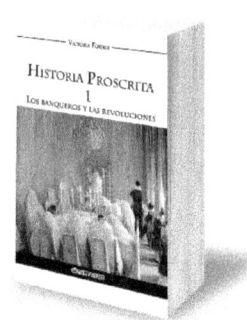

Omnia Veritas Ltd presenta:

Historia Proscrita
I
Los banqueros y las revoluciones

Los procesos revolucionarios necesitan agentes, organización y, sobre todo, financiación, dinero.

por

Victoria Forner

Las cosas no son a veces lo que aparentan...

 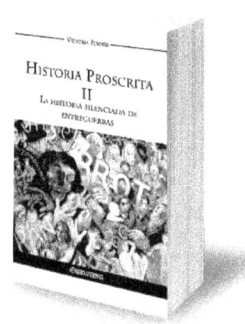

Omnia Veritas Ltd presenta:

Historia Proscrita
II
La historia silenciada de entreguerras

"El verdadero crimen es acabar una guerra con el fin de hacer inevitable la próxima."

por

Victoria Forner

El Tratado de Versalles fue "un dictado de odio y de latrocinio"

Omnia Veritas Ltd presenta:

Historia Proscrita
III
La II Guerra Mundial y la posguerra

Distintas fuerzas trabajaban para la guerra en los países europeos

por

Victoria Forner

Muchos agentes servían intereses de un partido belicista transnacional

Los crímenes de los "buenos"

Omnia Veritas Ltd presenta:

Historia Proscrita IV
Holocausto judío, nuevo dogma de fe para la humanidad
por Victoria Forner

Nunca en la historia de la humanidad se había producido una circunstancia como la que estudiaremos...

Un hecho histórico se ha convertido en dogma de fe

585 | Página

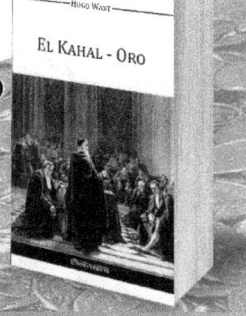

OMNIA VERITAS

El culto de Satanás había tenido desde el siglo XIX apasionados adeptos...

Omnia Veritas Ltd presenta:

JUANA TABOR
666

de HUGO WAST

y para hacerla más accesible, hizo de ella una contrafigura de la Ley de Dios.

OMNIA VERITAS

La profecía de un reinado Dios en la Tierra, la interpretaron los judíos como la promesa de un reino y dominio mundial de Israel

Omnia Veritas Ltd presenta:

Complot
contra la Iglesia

de MAURICE PINAY

La autenticidad de estos documentos judiciales queda fuera de duda...

OMNIA VERITAS

En esencia, **La Guerra Oculta** es una metafísica de la historia, es la concepción de la perenne **lucha entre dos opuestos** órdenes de fuerzas...

Omnia Veritas Ltd presente:

LA GUERRA OCULTA
de
Emmanuel Malynski

La Guerra Oculta es un libro que ha sido calificado de "maldito"

El análisis más anticonformista de los hechos históricos

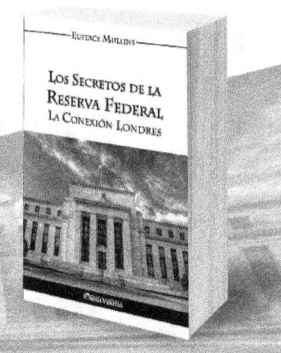
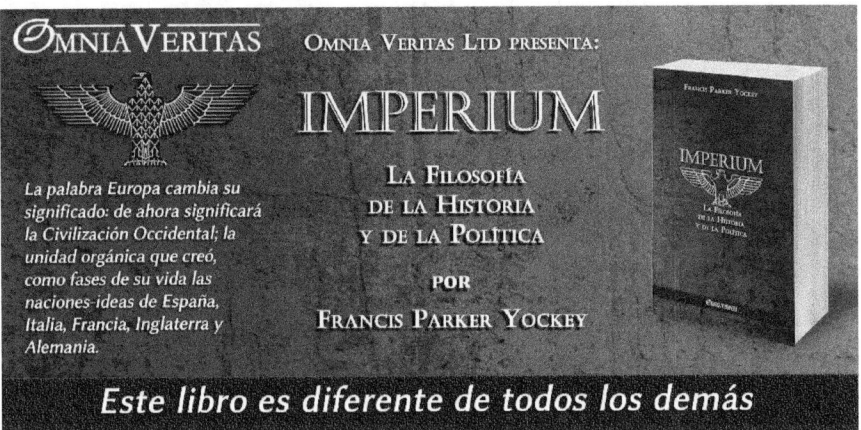

www.omnia-veritas.com

www.ingramcontent.com/pod-product-compliance
Lightning Source LLC
Chambersburg PA
CBHW071359230426
43669CB00010B/1391